国家出版基金项目
NATIONAL PUBLICATION FOUNDATION

2021—2035年国家古籍工作规划重点出版项目

『十四五』时期国家重点图书出版物出版专项规划项目

『十四五』安徽省重点出版物规划项目

本书获国家社科基金项目『西夏文《大宝积经》整理研究集成』资助
主持人：孙伯君　批准号：16BMZ026

西夏文《大宝积经》

整理研究集成

第一辑　第二册

孙伯君◎主编

麻晓芳◎著

黄山书社

图书在版编目（CIP）数据

西夏文《大宝积经》整理研究集成. 第一辑. 第二册/孙伯君主编；麻晓芳著.—合肥：黄山书社，2024.3
ISBN 978-7-5737-1199-1

Ⅰ.①西… Ⅱ.①孙… ②麻… Ⅲ.①西夏语-佛经-研究 Ⅳ.①B948

中国国家版本馆 CIP 数据核字（2024）第 032283 号

西夏文《大宝积经》整理研究集成（第一辑）·第二册
XIXIAWEN DABAOJIJING ZHENGLI YANJIU JICHENG

孙伯君 主编
麻晓芳 著

出 品 人 葛永波
策　　划 葛永波 李 旭 张向奎
项目统筹 李玲玲 代立媛
责任编辑 周 唯 章锐华
责任印制 李 磊
装帧设计 尹 晨
出版发行 黄山书社（http://www.hspress.cn）
地址邮编 安徽省合肥市蜀山区翡翠路 1118 号出版传媒广场 7 层 230071
印　　刷 安徽新华印刷股份有限公司
版　　次 2024 年 3 月第 1 版
印　　次 2024 年 3 月第 1 次印刷
开　　本 890 mm × 1240 mm 1/16
字　　数 377 千字
印　　张 30.5
书　　号 ISBN 978-7-5737-1199-1
定　　价 255.00 元

服务热线 0551-63533706
销售热线 0551-63533761
官方直营书店（https://hsss.tmall.com）

目录

西夏文《大宝积经》

·卷四·

《无边庄严会》“无上陀罗尼品”
第一之一整理与研究

内容和版本介绍

《大宝积经》卷四《无边庄严会》是说陀罗尼门的经典，是佛为无边庄严菩萨阐说三品陀罗尼门的一会。“无上陀罗尼品”主要是说无上见地。讲述佛在迦兰陀竹林，无边庄严菩萨为诸菩萨请问微妙法门。佛为宣说应知诸佛的秘密语言、受持、思惟、如理观察。如来所说摄诸善巧，无不清净，这是由于一切法皆是假名言说，不可施设，也没有示现，不住分别，也非不注。

西夏文《大宝积经》卷四“无上陀罗尼品”第一之一，由 1909 年科兹洛夫率领的俄国皇家蒙古四川地理考察队发现于黑水城遗址，现藏于俄罗斯科学院东方文献研究所。据克恰诺夫《西夏佛典目录》记载，该卷在俄藏第一部和第二部《大宝积经》中保存。第一部编号为 инв. № 369、371。инв. № 369，白棉纸，蓝绢护封。写本，经折装，版框高 26.8 厘米，纸幅 34 厘米×13 厘米，每折 7 行，行 21 字。现存 25 折，内容为卷首至“无边庄严，诸法本性以假名故，如是所说，亦皆……”，释读部分对应第四卷中 4.1.1 至 4.25.7。инв. № 371，白棉纸，蓝绢护封。写本，经折装，版框高26.8厘米，纸幅 34 厘米×13 厘米，每折 7 行，行 20—21 字。现存 25 折，残卷首，结尾重复标题，小字注“二遍校”，另有草体书写的抄经者姓名“写者禅师野货巴宝”。内容可与 инв. № 369 上下相续，为“……以善觉慧，应当受持无量无边菩提之力”至卷末，释读部分对应第四卷中 4.26.1 至 4.50.5。卷四虽无题款与帙号，但文中“三藐三菩提”作“[illegible]”，对音用字特征符合西夏仁宗时期的用字原则。第二部编号为 инв. № 370。инв. № 370，写本，经折装，版框高 25.7 厘米，纸幅 33 厘米×12 厘米。乌丝栏。仅存 5 折，卷尾重复经名。

下面的录文和释读依据 инв.№369、371，释读采用逐折、逐行对译的形式，并用数字标明西夏文录文的卷次、原版折面和行次，如 4.1.1，为第四卷第一折第一行。

文本释读

4.1.1

[illegible]	[illegible]	[illegible]	[illegible]	[illegible]	[illegible]	[illegible]	[illegible]
ljij^{2}	ljɨ̣^{1}	tśiow^{1}	lwər^{2}	lhejr^{2}	?	ljɨɨr^{1}	tsew^{2}
大	宝	积	契	经	卷	四	第

《大宝积经》卷第四

4.1.2

[illegible]	[illegible]	[illegible]	[illegible]	[illegible]	[illegible]	[illegible]	[illegible]	[illegible]
njɨɨ^{1}	tsew^{2}	bju^{2}	mjij^{1}	ljuu^{2}	tshjij^{2}	ljwu^{2}	zji^{2}	phju^{2}
二	第	边	无	庄	严	会	最	上
[illegible]	[illegible]	[illegible]	[illegible]	[illegible]	[illegible]	[illegible]	[illegible]	
thow^{1}	lo^{1}	dźji^{1}	tjij^{1}	lew^{1}	tsew^{2}	·jij^{1}	lew^{1}	
陀	罗	尼	品	一	第	之	一	

第二《无边庄严会》无上陀罗尼品第一之一①

4.1.3

[illegible]	[illegible]	[illegible]	[illegible]。	[illegible]	[illegible]	[illegible]	[illegible]	[illegible]	[illegible]，
thjɨ^{2}	sju^{2}	mjo^{1}	ŋa^{2}	ljɨ^{1}	dzjɨj^{1}	tha^{1}	njij^{2}	mjii^{1}	we^{2}
此	如	闻	我。	一	时	佛	王	舍	城，
[illegible]	[illegible]	[illegible]	[illegible]	[illegible]	[illegible]	[illegible]	[illegible]	[illegible]	[illegible]
kja^{1}	lā^{1}	thow^{1}	lhjụ^{2}	bo^{1}	kha^{1}	ljij^{2}	phji^{2}	khjiw^{2}	·ji^{1}
迦	兰	陀	竹	林	中	大	比	丘	众

如是我闻：一时，佛住王舍城，迦兰陀竹林，与大比丘众

4.1.4

[illegible]	[illegible]	[illegible]	[illegible]	[illegible]	[illegible]	[illegible]	[illegible]	[illegible]	[illegible]	[illegible]

① 此处汉文本署“大唐三藏菩提流志奉诏译”，西夏文本无。

nioow^{1}	mjɨ^{1}	pjụ^{1}	ŋewr^{2}	mjij^{1}	po^{1}	tsa^{1}	ma^{2}	ŋạ^{2}	tsa^{1}	rjir^{2}
及	无	量	数	无	菩	萨	摩	诃	萨	与
[illegible]	[illegible]。	[illegible]	[illegible]	[illegible]	[illegible]	[illegible]	[illegible]	[illegible]	[illegible]	
gu^{2}	dźjiij^{1}	thjɨ^{2}	rjur^{1}	dźiā^{2}	tsjij^{2}	zji^{2}	lew^{1}	wee^{1}	tśiej^{2}	
共	住。	此	诸	菩	萨	皆	一	生	次	

及无量无数菩萨摩诃萨俱①。此诸菩萨皆是一生

4.1.5

[illegible]②	[illegible]。	[illegible]	[illegible]	[illegible]	[illegible]	[illegible]	[illegible]	[illegible]③,	[illegible]	[illegible]
twẹ^{2}	ŋwu^{2}	do^{2}	tha^{1}	lhjịj^{2}	·iọ^{1}	·u^{2}	gu^{1}	śjwo^{1}	thjɨ^{2}	kha^{1}
续	是。	异	佛	国	土	中	发	生,	此	中
[illegible]	[illegible]	[illegible]。	[illegible]	[illegible],	[illegible]	[illegible]	[illegible]	[illegible]	[illegible]	
ljwu^{2}	dzjɨ̣^{2}	ljịj^{2}	tśhjɨ^{1}	zjọ^{2}	rjur^{1}	pjụ^{1}	ljịj^{2}	·ji^{1}	·wiọ^{1}	
集	聚	来。	尔	时,	世	尊	大	众	围	

补处,从异佛刹④而来集会。尔时世尊,大众围

4.1.6

[illegible],	[illegible]	[illegible]	[illegible]	[illegible],	[illegible]	[illegible]	[illegible]	[illegible]。	[illegible]	[illegible]
tśjɨ̣^{1}	kjụ^{1}	tshwew^{1}	dzjwɨ̣^{1}	lhejr^{2}	thjoo^{1}	tsjiir^{1}	nẹ^{1}	tshjiij^{1}	dzjɨj^{1}	thja^{2}
绕,	供	养	恭	敬,	妙	法	宣	说。	时	彼
[illegible]	[illegible]	[illegible]	[illegible]	[illegible]	[illegible]	[illegible]	[illegible]	[illegible]	[illegible]	
·ji^{1}	kha^{1}	dźiā^{2}	tsjij^{2}	gjɨ^{2}	mjiij^{2}	tja^{1}	bju^{2}	mjij^{1}	ljuu^{2}	
众	中	菩	萨	有	名	者	边	无	庄	

绕,供养恭敬,而为说法⑤。时彼众中有一菩萨,名无边庄

4.2.1

[illegible],	[illegible]	[illegible]	[illegible]	[illegible],	[illegible]	[illegible]	[illegible]	[illegible],	[illegible]	[illegible]
tshjịj^{2}	dzuu^{2}	tjị^{2}	·a^{0}	wor^{1}	zjɨ̣^{1}	·wạ^{1}	pha^{1}	gjwi^{2}	tśier^{1}	ŋwer^{2}

① 俱,西夏文字面意思是“与共住”。
② [illegible][illegible],西夏文字面意思是“次序”,与汉文本中的“补处”对译。
③ [illegible][illegible],西夏文字面意思是“发生”,与汉文本中的“从”对译。
④ 异佛刹,西夏文字面意思是“异国佛土”。
⑤ 而为说法,西夏文字面意思是“宣说妙法”。

严， 坐 处 △ 起， 左 肩 偏 服， 右 膝

[illegible]

ljɨ̣^{2} zjịj^{1} tha^{1} rjijr^{2} pjạ^{1} phjoo^{2} tha^{1} ·jij^{1} dạ^{2} ·jɨ^{1}

地 著， 佛 向 掌 合， 佛 之 言 谓：

严，从座而起，偏袒右肩①，右膝着地，向佛合掌，而白佛言：

4.2.2

[illegible]

rjur^{1} pjụ^{1} ŋa^{2} zjɨɨr^{1} zjịj^{1} ·jiw^{2} tśhju^{1} sjij^{1} ɣju^{1} ·jɨr^{1}

世 尊， 我 希 许 疑 有， 今 请 问

[illegible]

kiẹj^{2} lew^{1} tjị^{1} mjor^{1} ljịj^{2} njij^{2} śjow^{1} dạ^{2} wjạ^{1}

欲， 惟 愿 如 来 慈 悲 言 说。

世尊，我有少疑，今欲咨问，惟愿如来哀愍听许。

4.2.3

[illegible]

tśhjɨ^{1} zjọ^{2} tha^{1} bju^{2} mjij^{1} ljuu^{2} tshjịj^{2} po^{1} tsa^{1} ma^{2} ŋạ^{2}

尔 时， 佛 边 无 庄 严 菩 萨 摩 诃

[illegible]

tsa^{1} ·jij^{1} dạ^{2} ·jɨ^{1} neew^{2} goor^{1} gji^{2} nji^{2} phji^{1} bju^{1}

萨 之 言 谓： 善 男 子， 汝 意 依

尔时，佛告无边庄严菩萨摩诃萨言：善男子！

4.2.4

[illegible]

mjor^{1} ljịj^{2} bju^{1} wo^{2} tśhja^{2} ka^{1} dwewr^{2} ·jij^{1} ·jɨr^{1} nji^{2} ·jiw^{2}

如 来、 应 供、 正 等 觉 之 问。 汝 疑

[illegible]

tśhju^{1} bju^{1} to^{2} zji^{2} phie^{2} tshjiij^{1} njiij^{1} ljịj^{2} phji^{1} nja^{2}

① 偏袒右肩，西夏文字面意思是“左肩偏服”。

怀	依	尽	皆	解	说，	心	喜	令	△。

如来、应①、正等觉恣汝所问，当随汝疑而为解说，令汝欢喜。

4.2.5

[illegible]	[illegible]	[illegible]	[illegible]	[illegible]	[illegible]	[illegible]	[illegible]	[illegible]	[illegible]	[illegible]
dzjɨj^{1}	bju^{2}	mjij^{1}	ljuu^{2}	tshjịj^{2}	po^{1}	tsa^{1}	ma^{2}	ŋạ^{2}	tsa^{1}	tha^{1}
时	边	无	庄	严	菩	萨	摩	诃	萨	佛
[illegible]	[illegible]	[illegible]:	[illegible]	[illegible]，	[illegible]	[illegible]	[illegible]	[illegible]	[illegible]	
·jij^{1}	dạ^{2}	·jɨ^{1}	rjur^{1}	pjụ^{1}	ŋa^{2}	bju^{2}	mjij^{1}	sjịj^{2}	źjɨr^{1}	
之	言	谓:	世	尊，	我	边	无	智	慧	

时，无边庄严菩萨摩诃萨白佛言：世尊，我为趣求无边智慧，

4.2.6

[illegible]	[illegible]，	[illegible]	[illegible]	[illegible]	[illegible]。	[illegible]	[illegible]	[illegible]	[illegible]	[illegible]
tshwew^{1}	kjụ^{1}	khu^{1}	dźjij^{1}	zjir^{2}	gjwi^{2}	rjur^{1}	dźiã^{2}	tsjij^{2}	njɨ^{2}	ljịj^{2}
趣	求，	进	精	甲	服。	诸	菩	萨	等	大
[illegible]	[illegible]	[illegible]	[illegible]	[illegible]	[illegible]	[illegible]、	[illegible]	[illegible]	[illegible]	
tśier^{1}	·ju^{2}	neew^{2}	ɣjɨr^{1}	ljɨ̣^{2}	kjụ^{1}	mjijr^{2}	bju^{2}	mjij^{1}	wo^{2}	
方	便	善	巧	地	求	者、	边	无	义	

被精进甲。诸菩萨等求大方便善巧地者、趣无边义

4.2.7

[illegible]	[illegible]	[illegible]	[illegible]	[illegible]、	[illegible]	[illegible]	[illegible]	[illegible]	[illegible]	[illegible]
sjịj^{2}	neew^{2}	ɣjɨr^{1}	tshwew^{1}	mjijr^{2}	kjɨ^{1}	djɨj^{2}	ljịj^{2}	sjịj^{2}	ɣu^{1}	gu^{1}
智	善	巧	趣	者、	必	定	大	智	初	发
[illegible]	[illegible]、	[illegible]	[illegible]	[illegible]	[illegible]	[illegible]	[illegible]	[illegible]，	[illegible]	
śjwo^{1}	mjijr^{2}	po^{1}	tjɨj^{1}	tśja^{1}	ɣa^{2}	no^{2}	dźjiij^{1}	mjijr^{2}	thjɨ^{2}	
生	者、	菩	提	道	于	安	住	者，	此	

智善巧者、决定大智初发起者、于菩提道已安住者，

① 应，西夏本作“应供”，佛十名号之一。

4.3.1

[illegible]	[illegible]	[illegible]	[illegible]	[illegible]	[illegible]，	[illegible]	[illegible]	[illegible]	[illegible]	[illegible]。
sju2	njɨ2	rjur1	dźiã2	tsjij2	nioow1	mjor1	ljịj2	·jij1	·jɨr1	kiẹj2
如	等	诸	菩	萨	故，	如	来	之	问	欲。
[illegible]	[illegible]	[illegible]	[illegible]	[illegible]	[illegible]	[illegible]	[illegible]，	[illegible]	[illegible]	
nioow1	dźiã2	tśhju1	djịj1	·jij1	gjịj1	ɣie2	nioow1	njiij1	ŋwer1	
复	众	生	类	之	利	益	故，	心	平	

世尊①，我为如是诸菩萨故，请问如来，亦为利乐有情之类②，心无等

4.3.2

[illegible]	[illegible]，	[illegible]	[illegible]	[illegible]	[illegible]	[illegible]	[illegible]	[illegible]	[illegible]，	[illegible]
ka1	mjij1	rjur1	tsjiir1	gji1	sej1	sjịj2	wo2	sjwɨ1	sjiij2	zji2
等	无，	诸	法	清	净	智	义	思	惟，	最
[illegible]	[illegible]	[illegible]	[illegible]	[illegible]，	[illegible]	[illegible]	[illegible]	[illegible]	[illegible]	
na1	ljịj2	sjịj2	tśier1	·ju2	tsjiir1	gjịj1	mjɨ1	pjụ1	wo2	
深	大	智	方	便，	选	择	无	量	义	

喻，思惟诸法清净智义，甚深大智方便，简择③得无量义

4.3.3

[illegible]。	[illegible]	[illegible]	[illegible]	[illegible]④，	[illegible]	[illegible]	[illegible]	[illegible]	[illegible]	[illegible]，
rjir1	neew2	ɣjɨr1	kjɨ1	djɨj2	ljịj2	ka2	tśjij2	lu2	tshwew1	kjụ1
得。	善	造	必	定，	大	狮	子	座	趣	求，
[illegible]	[illegible]	[illegible]	[illegible]	[illegible]	[illegible]	[illegible]	[illegible]，	[illegible]	[illegible]	
ŋowr2	ŋowr2	sjịj2	ka2	tśjij2	lu2	tśhjaa1	dzuu2	ɣu1	kjir1	
一	切	智	狮	子	座	上	坐，	初	健	

善巧决定，为欲趣求大狮子座，升一切智狮子之座，正初

① 西夏本无“世尊”二字。

② 利乐有情之类，西夏文字面意思是“众生类之利益故”。

③ 简择，西夏文字面意思是“选择”。

④ [illegible]，西夏文常译作“必定”，与汉文本中的“决定”对译。

4.3.4

[illegible]①	[illegible]	[illegible]	[illegible]	[illegible]，	[illegible]	[illegible]	[illegible]	[illegible]，	[illegible]	[illegible]
·jiw^2	·jɨr^2	djọ^2	mjor^1	śjwo^1	mji^1	lhjii^1	lhjwo^1	rjir^2	ŋwuu^1	dạ^2
士	勤	修	现	生，	不	退	转	得，	言	语
[illegible]	[illegible]，	[illegible]	[illegible]	[illegible]	[illegible]，	[illegible]	[illegible]	[illegible]	[illegible]，	
neew^2	ɣjɨr^1	khu^1	dźjij^1	tśiow^1	dzjị^2	gjwɨ^1	zjir^2	gjwi^2	mjijr^2	
善	造，	进	精	积	集，	坚	甲	服	者，	

发起勇猛勤修，获不退转，言词善巧，积集精进被甲胄者，

4.3.5

[illegible]	[illegible]	[illegible]	[illegible]	[illegible]	[illegible]	[illegible]	[illegible]	[illegible]	[illegible]	[illegible]
thjɨ^2	sju^2	njɨ^2	rjur^1	dźiã^2	tsjij^2	nioow^1	mjor^1	ljij^2	·jij^1	·jɨr^1
此	如	等	诸	菩	萨	故	如	来	之	问
[illegible]。	[illegible]	[illegible]，	[illegible]	[illegible]	[illegible]	[illegible]	[illegible]	[illegible]	[illegible]	
kiẹj^2	rjur^1	pjụ^1	tjɨ^1	tjij^1	dźiã^2	tsjij^2	rjur^1	dźiã^2	tśhju^1	
欲。	世	尊，	假	若	菩	萨	诸	众	生	

为如是等诸菩萨故，请问如来。世尊，若有菩萨于诸有情，

4.3.6

[illegible]	[illegible]	[illegible]	[illegible]	[illegible]	[illegible]	[illegible]，	[illegible]	[illegible]	[illegible]②	[illegible]
·jij^1	tjij^1	rewr^2	ɣa^2	njɨ^2	phji^1	kiẹj^2	nioow^1	njiij^1	tjị^1	ŋwu^2
之	彼	岸	于	至	令	欲，	复	心	诚	以
[illegible]	[illegible]	[illegible]	[illegible]	[illegible]，	[illegible]	[illegible]	[illegible]	[illegible]，	[illegible]	
ɣiẹ^2	mjij^1	le^2	mjij^1	kjụ^1	le^2	mjij^1	kha^1	dźjiij^1	tśier^1	
碍	无	畏	无	求，	畏	无	中	住，	方	

愿欲超升③到于彼岸，复有志求无碍无畏，住无畏中，

① [illegible]，西夏文字面意思是"勇士"，与汉文本中的"勇猛"对译。
② [illegible]，西夏文字面意思是"诚心"，与汉文本中的"志求"对译。
③ 愿欲超升，西夏文字面意思是"欲令至"。

4.3.7

[illegible]	[illegible]	[illegible]	[illegible]①	[illegible]	[illegible]	[illegible]	[illegible]，	[illegible]	[illegible]	[illegible]
·ju^{2}	ŋwu^{2}	dzjɨj^{1}	bju^{1}	rjur^{1}	tsjiir^{1}	wo^{2}	tshjiij^{1}	neew^{2}	ɣjɨr^{1}	phjo^{2}
便	以	律	依	诸	法	义	说，	善	造	分
[illegible]，	[illegible]	[illegible]	[illegible]	[illegible]。	[illegible]	[illegible]	[illegible]	[illegible]	[illegible]	
kar^{2}	mji^{1}	lhu^{1}	mji^{1}	tjịj^{1}	nioow^{1}	rjur^{1}	tsjiir^{1}	ɣa^{2}	mər^{2}	
别，	不	增	不	减。	复	诸	法	于	本	

方便随机演诸法义，善巧分别，不增不减。又于诸法本性

4.4.1

[illegible]	[illegible]	[illegible]	[illegible]	[illegible]	[illegible]	[illegible]。	[illegible]	[illegible]，	[illegible]	[illegible]
tsjiir^{2}	·jij^{1}	tsjiir^{2}	źjɨr^{1}	bju^{1}	nẹ^{1}	tshjiij^{1}	rjur^{1}	pjụ^{1}	tśhioow^{1}	tsjɨ^{1}
性	自	性	实	依	宣	说。	世	尊，	或	亦
[illegible]	[illegible]	[illegible]	[illegible]、	[illegible]	[illegible]	[illegible]	[illegible]	[illegible]	[illegible]	
ŋwer^{1}	ka^{1}	mjij^{1}	njiij^{1}	zji^{2}	buu^{2}	·jij^{1}	njiij^{1}	nioow^{1}	zji^{2}	
平	等	无	心、	最	胜	之	心	及	最	

自性如实宣扬②。世尊，复有趣入无等喻心③、最胜之心及无

4.4.2

[illegible]	[illegible]	[illegible]	[illegible]，	[illegible]	[illegible]	[illegible]	[illegible]	[illegible]	[illegible]	[illegible]
phju^{2}	njiij^{1}	tshwew^{1}	·o^{2}	·jij^{1}	dzju^{2}	rjir^{1}	mjijr^{2}	thjɨ^{2}	sju^{2}	njɨ^{2}
上	心	趣	入，	自	在	得	者	此	如	等
[illegible]	[illegible]	[illegible]	[illegible]	[illegible]	[illegible]。	[illegible]	[illegible]，	[illegible]	[illegible]	
nioow^{1}	mjor^{1}	ljij^{2}	·jij^{1}	·jɨr^{1}	kiẹj^{2}	rjur^{1}	pjụ^{1}	tjij^{1}	rjur^{1}	
故	如	来	之	问	欲。	世	尊，	若	诸	

上心④，得自在故，为如是等，请问如来。世尊，若诸

① [illegible]，西夏文字面意思是"依律"，与汉文本中的"随机"对译。
② 如实宣扬，西夏文字面意思是"依实宣说"。
③ 无等喻心，西夏文字面意思是"无平等心"。
④ 无上心，西夏文字面意思是"最上心"。

4.4.3

dźiã^{2}	tśhju^{1}	thja^{1}	śjij^{1}	sjịj^{2}	nioow^{1}	dzjiij^{2}	mjij^{1}	sjịj^{2}	kjụ^{1}	bju^{1}
众	生	自	然	智	及	师	无	智	求，	明
mjij^{1}	·jɨj^{2}	ljiij^{2}	dzjwo^{2}	mə^{1}	su^{1}	dzjịj^{1}	zji^{2}	kha^{1}	buu^{2}	
无	壳	破，	人	天	胜	过，	最	中	胜	

有情，求自然智及无师智，破无明壳，超于天人，最为殊

4.4.4

gjij^{1}	rjur^{1}	kha^{1}	ŋowr^{2}	ŋowr^{2}	gjịj^{1}	ɣie^{2}	kiẹj^{2}	thja^{1}	śjij^{1}	sjịj^{2}
殊，	世	间	一	切	利	益	欲，	自	然	智
rjɨr^{2}	nioow^{1}	ljịj^{2}	sjịj^{2}	le^{2}	mjij^{1}	tshwew^{1}	kjụ^{1}	kiẹj^{2}	bju^{2}	
除，	复	大	智	畏	无	趣	求	欲，	边	

胜希有①，利乐一切世间，当欲趣求大智无畏，除自然智，

4.4.5

mjij^{1}	nwə^{1}	ljij^{2}	neew^{2}	ɣjɨr^{1}	neej^{2}	kiẹj^{2}	mjɨ^{1}	pjụ^{1}	kjɨ^{1}	djɨj^{2}
无	知	见	善	造	示	欲，	无	量	必	定
tsjiir^{1}	tshjiij^{1}	bjij^{2}	bji^{1}	ŋwu^{2}	rjur^{1}	kha^{1}	dzjwo^{2}	mə^{1}	·jij^{1}	
法	说，	时	光	以	世	间	人	天	之	

欲示无边知见善巧，将说无量决定之法，欲以光照世间天人。

4.4.6

swew^{1}	kiẹj^{2}	tśhioow^{1}	tsjɨ^{1}	rjur^{1}	dźiã^{2}	tśhju^{1}	nioow^{1}	zji^{2}	phju^{2}	ɣiẹ^{2}

① 殊胜希有，西夏文字面意思是"殊胜"。

照	欲，	或	亦	诸	众	生	故	最	上	碍
[illegible]	[illegible]	[illegible]	[illegible]	[illegible]	[illegible]	[illegible]	[illegible]，	[illegible]	[illegible]①	
mjij^{1}	ljij^{2}	sjij^{2}	tśier^{1}	·ju^{2}	phie^{2}	neej^{2}	kięj^{2}	zji^{2}	dźjwa^{1}	
无	大	智	方	便	开	示	欲，	最	终	

复有为诸众生，乐欲开示无上无碍大智方便，

4.4.7

[illegible]	[illegible]	[illegible]	[illegible]	[illegible]	[illegible]，	[illegible]	[illegible]	[illegible]	[illegible]	[illegible]
gji^{1}	sej^{1}	sjij^{2}	ljij^{2}	dźjij^{1}	kięj^{2}	ŋowr^{2}	ŋowr^{2}	sjij^{2}	neew^{2}	ɣjɨr^{1}
清	净	智	见	行	欲，	一	切	智	善	造
[illegible]	[illegible]	[illegible]，	[illegible]	[illegible]	[illegible]	[illegible]	[illegible]	[illegible]	[illegible]	
ljɨ^{2}	kjụ^{1}	mjijr^{2}	thja^{1}	rjur^{1}	dźiã^{2}	tsjij^{2}	njɨ^{2}	nioow^{1}	mjor^{1}	
地	求	者，	彼	诸	菩	萨	等	故	如	

欲行究竟清净智见，求一切智善巧地者，我今为彼诸菩萨故，

4.5.1

[illegible]	[illegible]	[illegible]	[illegible]	[illegible]。	[illegible]	[illegible]，	[illegible]	[illegible]	[illegible]	[illegible]
ljij^{2}	·jij^{1}	·jɨr^{1}	kięj^{2}	ŋa^{2}	rjur^{1}	pjụ^{1}	tjij^{1}	rjur^{1}	dźiã^{2}	tsjij^{2}
来	之	问	欲	我。	世	尊，	若	诸	菩	萨
[illegible]	[illegible]	[illegible]，	[illegible]	[illegible]	[illegible]	[illegible]	[illegible]	[illegible]	[illegible]	
thjɨ^{2}	ljɨ^{2}	dźjiij^{1}	nioow^{1}	xja^{1}	mjor^{1}	ljij^{2}	·jij^{1}	ljɨ^{2}	iọ^{1}	
此	地	住，	复	即	如	来	之	地	圆	

欲问如来。世尊，若诸菩萨住是地已，速能圆满

4.5.2

[illegible]	[illegible]	[illegible]，	[illegible]	[illegible]	[illegible]	[illegible]	[illegible]	[illegible]	[illegible]	[illegible]
sə^{1}	śjɨj^{1}	njwi^{2}	nioow^{1}	seew^{2}	tshjiij^{1}	tjɨ^{2}	mjij^{1}	tśier^{1}	·ju^{2}	neew^{2}
满	成	能，	及	思	议	可	无	方	便	善
[illegible]	[illegible]	[illegible]	[illegible]	[illegible]	[illegible]	[illegible]，	[illegible]	[illegible]	[illegible]②	
ɣjɨr^{1}	po^{1}	lo^{1}	bjii^{2}	tow^{1}	ljạ^{1}	njwi^{2}	zjɨɨr^{1}	bji^{1}	ɣie^{1}	

① [illegible]，西夏文字面意思是"最终"，与汉文本中的"究竟"对译。
② [illegible]，西夏文字面意思是"威力"，与汉文本中的"功用"对译。

造 波 罗 蜜 多 证 能， 少 威 力

成如来地，及能证得不可思议方便善巧波罗蜜多，以少功用

4.5.3

[illegible] [illegible] [illegible] [illegible] [illegible] [illegible]。 [illegible] [illegible] [illegible] [illegible] [illegible]

ŋwu^{2} dźiã^{2} tśhju^{1} ·jij^{1} śjɨj^{1} we^{1} mjor^{1} ·ju^{2} thjɨ^{2} sju^{2} sjij^{2}

以 众 生 之 成 熟。 现 前 此 如 智

[illegible] [illegible] [illegible]， [illegible] [illegible] [illegible] [illegible] [illegible] [illegible] [illegible]

źjɨr^{1} rjir^{1} njwi^{2} rjur^{1} dźiã^{2} tśhju^{1} ·jij^{1} niow^{2} tsjiir^{1} dźjɨɨr^{1}

慧 得 能， 诸 众 生 之 恶 法 舍

成熟众生。现前能得如是智慧，令诸众生舍离恶法，

4.5.4

[illegible]， [illegible] [illegible] [illegible] [illegible] [illegible]。 [illegible] [illegible] [illegible] [illegible] [illegible] [illegible]

ka^{2} neew^{2} tsjiir^{1} lhu^{1} dzja^{1} phji^{1} po^{1} tjɨj^{1} tśja^{1} rjur^{1} tha^{1} sjwɨ^{1}

离， 善 法 增 长 令。 菩 提 道 诸 佛 种

[illegible] [illegible]， [illegible] [illegible] [illegible] [illegible] [illegible] [illegible] [illegible] [illegible]①， [illegible]

tsjiir^{2} neej^{2} nioow^{1} mjɨ^{1} pjụ^{1} dźiã^{2} tśhju^{1} ·jij^{1} gu^{1} śjwo^{1} ·ja^{0}

性 示， 及 无 量 众 生 之 发 生， 阿

增长善法。示菩提道诸佛种性，及能安立无量众生，于阿

4.5.5

[illegible] [illegible] [illegible] [illegible] [illegible] [illegible] [illegible] [illegible] [illegible] [illegible] [illegible]

duu^{2} tow^{1} lo^{1} sã^{1} mjiw^{2} sã^{1} po^{1} tjɨj^{1} ɣa^{2} zji^{2} mji^{1}

耨 多 罗 三 藐 三 菩 提 于 皆 不

[illegible] [illegible] [illegible] [illegible]。 [illegible] [illegible]， [illegible] [illegible] [illegible] [illegible]

lhjii^{1} lhjwo^{1} rjir^{1} phji^{1} rjur^{1} pjụ^{1} thja^{2} rjur^{1} dźiã^{2} tsjij^{2}

退 转 得 令。 世 尊， 彼 诸 菩 萨

耨多罗三藐三菩提皆不退转。世尊，彼诸菩萨

① [illegible][illegible]，西夏文字面意思是“发生”，与汉文本中的“安立”对译。

4.5.6

[illegible]	[illegible]	[illegible]	[illegible]。	[illegible]	[illegible]	[illegible]	[illegible]	[illegible]	[illegible]
dwewr^2	tśja^1	phie^2	njwi^2	tha^1	tsjiir^1	kha^1	njiij^1	ljɨj^2	śjwo^1
觉	道	开	能。	佛	法	中	心	喜	生
[illegible]	[illegible]。	[illegible]	[illegible]	[illegible]	[illegible]	[illegible]	[illegible]	[illegible]	[illegible]。
phji^1	ŋa^2	thja^1	njɨ^2	nioow^1	mjor^1	ljij^2	·jij^1	·jɨr^1	kięj^2
令	△。	彼	等	故	如	来	之	问	欲。

能开觉路，于佛法中令心欢喜，我为斯辈①请问如来。

汉文本

《大宝积经》卷第四

大唐三藏菩提流志奉诏译

第二《无边庄严会》无上陀罗尼品第一之一

如是我闻：一时，佛住王舍城，迦兰陀竹林，与大比丘众及无量无数菩萨摩诃萨俱。此诸菩萨皆是一生补处，从异佛刹而来集会。尔时世尊，大众围绕，供养恭敬，而为说法。

时彼众中有一菩萨，名无边庄严，从座而起，偏袒右肩，右膝着地，向佛合掌，而白佛言：世尊，我有少疑，今欲咨问，惟愿如来哀愍听许。

尔时，佛告无边庄严菩萨摩诃萨言：善男子！如来、应、正等觉恣汝所问，当随汝疑而为解说，令汝欢喜。

时，无边庄严菩萨摩诃萨白佛言：世尊，我为趣求无边智慧，被精进甲。诸菩萨等求大方便善巧地者、趣无边义智善巧者、决定大智初发起者、于菩提道已安住者，世尊，我为如是诸菩萨故，请问如来，亦为利乐有情之类，心无等喻，思惟诸法清净智义，甚深大智方便，简择得无量义善巧决定，为欲趣求大狮子座，升一切智狮子之座，正初发起勇猛勤修，获不退转，言词善巧，积集精进被甲胄者，为如是等诸菩萨故，请问如来。世尊，若有菩萨于诸有情，愿欲超升到于彼岸，复有志求无碍无畏，住无畏中，方便随机演诸法义，善巧分别，不增不减。又于诸法本性自性如实宣扬。世尊，复有趣入无等喻心、最胜之心及无上心，得自在故，为如是等，请问如来。世尊，若诸有情，求自然智及无师智，破无明壳，超于天人，最为殊胜希有，利乐一切世间，当欲趣求大智无畏，除自然智，欲示无边知见善巧，将说无量决定之法，欲以光照世间天人。复有为诸众生，乐欲开示无上无碍大智方便，欲行究竟清净智见，求一切智善巧地者，我今为彼诸菩萨故，欲问如来。世尊，若诸菩萨住是地已，速能圆满成如来地，及能证得不可思议方便善巧波罗蜜多，以少功用成熟众生。现前能得如是智慧，令诸众生舍离恶法，增长善法。示菩提道诸佛种性，及能安立无量众生，于阿耨多罗三藐三菩提皆不退转。世尊，彼诸菩萨能开觉路，于佛法中令心欢喜，我为斯辈请问如来。

① 斯辈，西夏文字面意思是“彼等”。

4.5.6—4.5.7

[illegible]	[illegible]，	[illegible]	[illegible]	[illegible]	[illegible]	[illegible]	[illegible]	[illegible]	[illegible]，	[illegible]
rjur^{1}	pjụ^{1}	thjɨ^{2}	rjur^{1}	ljịj^{2}	·ji^{1}	to^{2}	zji^{2}	kjɨ^{1}	dzjɨ̣^{2}	zji^{2}
世	尊，	此	诸	大	众	尽	皆	△	聚，	最
[illegible]	[illegible]	[illegible]	[illegible]，	[illegible]	[illegible]	[illegible]	[illegible]。	[illegible]	[illegible]	[illegible]
thjoo^{1}	tsjiir^{1}	tshjiij^{1}	dzjịj^{1}	mjor^{1}	thjɨ^{2}	wjɨ^{2}	ŋwu^{2}	lew^{1}	tjị^{1}	mjor^{1}
妙	法	说	时，	如	此	刻	是。	惟	愿	如

世尊,此诸大众皆悉已集,说微妙法今正是时。惟愿如

4.6.1

[illegible]	[illegible]	[illegible]	[illegible]	[illegible]	[illegible]	[illegible]	[illegible]	[illegible]，	[illegible]	[illegible]
ljịj^{2}	thjɨ^{2}	sju^{2}	tsjiir^{1}	ɣa^{1}	phie^{2}	neej^{2}	nẹ^{1}	tshjiij^{1}	rjur^{1}	dźiã^{2}
来	此	如	法	门	开	示	宣	说，	诸	菩
[illegible]	[illegible]	[illegible]，	[illegible]	[illegible]	[illegible]	[illegible]	[illegible]	[illegible]	[illegible]	
tsjij^{2}	·jij^{1}	khjow^{1}	seew^{2}	tshjiij^{1}	mjij^{1}	tjị^{1}	nioow^{1}	lew^{1}	wee^{1}	
萨	之	授，	思	议	无	愿	及	一	生	

来开示演说如是法门,授诸菩萨,令得圆满不思议愿,及一生

4.6.2

[illegible]	[illegible]	[illegible]	[illegible]	[illegible]	[illegible]	[illegible]	[illegible]	[illegible]。	[illegible]	[illegible]，
tśiẹj^{2}	twẹ^{2}	·jij^{1}	neew^{2}	tśhji^{2}	iọ^{1}	sə^{1}	phji^{1}	lew^{2}	rjur^{1}	pjụ^{1}
次	续	之	善	根	圆	满	令	应。	世	尊，
[illegible]	[illegible]	[illegible]	[illegible]	[illegible]	[illegible]	[illegible]	[illegible]	[illegible]	[illegible]	
thjɨ^{2}	sju^{2}	neew^{2}	ɣjɨr^{1}	thow^{1}	lo^{1}	dźji^{1}	ɣa^{1}	mjor^{1}	ljịj^{2}	
此	如	善	造	陀	罗	尼	门	如	来	

补处所有善根。世尊,如是善巧陀罗尼门,如来

4.6.3

[illegible]	[illegible]	[illegible]	[illegible]，	[illegible]	[illegible]	[illegible]	[illegible]	[illegible]	[illegible]	[illegible]
dzjịj^{1}	bju^{1}	khjow^{1}	lew^{2}	rjur^{1}	dźiã^{2}	tsjij^{2}	·jij^{1}	mjɨ^{1}	pjụ^{1}	tsjiir^{1}
时	随	授	应，	诸	菩	萨	之	无	量	法

[illegible]	[illegible]	[illegible]	[illegible]	[illegible]	[illegible]	[illegible]	[illegible]，	[illegible]	[illegible]
ɣa^{1}	wo^{2}	tshwew^{1}	·jiij^{1}	neew^{2}	ɣjɨr^{1}	kjɨ^{1}	djɨj^{2}	nioow^{1}	ŋwuu^{1}
门	理	趣	持	善	造	必	定，	及	言

随时应当授与，使诸菩萨能持无量法门理趣，善巧决定，及以言

4.6.4

[illegible]	[illegible]	[illegible]	[illegible]	[illegible]	[illegible]	[illegible]	[illegible]	[illegible]，	[illegible]
dạ^{2}	ŋwu^{2}	rjur^{1}	wo^{2}	nẹ^{1}	tshjiij^{1}	njwi^{2}	phji^{1}	lew^{2}	nioow^{1}
语	以	诸	义	宣	说	能	令	应，	复
[illegible]	[illegible]	[illegible]，	[illegible]	[illegible]	[illegible]	[illegible]，	[illegible]	[illegible]	[illegible]
kjur^{2}	njiij^{1}	tśhju^{1}	po^{1}	tjɨj^{1}	ljạ^{1}	lew^{2}	bju^{2}	mjij^{1}	ljịj^{2}
志	心	生，	菩	提	证	应，	边	无	大

词演说诸义。复有志乐当证菩提，安住无边大

4.6.5

[illegible]	[illegible]	[illegible]	[illegible]	[illegible]，	[illegible]	[illegible]	[illegible]	[illegible]	[illegible]	[illegible]
mee^{2}	mjijr^{2}	sjwɨj^{1}	no^{2}	dźjiij^{1}	mjɨ^{1}	pjụ^{1}	ŋewr^{2}	mjij^{1}	dźiã^{2}	tśhju^{1}
神	通	业	安	住，	无	量	数	无	众	生
[illegible]	[illegible]	[illegible]。	[illegible]	[illegible]	[illegible]	[illegible]	[illegible]	[illegible]	[illegible]	
·jij^{1}	śjɨj^{1}	we^{1}	mjor^{1}	ljij^{2}	·jij^{1}	neew^{2}	ɣjɨr^{1}	sjij^{2}	ɣjiw^{1}	
之	成	熟。	如	来	之	善	造	智	摄	

神通业，成熟无量无数众生，摄受①如来善巧之智。

4.6.6

[illegible]，	[illegible]	[illegible]	[illegible]	[illegible]	[illegible]	[illegible]	[illegible]	[illegible]，	[illegible]	[illegible]
ɣiwej^{1}	lew^{1}	tjị^{1}	thjɨ^{2}	sju^{2}	tsjiir^{1}	ɣa^{1}	phie^{2}	neej^{2}	dźiã^{2}	tśhju^{1}
受，	惟	愿	此	如	法	门	开	示，	众	生
[illegible]	[illegible]	[illegible]	[illegible]	[illegible]	[illegible]	[illegible]。	[illegible]	[illegible]	[illegible]	
·jij^{1}	po^{1}	tjɨj^{1}	tśja^{1}	ljạ^{1}	phji^{1}	lew^{2}	rjur^{1}	pjụ^{1}	njwo^{2}	
之	菩	提	道	证	令	应。	世	尊	昔	

① 摄受，西夏文字面意思是"摄持"。

惟愿开示如是法门,当令众生证菩提道。世尊往昔

4.6.7

[illegible]	[illegible]	[illegible]	[illegible]	[illegible]	[illegible]	[illegible]	[illegible]	[illegible],	[illegible]	[illegible]
zjọ^2	thja^1	gjɨ^2	zjir^2	kha^1	ljịj^2	tjị^1	·a^0	śjwo^1	ŋewr^2	mjij^1
世	彼	夜	长	中	大	愿	△	生,	数	无
[illegible]	[illegible]	[illegible]	[illegible]	[illegible]	[illegible]	[illegible]	[illegible]	[illegible]	[illegible]	
dźiã^2	tśhju^1	·jij^1	tha^1	sjij^2	nioow^1	thja^1	śjij^1	sjij^2	no^2	
众	生	之	佛	智	及	自	然	智	安	

于长夜中已发弘誓①,令无数众生安住佛智及自然智。

4.7.1

[illegible]	[illegible]	[illegible]	[illegible]	[illegible]	[illegible]。	[illegible]	[illegible]	[illegible]	[illegible]	[illegible]
dźjiij^1	phjo^2	ŋa^2	·jɨ^1	nja^2	bju^1	thjɨ^2	sju^2	thow^1	lo^1	dźji^1
住	令	我	谓	△	依。	此	如	陀	罗	尼
[illegible]	[illegible]	[illegible],	[illegible]	[illegible]	[illegible]	[illegible]	[illegible]	[illegible]	[illegible]	
ɣa^1	nẹ^1	tshjiij^1	rjur^1	dźiã^2	tsjij^2	·jij^1	·jij^1	neew^2	tśhji^2	
门	宣	说,	诸	菩	萨	之	自	善	根	

如是陀罗尼门应当演说,令诸菩萨成自善根,

4.7.2

[illegible]	[illegible],	[illegible]	[illegible]	[illegible]	[illegible]	[illegible]	[illegible]	[illegible]	[illegible]	[illegible]
śjɨj^1	phji^1	nioow^1	mjor^1	ljịj^2	·jij^1	pjụ^1	mee^2	ɣie^1	ŋwu^2	thja^2
成	令,	复	如	来	之	威	神	力	以	彼
[illegible]	[illegible]	[illegible]	[illegible]	[illegible]	[illegible]	[illegible]	[illegible]②。	[illegible]	[illegible],	
zji^2	phju^2	seew^2	tshjiij^1	mjij^1	tjị^1	·wụ^2	bjij^2	rjur^1	pjụ^1	
最	上	思	议	无	愿	佑	助。	世	尊,	

及以如来威加之力③,持彼无上不思议愿。世尊,

① 弘誓,西夏文字面意思是"大愿"。

② [illegible],西夏文字面意思是"佑助",与汉文本中的"持"对译。

③ 威加之力,西夏文字面意思是"威神力"。

4.7.3

[illegible]	[illegible]、	[illegible]	[illegible]、	[illegible]	[illegible]	[illegible]	[illegible]	[illegible]	[illegible]	[illegible]
mjor^{1}	ljịj^{2}	bju^{1}	wo^{2}	tśhja^{2}	ka^{1}	dwewr^{2}	mjɨ^{1}	pjụ^{1}	tśier^{1}	·ju^{2}
如	来、	依	理、	正	等	觉	无	量	方	便
[illegible]	[illegible]	[illegible]，	[illegible]	[illegible]	[illegible]	[illegible]，	[illegible]	[illegible]	[illegible]	
neew^{2}	ɣjɨr^{1}	ljạ^{1}	seew^{2}	tshjiij^{1}	mjij^{1}	rjir^{1}	le^{2}	mjij^{1}	ljɨ̣^{2}	
善	造	证，	思	议	无	得，	畏	无	地	

如来、应①、正等觉，已证无量方便善巧，得不思议住无畏地，

4.7.4

[illegible]，	[illegible]	[illegible]	[illegible]	[illegible]	[illegible]	[illegible]	[illegible]	[illegible]	[illegible]，	[illegible]
dźjiij^{1}	rjur^{1}	dźiā^{2}	tśhju^{1}	·jij^{1}	phji^{1}	dzu^{1}	do^{2}	pha^{1}	tsjij^{2}	mjɨ^{1}
住，	诸	众	生	之	意	乐	差	异	了，	无
[illegible]	[illegible]	[illegible]	[illegible]	[illegible]	[illegible]	[illegible]。	[illegible]	[illegible]，	[illegible]	
pjụ^{1}	rjir^{2}	kja^{2}	rjur^{1}	dwewr^{2}	źjɨr^{1}	śioo^{1}	rjur^{1}	pjụ^{1}	thjɨ^{2}	
量	亿	劫	诸	觉	慧	集。	世	尊，	此	

了诸众生意乐差别，无量亿劫蕴诸觉慧。世尊，此

4.7.5

[illegible]	[illegible]	[illegible]	[illegible]	[illegible]	[illegible]	[illegible]	[illegible]，	[illegible]	[illegible]	[illegible]
rjur^{1}	ljịj^{2}	·ji^{1}	mjor^{1}	ljịj^{2}	·jij^{1}	bjuu^{1}	·juu^{1}	tsej^{2}	zjịj^{1}	mji^{1}
诸	大	众	如	来	之	瞻	仰，	暂	时	不
[illegible]，	[illegible]	[illegible]	[illegible]	[illegible]	[illegible]	[illegible]	[illegible]	[illegible]	[illegible]	
dwewr^{2}	ŋowr^{2}	ŋowr^{2}	sjij^{2}	sjij^{2}	nioow^{1}	rjur^{1}	tsjiir^{1}	·ụ^{2}	·jɨr^{2}	
觉，	一	切	智	智	及	诸	法	藏	勤	

诸大众瞻仰如来，无时暂舍，于一切智智及诸法藏，志

4.7.6

[illegible]	[illegible]	[illegible]，	[illegible]	[illegible]	[illegible]	[illegible]，	[illegible]	[illegible]	[illegible]	[illegible]
kjụ^{1}	mji^{1}	low^{2}	dzu^{1}	kięj^{2}	mji^{1}	dwər^{1}	mjor^{1}	ljịj^{2}	·jij^{1}	kjɨ^{1}

① 应，西夏本作"应供"。

求	不	怠，	爱	欲	不	倦，	如	来	之	必
[illegible]	[illegible]	[illegible]	[illegible]。	[illegible]	[illegible]	[illegible]	[illegible]	[illegible]	[illegible]	
djɨj^{2}	wo^{2}	mji^{1}	gjaa^{2}	rjur^{1}	pjụ^{1}	ŋowr^{2}	ŋowr^{2}	sjịj^{2}	mjɨɨ^{2}	
定	义	闻	愿。	世	尊	一	切	智	境	

求不怠，欲乐无厌，愿闻如来决定之义。世尊安住一切智境，

4.7.7

[illegible]	[illegible]，	[illegible]	[illegible]	[illegible]	[illegible]	[illegible]	[illegible]	[illegible]	[illegible]	[illegible]
no^{2}	dźjiij^{1}	zji^{2}	rjur^{1}	dźiã^{2}	tsjij^{2}	·jij^{1}	tjị^{1}	nioow^{1}	neew^{2}	ɣjɨr^{1}
安	住，	皆	诸	菩	萨	之	愿	及	善	造
[illegible]	[illegible]	[illegible]	[illegible]	[illegible]	[illegible]。	[illegible]	[illegible]	[illegible]	[illegible]	
śjwo^{1}	tshwew^{1}	śjɨj^{1}	we^{1}	zji^{2}	nwə^{1}	nioow^{1}	rjur^{1}	pjụ^{1}	thjɨ^{2}	
发	趣	成	熟	皆	知。	复	世	尊	此	

皆已知此诸菩萨愿，及发趣善巧成熟。世尊，是

4.8.1

[illegible]	[illegible]	[illegible]	[illegible]	[illegible]	[illegible]	[illegible]	[illegible]	[illegible]	[illegible]	[illegible]，
rjur^{1}	tsjiir^{1}	ɣa^{1}	thow^{1}	lo^{1}	dźji^{1}	ɣa^{1}	iọ^{1}	sə^{1}	gjwi^{2}	wo^{2}
诸	法	门	陀	罗	尼	门	圆	满	句	义，
[illegible]	[illegible]	[illegible]	[illegible]	[illegible]	[illegible]	[illegible]	[illegible]，	[illegible]	[illegible]	
rjur^{1}	tsjiir^{1}	ŋowr^{2}	ŋowr^{2}	kjɨ^{1}	djɨj^{2}	neew^{2}	ɣjɨr^{1}	thjɨ^{2}	sju^{2}	
诸	法	一	切	必	定	善	造，	此	如	

诸法门陀罗尼门，圆满句义，一切诸法决定善巧，如是

4.8.2

[illegible]	[illegible]	[illegible]	[illegible]	[illegible]	[illegible]。	[illegible]	[illegible]	[illegible]	[illegible]	[illegible]
tsjiir^{1}	ɣa^{1}	mjor^{1}	ljịj^{2}	tshjiij^{1}	lew^{2}	rjur^{1}	dźiã^{2}	tsjij^{2}	·jij^{1}	mjij^{2}
法	门	如	来	说	应。	诸	菩	萨	之	未
[illegible]	[illegible]	[illegible]，	[illegible]	[illegible]	[illegible]	[illegible]	[illegible]	[illegible]。	[illegible]	
śjɨj^{1}	we^{1}	tja^{1}	zji^{2}	dja^{2}	śjɨj^{1}	we^{1}	phjo^{2}	nja^{2}	dja^{2}	
成	熟	者，	皆	△	成	熟	令	△。	△	

法门如来应说，令诸菩萨未成熟者，悉令成熟，

4.8.3

[illegible]	[illegible]	[illegible]	[illegible]	[illegible]	[illegible]	[illegible]	[illegible]	[illegible]	[illegible]	[illegible]
śjɨ̣j^{1}	we^{1}	tja^{1}	xja^{1}	mee^{2}	mjijr^{2}	nioow^{1}	ŋowr^{2}	ŋowr^{2}	sjịj^{2}	njiij^{1}
成	熟	者	速	神	通	及	一	切	智	心
[illegible]	[illegible]	[illegible]	[illegible]	[illegible]	[illegible]	[illegible]	[illegible]。	[illegible]	[illegible]，	
bie^{2}	lhew^{2}	sjịj^{2}	ljij^{2}	kjɨ^{1}	lhjụ^{2}	phjo^{2}	nja^{2}	rjur^{1}	pjụ^{1}	
解	脱	智	见	△	获	令	△。	世	尊，	

已成熟者，速得神通，及一切智心解脱智见。世尊，

4.8.4

[illegible]	[illegible]	[illegible]	[illegible]	[illegible]	[illegible]	[illegible]	[illegible]，	[illegible]	[illegible]	[illegible]
tjij^{1}	rjur^{1}	dźiã^{2}	tsjij^{2}	mji^{1}	djɨj^{2}	ljị^{2}	dźjiij^{1}	thja^{1}	rjur^{1}	dźiã^{2}
若	诸	菩	萨	不	定	地	住，	彼	诸	菩
[illegible]	[illegible]	[illegible]	[illegible]①	[illegible]，	[illegible]	[illegible]	[illegible]	[illegible]	[illegible]	
tsjij^{2}	śji^{1}	tsjiir^{1}	mji^{1}	djij^{2}	ŋowr^{2}	ŋowr^{2}	sjịj^{2}	mjɨɨ^{2}	dja^{2}	
萨	先	法	闻	曾，	一	切	智	境	△	

若诸菩萨住不定地，是诸菩萨预闻法已，而得成就一切智境。

4.8.5

[illegible]	[illegible]	[illegible]。	[illegible]	[illegible]，	[illegible]	[illegible]	[illegible]	[illegible]	[illegible]	[illegible]
śjɨ̣j^{1}	·jiw^{2}	sji^{2}	rjur^{1}	pjụ^{1}	thjɨ^{2}	nioow^{1}	ku^{1}	tśhjwo^{1}	nja^{2}	·jij^{1}
成	就	△。	世	尊，	此	缘	故	则	汝	之
[illegible]	[illegible]	[illegible]。	[illegible]	[illegible]	[illegible]	[illegible]	[illegible]	[illegible]	[illegible]	
ljij^{2}	·jɨr^{1}	kjir^{2}	ŋa^{2}	lew^{1}	tjị^{1}	ljij^{2}	njij^{2}	ŋwu^{2}	rjur^{1}	
大	问	敢。	我	惟	愿	大	慈	以	诸	

世尊，我以此缘敢申巨问，惟愿大慈，

4.8.6

[illegible]	[illegible]	[illegible]	[illegible]	[illegible]	[illegible]	[illegible]，	[illegible]	[illegible]	[illegible]	[illegible]
dźiã^{2}	tsjij^{2}	·jij^{1}	ɣjiw^{1}	·wejr^{2}	·wụ^{2}	bjịj^{2}	thjɨ^{2}	sju^{2}	tsjiir^{1}	tshjiij^{1}

① [illegible]，西夏文字面意思是“先法闻”，与汉文本中的“预闻法”对译。

菩　萨　之　摄　护　佑　助，　此　如　法　说

□。　□　□，　□　□　□　□　□　□　□

lew^{2}　rjur^{1}　pjụ^{1}　thjɨ^{2}　kụ^{1}　lja^{1}　zjọ^{2}　ɣa^{2}　ɣwej^{1}　dzeej^{1}

应。　世　尊，　此　后　来　世　于　斗　争

威加守护，摄诸菩萨①，说如是法。世尊，于后末世②诤论

4.8.7

□　□，　□　□　□　□　□　□　□　□　□

śjwo^{1}　zjịj^{1}　ɣiwej^{1}　zjịj^{1}　dźiã^{2}　tśhju^{1}　·jij^{1}　dźjwɨ^{1}　gu^{2}　źjị^{1}　tśjuu^{1}

生　时，　执　着　众　生　自　相　共　烦　害

□　□　□　□，　□　□　□　□，　□　□　□

sọ^{1}　do^{1}　lhu^{1}　ljịj^{1}　tśhja^{2}　tsjiir^{1}　ŋewr^{1}　ljiij^{2}　rjur^{1}　dźiã^{2}　tsjij^{2}

三　毒　增　益，　正　法　乱　坏，　诸　菩　萨

起时，执着有情，更相贼害，三毒增长，坏乱正法，令诸菩萨

4.9.1

□　□　□　□　□　□　□　□　□，　□　□

·jij^{1}　thja^{2}　dzjɨj^{1}　tsewr^{1}　kha^{1}　ljij^{2}　njij^{2}　wjuu^{1}　ŋwu^{2}　thjɨ^{2}　dạ^{2}

之　彼　时　劫　中　大　慈　悲　以，　此　事

□　□，　□　□　□　□，　□　□　□　□

zeew^{2}　lhjịj^{2}　thjɨ^{2}　tsjiir^{1}　deej^{1}　dźjịj^{1}　ɣwej^{1}　dzeej^{1}　dja^{2}　mjij^{1}

忍　受，　此　法　传　行，　斗　争　△　无

于彼时中，以大慈悲堪忍斯事，流布此法而无诤论。

4.9.2

□　□。　□　□　□　□　□　□　□　□　□　□

phjo^{2}　nja^{2}　dzeej^{1}　mjij^{1}　rjir^{2}　bju^{1}　śjij^{1}　ku^{1}　ljij^{2}　njij^{2}　ljij^{2}　wjuu^{1}

令　△。　争　无　与　依　顺　故　大　慈　大　悲

□　□，　□　□　□　□　□　□　□　□。

ɣjiw^{1}　ɣiwej^{1}　nioow^{1}　rjur^{1}　neew^{2}　tśhji^{2}　ɣie^{1}　śioo^{1}　dzjị^{2}　njwi^{2}

---

① 威加守护，摄诸菩萨，西夏文字面意思是“摄护佑助诸菩萨”。

② 末世，西夏文字面意思是“来世”。

摄	受，	复	诸	善	根	力	集	积	能。

由顺无诤，则能摄受大慈大悲，及当积集诸善根力。

汉文本

世尊，此诸大众皆悉已集，说微妙法今正是时。惟愿如来开示演说如是法门，授诸菩萨，令得圆满不思议愿，及一生补处所有善根。世尊，如是善巧陀罗尼门，如来随时应当授与，使诸菩萨能持无量法门理趣，善巧决定，及以言词演说诸义。复有志乐当证菩提，安住无边大神通业，成熟无量无数众生，摄受如来善巧之智。惟愿开示如是法门，当令众生证菩提道。世尊往昔于长夜中已发弘誓，令无数众生安住佛智及自然智。如是陀罗尼门应当演说，令诸菩萨成自善根，及以如来威加之力，持彼无上不思议愿。世尊，如来、应、正等觉，已证无量方便善巧，得不思议住无畏地，了诸众生意乐差别，无量亿劫蕴诸觉慧。世尊，此诸大众瞻仰如来，无时暂舍，于一切智智及诸法藏，志求不怠，欲乐无厌，愿闻如来决定之义。世尊，安住一切智境，皆已知此诸菩萨愿，及发趣善巧成熟。世尊，是诸法门陀罗尼门，圆满句义，一切诸法决定善巧，如是法门如来应说，令诸菩萨未成熟者，悉令成熟，已成熟者，速得神通，及一切智心解脱智见。世尊，若诸菩萨住不定地，是诸菩萨预闻法已，而得成就一切智境。世尊，我以此缘敢申巨问，惟愿大慈，威加守护，摄诸菩萨，说如是法。世尊，于后末世诤论起时，执着有情，更相贼害，三毒增长，坏乱正法，令诸菩萨于彼时中，以大慈悲堪忍斯事，流布此法而无诤论。由顺无诤，则能摄受大慈大悲，及当积集诸善根力。

4.9.2—4.9.3

[illegible]	[illegible]，	[illegible]	[illegible]	[illegible]	[illegible]	[illegible]	[illegible]	[illegible]	[illegible]	[illegible]	[illegible]
rjur1	pjụ1	ŋa2	ɛjij1	thjɨ2	wo2	nioow1	ku1	tśhjwo1	mjor1	ljij2	do2
世	尊，	我	今	此	义	缘	故	则	如	来	处
[illegible]	[illegible]	[illegible]	[illegible]	[illegible]	[illegible]	[illegible]	[illegible]	[illegible]	[illegible]。		
ɣię2	mjij1	tsjiir1	ɣa1	kjɨ1	djɨj2	wo2	·jɨr1	kjir2	ŋa2		
碍	无	法	门	必	定	义	问	敢	我。		

世尊，我今敢缘斯义，请问如来无碍法门决定之义。

4.9.4

[illegible]	[illegible]，	[illegible]	[illegible]	[illegible]	[illegible]	[illegible]	[illegible]	[illegible]	[illegible]	[illegible]
rjur1	pjụ1	thja2	rjur1	dźiã2	tsjij2	mjɨ1	pjụ1	tsjiir1	ɣa1	tsjiir1
世	尊，	彼	诸	菩	萨	无	量	法	门	法
[illegible]	[illegible]	[illegible]，	[illegible]	[illegible]	[illegible]	[illegible]	[illegible]	[illegible]	[illegible]	
bji1	swew1	ɣa1	nioow1	tsjiir1	ŋowr2	ŋowr2	thjij2	sjo2	tśier1	

光 明 门, 及 法 一 切 何 云 方

世尊,云何彼诸菩萨无量法门,法光明门,及一切法方

4.9.5

[illegible]

·ju2 gu1 śjwo1 lew1 tjị1 mjor1 ljịj2 mji1 dzjar2 ljiij2 mjij1

便 发 生。 惟 愿 如 来 不 灭 坏 寂

[illegible]

sej1 tsjiir1 ɣa1 nioow1 bju2 mjij1 zji2 dwuu2 tsjiir1 ·ụ2

净 法 门 复 边 无 微 秘 法 藏

便发起?复愿如来说不灭坏寂静法门,兼演无边微密法藏,

4.9.6

[illegible]

nẹ1 tshjiij1 ŋowr2 lhə0 śjɨj1 ·jiw2 ljɨr2 ɣie1 mji1 bja2 ljiij2

宣 说 具 足 成 就, 念 力 不 断, 魔

[illegible]

ljwịj1 nioow1 rjur1 do2 ljɨ̣1 dźjwu2 ·wəə1 thja2 njɨ2 ·jij1

怨 及 诸 异 论 消 伏, 彼 等 之

具足成就念力无断,降伏魔怨及诸异论,而不为彼之

4.9.7

[illegible]

dźjwu2 ·wəə1 lew2 mji1 we2 lew1 tjị1 mjor1 ljịj2 tśhja2 tsjiir1

消 伏 所 不 为。 惟 愿 如 来 正 法

[illegible]

nẹ1 tshjiij1 rjur1 dźiã2 tśhju1 ·jij1 neew2 tśhji2 śioo1 dzjɨ̣2

宣 说, 诸 众 生 之 善 根 集 合

所摧伏。惟愿如来演说正法,令诸众生积集善根,

4.10.1

[illegible]

phjo2 dźjiij1 nioow1 bju2 mjij1 neew2 ɣjɨr1 śioo1 dzjɨ̣2 phji1
令 住。 复 边 无 善 造 集 合 令
[illegible]，
lew2 ŋowr2 ŋowr2 sjịj2 sjịj2 ɣa2 to2 wee1 wjị2 śja2
应， 一 切 智 智 于 出 生 示 现

亦令积集无边善巧，于一切智智示现出生，

4.10.2

[illegible]， [illegible]。
bju1 mjɨ1 pjụ1 tsjiir1 tshji1 śioo1 dzjɨ̣2 rjur1 nwə0 ŋwo2 rjir2
依 无 量 法 要 集 合， 诸 辩 才 得。
[illegible]，
gji1 sej1 ŋowr2 lhə0 ŋwer1 mjij1 gjwi2 wo2 twẹ2 twẹ2
清 净 具 足， 等 无 句 义 续 续

随念结集无量法要，得诸辩才清净具足，相续不乱无等句义。

4.10.3

[illegible]。
mji1 ŋewr1 mjɨ1 pjụ1 tsjiir1 ɣa1 nioow1 thow1 lo1 dźji1 źjɨr1
不 乱。 无 量 法 门 及 陀 罗 尼 实
[illegible]。
ɣiej1 tśier1 ·ju2 ljạ1 rjir1 phji1 lew2 nioow1 dźiã2 tśhju1
真 方 便 证 得 令 应。 又 众 生

欲令证得无量法门，及陀罗尼真实方便，又令众生

4.10.4

[illegible]。
·jij1 phji1 ŋwe1 gu1 śjwo1 phji1 śji1 kụ1 njɨɨ1 bju2 dźjɨ0
之 意 乐 发 生 令。 先 后 二 边 行
[illegible]，
lhu1 tshjiij1 wji1 wjɨ2 rar2 mjij2 ljij2 mjor1 dźjiij1 rjur1
加 说 为， △ 去 未 来 现 住 诸

发起意乐，为说先后两际加行，示见去、来、现在①诸

4.10.5

[illegible]	[illegible]	[illegible]，	[illegible]	[illegible]	[illegible]	[illegible]，	[illegible]	[illegible]	[illegible]	[illegible]，
tsjiir^{1}	ljij^{2}	neej^{2}	·jiw^{1}	·jij^{1}	dzju^{2}	ɣa^{2}	tsjiir^{1}	dźjiij^{1}	lew^{2}	mjij^{1}
法	见	示，	因	自	在	于，	法	住	应	无，

[illegible]	[illegible]	[illegible]	[illegible]	[illegible]	[illegible]	[illegible]	[illegible]	[illegible]	[illegible]
tj̣i^{1}	rjur^{1}	dźiã^{2}	tsjij^{2}	śja^{1}	rjijr^{2}	mjor^{1}	ljij^{2}	·jij^{1}	mər^{2}
愿	诸	菩	萨	十	方	如	来	之	本

法，于因自在，法无所住。愿诸菩萨，了知十方如来本

4.10.6

[illegible]	[illegible]	[illegible]，	[illegible]	[illegible]	[illegible]	[illegible]	[illegible]	[illegible]	[illegible]	[illegible]
dạ^{2}	djij^{2}	nwə^{1}	mee^{2}	mjijr^{2}	le^{2}	mjij^{1}	ŋwu^{2}	rjur^{1}	tha^{1}	lhjịj^{2}
事	△	知，	神	通	畏	无	以	诸	佛	国

[illegible]	[illegible]	[illegible]。	[illegible]	[illegible]	[illegible]	[illegible]	[illegible]	[illegible]	[illegible]
·u^{2}	kjij^{1}	njɨ^{2}	thja^{2}	dźiã^{2}	tśhju^{1}	·jij^{1}	gji^{1}	sej^{1}	tsjiir^{1}
中	△	至。	彼	众	生	之	清	净	法

事，以神通无畏遍诸佛刹，授彼众生清净法

4.10.7

[illegible]	[illegible]	[illegible]。	[illegible]	[illegible]	[illegible]	[illegible]	[illegible]	[illegible]	[illegible]	[illegible]，
mej^{1}	djij^{2}	khjow^{1}	nioow^{1}	seew^{2}	tshjiij^{1}	mjij^{1}	tsjiir^{1}	kjọ^{1}	phie^{2}	neej^{2}
眼	△	与。	复	思	议	不	法	△	开	示，

[illegible]	[illegible]	[illegible]	[illegible]	[illegible]	[illegible]	[illegible]	[illegible]	[illegible]。	[illegible]
tha^{1}	sjịj^{2}	tśier^{1}	·ju^{2}	neew^{2}	ɣjɨr^{1}	djij^{2}	śjɨj^{1}	we^{1}	ŋa^{2}
佛	智	方	便	善	造	△	成	熟。	我

眼，亦为开示不思议法，成熟佛智方便善巧。我

4.11.1

[illegible]	[illegible]	[illegible]	[illegible]	[illegible]	[illegible]	[illegible]	[illegible]。	[illegible]	[illegible]

① 去、来、现在，西夏文字面意思是“过去、未来、现住”。

thjɨ^{2} wo^{2} nioow^{1} tśhjwo^{1} ɣju^{1} ·jɨr^{1} kjir^{2} ŋa^{2} lew^{1} tji̠^{1}
此 义 因 故 请 问 敢 我。 惟 愿
[illegible]
rjur^{1} pju̠^{1} mjor^{1} ljij^{2} ·jij^{1} ljɨ^{2} wa̠^{2} ljij^{2} tśier^{1} ·ju^{2}
世 尊 如 来 之 地 广 大 方 便

缘斯义敢有所请,惟愿世尊,说如来地广大方便

4.11.2

[illegible]
zji^{2} na^{1} tsjiir^{1} nioow^{1} ŋowr^{2} ŋowr^{2} sji̠j^{2} nioow^{1} rjur^{1} neew^{2} ɣjɨr^{1}
最 深 法, 复 一 切 智 故, 诸 善 造
[illegible]
ɣjiw^{1} mjɨ^{1} pju̠^{1} seew^{2} tshjiij^{1} mjij^{1} tsjiir^{1} wo^{2} tshwew^{1} rjɨr^{2}
摄 无 量 思 议 不 法 理 趣 △

甚深之法,为一切智,摄诸善巧无量不思议法理趣,

4.11.3

[illegible]
tshjiij^{1} nja^{2} thja^{1} dźiã^{2} tsjij^{2} ·jij^{1} tji̠^{1} nioow^{1} tśier^{1} ·ju^{2} neew^{2}
说 △, 彼 菩 萨 之 愿 及 方 便 善
[illegible]
ɣjɨr^{1} io̠^{1} sə^{1} phji^{1} lew^{2} thja^{1} rjur^{1} dźiã^{2} tsjij^{2} tsjiir^{1}
造 圆 满 令 应。 彼 诸 菩 萨 法

令彼菩萨愿及方便善巧圆满,此诸菩萨

4.11.4

[illegible]
mji^{1} dźjwa^{1} nioow^{1} to^{2} zji^{2} ljij^{2} tsjiir^{1} bji^{1} swew^{1} lja̠^{1} rjir^{1}
闻 毕, 复 尽 皆 大 法 光 明 证 得,
[illegible]
po^{1} tjɨj^{1} buu^{2} gjij^{1} neew^{2} ɣjɨr^{1} śjɨj^{1} ·jiw^{2} nioow^{1} thja^{1}
菩 提 胜 殊 善 造 成 就, 复 彼

预闻法已，悉皆获证大法光明，成就菩提殊胜善巧，及彼

4.11.5

[illegible]	[illegible]	[illegible]	[illegible]	[illegible]	[illegible]	[illegible]	[illegible]。
ljij^{2}	tjị^{1}	tsjɨ^{1}	zji^{2}	iọ^{1}	sə^{1}	rjir^{1}	ljɨ^{1}
大	愿	亦	皆	圆	满	得	也。

弘誓悉令圆满。

汉文本

世尊，我今敢缘斯义，请问如来无碍法门决定之义。世尊，云何彼诸菩萨无量法门，法光明门，及一切法方便发起？复愿如来说不灭坏寂静法门，兼演无边微密法藏，具足成就念力无断，降伏魔怨及诸异论，而不为彼之所摧伏。惟愿如来演说正法，令诸众生积集善根，亦令积集无边善巧，于一切智智示现出生，随念结集无量法要，得诸辩才清净具足，相续不乱无等句义。欲令证得无量法门，及陀罗尼真实方便，又令众生发起意乐，为说先后两际加行，示见去、来、现在诸法，于因自在，法无所住。愿诸菩萨，了知十方如来本事，以神通无畏遍诸佛刹，授彼众生清净法眼，亦为开示不思议法，成熟佛智方便善巧。我缘斯义敢有所请，惟愿世尊，说如来地广大方便甚深之法，为一切智，摄诸善巧无量不思议法理趣，令彼菩萨愿及方便善巧圆满，此诸菩萨预闻法已，悉皆获证大法光明，成就菩提殊胜善巧，及彼弘誓悉令圆满。

4.11.6

[illegible]	[illegible]，	[illegible]	[illegible]	[illegible]	[illegible]	[illegible]	[illegible]	[illegible]	[illegible]	[illegible]
tśhjɨ^{1}	zjọ^{2}	tha^{1}	bju^{2}	mjij^{1}	ljuu^{2}	tshjịj^{2}	po^{1}	tsa^{1}	ma^{2}	ŋạ^{2}
尔	时，	佛	边	无	庄	严	菩	萨	摩	诃
[illegible]	[illegible]	[illegible]：	[illegible]	[illegible]！	[illegible]	[illegible]！	[illegible]	[illegible]	[illegible]	
tsa^{1}	·jij^{1}	·jɨ^{1}	tjij^{2}	rjijr^{2}	tjij^{2}	rjijr^{2}	bju^{2}	mjij^{1}	ljuu^{2}	
萨	之	谓：	善	哉！	善	哉！	边	无	庄	

尔时，佛告无边庄严菩萨摩诃萨言：善哉！善哉！无边庄

4.11.7

[illegible]	[illegible]	[illegible]，	[illegible]	[illegible]	[illegible]	[illegible]	[illegible]	[illegible]	[illegible]	[illegible]
tshjịj^{2}	dźiã^{2}	tsjij^{2}	nji^{2}	sjij^{1}	rjur^{1}	dźiã^{2}	tsjij^{2}	nioow^{1}	gji^{1}	sej^{1}
严	菩	萨，	汝	今	诸	菩	萨	故	清	净

tjį^{1}	tśier^{1}	·ju^{2}	neew^{2}	ɣjɨr^{1}	dźjiij^{1}	nioow^{1}	rjur^{1}	dźiã^{2}	tśhju^{1}
愿	方	便	善	造	住。	复	诸	众	生

严，汝今为诸菩萨，住清净愿方便善巧，亦为哀愍诸众生故，

4.12.1

·jij^{1}	njij^{2}	śjow^{1}	nioow^{1}	kjɨ^{1}	djɨj^{2}	źjɨr^{1}	ŋwu^{2}	mjor^{1}	ljɨj^{2}	·jij^{1}
之	慈	悲	故，	决	定	慧	以	如	来	之
·jɨr^{1}	njwi^{2}	dźjiij^{1}	nji^{2}	·jij^{1}	tśhja^{2}	·ioow^{1}	tja^{1}	tsew^{2}	du^{2}	
问：	善	住，	汝	之	德	功	者	限	量	

以决定慧善问如来，汝之功德无有限量，

4.12.2

mji^{1}	dju^{1}	djį^{2}	nji^{2}	djį^{2}	nji^{2}	źjɨr^{1}	bju^{1}	ljɨr^{2}	lew^{2}	ŋa^{2}	sjij^{1}
无	有。	谛	听！	谛	听！	实	依	念	应，	我	今
nji^{2}	·jij^{1}	phjo^{2}	kaɪ^{2}	phie$^{?}$	tshjiij^{1}	rjur^{1}	dźiã^{2}	tsjij^{2}	·jij^{1}	tha^{1}	
汝	之	分	别	解	说，	诸	菩	萨	之	佛	

谛听！谛听！如实思惟，我今为汝分别解说，令诸菩萨于佛

4.12.3

sjij^{2}	mjɨɨ^{2}	ɣa^{2}	mjɨ^{1}	pjų^{1}	mə^{2}	mə^{2}	tśhja^{2}	·ioow^{1}	to^{2}
智	境	于，	无	量	种	种	正	功	出
wee^{1}	phjo^{2}	ŋa^{2}	dzjɨj^{1}	bju^{2}	mjij^{1}	ljuu^{2}	tshjij^{2}	dźiã^{2}	tsjij^{2}
生	令	我。	时	边	无	庄	严	菩	萨

智境，出生无量种种功德。无边庄严菩萨

4.12.4

[illegible]

dạ^{2} lew^{1} tjị^{1} rjur^{1} pjụ^{1} rjɨr^{2} tshjiij^{1} nja^{2} ŋa^{2} njɨ^{2} tsjɨ^{1} mji^{1} ŋwe^{1}

言： 惟 愿 世 尊 △ 说 △， 我 等 亦 闻 乐。

言：惟然世尊，我等乐闻。

4.12.5

[illegible]

tśhjɨ^{1} zjọ^{2} tha^{1} bju^{2} mjij^{1} ljuu^{2} tshjịj^{2} dźiã^{2} tsjij^{2} ·jij^{1} dạ^{2}

尔 时， 佛 边 无 庄 严 菩 萨 之 言

[illegible]

·jɨ^{1} tjij^{1} rjur^{1} dźiã^{2} tsjij^{2} bju^{2} mjij^{1} neew^{2} ɣjɨr^{1} tjị^{1}

谓： 若 诸 菩 萨 边 无 善 造 愿

尔时，佛告无边庄严：若诸菩萨，为求无边善巧愿者，

4.12.6

[illegible]

kjụ^{1} ku^{1} rjur^{1} tha^{1} gjwɨ^{1} dwuu^{2} ŋwuu^{1} dạ^{2} ɣiwej^{1} ·jiij^{1} sjwɨ^{1}

求， 故 诸 佛 坚 秘 言 语， 受 持 思

[illegible]

sjiij^{2} wo^{2} bju^{1} bioo^{1} mej^{1} lew^{2} thjij^{2} sjo^{2} bioo^{1} mej^{1}

惟， 理 依 观 察 应， 何 云 观 察

应知诸佛秘密语言，受持思惟，如理观察。云何观察？

4.12.7

[illegible]

ljɨ^{1} bju^{2} mjij^{1} ljuu^{2} tshjịj^{2} dźiã^{2} tsjij^{2} mjor^{1} ljịj^{2} ·jij^{1} sjịj^{2}

也？ 边 无 庄 严 菩 萨 如 来 之 智

[illegible]

rjur^{1} neew^{2} ɣjɨr^{1} ɣjiw^{1} rjɨr^{2} tshjiij^{1} tshjiij^{1} tja^{1} to^{2} zji^{2}

诸 善 造 摄 △ 说， 说 者 尽 皆

无边庄严，如来之智摄诸善巧，有所宣说无不

4.13.1

[illegible]	[illegible]，	[illegible]	[illegible]	[illegible]	[illegible]	[illegible]	[illegible]	[illegible]	[illegible]	[illegible]
gji1	sej1	thja1	rjur1	dźiā2	tsjij2	thjɨ2	tsjiir1	·jɨr2	djọ2	dźjịj1
清	净，	彼	诸	菩	萨	此	法	勤	修	行
[illegible]，	[illegible]	[illegible]	[illegible]	[illegible]	[illegible]	[illegible]	[illegible]	[illegible]，	[illegible]	
lew2	rjur1	tha1	rjɨr2	tshjiij1	tja1	zji2	tśhja2	ka1	ljịj2	
应，	诸	佛	△	说	者	皆	平	等，	大	

清净。是诸菩萨，应当进修此之法要，诸佛所说皆是平等，

4.13.2

[illegible]	[illegible]	[illegible]	[illegible]。	[illegible]	[illegible]	[illegible]	[illegible]	[illegible]	[illegible]	[illegible]
wjuu1	no2	dźjiij1	ŋwu2	dźiā2	tśhju1	·jij1	kjɨ1	djɨj2	zji2	śjɨj1
悲	安	住	是。	众	生	之	决	定	皆	成
[illegible]	[illegible]。	[illegible]	[illegible]	[illegible]	[illegible]，	[illegible]	[illegible]	[illegible]	[illegible]	[illegible]
we1	phji1	rjur1	dźiā2	tśhju1	djij1	tjij1	njɨɨ1	·ụ2	ɣa2	njiij1
熟	令。	诸	众	生	辈，	若	二	乘	于	心

安住大悲普于群生①，决定成熟诸有情类，或于下乘②

4.13.3

[illegible]	[illegible]	[illegible]	[illegible]	[illegible]，	[illegible]	[illegible]	[illegible]	[illegible]，	[illegible]
tjị1	ŋwu2	bie2	lhew2	kjụ1	ɣię2	mji1	tśja1	lhjụ2	tśhioow1
诚	以	解	脱	求，	声	闻	道	获，	或
[illegible]	[illegible]	[illegible]	[illegible]	[illegible]	[illegible]	[illegible]	[illegible]	[illegible]	[illegible]③
tśhioow1	źjɨr1	ɣiej1	zji2	buu2	djiij2	phã1	ɣa2	ljịj2	tjị1
或	实	真	最	胜	涅	槃	于	大	愿

志希解脱④，于声闻道，有于真实⑤最胜涅槃，弘誓

---

① 安住大悲普于群生，西夏文字面意思是“大悲安住”。
② 下乘，西夏文字面意思是“二乘”。
③ [illegible]，西夏文字面意思是“大愿”，与汉文本中的“弘誓”对译。
④ 志希解脱，西夏文字面意思是“诚心以求解脱”。
⑤ 有于真实，西夏文字面意思是“或或真实”。

4.13.4

[illegible]	[illegible]，	[illegible]	[illegible]	[illegible]	[illegible]。	[illegible]	[illegible]	[illegible]	[illegible]	[illegible]
iọ^{1}	sə^{1}	ŋowr^{2}	ŋowr^{2}	sjịj^{2}	śjɨj^{1}	ŋa^{2}	sjij^{1}	zji^{2}	phju^{2}	bie^{2}
圆	满，	一	切	智	成。	我	今	最	上	解
[illegible]	[illegible]	[illegible]，	[illegible]	[illegible]	[illegible]	[illegible]	[illegible]	[illegible]	[illegible]，	
lhew^{2}	no^{2}	dźjiij^{1}	dzjij^{2}	·u̧^{2}	bji^{2}	dźju^{2}	tsjiir^{1}	khwa^{1}	ka^{2}	
脱	安	住，	余	乘	下	劣	法	远	离，	

圆满成一切智。我今安住无上解脱,远离余乘下劣之法,

4.13.5

[illegible]	[illegible]	[illegible]	[illegible]	[illegible]	[illegible]	[illegible]	[illegible]，	[illegible]	[illegible]	[illegible]
rjur^{1}	tha^{1}	dwuu^{2}	rjɨj^{2}	ŋwuu^{1}	dạ^{2}	·o^{2}	njwi^{2}	nioow^{1}	mjor^{1}	ljịj^{2}
诸	佛	秘	计	言	语	入	善，	及	如	来
[illegible]	[illegible]	[illegible]	[illegible]	[illegible]，	[illegible]	[illegible]	[illegible]	[illegible]	[illegible]	
mjij^{1}	dzjọ^{1}	ŋwuu^{1}	gjwi^{2}	tshjiij^{1}	wạ^{2}	ljịj^{2}	gji^{1}	sej^{1}	rjur^{1}	
无	比	言	句	说，	广	大	清	净	诸	

善入诸佛秘密语言,及说如来无比词句,广大清净

4.13.6

[illegible]	[illegible]	[illegible]，	[illegible]	[illegible]	[illegible]	[illegible]	[illegible]	[illegible]	[illegible]	[illegible]，
tsjiir^{1}	ɣjiw^{1}	ɣiwej^{1}	rjur^{1}	dźiã^{2}	tśhju^{1}	·jij^{1}	thja^{1}	tśhji^{2}	tsjiir^{2}	bju^{1}
法	摄	受，	诸	众	生	之	彼	根	性	依，
[illegible]	[illegible]	[illegible]	[illegible]	[illegible]，	[illegible]	[illegible]	[illegible]	[illegible]	[illegible]	
bie^{2}	lhew^{2}	śjɨj^{1}	we^{1}	phji^{1}	tjij^{1}	nioow^{1}	thja^{1}	tsjiir^{1}	ɣa^{2}	
解	脱	成	熟	令，	若	复	彼	法	于	

摄受诸法,令诸有情随彼根性,解脱成熟,然于是法

4.13.7

[illegible]	[illegible]	[illegible]	[illegible]，	[illegible]	[illegible]	[illegible]	[illegible]，	[illegible]	[illegible]	[illegible]
to^{2}	zji^{2}	tśhja^{2}	ka^{1}	mji^{1}	lhu^{1}	mji^{1}	tjij^{1}	kiej^{1}	mjij^{1}	rar^{2}
尽	皆	平	等，	不	增	不	减，	缺	无	漏

[illegible]，	[illegible]	[illegible]	[illegible]	[illegible]	[illegible]	[illegible]	[illegible]	[illegible]，	[illegible]
mjij^1	rjɨr^2	njɨ^2	tsə̣^{1}	mjij^1	nioow^1	ŋwer^1	mjij^1	tsə̣^{1}	bju^2
无，	乃	至	色	无	及	等	无	色，	边

皆悉平等，不增不减，无缺无漏，乃至无色，及无等色，无边

4.14.1

[illegible]	[illegible]	[illegible]，	[illegible]	[illegible]	[illegible]	[illegible]。	[illegible]	[illegible]	[illegible]	[illegible]
mjij^1	ljow^2	mjij^1	·jij^1	tsjiir^2	gji^1	sej^1	rjur^1	tha^1	rjur^1	pjụ^1
无	界	无，	自	性	清	净。	诸	佛	世	尊
[illegible]	[illegible]	[illegible]	[illegible]，	[illegible]	[illegible]	[illegible]	[illegible]	[illegible]	[illegible]	
rjɨr^2	tshjiij^1	sji^2	ŋwu^2	·jij^1	tsjiir^2	mər^2	tsjiir^2	źjɨr^1	bju^1	
△	说	△	是，	自	性	本	性	实	依	

无际，自性清净。诸佛世尊之所演说，自性本性如实

4.14.2

[illegible]	[illegible]，	[illegible]	[illegible]	[illegible]	[illegible]	[illegible]	[illegible]，	[illegible]	[illegible]	[illegible]？
nwə^1	tsjij^2	tsjij^2	mji^1	tsjij^2	tsjiir^1	mji^1	dju^1	thjij^2	sjo^2	ljɨ^1
知	了，	了	不	了	法	无	有，	何	云	也？
[illegible]	[illegible]	[illegible]	[illegible]	[illegible]	[illegible]	[illegible]	[illegible]	[illegible]	[illegible]	
rjur^1	tsjiir^1	ŋowr^2	ŋowr^2	zji^2	mjor^1	ljịj^2	·jij^1	dź- ^{0}	mjiij^2	
诸	法	一	切	皆	如	来	之	假	名	

了知，而无有法了不了者。何以故？一切诸法，皆是如来假名

4.14.3

[illegible]	[illegible]	[illegible]	[illegible]	[illegible]。	[illegible]	[illegible]	[illegible]	[illegible]	[illegible]	[illegible]
rjɨr^2	tshjiij^1	sji^2	ŋwu^2	ljɨ^1	tjij^1	thja^2	rjur^1	tsjiir^1	dź- ^{0}	mjiij^2
△	说	△	是	也。	若	彼	诸	法	假	名
[illegible]	[illegible]，	[illegible]	[illegible]	[illegible]	[illegible]	[illegible]	[illegible]	[illegible]，	[illegible]	
bju^1	tshjiij^1	ku^1	tsjiir^1	ŋwu^2	thu^1	phjij^1	tjị^2	mjij^1	wjị^2	
依	说，	则	法	以	设	施	可	无，	示	

说故。若彼诸法由假名者，是则不可以法施设，亦无示现。

4.14.4

[illegible]	[illegible]	[illegible]。	[illegible]	[illegible]	[illegible]	[illegible]，	[illegible]	[illegible]	[illegible]	[illegible]
śja^{2}	tsjɨ^{1}	mjij^{1}	wjị^{2}	śja^{2}	mjij^{1}	ku^{1}	mjor^{1}	ljij^{2}	rjɨr^{2}	tshjiij^{1}
现	亦	无。	示	现	无	故，	如	来	△	说
[illegible]	[illegible]	[illegible]	[illegible]	[illegible]	[illegible]，	[illegible]	[illegible]	[illegible]	[illegible]	
tja^{1}	zji^{2}	buu^{2}	wo^{2}	ɣiej^{1}	ŋwu^{2}	tsjiir^{1}	bju^{1}	rjur^{1}	tsjiir^{1}	
者	皆	胜	义	真	是，	法	随	诸	法	

无示现故，如来所说皆真胜义，随法同入一切诸法。

4.14.5

[illegible]	[illegible]	[illegible]	[illegible]。	[illegible]	[illegible]	[illegible]	[illegible]	[illegible]	[illegible]	[illegible]
ŋowr^{2}	ŋowr^{2}	thwuu^{1}	·o^{2}	tsjiir^{1}	ŋowr^{2}	ŋowr^{2}	ɣa^{2}	phjo^{2}	kar^{2}	mji^{1}
一	切	同	入。	法	一	切	于	分	别	不
[illegible]，	[illegible]	[illegible]	[illegible]	[illegible]，	[illegible]	[illegible]	[illegible]	[illegible]	[illegible]	
dźjiij^{1}	mji^{1}	dźjiij^{1}	tsjɨ^{1}	njaa^{2}	phjo^{2}	kar^{2}	tsjiir^{1}	nioow^{1}	mji^{1}	
住，	不	住	亦	非，	分	别	法	及	无	

于一切法不住分别，亦非不住，以分别法及无

4.14.6

[illegible]	[illegible]	[illegible]。	[illegible]	[illegible]	[illegible]	[illegible]，	[illegible]	[illegible]	[illegible]	[illegible]
phjo^{2}	kar^{2}	mjij^{1}	źjɨr^{1}	ɣiej^{1}	tśhja^{2}	ka^{1}	ku^{1}	tsjiir^{1}	ŋowr^{2}	ŋowr^{2}
分	别	无。	实	真	平	等，	则	法	一	切
[illegible]	[illegible]	[illegible]	[illegible]，	[illegible]	[illegible]	[illegible]	[illegible]。	[illegible]	[illegible]	
do^{2}	pha^{1}	mjij^{1}	ljạ^{1}	tsjiir^{1}	wee^{1}	mji^{1}	dju^{1}	thjɨ^{2}	sju^{2}	
差	异	无	证，	法	生	不	有。	此	如	

分别，如实平等，证一切法，无有差别。法无有生，如是

4.14.7

[illegible]	[illegible]	[illegible]	[illegible]	[illegible]	[illegible]。	[illegible]	[illegible]	[illegible]	[illegible]，	[illegible]
wee^{1}	tsjiir^{1}	dju^{1}	lew^{2}	mjij^{1}	ljɨ^{1}	tsjiir^{1}	tsjiir^{1}	mji^{1}	dju^{1}	dźiã^{2}
生	法	有	应	无	也。	法	法	不	有，	众

[illegible]

tśhju^1 lạ^1 phjo^2 kar^2 śjwo^1 njɨ^2 dza^2 nioow^1 ljɨ^1 tsjiir^1

生 诳 分 别 生 遍 量 故 也。 法

生法无所有故;法无有法,生妄分别遍计度故;法

4.15.1

[illegible]

śjwo^1 mji^1 dju^1 ·jij^1 mjɨ^1 dzju^2 ljɨ^1 tsjiir^1 dźjwɨ^1 bju^1 ka^1

生 不 有， 自 不 在 也。 法 相 依 等

[illegible]

śjwo^1 mjij^1 iọ^1 sə^1 dźjiɨr^1 ljɨ^1 tsjiir^1 wji^1 ·ioow^1 mjij^1

生 无， 圆 满 舍 也。 法 为 功 无，

无有起,不自在故;法无观待①,舍圆满故;法无作用,

4.15.2

[illegible]

śjɨ^1 lja^1 mjij^1 ljɨ^1 tsjiir^1 ·jij^1 tsjiir^2 mjij^1 ·jij^1 tsjiir^2 tsjiir^1

往 来 无 也。 法 自 性 无， 自 性 法

[illegible]

ŋowr^2 ŋowr^2 gjiij^1 dzjịj^1 ljɨ^1 tsjiir^1 mər^2 tśhja^2 ka^1 do^2

一 切 超 过 也。 法 本 正 等， 差

无去来故;法无自性,超过一切自性法故;法本平等,

4.15.3

[illegible]

pha^1 mji^1 dju^1 kheej^1 ljɨ^1 mjij^1 ljɨ^1 wji^1 wji^1 tsjiir^1 bju^1

异 无 有， 戏 论 无 也。 为 为 法 随，

[illegible]

buu^2 gjij^1 tjị^1 śjwo^1 to^2 zji^2 śjɨj^1 ·jiw^2 thja^2 kha^1

胜 殊 愿 生， 尽 皆 成 就。 彼 中

① 法无观待,西夏文字面意思是"法相依等不起"。

无有差别,无戏论故;随所作法①,起殊胜愿,无不成就。而于其中

4.15.4

[illegible]	[illegible]	[illegible],	[illegible]	[illegible]	[illegible]	[illegible]	[illegible]	[illegible]	[illegible]	[illegible],
wji^1	mjijr^2	mjij^1	rjɨr^2	njɨ^2	zjɨɨr^1	zjij^1	rjir^1	lew^2	tsjiir^1	mjij^1
为	者	无,	乃	至	希	许	得	应	法	无,
[illegible]	[illegible]	[illegible]	[illegible]。	[illegible]	[illegible]	[illegible]	[illegible]	[illegible]	[illegible]	
zji^2	ŋa^1	kha^1	lji̱^{1}	thjɨ^2	nioow^1	mjor^1	ljij^2	tsjiir^1	ŋowr^2	
皆	空	中	堕。	此	故	如	来	法	一	

无有作者,乃至无有少法所得,皆归于空。是故如来说:一

4.15.5

[illegible]	[illegible]	[illegible]	[illegible]	[illegible]	[illegible]	[illegible]	[illegible]	[illegible]	[illegible]。	[illegible]
ŋowr^2	zji^2	·wjɨ̱^{1}	sju^2	mjiij^1	sju^2	bji^2	bjij^2	mjij^1	tshjiij^1	ŋa^2
切	皆	幻	如	梦	如	下	上	无	说。	我
[illegible]	[illegible]	[illegible]	[illegible]	[illegible]	[illegible],	[illegible]	[illegible]	[illegible]	[illegible]	[illegible]
thjɨ^2	gji^1	sej^1	ljij^2	tji̱^{1}	ŋwu^2	dźiā^2	tśhju^1	·jij^1	ɣjiw^1	zjij^1
此	清	净	大	愿	以,	众	生	之	摄	时

切法如幻如梦,无有高下②。我当以此清净弘誓,摄众生时,

4.15.6

[illegible]	[illegible]	[illegible]	[illegible]	[illegible]	[illegible]	[illegible]	[illegible]。
źjɨr^1	zjɨɨr^1	zjij^1	tsjiir^1	zjij^1	lew^2	mjij^1	ljɨ^1
实	少	许	法	著	应	无	也。

实无少法③而可著者。

① 随所作法,西夏文字面意思是"随为为法"。

② 高下,西夏文字面意思是"上下"。

③ 少法,西夏文字面意思是"少许法"。

汉文本

尔时，佛告无边庄严菩萨摩诃萨言：善哉！善哉！无边庄严，汝今为诸菩萨，住清净愿方便善巧，亦为哀愍诸众生故，以决定慧善问如来，汝之功德无有限量，谛听！谛听！如实思惟，我今为汝分别解说，令诸菩萨于佛智境，出生无量种种功德。

无边庄严菩萨言：惟然世尊，我等乐闻。

尔时，佛告无边庄严：若诸菩萨，为求无边善巧愿者，应知诸佛秘密语言，受持思惟，如理观察。云何观察？无边庄严，如来之智摄诸善巧，有所宣说无不清净。是诸菩萨，应当进修此之法要，诸佛所说皆是平等，安住大悲普于群生，决定成熟诸有情类，或于下乘志希解脱，于声闻道，有于真实最胜涅槃，弘誓圆满成一切智。我今安住无上解脱，远离余乘下劣之法，善入诸佛秘密语言，及说如来无比词句，广大清净摄受诸法，令诸有情随彼根性，解脱成熟，然于是法皆悉平等，不增不减，无缺无漏，乃至无色，及无等色，无边无际，自性清净。诸佛世尊之所演说，自性本性如实了知，而无有法了不了者。何以故？一切诸法，皆是如来假名说故。若彼诸法由假名者，是则不可以法施设，亦无示现。无示现故，如来所说皆真胜义，随法同入一切诸法。于一切法不住分别，亦非不住，以分别法及无分别，如实平等，证一切法，无有差别。法无有生，如是生法无所有故；法无有法，生妄分别遍计度故；法无有起，不自在故；法无观待，舍圆满故；法无作用，无去来故；法无自性，超过一切自性法故；法本平等，无有差别，无戏论故；随所作法，起殊胜愿，无不成就。而于其中无有作者，乃至无有少法所得，皆归于空。是故如来说：一切法如幻如梦，无有高下。我当以此清净弘誓，摄众生时，实无少法而可著者。

4.15.6

[illegible]	[illegible]	[illegible]	[illegible]	[illegible]	[illegible]，	[illegible]	[illegible]	[illegible]	[illegible]	[illegible]	[illegible]	[illegible]	[illegible]
bju^{2}	mjij^{1}	ljuu^{2}	tshjịj^{2}	dźiā^{2}	tsjij^{2}	thjɨ^{2}	tja^{1}	rjur^{1}	dźiā^{2}	tsjij^{2}	njɨ^{2}	·jij^{1}	tsjiir^{1}
边	无	庄	严	菩	萨，	此	者	诸	菩	萨	等	之	法

无边庄严，此是诸菩萨等法

4.15.7

[illegible]	[illegible]	[illegible]	[illegible]。	[illegible]	[illegible]	[illegible]	[illegible]	[illegible]	[illegible]	[illegible]
bji^{1}	swew^{1}	ɣa^{1}	ŋwu^{2}	thjɨ^{2}	ɣa^{1}	nioow^{1}	ku^{1}	buu^{2}	gjij^{1}	ljịj^{2}
光	明	门	是。	此	门	故	则	胜	殊	大

[illegible]	[illegible]	[illegible]，	[illegible]	[illegible]	[illegible]	[illegible]	[illegible]	[illegible]	[illegible]
tjị^{1}	lhu^{1}	dzja^{1}	dzjọ^{1}	sju^{2}	be^{2}	to^{2}	bji^{1}	swew^{1}	njɨ^{2}
愿	增	长，	譬	如	日	出	光	明	普

光明门，由斯门故，于殊胜愿而得增长，如日出现光明普

4.16.1

[illegible],	[illegible]	[illegible]	[illegible]	[illegible]	[illegible]	[illegible],	[illegible]	[illegible]	[illegible]	[illegible]
swew[1]	thjɨ[2]	sju[2]	neew[2]	goor[1]	gji[2]	njɨ[2]	thjɨ[2]	tsjiir[1]	ɣa[1]	ɣa[2]
照,	此	如	善	男	子	等,	此	法	门	于
[illegible]	[illegible]	[illegible]	[illegible],	[illegible]	[illegible]	[illegible]	[illegible]	[illegible]	[illegible]	
dźiej[2]	tsjij[2]	njwi[2]	tja[1]	rjur[1]	dźiã[2]	tśhju[1]	·jij[1]	tsjiir[1]	bji[1]	
信	解	能	者,	诸	众	生	之	法	光	

照,如是善男子等,于此法门能信解者,与诸众生作法光

4.16.2

[illegible]	[illegible]。	[illegible]	[illegible]	[illegible]	[illegible]	[illegible]	[illegible],	[illegible]	[illegible]	[illegible]
swew[1]	we[2]	bju[2]	mjij[1]	ljuu[2]	tshjịj[2]	dźiã[2]	tsjij[2]	tjij[1]	rjur[1]	dźiã[2]
明	是。	边	无	庄	严	菩	萨,	若	诸	菩
[illegible]	[illegible]	[illegible]	[illegible]	[illegible],	[illegible]	[illegible]	[illegible]	[illegible]	[illegible]	
tsjij[2]	·u[2]	tśhja[2]	sjwɨ[1]	sjiij[2]	djɨr[2]	ŋewr[1]	khiee[1]	mjij[1]	no[2]	
萨	内	正	思	惟,	外	杂	乱	无	安	

明。无边庄严,若诸菩萨,内正思惟,外无散乱,安

4.16.3

[illegible],	[illegible]	[illegible]	[illegible]	[illegible]	[illegible]	[illegible],	[illegible]	[illegible]	[illegible]	[illegible]
dźjiij[1]	rjur[1]	ɣiẹ[2]	lụ[2]	phja[1]	njwi[2]	tja[1]	dźiã[2]	tsjij[2]	·jij[1]	njɨ[2]
住,	诸	障	碍	断	能	者,	菩	萨	之	普
[illegible]	[illegible]	[illegible]	[illegible]	[illegible],	[illegible]	[illegible]	[illegible]	[illegible]	[illegible]	
bji[1]	sã[1]	mej[2]	bju[1]	ljɨr[2]	zji[2]	na[1]	tsjiir[1]	dźiej[2]	tsjij[2]	
光	三	昧	随	念,	最	深	法	信	解	

住能断诸障碍者,随念菩萨普光三昧,及能信解甚深法者,

4.16.4

[illegible]	[illegible],	[illegible]	[illegible]	[illegible]	[illegible]	[illegible]	[illegible]	[illegible]	[illegible],	[illegible]
njwi[2]	tja[1]	tśhjwo[1]	thjɨ[2]	rjur[1]	tsjiir[1]	ɣa[1]	bioo[1]	mej[1]	lew[2]	rjur[1]
能	者,	则	此	诸	法	门	观	察	应,	诸

[illegible]	[illegible]	[illegible]	[illegible]	[illegible]	[illegible]	[illegible]	[illegible]	[illegible]	[illegible]
tsjiir^{1}	ŋowr^{2}	ŋowr^{2}	mjor^{1}	ljịj^{2}	zji^{2}	nwə^{1}	nioow^{1}	śjwo^{1}	ɣa^{1}
法	一	切	如	来	皆	知	缘	起	门

应当观察此诸法门，一切诸法如来悉知，以缘起门，

4.16.5

[illegible]，	[illegible]	[illegible]	[illegible]	[illegible]。	[illegible]	[illegible]	[illegible]	[illegible]，	[illegible]	[illegible]
bju^{1}	phie^{2}	neej^{2}	nẹ^{1}	tshjiij^{1}	thjɨ^{2}	sju^{2}	nioow^{1}	śjwo^{1}	tshọ^{2}	lạ^{1}
依，	开	示	宣	说。	此	如	缘	起，	虚	诳
[illegible]	[illegible]，	[illegible]	[illegible]	[illegible]	[illegible]	[illegible]	[illegible]	[illegible]	[illegible]。	
mji^{1}	źjɨr^{1}	·jij^{1}	tsjiir^{2}	mər^{2}	tsjiir^{2}	to^{2}	zji^{2}	ŋa^{1}	mjij^{1}	
不	实，	自	性	本	性	尽	皆	空	寂。	

开示宣说。如是缘起，虚妄不实，自性本性皆悉空寂。

4.16.6

[illegible]	[illegible]	[illegible]	[illegible]	[illegible]	[illegible]	[illegible]	[illegible]，	[illegible]	[illegible]	[illegible]
thjɨ^{2}	nioow^{1}	śjwo^{1}	tsjiir^{2}	tsjɨ^{1}	źjɨr^{1}	ɣiej^{1}	njaa^{2}	dźiã^{2}	tśhju^{1}	·jij^{1}
此	缘	起	性	亦	实	真	非，	众	生	之
[illegible]	[illegible]	[illegible]	[illegible]	[illegible]	[illegible]。	[illegible]	[illegible]	[illegible]	[illegible]	
dza^{1}	laa^{1}	gji^{1}	sej^{1}	we^{2}	phji^{1}	śja^{1}	rjijr^{2}	ɣa^{2}	tjoo^{1}	
杂	染	清	净	是	令。	十	方	于	寻	

是缘起性亦非真实，能令众生杂染清净；于十方

4.16.7

[illegible]，	[illegible]	[illegible]	[illegible]	[illegible]，	[illegible]	[illegible]	[illegible]	[illegible]	[illegible]
·ju^{2}	zji^{2}	rjir^{1}	tji^{2}	mjij^{1}	rjir^{1}	lew^{2}	mjij^{1}	ku^{1}	ɣjiw^{1}
求，	皆	得	可	不，	得	所	无	则	摄
[illegible]	[illegible]	[illegible]，	[illegible]	[illegible]	[illegible]	[illegible]	[illegible]	[illegible]	[illegible]
ɣiwej^{1}	tsjɨ^{1}	mjij^{1}	ɣjiw^{1}	ɣiwej^{1}	mjij^{1}	ku^{1}	ŋa^{2}	rjɨr^{2}	tshjiij^{1}
受	亦	无，	摄	受	无	则	我	所	说
[illegible]	[illegible]	[illegible]	[illegible]	[illegible]，	[illegible]	[illegible]	[illegible]	[illegible]	
tja^{1}	tsjɨ^{1}	dźjɨɨr^{1}	ka^{2}	lew^{2}	nioow^{1}	tsjiir^{1}	njaa^{2}	mji^{1}	

者　亦　舍　离　应，复　法　非　不

求，皆不可得。无所得故，无有摄受；无摄受故，于我所说，尚应舍离，

4.17.1

[illegible] [illegible] [illegible] [illegible]？ [illegible] [illegible] [illegible] [illegible]， [illegible] [illegible] [illegible]

dźjiir^{1} tji̱^{2} ljo̱^{2} wjij^{2} dźjiir^{1} ka^{2} ·jɨ^{1} tja^{1} thja^{2} tsjɨ^{1} mji^{1}

舍　可　岂　有？舍　离　谓　者，彼　亦　不

[illegible]， [illegible] [illegible] [illegible] [illegible]， [illegible] [illegible] [illegible] [illegible]， [illegible]

dju^{1} lhjwi^{1} lew^{2} tsjɨ^{1} mjij^{1} rjijr^{2} ·ioow^{1} mji^{1} dju^{1} mər^{2}

有，取　应　亦　无，用　功　无　有，本

何况非法①？所言舍离，彼亦非有，亦无所取，无有功用，本

4.17.2

[illegible] [illegible] [illegible]。 [illegible] [illegible] [illegible] [illegible]， [illegible] [illegible] [illegible] [illegible]，

tsjiir^{2} gji^{1} sej^{1} rjur^{1} tsjiir^{1} ŋowr^{2} ŋowr^{2} phjo^{2} kar^{2} mji^{1} dju^{1}

性　清　净。诸　法　一　切，分　别　无　有，

[illegible] [illegible] [illegible] [illegible] [illegible] [illegible] [illegible]。 [illegible] [illegible] [illegible]

phjo^{2} kar^{2} źjɨr^{1} ɣiej^{1} tsjiir^{2} nwə^{1} tsjij^{2} rjur^{1} tsjiir^{1} ŋowr^{2}

分　别　实　真　性　了　知。诸　法　一

性清净。一切诸法，无有分别；了知分别，如实性故②。一切

4.17.3

[illegible]， [illegible] [illegible] [illegible] [illegible]， [illegible] [illegible] [illegible] [illegible]， [illegible] [illegible]

ŋowr^{2} dźjiij^{1} tji̱^{2} mji^{1} dju^{1} nioow^{1} ljij^{2} tji̱^{2} mjij^{1} do^{2} tsjiir^{2}

切，住　可　不　有，复　见　可　无，异　性

[illegible] [illegible]。 [illegible] [illegible] [illegible] [illegible]， [illegible] [illegible] [illegible] [illegible]，

mjij^{1} ljɨ^{1} thjɨ^{2} nioow^{1} rjur^{1} tsjiir^{1} dźjiij^{1} mjij^{1} bju^{1} mjij^{1}

无　也。此　故　诸　法，住　无　依　无，

诸法，无有所住，亦不可见，无异性故。是故诸法，无住无依，

① 何况非法，西夏文字面意思是“何况不舍非法”。

② 了知分别，如实性故，西夏文字面意思是“了知分别真实性”。

4.17.4

□	□	□	□	□	□	□	□。	□	□
lew^1	mjiij^2	dji^2	ŋwu^2	thu^1	phjij^1	nioow^1	dju^1	thja^2	zji^2
惟	名	字	以	设	施	故	有。	彼	皆
□	□，	□	□	□	□，	□	□	□	□，
ŋa^1	mjij^1	·jij^1	tsjiir^2	mji^1	dju^1	dźjiij^1	lew^2	mjij^1	dźjiij^1
空	寂，	自	性	无	有，	住	应	无	住，

但以名字施设而有。彼皆空寂，无有自性，无住而住，

4.17.5

□	□	□	□	□	□	□	□，	□	□	□、
thjɨ^2	nioow^1	rjur^1	tsjiir^1	dźjiij^1	tjị^2	mjij^1	ku^1	nioow^1	sji^1	ku^1
此	故	诸	法	住	可	无	故，	及	尽	故、
□	□、	□	□	□，	□	□	□	□	□	
dzjar^2	ku^1	·wjɨ^1	lej^2	ku^1	mjor^1	ljịj^2	lew^1	do^2	mjiij^2	
灭	故、	变	易	故，	如	来	惟	异	名	

是故诸法无有住处。处无有故①、尽故、灭故，及变易故，如来但以异名

4.17.6

□	□	□	□	□	□	□	□	□	□	□，
ŋwu^2	thjɨ^2	sju^2	dwuu^2	wo^2	nẹ^1	tshjiij^1	lew^1	nwə^1	tsjij^2	lew^2
以	此	如	密	义	宣	说	惟	了	知	应，
□	□	□	□	□	□，	□	□	□	□	
neew^2	mji^1	neew^2	tji^1	zow^2	zjịj^1	tjij^1	neew^2	tsjiir^1	zow^2	
善	不	善	不	持	著，	若	善	法	持	

宣说。如是密意应当了知，不应执着善与不善，若执善法，

4.17.7

□	□	□	□	□	□	□	□。	□	□	□
ku^1	thja^2	mji^1	neew^2	tsjiir^1	tsjɨ^1	zow^2	zjịj^1	thjɨ^2	sju^2	mji^1

① 诸法无有住处。处无有故，西夏文字面意思是“诸法无可住故”。

则	彼	不	善	法	亦	持	著。	此	如	不
[illegible]	[illegible]	[illegible]	[illegible]	[illegible]	[illegible]	[illegible]	[illegible]，	[illegible]	[illegible]	
neew^{2}	tsjiir^{1}	zow^{2}	nioow^{1}	rjur^{1}	tśjị^{1}	źjị^{1}	śjwo^{1}	tha^{1}	do^{2}	
善	法	持	故	诸	苦	烦	生，	佛	异	

彼不善法亦当执着，由执如是不善法故，生诸苦恼。佛以异名，

4.18.1

[illegible]	[illegible]	[illegible]	[illegible]	[illegible]	[illegible]	[illegible]	[illegible]	[illegible]，	[illegible]	[illegible]
mjiij^{2}	bju^{1}	thjɨ^{2}	ɣa^{2}	tśjị^{1}	śjɨj^{2}	dźjar^{2}	njir^{2}	tshjiij^{1}	neew^{2}	mji^{1}
名	依	此	于	苦	圣	谛	示	说，	善	不
[illegible]	[illegible]	[illegible]	[illegible]	[illegible]，	[illegible]	[illegible]	[illegible]	[illegible]	[illegible]	
neew^{2}	mji^{1}	zow^{2}	zjịj^{1}	nioow^{1}	ku^{1}	thja^{1}	rjur^{1}	dzu^{1}	dzjar^{2}	
善	不	持	著	故，	则	彼	诸	爱	灭	

于此示说为苦圣谛。由不执着善不善故，彼诸爱灭，

4.18.2

[illegible]	[illegible]	[illegible]	[illegible]	[illegible]	[illegible]	[illegible]	[illegible]，	[illegible]	[illegible]	[illegible]
mjor^{1}	ljịj^{2}	thjɨ^{2}	neew^{2}	tsjiir^{1}	phja^{1}	lew^{2}	ɣa^{2}	do^{2}	mjiij^{2}	śioo^{1}
如	来	此	善	法	断	应	于，	异	名	集
[illegible]	[illegible]	[illegible]	[illegible]。	[illegible]	[illegible]	[illegible]	[illegible]	[illegible]	[illegible]	
śjɨj^{2}	dźjar^{2}	njir^{2}	tshjiij^{1}	njɨɨ^{1}	tsew^{2}	śjɨj^{2}	dźjar^{2}	nwə^{1}	tsjij^{2}	
圣	谛	示	说。	二	第	圣	谛	知	解	

如来于此善法所断，异名示说为集圣谛。第二圣谛能了知故、

4.18.3

[illegible]、	[illegible]	[illegible]、	[illegible]	[illegible]、	[illegible]	[illegible]	[illegible]	[illegible]、	[illegible]
ku^{1}	dzjar^{2}	ku^{1}	sji^{1}	ku^{1}	sjwɨ^{1}	sjiij^{2}	mjij^{1}	ku^{1}	dwər^{1}
故、	灭	故、	尽	故、	忆	想	无	故、	倦
[illegible]	[illegible]	[illegible]	[illegible]	[illegible]	[illegible]	[illegible]、	[illegible]	[illegible]	[illegible]
ka^{2}	bioo^{1}	mej^{1}	dju^{1}	lew^{2}	mjij^{1}	ku^{1}	de^{2}	sjiij^{2}	lhjịj^{2}
离	观	察	有	应	无	故、	喜	想	受

灭故、尽故、无忆想故、厌离观察无所有故、无喜想受、

4.18.4

[illegible]、	[illegible]	[illegible]	[illegible]	[illegible]，	[illegible]	[illegible]	[illegible]	[illegible]	[illegible]	[illegible]
mjij^{1}	phjo^{2}	kar^{2}	mjij^{1}	ku^{1}	mjor^{1}	ljij^{2}	thjɨ^{2}	do^{2}	mjiij^{2}	ŋwuu^{1}
无、	分	别	无	故，	如	来	此	异	名	言
[illegible]	[illegible]，	[illegible]	[illegible]	[illegible]	[illegible]	[illegible]	[illegible]。	[illegible]	[illegible]	
dạ^{2}	bju^{1}	tśjị^{1}	dzjar^{2}	śjɨj^{2}	dźjar^{2}	we^{2}	phji^{1}	sọ^{1}	tsew^{2}	
语	依，	苦	灭	圣	谛	是	令。	三	第	

无分别故，如来于此异名言说，为苦灭谛。了知第三

4.18.5

[illegible]	[illegible]	[illegible]	[illegible]	[illegible]，	[illegible]	[illegible]	[illegible]	[illegible]	[illegible]，	[illegible]
dzjar^{2}	śjɨj^{2}	dźjar^{2}	nwə^{1}	tsjij^{2}	ku^{1}	thja^{1}	kjụ^{1}	lew^{2}	tśja^{1}	tsjiir^{1}
灭	圣	谛	知	解，	则	彼	求	所	道，	法
[illegible]	[illegible]	[illegible]	[illegible]	[illegible]	[illegible]	[illegible]，	[illegible]	[illegible]、	[illegible]	
ŋowr^{2}	ŋowr^{2}	ljɨ^{2}	źjɨr^{1}	bju^{1}	tsjij^{2}	·o^{2}	sjwɨ^{1}	sjiij^{2}	phjo^{2}	
一	切	地	实	依	解	入，	忆	想、	分	

灭圣谛故，是所求道，如实悟入一切法地，超过一切忆想、

4.18.6

[illegible]、	[illegible]	[illegible]	[illegible]	[illegible]	[illegible]，	[illegible]	[illegible]	[illegible]	[illegible]	[illegible]
kar^{2}	kheej^{1}	ljɨ^{1}	mjɨɨ^{2}	ŋowr^{2}	ŋowr^{2}	rejr^{2}	dzjịj^{1}	·jar^{1}	śjɨj^{2}	tśja^{1}
别、	戏	论	境	一	切，	多	过	八	圣	道
[illegible]	[illegible]	[illegible]	[illegible]	[illegible]	[illegible]，	[illegible]	[illegible]	[illegible]	[illegible]，	[illegible]
·jiw^{1}	rjir^{2}	bju^{1}	śjij^{1}	tśhja^{2}	ljij^{2}	rjɨr^{2}	njɨ^{2}	tśhja^{2}	djɨj^{2}	djọ^{2}
因	与	相	应	正	见，	乃	至	正	定，	修

分别、戏论之境；八支①相应，修习正见，乃至正定。

4.18.7

[illegible]	[illegible]	[illegible]	[illegible]	[illegible]，	[illegible]	[illegible]	[illegible]	[illegible]，	[illegible]	[illegible]
dzjɨɨ^{2}	tśjị^{1}	dzjar^{2}	tśja^{1}	tshwew^{1}	śjɨj^{2}	dźjar^{2}	nwə^{1}	tsjij^{2}	tha^{1}	do^{2}

① 八支，西夏文字面意思是“八圣道”。

习 苦 灭 道 趣, 圣 谛 知 解, 佛 异

[illegible]

mjiij^{2} bju^{1} thjɨ^{2} ɣa^{2} ljɨɨr^{1} tsew^{2} dźjar^{2} we^{2} nẹ^{1} tshjiij^{1}

名 依 此 于 四 第 谛 是 宣 说。

苦灭趣道圣谛了知,佛以异名于此宣说,为第四谛。

4.19.1

[illegible]

rjur^{1} tha^{1} rjur^{1} pjụ^{1} thjɨ^{2} ɣa^{2} tśjị^{1} nwə^{1} śioo^{1} phja^{1} dzjar^{2}

诸 佛 世 尊 此 于 苦 知 集 断, 灭

[illegible]

ljạ^{1} tśja^{1} djọ^{2} tśjị^{1} śioo^{1} tśjị^{1} dzjar^{2} dzjar^{2} nioow^{1} tshwew^{1}

证 道 修, 苦 集 苦 灭, 灭 及 趣

诸佛世尊于此施设,知苦断集,证灭修道,苦集苦灭,及灭趣道。

4.19.2

[illegible]

tśja^{1} thu^{1} phjij^{1} thjɨ^{2} tśjị^{1} mji^{1} dju^{1} rjur^{1} mur^{1} bju^{1} ku^{1}

道 设 置。 此 苦 无 有, 世 俗 依 则

[illegible]

dź-^{0} mjiij^{2} thu^{1} phjij^{1} thja^{1} bju^{1} mjij^{1} njɨ^{2} ŋowr^{2} ŋowr^{2}

虚 名 设 置。 彼 明 无 等, 一 切

此苦无有,以世俗故假名施设。是无明等,一切

4.19.3

[illegible]

zji^{2} sjịj^{2} mjij^{1} mjɨɨ^{2} kowr^{2} ŋwu^{2} thjij^{2} sjo^{2} ljɨ^{1} thja^{1} sjịj^{2}

皆 智 无 攀 缘 是。 何 云 也? 彼 智

[illegible]

mjij^{1} ɣa^{2} zjɨɨr^{1} zjịj^{1} mjɨɨ^{2} kowr^{2} mji^{1} dju^{1} lhjwi^{1} lew^{2}

无 于 希 许 攀 缘 无 有, 取 可

皆是无智攀缘。何以故? 于彼无智,亦无有少攀缘可取①,

① 无有少攀缘可取,西夏文字面意思是"无有少许攀缘,亦无可取"。

4.19.4

[illegible]	[illegible]，	[illegible]	[illegible]	[illegible]	[illegible]，	[illegible]	[illegible]	[illegible]	[illegible]，	[illegible]
tsjɨ^{1}	mjij^{1}	ljạ^{1}	lew^{2}	mji^{1}	dju^{1}	bji^{1}	swew^{1}	mji^{1}	dju^{1}	nwə^{1}
亦	无，	证	应	无	有，	光	明	无	有，	知
[illegible]	[illegible]	[illegible]，	[illegible]	[illegible]	[illegible]	[illegible]，	[illegible]	[illegible]	[illegible]	
tsjij^{2}	tjị^{2}	mjij^{1}	rjir^{1}	tjị^{2}	tsjɨ^{1}	mjij^{1}	nioow^{1}	thja^{2}	kha^{1}	
解	可	无，	得	可	亦	无，	复	彼	中	

无有所证，无有光明，不可了知，亦不可得，而于其中

4.19.5

[illegible]	[illegible]	[illegible]	[illegible]？	[illegible]	[illegible]	[illegible]	[illegible]	[illegible]	[illegible]	[illegible]
dzjij^{2}	war^{2}	wa^{2}	dju^{1}	ŋowr^{2}	ŋowr^{2}	zji^{2}	tshọ^{2}	lạ^{1}	ljiij^{2}	lew^{2}
余	物	何	有？	一	切	皆	虚	诳	坏	应
[illegible]	[illegible]，	[illegible]	[illegible]	[illegible]	[illegible]。	[illegible]	[illegible]	[illegible]	[illegible]	
tsjiir^{1}	ŋwu^{2}	gjwɨ^{1}	źjɨr^{1}	mji^{1}	dju^{1}	thja^{2}	kha^{1}	tjij^{1}	źjɨr^{1}	
法	是，	坚	实	不	有。	彼	中	若	实	

当有何物？一切皆是虚妄坏法，无有坚实。于中若以实

4.19.6

[illegible]	[illegible]	[illegible]	[illegible]，	[illegible]	[illegible]	[illegible]	[illegible]	[illegible]	[illegible]	[illegible]。
war^{2}	ŋwu^{2}	thu^{1}	phjij^{1}	ku^{1}	thja^{1}	·ju^{2}	ɣa^{2}	zow^{2}	zjịj^{1}	we^{2}
物	以	设	置，	则	彼	常	于	持	著	是。
[illegible]	[illegible]	[illegible]	[illegible]	[illegible]	[illegible]，	[illegible]	[illegible]	[illegible]	[illegible]	
tjij^{1}	phjo^{2}	kar^{2}	zow^{2}	zjịj^{1}	mjij^{1}	ku^{1}	thja^{1}	tsjɨ^{1}	bja^{2}	
若	分	别	持	著	无，	则	彼	亦	断	

物施设，彼即于常，应有执着；若以无分别执着，彼即于断，

4.19.7

[illegible]	[illegible]	[illegible]	[illegible]。	[illegible]	[illegible]	[illegible]	[illegible]	[illegible]	[illegible]	[illegible]
ɣa^{2}	zow^{2}	zjịj^{1}	we^{2}	thjɨ^{2}	nioow^{1}	tśjị^{1}	ɣa^{2}	mji^{1}	phjo^{2}	kar^{2}
于	持	著	是。	此	故	苦	于	不	分	别

[illegible]

lew^{2} sjij^{2} źjɨr^{1} nioow^{1} ku^{1} sjij^{2} mjij^{1} ·jij^{1} tsjiir^{2} tja^{1}

应， 智 慧 故 则 智 无 自 性 者

应有执着。是故于苦不应分别，以智慧故应当了知。无智自性，

4.20.1

[illegible]

tśjị^{1} ·jij^{1} tsjiir^{2} ŋwu^{2} nwə^{1} tsjij^{2} lew^{2} bju^{1} mjij^{1} rjir^{2} gu^{2}

苦 自 性 是， 知 解 应。 明 无 与 共

[illegible]

bju^{1} śjij^{1} ku^{1} bju^{1} mjij^{1} tsjɨ^{1} war^{2} rjir^{2} mji^{1} bju^{1}

依 法 则 明 无 亦 物 与 不 相

即苦自性，由与无明共相应故。无明亦不与物相应，

4.20.2

[illegible]

śjij^{1} tjij^{1} mji^{1} bju^{1} śjij^{1} ku^{1} thja^{1} tsjɨ^{1} mji^{1} dju^{1} thja^{1}

应， 若 不 相 应， 则 彼 亦 不 有， 彼

[illegible]

mji^{1} bju^{1} śjij^{1} ku^{1} thjɨ^{2} nioow^{1} bju^{1} mjij^{1} phjo^{2} kar^{2}

不 相 应， 则 此 故 明 无 分 别

或不相应，彼亦无有。由彼不相应故，是故无明非分别，

4.20.3

[illegible]

njaa^{2} mji^{1} phjo^{2} kar^{2} njaa^{2} mji^{1} wji^{1} mji^{1} ljiij^{2} wji^{1} mjijr^{2}

非， 不 分 别 非， 不 作 不 坏， 作 者

[illegible]

tsjɨ^{1} mjij^{1} thu^{1} phjij^{1} wji^{1} mjijr^{2} rjir^{1} tjị^{2} mjij^{1} ljɨ^{1}

亦 无， 设 施 作 者 得 可 无 也。

非不分别，不作不坏，亦无作者，施设作者不可得故。

汉文本

无边庄严，此是诸菩萨等法光明门，由斯门故，于殊胜愿而得增长，如日出现光明普照，如是善男子等，于此法门能信解者，与诸众生作法光明。

无边庄严，若诸菩萨，内正思惟，外无散乱，安住能断诸障碍者，随念菩萨普光三昧，及能信解甚深法者，应当观察此诸法门，一切诸法如来悉知，以缘起门，开示宣说。如是缘起，虚妄不实，自性本性皆悉空寂。是缘起性亦非真实，能令众生杂染清净；于十方求，皆不可得。无所得故，无有摄受；无摄受故，于我所说，尚应舍离，何况非法？所言舍离，彼亦非有，亦无所取，无有功用，本性清净。一切诸法，无有分别；了知分别，如实性故。一切诸法，无有所住，亦不可见，无异性故。是故诸法，无住无依，但以名字施设而有。彼皆空寂，无有自性，无住而住，是故诸法无有住处。处无有故、尽故、灭故，及变易故，如来但以异名宣说。如是密意应当了知，不应执着善与不善，若执善法，彼不善法亦当执着，由执如是不善法故，生诸苦恼。佛以异名，于此示说为苦圣谛。由不执着善不善故，彼诸爱灭，如来于此善法所断，异名示说为集圣谛。第二圣谛能了知故、灭故、尽故、无忆想故、厌离观察无所有故、无喜想受、无分别故，如来于此异名言说，为苦灭谛。了知第三灭圣谛故，是所求道，如实悟入一切法地，超过一切忆想、分别、戏论之境；八支相应，修习正见，乃至正定。苦灭趣道圣谛了知，佛以异名于此宣说，为第四谛。诸佛世尊于此施设，知苦断集，证灭修道，苦集苦灭，及灭趣道。此苦无有，以世俗故假名施设。是无明等，一切皆是无智攀缘。何以故？于彼无智，亦无有少攀缘可取，无有所证，无有光明，不可了知，亦不可得，而于其中当有何物？一切皆是虚妄坏法，无有坚实。于中若以实物施设，彼即于常，应有执着；若以无分别执着，彼即于断，应有执着。是故于苦不应分别，以智慧故应当了知。无智自性，即苦自性，由与无明共相应故。无明亦不与物相应，或不相应，彼亦无有。由彼不相应故，是故无明非分别，非不分别，不作不坏，亦无作者，施设作者不可得故。

4.20.4

[illegible]	[illegible]	[illegible]	[illegible]	[illegible]	[illegible]，	[illegible]	[illegible]	[illegible]	[illegible]	[illegible]
bju^{2}	mjij^{1}	ljuu^{2}	tshjịj^{2}	dźiã^{2}	tsjij^{2}	thjɨ^{2}	tja^{1}	rjur^{1}	dźiã^{2}	tsjij^{2}
边	无	庄	严	菩	萨，	此	者	诸	菩	萨
[illegible]	[illegible]	[illegible]	[illegible]	[illegible]	[illegible]	[illegible]	[illegible]	[illegible]	[illegible]	
·jij^{1}	bju^{1}	mjij^{1}	·jij^{1}	tsjiir^{2}	nwə^{1}	tsjij^{2}	·o^{2}	sji^{2}	swew^{1}	
之	明	无	自	性	知	了	入	△	明	

无边庄严，此是诸菩萨了知悟入无明自性顺明

4.20.5

[illegible]	[illegible]	[illegible]	[illegible]。	[illegible]	[illegible]	[illegible]	[illegible]	[illegible]	[illegible]	[illegible]
śjij^{1}	tsjiir^{1}	ɣa^{1}	ŋwu^{2}	thjɨ^{2}	ɣa^{1}	nioow^{1}	ku^{1}	bju^{1}	mjij^{1}	na^{1}

顺 法 门 是。 此 门 故 则 明 无 暗

[illegible] [illegible] [illegible] [illegible] [illegible]， [illegible] [illegible] [illegible] [illegible] [illegible] [illegible]

njaa^{1} ŋowr^{2} ŋowr^{2} dźjɨɨr^{1} njwi^{2} mjor^{1} ·ju^{2} swew^{1} śjij^{1} wji^{1} tsjiir^{1}

冥 一 切 舍 能， 现 前 明 顺 为 法

法门，由是门故，能舍一切无明黑暗，现前证得随顺明法，

4.20.6

[illegible] [illegible]， [illegible] [illegible] [illegible] [illegible] [illegible] [illegible] [illegible] [illegible]。 [illegible]

lja̦^{1} rjir^{1} po^{1} tjɨj^{1} ·jiw^{1} ɣa^{2} ·jɨr^{2} djo̦^{2} dzjɨɨ^{2} njwi^{2} rjur^{1}

证 得， 菩 提 分 于 勤 修 习 能。 诸

[illegible] [illegible] [illegible] [illegible] [illegible] [illegible]， [illegible] [illegible] [illegible] [illegible] [illegible]

śjɨj^{2} dźjar^{2} ɣa^{2} nwə^{1} tsjij^{2} njwi^{2} thja^{1} rjur^{1} dźiã^{2} tsjij^{2} thjɨ^{2}

圣 谛 于 知 了 能， 彼 诸 菩 萨 此

于菩提分能善修习，于诸圣谛能善了知。是诸菩萨，

4.20.7

[illegible] [illegible] [illegible] [illegible] [illegible] [illegible] [illegible]。 [illegible] [illegible] [illegible] [illegible]

tsjiir^{1} ɣa^{1} ɣa^{2} gji^{1} sej^{1} rjir^{1} njwi^{2} mji^{1} wee^{1} nioow^{1} ku^{1}

法 门 于 清 净 得 能。 不 生 故 则

[illegible] [illegible] [illegible] [illegible]， [illegible] [illegible] [illegible] [illegible] [illegible] [illegible]

tśji̦^{1} gji^{1} sej^{1} rjir^{1} mjɨɨ^{2} mji^{1} kowr^{2} ku^{1} śioo^{1} gji^{1}

苦 清 净 得， 境 不 爱 故 集 清

于此法门能得清净。所谓由不生故，苦得清净；不攀缘故，集得清净；

4.21.1

[illegible] [illegible]， [illegible] [illegible] [illegible] [illegible] [illegible] [illegible] [illegible] [illegible]； [illegible]

sej^{1} rjir^{1} dzjar^{2} sji^{1} nioow^{1} ku^{1} dzjar^{2} gji^{1} sej^{1} rjir^{1} djo̦^{2}

净 得， 灭 尽 故 则 灭 清 净 得； 修

[illegible] [illegible] [illegible] [illegible] [illegible] [illegible] [illegible]。 [illegible] [illegible] [illegible]

dzjɨɨ^{2} nioow^{1} ku^{1} tśja^{1} gji^{1} sej^{1} rjir^{1} dźiej^{2} tśhja^{2} ka^{1}

习 故 则 道 清 净 得。 信 平 等

由灭尽故，灭得清净；由修习故，道得清净。信平等故，

4.21.2

[illegible]	[illegible]	[illegible]	[illegible]	[illegible]。	[illegible]	[illegible]	[illegible]	[illegible]，	[illegible]	[illegible]
ku¹	tśja¹	tsjɨ¹	tśhja²	ka¹	thjɨ²	sju²	rjur¹	tsjiir¹	do²	mjiij²
故	道	亦	平	等。	此	如	诸	法，	异	名
[illegible]	[illegible]，	[illegible]	[illegible]	[illegible]	[illegible]	[illegible]	[illegible]	[illegible]	[illegible]，	
do²	pha¹	tsjij²	lew²	tśjɨ¹	tsjij²	nioow¹	rjijr²	phja¹	lew²	
差	异，	了	应	醒	悟	后	方	断	应，	

道即平等。如是诸法，异名差别，应当解了，了已应断，应

4.21.3

[illegible]	[illegible]	[illegible]	[illegible]，	[illegible]	[illegible]	[illegible]	[illegible]，	[illegible]	[illegible]	[illegible]
lja̧¹	lew²	djo̧²	lew²	mjor¹	ljij²	da̧²	ɣa²	tjij¹	nwə¹	tsjij²
证	应	修	应，	如	来	言	于，	若	知	解
[illegible]，	[illegible]	[illegible]	[illegible]	[illegible]	[illegible]，	[illegible]	[illegible]	[illegible]	[illegible]，	
njwi²	ku¹	thja¹	tsjɨ¹	njɨ²	nwə¹	thja¹	tsjɨ¹	xja¹	phja¹	
能，	则	彼	亦	遍	知，	彼	亦	即	断，	

证应修。于如来言，若能解了，彼即遍知，彼即随断，

4.21.4

[illegible]	[illegible]	[illegible]	[illegible]①，	[illegible]	[illegible]	[illegible]	[illegible]。	[illegible]	[illegible]	[illegible]
thja¹	tsjɨ¹	mjor¹	lja̧¹	thja¹	tsjɨ¹	djo̧²	dzjɨɨ²	thjɨ²	nioow¹	śjɨj²
彼	亦	现	证，	彼	亦	修	习。	此	故	圣
[illegible]，	[illegible]	[illegible]	[illegible]	[illegible]，	[illegible]	[illegible]	[illegible]	[illegible]	[illegible]	
dzjwo²	thjɨ²	sju²	nwə¹	dźjwa¹	tsjiir¹	ŋowr²	ŋowr²	ɣa²	mji¹	
人，	此	如	知	毕，	法	一	切	于	不	

彼即作证，彼即修习。是故圣者，如是知已，于一切法，

4.21.5

[illegible]	[illegible]	[illegible]，	[illegible]	[illegible]	[illegible]	[illegible]	[illegible]	[illegible]	[illegible]	[illegible]。
lhjwi¹	mji¹	dźjɨɨr¹	xja¹	ljɨɨr¹	dźjar²	tsjiir¹	ɣa¹	no²	dźjiij¹	rjir¹

① [illegible][illegible]，西夏文字面意思是“现证”，与汉文本中的“作证”对译。

取 不 舍, 即 四 谛 法 门 安 住 得。

[illegible]

bju^{2} mjij^{1} ljuu^{2} tshjij^{2} rjur^{1} tsjiir^{1} ŋowr^{2} ŋowr^{2} phjo^{2} kar^{2}

边 无 庄 严, 诸 法 一 切 分 别

不取不舍,便得安住四谛法门。无边庄严,一切诸法无有分别,

4.21.6

[illegible]

nioow^{1} mji^{1} lhu^{1} dzja^{1} tśiow^{1} dzjɨ^{2} tsjɨ^{1} mjij^{1} śjɨj^{2} dzjwo^{2} źjɨr^{1}

复 不 增 长, 积 集 亦 无, 圣 人 实

[illegible]

bju^{1} nwə^{1} tsjij^{2} njwi^{2} ku^{1} phjo^{2} kar^{2} mji^{1} śjwo^{1} kheej^{1}

依 知 解 能, 则 分 别 不 生, 戏

亦不增长,亦不积集。圣者如实善了知故,不起分别,不行戏论,

4.21.7

[illegible]

ljɨ^{1} mji^{1} dźjij^{1} źjɨr^{1} bju^{1} ljij^{2} njwi^{2} mji^{1} pjo^{1} mji^{1} zjij^{1}

论 不 行, 实 依 见 能, 不 诽 不 著。

[illegible]

tśja^{1} phja^{1} nioow^{1} ku^{1} rjur^{1} neew^{2} tsjiir^{1} ɣa^{2} tsjɨ^{1} phjo^{2}

道 断 故 则 诸 善 法 于 亦 分

能如实见,不毁不着。由道断故,于诸善法不起分别,

4.22.1

[illegible]

kar^{2} mji^{1} śjwo^{1} kheej^{1} ljɨ^{1} tsjɨ^{1} mjij^{1} nioow^{1} mji^{1} neew^{2} tsjiir^{1}

别 不 生, 戏 论 亦 无, 复 不 善 法

[illegible]

śjwo^{1} tjị^{2} ljọ^{2} wjij^{2} phjo^{2} kar^{2} mjij^{1} rjir^{2} gu^{2} bju^{1}

生 可 岂 有? 分 别 无 与 共 相

亦无戏论,况不善法?由无分别共相应故,

4.22.2

[illegible]	[illegible]	[illegible]	[illegible]	[illegible]	[illegible]	[illegible]	[illegible]	[illegible]	[illegible]。	[illegible]
śjij^1	ku^1	nioow^1	tsjɨ^1	tsjiir^1	mji^1	tsjiir^1	phja^1	mji^1	dźjiij^1	tjij^1
应	则	复	亦	法	不	法	断	不	住。	若
[illegible]	[illegible]	[illegible]，	[illegible]	[illegible]	[illegible]	[illegible]	[illegible]	[illegible]	[illegible]	
njɨ^2	nwə^1	phja^1	ku^1	tsjiir^1	tśhiow^1	nioow^1	mji^1	tsjiir^1	tśhiow^1	
遍	知	断，	故	法	结	及	非	法	结	

亦复不住法非法断。若遍知断，即无法结，及非法结，

4.22.3

[illegible]，	[illegible]	[illegible]	[illegible]	[illegible]	[illegible]	[illegible]	[illegible]	[illegible]，	[illegible]	[illegible]
mjij^1	thja^1	tśhiow^1	tsjiir^1	tshọ^2	lạ^1	nwə^1	tsjij^2	njwi^2	thjɨ^2	tshọ^2
无，	彼	结	法	虚	诳	知	解	能，	此	虚
[illegible]	[illegible]	[illegible]	[illegible]	[illegible]	[illegible]，	[illegible]	[illegible]	[illegible]	[illegible]	
lạ^1	tsjiir^1	ŋa^1	dju^1	lew^2	mjij^1	thjɨ^2	tja^1	thja^1	njɨ^2	
诳	法	空	有	所	无，	此	者	彼	等	

彼能了知结法虚妄，此虚妄法空无所有，此是彼等

4.22.4

[illegible]	[illegible]	[illegible]	[illegible]	[illegible]	[illegible]。	[illegible]	[illegible]	[illegible]	[illegible]	[illegible]
·jij^1	·o^2	lew^2	dźjar^2	ɣa^1	ŋwu^2	thjɨ^2	ɣa^1	nioow^1	ku^1	mji^1
之	入	应	谛	门	是。	此	门	复	则	不
[illegible]	[illegible]	[illegible]，	[illegible]	[illegible]	[illegible]	[illegible]，	[illegible]	[illegible]	[illegible]	[illegible]
dzu^1	mji^1	tshjạ^1	ljạ^1	dźjɨɨr^1	iọ^1	sə^1	rjur^1	tśhiow^1	phja^1	njwi^2
爱	不	瞋，	证	舍	圆	满，	诸	结	断	能

所入谛门。由是门故，不爱不恚，证舍圆满，能断诸结，

4.22.5

[illegible]	[illegible]	[illegible]	[illegible]，	[illegible]	[illegible]	[illegible]	[illegible]，	[illegible]	[illegible]	[illegible]	[illegible]，	[illegible]	[illegible]	[illegible]	[illegible]。
tśhja^2	tśja^1	no^2	dźjiij^1	tjij^1	rewr^2	ɣa^2	njɨ^2	tsjiir^1	·jij^1	tsjiir^2	ljạ^1	lho^0	·o^2	mjij^1	ljɨ^1
正	道	安	住，	彼	岸	于	至，	法	自	性	证，	出	入	无	也。

安住正道到于彼岸,证法自性而无入出。

汉文本

无边庄严,此是诸菩萨了知悟入无明自性顺明法门,由是门故,能舍一切无明黑暗,现前证得随顺明法,于菩提分能善修习,于诸圣谛能善了知。是诸菩萨,于此法门能得清净。所谓由不生故,苦得清净;不攀缘故,集得清净;由灭尽故,灭得清净;由修习故,道得清净。信平等故,道即平等。如是诸法,异名差别,应当解了,了已应断,应证应修。于如来言,若能解了,彼即遍知,彼即随断,彼即作证,彼即修习。是故圣者,如是知已,于一切法,不取不舍,便得安住四谛法门。

无边庄严,一切诸法无有分别,亦不增长,亦不积集。圣者如实善了知故,不起分别,不行戏论,能如实见,不毁不着。由道断故,于诸善法不起分别,亦无戏论,况不善法?由无分别共相应故,亦复不住法非法断。若遍知断,即无法结,及非法结,彼能了知结法虚妄,此虚妄法空无所有,此是彼等所入谛门。由是门故,不爱不恚,证舍圆满,能断诸结,安住正道到于彼岸,证法自性而无入出。

4.22.5

[illegible]	[illegible]	[illegible]	[illegible],	[illegible]
bju^{2}	mjij^{1}	ljuu^{2}	tshjij^{2}	nji^{2}
边	无	庄	严,	汝

无边庄严,汝

4.22.6

[illegible]	[illegible]	[illegible]	[illegible]	[illegible],	[illegible]	[illegible]	[illegible]	[illegible],	[illegible]	[illegible]
sjij^{1}	rjur^{1}	tsjiir^{1}	ŋowr^{2}	ŋowr^{2}	mər^{2}	tsjiir^{2}	zji^{2}	ŋa^{1}	·jij^{1}	tsjiir^{2}
今	诸	法	一	切,	本	性	皆	空,	自	性
[illegible]	[illegible],	[illegible]	[illegible]	[illegible]	[illegible]	[illegible],	[illegible]	[illegible]	[illegible]	
mjij^{1}	sej^{1}	wji^{1}	mjijr^{2}	mjij^{1}	bioo^{1}	lew^{2}	rjur^{1}	tsjiir^{1}	thju^{1}	
寂	静,	作	者	不	观	应,	诸	法	真	

今当观一切诸法,本性皆空,自性寂静,无有作者,诸法

4.22.7

[illegible]	[illegible]	[illegible]	[illegible]	[illegible]	[illegible]	[illegible],	[illegible]	[illegible]	[illegible]	[illegible]
thju^{1}	tśhiow^{1}	rjir^{2}	bju^{1}	śjij^{1}	tsjɨ^{1}	njaa^{2}	mji^{1}	bju^{1}	śjij^{1}	tsjɨ^{1}
实	结	与	相	应	亦	非,	不	相	应	亦

[illegible]，	[illegible]	[illegible]	[illegible]	[illegible]	[illegible]	[illegible]	[illegible]	[illegible]	[illegible]。
njaa2	thja1	tsjiir2	mjij1	tsjiir1	kha1	mji1	zow2	zjịj1	lew2
非，	彼	性	无	法	中	不	持	著	应。

非实与结相应，非不相应，于彼无性法中不应执着。

4.23.1

[illegible]	[illegible]	[illegible]	[illegible]	[illegible]	[illegible]，	[illegible]	[illegible]	[illegible]	[illegible]	[illegible]
nioow1	tsjɨ1	tsjiir2	tsjiir2	njaa2	rjɨr2	nioow1	phjo2	kar2	mji1	śjwo1
复	亦	性	性	非	离，	复	分	别	不	生
[illegible]，	[illegible]	[illegible]	[illegible]	[illegible]	[illegible]	[illegible]	[illegible]	[illegible]	[illegible]	
lew2	·jiw1	nioow1	gji1	sej1	nwə1	tsjij2	njwi2	ku1	rjur1	
应，	因	缘	清	净	知	了	能	则	诸	

亦复不应离性非性，而起分别。既能了知因缘清净，

4.23.2

[illegible]	[illegible]	[illegible]	[illegible]	[illegible]，	[illegible]	[illegible]	[illegible]	[illegible]	[illegible]	[illegible]
·jiw1	nioow1	bju1	·a0	śjwo1	tsjiir1	ŋowr2	ŋowr2	mji1	kheej1	ljɨ̣1
因	缘	依	△	生，	法	一	切	不	戏	论
[illegible]，	[illegible]	[illegible]	[illegible]	[illegible]	[illegible]	[illegible]①	[illegible]	[illegible]，	[illegible]	
lew2	thja1	·jiw1	tsjiir2	ŋa1	zji2	dźjwa1	gji1	sej1	thjɨ2	
应，	彼	缘	性	空	最	毕	清	净，	此	

不应戏论诸有一切因缘生法，彼缘性空究竟清净，

4.23.3

[illegible]	[illegible]	[illegible]	[illegible]	[illegible]	[illegible]	[illegible]	[illegible]。	[illegible]	[illegible]	[illegible]
sjiij2	·jiw1	nioow1	·jij1	gu2	bju1	śjij1	njaa2	rjur1	tsjiir1	tśjɨɨ1
惟	因	缘	自	共	相	应	非。	诸	法	次
[illegible]②	[illegible]	[illegible]	[illegible]	[illegible]，	[illegible]	[illegible]	[illegible]	[illegible]，	[illegible]	
bju1	wji1	lew2	mji1	dju1	dźjij1	lew2	mji1	dju1	dạ2	
依	为	应	无	有，	行	应	无	有，	事	

① [illegible][illegible]，西夏文字面意思是“最毕”，与汉文本中的“究竟”对译。

② [illegible][illegible]，西夏文字面意思是“依次”，与汉文本中的“展转”对译。

如是因缘非互相应。诸法展转无有所作，无有所行，无有事业。

4.23.4

[illegible]	[illegible]	[illegible]	[illegible]	[illegible]	[illegible]	[illegible]	[illegible]	[illegible]	[illegible]	[illegible]，
sjwɨj[1]	mji[1]	dju[1]	thjɨ[2]	sju[2]	sjwɨ[1]	sjiij[2]	rjur[1]	tsjiir[1]	ŋowr[2]	ŋowr[2]
业	不	有	此	如	思	惟	诸	法	一	切，
[illegible]	[illegible]	[illegible]	[illegible]	[illegible]	[illegible]	[illegible]	[illegible]，	[illegible]	[illegible]	[illegible]
·jij[1]	gu[2]	ŋa[1]	ku[1]	·jij[1]	tsjiir[2]	mji[1]	dju[1]	bju[1]	mjij[1]	dźjiij[1]
自	共	空	故	自	性	无	有，	依	无	住

如是思惟一切诸法，互相空故无有自性，无依无住①。

4.23.5

[illegible]。	[illegible]	[illegible]	[illegible]	[illegible]	[illegible]。	[illegible]	[illegible]	[illegible]	[illegible]	[illegible]
mjij[1]	thjɨ[2]	sju[2]	sjwɨ[1]	sjiij[2]	lew[2]	bju[2]	mjij[1]	ljuu[2]	tshjịj[2]	dźiã[2]
无。	此	如	忆	想	应。	边	无	庄	严	菩
[illegible]，	[illegible]	[illegible]	[illegible]	[illegible]	[illegible]，	[illegible]	[illegible]	[illegible]	[illegible]	[illegible]，
tsjij[2]	nji[2]	thjɨ[2]	kha[1]	tsjij[2]	·o[2]	ku[1]	ŋwo[2]	ljiij[2]	tjị[2]	mjij[1]
萨，	汝	此	中	悟	入，	则	损	坏	可	无，

无边庄严，汝于此中，应当悟入②；则能增长，不可损坏，

4.23.6

[illegible]	[illegible]	[illegible]	[illegible]	[illegible]	[illegible]	[illegible]	[illegible]	[illegible]	[illegible]	[illegible]。
zji[2]	njɨ[2]	bji[1]	swew[1]	gji[1]	sej[1]	tsjiir[1]	ɣa[1]	lhu[1]	dzja[1]	njwi[2]
普	遍	光	明	清	净	法	门	增	长	能。
[illegible]	[illegible]	[illegible]	[illegible]	[illegible]	[illegible]	[illegible]	[illegible]	[illegible]，	[illegible]	
ɣjiw[1]	ɣiwej[1]	nioow[1]	ku[1]	kụ[1]	gji[1]	sej[1]	rjir[1]	lew[2]	kheej[1]	
摄	受	故	则	后	清	净	得	应，	戏	

普遍光明清净法门。由摄受故当得清净；无戏

① 西夏本此句有“应如是忆想”。

② 汝于此中，应当悟入，西夏文字面意思是“汝此中悟入”。

4.23.7

ljɨ̣^{1}	mjij^{1}	ku^{1}	kụ^{1}	bji^{1}	swew^{1}	wji^{1}	źjị^{1}	njɨɨ^{2}	tśhiow^{1}	gjiij^{1}
论	无	则	后	光	明	为；	烦	恼	结	超
dzjịj^{1}	lew^{2}	zjij^{1}	lew^{2}	mjij^{1}	ku^{1}	nioow^{1}	lho^{0}	ka^{2}	rjir^{1}	
过	所	著	应	无	则	复	出	离	得	

论故，当作光明；超过结使无所著故，当得出离。

4.24.1

lew^{2}	bju^{2}	mjij^{1}	ljuu^{2}	tshjij^{2}	dźiã^{2}	tsjij^{2}	rjur^{1}	tsjiir^{1}	ŋowr^{2}	ŋowr^{2}
应。	边	无	庄	严	菩	萨，	诸	法	一	切
lew^{1}	mjiij^{2}	·jij^{1}	dju^{1}	phie^{2}	neej^{2}	nẹ^{1}	tshjiij^{1}	mjiij^{2}	·jij^{1}	
惟	名	相	有	开	示	宣	说。	名	相	

无边庄严，一切诸法，惟有名相开示宣说。何谓名相？

4.24.2

tja^{1}	ljɨ̣^{1}	kjɨ^{1}	ŋwu^{2}	·jij^{1}	tja^{1}	ljɨɨr^{1}	ljịj^{2}	rjɨr^{2}	wji^{1}	sji^{2}
者	何	所	是？	相	者	四	大	△	为	△
rjur^{1}	tsə̣^{1}	ŋwu^{2}	mjiij^{2}	tja^{1}	tsə̣^{1}	njaa^{2}	ŋur^{1}	ŋowr^{2}	ŋowr^{2}	
诸	色	是。	名	者	色	非	蕴	一	切	

相谓四大所造诸色，名谓一切非色之蕴。

4.24.3

ŋwu^{2}	thjɨ^{2}	sju^{2}	mjiij^{2}	·jij^{1}	ŋowr^{2}	ŋowr^{2}	to^{2}	zji^{2}	tshọ^{2}	lạ^{1}
是。	此	如	名	相	一	切，	尽	皆	虚	诳

mji1 źjɨr1 tśhjɨɨ2 tśhjuu2 nioow1 ku1 zow2 zjij1 tsə̣1 ŋwu2
不 实, 颠 倒 故 则 持 著。 色 以

如是名相,一切皆悉虚妄不实,以颠倒故而有执着。

4.24.4

ŋa2 we2 phji1 tsə̣1 ŋwu2 ŋa2 ·jij1 we2 phji1 ·jij1 phjo2
我 是 令, 色 以 我 之 是 令。 相 分

kar2 ku1 tśhjwo1 mjiij2 gu1 śjwo1 thjɨ2 sju2 mjiij2 tsə̣1
别 故 则 名 发 生。 此 如 名 色

或色是我,色是我所,相分别故有名示说①。如是名色,

4.24.5

zjɨ̣2 njɨɨ1 mji1 źjɨr1 ŋowr2 ŋowr2 zji2 tshọ2 lạ1 ljiij2 lew2
俱 二 不 实, 一 切 皆 虚 诳 坏 应

tsjiir1 ŋwu2 ·wjɨ̣1 sju2 mjiij1 sju2 tsə̣1 kwər1 mji1 gjwɨ1
法 是。 变 如 梦 如, 色 体 不 坚

二俱不实,一切皆是虚妄坏法。如幻如梦,色体不坚,

4.24.6

mjiij1 gu2 ljij2 lew2 sju2 rjɨr2 nji2 ljɨɨr1 ŋur1 tsjɨ1 źjɨr1
梦 中 见 所 如, 乃 至 四 阴 亦 实

ɣiej1 njaa2 lew1 rjur1 mur1 ·jwɨr2 dji2 thu1 phjij1 thjɨ2
真 非, 惟 世 凡 文 字 设 置。 此

① 有名示说,西夏文字面意思是“则名建立”。

如梦所见，乃至四蕴①亦非真实，但以世俗文字施设。

4.24.7

[illegible]	[illegible]	[illegible]，	[illegible]	[illegible]	[illegible]	[illegible]，	[illegible]	[illegible]	[illegible]	[illegible]
sju^{2}	nwə^{1}	zjịj^{1}	tśjị^{1}	dju^{1}	mji^{1}	ljij^{2}	źjɨr^{1}	dźjar^{2}	nioow^{1}	ku^{1}
如	知	时，	苦	有	不	见，	实	谛	故	则
[illegible]	[illegible]	[illegible]，	[illegible]	[illegible]	[illegible]	[illegible]	[illegible]	[illegible]	[illegible]	
mjɨɨ^{2}	kowr^{2}	mji^{1}	dju^{1}	mjɨɨ^{2}	mji^{1}	kowr^{2}	ku^{1}	njiij^{1}	dju^{1}	
攀	缘	无，	有	攀	不	缘	则	心	有	

如是知时，不见有苦，由实谛故，无有攀缘；无攀缘故，心无所有。

4.25.1

[illegible]	[illegible]。	[illegible]	[illegible]	[illegible]	[illegible]，	[illegible]	[illegible]	[illegible]	[illegible]	[illegible]
lew^{2}	mjij^{1}	dju^{1}	lew^{2}	mjij^{1}	ku^{1}	thja^{1}	mjɨɨ^{2}	kowr^{2}	rjir^{2}	bju^{1}
应	无。	有	应	无	故，	彼	攀	缘	与	依
[illegible]	[illegible]	[illegible]？	[illegible]	[illegible]	[illegible]	[illegible]	[illegible]	[illegible]	[illegible]	
śjij^{1}	wa^{2}	dju^{1}	thjɨ^{2}	nioow^{1}	djiij^{2}	phã^{1}	kiẹj^{2}	ɣa^{2}	rejr^{2}	
法	何	有？	此	故	涅	槃	界	于	多	

无所有故，何有与彼攀缘相应？由此而能于涅槃界，得超

4.25.2

[illegible]	[illegible]	[illegible]	[illegible]	[illegible]	[illegible]	[illegible]	[illegible]。	[illegible]	[illegible]	[illegible]
dzjịj^{1}	sjiij^{2}	nioow^{1}	nwə^{1}	lew^{2}	dzjar^{2}	rjir^{1}	njwi^{2}	bju^{2}	mjij^{1}	ljuu^{2}
过	思	复	知	应	灭	得	能。	边	无	庄
[illegible]	[illegible]	[illegible]，	[illegible]	[illegible]	[illegible]	[illegible]	[illegible]	[illegible]	[illegible]	
tshjịj^{2}	dźiã^{2}	tsjij^{2}	sọ^{1}	kiẹj^{2}	tja^{1}	sjiij^{2}	ljị^{1}	nioow^{1}	phji^{1}	
严	菩	萨，	三	界	者	思	虽	复	意	

过想，及所知灭。无边庄严，三界由想作意所生，

① 四蕴，西夏文字面意思是“四阴”。

4.25.3

[illegible]	[illegible]	[illegible]，	[illegible]	[illegible]	[illegible]	[illegible]	[illegible]	[illegible]	[illegible]	[illegible]。
wji^{1}	bju^{1}	śjwo^{1}	ku^{1}	thjɨ^{2}	nioow^{1}	sọ^{1}	kiẹj^{2}	tshọ^{2}	lạ^{1}	·jɨ^{1}
为	依	生，	则	此	故	三	界	虚	诳	谓。
[illegible]	[illegible]	[illegible]	[illegible]，	[illegible]	[illegible]	[illegible]	[illegible]	[illegible]，	[illegible]	
sjiij^{2}	nioow^{1}	phji^{1}	wji^{1}	thja^{1}	tsjɨ^{1}	źjɨr^{1}	ɣiej^{1}	njaa^{2}	thja^{1}	
想	及	意	作，	彼	亦	实	真	非，	彼	

是故说言三界虚妄。想及作意亦非真实，彼

4.25.4

[illegible]	[illegible]	[illegible]	[illegible]	[illegible]	[illegible]	[illegible]。	[illegible]	[illegible]	[illegible]	[illegible]
sjiij^{2}	dju^{1}	dju^{1}	tsə̣^{1}	zow^{2}	zjịj^{1}	ŋwu^{2}	phji^{1}	wji^{1}	dju^{1}	dju^{1}
想	有	有	色	持	著	是。	意	作	有	有
[illegible]	[illegible]	[illegible]	[illegible]	[illegible]	[illegible]	[illegible]	[illegible]。	[illegible]	[illegible]	
zji^{2}	lhjịj^{2}	sjiij^{2}	dźjɨ^{0}	sjij^{2}	rjir^{2}	bju^{1}	śjij^{1}	rjur^{1}	tsjiir^{1}	
皆	受	想	行	识	与	相	应。	诸	法	

所有想，即色执着，所有作意，皆与受想行识相应。诸法

4.25.5

[illegible]	[illegible]	[illegible]	[illegible]	[illegible]	[illegible]，	[illegible]	[illegible]	[illegible]	[illegible]，	[illegible]
mər^{2}	tsjiir^{2}	tsjɨ^{1}	mji^{1}	bju^{1}	śjij^{1}	mji^{1}	mji^{1}	bju^{1}	śjij^{1}	rjɨr^{2}
本	性	亦	不	相	应，	非	不	相	应，	乃
[illegible]	[illegible]	[illegible]，	[illegible]	[illegible]	[illegible]	[illegible]，	[illegible]	[illegible]	[illegible]	
njɨ^{2}	sjiij^{2}	njaa^{2}	phji^{1}	wji^{1}	tsjɨ^{1}	njaa^{2}	sjiij^{2}	nioow^{1}	phji^{1}	
至	想	非，	意	为	亦	非，	想	及	意	

本性亦无相应，非不相应；乃至非想，亦非作意。想及

4.25.6

[illegible]，	[illegible]	[illegible]	[illegible]	[illegible]。	[illegible]	[illegible]	[illegible]	[illegible]，	[illegible]	[illegible]
wji^{1}	mər^{2}	tsjiir^{2}	zji^{2}	ŋa^{1}	ŋwuu^{1}	dạ^{2}	dju^{1}	dju^{1}	zji^{2}	tshọ^{2}
作，	本	性	皆	空。	言	语	有	有，	皆	虚

[illegible]	[illegible]。	[illegible]	[illegible]	[illegible]	[illegible]	[illegible]	[illegible]	[illegible]	[illegible]
lạ^{1}	ŋwu^{2}	lew^{1}	dź-^{0}	thu^{1}	phjij^{1}	ŋwu^{2}	tsjiir^{2}	mjij^{1}	sej^{1}
诳	是。	惟	虚	设	置	以	性	寂	静

作意，本性皆空。所有言说，亦皆虚妄，但假施设，令性寂静。

4.25.7

[illegible]	[illegible]。	[illegible]	[illegible]	[illegible]	[illegible]	[illegible]	[illegible]，	[illegible]	[illegible]	[illegible]
we^{2}	phji^{1}	bju^{2}	mjij^{1}	ljuu^{2}	tshjịj^{2}	dźiā^{2}	tsjij^{2}	rjur^{1}	tsjiir^{1}	mər^{2}
是	令。	边	无	庄	严	菩	萨，	诸	法	本
[illegible]	[illegible]	[illegible]	[illegible]，	[illegible]	[illegible]	[illegible]	[illegible]	[illegible]	[illegible]	……
tsjiir^{2}	dź-^{0}	mjiij^{2}	nioow^{1}	ku^{1}	thjɨ^{2}	sju^{2}	rjɨr^{2}	tshjiij^{1}	zji^{2}	
性	假	名	故，	则	此	如	△	说	皆	……

无边庄严①，诸法本性以假名故，如是所说，亦皆……②

汉文本

无边庄严，汝今当观一切诸法，本性皆空，自性寂静，无有作者，诸法非实与结相应，非不相应，于彼无性法中不应执着。亦复不应离性非性，而起分别。既能了知因缘清净，不应戏论诸有一切因缘生法，彼缘性空究竟清净，如是因缘非互相应。诸法展转无有所作，无有所行，无有事业。如是思惟一切诸法，互相空故无有自性，无依无住。无边庄严，汝于此中，应当悟入；则能增长，不可损坏，普遍光明清净法门。由摄受故当得清净；无戏论故，当作光明；超过结使无所著故，当得出离。无边庄严，一切诸法，惟有名相开示宣说。何谓名相？相谓四大所造诸色，名谓一切非色之蕴。如是名相，一切皆悉虚妄不实，以颠倒故而有执着。或色是我，色是我所，相分别故有名示说。如是名色，二俱不实，一切皆是虚妄坏法。如幻如梦，色体不坚，如梦所见，乃至四蕴亦非真实，但以世俗文字施设。如是知时，不见有苦，由实谛故，无有攀缘；无攀缘故，心无所有。无所有故，何有与彼攀缘相应？由此而能于涅槃界，得超过想，及所知灭。无边庄严，三界由想作意所生，是故说言三界虚妄。想及作意亦非真实，彼所有想，即色执着，所有作意，皆与受想行识相应。诸法本性亦无相应，非不相应；乃至非想，亦非作意。想及作意，本性皆空。所有言说，亦皆虚妄，但假施设，令性寂静。无边庄严，诸法本性以假名故，如是所说，亦皆……

4.26.1

[illegible]，	[illegible]	[illegible]	[illegible]	[illegible]，	[illegible]	[illegible]	[illegible]	[illegible]	[illegible]	[illegible]

① 无边庄严，西夏本作“无边庄严菩萨”，下同。

② 下残。

lji̱1	dwewr2	njwi2	źjɨr1	ŋwu2	mjɨ1	pjụ1	bju2	mjij1	po1	tjɨj1
堕，	觉	善	慧	以，	无	量	边	无	菩	提
[illegible]	[illegible]	[illegible]	[illegible]。	[illegible]	[illegible]，	[illegible]	[illegible]	[illegible]	[illegible]	
ɣie1	ɣiwej1	·jiij1	lew2	rjur1	pjụ1	ŋa2	thjɨ2	bju2	mjij1	
力	受	持	应。	世	尊，	我	此	边	无	

……以善觉慧，应当受持无量无边菩提之力。世尊，如我所解，

4.26.2

[illegible]	[illegible]	[illegible]	[illegible]	[illegible]	[illegible]	[illegible]	[illegible]	[illegible]	[illegible]	[illegible]
sjij2	·a0	tsjij2	bju1	rjur1	dźiã2	tśhju1	·jij1	gjịj1	ɣie2	kięj2
智	△	解	依	诸	众	生	之	利	益	欲
[illegible]，	[illegible]	[illegible]	[illegible]	[illegible]	[illegible]	[illegible]	[illegible]	[illegible]①，	[illegible]	
nioow1	tśier1	·ju2	nẹ1	tshjiij1	phie2	neej2	deej1	dźjij1	tsjiir1	
故，	方	便	宣	说	开	示	传	行，	法	

此无边智演说方便，为欲利益诸众生故，开示流布令法

4.26.3

[illegible]	[illegible]	[illegible]。	[illegible]	[illegible]，	[illegible]	[illegible]	[illegible]	[illegible]	[illegible]	[illegible]
mji1	bja2	phji1	rjur1	pjụ1	thjɨ2	thow1	lo1	dźji1	ɣa1	tja1
不	断	令。	世	尊，	此	陀	罗	尼	门	者
[illegible]	[illegible]	[illegible]	[illegible]，	[illegible]	[illegible]	[illegible]	[illegible]，	[illegible]	[illegible]	
ljịj2	tshọ2	ŋa1	ŋwu2	ljịj2	tśhja2	wạ2	ŋwu2	thjɨ2	wo2	
大	虚	空	是，	大	正	广	是，	此	义	

不断。世尊，此陀罗尼门，是大虚空，是大方广，以是义

4.26.4

[illegible]	[illegible]	[illegible]	[illegible]	[illegible]	[illegible]。	[illegible]	[illegible]	[illegible]	[illegible]	[illegible]
nioow1	ku1	wạ2	nẹ1	tshjiij1	njwi2	tśhja2	ka1	tshjiij1	ɣjiw1	ɣiwej1
故	则	广	宣	说	能。	正	等	说	摄	受
[illegible]，	[illegible]	[illegible]	[illegible]	[illegible]，	[illegible]	[illegible]	[illegible]	[illegible]，	[illegible]	

① [illegible][illegible]，西夏文字面意思是“传行”，与汉文本中的“流布”对译。

njwi^2 ku^1 tsjiir^1 dzjiij^2 bju^1 neew^2 ɣjɨr^1 phie^2 neej^2 wạ^2

能， 则 法 教 依， 善 造 开 示， 广

故能广宣说。由说平等能摄受故，名随教法，善巧开示广

4.26.5

ljịj^2 dzjiij^2 dźjịj^1 mjiij^2 we^2 ·jwɨr^2 dji^2 do^2 pha^1 iọ^1 sə^1

大 传 行 名 是。 文 字 差 异 圆 满

rjir^1 ku^1 mjijr^2 dar^1 nwə^0 ŋwo^2 śjɨj^1 ·jiw^2 rjir^1 ljɨ^1

得， 则 通 达 辩 才 成 就 得 也。

大流布。文字差别得圆满故，通达辩才而得成就。

4.26.6

wo^2 bioo^1 thjuu^1 neew^2 ɣjɨr^1 tshjiij^1 nioow^1 ku^1 wo^2 nwə^0 ŋwo^2

义 观 察 善 造 说 故， 则 义 辩 才

iọ^1 sə^1 rjir^1 ljɨ^1 kjɨ^1 djɨj^2 rjur^1 tsjiir^1 phie^2 neej^2

圆 满 得 也。 决 定 诸 法 开 示

由观察义善巧说故，于义辩才而得圆满；决定诸法善开示故，

4.26.7

njwi^2 ku^1 tsjiir^1 nwə^0 ŋwo^2 ɣa^2 iọ^1 sə^1 rjir^1 ljɨ^1 dźiã^2

善 则 法 辩 才 于 圆 满 得 也。 众

tśhju^1 ·jij^1 njij^2 śjow^1 ljịj^2 njij^2 wjuu^1 ŋwu^2 ɣjiw^1 ɣiwej^1

生 之 慈 愍， 大 慈 悲 以 摄 受

于法辩才而得圆满。哀愍众生，以大慈悲而能摄受，

4.27.1

nioow1 ku1 tśjɨɨ1 bju1 rjur1 ·jar2 gji1 sej1 lhjụ2 rjir1 rjur1

故, 则 次 依 调 御 清 净 获 得, 诸

[illegible]

kheej1 ljị1 mjij1 tśhja2 ka1 tja1 tsjiir1 nẹ1 tshjiij1 njwi2

戏 论 无, 正 等 者 法 宣 说 能

由摄受故,次第调伏令得清净,无诸戏论,而能演说平等舍法。

4.27.2

[illegible]

phji1 rjur1 pjụ1 thjɨ2 thow1 lo1 dźji1 dwuu2 rjɨ̣j2 tśier1 ·ju2

令。 世 尊, 此 陀 罗 尼 秘 计 方 便

[illegible]

tsjiir1 ɣa1 tjij1 tshjiij1 zjọ2 mjɨ1 pjụ1 bju2 mjij1 neew2

法 门 品 说 时, 无 量 边 无 善

世尊说此陀罗尼秘密方便法门品时,无量无边善

4.27.3

[illegible]

ɣjɨr1 wo2 tha1 ·jij1 ljaa2 ·u2 wjɨ2 to2

造 义 佛 之 口 中 △ 出。

巧之义,从佛口出。

4.27.4

[illegible]

tśhjɨ1 zjọ2 tha1 bju2 mjij1 ljuu2 tshjịj2 po1 tsa1 ma2 ŋạ2

尔 时, 佛 边 无 庄 严 菩 萨 摩 诃

[illegible]

tsa1 ·jij1 dạ2 ·jɨ1 ɣa1 ·jɨ1 tja1 mjor1 ljịj2 ·jij1

萨 之 言 谓: 门 谓 者, 如 来 之

尔时,佛告无边庄严菩萨摩诃萨:所言门者,即是如来

4.27.5

[illegible]

ŋowr^{2} ŋowr^{2} sjịj^{2} sjịj^{2} ɣa^{1} lhu^{1} dạ^{2} ŋwu^{2} thjɨ^{2} ɣa^{1}

一 切 智 智 门 增 言 是。 此 门

[illegible]

kha^{1} ŋwuu^{1} dạ^{2} nioow^{1} ku^{1} tśhjwo^{1} ŋwuu^{1} tsjiir^{1} ŋowr^{2} ŋowr^{2}

中 言 语 故， 然 则 言 法 一 切

一切智智门之增语。于此门中，由语言故，而得演说一切诸法。

4.27.6

[illegible]

nẹ^{1} tshjiij^{1} mjor^{1} ljịj^{2} bju^{2} mjij^{1} gji^{1} sej^{1} zji^{2} dźjwa^{1} gji^{1}

宣 说。 如 来 边 无 清 净， 最 竟 清

[illegible]

sej^{1} thja^{1} śjij^{1} sjịj^{2} ljij^{2} no^{2} dźjiij^{1} dźjiij^{1} lew^{2} mjij^{1}

净 自 然 智 见， 安 住 住 应 无，

如来安住无边清净，究竟清净自然智见，以无所住，无

4.27.7

[illegible]

gu^{1} śjwo^{1} lew^{2} mjij^{1} bju^{1} wạ^{2} ljịj^{2} zji^{2} na^{1} tsjiir^{1} to^{2} wee^{1}

发 生 应 无， 依 广 大 最 深 法 出 生。

所建立，流注广大甚深之法。

汉文本

……以善觉慧，应当受持无量无边菩提之力。世尊，如我所解，此无边智演说方便，为欲利益诸众生故，开示流布令法不断。世尊，此陀罗尼门，是大虚空，是大方广，以是义故能广宣说。由说平等能摄受故，名随教法，善巧开示广大流布。文字差别得圆满故，通达辩才而得成就。由观察义善巧说故，于义辩才而得圆满；决定诸法善开示故，于法辩才而得圆满。哀愍众生，以大慈悲而能摄受，由摄受故，次第调伏令得清净，无诸戏论，而能演说平等舍法。世尊说此陀罗尼秘密方便法门品时，无量无边善巧之义，从佛口出。

尔时，佛告无边庄严菩萨摩诃萨：所言门者，即是如来一切智智门之增语。于此门中，由语言故，而得演说一切诸法。如来安住无边清净，究竟清净自然智见，以无所住，无所建立，流注广大甚深之法。

4.27.7

[illegible]	[illegible]	[illegible]	[illegible]	[illegible]	[illegible]	[illegible]	[illegible]	[illegible]
bju²	mjij¹	ljuu²	tshjịj²	dźiã²	tsjij²	dạ²	mjor¹	ljịj²
边	无	庄	严	菩	萨	言	如	来

无边庄严,如来尝说,

4.28.1

[illegible]	[illegible]	[illegible]	[illegible]	[illegible]	[illegible]	[illegible]	[illegible]	[illegible]。	[illegible]	[illegible]
rjur¹	tsjiir¹	ŋowr²	ŋowr²	zji²	tha¹	tsjiir¹	ŋwu²	·jɨ¹	tsjiir¹	ŋowr²
诸	法	一	切	皆	佛	法	是	谓。	法	一
[illegible]	[illegible]	[illegible]	[illegible]	[illegible],	[illegible]	[illegible]	[illegible]	[illegible]	[illegible]。	
ŋowr²	ɣa²	nwə¹	tsjij²	njwi²	ku¹	tśhjwo¹	tha¹	tsjiir¹	·jɨ¹	
切	于	知	解	能,	故	则	佛	法	谓。	

一切诸法皆是佛法,以于诸法能善了知,名为佛法。

4.28.2

[illegible]	[illegible]	[illegible]	[illegible]	[illegible]	[illegible]	[illegible]	[illegible],	[illegible]	[illegible]	[illegible]
rjur¹	tsjiir¹	mər²	tsjiir²	tha¹	tsjiir¹	rjir²	ka¹	thjɨ²	nioow¹	rjur¹
诸	法	本	性	佛	法	与	等,	此	故	诸
[illegible]	[illegible]	[illegible]	[illegible]	[illegible]	[illegible]。	[illegible]	[illegible]	[illegible]	[illegible]	
tsjiir¹	zji²	tha¹	tsjiir¹	ŋwu²	·jɨ¹	tsjiir¹	mji¹	tsjiir¹	tsjij²	
法	皆	佛	法	是	谓。	法	不	法	了	

诸法本性与佛法等,是故诸法皆是佛法。由能了知法非法故,

4.28.3

[illegible]	[illegible]	[illegible]	[illegible]	[illegible]	[illegible]	[illegible]	[illegible]	[illegible]	[illegible]	[illegible]
nwə¹	njwi²	ku¹	tśhjwo¹	rjur¹	tsjiir¹	ŋowr²	ŋowr²	nwə¹	tsjij²	njwi²
知	能	故	则	诸	法	一	切	知	解	能
[illegible]。	[illegible]	[illegible]	[illegible]	[illegible]	[illegible]	[illegible]	[illegible]	[illegible]	[illegible]	
·jɨ¹	nwə¹	tsjij²	njwi²	tja¹	thow¹	lo¹	dźji¹	ɣa¹	tsjɨ¹	
谓。	知	解	能	者	陀	罗	尼	门	亦	

说能了知一切诸法，能了知者，即能了知陀罗尼门。

4.28.4

[illegible]	[illegible]	[illegible]。	[illegible]	[illegible]	[illegible]	[illegible]	[illegible]	[illegible]	[illegible]	[illegible]
nwə^{1}	tsjij^{2}	njwi^{2}	thjɨ^{2}	thow^{1}	lo^{1}	dźji^{1}	rjur^{1}	tsjiir^{1}	ŋowr^{2}	ŋowr^{2}
知	解	能。	此	陀	罗	尼	诸	法	一	切
[illegible]	[illegible]	[illegible]。	[illegible]	[illegible]	[illegible]	[illegible]	[illegible]	[illegible]	[illegible]	
njɨ^{2}	·o^{2}	njwi^{2}	thjɨ^{2}	tja^{1}	ŋwuu^{1}	dạ^{2}	nẹ^{1}	tshjiij^{1}	tśhiaa^{2}	
至	入	能。	此	者	言	语	宣	说	难	

此陀罗尼而能遍入一切诸法，所谓语言演说谈论；

4.28.5

[illegible]①	[illegible]。	[illegible]	[illegible]	[illegible]	[illegible]	[illegible]	[illegible]	[illegible]	[illegible]
tśhiaa^{2}	ŋwu^{2}	ŋwuu^{1}	dạ^{2}	ŋowr^{2}	ŋowr^{2}	nẹ^{1}	tshjiij^{1}	tśhiaa^{2}	tśhiaa^{2}
难	是。	言	语	一	切	宣	说	难	难
[illegible]	[illegible]	[illegible]	[illegible]	[illegible]	[illegible]	[illegible]	[illegible]	[illegible]，	[illegible]
tja^{1}	zji^{2}	·jwɨr^{2}	dji^{2}	bju^{1}	dźju^{1}	sjwij^{1}	nẹ^{1}	tshjiij^{1}	thja^{2}
者	皆	文	字	依	显	明	宣	说，	彼

一切语言演说谈论，皆由文字表示②宣说。

4.28.6

[illegible]	[illegible]	[illegible]	[illegible]	[illegible]	[illegible]	[illegible]，	[illegible]	[illegible]	[illegible]	[illegible]，
kha^{1}	·jwɨr^{2}	dji^{2}	·a^{0}	dji^{2}	ɣu^{1}	we^{2}	xa^{0}	dji^{2}	kụ^{1}	we^{2}
中	文	字	阿	字	初	是，	荷	字	后	是，
[illegible]	[illegible]	[illegible]	[illegible]、	[illegible]	[illegible]、	[illegible]	[illegible]③，	[illegible]	[illegible]	
dzjọ^{1}	sju^{2}	·o^{1}	ljị^{1}	·o^{1}	gjur^{2}	·o^{1}	dźjwi^{2}	mja^{1}	śji^{1}	
如	如	腹	入、	腹	卧、	腹	床，	母	先	

是中文字，阿字为初，荷字为后，犹如入胎、受胎、持胎，以母为先；

① [illegible][illegible]，西夏文字面意思是“难难”，与汉文本中的“谈论”对译。

② 表示，西夏文字面意思是“显明”。

③ [illegible][illegible]、[illegible][illegible]、[illegible][illegible]，西夏文字面意思是“腹入、腹卧、腹床”，与汉文本中的“入胎、受胎、持胎”对译。

4.28.7

ɣu^{1}	we^{2}	nioow^{1}	dzjọ^{1}	sju^{2}	sjwɨ^{1}	ljwi^{1}	dzja^{1}	ljịj^{1}	·wja^{1}	śji^{1}	ɣu^{1}	we^{2}
初	是。	复	譬	如	种	子	长	益，	父	先	初	是，
dzjọ^{1}	ŋur^{1}	tśiow^{1}	dzjị^{2}	wee^{1}	śji^{1}	ɣu^{1}	we^{2}	tśjɨɨ^{1}	mjiij^{2}	mjiij^{2}	dzjij^{2}	
如	阴	积	集，	生	先	初	是。	次	后	后	余	

又如种子长养，以父为先；如蕴积集，以生为先。次后

4.29.1

war^{2}	do^{2}	pha^{1}	gu^{1}	śjwo^{1}	tśhjiw^{1}	do^{2}	rjur^{1}	tśhji^{2}	tśjɨɨ^{1}	bju^{1}
分	差	异	建	立，	六	处	诸	根	次	依
śjɨj^{1}	we^{1}	thjɨ^{2}	sju^{2}	dji^{2}	mja^{1}	śji^{1}	we^{2}	·jwɨr^{2}	dji^{2}	
成	熟。	此	如	字	母	先	是，	文	字	

建立余分差别，六处诸根次第成熟。如是字母为先，一切文字

4.29.2

ŋowr^{2}	ŋowr^{2}	do^{2}	pha^{1}	dzow^{1}	ŋwej^{2}	thjɨ^{2}	sju^{2}	dji^{2}	mja^{1}	śji^{1}
一	切	差	异	和	合，	此	如	字	母	先
we^{2}	bji^{1}	śjwo^{1}	dzja^{1}	ljịj^{1}	thjɨ^{2}	tja^{1}	·a^{0}	dji^{2}	śji^{1}	
是。	光	生	长	益，	此	者	阿	字	先	

差别和合，如是字母为先，光发长养，所谓阿字为先，

4.29.3

we^{2}	xa^{0}	dji^{2}	kụ^{1}	we^{2}	rjur^{1}	dzjij^{2}	·jwɨr^{2}	dji^{2}	zji^{2}	thja^{1}
是，	荷	字	后	是。	诸	余	文	字	皆	彼

[illegible]	[illegible]，	[illegible]	[illegible]	[illegible]	[illegible]	[illegible]	[illegible]	[illegible]	[illegible]
kha^{1}	wjij^{1}	thja^{1}	bju^{1}	bju^{1}	śjij^{1}	dzow^{1}	ŋwej^{2}	·jwi^{2}	lej^{2}
中	有，	彼	依	相	应	和	合	换	转

荷字为后，诸余文字在其中间，随彼相应和合而转，

4.29.4

[illegible]	[illegible]	[illegible]	[illegible]	[illegible]	[illegible]，	[illegible]	[illegible]	[illegible]	[illegible]	[illegible]
tśhjɨ^{2}	rjar^{2}	ŋwuu^{1}	dạ^{2}	nẹ^{1}	tshjiij^{1}	thow^{1}	lo^{1}	dźji^{1}	ɣa^{1}	·o^{2}
立	即	言	语	宣	说，	陀	罗	尼	门	入
[illegible]，	[illegible]	[illegible]	[illegible]	[illegible]	[illegible]	[illegible]	[illegible]	[illegible]	[illegible]，	
njwi^{2}	nioow^{1}	rjur^{1}	dźjɨ^{0}	ŋowr^{2}	ŋowr^{2}	to^{2}	zji^{2}	ljiij^{2}	dzjar^{2}	
能，	又	诸	行	一	切	尽	皆	坏	灭，	

此即能入演说语言陀罗尼门。又当了知一切诸行皆悉坏灭，

4.29.5

[illegible]	[illegible]	[illegible]	[illegible]	[illegible]	[illegible]	[illegible]	[illegible]	[illegible]	[illegible]	[illegible]
nwə^{1}	tsjij^{2}	lew^{2}	thja^{2}	·jwɨr^{2}	dji^{2}	sju^{2}	rjar^{1}	ɣiew^{1}	dja^{2}	śjɨj^{1}
知	解	应	彼	文	字	如	写	学	△	成
[illegible]	[illegible]	[illegible]	[illegible]	[illegible]	[illegible]	[illegible]	[illegible]	[illegible]	[illegible]	
ku^{1}	tśhjɨ^{2}	rjar^{2}	tjịj^{1}	dzjar^{2}	thjɨ^{2}	sju^{2}	dju^{1}	dju^{1}	·jiw^{1}	
则	立	即	减	灭	此	如	有	有	支	

如彼文字书学成已寻当除灭。如是一切有支

4.29.6

[illegible]	[illegible]	[illegible]	[illegible]，	[illegible]	[illegible]	[illegible]	[illegible]	[illegible]	[illegible]，	[illegible]
nioow^{1}	bju^{1}	gu^{1}	śjwo^{1}	ŋowr^{2}	ŋowr^{2}	zji^{2}	ljiij^{2}	dzjar^{2}	lew^{2}	thja^{2}
故	依	建	立，	一	切	皆	坏	灭	应，	彼
[illegible]	[illegible]	[illegible]	[illegible]	[illegible]	[illegible]	[illegible]，	[illegible]	[illegible]	[illegible]	
rjur^{1}	dźjɨ^{0}	dzow^{1}	ŋwej^{2}	bju^{1}	śjwo^{1}	sju^{2}	thja^{2}	mji^{1}	dzow^{1}	
诸	行	和	合	依	生	如，	彼	不	和	

建立，皆当坏灭。如彼诸行和合故生，彼不和

4.29.7

[illegible]	[illegible]	[illegible]	[illegible]	[illegible]。	[illegible]	[illegible]	[illegible]	[illegible]	[illegible]	[illegible]
ŋwej^{2}	tsjɨ^{1}	ljiij^{2}	dzjar^{2}	dju^{1}	thjɨ^{2}	sju^{2}	njɨɨ^{1}	mə^{2}	bju^{1}	śjij^{1}
合	亦	坏	灭	有。	此	如	二	种	相	应
[illegible]	[illegible],	[illegible]	[illegible]	[illegible]	[illegible]	[illegible]	[illegible]	[illegible]	[illegible]	
dzow^{1}	ŋwej^{2}	rjur^{1}	dju^{1}	dzu^{1}	tśhiow^{1}	ŋowr^{2}	ŋowr^{2}	gu^{1}	śjwo^{1}	
和	合,	诸	有	爱	结	一	切	建	立	

合应知坏灭。如是二种相应和合,建立一切诸有爱结,

4.30.1

[illegible]	[illegible]	[illegible]	[illegible]	[illegible]	[illegible]	[illegible]	[illegible]	[illegible]	[illegible]	[illegible],
nioow^{1}	tsjɨ^{1}	thjɨ^{2}	sju^{2}	njɨɨ^{1}	mə^{2}	dzow^{1}	ŋwej^{2}	nioow^{1}	dźiəj^{2}	lheew^{2}
复	亦	此	如	二	种	和	合	故	为	有,
[illegible]	[illegible]	[illegible]	[illegible]	[illegible]	[illegible]。	[illegible]	[illegible]	[illegible]	[illegible],	
rjur^{1}	tsjiir^{1}	ŋowr^{2}	ŋowr^{2}	gu^{1}	śjwo^{1}	thjɨ^{2}	sju^{2}	bioo^{1}	thjuu^{1}	
诸	法	一	切	发	生。	此	如	观	察,	

亦由如是二种和合,建立一切有为诸法。如是观察,

4.30.2

[illegible]	[illegible]	[illegible]	[illegible]	[illegible]	[illegible]	[illegible]	[illegible],	[illegible]	[illegible]	[illegible]
mjiij^{2}	mjiij^{2}	wji^{1}	mjij^{1}	tsjiir^{1}	ɣa^{1}	sej^{1}	njwi^{2}	thjɨ^{2}	nioow^{1}	wee^{1}
渐	渐	为	无	法	门	净	能,	此	故	生
[illegible]	[illegible]	[illegible]	[illegible]	[illegible]	[illegible]	[illegible]	[illegible]	[illegible],	[illegible]	
dzjar^{2}	nẹ^{1}	tshjiij^{1}	thow^{1}	lo^{1}	dźji^{1}	ɣa^{1}	·o^{2}	njwi^{2}	rjur^{1}	
灭	宣	说	陀	罗	尼	门	入	能,	诸	

渐次能净无作法门,由此能入演说生灭陀罗尼门,

4.30.3

[illegible]	[illegible]	[illegible]	[illegible]	[illegible]	[illegible]	[illegible]	[illegible]	[illegible]	[illegible]	[illegible]。
dźiã^{2}	tsjij^{2}	·jij^{1}	tśier^{1}	·ju^{2}	neew^{2}	ɣjɨr^{1}	xja^{1}	iọ^{1}	sə^{1}	phji^{1}
菩	萨	之	方	便	善	造	即	圆	满	令。

[illegible]	[illegible]	[illegible]	[illegible]	[illegible]	[illegible]	[illegible]	[illegible]，	[illegible]	[illegible]
dzjọ^{1}	sju^{2}	dji^{2}	mja^{1}	·a^{0}	dji^{2}	śji^{1}	we^{2}	xa^{0}	dji^{2}
譬	如	字	母	阿	字	先	是，	荷	字

令诸菩萨方便善巧，速得圆满。犹如字母阿字为初，荷字

4.30.4

[illegible]	[illegible]，	[illegible]	[illegible]	[illegible]	[illegible]，	[illegible]	[illegible]	[illegible]	[illegible]	[illegible]
kụ^{1}	we^{2}	thjɨ^{2}	sju^{2}	wji^{1}	dźjwa^{1}	ŋwuu^{1}	dạ^{2}	ŋwu^{2}	nẹ^{1}	tshjiij^{1}
后	是，	此	如	为	毕，	言	语	以	宣	说

[illegible]	[illegible]	[illegible]	[illegible]	[illegible]	[illegible]	[illegible]	[illegible]	[illegible]	[illegible]，
tśhiaa^{2}	tśhiaa^{2}	dwuu^{2}	rjɨj^{2}	ŋwuu^{1}	dạ^{2}	ŋowr^{2}	ŋowr^{2}	·o^{2}	njwi^{2}
难	难	秘	计	言	语	一	切	入	能，

为后，如是作已，应以语言演说谈论，善入一切秘密言词，

4.30.5

[illegible]	[illegible]	[illegible]	[illegible]	[illegible]	[illegible]	[illegible]	[illegible]	[illegible]	[illegible]	[illegible]	[illegible]。
nioow^{1}	ɣiẹ^{2}	lụ^{2}	mjij^{1}	nwə^{1}	tsjij^{2}	tsjiir^{1}	phie^{2}	neej^{2}	nẹ^{1}	tshjiij^{1}	lew^{2}
复	障	碍	无	知	解	法	开	示	宣	说	应。

又应了知无障碍法，开示宣说。

汉文本

无边庄严，如来尝说，一切诸法皆是佛法，以于诸法能善了知，名为佛法。诸法本性与佛法等，是故诸法皆是佛法。由能了知法非法故，说能了知一切诸法，能了知者，即能了知陀罗尼门。此陀罗尼而能遍入一切诸法，所谓语言演说谈论；一切语言演说谈论，皆由文字表示宣说。是中文字，阿字为初，荷字为后，犹如入胎、受胎、持胎，以母为先；又如种子长养，以父为先；如蕴积集，以生为先。次后建立余分差别，六处诸根次第成熟。如是字母为先，一切文字差别和合，如是字母为先，光发长养，所谓阿字为先，荷字为后，诸余文字在其中间，随彼相应和合而转，此即能入演说语言陀罗尼门。又当了知一切诸行皆悉坏灭，如彼文字书学成已寻当除灭。如是一切有支建立，皆当坏灭。如彼诸行和合故生，彼不和合应知坏灭。如是二种相应和合，建立一切诸有爱结，亦由如是二种和合，建立一切有为诸法。如是观察，渐次能净无作法门，由此能入演说生灭陀罗尼门，令诸菩萨方便善巧，速得圆满。犹如字母阿字为初，荷字为后，如是作已，应以语言演说谈论，善入一切秘密言词，又应了知无障碍法，开示宣说。

4.30.5

[illegible]	[illegible]	[illegible]	[illegible]	[illegible]	[illegible],	[illegible]	[illegible]	[illegible]	[illegible]
bju^{2}	mjij^{1}	ljuu^{2}	tshjịj^{2}	dźiã^{2}	tsjij^{2}	dzjọ^{1}	sju^{2}	dji^{2}	mja^{1}
边	无	庄	严	菩	萨,	譬	如	字	母

无边庄严,犹如字母

4.30.6

[illegible]	[illegible]	[illegible]	[illegible],	[illegible]	[illegible]	[illegible]	[illegible]	[illegible]	[illegible]	[illegible]
·a^{0}	dji^{2}	śji^{1}	we^{2}	rjɨr^{2}	njɨ^{2}	rjur^{1}	dzjij^{2}	·jwɨr^{2}	dji^{2}	ŋowr^{2}
阿	字	先	是,	乃	至	诸	余	文	字	一
[illegible]	[illegible]	[illegible]	[illegible]	[illegible],	[illegible]	[illegible]	[illegible]	[illegible]	[illegible]	
ŋowr^{2}	phjo^{2}	kar^{2}	wji^{1}	dźjwa^{1}	phji^{1}	wji^{1}	twẹ^{2}	twẹ^{2}	rjar^{1}	
切	分	别	作	毕,	意	作	续	续	写	

阿字为初,乃至诸余一切文字,分别作已,作意相续入于书写;

4.30.7

[illegible]	[illegible]	[illegible],	[illegible]	[illegible]	[illegible]	[illegible]	[illegible]	[illegible]	[illegible]	[illegible]
tshjịj^{2}	kha^{1}	·o^{2}	xa^{0}	dji^{2}	nioow^{1}	rjijr^{2}	nioow^{1}	·jwɨr^{2}	dji^{2}	gu^{1}
书	中	入,	荷	字	后	方	复	文	字	建
[illegible]	[illegible]	[illegible]。	[illegible]	[illegible]	[illegible]	[illegible]	[illegible]	[illegible]	[illegible]	
śjwo^{1}	tji^{2}	mjij^{1}	thjɨ^{2}	nioow^{1}	njɨɨ^{1}	mə^{2}	phji^{1}	wji^{1}	dźiəj^{2}	
立	可	无。	此	故	二	种	意	作	为	

荷字之后更无文字而可建立。由是二种作意,

4.31.1

[illegible]。	[illegible]	[illegible]	[illegible]	[illegible]	[illegible],	[illegible]	[illegible]	[illegible]	[illegible]
lheew^{2}	dźjɨ^{0}	ŋowr^{2}	ŋowr^{2}	śjwo^{1}	njwi^{2}	thja^{2}	njɨɨ^{1}	phjo^{2}	kar^{2}
有。	行	一	切	生	能,	彼	二	分	别
[illegible]	[illegible]	[illegible]	[illegible],	[illegible]	[illegible]	[illegible]	[illegible]	[illegible]	[illegible]
źjɨr^{1}	ɣiej^{1}	mji^{1}	dju^{1}	thja^{1}	źjɨr^{1}	ɣiej^{1}	ɣa^{2}	zjɨɨr^{1}	zjịj^{1}
实	真	不	有,	彼	实	真	于	希	许

能生一切有意之行①，彼二分别无有真实，以于真实无少

4.31.2

[illegible]	[illegible]，	[illegible]	[illegible]	[illegible]	[illegible]，	[illegible]	[illegible]	[illegible]	[illegible]	[illegible]
·jwɨr^{2}	dji^{2}	mər^{2}	tsjiir^{2}	·jij^{1}	tsjiir^{2}	mjij^{1}	phjo^{2}	kar^{2}	mji^{1}	phjo^{2}
文	字，	本	性	自	性，	无	分	别	不	分
[illegible]	[illegible]	[illegible]。	[illegible]	[illegible]	[illegible]	[illegible]	[illegible]	[illegible]	[illegible]	
kar^{2}	tsjɨ^{1}	mjij^{1}	thja^{2}	kha^{1}	zjɨɨr^{1}	zjịj^{1}	wji^{1}	lew^{2}	tsjɨ^{1}	
别	亦	无。	彼	中	希	许	为	应	亦	

文字；本性自性，亦无分别及不分别。而于其中，亦复无有少分所作。

4.31.3

[illegible]。	[illegible]	[illegible]	[illegible]	[illegible]	[illegible]	[illegible]，	[illegible]	[illegible]	[illegible]	[illegible]
mjij^{1}	bju^{2}	mjij^{1}	ljuu^{2}	tshjịj^{2}	dźiã^{2}	tsjij^{2}	rjur^{1}	tsjiir^{1}	ŋowr^{2}	ŋowr^{2}
无。	边	无	庄	严	菩	萨，	诸	法	一	切
[illegible]	[illegible]	[illegible]	[illegible]，	[illegible]	[illegible]	[illegible]	[illegible]	[illegible]	[illegible]	
sjịj^{2}	ŋwu^{2}	nwə^{1}	tsjij^{2}	ku^{1}	thja^{1}	sjịj^{2}	zji^{2}	·jwɨr^{2}	dji^{2}	
智	以	知	解，	则	彼	智	皆	文	字	

无边庄严，一切诸法以智所知，是智皆从文字

4.31.4

[illegible]	[illegible]	[illegible]	[illegible]	[illegible]。	[illegible]	[illegible]	[illegible]	[illegible]	[illegible]	[illegible]
bju^{1}	thu^{1}	phjij^{1}	gu^{1}	śjwo^{1}	thja^{1}	·jwɨr^{2}	dji^{2}	mji^{1}	śjɨj^{1}	·jiw^{2}
依	设	施	建	立。	彼	文	字	不	成	就
[illegible]	[illegible]	[illegible]	[illegible]	[illegible]	[illegible]	[illegible]	[illegible]	[illegible]	[illegible]，	
ku^{1}	thja^{1}	sjịj^{2}	nioow^{1}	·jwɨr^{1}	·jij^{1}	tsjɨ^{1}	rjir^{1}	tjị^{2}	mjij^{1}	
则	彼	智	复	相	相	亦	得	可	无，	

建立而得生起。由是文字不成就故，彼智亦复无有形相可得。

4.31.5

[illegible]	[illegible]	[illegible]？	[illegible]	[illegible]	[illegible]	[illegible]	[illegible]	[illegible]	[illegible]	[illegible]。

① 能生一切有意之行，西夏文字面意思是"能生一切行"。

thjij^{2}	sjo^{2}	ljɨ^{1}	thja^{1}	źjɨr^{1}	ɣiej^{1}	ɣa^{2}	·jwɨr^{1}	·jij^{1}	mjij^{1}	ljɨ^{1}
何	云	也?	彼	实	真	于	形	相	无	也。
[illegible]	[illegible]	[illegible]	[illegible]	[illegible]	[illegible]	[illegible],	[illegible]	[illegible]	[illegible]	
thjɨ^{2}	sju^{2}	·jwɨr^{1}	·jij^{1}	mjij^{1}	·o^{2}	nioow^{1}	ku^{1}	rjɨr^{2}	wji^{1}	
此	如	形	相	无	入	故,	则	所	为	

何以故？以于真实无有形相,由入如是无形相故,

4.31.6

[illegible]	[illegible]	[illegible]	[illegible]	[illegible]	[illegible],	[illegible]	[illegible]	[illegible]	[illegible]	[illegible]
dạ^{2}	sjwɨj^{1}	ŋowr^{2}	ŋowr^{2}	dźjiɨr^{1}	ka^{2}	wji^{1}	lew^{2}	mjij^{1}	ku^{1}	dźiəj^{2}
事	业	一	切	舍	离,	为	应	无	则	为
[illegible],	[illegible]	[illegible]	[illegible]	[illegible]	[illegible]。	[illegible]	[illegible]	[illegible]	[illegible]	[illegible]
lheew^{2}	dạ^{2}	ŋowr^{2}	ŋowr^{2}	dźjiɨr^{1}	ka^{2}	bju^{2}	mjij^{1}	ljuu^{2}	tshjịj^{2}	dźiã^{2}
有,	事	一	切	舍	离。	边	无	庄	严	菩

舍离一切所作事业,无所作故,舍离一切有为之事。无边庄严,

4.31.7

[illegible],	[illegible]	[illegible]	[illegible]	[illegible]	[illegible]	[illegible]	[illegible]	[illegible]	[illegible]	[illegible]
tsjij^{2}	thjɨ^{2}	tja^{1}	thow^{1}	lo^{1}	dźji^{1}	gji^{1}	sej^{1}	neew^{2}	ɣjɨr^{1}	njɨ^{2}
萨,	此	者	陀	罗	尼	清	净	善	造	遍
[illegible]	[illegible]	[illegible]	[illegible]。	[illegible]	[illegible]	[illegible]	[illegible]	[illegible]	[illegible]	
·jiij^{1}	tsjiir^{1}	ɣa^{1}	ŋwu^{2}	tjij^{1}	rjur^{1}	dźiã^{2}	tsjij^{2}	thjɨ^{2}	ɣa^{2}	
持	法	门	是。	若	诸	菩	萨	此	于	

此是陀罗尼清净善巧遍持法门。若诸菩萨于此学时,

4.32.1

[illegible]	[illegible],	[illegible]	[illegible]	[illegible]	[illegible]	[illegible]	[illegible]	[illegible]	[illegible],	[illegible]
ɣiew^{1}	zjịj^{1}	lə^{2}	mjij^{1}	dạ^{2}	sjwɨj^{1}	ŋowr^{2}	ŋowr^{2}	śjwo^{1}	njwi^{2}	rjur^{1}
学	时,	痴	无	事	业	一	切	生	能,	诸
[illegible]	[illegible]	[illegible]	[illegible]	[illegible]	[illegible]	[illegible]	[illegible]	[illegible]	[illegible]	
dźiã^{2}	tśhju^{1}	·jij^{1}	tśhja^{2}	tsjiir^{1}	nẹ^{1}	tshjiij^{1}	zji^{2}	dzjɨ^{1}	ŋowr^{2}	
众	生	之	正	法	宣	说	皆	齐	具	

能起一切无痴事业，为诸众生宣说正法，令不缺减①。

4.32.2

[illegible]。	[illegible]	[illegible]	[illegible]	[illegible]	[illegible]	[illegible]	[illegible]	[illegible]，	[illegible]	[illegible]
phji¹	rjur¹	sjiij²	phoo¹	ɣja²	zjij¹	njiij¹	mji¹	dźjiij¹	nioow¹	sjiij²
令。	诸	想	覆	盖	著	心	不	住，	复	想
[illegible]	[illegible]	[illegible]	[illegible]，	[illegible]	[illegible]	[illegible]	[illegible]	[illegible]	[illegible]，	[illegible]
phji¹	wji¹	khwa¹	ka²	rjur¹	tsjiir¹	dwewr²	źjɨr¹	tshwew¹	·o²	bju²
意	作	远	离，	诸	法	觉	慧	趣	入，	边

不住诸想覆盖着心，及能远离想及作意，以能趣入诸法觉慧，

4.32.3

[illegible]	[illegible]	[illegible]	[illegible]	[illegible]	[illegible]	[illegible]	[illegible]。
mjij¹	sjij²	wo²	tshwew¹	neew²	ɣjɨr¹	rjir¹	njwi²
无	智	义	趣	善	巧	得	能。

证无边智理趣善巧。

汉文本

无边庄严，犹如字母阿字为初，乃至诸余一切文字，分别作已，作意相续入于书写；荷字之后更无文字而可建立。由是二种作意，能生一切有意之行，彼二分别无有真实，以于真实无少文字；本性自性，亦无分别及不分别。而于其中，亦复无有少分所作。

无边庄严，一切诸法以智所知，是智皆从文字建立而得生起。由是文字不成就故，彼智亦复无有形相可得。何以故？以于真实无有形相，由入如是无形相故，舍离一切所作事业，无所作故，舍离一切有为之事。

无边庄严，此是陀罗尼清净善巧遍持法门。若诸菩萨于此学时，能起一切无痴事业，为诸众生宣说正法，令不缺减。不住诸想覆盖着心，及能远离想及作意，以能趣入诸法觉慧，证无边智理趣善巧。

4.32.3

[illegible]	[illegible]	[illegible]	[illegible]	[illegible]	[illegible]，	[illegible]	[illegible]	[illegible]	[illegible]	[illegible]	[illegible]	[illegible]
bju²	mjij¹	ljuu²	tshjij²	dźiã²	tsjij²	tjij¹	rjur¹	dźiã²	tsjij²	rjur¹	mjiij²	lhjwi¹
边	无	庄	严	菩	萨，	若	诸	菩	萨	诸	名	取

① 令不缺减，西夏文字面意思是"皆齐具令"。

无边庄严,若诸菩萨遍取名已,

4.32.4

[illegible],	[illegible]	[illegible]	[illegible]	[illegible]	[illegible]	[illegible]	[illegible]	[illegible]	[illegible]	[illegible]
dźjwa^{1}	tsjiir^{1}	ŋowr^{2}	ŋowr^{2}	lew^{1}	mə^{2}	mə^{2}	śioo^{1}	dzjɨ̣^{2}	ŋwuu^{1}	dạ^{2}
毕,	法	一	切	惟	种	种	集	合	言	语
[illegible]	[illegible]	[illegible]	[illegible]	[illegible],	[illegible]	[illegible]	[illegible]	[illegible],	[illegible]	[illegible]
bju^{1}	·a^{0}	śjwo^{1}	mjiij^{2}	dju^{1}	źjɨr^{1}	ɣiej^{1}	mjij^{1}	tsjij^{2}	thjɨ^{2}	sju^{2}
依	△	生	名	有,	实	真	无	解,	此	如

了一切法惟有种种积集言说所起之名,而无真实。如是

4.32.5

[illegible]	[illegible],	[illegible]	[illegible]	[illegible]	[illegible]	[illegible]	[illegible]	[illegible]	[illegible]	[illegible]
nwə^{1}	tja^{1}	kjɨ^{1}	djɨj^{2}	thow^{1}	lo^{1}	dźji^{1}	ɣa^{1}	wo^{2}	tshwew^{1}	neew^{2}
知	者,	必	定	陀	罗	尼	门	理	趣	善
[illegible]	[illegible],	[illegible]	[illegible]	[illegible]	[illegible]	[illegible]	[illegible]	[illegible]	[illegible]	
ɣjɨr^{1}	·o^{2}	thow^{1}	lo^{1}	dźji^{1}	ɣa^{1}	wo^{2}	tshwew^{1}	neew^{2}	ɣjɨr^{1}	
造	入,	陀	罗	尼	门	理	趣	善	造	

知者,应当①随入陀罗尼门理趣善巧。云何应入陀罗尼门理趣善巧?

4.32.6

[illegible]	[illegible]	[illegible]	[illegible]?	[illegible]	[illegible]	[illegible]	[illegible]	[illegible]	[illegible]	[illegible]
thjij^{2}	sjo^{2}	·o^{2}	njwi^{2}	rjur^{1}	mjiij^{2}	ŋowr^{2}	ŋowr^{2}	dźjiij^{1}	tjị^{2}	zji^{2}
何	云	入	能?	诸	名	一	切	住	处	皆
[illegible],	[illegible]	[illegible]	[illegible]	[illegible]	[illegible]	[illegible]	[illegible]	[illegible]	[illegible],	
mjij^{1}	rjur^{1}	tsjiir^{1}	·u^{2}	djɨr^{2}	gu^{2}	bju^{2}	ɣa^{2}	mji^{1}	dźjiij^{1}	
无,	诸	法	中	外	中	边	于	不	住,	

知所有名②而无住处。不住诸法内外中边,

4.32.7

[illegible]	[illegible]	[illegible]	[illegible]	[illegible],	[illegible]	[illegible]	[illegible]	[illegible]	[illegible]	[illegible]

① 应当,西夏文字面意思是“必定”。

② 知所有名,西夏文字面意思是“一切诸名”。

ŋowr^2 ŋowr^2 do^2 zji^2 rjir^1 tshjiij^1 mjij^1 lew^1 mə^2 mə^2 ŋwuu^1
一 切 处 皆 得， 说 无 惟 种 种 言
[illegible]
dạ^2 tśiow^1 dzjị^2 ŋwu^2 dź-^{0} thu^1 phjij^1 sji^2 ŋwu^2 nwə^1
语 积 集 以 假 设 置 △ 是 知。

于一切处都不可得，但依积集种种言说，而假施设；

4.33.1

[illegible]
thu^1 phjij^1 mjiij^2 ɣa^2 źjɨr^1 bju^1 źjɨr^1 ɣiej^1 gjwi^2 ŋwu^2 dwewr^2
设 置 名 于， 实 依 实 真 句 是 知
[illegible]
tśjɨ^1 thjɨ^2 źjɨr^1 gjwi^2 ŋwu^2 rjur^1 tsjiir^1 ŋowr^2 ŋowr^2 mjiij^2
醒。 此 实 句 以， 诸 法 一 切 名

于施设名，如实随觉①，是如实句。以此实句，应当了知一切诸法

4.33.2

[illegible]
mjij^1 tshjiij^1 mjij^1 nwə^1 tsjij^2 lew^2 thjɨ^2 tja^1 rjur^1 tha^1 ·jij^1
无 说 无 知 解 应。 此 者 诸 佛 之
[illegible]
ɣie^1 le^2 mjij^1 ljị^2 ŋwu^2 dju^1 dju^1 tsjiir^1 ɣa^2 thjɨ^2
力、 畏 无 地 是。 有 有 法 于 此

无名无说。此是诸佛力、无畏地。于所有法，

4.33.3

[illegible]
ɣa^1 ŋwu^2 phie^2 neej^2 nẹ^1 tshjiij^1 mjor^1 ljij^2 rjɨr^2 tshjiij^1 rjur^1
门 以 开 示 宣 说。 如 来 所 说 诸
[illegible]

① 如实随觉，西夏文字面意思是“依实”。

tsjiir1 ŋowr2 ŋowr2 lew1 tsjiir2 njaa2 do2 tsjiir2 njaa2 rjur1

法 一 切, 一 性 非, 异 性 非, 诸

应以此门开示演说。如来所说一切诸法,非一性,非异性,

4.33.4

[illegible]

tsjiir1 lew1 do2 tsjiir2 mjij1 ljɨ1 thjɨ2 tsjiir1 ŋowr2 ŋowr2 wee1

法 一 异 性 无 也。 此 法 一 切 生

[illegible]

njaa2 dju1 njaa2 thjɨ2 sju2 rjɨr2 tshjiij1 rjur1 tsjiir1 tsjɨ1

非 有 非, 此 如 △ 说 诸 法 亦

诸法无有一、异性故。此一切法非生非有,如是宣示诸法亦

4.33.5

[illegible]

ŋa1 ŋwu2 tjij1 tsjiir1 ŋa1 ljɨ1 ŋwu2 ku1 thja1 tsjɨ1 ·jij1

空 以, 若 法 空 虽 是。 则 彼 亦 相

[illegible]

mjij1 ŋwu2 tjij1 ·jij1 mjij1 ku1 tjị1 mjij1 ŋwu2 tjij1

无 是。 若 相 无 则 愿 无 是。 若

空,法若空者,彼即无相;若无相者,即无愿求;若

4.33.6

[illegible]

tsjiir1 ŋa1 ·jij1 mjij1 tjị1 mjij1 ŋwu2 ku1 nwə1 tjị2

法 空、 相 无、 愿 无 是。 则 知 可

[illegible]

mjij1 njɨ2 nwə1 tjị2 mjij1 thja1 tjij1 dju1 tjij1 mjij1

无 至 知 可 无 彼 若 有 若 无

法是空①、无相、无愿,则不可知不可遍知,不应说彼若有若无。

① 法是空,西夏文字面意思是“空法”。

4.33.7

[illegible]	[illegible]。	[illegible]	[illegible]	[illegible]	[illegible]	[illegible]，	[illegible]	[illegible]	[illegible]	[illegible]。
·jɨ^{1}	lew^{2}	njaa^{2}	dju^{1}	mjij^{1}	·jɨ^{1}	tja^{1}	lew^{1}	ŋwuu^{1}	da̱^{2}	ŋwu^{2}
谓	应。	非	有	无	谓	者，	惟	言	语	是。
[illegible]	[illegible]	[illegible]	[illegible]	[illegible]	[illegible]	[illegible]	[illegible]	[illegible]？	[illegible]	
thja^{1}	kha^{1}	zow^{2}	zji̱j^{1}	tji^{1}	śjwo^{1}	thjij^{2}	sjo^{2}	ljɨ^{1}	mjor^{1}	
彼	中	持	著	不	生	何	云	也？	如	

言有无者，但是言说，不应于中而生执着。何以故？如

4.34.1

[illegible]	[illegible]	[illegible]	[illegible]	[illegible]	[illegible]	[illegible]	[illegible]	[illegible]	[illegible]	[illegible]
ljij^{2}	·ju^{2}	tjij^{1}	tsjiir^{1}	ŋowr^{2}	ŋowr^{2}	mji^{1}	zow^{2}	zji̱j^{1}	ku^{1}	buu^{2}
来	常	若	法	一	切	不	持	著	则	胜
[illegible]	[illegible]	[illegible]。	[illegible]	[illegible]	[illegible]	[illegible]，	[illegible]	[illegible]	[illegible]	
wo^{2}	ɣiej^{1}	ŋwu^{2}	tjij^{1}	zow^{2}	zji̱j^{1}	dju^{1}	thjɨ^{2}	zow^{2}	zji̱j^{1}	
义	真	是。	若	持	著	有，	此	持	著	

来常说，若不执着一切法者，是真胜义。若有著者，由是着故，

4.34.2

[illegible]	[illegible]	[illegible]	[illegible]	[illegible]	[illegible]	[illegible]	[illegible]	[illegible]，	[illegible]	[illegible]
nioow^{1}	thja^{2}	thja^{2}	tsjiir^{1}	ɣa^{2}	zow^{2}	zji̱j^{1}	gu^{1}	śjwo^{1}	thjɨ^{2}	sju^{2}
故	彼	彼	法	于	持	著	发	生，	此	如
[illegible]	[illegible]	[illegible]	[illegible]	[illegible]	[illegible]，	[illegible]	[illegible]	[illegible]	[illegible]。	
zow^{2}	zji̱j^{1}	ŋowr^{2}	ŋowr^{2}	zji^{2}	ŋa^{1}	ŋwer^{2}	ljiij^{2}	tsjiir^{1}	ŋwu^{2}	
持	著	一	切	皆	空，	懈	坏	法	是。	

于彼彼法随生执着，如是执着一切皆空，是败坏法，

4.34.3

[illegible]	[illegible]	[illegible]	[illegible]	[illegible]	[illegible]	[illegible]	[illegible]	[illegible]	[illegible]。	[illegible]
lew^{1}	la̱^{1}	ljoor^{1}	źji̱^{1}	ljɨ̱^{1}	phjo^{2}	kar^{2}	ljɨ^{1}	·jɨ^{1}	djij^{2}	bju^{2}
惟	诳	谄	烦	论	分	别	也	谓	△。	边

[illegible]	[illegible]	[illegible]	[illegible]	[illegible]，	[illegible]	[illegible]	[illegible]	[illegible]	[illegible]
mjij^{1}	ljuu^{2}	tshjịj^{2}	dźiã^{2}	tsjij^{2}	nji^{2}	rjur^{1}	tsjiir^{1}	nẹ^{1}	tshjiij^{1}
无	庄	严	菩	萨，	汝	诸	法	宣	说

但惟虚妄戏论分别。无边庄严,汝应当观,演说诸法,

4.34.4

[illegible]	[illegible]	[illegible]	[illegible]	[illegible]	[illegible]	[illegible]	[illegible]	[illegible]，	[illegible]
bioo^{1}	thja^{2}	tsjiir^{1}	kha^{1}	źjɨr^{1}	nẹ^{1}	tshjiij^{1}	tsjɨ^{1}	mjij^{1}	nioow^{1}
观	彼	法	中	实	宣	说	亦	无，	复
[illegible]	[illegible]	[illegible]	[illegible]	[illegible]	[illegible]	[illegible]	[illegible]	[illegible]？	
tsjiir^{1}	tshjiij^{1}	mjijr^{2}	mjɨ^{1}	·jij^{1}	tshjiij^{1}	tja^{1}	ljọ^{2}	dju^{1}	
法	说	者	他	之	说	者	岂	有？	

而于彼法实无示说,岂于此中有能说者而为他说?

汉文本

无边庄严,若诸菩萨遍取名已,了一切法惟有种种积集言说所起之名,而无真实。如是知者,应当随入陀罗尼门理趣善巧。云何应入陀罗尼门理趣善巧?知所有名而无住处。不住诸法内外中边,于一切处都不可得,但依积集种种言说,而假施设;于施设名,如实随觉,是如实句。以此实句,应当了知一切诸法无名无说。此是诸佛力、无畏地。于所有法,应以此门开示演说。如来所说一切诸法,非一性,非异性,诸法无有一、异性故。此一切法非生非有,如是宣示诸法亦空,法若空者,彼即无相;若无相者,即无愿求;若法是空、无相、无愿,则不可知不可遍知,不应说彼若有若无。言有无者,但是言说,不应于中而生执着。何以故?如来常说,若不执着一切法者,是真胜义。若有著者,由是着故,于彼彼法随生执着,如是执着一切皆空,是败坏法,但惟虚妄戏论分别。无边庄严,汝应当观,演说诸法,而于彼法实无示说,岂于此中有能说者而为他说?

4.34.4—4.34.5

[illegible]	[illegible]	[illegible]	[illegible]	[illegible]	[illegible]，	[illegible]	[illegible]	[illegible]	[illegible]	[illegible]	[illegible]
bju^{2}	mjij^{1}	ljuu^{2}	tshjịj^{2}	dźiã^{2}	tsjij^{2}	thjɨ^{2}	gji^{1}	sej^{1}	tsjiir^{1}	tja^{1}	rjur^{1}
边	无	庄	严	菩	萨，	此	清	净	法	者	诸
[illegible]	[illegible]	[illegible]	[illegible]	[illegible]，	[illegible]	[illegible]	[illegible]	[illegible]	[illegible]	[illegible]	
mjor^{1}	ljij^{2}	ɣa^{2}	wjɨ^{2}	to^{2}	tjij^{1}	nwə^{1}	tsjij^{2}	njwi^{2}	tja^{1}	zji^{2}	
如	来	于	△	出，	若	知	了	能	者	最	

无边庄严,此清净法,从诸如来之所演出,能了知者,

4.34.6

[illegible]	[illegible]	[illegible]	[illegible]。	[illegible]	[illegible]	[illegible]	[illegible]	[illegible]	[illegible]，	[illegible]
kha^{1}	zjiɨr^{1}	dju^{1}	ŋwu^{2}	bju^{2}	mjij^{1}	ljuu^{2}	tshjịj^{2}	dźiã^{2}	tsjij^{2}	nji^{2}
中	希	有	是。	边	无	庄	严	菩	萨，	汝
[illegible]	[illegible]	[illegible]	[illegible]	[illegible]	[illegible]	[illegible]	[illegible]	[illegible]	[illegible]，	
njɨ^{2}	thjɨ^{2}	wjɨ^{2}	ŋa^{2}	·ju^{2}	rjir^{2}	thjɨ^{2}	sju^{2}	tsjiir^{1}	mji^{1}	
等	此	刻	我	面	前	此	如	法	闻，	

甚为希有。无边庄严，汝等今于我前，闻如是法，

4.34.7

[illegible]	[illegible]	[illegible]	[illegible]，	[illegible]	[illegible]	[illegible]	[illegible]，	[illegible]	[illegible]	[illegible]
zji^{2}	tsjij^{2}	nwə^{1}	njwi^{2}	gji^{1}	sej^{1}	dźiej^{2}	dźjiij^{1}	buu^{2}	tsjij^{2}	śjwo^{1}
皆	解	知	能，	清	净	信	住，	胜	解	生
[illegible]，	[illegible]	[illegible]	[illegible]	[illegible]	[illegible]	[illegible]	[illegible]	[illegible]	[illegible]	
njwi^{2}	nioow^{1}	·ji^{1}	kjɨ^{1}	rejr^{2}	zjịj^{2}	nioow^{1}	kụ^{1}	zjọ^{2}	ɣa^{2}	
能，	复	众	△	多	众	复	后	世	于	

能善了知，住清净信，能生胜解，虽复众多，而于后世，

4.35.1

[illegible]	[illegible]	[illegible]	[illegible]	[illegible]	[illegible]	[illegible]	[illegible]	[illegible]	[illegible]	[illegible]
dźiã^{2}	tśhju^{1}	thjɨ^{2}	tsjiir^{1}	kha^{1}	njɨ^{2}	nwə^{1}	tsjij^{2}	njwi^{2}	tja^{1}	ɣiə^{1}
众	生	此	法	中	遍	知	了	能	者	稀
[illegible]，	[illegible]	[illegible]	[illegible]	[illegible]	[illegible]	[illegible]	[illegible]	[illegible]	[illegible]	[illegible]
njij^{2}	lew^{1}	thjɨ^{2}	wjɨ^{2}	mjor^{1}	ŋa^{2}	do^{2}	ljịj^{2}	tjị^{1}	dạ^{2}	śjwo^{1}
少，	惟	此	刻	现	我	处	大	愿	言	生

希有众生于此法中能遍了知，惟除今时亲于我所发弘誓言，

4.35.2

[illegible]	[illegible]	[illegible]	[illegible]	[illegible]	[illegible]	[illegible]	[illegible]	[illegible]	[illegible]	[illegible]
mjij^{2}	ljịj^{2}	zjọ^{2}	ɣa^{2}	rjur^{1}	dźiã^{2}	tśhju^{1}	·jij^{1}	gjij^{1}	ɣie^{2}	no^{2}
将	来	世	于	诸	众	生	之	利	益	安

[illegible]

rejr^{2} phjo^{2} ŋa^{2} ·jɨ^{1} mjijr^{2} tśhjwo^{1} mjor^{1} ljịj^{2} ·jij^{1} tsjiir^{1}

乐 令 我 谓 者 则 如 来 之 法

愿于来世,利益安乐诸众生故,而当受持如来法

4.35.3

[illegible]

ɣiwej^{1} ·jiij^{1} njwi^{2} tjij^{1} njwo^{2} zjọ^{2} ɣa^{2} rjur^{1} mjor^{1} ljịj^{2} ·jij^{1}

受 执 能。 若 昔 世 于 诸 如 来 之

[illegible]

tshji^{2} ljịj^{1} kjụ^{1} tshwew^{1} na^{1} dźiej^{2} tsjij^{2} śjwo^{1} zji^{2} na^{1}

侍 奉 供 养, 深 信 解 生, 最 深

教。若曾往昔于如来所,承事供养,深生信解,爱乐希求,于甚深

4.35.4

[illegible]

tsjiir^{1} wo^{2} tshwew^{1} neew^{2} ɣjɨr^{1} dzu^{1} kowr^{2} kjụ^{1} ·ju^{2} nji^{2} lhjɨj^{1}

法 理 趣 善 造, 爱 乐 求 寻, 听 闻

[illegible]

mji^{1} ŋwe^{1} tja^{1} thjɨ^{2} rjur^{1} dźiã^{2} tsjij^{2} kụ^{1} thow^{1} lo^{1}

闻 乐 者 此 诸 菩 萨 后 陀 罗

法理趣善巧,愿听闻者,此诸菩萨,常能获得陀罗

4.35.5

[illegible]

dźji^{1} tsjiir^{1} rjir^{1} njwi^{2} ljɨ^{1} bju^{2} mjij^{1} ljuu^{2} tshjịj^{2} dźiã^{2} tsjij^{2}

尼 法 得 能 也。 边 无 庄 严 菩 萨,

[illegible]

njwo^{2} zjọ^{2} ɣa^{2} mjor^{1} ljịj^{2} kjụ^{1} tshwew^{1} nioow^{1} nioow^{1} mji^{1}

昔 世 于 如 来 供 养 故, 复 无

尼法。无边庄严,由于往昔供养如来,

4.35.6

[illegible]	[illegible]	[illegible]	[illegible]	[illegible]	[illegible]	[illegible],	[illegible]	[illegible]	[illegible]	[illegible],
pjụ^1	rjur^1	tha^1	rjir^2	dźju^2	ber^2	rjir^1	mər^2	dạ^2	kjụ^1	tshwew^1
量	诸	佛	与	值	遇	得,	本	事	供	养,
[illegible]	[illegible]	[illegible]	[illegible]	[illegible]	[illegible]	[illegible]	[illegible]	[illegible]	[illegible]	
zji^2	na^1	tsjiir^1	·jiw^1	nioow^1	wo^2	tshwew^1	ɣa^2	na^1	dźiej^2	
最	深	法	因	故	理	趣	于	深	信	

复得值遇无量诸佛,承事①供养,于甚深法因缘理趣深信

4.35.7

[illegible]	[illegible]	[illegible]	[illegible]	[illegible]	[illegible],	[illegible]	[illegible]	[illegible]	[illegible]	[illegible]
tsjij^2	mjijr^2	tsjiir^1	ɣa^2	kjụ^1	njwi^2	rejr^2	buu^2	tsjij^2	mjijr^2	tshwew^1
解	者	法	于	求	能,	多	胜	解	者	趣
[illegible]	[illegible]	[illegible],	[illegible]	[illegible]	[illegible]	[illegible],	[illegible]	[illegible]	[illegible]	
dźjɨ^0	na^1	wạ^2	ljij^2	·ụ^2	kjụ^1	mjijr^2	ɣiẹ^2	mji^1	·ụ^2	
行	深	广,	大	乘	求	者,	声	闻	乘	

解者,善求于法,多胜解者,趣行深广,求大乘者,声闻乘

4.36.1

[illegible]	[illegible]	[illegible]	[illegible]	[illegible],	[illegible]	[illegible]	[illegible]	[illegible]	[illegible]	[illegible]
dzjwo^2	sọ^1	kiẹj^2	dwər^1	ka^2	zji^2	na^1	tsjiir^1	ɣa^2	·jɨr^2	djọ^2
人	三	界	厌	离,	最	深	法	于	勤	修
[illegible]	[illegible]。	[illegible]	[illegible]	[illegible]	[illegible],	[illegible]	[illegible]	[illegible]	[illegible]	
mjijr^2	dźjịj^1	thjɨ^2	rjur^1	dzjwo^2	njɨ^2	thjɨ^2	zji^2	na^1	tsjiir^1	
者	行。	此	诸	人	等,	此	最	深	法	

人厌离三界,于甚深法,勤修行者。此诸人等,未曾听闻此甚深法。

汉文本

无边庄严,此清净法,从诸如来之所演出,能了知者,甚为希有。无边庄严,汝等今于我前,闻如是法,能善了知,住清净信,能生胜解,虽复众多,而于后世,希有众生于此法中能遍了知,惟除今时亲于

① 承事,西夏文字面意思是"本事"。

我所发弘誓言,愿于来世,利益安乐诸众生故,而当受持如来法教。若曾往昔于如来所,承事供养,深生信解,爱乐希求,于甚深法理趣善巧,愿听闻者,此诸菩萨,常能获得陀罗尼法。

无边庄严,由于往昔供养如来,复得值遇无量诸佛,承事供养,于甚深法因缘理趣深信解者,善求于法,多胜解者,趣行深广,求大乘者,声闻乘人厌离三界,于甚深法,勤修行者。此诸人等,未曾听闻此甚深法。

4.36.2

[illegible]	[illegible]	[illegible]	[illegible]	[illegible]	[illegible]	[illegible]	[illegible]	[illegible]	[illegible]	[illegible]
nji^{2}	lhjɨj^{1}	mjij^{2}	djij^{2}	bju^{2}	mjij^{1}	ljuu^{2}	tshjij^{2}	dźiã^{2}	tsjij^{2}	mjor^{1}
听	闻	未	曾。	边	无	庄	严	菩	萨,	如
[illegible]	[illegible]	[illegible]	[illegible]	[illegible]	[illegible]	[illegible]	[illegible]	[illegible]	[illegible]	
ljịj^{2}	thja^{1}	rjur^{1}	dźiã^{2}	tśhju^{1}	·jij^{1}	gjịj^{1}	ɣie^{2}	no^{2}	rejr^{2}	
来	彼	诸	众	生	之	利	益	安	乐	

无边庄严,如来为欲利益安乐此诸有情,

4.36.3

[illegible]	[illegible]	[illegible]	[illegible]	[illegible]	[illegible]	[illegible]	[illegible]	[illegible]	[illegible]	[illegible]
zji^{2}	na^{1}	wạ^{2}	ljịj^{2}	mjɨ^{1}	pjụ^{1}	ljij^{2}	gie^{1}	tsjij^{2}	gie^{1}	mə^{2}
最	深	广	大	无	量	见	难	解	难	种
[illegible]	[illegible]	[illegible]	[illegible]	[illegible]	[illegible]	[illegible]	[illegible]	[illegible]	[illegible]	[illegible]
sjịj^{2}	dwewr^{2}	ljạ^{1}	phji^{1}	kiẹj^{2}	nioow^{1}	·jị^{2}	zji^{2}	na^{1}	tsjiir^{1}	nẹ^{1}
智	觉	证	令	欲	故,	又	最	深	法	宣

令证甚深广大无量难见难解种智觉故,而复宣说甚深之法。

4.36.4

[illegible]	[illegible]	[illegible]	[illegible]	[illegible]	[illegible]	[illegible]	[illegible]	[illegible]	[illegible]	[illegible]
tshjiij^{1}	thjɨ^{2}	tsjiir^{1}	wẹ^{1}	mjijr^{2}	mji^{1}	mjij^{1}	zow^{2}	zjịj^{1}	tsjiir^{1}	mji^{1}
说。	此	法	愚	者	闻	无、	持	著、	法	不
[illegible]	[illegible]	[illegible]	[illegible]	[illegible]	[illegible]	[illegible]	[illegible]	[illegible]	[illegible]	
kjụ^{1}	mjijr^{2}	·jij^{1}	dźjij^{1}	tjị^{2}	ljị^{2}	njaa^{2}	wo^{2}	bju^{1}	djọ^{2}	
求	者	之	行	可	地	非	理	依	修	

此非愚夫无闻、执着、不求法者之所行地;有如理修

4.36.5

dźjịj^{1}	neew^{2}	tśhji^{2}	ŋowr^{2}	lhə^{0}	zjɨɨr^{1}	zjij^{1}	dźjar^{2}	ɣa^{2}	ljịj^{2}	kjạ^{1}
行，	善	根	具	足，	希	许	过	于	大	怖
le^{2}	śjwo^{1}	rjur^{1}	kjạ^{1}	le^{2}	kha^{1}	bie^{2}	lhew^{2}	kjụ^{1}	mjijr^{2}	
畏	生，	诸	怖	畏	中	解	脱	求	者	

行善根具足，于微少过生大怖畏，于诸怖畏而求解脱，

4.36.6

njɨ^{2}	bju^{1}	gjị^{2}	tjị^{2}	ŋwu^{2}	bju^{2}	mjij^{1}	ljuu^{2}	tshjij^{2}	dźiã^{2}	tsjij^{2}
等	依	止	可	是。	边	无	庄	严	菩	萨，
mjor^{1}	ljij^{2}	pjɨ^{1}	njwo^{2}	dźiã^{2}	tsjij^{2}	tśja^{1}	dźjịj^{1}	zjọ^{2}	mjɨ^{1}	
如	来	往	昔	菩	萨	道	行	时，	无	

是此等类之所依处。无边庄严，（如来今为汝等天人世间，常演说法，不生劳倦。）[1]由佛往昔行菩萨道时，

4.36.7

pjụ^{1}	rjir^{2}	kja^{2}	kha^{1}	thjɨ^{2}	zji^{2}	na^{1}	tsjiir^{1}	·jɨr^{2}	dźjij^{1}	djọ^{2}	ɣiew^{1}
量	亿	劫	中	此	最	深	法	勤	精	修	学，
djọ^{2}	ɣiew^{1}	dźjwa^{1}	nioow^{1}	tśier^{1}	·ju^{2}	ŋwu^{2}	ljɨɨ^{1}	tshwew^{1}	thjij^{2}	sjo^{2}	
修	学	毕，	复	方	便	以	逆	趣[2]。	何	云	

于无量亿劫精勤修学此甚深法，既修学已，方便回向。

4.37.1

① 汉文本中括号内文本，西夏本中位于 4.37.2 和 4.37.3。

② ，西夏文字面意思是“逆趣”，与汉文本中的“回向”对译。

rjur^1	dźiã^2	tśhju^1	·jij^1	zji^2	phju^2	zji^2	thjoo^1	tsjiir^1	dźiej^2	deej^1
诸	众	生	之	最	上	最	妙	法	轮	转?
[illegible]	[illegible]	[illegible]	[illegible]	[illegible]	[illegible]	[illegible]	[illegible]	[illegible]	[illegible]	
nioow^1	dźiã^2	tśhju^1	·jij^1	zji^2	phju^2	ljij^2	sjij^2	wji̱^{2}	śja^2	
复	众	生	之	最	上	大	智	示	现	

云何为诸有情,当转无上微妙法轮,及为有情,而得示现无上大智,

4.37.2

[illegible]	[illegible]	[illegible]	[illegible]	[illegible]	[illegible]	[illegible]	[illegible]	[illegible]	[illegible]	[illegible]
ŋowr^2	ŋowr^2	sjij^2	sjij^2	sjwɨ^1	tsjiir^2	mji^1	bja^2	phjo^2	ŋa^2	·jaa^1
一	切	智	智	种	性	不	断	令	我	然
[illegible]。	[illegible]	[illegible]	[illegible]	[illegible]	[illegible]	[illegible]	[illegible]	[illegible]	[illegible]	
·jɨ^1	nioow^1	tśhjwo^1	nji^2	njɨ^2	dzjwo^2	mə^1	rjur^1	kha^1	·ju^2	
谓。	故	则	汝	等	人	天	世	中	常	

令一切智智,种性不断。如来今为汝等天人世间,

4.37.3

[illegible]	[illegible]	[illegible]	[illegible]	[illegible]	[illegible]	[illegible]	[illegible]。	[illegible]	[illegible]	[illegible]
tsjiir^1	nẹ^1	tshjiij^1	dwər^1	·jar^2	mji^1	śjwo^1	ljɨ^1	bju^2	mjij^1	ljuu^2
法	宣	说	疲	倦	不	生	也。	边	无	庄
[illegible]	[illegible]	[illegible],	[illegible]	[illegible]	[illegible]	[illegible]	[illegible]	[illegible]	[illegible]	
tshjịj^2	dźiã^2	tsjij^2	thjɨ^2	tja^1	mjor^1	ljij^2	·jij^1	njwo^2	tji̱^{1}	
严	菩	萨,	此	者	如	来	之	昔	愿	

常演说法,不生劳倦。无边庄严,此由如来往昔愿力,

4.37.4

[illegible]	[illegible]	[illegible]	[illegible]	[illegible]	[illegible]	[illegible]	[illegible]	[illegible],	[illegible]	[illegible]
ɣie^1	bju^1	sjwɨ^1	tsjiir^2	ŋowr^2	ŋowr^2	mji^1	bja^2	phji^1	nioow^1	pjụ^1
力	依	种	性	一	切	不	断	令,	复	威
[illegible]	[illegible]	[illegible]	[illegible]	[illegible]	[illegible]	[illegible]	[illegible]	[illegible]	[illegible],	
ɣie^1	ŋwu^2	thjɨ^2	thow^1	lo^1	dźji^1	gjwi^2	kjɨ^1	bjịj^2	nioow^1	
力	以	此	陀	罗	尼	句	△	助	故,	

为令一切种性不断，及威加此陀罗尼句，

4.37.5

[illegible]	[illegible]	[illegible]	[illegible]	[illegible]	[illegible]	[illegible]	[illegible]	[illegible]	[illegible]	[illegible]。
thjɨ^{2}	zji^{2}	na^{1}	tsjiir^{1}	phie^{2}	neej^{2}	nẹ^{1}	tshjiij^{1}	wạ^{2}	deej^{1}	dźjij^{1}
此	最	深	法	开	示	宣	说	广	传	行。
[illegible]	[illegible]	[illegible]	[illegible]	[illegible]	[illegible]	[illegible]	[illegible]	[illegible]，	[illegible]	
rjur^{1}	dźiã^{2}	tśhju^{1}	·jij^{1}	tha^{1}	tsjiir^{1}	kha^{1}	tsjij^{2}	·o^{2}	ŋowr^{2}	
诸	众	生	之	佛	法	中	悟	入，	一	

开示演说此甚深法，广令流布。使诸有情，于佛法中当能悟入，

4.37.6

[illegible]	[illegible]	[illegible]	[illegible]	[illegible]	[illegible]	[illegible]	[illegible]	[illegible]	[illegible]	[illegible]
ŋowr^{2}	sjij^{2}	sjwɨ^{1}	tsjiir^{2}	mji^{1}	bja^{2}	thjɨ^{2}	tsjiir^{1}	ŋowr^{2}	ŋowr^{2}	nẹ^{1}
切	智	种	性	不	断	此	法	一	切	宣
[illegible]	[illegible]	[illegible]	[illegible]。	[illegible]	[illegible]	[illegible]	[illegible]	[illegible]	[illegible]，	
tshjiij^{1}	wejr^{1}	ljij^{1}	phji^{1}	bju^{2}	mjij^{1}	ljuu^{2}	tshjij^{2}	dźiã^{2}	tsjij^{2}	
说	茂	盛	令。	边	无	庄	严	菩	萨，	

令一切智种性不断，光阐弘宣此诸法教。无边庄严，

4.37.7

[illegible]	[illegible]	[illegible]	[illegible]	[illegible]	[illegible]	[illegible]	[illegible]	[illegible]，	[illegible]	[illegible]
nji^{2}	njɨ^{2}	thjɨ^{2}	wjɨ^{2}	mjor^{1}	ljij^{2}	bju^{1}	ɣiew^{1}	kięj^{2}	ku^{1}	rjur^{1}
汝	等	此	刻	如	来	随	学	欲，	则	诸
[illegible]	[illegible]	[illegible]	[illegible]	[illegible]	[illegible]	[illegible]	[illegible]	[illegible]，	[illegible]	[illegible]
dźiã^{2}	tśhju^{1}	kha^{1}	tsjiir^{1}	kjụ^{1}	mjijr^{2}	dja^{2}	dju^{1}	zjij^{1}	thja^{2}	·jij^{1}
众	生	中	法	求	者	△	有	时，	彼	之

汝等今欲随学如来，有诸众生希求法者，

4.38.1

[illegible]	[illegible]	[illegible]	[illegible]，	[illegible]	[illegible]	[illegible]	[illegible]	[illegible]。	[illegible]	[illegible]
nẹ^{1}	tshjiij^{1}	phie^{2}	neej^{2}	dwər^{1}	·jar^{2}	tji^{1}	śjwo^{1}	nji^{2}	bju^{2}	mjij^{1}

宣　说　开　示，　疲　倦　不　生　△。　边　无

[illegible]

ljuu^{2} tshjij^{2} dźiã^{2} tsjij^{2} rjur^{1} dźiã^{2} tsjij^{2} njɨ^{2} tsjiir^{1} mji^{1}

庄　严　菩　萨，　诸　菩　萨　等　法　闻

开示演说勿生劳倦。无边庄严，诸菩萨等如所闻法，

4.38.2

[illegible]

bju^{1} ljij^{2} ·ji^{1} ljwu^{2} kha^{1} tsjiir^{1} dźjɨ^{0} ŋowr^{2} ŋowr^{2} wạ^{2} nẹ^{1}

依　大　众　集　中　法　行　一　切　广　宣

[illegible]

tshjiij^{1} lew^{2} thjɨ^{2} nioow^{1} tha^{1} sjij^{2} rjijr^{2} ? njij^{1} xja^{1}

说　应。　此　故　佛　智　方　近　亲　即

于大众中，当广开演所有法行，由是当得近于佛智，能速证获

4.38.3

[illegible]

thow^{1} lo^{1} dźji^{1} ɣa^{1} ljạ^{1} rjir^{1} njwi^{2} thow^{1} lo^{1} dźji^{1} ljạ^{1}

陀　罗　尼　门　证　得　能，　陀　罗　尼　证

[illegible]

rjir^{1} nioow^{1} ku^{1} bji^{1} ɣie^{1} ljij^{2} mji^{1} śjɨ^{1} bji^{1} swew^{1}

得　故，　则　威　力　大　不　往，　光　明

陀罗尼门，由证陀罗尼故，以少功力①，而能受持光明

4.38.4

[illegible]

swew^{1} swew^{1} gji^{1} sej^{1} tsjiir^{1} ɣa^{1} ɣiwej^{1} ·jiij^{1} njwi^{2} ljɨ^{1}

明　照，　清　净　法　门　受　持　能　也。

照耀清净法门。

① 以少功力，西夏文字面意思是“威力不大往”。

汉文本

无边庄严，如来为欲利益安乐此诸有情，令证甚深广大无量难见难解种智觉故，而复宣说甚深之法。此非愚夫无闻、执着、不求法者之所行地；有如理修行善根具足，于微少过生大怖畏，于诸怖畏而求解脱，是此等类之所依处。

无边庄严，如来今为汝等天人世间，常演说法，不生劳倦。由佛往昔行菩萨道时，于无量亿劫精勤修学此甚深法，既修学已，方便回向。云何为诸有情，当转无上微妙法轮，及为有情，而得示现无上大智，令一切智智，种性不断。

如来今为汝等天人世间，常演说法，不生劳倦。无边庄严，此由如来往昔愿力，为令一切种性不断，及威加此陀罗尼句，开示演说此甚深法，广令流布。使诸有情，于佛法中当能悟入，令一切智种性不断，光阐弘宣此诸法教。

无边庄严，汝等今欲随学如来，有诸众生希求法者，开示演说勿生劳倦。无边庄严，诸菩萨等如所闻法，于大众中，当广开演所有法行，由是当得近于佛智，能速证获陀罗尼门，由证陀罗尼故，以少功力，而能受持光明照耀清净法门。

4.38.4

[illegible]	[illegible]	[illegible]	[illegible]	[illegible]	[illegible]，	[illegible]	[illegible]	[illegible]	[illegible]	[illegible]
bju^{2}	mjij^{1}	ljuu^{2}	tshjịj^{2}	dźiã^{2}	tsjij^{2}	rjur^{1}	tsjiir^{1}	ŋowr^{2}	ŋowr^{2}	mər^{2}
边	无	庄	严	菩	萨，	诸	法	一	切	本

无边庄严，一切诸法，

4.38.5

[illegible]	[illegible]	[illegible]。	[illegible]	[illegible]	[illegible]	[illegible]，	[illegible]	[illegible]	[illegible]	[illegible]，
tsjiir^{2}	gji^{1}	sej^{1}	tjij^{1}	tsjiir^{1}	mər^{2}	tsjiir^{2}	thja^{1}	mji^{1}	bju^{1}	śjij^{1}
性	清	净。	若	法	本	性，	彼	不	相	应，
[illegible]	[illegible]	[illegible]	[illegible]，	[illegible]	[illegible]	[illegible]	[illegible]，	[illegible]	[illegible]	[illegible]
mji^{1}	mji^{1}	bju^{1}	śjij^{1}	mji^{1}	dzow^{1}	ŋwej^{2}	dźjiij^{1}	mji^{1}	mji^{1}	dzow^{1}
非	不	相	应，	非	和	合	住，	非	不	和

本性清净。若法本性，非彼相应，非不相应，非和合住，非不和

4.38.6

[illegible]，	[illegible]	[illegible]	[illegible]	[illegible]	[illegible]	[illegible]	[illegible]	[illegible]。	[illegible]	[illegible]
ŋwej^{2}	tśhjwo^{1}	rjur^{1}	tsjiir^{1}	kha^{1}	tsjiir^{1}	mji^{1}	dju^{1}	ljɨ^{1}	tjij^{1}	mji^{1}

合， 则 诸 法 中 法 无 有 也。 若 无

[illegible]

dju¹ ku¹ do² dju¹ nẹ¹ tshjiij¹ tj̣i² mjij¹ lew¹ ·jiw¹ sji¹

有 则 处 有 宣 说 可 无， 惟 因 尽

合，于诸法中，而无有法。若无有者，则无有处而可示说，惟除因尽，

4.38.7

[illegible]

rjɨr² nioow¹ ·jiw¹ sji¹ ku¹ ka² ka² ku¹ dzjar² ŋa² dźiã²

离， 复 因 尽 则 离， 离 则 灭。 我 众

[illegible]

tśhju¹ ·jij¹ nwə¹ tsjij² phji¹ kiẹj² nioow¹ tśhjwo¹ rjur¹ tsjiir¹

生 之 知 解 令 欲 故， 则 诸 法

因尽故即离，离故即灭。我为有情了知故，说一切诸法

4.39.1

[illegible]

ŋowr² ŋowr² mər² tsjiir² ·jij¹ tsjiir² thja¹ ·jiw¹ mjij¹ ɣa² ·jiw¹ sji¹ tja¹

一 切 本 性 自 性， 彼 因 无 于， 因 尽 者

[illegible]

mjij¹ ·jiw¹ sji¹ tja¹ mjij¹ ku¹ ka² mjij¹ dzjar² mjij¹ rjɨr² tshjiij¹

无， 因 尽 者 无， 则 离 无 灭 无 △ 说

本性自性，于彼无因，即无因尽，无因尽故，无离无灭。

4.39.2

[illegible]

ŋa² bju² mjij¹ ljuu² tshjị² dźiã² tsjij² nji² mjor¹ lj̣ij² ·jij¹

我。 边 无 庄 严 菩 萨， 汝 如 来 之

[illegible]

rjɨr² tshjiij¹ tsjiir¹ thjɨ² sju² gji¹ sej¹ bioo¹ lew² tjij¹

所 说 法 此 如 清 净 观 应， 若

无边庄严，汝观如来之所说法如是清净，

4.39.3

[illegible]	[illegible]	[illegible]	[illegible]	[illegible]	[illegible]，	[illegible]	[illegible]	[illegible]	[illegible]	[illegible]
dzjwo^{2}	tsjiir^{1}	ŋwu^{2}	mjor^{1}	ljịj^{2}	bioo^{1}	ku^{1}	thja^{1}	dzjwo^{2}	mjor^{1}	ljịj^{2}
人	法	以	如	来	观，	则	彼	人	如	来
[illegible]	[illegible]	[illegible]	[illegible]	[illegible]，	[illegible]	[illegible]	[illegible]？	[illegible]	[illegible]	
ɣa^{2}	mji^{1}	gji^{1}	sej^{1}	ljij^{2}	thjij^{2}	sjo^{2}	ljɨ^{1}	mjor^{1}	ljịj^{2}	
于	不	清	净	见，	何	云	也？	如	来	

若有以法观如来者，彼于如来见不清净。何以故？如来

4.39.4

[illegible]	[illegible]	[illegible]，	[illegible]	[illegible]	[illegible]	[illegible]，	[illegible]	[illegible]	[illegible]	[illegible]
tja^{1}	tsjiir^{1}	njaa^{2}	mji^{1}	tsjiir^{1}	tsjɨ^{1}	njaa^{2}	mjor^{1}	ljịj^{2}	zjɨɨr^{1}	zjịj^{1}
者	法	非，	不	法	亦	非，	如	来	希	许
[illegible]	[illegible]	[illegible]	[illegible]	[illegible]，	[illegible]	[illegible]	[illegible]	[illegible]	[illegible]	
tsjiir^{1}	ɣa^{2}	tsjɨ^{1}	mji^{1}	dźjiij^{1}	nioow^{1}	mji^{1}	tsjiir^{1}	ɣa^{2}	dźjiij^{1}	
法	于	亦	不	住，	复	非	法	于	住	

非法，亦非非法，如来尚不安住少法，何况非法？

4.39.5

[illegible]	[illegible]	[illegible]？	[illegible]	[illegible]	[illegible]	[illegible]	[illegible]	[illegible]	[illegible]	[illegible]。
tji^{2}	ljọ^{2}	wjij^{2}	tjij^{1}	mji^{1}	tsjiir^{1}	ɣa^{2}	dźjiij^{1}	tja^{1}	mji^{1}	tjịj^{2}
可	岂	有？	若	不	法	于	住	者	不	法。
[illegible]	[illegible]	[illegible]	[illegible]	[illegible]	[illegible]	[illegible]，	[illegible]	[illegible]	[illegible]	
mjor^{1}	ljịj^{2}	rjur^{1}	dźju^{1}	sjwij^{1}	sji^{2}	tsjiir^{1}	rejr^{2}	dzjịj^{1}	nẹ^{1}	
如	来	诸	显	明	△	法，	多	过	宣	

若住非法，无有是处。如来超过诸表示法，不可宣说，

4.39.6

[illegible]	[illegible]	[illegible]，	[illegible]	[illegible]	[illegible]	[illegible]	[illegible]	[illegible]	[illegible]	[illegible]。
tshjiij^{1}	tji^{2}	mjij^{1}	ŋwuu^{1}	dạ^{2}	ŋowr^{2}	ŋowr^{2}	zji^{2}	gji^{1}	sej^{1}	ljɨ^{1}
说	可	无，	言	语	一	切	皆	清	净	也。

thjɨ^{2}	nioow^{1}	mjor^{1}	ljịj^{2}	zji^{2}	gjij^{1}	zji^{2}	na^{1}	wạ^{2}	ljịj^{2}
此	故	如	来	最	殊、	最	深、	广	大

一切语言皆清净故。是故如来最极①、甚深、广大

4.39.7

mjɨ^{1}	ljɨ^{1}	bju^{2}	mjij^{1}	ljuu^{2}	tshjịj^{2}	dźiã^{2}	tsjij^{2}	thjɨ^{2}	sju^{2}
无	也。	边	无	庄	严	菩	萨,	此	如
mjor^{1}	ljịj^{2}	tsə̣^{1}	ŋwu^{2}	dźju^{1}	sjwij^{1}②	lew^{2}	njaa^{2}	lhjịj^{2}	sjiij^{2}
如	来	色	以	显	明	应	非,	受	思

无量。无边庄严,如是如来非色表示,非受想

4.40.1

dźjɨ^{0}	sjij^{2}	ŋwu^{2}	dźju^{1}	sjwij^{1}	lew^{2}	njaa^{2}	mjor^{1}	ljịj^{2}	tja^{1}	tsə̣^{1}
行	识	以	显	明	应	非。	如	来	者	色
sji^{1}	bie^{2}	lhew^{2}	njaa^{2}	lhjịj^{2}	sjiij^{2}	dźjɨ^{0}	sjij^{2}	sji^{1}	bie^{2}	
尽	解	脱	非,	受	思	行	识	尽	解	

行识之所表示。如来亦非色尽解脱,非受想行识尽解脱。

4.40.2

lhew^{2}	tsjɨ^{1}	njaa^{2}	thjɨ^{2}	nioow^{1}	mjor^{1}	ljịj^{2}	rjur^{1}	dźju^{1}	sjwij^{1}	sji^{2}
脱	亦	非。	此	故	如	来	诸	显	明	△
dzjar^{2}	tsə̣^{1}	njɨ^{2}	tsjiir^{1}	rjir^{2}	bju^{1}	śjij^{1}	tsjɨ^{1}	njaa^{2}	mji^{1}	
灭,	色	等	法	与	相	应	亦	非,	不	

① 最极,西夏文字面意思是“最殊”。

② [illegible],西夏文字面意思是“显明”,与汉文本中的“表示”对译。

由是如来绝诸表示，与色等法非共相应，非不

4.40.3

[illegible]	[illegible]	[illegible]	[illegible]，	[illegible]	[illegible]	[illegible]	[illegible]	[illegible]	[illegible]	[illegible]
bju^{1}	śjij^{1}	tsjɨ^{1}	njaa^{2}	nioow^{1}	dźiəj^{2}	lheew^{2}	dźiəj^{2}	mə̣^{1}	ŋowr^{2}	ŋowr^{2}
相	应	亦	非，	复	为	有	为	无	一	切
[illegible]	[illegible]	[illegible]	[illegible]	[illegible]，	[illegible]	[illegible]	[illegible]	[illegible]，	[illegible]	
ɣa^{2}	zji^{2}	bie^{2}	lhew^{2}	njwi^{2}	phjo^{2}	kar^{2}	mji^{1}	śjwo^{1}	kheej^{1}	
于	皆	解	脱	能，	分	别	不	生，	戏	

相应，而于一切有为无为，能遍解脱，不起分别，无有戏

4.40.4

[illegible]	[illegible]	[illegible]，	[illegible]	[illegible]	[illegible]	[illegible]	[illegible]	[illegible]	[illegible]，	[illegible]
ljɨ̣^{1}	tsjɨ^{1}	mjij^{1}	mjor^{1}	ljij^{2}	tsə̣^{1}	lhjwi^{1}	rjir^{2}	bju^{1}	śjij^{1}	nioow^{1}
论	亦	无，	如	来	色	取	与	相	应，	复
[illegible]	[illegible]	[illegible]	[illegible]	[illegible]	[illegible]	[illegible]	[illegible]	[illegible]	[illegible]	
lhjịj^{2}	sjiij^{2}	dźjɨ^{0}	sjij^{2}	rjur^{1}	lhjwi^{1}	rjir^{2}	tsjɨ^{1}	mji^{1}	bju^{1}	
受	思	行	识	诸	取	与	亦	不	相	

论，如来不与色取相应，亦复不与受想行识诸取相应，

4.40.5

[illegible]，	[illegible]	[illegible]	[illegible]	[illegible]	[illegible]	[illegible]	[illegible]	[illegible]，	[illegible]	[illegible]
śjij^{1}	lhjwi^{1}	ŋur^{1}	mər^{2}	tśhji^{2}	ŋowr^{2}	ŋowr^{2}	tśjo^{0}	phja^{1}	nioow^{1}	rjur^{1}
应，	取	阴	本	根	一	切	终	断，	复	诸
[illegible]	[illegible]	[illegible]	[illegible]	[illegible]	[illegible]	[illegible]。	[illegible]	[illegible]	[illegible]	
tsjiir^{1}	mər^{2}	tśhji^{2}	tsjɨ^{1}	khwa^{1}	ka^{2}	ljɨ^{1}	tśhjwo^{1}	kheej^{1}	ljɨ̣^{1}	
法	本	根	亦	远	离	也。	则	戏	论	

永断一切取蕴根本，而亦远离诸法根本。谓无戏论，

4.40.6

[illegible]	[illegible]，	[illegible]	[illegible]	[illegible]	[illegible]，	[illegible]	[illegible]	[illegible]	[illegible]，	[illegible]
mji^{1}	dju^{1}	mji^{1}	·o^{2}	mji^{1}	lho^{0}	lhjwɨ^{2}	rar^{2}	gjiij^{1}	dzjịj^{1}	zji^{2}

无 有， 不 入 不 出， 瀑 流 超 过， 最

[Tangut line]

phju^{2} rjur^{1} tha^{1} ·jij^{1} sjij^{2} mjɨɨ^{2} ɣa^{2} mji^{1} dźjiij^{1} mji^{1}

上 诸 佛 之 智 境 于 不 住， 不

不入不出，超度瀑流，不住无上诸佛智境，亦非不住，

4.40.7

[Tangut line]

tsjɨ^{1} mji^{1} dźjiij^{1} thjɨ^{2} nioow^{1} mjor^{1} ljij^{2} zjɨɨr^{1} zjij^{1} tsjiir^{1} ɣa^{2}

亦 不 住， 此 故 如 来 希 许 法 于

[Tangut line]

mji^{1} dźjiij^{1} mji^{1} lhjwi^{1} mji^{1} dźjɨɨr^{1} ·jɨ^{1} lew^{2} mjor^{1} ljij^{2}

不 住 不 取 不 舍 谓 应。 如 来

应说如来不住少法，不取不舍。如说如来

4.41.1

[Tangut line]

·jij^{1} tshjiij^{1} ljɨ^{1} thjɨ^{2} sju^{2} ku^{1} tsjiir^{1} tsjɨ^{1} thja^{1} rjir^{2} ·a^{0}

之 说 虽 此 如， 则 法 亦 彼 与 一

[Tangut line]

tjɨj^{2} mjor^{1} ljij^{2} mji^{1} bju^{1} śjij^{1} ku^{1} mjor^{1} ljij^{2} ·jij^{1}

样， 如 来 不 相 应， 故 如 来 之

说法亦尔，如来不相应故，如来之法亦不相应；如如来

4.41.2

[Tangut line]

tsjiir^{1} tsjɨ^{1} mji^{1} bju^{1} śjij^{1} mjor^{1} ljij^{2} ·jij^{1} tsjiir^{1} sju^{2} rjur^{1}

法 亦 不 相 应， 如 来 之 法 如 诸

[Tangut line]

tsjiir^{1} tsjɨ^{1} ·a^{0} tjɨj^{2} źjɨr^{1} ɣiej^{1} wo^{2} bju^{1} ku^{1} rjur^{1}

法 亦 一 样， 实 真 理 依， 则 诸

法，诸法亦尔，依如实理，诸

4.41.3

[illegible]	[illegible]	[illegible]	[illegible]	[illegible]。	[illegible]	[illegible]	[illegible]	[illegible]	[illegible]	[illegible]
tsjiir^{1}	zji^{2}	mjor^{1}	ɣiej^{1}	ŋwu^{2}	thjɨ^{2}	nioow^{1}	rjur^{1}	pjụ^{1}	rjur^{1}	tsjiir^{1}
法	皆	如	真	是。	此	故	世	尊	诸	法
[illegible]	[illegible]	[illegible]	[illegible]	[illegible]	[illegible]	[illegible]。	[illegible]	[illegible]	[illegible]	
ŋowr^{2}	ŋowr^{2}	zji^{2}	mjor^{1}	ɣiej^{1}	ŋwu^{2}	·jɨ^{1}	tsjiir^{1}	ŋowr^{2}	ŋowr^{2}	
一	切	皆	如	真	是	谓。	法	一	切	

法皆如是①故。世尊说一切法悉是真如,一切法

4.41.4

[illegible]	[illegible]	[illegible]	[illegible]	[illegible]	[illegible]	[illegible],	[illegible]	[illegible]	[illegible]	[illegible]
mjor^{1}	ɣiej^{1}	tha^{1}	·jij^{1}	mjor^{1}	ɣiej^{1}	rjir^{2}	mji^{1}	njɨɨ^{1}	mji^{1}	mji^{1}
如	真	佛	之	如	真	与,	无	二	不	无
[illegible],	[illegible]	[illegible]	[illegible]	[illegible],	[illegible]	[illegible]	[illegible]	[illegible]	[illegible]	
njɨɨ^{1}	lew^{1}	njaa^{2}	do^{2}	njaa^{2}	mjor^{1}	ljịj^{2}	phjo^{2}	kar^{2}	mjij^{1}	
二,	一	非	异	非,	如	来	分	别	无	

如与佛真如,无二无别②,非一非异,如来安住无分别法,

4.41.5

[illegible]	[illegible]	[illegible]	[illegible],	[illegible]	[illegible]	[illegible]	[illegible]。
tsjiir^{1}	ɣa^{2}	no^{2}	dźjiij^{1}	njɨ^{2}	dza^{2}	njaa^{2}	ljɨ^{1}
法	于	安	住,	遍	计	非	也。

非遍计故。

汉文本

无边庄严,一切诸法,本性清净。若法本性,非彼相应,非不相应,非和合住,非不和合,于诸法中,而无有法。若无有者,则无有处而可示说,惟除因尽,因尽故即离,离故即灭。我为有情了知故,说一切诸法本性自性,于彼无因,即无因尽,无因尽故,无离无灭。

无边庄严,汝观如来之所说法如是清净,若有以法观如来者,彼于如来见不清净。何以故?如来

① 如是,西夏文字面意思是"如真"。
② 无二无别,西夏文字面意思是"无二不无二"。

非法,亦非非法,如来尚不安住少法,何况非法?若住非法,无有是处。如来超过诸表示法,不可宣说,一切语言皆清净故。是故如来最极、甚深、广大无量。

无边庄严,如是如来非色表示,非受想行识之所表示。如来亦非色尽解脱,非受想行识尽解脱。由是如来绝诸表示,与色等法非共相应,非不相应,而于一切有为无为,能遍解脱,不起分别,无有戏论,如来不与色取相应,亦复不与受想行识诸取相应,永断一切取蕴根本,而亦远离诸法根本。谓无戏论,不入不出,超度瀑流,不住无上诸佛智境,亦非不住,应说如来不住少法,不取不舍。如说如来说法亦尔,如来不相应故,如来之法亦不相应;如如来法,诸法亦尔,依如实理,诸法皆如是故。世尊说一切法悉是真如,一切法如与佛真如,无二无别,非一非异,如来安住无分别法,非遍计故。

4.41.5

[illegible]	[illegible]	[illegible]	[illegible]	[illegible]	[illegible],	[illegible]	[illegible]	[illegible]	[illegible],	[illegible]	[illegible]	[illegible]	[illegible]
bju^{2}	mjij^{1}	ljuu^{2}	tshjịj^{2}	dźiã^{2}	tsjij^{2}	mjor^{1}	ljịj^{2}	tsjiir^{1}	tshjiij^{1}	tśjo^{0}	rjur^{1}	tsjiir^{1}	ŋowr^{2}
边	无	庄	严	菩	萨,	如	来	法	说,	终	诸	法	一

无边庄严,如来说法,终不超过一

4.41.6

[illegible]	[illegible]	[illegible]	[illegible],	[illegible]	[illegible]	[illegible]?	[illegible]	[illegible]	[illegible]	[illegible]
ŋowr^{2}	mji^{1}	gjiij^{1}	dzjịj^{1}	thjij^{2}	sjo^{2}	ljɨ^{1}	zjɨɨr^{1}	zjịj^{1}	gjiij^{1}	dzjịj^{1}
切	不	超	过,	何	云	也?	希	许	超	过
[illegible],	[illegible]	[illegible]	[illegible]。	[illegible]	[illegible]	[illegible]	[illegible]	[illegible]	[illegible],	
lew^{2}	tsjiir^{1}	mjij^{1}	ljɨ^{1}	bju^{2}	mjij^{1}	ljuu^{2}	tshjịj^{2}	dźiã^{2}	tsjij^{2}	
应,	法	无	也。	边	无	庄	严	菩	萨,	

切诸法。何以故?无有少法可超过故。无边庄严,

4.41.7

[illegible]	[illegible]	[illegible]	[illegible]	[illegible]	[illegible]	[illegible]	[illegible]	[illegible]	[illegible]	[illegible]
mjor^{1}	ljịj^{2}	sjwɨ^{2}	njii^{2}	dzjɨj^{1}	ɣa^{2}	zji^{2}	phju^{2}	tśhja^{2}	ka^{1}	po^{1}
如	来	谁	某	时	于	最	上	正	等	菩
[illegible]	[illegible]	[illegible],	[illegible]	[illegible]	[illegible]	[illegible]	[illegible]	[illegible]	[illegible]	
tjɨj^{1}	ljạ^{1}	rjir^{1}	nioow^{1}	thja^{1}	dzjɨj^{1}	ɣa^{2}	źjɨr^{1}	rjir^{1}	lew^{2}	
提	证	得,	复	彼	时	于	实	得	应	

如来于彼某时,证得无上正等菩提。然于彼时,

4.42.1

tsjiir^{1}	mjij^{1}	thjij^{2}	sjo^{2}	ljɨ^{1}	rjur^{1}	tsjiir^{1}	ŋowr^{2}	ŋowr^{2}	nioow^{1}	rjur^{1}
法	无	何	云	也?	诸	法	一	切	及	诸
bju^{1}	tsjiir^{1}	zji^{2}	rjir^{1}	tji̠^{2}	mjij^{1}	nioow^{1}	phjo^{2}	kar^{2}	mji^{1}	
依	法	皆	得	可	无	故,	分	别	不	

实无有法而可得者,以一切法及诸随法不可得故;不起分别,

4.42.2

śjwo^{1}	nioow^{1}	tsjiir^{1}	mji^{1}	tsjiir^{1}	nioow^{1}	phji^{1}	wji^{1}	sjiij^{2}	tsjɨ^{1}	mji^{1}
生,	复	法	非	法	及	意	作	想	亦	不
śjwo^{1}	thja^{1}	mər^{2}	tsjiir^{2}	gji^{1}	sej^{1}	tsjiir^{1}	tsjiir^{2}	ɣa^{2}	mji^{1}	
生,	彼	本	性	清	净	法	性	于	不	

亦复不起法与非法及作意想;于彼本性清净法性,而不

4.42.3

no^{2}	dźjiij^{1}	mji^{1}	tsjɨ^{1}	gu^{1}	śjwo^{1}	thjɨ^{2}	sju^{2}	tsjiir^{1}	tsjiir^{1}	nioow^{1}
安	住,	不	亦	建	立,	此	如	法	择	故
nwə^{1}	tsjij^{2}	zjij^{1}	nioow^{1}	gjij^{1}	tsjiir^{1}	mjijr^{2}	nwə^{1}	tsjij^{2}	mjijr^{2}	
知	解	时	复	择	选	者	知	解	者	

安住,亦不建立;如是了知简择法时,亦无了知及简择者。

4.42.4

tsjɨ^{1}	mjij^{1}	ljɨ^{1}	bju^{2}	mjij^{1}	ljuu^{2}	tshjij^{2}	dźiã^{2}	tsjij^{2}	thjɨ^{2}	rjɨr^{2}
亦	无	也。	边	无	庄	严	菩	萨,	此	所

[illegible]	[illegible]	[illegible]	[illegible]	[illegible]	[illegible]，	[illegible]	[illegible]	[illegible]	[illegible]	[illegible]
tshjiij^{1}	phju^{2}	tsew^{2}	gjwi^{2}	wo^{2}	tja^{1}	mjor^{1}	ljij^{2}	·jij^{1}	gjwi^{2}	njaa^{2}
说	一	第	句	义	者，	如	来	之	句	非

无边庄严，此所演说第一义句，即是如来非句

4.42.5

[illegible]	[illegible]。	[illegible]	[illegible]	[illegible]	[illegible]	[illegible]	[illegible]	[illegible]	[illegible]	[illegible]
gjwi^{2}	ŋwu^{2}	gjwi^{2}	gji^{1}	sej^{1}	ku^{1}	thjɨ^{2}	wo^{2}	nioow^{1}	rjur^{1}	dźiã^{2}
句	是。	句	清	净	则	此	义	故	诸	菩
[illegible]	[illegible]	[illegible]	[illegible]	[illegible]	[illegible]	[illegible]	[illegible]	[illegible]，	[illegible]	
tsjij^{2}	njɨ^{2}	gjwi^{2}	ŋowr^{2}	ŋowr^{2}	gji^{1}	sej^{1}	sjij^{2}	rjir^{1}	thjɨ^{2}	
萨	等	句	一	切	清	净	智	得，	此	

之句。句清净故，以是义故，诸菩萨等得一切句清净之智，

4.42.6

[illegible]	[illegible]	[illegible]	[illegible]	[illegible]	[illegible]	[illegible]	[illegible]	[illegible]	[illegible]	[illegible]。
ŋwu^{2}	bju^{2}	mjij^{1}	wo^{2}	tshwew^{1}	thow^{1}	lo^{1}	dźji^{1}	ɣa^{1}	·o^{2}	njwi^{2}
以	边	无	理	趣	陀	罗	尼	门	入	能。
[illegible]	[illegible]	[illegible]	[illegible]	[illegible]	[illegible]，	[illegible]	[illegible]	[illegible]	[illegible]	
nioow^{1}	zjiir^{1}	zjij^{1}	lja̱^{1}	·o^{2}	lew^{2}	mji^{1}	lja^{1}	mji^{1}	śjɨ^{1}	
复	希	许	证	入	应，	不	来	不	去	

由是能入无边理趣陀罗尼门，亦无少法而可证入，不来不去。

4.42.7

[illegible]	[illegible]	[illegible]。	[illegible]	[illegible]	[illegible]	[illegible]	[illegible]	[illegible]，	[illegible]	[illegible]
tsjiir^{1}	mjij^{1}	ljɨ^{1}	bju^{2}	mjij^{1}	ljuu^{2}	tshjij^{2}	dźiã^{2}	tsjij^{2}	gjwi^{2}	·jɨ^{1}
法	无	也。	边	无	庄	严	菩	萨，	句	谓
[illegible]	[illegible]	[illegible]	[illegible]	[illegible]，	[illegible]	[illegible]	[illegible]	[illegible]	[illegible]。	
tja^{1}	rjir^{1}	lew^{2}	gjwi^{2}	mjij^{1}	gjwi^{2}	njaa^{2}	·jij^{1}	gjwi^{2}	ŋwu^{2}	
者	得	应	句	无，	句	非	之	句	是。	

无边庄严，所言句者，无句可得，非句句故。

4.43.1

ku¹ gjwi² ŋowr² ŋowr² ɣa² thjɨ² sju² nwə¹ lew² thjɨ² sju²
则 句 一 切 于 此 如 知 应。 此 如

rjur¹ gjwi² dwər¹ ka² gjwi² ŋwu² dwər¹ ka² gjwi² tja¹
诸 句 厌 离 句 是； 厌 离 句 者，

于一切句，应如是知。如是诸句，是厌离句；若厌离句，

4.43.2

tshọ² lạ¹ gjwi² ŋwu² tshọ² lạ¹ gjwi² tja¹ dwər¹ ka² gjwi²
虚 诳 句 是； 虚 诳 句 者， 厌 离 句

ŋwu² thja¹ gjwi² ŋowr² ŋowr² tja¹ dzjar² sji¹ gjwi² ŋwu²
是。 彼 句 一 切 者， 灭 尽 句 是。

是虚妄句；若虚妄句，即厌离句。彼一切句是灭尽句。

4.43.3

dzjar² sji¹ gjwi² tja¹ mjor¹ ɣiej¹ gjwi² ŋwu² mjor¹ ɣiej¹ gjwi²
灭 尽 句 者， 如 真 句 是； 如 真 句

tja¹ zji² dźjwa¹ gjwi² ŋwu² zji² dźjwa¹ gjwi² tja¹ sji¹
者， 究 竟 句 是； 究 竟 句 者， 尽

若灭尽句，即真如句；若真如句，即究竟句；若究竟句，是尽

4.43.4

ka² dzjar² gjwi² ŋwu² sji¹ ka² dzjar² gjwi² tja¹ djiij² phã¹
离 灭 句 是； 尽 离 灭 句 者， 涅 槃

gjwi^{2}	ŋwu^{2}	djiij^{2}	phã^{1}	gjwi^{2}	tja^{1}	rjur^{1}	mur^{1}	njaa^{2}	thu^{1}
句	是;	涅	槃	句	者,	世	俗	非,	施

离灭句;若尽离灭句,即涅槃句;若涅槃句,即非世俗,无句施

4.43.5

phjij^{1}	lew^{2}	gjwi^{2}	mjij^{1}	nẹ^{1}	tshjiij^{1}	tsjɨ^{1}	mjij^{1}	ljɨ^{1}
设	应	句	无,	宣	说	亦	无	也。

设,亦无示说。

汉文本

无边庄严,如来说法,终不超过一切诸法。何以故?无有少法可超过故。

无边庄严,如来于彼某时,证得无上正等菩提。然于彼时,实无有法而可得者,以一切法及诸随法不可得故;不起分别,亦复不起法与非法及作意想;于彼本性清净法性,而不安住,亦不建立;如是了知简择法时,亦无了知及简择者。无边庄严,此所演说第一义句,即是如来非句之句。句清净故,以是义故,诸菩萨等得一切句清净之智,由是能入无边理趣陀罗尼门,亦无少法而可证入,不来不去。

无边庄严,所言句者,无句可得,非句句故。于一切句,应如是知。如是诸句,是厌离句;若厌离句,是虚妄句;若虚妄句,即厌离句。彼一切句是灭尽句。若灭尽句,即真如句;若真如句,即究竟句;若究竟句,是尽离灭句;若尽离灭句,即涅槃句;若涅槃句,即非世俗,无句施设,亦无示说。

4.43.5

bju^{2}	mjij^{1}	ljuu^{2}	tshjij^{2}	dźiã^{2}	tsjij^{2}	lew^{1}	gjwi^{2}	·jɨ^{1}	tja^{1}	neew^{2}	mji^{1}
边	无	庄	严	菩	萨,	一	句	谓	者,	善	不

无边庄严,言一句者,于一切善不

4.43.6

neew^{2}	tsjiir^{1}	ŋowr^{2}	ŋowr^{2}	kha^{1}	tśhja^{2}	ka^{1}	tshwew^{1}	·o^{2}	lew^{1}	gjwi^{2}
善	法	一	切	中,	正	等	趣	入	一	句

tja^{1} ljɨ̣^{1} kjɨ^{1} ŋwu^{2} ka^{2} gjwi^{2} ŋwu^{2} dwər^{1} ka^{2} kha^{1}

者 何 所 是? 离 句 是。 厌 离 中

善法中,平等趣入。云何一句? 所谓离句,于厌离中

4.43.7

[illegible] [illegible] [illegible], [illegible] [illegible] [illegible] [illegible] [illegible] [illegible]。 [illegible] [illegible]

zjɨɨr^{1} zjịj^{1} gjwi^{2} gjwi^{2} ŋowr^{2} ŋowr^{2} ŋwu^{2} tja^{1} mjij^{1} dzjọ^{1} sju^{2}

希 许 句, 句 一 切 是 者 无。 譬 如

[illegible] [illegible], [illegible] [illegible] [illegible] [illegible] [illegible], [illegible] [illegible] [illegible]

dwər^{1} ka^{2} gjwi^{2} thja^{1} tsjɨ^{1} gjwi^{2} njaa^{2} gjwi^{2} gji^{1} sej^{1}

倦 离, 句 彼 亦 句 非, 句 清 净

无有少句,是一切句。犹如厌离,句亦非句,句清净故;

4.44.1

[illegible]。 [illegible] [illegible] [illegible] [illegible], [illegible] [illegible] [illegible] [illegible] [illegible]; [illegible] [illegible] [illegible]

ljɨ^{1} gjwi^{2} gji^{1} sej^{1} tja^{1} djiij^{2} phã^{1} gji^{1} sej^{1} ŋwu^{2} djiij^{2} phã^{1} gji^{1}

也。 句 清 净 者, 涅 槃 清 净 是; 涅 槃 清

[illegible] [illegible], [illegible] [illegible] [illegible] [illegible]。 [illegible] [illegible] [illegible] [illegible] [illegible] [illegible]

sej^{1} tja^{1} gjwi^{2} gji^{1} sej^{1} ŋwu^{2} thjɨ^{2} sju^{2} rjur^{1} gjwi^{2} zji^{2} tshjiij^{1}

净 者, 句 清 净 是。 此 如 诸 句 皆 说

若句清净,即涅槃清净;若涅槃清净,即句清净。如是诸句皆不可说,

4.44.2

[illegible] [illegible], [illegible] [illegible] [illegible] [illegible] [illegible] [illegible] [illegible], [illegible] [illegible]

tjị^{2} mjij^{1} tjij^{1} ŋwuu^{1} dạ^{2} ŋwu^{2} gjwi^{2} nẹ^{1} tshjiij^{1} ku^{1} thja^{1}

可 无, 若 言 语 以 句 宣 说, 则 彼

[illegible] [illegible] [illegible] [illegible] [illegible] [illegible] [illegible] [illegible] [illegible] [illegible]

rjur^{1} ŋwuu^{1} dạ^{2} śja^{1} rjijr^{2} kiẹj^{2} ·u^{2} kjụ^{1} ·ju^{2} zji^{2}

诸 言 语 十 方 界 中 求 寻 皆

若以语言宣示句者,而彼诸言,于十方界求

4.44.3

[illegible] [illegible] [illegible], [illegible] [illegible] [illegible] [illegible], [illegible] [illegible] [illegible] [illegible] rjir^{1} tjị^{2} mjij^{1} sjwɨ^{1} sjwɨ^{2} ·jij^{1} tshjiij^{1} tśhjwo^{1} thjɨ^{2} ŋwuu^{1} dạ^{2}

得 可 无, 谁 谁 之 说, 故 此 言 语

[illegible]

to^{2} zji^{2} ŋa^{1} ŋwu^{2} tjij^{1} ŋa^{1} ŋwu^{2} ku^{1} wo^{2} tsjɨ^{1}

尽 皆 空 是。 若 空 是, 则 义 亦

不可得。谁为谁说?故诸言说一切皆空;彼若空者即无有义,

4.44.4

[illegible]

mji^{1} dju^{1} thjɨ^{2} kha^{1} kheej^{1} ljị^{1} phjo^{2} kar^{2} lew^{2} njaa^{2} thjɨ^{2}

无 有, 此 中 戏 论 分 别 应 非。 此

[illegible]

sju^{2} rjur^{1} gjwi^{2} wo^{2} to^{2} wee^{1} tja^{1} ŋowr^{2} ŋowr^{2} zji^{2}

如 诸 句 义 出 生 者, 一 切 皆

不应于中戏论分别出生。如是诸句义者,一切皆

4.44.5

[illegible]

phjo^{2} kar^{2} gjwi^{2} mjij^{1} kheej^{1} ljị^{1} mjij^{1} gjwi^{2} ŋwu^{2} thjɨ^{2} nioow^{1}

分 别 句 无, 戏 论 无 句 是。 此 故

[illegible]

bioo^{1} dźjɨ^{0} djọ^{2} mjijr^{2} gjwi^{2} ŋowr^{2} ŋowr^{2} bioo^{1} thjuu^{1} tjoo^{1}

观 行 修 者 句 一 切, 观 察 寻

是无分别句、无戏论句。是故修观行者,寻求观察

4.44.6

[illegible]

·ju^{2} zjij^{1} zji^{2} pheej^{2} dzjar^{2} djiij^{2} phã^{1} we^{2} thjɨ^{2} sju^{2} rjur^{1}

求 时, 皆 分 灭 涅 槃 是。 此 如 诸

[illegible]

gjwi^{2} djiij^{2} phã^{1} rjir^{2} mji^{1} do^{2} mji^{1} do^{2} njaa^{2} tsjɨ^{1}

句 涅 槃 与 不 异, 不 异 非 亦

一切句时，当知皆为离灭涅槃。如是诸句不异涅槃，亦不可说①，

4.44.7

[illegible]										
·jɨ^{1}	tjɨ^{2}	mjij^{1}	ŋwuu^{1}	dạ^{2}	gjwi^{2}	zji^{2}	tshọ^{2}	lạ^{1}	nioow^{1}	ku^{1}
谓	可	不，	言	语	句	皆	虚	诳	故，	则
[illegible]										
gji^{1}	sej^{1}	gjwi^{2}	ŋwu^{2}	neew^{2}	ɣjɨr^{1}	nẹ^{1}	tshjiij^{1}	rjur^{1}	gjwi^{2}	
清	净	句	以	善	造	宣	说，	诸	句	

然非不异。由言说句皆虚妄故，为清净句。宣说善巧表示诸句，

4.45.1

[illegible]										
dźju^{1}	sjwij^{1}	źjɨr^{1}	dźju^{1}	sjwij^{1}	njaa^{2}	tjij^{1}	dźju^{1}	sjwij^{1}	njaa^{2}	mji^{1}
显	明，	实	显	明	非，	若	显	明	非，	不
[illegible]										
dźju^{1}	sjwij^{1}	njaa^{2}	ku^{1}	tśhjwo^{1}	gu^{2}	tśja^{1}	dźjiij^{1}	tjij^{1}	gu^{2}	
显	明	非	故，	则	中	道	住。	若	中	

非实表示；若非表示，非不表示，则处中道；若处

4.45.2

[illegible]										
tśja^{1}	dźjiij^{1}	ku^{1}	tśhjwo^{1}	phjo^{2}	kar^{2}	mjij^{1}	thja^{2}	kha^{1}	phjo^{2}	kar^{2}
道	住	故，	则	分	别	无	彼	中	分	别
[illegible]										
phja^{1}	nioow^{1}	ljɨ^{1}	thjɨ^{2}	tsjiir^{1}	tsjiir^{2}	ɣa^{2}	tśhja^{2}	ka^{1}	·o^{2}	
断	故	也。	此	法	性	于	平	等	入	

中道，则无分别。以于此中分别断故，于此法性平等入

4.45.3

[illegible]

① 亦不可说，西夏文字面意思是"非不异亦不可说"。

zjịj^{1}	zjɨɨr^{1}	zjịj^{1}	niow^{2}	dźjɨ^{0}	dźjịj^{1}	tjị^{2}	mjij^{1}	rjir^{1}	lew^{2}	mjij^{1}
时，	些	许	恶	行	行	可	无，	得	所	无
[illegible]。	[illegible]	[illegible]	[illegible]	[illegible]，	[illegible]	[illegible]	[illegible]	[illegible]，	[illegible]	
ljɨ^{1}	thjɨ^{2}	sju^{2}	mji^{1}	dźjịj^{1}	njɨ^{2}	tsjɨ^{1}	mji^{1}	dźjịj^{1}	ka^{1}	
也。	此	如	不	行，	遍	亦	不	行，	等	

时，而无有处①，行少恶行，无所得故。如是不行，亦不遍行，不等近行。

4.45.4

[illegible]	[illegible]	[illegible]，	[illegible]	[illegible]	[illegible]	[illegible]，	[illegible]	[illegible]	[illegible]	[illegible]
?	mji^{1}	dźjịj^{1}	tjij^{1}	thjɨ^{2}	sju^{2}	dźjịj^{1}	ku^{1}	rjur^{1}	tha^{1}	thja^{2}
近	不	行，	若	此	如	行，	则	诸	佛	彼
[illegible]	[illegible]	[illegible]	[illegible]	[illegible]	[illegible]。	[illegible]	[illegible]	[illegible]	[illegible]	
·jij^{1}	dźiã^{2}	tsjij^{2}	·ụ^{2}	ŋwu^{2}	·jɨ^{1}	zjɨɨr^{1}	zjịj^{1}	dźjịj^{1}	lew^{2}	
之	菩	萨	乘	是	谓。	希	许	行	应	

若如是行，诸佛说为菩萨乘者。无有少法而可行时，

4.45.5

[illegible]	[illegible]	[illegible]，	[illegible]	[illegible]	[illegible]	[illegible]	[illegible]	[illegible]，	[illegible]	[illegible]
tsjiir^{1}	mjij^{1}	zjịj^{1}	thja^{2}	dźiã^{2}	tsjij^{2}	·jij^{1}	ljɨ̣^{2}	dźjịj^{1}	zji^{2}	phju^{2}
法	无	时，	彼	菩	萨	之	地	行，	最	上
[illegible]	[illegible]	[illegible]	[illegible]	[illegible]	[illegible]	[illegible]	[illegible]。	[illegible]	[illegible]	
gji^{1}	sej^{1}	thow^{1}	lo^{1}	dźji^{1}	no^{2}	dźjiij^{1}	ljɨ^{1}	bju^{2}	mjij^{1}	
清	净	陀	罗	尼	安	住	也。	边	无	

彼行菩萨地，安住无上清净陀罗尼故。无边

4.45.6

[illegible]	[illegible]	[illegible]	[illegible]，	[illegible]	[illegible]	[illegible]	[illegible]	[illegible]	[illegible]	[illegible]，
ljuu^{2}	tshjịj^{2}	dźiã^{2}	tsjij^{2}	ŋa^{2}	sjij^{1}	thow^{1}	lo^{1}	dźji^{1}	gjwi^{2}	tshjiij^{1}
庄	严	菩	萨，	我	今	陀	罗	尼	句	说，
[illegible]	[illegible]	[illegible]	[illegible]	[illegible]	[illegible]	[illegible]	[illegible]	[illegible]	[illegible]	

① 西夏本无此句。

thjɨ² gjwi² nioow¹ ku¹ rjur¹ dźiã² tsjij² ·jij¹ thow¹ lo¹
此 句 故 则 诸 菩 萨 之 陀 罗

庄严，我今当说陀罗尼句，由是句故，令诸菩萨得陀罗

4.45.7

[illegible]

dźji¹ rjir¹ phji¹ bju² mjij¹ tsjiir¹ ·u̜² phie² neej² njwi² thjɨ²
尼 得 令， 边 无 法 藏 开 示 能， 此

[illegible]

njɨ² dzeej¹ mjij¹ ljɨ̣² dźjiij¹ tshjiij¹ lew² thjij² sjo² ljɨ¹
等 争 无 地 住 说 应， 何 云 也？

尼，而能开示无边法藏，应说此等住无诤地，

4.46.1

[illegible]

rjur¹ mjɨ¹ ljɨ̣¹ ŋowr² ŋowr² dźjwu² ljiij² njwi² ljɨ¹ zji² mjij¹
诸 他 论 一 切 消 坏 能 也。 皆 寂

[illegible]

sej¹ ku¹ tsjiir¹ wa̜² tshjiij¹ nioow¹ ljɨ¹ thjɨ² kha¹ wa²
静 则 法 广 说 故 也。 此 中 何

以能摧破诸他论故，极寂静故，广演法故。此中何

4.46.2

[illegible]

sju² tja¹ thja² tsjiir¹ ɣa¹ thow¹ lo¹ dźji¹ gjwi² ŋwu²
如 者 彼 法 门 陀 罗 尼 句 是？

者是彼法门陀罗尼句？

汉文本

无边庄严，言一句者，于一切善不善法中，平等趣入。云何一句？所谓离句，于厌离中无有少句，是一切句。犹如厌离，句亦非句，句清净故；若句清净，即涅槃清净；若涅槃清净，即句清净。如是诸句皆不可说，若以语言宣示句者，而彼诸言，于十方界求不可得。谁为谁说？故诸言说一切皆空；彼若空

者即无有义，不应于中戏论分别出生。如是诸句义者，一切皆是无分别句、无戏论句。是故修观行者，寻求观察一切句时，当知皆为离灭涅槃。如是诸句不异涅槃，亦不可说，然非不异。由言说句皆虚妄故，为清净句。宣说善巧表示诸句，非实表示；若非表示，非不表示，则处中道；若处中道，则无分别。以于此中分别断故，于此法性平等入时，而无有处，行少恶行，无所得故。如是不行，亦不遍行，不等近行。若如是行，诸佛说为菩萨乘者。无有少法而可行时，彼行菩萨地，安住无上清净陀罗尼故。

无边庄严，我今当说陀罗尼句，由是句故，令诸菩萨得陀罗尼，而能开示无边法藏，应说此等住无净地，以能摧破诸他论故，极寂静故，广演法故。此中何者是彼法门陀罗尼句？

4.46.3①

[illegible]	[illegible]	[illegible]	[illegible]	[illegible]	[illegible]	[illegible]	[illegible]	[illegible]	[illegible]	[illegible]
ta^1	tśji^2	rjijr^2	gja^1	·jij^1		·wji^2	gja^2	·jij^1		ɣu^1
哆	姪	他	若	曳	(一)	微	若	曳	(二)	隝
[illegible]	[illegible]	[illegible]	[illegible]	[illegible]	[illegible]	[illegible]	[illegible]	[illegible]	[illegible]	[illegible]
kji^1		ɣu^1	kja^1	·wa^1	tji̱^{2}		·a^0	rur^2	kji^1	
计	(三)	乌	迦	筏	底	(四)	阿	噜	计	(五)

哆姪他若曳(一)微若曳(二)隝计(三)乌迦(上)筏底(丁以反四)阿(引)噜计(五)

4.46.4

[illegible]	[illegible]	[illegible]	[illegible]	[illegible]	[illegible]	[illegible]	[illegible]	[illegible]	[illegible]	[illegible]
·a^0	rur^2	kja^1	·wa^1	tji^2		pjɨ^1	rar^1	phji^1		pjɨ^1
阿	噜	迦	筏	底	(六)	钵	啰	陛	(七)	钵
[illegible]	[illegible]	[illegible]	[illegible]	[illegible]	[illegible]	[illegible]	[illegible]	[illegible]	[illegible]	
rar^1	pha^1	·wa^1	tji^1		no^1	lji^1	śja^2	njij^2		
啰	婆	筏	底	(八)	娜	唎	设	儜	(九)	

阿(引)噜迦(上)筏底(丁以反六)钵啰(二合上)陛(七)钵啰(二合上)婆(上)筏底(丁以反八)娜唎设儜(九)

4.46.5

[illegible]	[illegible]	[illegible]	[illegible]	[illegible]	[illegible]	[illegible]	[illegible]	[illegible]	[illegible]	[illegible]

① 据《大藏全咒》此陀罗尼梵文为：syād yathedaṃ jaye bijaye uke ukabati aloke alokabati prabhe prabhabati niradarś-aṇe niradarśaṇabati adhe adhabati śodhanaśodhanabati pariśodhane kriye bikriyabati uttaraṇi sandharaṇi mahābijaye mahābijayabati anusandhi apratisandhi yugabati naddha siddhi siddharata siddhiratabati mati matiprabhe uttare uttarabati bicare bicara anusandhi sare sarabati sara anugate same sambharabigate gate anigate apratinibarte biśeṣa biśeṣabati abhahini nibhahiṇi prabhahini aham uttaraṇi mālapanaye aśeṣe anupaśeṣe anugame apratigame agate anugate gate biśodhani pariśodhani kaṅkṣa cchedani yati matipratite matibiśodhani samanta anugate samanta paribhire samanta biśodhani anupragrihi anagrahite hinārthe arthabiśudhi barame hetuni dvisanni pratite pratitabati biniṣcaye biniṣcaya anugate anantarate anantabigrahe matabiśudhi anugrahe agrahe biśodhani adhyadmabigate bahababiśodhani bidya anugate bidya anusaṃdhiti pariśodhani。

njij²	no¹	lji¹	śja²	tha²	·wa¹	tji¹		gaa¹	thji¹	
你	那	唎	设	昙	筏	底	（十）	遏	替	（十一）
gaa¹	tha²	·wa¹	tji̠²		śju¹	tha²	njij²		phji¹	
遏	他	筏	底	（十二）	戍	囡	儜	（十三）	鞞	

你(尼顶反)那唎设昙筏底(十)遏替(十一)遏他筏底(十二)戍囡儜(十三)鞞

4.46.6

śju¹	tha²	njij²		pjɨ¹	rjir²	śju¹	tha²	njij²		kja¹
戍	囡	儜	（十四）	钵	唎	戍	囡	儜	（十五）	吃
rjir²	·ja²		kja¹	rjir²	·ja²	·wa¹	tji¹		ɣwə²	
唎	耶	（十六）	吃	唎	耶	筏	底	（十七）	嗢	

戍囡儜(十四)钵唎戍囡儜(十五)吃唎(二合)耶(十六上声)吃唎(二合)耶筏底(十七)嗢

4.46.7

ta¹	rar¹	nji²		sã¹	tã¹	rar¹	nji²		ma²	xa¹
哆	啰	尼	（十八）	珊	哆	啰	尼	（十九）	摩	诃
phji¹	śja²	·jij¹		ma²	xa¹	phji¹	śja²	·ja²	·wa¹	
毗	社	曳	（二十）	么	诃	毗	社	耶	筏	

哆啰尼(十八上声)珊哆啰尼(十九上声)摩诃毗社曳(二十)么诃毗社耶筏

4.47.1

tji²		·a⁰	duu²	sã¹	thji²		·a⁰	pjɨ¹	rar¹
底	（二十一）	阿	怒	珊	地	（二十二）	阿	钵	啰
tji̠²	sã¹	thji²		·juu¹	khja²	mo²	xji¹	daa²	thow¹
底	珊	地	（二十三）	庾	伽	磨	队	棕	陀

底(丁以反二十一)阿怒珊地(上二十二)阿钵啰(上二合)底(丁以反)珊地(上二十三)庾伽(上)磨队棕陀

4.47.2

	sjɨ^{2}	thji^{1}		sjɨ^{2}	thow^{1}	gaa^{1}	thji^{1}		sjɨ^{2}
(二十四)	悉	地	(二十五)	悉	驮	遏	拂	(二十六)	悉
thow^{1}	gaa^{1}	thow^{1}	·wa^{1}	tjị^{2}		mo^{2}	tji^{1}		
陀	遏	他	筏	底	(二十七)	么	底	(二十八)	

(上二十四)悉地(二十五)悉驮遏拂(二合二十六)悉陀(上)遏他(上)筏底(丁以反二十七)么底(丁以反二十八)

4.47.3

mo^{2}	tji^{1}	pjɨ^{1}	rar^{1}	phji^{1}		ɣwə^{2}	ta^{1}	rjir^{2}	
么	底	钵	啰	鞞	(二十九)	嗢	哆	唎	(三十)
ɣwə^{2}	ta^{1}	rar^{1}	·wa^{1}	tji^{1}		bji^{2}	mo^{2}	rjir^{2}	
嗢	哆	啰	筏	底	(三十一)	弭	磨	唎	(三十二)

么底(丁以反)钵啰(二合)鞞(二十九)嗢哆唎(三十)嗢哆啰筏底(丁以反三十一)弭磨唎(三十二)

4.47.4

bji^{2}	mo^{2}	rar^{1}	duu^{2}	sã^{1}	thji^{2}		sa^{2}	lji^{1}	
弥	磨	啰	怒	散	地	(三十三)	萨	嚟	(三十四)
sa^{2}	rar^{1}	·wa^{1}	tji^{1}		sa^{2}	rar^{1}	duu^{2}	khja^{2}	tji^{1}
萨	啰	筏	底	(三十五)	萨	啰	怒	伽	底

弥磨啰怒散地(三十三)萨嚟(三十四)萨啰筏底(三十五)萨啰(引)怒伽底

4.47.5

	sa^{2}	mjij^{1}		sa^{2}	mo^{2}	rar^{2}	pha^{1}	mji^{1}	khja^{2}

（三十六）	娑	冥	（三十七）	娑	么	嚂	婆	弭	伽
[illegible]	[illegible]	[illegible]	[illegible]	[illegible]	[illegible]	[illegible]	[illegible]	[illegible]	[illegible]
tji^{1}		khja^{2}	tji^{1}		·a^{0}	njij^{2}	khja^{2}	tji^{1}	
底	（三十八）	羯	底	（三十九）	阿	你	伽	底	（四十）

（三十六）娑冥（上三十七）娑么嚂婆（上）弭伽底（三十八）羯底（丁以反三十九）阿你伽底（四十）

4.47.6

[illegible]	[illegible]	[illegible]	[illegible]	[illegible]	[illegible]	[illegible]	[illegible]	[illegible]	[illegible]	[illegible]	[illegible]
·a^{0}	pjɨ^{1}	rar^{1}	tji^{1}	nji^{2}	·wa^{1}	tji^{1}		mji^{1}	śji^{1}	śia^{1}	
阿	钵	啰	底	你	筏	底	（四十一）	弥	势	晒	（四十二）

[illegible]	[illegible]	[illegible]	[illegible]	[illegible]	[illegible]	[illegible]	[illegible]	[illegible]	[illegible]	[illegible]
mji^{1}	śji^{1}	śia^{1}	·wa^{1}	tji^{1}		·a^{0}	mo^{2}	xji^{1}	njij^{2}	
弥	势	晒	筏	底	（四十三）	阿	磨	醯	你	（四十四）

阿钵啰（上二合）底（丁以反）你筏底（四十一）弥势晒（四十二）弥势晒筏底（四十三）阿（上）磨醯你（四十四）

4.48.1

[illegible]	[illegible]	[illegible]	[illegible]	[illegible]	[illegible]	[illegible]	[illegible]	[illegible]	[illegible]	[illegible]
njij^{2}	mo^{2}	xji^{1}	njij^{2}		pjɨ^{1}	rar^{1}	mo^{2}	xji^{1}	njij^{2}	
你	磨	醯	你	（四十五）	钵	啰	磨	醯	你	（四十六）

[illegible]	[illegible]	[illegible]	[illegible]	[illegible]	[illegible]	[illegible]	[illegible]	[illegible]	[illegible]
ɣwə^{2}	xa^{1}	ɣwə^{2}	tow^{1}	rar^{1}	njij^{2}		mo^{2}	rar^{1}	pa^{2}
邬	荷	邬	哆	啰	咛	（四十七）	么	啰	钵

你磨醯你（四十五）钵啰（二合）磨醯你（四十六）邬（引）荷邬哆啰咛（四十七）么啰钵

4.48.2

[illegible]	[illegible]	[illegible]	[illegible]	[illegible]	[illegible]	[illegible]	[illegible]	[illegible]	[illegible]	[illegible]
no^{1}	·jij^{1}		·a^{0}	śji^{1}	śiej^{1}		·a^{0}	duu^{2}	po^{1}	śji^{1}
娜	曳	（四十八）	阿	势	铩	（四十九）	阿	怒	跛	势

[illegible]	[illegible]	[illegible]	[illegible]	[illegible]	[illegible]	[illegible]	[illegible]	[illegible]	[illegible]
śiej^{1}		·a^{0}	duu^{2}	khja^{2}	bjii^{2}		·a^{0}	pjɨ^{1}	rar^{1}
铩	（五十）	阿	怒	伽	迷	（五十一）	阿	钵	啰

娜曳（四十八）阿（上）势铩（去四十九）阿怒跛势铩（五十）阿怒伽迷（五十一）阿钵啰（二合）

4.48.3

[illegible]	[illegible]	[illegible]	[illegible]	[illegible]	[illegible]	[illegible]	[illegible]	[illegible]	[illegible]
tji^{1}	khja^{2}	mji^{1}		·a^{0}	khja^{2}	tji^{1}		·a^{0}	no^{1}
底	伽	迷	（五十二）	阿	伽	帝	（五十三）	阿	娜
[illegible]	[illegible]	[illegible]	[illegible]	[illegible]	[illegible]	[illegible]	[illegible]	[illegible]	[illegible]
khja^{2}	tji^{1}		khja^{2}	tji^{1}	mji^{1}	śjuu^{1}	tha^{2}	njij^{2}	
伽	底	（五十四）	伽	底	弭	戍	驮	你	（五十五）

底伽迷(五十二)阿伽(上声呼)帝(五十三)阿娜伽(上声呼)底(五十四)伽底弭戍驮你(五十五)

4.48.4

[illegible]	[illegible]	[illegible]	[illegible]	[illegible]	[illegible]	[illegible]	[illegible]	[illegible]	[illegible]	[illegible]
pa^{2}	rjir^{2}	śjuu^{1}	thji^{1}		ko^{1}	khja^{2}	tśhia^{1}	tśhjɨ^{2}	no^{1}	njij^{2}
钵	唎	戍	第	（五十六）	姜	竭	差	掣	娜	你
[illegible]	[illegible]	[illegible]	[illegible]	[illegible]	[illegible]	[illegible]	[illegible]	[illegible]	[illegible]	
·ja^{2}	tji^{1}		mo^{2}	tji^{1}	pjɨ^{1}	rar^{1}	phji^{1}	tji^{1}		
夜	帝	（五十七）	么	底	钵	啰	避	帝	（五十八）	

钵唎戍第(五十六)姜(去)竭差(初假反二合)掣(尺曳反)娜你夜帝(五十七)么底(丁以反)钵啰(二合)避帝(五十八)

4.48.5

[illegible]	[illegible]	[illegible]	[illegible]	[illegible]	[illegible]	[illegible]	[illegible]	[illegible]	[illegible]	[illegible]
mo^{2}	tjị^{2}	phji^{1}	śjuu^{1}	tha^{2}	njij^{2}		sã^{1}	ma^{2}	tow^{1}	duu^{2}
么	底	毗	戍	驮	你	（五十九）	三	缦	多	怒
[illegible]	[illegible]	[illegible]	[illegible]	[illegible]	[illegible]	[illegible]	[illegible]	[illegible]	[illegible]	[illegible]
kja^{1}	tji^{1}		sã^{1}	ma^{2}	tow^{1}	pjɨ^{1}	rar^{1}	·wər^{1}	rjir^{2}	
羯	帝	（六十）	三	缦	多	钵	唎	缚	嚟	（六十一）

么底毗戍驮你(五十九)三缦多(引)怒羯帝(六十)三缦多钵唎缚(房可反)嚟(六十一)

4.48.6

[illegible]	[illegible]	[illegible]	[illegible]	[illegible]	[illegible]	[illegible]	[illegible]	[illegible]	[illegible]
sã^{1}	ma^{2}	tow^{1}	phji^{1}	śjuu^{1}	tha^{2}		njij^{2}	·a^{0}	duu^{2}
三	缦	多	毗	戍	驮	（六十二）	你	阿	怒

po^{1}	gjɨɨ^{1}	rar^{1}	xji^{1}		·a^{0}	njij^{2}	gjɨɨ^{1}	rar^{1}	xji^{1}
跛	仡	啰	呬	（六十三）	阿	你	仡	啰	呬

三缦多毗戍驮（六十二）你阿怒跛仡啰（二合）呬（六十三）阿你仡啰（二合）呬

4.48.7

tji^{1}		xji^{1}	no^{1}	rar^{1}	thji^{1}		·a^{0}	rar^{1}	tha^{2}
帝	（六十四）	呬	那	啰	梯	（六十五）	阿	啰	他
phji^{1}	śjuu^{1}	thji^{1}	pjɨ^{1}	rar^{1}	mjij^{1}		xji^{1}	tu^{1}	njij^{2}
毗	戍	地	钵	啰	冥	（六十六）	奚	都	你

帝（六十四）呬那（引）啰梯（二合六十五）阿啰他（二合）毗戍地钵啰冥（六十六）奚都你

4.49.1

thji^{1}	sã^{1}	njij^{2}	pjɨ^{1}	rar^{1}	phji^{1}	thji^{1}		pjɨ^{1}	rar^{1}
地	珊	宁	钵	啰	避	底	（六十七）	钵	啰
phji^{1}	tow^{1}	·wa^{1}	tji^{1}		phji^{1}	njij^{2}	śja^{2}	tśja^{1}	·jij^{1}
避	多	筏	底	（六十八）	毗	你	设	者	曳

地珊宁钵啰（二合）避底（六十七）钵啰（二合）避多筏底（丁以反六十八）毗你设者（二合）曳

4.49.2

	phji^{1}	njij^{2}	śja^{2}	tśja^{1}	·ja^{2}	duu^{2}	kja^{1}	tji^{1}	
（六十九）	避	你	设	者	耶	怒	羯	帝	（七十）
·a^{0}	na^{1}	ta^{1}	rar^{1}	thji^{1}		·a^{0}	na^{1}	tow^{1}	phji^{1}
阿	难	多	啰	揥	（七十一）	阿	难	多	苾

（六十九）避你设者（二合）耶（引）怒羯帝（七十）阿难多啰揥（七十一）阿难多苾

4.49.3

gjɨ^1	rar^1	xji^1		ma^2	śja^2	phji^1	śjuu^1	thji^1
仡	啰	奚	（七十二）	么	社	毗	成	地
	·a^0	duu^2	khja^2	rar^1	xji^1		pjɨ^1	rar^1
（七十三）	阿	怒	竭	啰	奚	（七十四）	钵	啰

仡啰(二合)奚(七十二)么社毗成地(七十三)阿怒竭啰奚(七十四)钵啰(二合)

4.49.4

khja^2	rar^1	xa^1	phji^1	śjuu^1	tha^2	njij^2		·a^0	thji^1	·ja^2
竭	啰	荷	毗	成	驮	你	（七十五）	阿	地	耶
ta^1	mo^2	phji^1	tji^1	khja^2		ma^2	xji^1	rar^1	tha^2	phji^1
多	么	毗	竭	帝	（七十六）	么	呬	啰	驮	毗

竭啰荷毗成驮你(七十五)阿地耶(二合引)多么(二合)毗竭帝(七十六)么呬啰驮(二合)毗

4.49.5

śjuu^1	tha^2	njij^2		phji^1	thji^1	·ja^2	duu^2	khja^2	tji^1		phji^1
成	驮	你	（七十七）	苾	地	耶	怒	竭	底	（七十八）	苾
thji^1	·ja^2	duu^2	sã^1	thji^1		pjɨ^1	rjir^2	śjuu^1	tha^2	njij^2	
地	耶	怒	散	地	（七十九）	钵	唎	成	驮	你	（八十）

成驮你(七十七)苾地耶(二合引)怒竭底(丁以反七十八)苾地耶(二合引)怒散地(七十九)钵唎成驮你(八十)

4.49.6

bju^2	mjij^1	ljuu^2	tshjij^2	dźiã^2	tsjij^2	thjɨ^2	tja^1	thow^1	lo^1	dźji^1
边	无	庄	严	菩	萨，	此	者	陀	罗	尼

·jij^{1}	ɣu^{1}	tśhjij^{1}	tshjiij^{1}	gjwi^{2}	ŋwu^{2}	rjur^{1}	dźiã^{2}	tsjij^{2}	njɨ^{2}	phie^{2}
之	头	举	说	句	是。	诸	菩	萨	等	解

无边庄严，此是陀罗尼标释之句①。诸菩萨等

4.50.1

thjɨ^{2}	gjwi^{2}	nioow^{1}	ku^{1}	mjɨ^{1}	pjụ^{1}	mjor^{1}	ljij^{2}	·jij^{1}	sju^{1}	tsjiir^{1}
此	句	故，	则	无	量	如	来	之	藏	法
bju^{1}	ljɨr^{2}	njwi^{2}	nioow^{1}	rjur^{1}	dźiã^{2}	tśhju^{1}	·jij^{1}	phie^{2}	neej^{2}	
依	念	能，	复	诸	众	生	之	开	示	

由是句故，而能随念无量如来所有法藏，亦能为诸有情，开示

4.50.2

nẹ^{1}	tshjiij^{1}	njwi^{2}	dzeej^{1}	mjij^{1}	ljɨ^{2}	dźjiij^{1}	nioow^{1}	gjwi^{2}	wo^{2}	ŋowr^{2}
宣	说	能，	争	无	地	住	复	句	义	一
ŋowr^{2}	wo^{2}	tshwew^{1}	neew^{2}	ɣjɨr^{1}	bju^{1}	·o^{2}	njwi^{2}	mjɨ^{1}	pjụ^{1}	
切	义	趣	善	造	依	入	能，	无	量	

演说，住无诤地，复能随入一切义句理趣善巧，善能了知无量

4.50.3

wạ^{2}	ljij^{2}	do^{2}	pha^{1}	sjij^{2}	dwewr^{2}	nwə^{1}	tsjij^{2}	njwi^{2}
广	大	差	异	智	觉	知	解	能，
njiij^{1}	kjɨ^{1}	tjị^{1}	bju^{1}	to^{2}	zji^{2}	iọ^{1}	sə^{1}	
心	△	归	依	尽	皆	圆	满。	

① 标释之句，西夏文字面意思是“说举头句”。

广大差别智觉,随其所愿皆得圆满。

4.50.4

[illegible]	[illegible]	[illegible]	[illegible]	[illegible]	[illegible]	[illegible]	[illegible]	[illegible]	[illegible]	[illegible]
ljịj^{2}	ljɨ̣^{1}	tśiow^{1}	lwər^{2}	lhejr^{2}	?	ljɨɨr^{1}	tsew^{2}	njɨɨ^{1}	dźjow^{1}	njar^{1}
大	宝	积	契	经	卷	四	第	二	遍	校

《大宝积经》卷第四

4.50.5

[illegible]	[illegible]	[illegible]	[illegible]	[illegible]	[illegible]	[illegible]	[illegible]
ljịj^{2}	ljɨ̣^{1}	tśiow^{1}	lwər^{2}	lhejr^{2}	?	ljɨɨr^{1}	tsew^{2}
大	宝	积	契	经	卷	四	第
[illegible]	[illegible]	[illegible]	[illegible]	[illegible]	[illegible]	[illegible]	[illegible]①
rjar^{1}	mjijr^{2}	śjã^{1}	djɨ̣j^{2}	·ja^{2}	xwa^{1}	·wa^{1}	ljɨ̣^{1}
写	者	禅	定	野	货	巴	宝

汉文本

哆姪他若曳(一)微若曳(二)隖计(三)乌迦(上)筏底(丁以反四)阿(引)略计(五)阿(引)略迦(上)筏底(丁以反六)钵啰(二合上)陛(七)钵啰(二合上)婆(上)筏底(丁以反八)娜唎设儜(九)你(尼顶反)那唎设昙筏底(十)遏替(十一)遏他筏底(十二)戍阒儜(十三)鞞戍阒儜(十四)钵唎戍阒儜(十五)吃唎(二合)耶(十六上声)吃唎(二合)耶筏底(十七)嗢哆啰尼(十八上声)珊哆啰尼(十九上声)摩诃毗社曳(二十)么诃毗社耶筏底(丁以反二十一)阿怒珊地(上二十二)阿钵啰(上二合)底(丁以反)珊地(上二十三)庾伽(上)磨阸棕陀(上二十四)悉地(二十五)悉驮遏拼(二合二十六)悉陀(上)遏他(上)筏底(丁以反二十七)么底(丁以反二十八)么底(丁以反)钵啰(二合)鞞(二十九)嗢哆唎(三十)嗢哆啰筏底(丁以反三十一)弭磨唎(三十二)弥磨啰怒散地(三十三)萨嚟(三十四)萨啰筏底(三十五)萨啰(引)怒伽底(三十六)娑冥(上三十七)娑么嚂婆(上)弭伽底(三十八)羯底(丁以反三十九)阿你伽底(四十)阿钵啰(上二合)底(丁以反)你筏底(四十一)弥势晒(四十二)弥势晒筏底(四十三)阿(上)磨醯你(四十四)你磨醯你(四十五)钵啰(二合)磨醯你(四十六)邬(引)荷邬哆啰咛(四十七)么啰钵娜曳(四十八)阿(上)势馀(去四十九)阿怒跛势馀(五十)阿怒伽迷(五十一)阿钵啰(二合)底伽迷(五十二)阿伽(上声呼)帝(五十三)阿娜伽(上声呼)底(五十四)伽底弭戍驮你(五十五)钵唎戍第(五十六)姜(去)竭差(初假反二合)掣(尺曳反)娜你夜帝(五十七)么底(丁以反)钵啰(二合)避帝(五十八)么底毗戍驮你(五十九)三缦多(引)怒羯帝(六十)三缦多钵唎缚(房可反)嚟(六十一)三缦多毗戍驮(六十二)你阿怒跛佐啰(二合)呬(六十三)阿你佐啰(二合)呬帝(六十四)呬那(引)啰梯(二合六十五)阿啰他(二合)毗戍地钵啰冥(六十六)奚都你地珊宁钵啰(二合)避底(六十七)钵啰(二合)避多筏底(丁以反六十八)毗你设者(二合)曳(六十九)避你设者(二合)耶

① 汉文本无此经名及发愿人。

(引)怒羯帝(七十)阿难多啰㖒(七十一)阿难多苾仡啰(二合)奚(七十二)么社毗戍地(七十三)阿怒竭啰奚(七十四)钵啰(二合)竭啰荷毗戍驮你(七十五)阿地耶(二合引)多么(二合)毗竭帝(七十六)么呬啰驮(二合)毗戍驮你(七十七)苾地耶(二合引)怒竭底(丁以反七十八)苾地耶(二合引)怒散地(七十九)钵唎戍驮你(八十)

无边庄严,此是陀罗尼标释之句。诸菩萨等由是句故,而能随念无量如来所有法藏,亦能为诸有情,开示演说,住无净地,复能随入一切义句理趣善巧,善能了知无量广大差别智觉,随其所愿皆得圆满。

《大宝积经》卷第四

西夏文《大宝积经》

·卷五·

《无边庄严会》“无上陀罗尼品”第一之二整理与研究

内容和版本介绍

《大宝积经》卷五《无边庄严会》是说陀罗尼门的经典，是佛为无边庄严菩萨阐说三品陀罗尼门的一会。"无上陀罗尼品"主要是说无上见地。讲述佛在迦兰陀竹林，无边庄严菩萨为诸菩萨请问微妙法门。佛为宣说应知诸佛的秘密语言、受持、思惟、如理观察。如来所说摄诸善巧，无不清净，这是由于一切法皆是假名言说，不可施设，也没有示现，不住分别，也非不注。

西夏文《大宝积经》卷五"无上陀罗尼品"第一之二，由 1909 年科兹洛夫率领的俄国皇家蒙古四川地理考察队发现于黑水城遗址，现藏于俄罗斯科学院东方文献研究所。据克恰诺夫《西夏佛典目录》记载，该卷在俄藏第一部《大宝积经》中保存，编号为 инв. № 3364。此外，俄藏文献 инв. № 3106 也是第五卷的内容，但不见于克恰诺夫《西夏佛典目录》。инв. № 3106，每折 7 行，行 21 字，现存 51 折，残卷首，原文献经过多次拼接，次序错乱，残卷首至"舍离眼与眼识及所知法"。инв. № 3364，白棉纸，蓝绢护封。写本，经折装，版框高 27.3 厘米，纸幅 34.7 厘米×13 厘米，每折 7 行，行 21 字。现存 5 折，内容为第五卷后部"是名平等了知之智"至卷尾，内容可与 инв.№ 3106 衔接。卷五虽无题款与帙号，但对音用字特征符合西夏仁宗时期的用字原则，应为该时期的校译本。

下面的录文和释读依据 инв.№3106、3364，释读采用逐折、逐行对译的形式，并用数字标明西夏文录文的卷次、原版折面和行次，如 5.1.1，为第五卷第一折第一行。

文本释读

5.1.1

tsjiir1	dźjɨɨr1	ka2	njwi2	phjo2	kar2	mji1	dju1	źjɨr1	bju1	ljij2
法	舍	离	能，	分	别	无	有，	实	依	见
nioow1	gji1	sej1	rjir1	ku1	thja1	bju1	rjur1	tsjiir1	ŋowr2	
故	清	净	得，	则	彼	依	诸	法	一	

……舍离眼与眼识及所知法，无有分别。由如实见得清净故，亦能随念诸法①

5.1.2

ŋowr2	zji2	·wjɨ1	sju2	ljɨr2	njwi2	sjij2	nioow1	sjij2	lew2	gji1
切	皆	幻	如	念	能。	识	及	识	所	清
sej1	neew2	ɣjɨr1	zji2	·jiij1	rjir2	zjɨj1	rjur1	kha1	mji1	
净	善	巧	皆	持	得	时，	世	间	不	

如幻。于能所识清净善巧得总持时，善能摄取不共世间

5.1.3

gu2	wạ2	ljij2	sjij2	ŋur1	ɣjiw1	ɣiwej1	njwi2	ljɨ1	thjɨ2	sju2
共	广	大	智	阴	摄	受	能	也。	此	如
zjɨɨr1	tshjiij1	rjɨr2	njɨ2	phji1	nwə1	lew2	tsjiir1	thow1	lo1	
略	说，	乃	至	意	知	所	法	陀	罗	

广大智蕴②。如是略说，乃至意所知法陀罗

---

① 卷首残。随念诸法，西夏文字面意思是"彼依一切诸法"。
② 智蕴，西夏文字面意思是"智阴"。

5.1.4

[illegible]	[illegible]，	[illegible]	[illegible]	[illegible]	[illegible]	[illegible]	[illegible]	[illegible]，	[illegible]	[illegible]
dźji^{1}	ɣa^{1}	dźiã^{2}	tsjij^{2}	phji^{1}	ŋwu^{2}	tsjiir^{1}	nwə^{1}	tsjij^{2}	nioow^{1}	·jwɨɨ^{1}
尼	门，	菩	萨	意	以	法	知	解，	复	遮
[illegible]①	[illegible]	[illegible]	[illegible]	[illegible]	[illegible]	[illegible]	[illegible]	[illegible]	[illegible]	
t- ^{2}	tj̣i^{2}	mjij^{1}	sjij^{2}	ɣie^{1}	nioow^{1}	ljɨr^{2}	neew^{2}	ɣjɨr^{1}	lhạ^{2}	
覆	可	无	智	力	及	念	善	造	迷	

尼门，菩萨以意了知法已，而由不可映夺智力，及念善巧

5.1.5

[illegible]	[illegible]，	[illegible]	[illegible]	[illegible]	[illegible]	[illegible]	[illegible]	[illegible]	[illegible]	[illegible]
mjɨ̣^{2}	mjij^{1}	ku^{1}	zji^{2}	·jiij^{1}	rjur^{1}	tsjiir^{1}	mji^{1}	·ju^{2}	wee^{1}	dzjar^{2}
忘	无，	则	皆	持	诸	法	不	常	生	灭
[illegible]	[illegible]	[illegible]	[illegible]	[illegible]	[illegible]	[illegible]，	[illegible]	[illegible]	[illegible]	
mji^{1}	djɨj^{2}	sji^{1}	dwər^{1}	ka^{2}	dzjar^{2}	ŋwu^{2}	·u^{2}	phji^{1}	do^{2}	
不	止	尽	厌	离	灭	是，	内	意	处	

不迷忘故，而能总持诸法无常生灭，不住尽厌离灭，于内意处

5.1.6

[illegible]	[illegible]	[illegible]	[illegible]	[illegible]	[illegible]	[illegible]	[illegible]	[illegible]	[illegible]	[illegible]
ɣa^{2}	zji^{2}	·jiij^{1}	no^{2}	dźjiij^{1}	nioow^{1}	ŋa^{2}	ŋa^{2}	njaa^{2}	mji^{1}	zow^{2}
于	皆	持	安	住	复	我	我	非	不	持
[illegible]，	[illegible]	[illegible]	[illegible]	[illegible]	[illegible]	[illegible]	[illegible]	[illegible]	[illegible]	
zjij^{1}	·u^{2}	phji^{1}	sjij^{2}	lj̣i^{2}	dźjiij^{1}	njwi^{2}	mjijr^{2}	neew^{2}	ɣjɨr^{1}	
著，	内	意	识	地	住	能	者	善	造	

安住总持，亦不执着我及非我，善于内住意识地者，

5.1.7

[illegible]	[illegible]	[illegible]	[illegible]	[illegible]	[illegible]	[illegible]	[illegible]	[illegible]	[illegible]。	[illegible]
bioo^{1}	njwi^{2}	tśjɨɨ^{1}	phji^{1}	do^{2}	gji^{1}	sej^{1}	no^{2}	dźjiij^{1}	njwi^{2}	djɨr^{2}

① [illegible]，西夏文字面意思是“遮覆”，与汉文本中的“映夺”对译。

观 能 次 意 处 清 净 安 住 能。 外

[Tangut] [Tangut] [Tangut] [Tangut] [Tangut] [Tangut] [Tangut] [Tangut] [Tangut] [Tangut]

tsjiir¹ do² ɣa² mji¹ ɣjiw¹ ɣiwej¹ ku¹ gji¹ sej¹ thow¹

法 处 于 不 摄 受 则 清 净 陀

随能妙观总持善巧，次善安住意处清净。于外法处不摄受故，

5.2.1

[Tangut] [Tangut] [Tangut] [Tangut] [Tangut]。 [Tangut] [Tangut] [Tangut] [Tangut] [Tangut] [Tangut]

lo¹ dźji¹ ɣa¹ rjir¹ njwi² ·u² djɨr² tsjiir¹ nioow¹ dzjij² tśhiow¹

罗 尼 门 得 能。 内 外 法 又 余 结

[Tangut] [Tangut] [Tangut] [Tangut] [Tangut]， [Tangut] [Tangut] [Tangut] [Tangut] [Tangut]

phjii¹ mji¹ bju¹ śjij¹ ku¹ thja¹ bju¹ sji¹ dwər¹ ka²

令 不 相 应 故， 彼 依 尽 厌 离

能得清净陀罗尼门。由内外法，及余结使不相应故，能随观见，尽厌离

5.2.2

[Tangut] [Tangut] [Tangut] [Tangut]， [Tangut] [Tangut] [Tangut] [Tangut]， [Tangut] [Tangut] [Tangut]

dzjar² bioo¹ ljij² njwi² kheej¹ ljɨ̣¹ tsjɨ¹ mjij¹ kheej¹ ljɨ̣¹ mjij¹

灭 观 见 能， 戏 论 亦 无， 戏 论 无

[Tangut] [Tangut] [Tangut] [Tangut] [Tangut]， [Tangut] [Tangut] [Tangut] [Tangut]， [Tangut]

ku¹ zji² ·jiij¹ neew² ɣjɨr¹ lwow¹ mjij¹ ljɨr² dźjiij¹ tshwew¹

故 总 持 善 造， 安 无 念 住， 趣

灭，不作戏论①；由不戏论总持善巧，住无妄念，

5.2.3

[Tangut] [Tangut] [Tangut] [Tangut] [Tangut] [Tangut]， [Tangut] [Tangut] [Tangut] [Tangut] [Tangut]

dźjɨ⁰ tśiow¹ dzjɨ̣² tśja¹ mji¹ dju¹ tśhjwo¹ phji¹ nioow¹ phji¹ sjij²

行 积 集 道 无 有， 则 意 及 意 识

[Tangut] [Tangut] [Tangut] [Tangut] [Tangut] [Tangut] [Tangut]， [Tangut] [Tangut] [Tangut]

phji¹ nwə¹ lew² tsjiir¹ phjɨ¹ dźjɨɨr¹ njwi² kheej¹ ljɨ̣¹ mji¹

① 不作戏论，西夏文字面意思是“戏论亦无”。

意　知　所　法　舍　离　能，　戏　论　无

无有积集，趣行之道①而能舍离意及意识并所知法，无有戏论，

5.2.4

[illegible]

dju^1　phjo^2　kar^2　mji^1　śjwo^1　źjɨr^1　bju^1　ljij^2　nioow^1　gji^1　sej^1

有，　分　别　不　起，　实　依　见　故，　清　净

[illegible]

rjir^2　ku^1　thja^1　bju^1　rjur^1　tsjiir^1　·wjɨ^1　sju^2　ljɨr^2　njwi^2

得　故，　彼　随　诸　法　幻　如　念　能，

不起分别，以如实见，得清净故，而能随念诸法如幻，

5.2.5

[illegible]

sjij^2　nioow^1　sjij^2　lew^2　gji^1　sej^1　neew^2　ɣjɨr^1　zji^2　·jiij^1　rjir^2

识　及　识　所　清　净　善　造　总　持　得

[illegible]

zjij^1　rjur^1　kha^1　mji^1　gu^2　buu^2　gjij^1　ljo^1　źjɨr^1　ɣjiw^1

时，　世　间　不　共　胜　殊　福　慧　摄

亦能总持于识所识清净善巧，而能摄取不共世间殊胜福慧。

5.2.6

[illegible]

ɣiwej^1　njwi^2　ljɨ^1　nioow^1　thjɨ^2　sju^2　·wjɨ^2　rar^2　mjij^2　ljij^2　mjor^1

受　能　也。　又　此　如　△　去、　将　来、　现

[illegible]

dźjiij^1　nioow^1　rjur^1　·u^2　djɨr^2　tsjiir^1　ŋowr^2　ŋowr^2　kha^1　wo^2

住，　及　诸　内　外　法　一　切　中，　义

又能如是，于去来今②及诸内外一切法中，由随义觉，

---

① 无有积集，趣行之道，西夏文字面意思是“无有趣行积集道”。

② 去来今，西夏文字面意思是“过去、将来、现住”。

5.2.7

□	□	□，	□	□	□	□	□	□	□	□
bju1	dwewr2	nioow1	tśier1	·ju2	neew2	ɣjɨr1	sjij2	ɣie1	ɣjiw1	ɣiwej1
随	觉	故，	方	便	善	造	智	力	摄	受
□，	□	□	□	□	□	□	□	□	□，	
njwi2	zjɨɨr1	zjij1	tsjiir1	ɣa2	·jiw1	mjij1	ljij2	mji1	śjwo1	
能，	些	许	法	于	因	无	见	不	起，	

摄取方便善巧智力，不于少法①起无因见，

5.3.1

□	□	□	□	□	□，	□	□	□	□
·jiw1	ɣa2	nioow1	ljij2	mji1	śjwo1	nioow1	ɣa2	·jiw1	ljij2
因	于	缘	见	不	起，	缘	于	因	见
□	□，	□	□	□	□	□	□	□	□
mji1	śjwo1	rjur1	tsjiir1	ŋowr2	ŋowr2	twụ1	mji1	bju1	śjij1
不	起，	诸	法	一	切	各	不	相	应

而不于因起于缘见，亦不于缘而起因见，了一切法各不相应，

5.3.2

□，	□	□	□	□	□	□	□。	□	□	□
tsjij2	źjɨr1	bju1	rjur1	tsjiir1	mər2	tsjiir2	·o2	thjɨ2	tsjiir1	ŋowr2
了，	实	依	诸	法	本	性	入。	此	法	一
□，	□	□	□	□，	□	□②	□	□，	□	
ŋowr2	mər2	tsjiir2	gji1	sej1	·jij1	gu2	mjij1	sej1	tjij1	
切，	本	性	清	净，	自	共	寂	静，	若	

如实随入诸法本性。此一切法，本性清净，展转寂静。若

5.3.3

□	□	□	□	□	□	□	□	□	□	□③，

---

① 少法，西夏文字面意思是“些许法”。

② □□，西夏文字面意思是“自共”，与汉文本中的“展转”对译，下同。

③ □，西夏文字面意思是“床”，与汉文本中的“持”对译。

tsjiir1 ŋowr2 ŋowr2 ·jij1 gu2 bju1 gji̠2 mə2 dji̠j1 bju1 dźjwi2
法 一 切 自 共 依 止 种 类 依 床，
[illegible]
zji2 ·jiij1 dźjɨ0 wji1 gu2 bju1 śjij1 nioow1 no2 dźjiij1
遍 持 行 为 共 相 应 故， 安 住
一切法展转依持随种类持，由于遍持共相应故，得安住者，

5.3.4

[illegible]
rjir1 ku1 thja1 tsjiir1 gu2 bju1 śjij1 bju1 gji̠2 nioow1 no2
得 故， 彼 法 共 相 应 依 止 故， 安
[illegible]
dźjiij1 rjir1 njaa2 mji1 wee1 mji1 śjwo1 mji1 tsjɨ1 dźiə2
住 得 非； 不 生 不 起 不 亦 转
应知彼法，不由依持共相应故，而得安住①；不生不起而不流

5.3.5

[illegible]②，[illegible]
dźiej2 ŋwuu1 da̠2 ŋwu2 tsjɨ1 rjir1 mjɨ1 njwi2 thja1 wo2 nioow1
轮， 言 语 以 亦 得 不 能。 彼 义 及
[illegible]
tsjiir1 ŋowr2 ŋowr2 twu̠1 dji̠j1 mji1 lew2 mji1 bju1 śjij1
法 一 切， 各 类 不 同， 不 相 应，
转，亦非言说之所能得。彼所有义，一切诸法，各不同分③，非共相应，

5.3.6

[illegible]
mji1 mji1 bju1 śjij1 tsjiir1 ŋowr2 ŋowr2 wji1 mjijr2 mjij1 wji1
不 不 相 应， 法 一 切 作 者 无 作

① 应知彼法，不由依持共相应故，而得安住，西夏文字面意思是“彼法共相应依持故，安住得非”。
② [illegible]，西夏文字面意思是“轮转”，与汉文本中的“流转”对译，下同。
③ 各不同分，西夏本作“各不同类”。

phji^{1} mjijr^{2} mjij^{1} ljɨ^{1} kạ^{1} mjijr^{2} mjij^{1} dźiã^{2} tśhju^{1} mjij^{1}

令 者 无 也。命 者 无，众 生 无，

非不相应；以一切法无有作者令作者故，无有寿者，无有众生，

5.3.7

pu^{1} te^{1} khja^{2} lo^{1} mjij^{1} thjɨ^{2} tja^{1} tsjiir^{1} gjwi^{2} źjɨr^{1} bju^{1}

补 特 伽 罗 无。此 者 法 句，实 依

njaa^{2} mji^{1} źjɨr^{1} bju^{1} njaa^{2} tshjiij^{1} rjur^{1} tsjiir^{1} ŋowr^{2} ŋowr^{2}

非，不 实 依 非 说，诸 法 一 切

无补特伽罗①。此说法句，非如其实，非不如实，一切诸法

5.4.1

mji^{1} ɣjiw^{1} ɣiwej^{1} ku^{1} djiij^{2} phã^{1} rjir^{2} thwuu^{1} zow^{2} zjij^{1} mji^{1}

不 摄 受 故，涅 槃 与 同。持 著 无

dju^{1} zow^{2} zjij^{1} tjij^{1} phja^{1} zow^{2} zjij^{1} khwa^{1} ka^{2} bju^{2}

有，持 著 灭 断，持 著 远 离。边

不摄受故，同于涅槃。无有执着，断于执着，远离执着。无边

5.4.2

mjij^{1} ljuu^{2} tshjij^{2} dźiã^{2} tsjij^{2} thjɨ^{2} tja^{1} dźiã^{2} tsjij^{2} ·jij^{1} thow^{1}

无 庄 严 菩 萨，此 者 菩 萨 之 陀

lo^{1} dźji^{1} do^{2} pha^{1} neew^{2} ɣjɨr^{1} nẹ^{1} tshjiij^{1} ŋwu^{2} ·u^{2}

罗 尼 差 异 善 造 宣 说 是，内

① 补特伽罗，梵文原词 Pudgala。旧译曰“人”或“众生”，新译曰“数取趣”。玄应《一切经音义》卷一曰：“福伽罗，经论中或作富伽罗，或作富特伽耶。旧译云人。应云补特伽罗，此云数取趣也，言数数往来诸趣也。”

庄严,此是诸菩萨演说陀罗尼差别善巧。如内

5.4.3

[illegible]	[illegible]	[illegible]，	[illegible]	[illegible]	[illegible]	[illegible]	[illegible]	[illegible]	[illegible]。	[illegible]
djɨr²	tsjiir¹	bju¹	tsjiir¹	ŋowr²	ŋowr²	ɣa²	nwə¹	tsjij²	lew²	thjɨ²
外	法	依，	法	一	切	于	知	解	应。	此
[illegible]	[illegible]	[illegible]，	[illegible]	[illegible]	[illegible]	[illegible]	[illegible]	[illegible]	[illegible]	
sju²	tshjiij¹	zjịj¹	thja¹	rjur¹	dźiã²	tsjij²	·u²	gjwi²	phjɨ¹	
如	说	时，	彼	诸	菩	萨	内	句	离	

外法,于一切法应当了知。如是说时,彼诸菩萨舍离内句,

5.4.4

[illegible]，	[illegible]	[illegible]	[illegible]	[illegible]，	[illegible]	[illegible]	[illegible]	[illegible]，	[illegible]	[illegible]①
dźjɨɨr¹	djɨr²	tsjɨ¹	mji¹	lhjwi¹	nioow¹	bioo¹	thjuu¹	njwi²	ɣu¹	mjiij²
舍，	外	亦	不	取，	又	观	察	能，	首	尾
[illegible]	[illegible]，	[illegible]	[illegible]	[illegible]	[illegible]，	[illegible]	[illegible]	[illegible]，	[illegible]	
mjij¹	ŋwu²	lhji²	wee¹	dźiej²	bju¹	rjur¹	kha¹	lja¹	bju¹	
无	以，	死	生	轮	依，	世	间	来，	明	

亦不取外,及能观察无有始终,乘生死轮堕在世间,

5.4.5

[illegible]	[illegible]	[illegible]，	[illegible]	[illegible]	[illegible]	[illegible]	[illegible]，	[illegible]	[illegible]②	[illegible]
mjij¹	·jɨj²	·o²	bju¹	mjij¹	tew¹	·u²	ljị¹	rjur¹	rjur¹	dźiə²
无	室	入，	明	无	卵	中	堕，	诸	诸	转
[illegible]，	[illegible]	[illegible]	[illegible]	[illegible]	[illegible]	[illegible]	[illegible]	[illegible]，	[illegible]	
dźiej²	thjɨ²	sju²	lhji²	wee¹	kha¹	kjɨ¹	dźiə²	dźiej²	thja²	
轮，	此	如	死	生	中	虽	转	轮，	彼	

入无明室,处无明㲉,周遍流转。彼虽如是生死轮转,

5.4.6

[illegible]	[illegible]	[illegible]	[illegible]	[illegible]	[illegible]，	[illegible]	[illegible]	[illegible]	[illegible]	[illegible]

① [illegible],西夏文字面意思是“首尾”,与汉文本中的“始终”对译。

② [illegible],西夏文字面意思是“诸诸”,与汉文本中的“周遍”对译。

kha^{1} lhji^{2} wee^{1} rjir^{1} tjị^{2} mjij^{1} nioow^{1} źjɨr^{1} ɣiej^{1} lhji^{2} wee^{1}

中 死 生 得 可 无， 又 实 真 死 生

[illegible]

dźiej^{2} tsjɨ^{1} mjij^{1} lhji^{2} wee^{1} dźiə^{2} dźiej^{2} rjur^{1} kięj^{2} kha^{1}

轮 亦 无， 死 生 转 轮 世 界 中

于中亦无生死可得，亦无真实生死之轮，虽复随顺生死轮转，

5.4.7

[illegible]

ljị^{1} thja^{2} kha^{1} rjir^{1} lew^{2} kjɨ^{1} dju^{1} sju^{2} rjur^{1} dźiã^{2} tśhju^{1}

堕， 彼 中 得 应 △ 有 如。 诸 众 生

[illegible]

njɨ^{2} rjur^{1} tsjiir^{1} nwə^{1} tsjij^{2} mjɨ^{1} njwi^{2} ku^{1} tśhjwo^{1} lhji^{2}

等， 诸 法 知 解 不 能 故， 则 死

堕在世间于中可得①。然诸众生，不能了知此诸法故，

5.5.1

[illegible]

wee^{1} kha^{1} kheej^{1} dźjij^{1} ljwị^{1} ljwị^{1} zji^{2} do^{2} dźjij^{1} daa^{2} nioow^{1}

生 中， 游 行 奔 跑， 遍 处 行 走， 又

[illegible]

tshọ^{2} lạ^{1} tśhjɨɨ^{2} tśhjuu^{2} mji^{1} tsjij^{2} nioow^{1} ku^{1} dźiã^{2} tśhju^{1}

虚 诳 颠 倒 不 解 故， 则 众 生

于生死中，游行驰走，周遍②驰走，又不能了虚妄颠倒；于非众生

5.5.2

[illegible]

njaa^{2} ɣa^{2} dźiã^{2} tśhju^{1} sjiij^{2} śjwo^{1} tjij^{1} dźiã^{2} tśhju^{1} sjiij^{2} rjɨr^{2}

非 于， 众 生 想 生， 若 众 生 想 △

[illegible]

① 虽复随顺生死轮转，堕在世间于中可得，西夏文字面意思是“虽有如生死轮转，堕世界之间，彼中可得”。

② 周遍，西夏文字面意思是“皆处”。

phej^{1}	tśjɨɨr^{2}	ku^{1}	thja^{1}	rjur^{1}	tsjiir^{1}	ɣa^{2}	nwə^{1}	tsjij^{2}	mjɨ^{1}
系	缚,	则	彼	诸	法	于	知	解	不

起众生想,若众生想所系缚者,彼于诸法不能了知,

5.5.3

[illegible],	[illegible]	[illegible]	[illegible]	[illegible]	[illegible]	[illegible]	[illegible]	[illegible],
njwi^{2}	ŋwo^{2}	ljiij^{2}	zji^{2}	ŋwo^{2}	ljiij^{2}	tsjiir^{1}	kha^{1}	ljɨ^{1}
能,	破	坏	最	破	坏	法	中	堕,
[illegible]	[illegible]	[illegible]	[illegible]	[illegible]	[illegible]	[illegible]	[illegible]	[illegible]。
tshọ^{2}	lạ^{1}	zow^{2}	zjịj^{1}	·jij^{1}	zow^{2}	lew^{2}	we^{2}	ljɨ^{1}
虚	诳	持	著	之	持	所	为	也。

随入破坏极破坏法,为虚空执之所执着。

汉文本

……

舍离眼与眼识及所知法,无有分别。由如实见得清净故,亦能随念诸法如幻。于能所识清净善巧得总持时,善能摄取不共世间广大智蕴。如是略说,乃至意所知法陀罗尼门,菩萨以意了知法已,而由不可映夺智力,及念善巧不迷忘故,而能总持诸法无常生灭,不住尽厌离灭,于内意处安住总持,亦不执着我及非我,善于内住意识地者,随能妙观总持善巧,次善安住意处清净。于外法处不摄受故,能得清净陀罗尼门。由内外法,及余结使不相应故,能随观见,尽厌离灭,不作戏论;由不戏论总持善巧,住无妄念,无有积集,趣行之道而能舍离意及意识并所知法,无有戏论,不起分别,以如实见,得清净故,而能随念诸法如幻,亦能总持于识所识清净善巧,而能摄取不共世间殊胜福慧。又能如是,于去来今及诸内外一切法中,由随义觉,摄取方便善巧智力,不于少法起无因见,而不于因起于缘见,亦不于缘而起因见,了一切法各不相应,如实随入诸法本性。此一切法,本性清净,展转寂静。若一切法展转依持随种类持,由于遍持共相应故,得安住者,应知彼法,不由依持共相应故,而得安住;不生不起而不流转,亦非言说之所能得。彼所有义,一切诸法,各不同分,非共相应,非不相应;以一切法无有作者令作者故,无有寿者,无有众生,无补特伽罗。此说法句,非如其实,非不如实,一切诸法不摄受故,同于涅槃。无有执着,断于执着,远离执着。

无边庄严,此是诸菩萨演说陀罗尼差别善巧。如内外法,于一切法应当了知。如是说时,彼诸菩萨舍离内句,亦不取外,及能观察无有始终,乘生死轮堕在世间,入无明室,处无明瞉,周遍流转。彼虽如是生死轮转,于中亦无生死可得,亦无真实生死之轮,虽复随顺生死轮转,堕在世间于中可得。然诸众生,不能了知此诸法故,于生死中,游行驰走,周遍驰走,又不能了虚妄颠倒;于非众生起众生想,若众生想所系缚者,彼于诸法不能了知,随入破坏极破坏法,为虚空执之所执着。

5.5.4

[illegible]	[illegible]	[illegible]	[illegible]	[illegible]	[illegible]	[illegible]	[illegible]	[illegible]：	[illegible]	[illegible]
tha^{1}	bju^{2}	mjij^{1}	ljuu^{2}	tshjịj^{2}	tshjɨ^{1}	tsjij^{2}	·jij^{1}	·jɨ^{2}	tjij^{1}	rjur^{1}
佛	边	无	庄	严	菩	萨	之	谓：	若	诸
[illegible]	[illegible]	[illegible]	[illegible]	[illegible]	[illegible]	[illegible]	[illegible]，	[illegible]	[illegible]	
tshjɨ^{1}	tsjij^{2}	thjɨ^{2}	tsjiir^{1}	kha^{1}	tśjɨ^{1}	tsjij^{2}	njwi^{2}	ku^{1}	tśhjɨ^{2}	
菩	萨	此	法	中	了	解	能，	则	立	

佛告无边庄严：若诸菩萨，于此法中能解了者，

5.5.5

[illegible]	[illegible]	[illegible]	[illegible]	[illegible]	[illegible]	[illegible]，	[illegible]	[illegible]、	[illegible]	[illegible]
rjar^{2}	sjịj^{2}	źjɨr^{1}	bji^{1}	swew^{1}	lhjụ^{2}	rjir^{1}	tsjiir^{1}	ɣa^{1}	nwə^{0}	ŋwo^{2}
即	智	慧	光	明	获	得，	法	门、	辩	才
[illegible]	[illegible]	[illegible]，	[illegible]	[illegible]	[illegible]	[illegible]，	[illegible]	[illegible]	[illegible]	
gji^{1}	sej^{1}	ljạ^{1}	pjo^{1}	zeew^{2}	djọ^{2}	dzjɨɨ^{2}	·jɨr^{2}	khu^{1}	dźjij^{1}	
清	净	证，	辱	忍	修	习，	勤	进	精	

速疾获得智慧光明；随证法门，辩才清净①，修习忍辱，而能精勤；

5.5.6

[illegible]，	[illegible]	[illegible]	[illegible]	[illegible]，	[illegible]	[illegible]	[illegible]	[illegible]，	[illegible]	[illegible]
ŋwu^{2}	ljịj^{2}	njij^{2}	wjuu^{1}	śjwo^{1}	njiij^{1}	low^{2}	ljịj^{1}	mjij^{1}	dwuu^{2}	rjɨj^{2}
以，	大	慈	悲	发，	心	懈	怠	无，	秘	密
[illegible]	[illegible]	[illegible]	[illegible]，	[illegible]	[illegible]	[illegible]	[illegible]，	[illegible]	[illegible]	
ŋwuu^{1}	dạ^{2}	dźjiij^{1}	njwi^{2}	tśier^{1}	·ju^{2}	nẹ^{1}	tshjiij^{1}	nioow^{1}	rjur^{1}	
言	语	住	能，	方	便	宣	说，	又	诸	

起大慈悲，志无懈倦②，善能安住，秘密言词③，演说方便，

5.5.7

[illegible]	[illegible]	[illegible]	[illegible]	[illegible]	[illegible]	[illegible]	[illegible]	[illegible]	[illegible]	[illegible]

① 随证法门，辩才清净，西夏文字面意思是“证法门、辩才、清净”。

② 志无懈倦，西夏文字面意思是“心无懈怠”。

③ 善能安住，秘密言词，西夏文字面意思是“能住秘密言辞”。

tsjiir^{1}	ŋowr^{2}	ŋowr^{2}	do^{2}	mjiij^{2}	do^{2}	pha^{1}	zji^{2}	buu^{2}	ŋwuu^{1}	dạ^{2}
法	一	切	异	名	差	异	最	胜	言	语
[illegible]	[illegible]，	[illegible]	[illegible]	[illegible]	[illegible]，	[illegible]	[illegible]	[illegible]	[illegible]	[illegible]
tsjij^{2}	njwi^{2}	njwo^{2}	zjọ^{2}	dźjiij^{1}	tjị^{2}	sjwɨ^{1}	ljɨr^{2}	zji^{2}	·jow^{2}	tshjiij^{1}
解	能，	昔	世	住	处，	思	念	皆	赞	说

亦能了知一切诸法异名差别；最胜语言，随所忆念，往昔住处①，能善赞说，

5.6.1

[illegible]，	[illegible]	[illegible]②	[illegible]	[illegible]，	[illegible]	[illegible]	[illegible]	[illegible]	[illegible]	[illegible]
njwi^{2}	dzji^{1}	dạ^{2}	mji^{1}	dju^{1}	rjur^{1}	dźiã^{2}	tśhju^{1}	dzeej^{1}	mjij^{1}	dźjiij^{1}
能，	错	误	不	有，	诸	众	生	争	无	住
[illegible]，	[illegible]	[illegible]③	[illegible]	[illegible]	[illegible]	[illegible]	[illegible]	[illegible]	[illegible]。	
phji^{1}	tśja^{1}	nioow^{1}	·jij^{1}	rjur^{1}	ljị^{1}	ŋowr^{2}	ŋowr^{2}	ljiij^{2}	njwi^{2}	
令，	道	又	之	诸	论	一	切	坏	能。	

无少相违；令诸众生住无诤论，能坏一切外道诸论，

5.6.2

[illegible]	[illegible]	[illegible]	[illegible]	[illegible]	[illegible]	[illegible]	[illegible]，	[illegible]	[illegible]
dźiã^{2}	tśhju^{1}	·jij^{1}	rjur^{1}	na^{1}	njaa^{1}	go^{2}	nioow^{1}	tsjiir^{1}	nẹ^{1}
众	生	之	诸	暗	冥	除	故，	法	宣
[illegible]	[illegible]，	[illegible]	[illegible]	[illegible]	[illegible]	[illegible]	[illegible]	[illegible]	[illegible]
tshjiij^{1}	zjịj^{1}	śja^{1}	rjijr^{2}	mjɨ^{1}	pjụ^{1}	rjur^{1}	kiẹj^{2}	·u^{2}	rjur^{1}
说	时，	十	方	无	量	世	界	中	诸

为破众生诸黑暗故；宣说法时，而为十方无量世界诸

5.6.3

[illegible]	[illegible]	[illegible]	[illegible]	[illegible]	[illegible]	[illegible]	[illegible]，	[illegible]	[illegible]	[illegible]
tha^{1}	mjor^{1}	ljịj^{2}	·jij^{1}	·jow^{2}	śja^{2}	lew^{2}	we^{2}	tsjiir^{1}	bji^{1}	swew^{1}
佛	如	来	之	赞	叹	应	为，	法	光	明

① 随所忆念，往昔住处，西夏文字面意思是“往昔住处忆念”。

② [illegible]，西夏文字面意思是“错误”，与汉文本中的“相违”对译。

③ “[illegible]”疑为“[illegible]”之讹误。

[illegible]，	[illegible]	[illegible]	[illegible]	[illegible]	[illegible]	[illegible]	[illegible]	[illegible]。	[illegible]	[illegible]
wjạ2	seew2	tshjiij1	tjị2	mjij1	tsjiir1	mjii1	·wə1	wji1	rjur1	tha1
放，	思	议	可	不	法	施	主	为。	诸	佛

佛如来之所称叹；放法光明，作不思议法之施主；

5.6.4

[illegible]	[illegible]	[illegible]	[illegible]	[illegible]，	[illegible]	[illegible]	[illegible]	[illegible]，	[illegible]	[illegible]
tsjiir1	·ụ2	phie2	neej2	njwi2	lhạ2	ljɨ̣j1	mji1	dju1	nioow1	buu2
法	藏	开	示	能，	迷	惑	无	有，	又	胜
[illegible]	[illegible]	[illegible]	[illegible]	[illegible]	[illegible]，	[illegible]	[illegible]	[illegible]	[illegible]	[illegible]
gjij1	ljịj2	tjị1	ɣjiw1	ɣiwej1	njwi2	thja1	kjɨ1	tjị1	bju1	zji2
殊	大	愿	摄	受	能，	彼	△	愿	依	皆

善能开示诸佛法藏，无有迷惑，及能摄取殊胜大愿，如其所愿

5.6.5

[illegible]	[illegible]	[illegible]。	[illegible]	[illegible]	[illegible]	[illegible]，	[illegible]	[illegible]	[illegible]	[illegible]
sə1	lhə0	phji1	seew2	tshjiij1	tjị2	mjij1	tśier1	·ju2	neew2	ɣjɨr1
满	足	令。	思	议	可	不，	方	便	善	造
[illegible]，	[illegible]	[illegible]	[illegible]	[illegible]	[illegible]	[illegible]	[illegible]	[illegible]	[illegible]。	
rjir1	rjur1	dźiã2	tśhju1	·jij1	phji1	bju1	gu1	śjwo1	phji1	
得，	诸	众	生	之	意	依	发	生	令。	

皆令满足；得不思议方便善巧，令诸众生意乐开发①；

5.6.6

[illegible]	[illegible]	[illegible]	[illegible]	[illegible]	[illegible]	[illegible]②，	[illegible]	[illegible]	[illegible]	[illegible]
nioow1	śji1	kụ1	zjọ2	·jiw1	dzju1	neej2	nioow1	·wjɨ2	rar2	mjij2
又	先	后	世	因	教	指，	又	△	去	将
[illegible]	[illegible]	[illegible]	[illegible]	[illegible]	[illegible]	[illegible]	[illegible]	[illegible]。	[illegible]	
ljịj2	tśier1	·ju2	tsjɨ1	dzju1	neej2	ljij2	phji1	njwi2	bju2	
来	方	便	亦	教	指	见	令	能。	边	

---

① 意乐开发，西夏文字面意思是“随意发生”。

② [illegible]，西夏文字面意思是“指教”，与汉文本中的“示现”对译，下同。

及能示现前后际因,亦能示现去来①方便。

5.6.7

[illegible]

mjij1 ljuu2 tshjịj2 dźiã2 tsjij2 thjɨ2 kha1 dźiã2 tsjij2 gu1 śjwo1

无 庄 严 菩 萨， 此 中 菩 萨 发 生

[illegible]

sji2 sã1 mej2 thji2 ɣa1 bju1 ·jɨr2 djọ2 dzjɨɨ2 lew2

△ 三 摩 地 门 依， 勤 修 习 应。

无边庄严,是中菩萨,于能发起三摩地门,应勤修习。

5.7.1

[illegible]

djọ2 dzjɨɨ2 dźjwa1 nioow1 thow1 lo1 dźji1 ɣa1 ljạ1 ·o2 njwi2

修 习 毕， 又 陀 罗 尼 门 证 入 能。

[illegible]

thow1 lo1 dźji1 ɣa1 ·jij1 dzju2 rjir2 nioow1 rjur1 dwuu2

陀 罗 尼 门 自 在 得， 又 诸 秘

既修习已,而能证入陀罗尼门。于陀罗尼门得自在已,于诸秘

5.7.2

[illegible]

rjɨj2 wạ2 ljịj2 do2 mjiij2 nẹ1 tshjiij1 njwi2 nioow1 do2 mjiij2

密 广 大 异 名 宣 说 能， 又 异 名

[illegible]

sjij2 ·o2 njwi2 zji2 na1 wo2 tshwew1 śjij1 wji1 ·o2

智 入 能， 最 深 理 趣 顺 为 入

密广大异名,而能演说,及能入于异名之智,能随顺入甚深理趣,

5.7.3

[illegible]

① 去来,西夏文字面意思是“过去将来”。

njwi^{2} ŋwuu^{1} dạ^{2} wjị^{2} śja^{2} zji^{2} nwə^{1} tsjij^{2} njwi^{2} zjɨɨr^{1} zjịj^{1}

能， 言 语 示 现 皆 知 解 能， 少 许

[illegible]

tsjiir^{1} do^{2} ·jiw^{2} njiij^{1} mji^{1} śjwo^{1} mjɨ^{1} ɣa^{2} mji^{1} rjijr^{2}

法 处 疑 心 不 发， 他 于 不 依，

善能了知言说示现，令无少处而生疑惑①，

5.7.4

[illegible]

zeew^{2} ljị^{2} dźjiij^{1} njwi^{2} ljɨ^{1} bju^{2} mjij^{1} ljuu^{2} tshjịj^{2} dźiā^{2} tsjij^{2}

忍 地 住 能 也。 边 无 庄 严 菩 萨，

[illegible]

tjij^{1} rjur^{1} dźiā^{2} tsjij^{2} rjur^{1} dźiā^{2} tśhju^{1} ·jij^{1} njij^{2} śjow^{1}

若 诸 菩 萨 诸 众 生 之 慈 悲

不由他教住于忍地。无边庄严，若诸菩萨

5.7.5

[illegible]

nioow^{1} kjir^{1} ·jiw^{2} khu^{1} dźjij^{1} gu^{1} śjwo^{1} rjur^{1} tsjiir^{1} sjij^{2} kjụ^{1}

故， 勇 士 进 精 发 生， 诸 法 智 求

[illegible]

ljạ^{1} ·o^{2} mjijr^{2} dar^{1} dzjij^{2} ·ụ^{2} ŋowr^{2} ŋowr^{2} mji^{1} śjɨj^{1} ·jiw^{2}

证 入 通 达， 余 乘 一 切 不 成 就

能善发起勇猛精进，为欲哀愍诸众生故，求诸法智证入通达，无有余乘而不成就，

5.7.6

[illegible]

mjij^{1} tha^{1} ljij^{2} sjij^{2} rjir^{1} rjur^{1} kha^{1} sjij^{2} ŋowr^{2} ŋowr^{2} su^{1}

无， 佛 大 智 得， 世 间 智 一 切 如

[illegible]

① 令无少处而生疑惑，西夏文字面意思是“少许法处，疑惑不生”。

② [illegible]，西夏文字面意思是“勇士”，与汉文本中的“勇猛”对译。

gjiij^1	dzjịj^1	ŋowr^2	ŋowr^2	sjịj^2	sjịj^2	zji^2	dźjwa^1	gji^1	sej^1
超	过，	一	切	智	智，	究	竟	清	净

得佛大智，超过一切世间之智，究竟清净，一切智智，未足

5.7.7

[illegible]	[illegible]。	[illegible]	[illegible]	[illegible]	[illegible]	[illegible]	[illegible]，	[illegible]	[illegible]	[illegible]
mji^1	gie^1	bju^2	mjij^1	ljuu^2	tshjịj^2	dźiã^2	tsjij^2	thjɨ^2	rjɨr^2	tshjiij^1
不	难。	边	无	庄	严	菩	萨，	此	△	说
[illegible]	[illegible]	[illegible]	[illegible]	[illegible]	[illegible]	[illegible]	[illegible]	[illegible]	[illegible]	
thow^1	lo^1	dźji^1	ɣa^1	zji^2	na^1	tśier^1	·ju^2	tsjiir^1	tjij^1	
陀	罗	尼	门	最	深	方	便	法	品	

为难①。无边庄严，于此演说陀罗尼门甚深方便法品之中，

5.8.1

[illegible]，	[illegible]	[illegible]	[illegible]	[illegible]	[illegible]	[illegible]	[illegible]	[illegible]	[illegible]	[illegible]
kha^1	tsjiir^1	ŋowr^2	ŋowr^2	tja^1	rjur^1	dźiã^2	tsjij^2	·jij^1	ɣjiw^1	ɣiwej^1
中，	法	一	切	者	诸	菩	萨	之	摄	受
[illegible]	[illegible]，	[illegible]	[illegible]	[illegible]	[illegible]，	[illegible]	[illegible]	[illegible]	[illegible]，	
kiẹj^2	nioow^1	phie^2	neej^2	gu^1	śjwo^1	ŋa^2	sjij^1	tshjiij^1	ŋwu^2	
欲	故，	开	示	发	生，	我	今	说	以，	

所有诸法②，为欲摄取诸菩萨故，开示发起，我今当说，

5.8.2

[illegible]	[illegible]	[illegible]	[illegible]	[illegible]	[illegible]	[illegible]	[illegible]	[illegible]	[illegible]	[illegible]
rjur^1	dźiã^2	tsjij^2	·jij^1	to^2	zji^2	tśjɨ^1	tsjij^2	dwuu^2	rjɨj^2	tsjiir^1
诸	菩	萨	之	尽	皆	醒	悟	秘	密	法
[illegible]	[illegible]	[illegible]	[illegible]	[illegible]	[illegible]。	[illegible]	[illegible]	[illegible]	[illegible]，	
dạ^2	ɣjiw^1	ɣiwej^1	njwi^2	phjo^2	ŋa^2	rjɨr^2	wji^1	wji^1	tja^1	
言	摄	受	能	令	我。	所	为	为	者，	

① 未足为难，西夏文字面意思是“不难”。

② 所有诸法，西夏文字面意思是“一切法者”。

令诸菩萨普遍开悟，善能摄取秘密言教。凡有所作①，

5.8.3

[illegible]	[illegible]	[illegible]	[illegible]	[illegible]	[illegible]	[illegible]	[illegible]	[illegible]	[illegible]	[illegible]，
zji^{2}	ŋwuu^{1}	dạ^{2}	mə^{2}	ɣiẹ^{2}	wo^{2}	ŋowr^{2}	ŋowr^{2}	nwə^{1}	tsjij^{2}	njwi^{2}
皆	言	语	声	音	义	一	切	知	解	能，
[illegible]	[illegible]	[illegible]	[illegible]	[illegible]	[illegible]	[illegible]	[illegible]	[illegible]	[illegible]	
nioow^{1}	do^{2}	pha^{1}	dwewr^{2}	źjɨr^{1}	neew^{2}	ɣjɨr^{1}	sjịj^{2}	do^{2}	·o^{2}	
又	差	异	觉	慧	善	造	智	处	入	

皆能了知一切语言音声之义，复能证入差别觉慧善巧之智，

5.8.4

[illegible]。	[illegible]	[illegible]	[illegible]	[illegible]	[illegible]	[illegible]，	[illegible]	[illegible]	[illegible]	[illegible]
njwi^{2}	bju^{2}	mjij^{1}	ljuu^{2}	tshjịj^{2}	dźiā^{2}	tsjij^{2}	wa^{2}	sju^{2}	tsjiir^{1}	tja^{1}
能。	边	无	庄	严	菩	萨，	何	如	法	者
[illegible]	[illegible]	[illegible]	[illegible]？	[illegible]	[illegible]	[illegible]	[illegible]	[illegible]	[illegible]	
thja^{2}	·jij^{1}	tsjiir^{1}	ŋwu^{2}	thja^{1}	rjur^{1}	dźiā^{2}	tsjij^{2}	kie^{1}	sej^{1}	
彼	之	法	是？	彼	诸	菩	萨	戒	净	

何者是彼所有之法？无边庄严，是诸菩萨具净尸罗②，

5.8.5

[illegible]	[illegible]，	[illegible]	[illegible]	[illegible]	[illegible]	[illegible]	[illegible]	[illegible]	[illegible]，	[illegible]
ŋowr^{2}	lhə^{0}	źjɨr^{1}	dźjar^{2}	·wụ^{2}	bjij^{2}	ɣie^{1}	no^{2}	dźjiij^{1}	nioow^{1}	tśhjwo^{1}
具	足，	实	谛	资	助	力	安	住	故，	则
[illegible]	[illegible]	[illegible]	[illegible]	[illegible]	[illegible]	[illegible]，	[illegible]	[illegible]	[illegible]	[illegible]
zji^{1}	mjii^{1}	tśier^{1}	·ju^{2}	lhu^{1}	dzja^{1}	njwi^{2}	ŋa^{2}	·jij^{1}	mjij^{1}	ɣjiw^{1}
布	施	方	便	增	长	能，	我	之	无	摄

安住实谛加持之力，则能增长布施方便，求无我所，无摄

5.8.6

[illegible]	[illegible]	[illegible]	[illegible]，	[illegible]	[illegible]	[illegible]	[illegible]，	[illegible]	[illegible]	[illegible]

① 凡有所作，西夏文字面意思是"所作为者"。

② 具净尸罗，西夏文字面意思是"净戒具足"。尸罗，音译梵文śila，意译曰戒。

ɣiwej^{1} mjij^{1} tsjiir^{1} kjṵ^{1} tśier^{1} ·ju^{2} djọ^{2} dzjɨɨ^{2} tsjiir^{1} ŋowr^{2} ŋowr^{2}

受 无 法 求， 方 便 修 习， 法 一 切

[illegible]

źjɨr^{1} ɣiej^{1} wo^{2} tshwew^{1} ljạ^{1} mji^{1} lhjwo^{1} tsjiir^{1} rjir^{1} nioow^{1}

实 真 理 趣 证， 不 退 法 得， 又

受法①，修习方便，证一切法真实理趣，得不退法，及

5.8.7

[illegible]

mji^{1} lhjii^{1} lhjwo^{1} ljɨ^{2} no^{2} dźjiij^{1} njwi^{2} dzjɨr^{1} bow^{2} ɣiẹ^{2} mjij^{1}

不 悔 转 地 安 住 能， 迅 速 碍 无

[illegible]

nwə^{0} ŋwo^{2} ŋowr^{2} lhə^{0} sjịj^{2} źjɨr^{1} dzja^{1} ljịj^{1} ljịj^{2} ŋjow^{2}

辩 才 具 足， 智 慧 长 益， 大 海

善安住不退转地，速疾具足无碍辩才，智慧增广，犹如大海。

5.9.1

[illegible]

wjɨ^{2} sju^{2} bju^{2} mjij^{1} ljuu^{2} tshjịj^{2} dźiã^{2} tsjij^{2} kụ^{1} lja^{1} zjọ^{2}

△ 如。 边 无 庄 严 菩 萨， 后 来 世

[illegible]

ɣa^{2} dzjij^{2} dzjwo^{2} thjɨ^{2} tsjiir^{1} ɣiwej^{1} ·jiij^{1} dzjwị^{1} lhejr^{2} mjɨ^{1} njwi^{2}

于， 余 人 此 法 受 持 恭 敬 不 能，

无边庄严，当于后时②，无有余人，颇能恭敬受持此法③，

5.9.2

[illegible]

lew^{1} dźiã^{2} tsjij^{2} zji^{2} na^{1} źjɨr^{1} ɣiej^{1} tsjiir^{1} kjṵ^{1} mjijr^{2} mjor^{1}

惟 菩 萨 最 深 实 真 法 求 者， 如

① 求无我所，无摄受法，西夏文字面意思是“求无我无摄受法”。
② 当于后时，西夏文字面意思是“于后来世”。
③ 无有余人，颇能恭敬受持此法，西夏文字面意思是“余人此法受持恭敬不能”。

ljij² ·jij¹ tsjiir¹ ·ụ² phie² neej², buu² gjij¹ njiij¹ kjṳ¹

来 之 法 藏 开 示， 胜 殊 心 求

惟除菩萨，希求甚深如实法者，为欲开示如来法藏，

5.9.3

dzu¹ mjijr², njiij¹ phji¹ ·wəə¹ neew² tśhja² sjwɨ¹ sjiij² mjijr², thja¹

爱 者， 心 意 调 善 正 思 惟 者， 彼

njɨ² thjɨ² zji² na¹ tsjiir¹ kha¹, khu¹ dźjij¹ djọ² ɣiew¹,

等 此 最 深 法 中， 进 精 修 学，

希求乐欲增上心者，调善意乐正思惟者。彼等于此甚深法中，精勤修学

5.9.4

thjɨ² wo² tshwew¹ tsjij² do² mjiij² nẹ¹ tshjiij¹ nwə¹ tsjij², nioow¹

此 理 趣 解 异 名 宣 说 知 解， 又

rjur¹ tsjiir¹ ŋowr² ŋowr² ·jij¹ tsjiir² mər² tsjiir² nwə¹ tsjij²

诸 法 一 切 自 性 本 性 知 解

入此理趣，则能了知异名演说，亦能了知一切诸法自性本性。

5.9.5

njwi² ljɨ¹。 bju² mjij¹ ljuu² tshjij² dźiã² tsjij², tjɨ¹ tjij¹ mjor¹

能 也。 边 无 庄 严 菩 萨， 假 若 如

ljij² mə² mə² mjiij² ŋwu², rjur¹ tsjiir¹ nẹ¹ tshjiij¹, tsjɨ¹ thja¹

来 种 种 名 以， 诸 法 宣 说， 亦 彼

无边庄严，假使如来以种种名，演说诸法，

5.9.6

[illegible]	[illegible]	[illegible]	[illegible]	[illegible]	[illegible]	[illegible]	[illegible]	[illegible]	[illegible]	[illegible]
rjur^{1}	tsjiir^{1}	·jij^{1}	mər^{2}	tsjiir^{2}	·jij^{1}	tsjiir^{2}	rjir^{2}	dźjwɨ^{1}	ljwu^{1}	nu^{1}
诸	法	之	本	性	自	性	与	相	违	背
[illegible]。	[illegible]	[illegible]	[illegible]	[illegible]	[illegible]	[illegible]	[illegible]	[illegible]	[illegible]	[illegible]
ljɨ^{1}	mjor^{1}	ljij^{2}	rjur^{1}	tsjiir^{1}	mər^{2}	tsjiir^{2}	mji^{1}	ljwu^{1}	nu^{1}	tsjiir^{1}
也。	如	来	诸	法	本	性	不	违	背	法

然于诸法本性自性亦不相违①。如来开示诸法本性不相违法，

5.9.7

[illegible]	[illegible]，	[illegible]	[illegible]	[illegible]	[illegible]	[illegible]	[illegible]	[illegible]，	[illegible]	[illegible]
phie^{2}	neej^{2}	tsjiir^{1}	ŋowr^{2}	ŋowr^{2}	wji^{1}	ɣjɨr^{1}	mjij^{1}	tshjiij^{1}	rjɨr^{2}	tshjiij^{1}
开	示，	法	一	切	作	造	无	说，	所	说
[illegible]，	[illegible]	[illegible]	[illegible]	[illegible]	[illegible]	[illegible]	[illegible]。			
tja^{1}	tshjiij^{1}	lew^{2}	nioow^{1}	tshjiij^{1}	mjijr^{2}	zjɨ^{2}	mjij^{1}			
者，	说	应	及	说	者	俱	无。			

说一切法无所造作，凡所演说，无有所说，及能说者②。

汉文本

佛告无边庄严：若诸菩萨，于此法中能解了者，速疾获得智慧光明；随证法门，辩才清净，修习忍辱，而能精勤；起大慈悲，志无懈倦，善能安住，秘密言词，演说方便，亦能了知一切诸法异名差别；最胜语言，随所忆念，往昔住处，能善赞说，无少相违；令诸众生住无净论，能坏一切外道诸论，为破众生诸黑暗故；宣说法时，而为十方无量世界诸佛如来之所称叹；放法光明，作不思议法之施主；善能开示诸佛法藏，无有迷惑，及能摄取殊胜大愿，如其所愿皆令满足；得不思议方便善巧，令诸众生意乐开发；及能示现前后际因，亦能示现去来方便。

无边庄严，是中菩萨，于能发起三摩地门，应勤修习。既修习已，而能证入陀罗尼门。于陀罗尼门得自在已，于诸秘密广大异名，而能演说，及能入于异名之智，能随顺入甚深理趣，善能了知言说示现，令无少处而生疑惑，不由他教住于忍地。

无边庄严，若诸菩萨能善发起勇猛精进，为欲哀愍诸众生故，求诸法智证入通达，无有余乘而不成就，得佛大智，超过一切世间之智，究竟清净，一切智智，未足为难。

无边庄严，于此演说陀罗尼门甚深方便法品之中，所有诸法，为欲摄取诸菩萨故，开示发起，我今

① 亦不相违，西夏文字面意思是“与相违背”。
② 凡所演说，无有所说，及能说者，西夏文字面意思是“所说者，应说及说者俱无”。

当说，令诸菩萨普遍开悟，善能摄取秘密言教。凡有所作，皆能了知一切语言音声之义，复能证入差别觉慧善巧之智，何者是彼所有之法？

无边庄严，是诸菩萨具净尸罗，安住实谛加持之力，则能增长布施方便，求无我所，无摄受法，修习方便，证一切法真实理趣，得不退法，及善安住不退转地，速疾具足无碍辩才，智慧增广，犹如大海。

无边庄严，当于后时，无有余人，颇能恭敬受持此法，惟除菩萨，希求甚深如实法者，为欲开示如来法藏，希求乐欲增上心者，调善意乐正思惟者。彼等于此甚深法中，精勤修学入此理趣，则能了知异名演说，亦能了知一切诸法自性本性。

无边庄严，假使如来以种种名，演说诸法，然于诸法本性自性亦不相违。如来开示诸法本性不相违法，说一切法无所造作，凡所演说，无有所说，及能说者。

5.9.7—5.10.1

bju^{2}	mjij^{1}	ljuu^{2}	tshjij^{2}	dźiã^{2}	tsjij^{2}	mjor^{1}	ljịj^{2}	nẹ^{1}	tshjiij^{1}	neew^{2}	ɣjɨr^{1}	buu^{2}
边	无	庄	严	菩	萨	如	来	宣	说，	善	造	胜

po^{1}	lo^{1}	bjii^{2}	rjir^{2}	mjor^{1}	ljịj^{2}	zjɨɨr^{1}	zjịj^{1}	rjir^{1}	lew^{2}
波	罗	蜜	得，	如	来	些	许	得	应，

无边庄严，如来已得演说善巧胜波罗蜜，如来亦无少法可得，

5.10.2

tsjiir^{1}	zjɨɨr^{1}	ljịj^{2}	rjir^{1}	lew^{2}	tsjiir^{1}	zji^{2}	rjir^{1}	lew^{2}	tsjiir^{1}	mjij^{1}
法	少	大	得	应，	法	遍	得	应	法	无。

mjor^{1}	ljịj^{2}	zjɨɨr^{1}	zjịj^{1}	tsjiir^{1}	no^{2}	dźjiij^{1}	nioow^{1}	mji^{1}	dźjɨɨr^{1}
如	来	些	许	法	安	住	故，	不	舍

亦无随得，亦不遍得①。如来不为少法安住故，不舍

5.10.3

ka^{2}	nioow^{1}	wee^{1}	nioow^{1}	ku^{1}	tsjiir^{1}	tshjiij^{1}	njwi^{2}	ljị^{1}	njaa^{2}	nioow^{1}
离	故	生	故，	则	法	说	能	虽	非。	复

① 亦无随得，亦不遍得，西夏文字面意思是“大少法应得，其法不遍得法”。

[illegible]	[illegible]	[illegible]	[illegible]，	[illegible]	[illegible]	[illegible]	[illegible]	[illegible]，	[illegible]
zjɨɨr^{1}	phiaa^{2}	tsjiir^{1}	rjir^{1}	gjii^{2}	rjir^{1}	mji^{1}	gjii^{2}	nioow^{1}	mjor^{1}
少	分	法	得，	求	得	非	求	故，	如

离故，不为生故①，而能说法；亦不为得少分法故，亦非不得故②，

5.10.4

[illegible]	[illegible]	[illegible]	[illegible]	[illegible]	[illegible]	[illegible]，	[illegible]	[illegible]	[illegible]
ljịj^{2}	rjir^{1}	lew^{2}	mjij^{1}	dźjij^{1}	ljɨ̣^{1}	njaa^{2}	mjor^{1}	ljịj^{2}	mji^{1}
来	得	所	无	行	虽	非，	如	来	不
[illegible]，	[illegible]	[illegible]	[illegible]	[illegible]，	[illegible]	[illegible]	[illegible]	[illegible]	[illegible]
dźjij^{1}	mji^{1}	tsjɨ^{1}	mji^{1}	dźjij^{1}	nioow^{1}	rjur^{1}	tha^{1}	mjor^{1}	ljịj^{2}
行，	不	亦	不	行，	复	诸	佛	如	来

如来行无所得，如来不行，亦非不行，亦不应说诸佛如

5.10.5

[illegible]	[illegible]	[illegible]	[illegible]	[illegible]	[illegible]	[illegible]	[illegible]	[illegible]，	[illegible]
źjɨr^{1}	bju^{1}	dźjɨ^{0}	dźjij^{1}	djij^{2}	tsjɨ^{1}	mji^{1}	·jɨ^{2}	lew^{2}	thjij^{2}
实	如	行	行	△	亦	不	谓	应，	何
[illegible]	[illegible]？	[illegible]	[illegible]	[illegible]	[illegible]	[illegible]	[illegible]	[illegible]	[illegible]，
sjo^{2}	ljɨ^{1}	zjɨɨr^{1}	zjij^{1}	mjor^{1}	ljịj^{2}	mjiij^{2}	sji^{2}	tsjiir^{1}	mjij^{1}
云	也？	些	许	如	来	名	△	法	无，

来行如实行。何以故？无有少法说名如来，

5.10.6

[illegible]	[illegible]	[illegible]	[illegible]，	[illegible]	[illegible]	[illegible]	[illegible]，	[illegible]	[illegible]	[illegible]
thjɨ^{2}	mjor^{1}	ljịj^{2}	ŋwu^{2}	thjɨ^{2}	sju^{2}	dźjiij^{1}	dźjiij^{1}	thjɨ^{2}	sju^{2}	dźjɨ^{0}
此	如	来	是，	此	如	住	住，	此	如	行
[illegible]	[illegible]	[illegible]	[illegible]	[illegible]。	[illegible]	[illegible]	[illegible]	[illegible]	[illegible]	
dźjij^{1}	·jɨ^{2}	tjị^{2}	mjij^{1}	ljɨ^{1}	tjij^{1}	thja^{1}	mjor^{1}	ljịj^{2}	mjiij^{2}	
行	谓	可	无	也。	若	彼	如	来	名	

① 不舍离故，不为生故，西夏文字面意思是“不舍离故生故”。

② 亦不为得少分法故，亦非不得故，西夏文字面意思是“复得少分法，求得非求故”。

此是如来，住如是住，行如是行。若彼如来以名字

5.10.7

[illegible]	[illegible]，	[illegible]	[illegible]	[illegible]	[illegible]	[illegible]	[illegible]	[illegible]	[illegible]	[illegible]
dji^{2}	bju^{1}	mjor^{1}	ljịj^{2}	·jɨ^{2}	ku^{1}	mjor^{1}	ljịj^{2}	thja^{1}	mjiij^{2}	rjir^{2}
字	依，	如	来	谓	则	如	来	彼	名	与

[illegible]	[illegible]、	[illegible]	[illegible]	[illegible]	[illegible]；	[illegible]	[illegible]	[illegible]	[illegible]、
do^{2}	njaa^{2}	mji^{1}	do^{2}	njaa^{2}	ku^{1}	mjor^{1}	ljịj^{2}	tjij^{1}	lja^{1}
异	非、	不	异	非	故；	如	来	若	来、

故，名如来者，如来与名非异、非不异；非异、非不异故①，不应说言如来若来、

5.11.1

[illegible]	[illegible]	[illegible]	[illegible]	[illegible]。	[illegible]	[illegible]	[illegible]	[illegible]	[illegible]	[illegible]
tjij^{1}	śjɨ^{1}	mji^{1}	·jɨ^{2}	lew^{2}	mjor^{1}	ljịj^{2}	tja^{1}	kheej^{1}	ljɨ^{1}	mjiijr^{2}
若	往	不	谓	应。	如	来	者	戏	论	者

[illegible]，	[illegible]	[illegible]	[illegible]	[illegible]，	[illegible]	[illegible]	[illegible]	[illegible]，	[illegible]
njaa^{2}	kheej^{1}	ljɨ^{1}	gjiij^{1}	dzjịj^{1}	gjiij^{1}	dzjịj^{1}	tsjɨ^{1}	mjij^{1}	gjiij^{1}
非，	戏	论	超	过，	超	过	亦	无，	超

若去。如来非戏论者，超过戏论，亦无超过，

5.11.2

[illegible]	[illegible]	[illegible]	[illegible]	[illegible]	[illegible]。	[illegible]	[illegible]	[illegible]	[illegible]，	[illegible]
dzjịj^{1}	tsjɨ^{1}	mjor^{1}	ljịj^{2}	mji^{1}	dju^{1}	thjɨ^{2}	sju^{2}	mjor^{1}	ljịj^{2}	mjor^{1}
过	亦	如	来	无	有。	此	如	如	来，	如

[illegible]	[illegible]	[illegible]，	[illegible]	[illegible]	[illegible]	[illegible]，	[illegible]	[illegible]	[illegible]
ljịj^{2}	tsjiir^{2}	rjir^{2}	ka^{2}	njaa^{2}	mji^{1}	ka^{2}	tsjɨ^{1}	njaa^{2}	mji^{1}
来	性	与，	离	非	不	离，	亦	非	不

如来无有超过，超过亦无如来。② 如是如来，与如来性，非即非离。不

5.11.3

[illegible]	[illegible]	[illegible]，	[illegible]	[illegible]	[illegible]	[illegible]，	[illegible]	[illegible]	[illegible]	[illegible]

① 如来与名非异、非不异；非异、非不异故，西夏文字面意思是“如来与名非异、非不异故”。

② 如来无有超过，超过亦无如来，西夏文字面意思是“超过亦无有如来”。

tshọ^{2} la̩^{1} tsjiir^{2} mji^{1} ·wjɨ̣^{1} lej^{2} tsjiir^{2} tsjɨ^{1} zji^{2} thja^{1} wjɨ^{2}

虚 诳 性， 不 变 转 性， 亦 皆 彼 所

[illegible]

sju^{2} thjɨ^{2} sju^{2} ŋwu^{2} mjor^{1} ljịj^{2} ·jij^{1} kwər^{1} tsjiir^{2} nẹ^{1}

如。 此 如 以 如 来 之 体 性 宣

虚妄性，不变异性，亦复如是。如是称扬如来体性，

5.11.4

[illegible]

tshjiij^{1} zjɨɨr^{1} zjịj^{1} phie^{2} neej^{2} nẹ^{1} tshjiij^{1} lew^{2} tsjiir^{1} mjij^{1} nioow^{1}

说， 些 许 开 示 宣 说 应 法 无， 又

[illegible]

mjor^{1} ljịj^{2} ·jij^{1} tsjiir^{1} ŋowr^{2} ŋowr^{2} źjɨr^{1} ɣiej^{1} mər^{2} tsjiir^{2}

如 来 之 法 一 切 实 真 本 性

无有少法开示演说，亦无示现。如来证得一切诸法如实本性，

5.11.5

[illegible]

lja̩^{1} rjir^{1} wjị^{2} śja^{2} tsjɨ^{1} mjij^{1} thja^{1} tsjiir^{1} ŋowr^{2} ŋowr^{2} ·jij^{1}

证 得， 示 现 亦 无。 彼 法 一 切 之

[illegible]

mər^{2} tsjiir^{2} nẹ^{1} tshjiij^{1} tjị^{2} mjij^{1} rjur^{1} tsjiir^{1} ŋowr^{2} ŋowr^{2}

本 性 宣 说 可 无， 诸 法 一 切

然一切法所有本性不可宣说，一切诸法

5.11.6

[illegible]

sju^{2} lew^{2} mjij^{1} ku^{1} thjɨ^{2} sju^{2} mjor^{1} ljịj^{2} tsjiir^{1} ŋowr^{2} ŋowr^{2}

如 应 无， 则 此 如 如 来 法 一 切

[illegible]

wji^{1} lew^{2} mji^{1} dju^{1} ·wjɨ̣^{1} lej^{2} tsjɨ^{1} mjij^{1} mji^{1} wee^{1}

为 应 无 有， 变 转 亦 无， 不 生

无所有故，如是如来说一切法，无有所作，亦无变异，不生

5.11.7

[illegible]	[illegible]，	[illegible]	[illegible]	[illegible]	[illegible]	[illegible]。	[illegible]	[illegible]	[illegible]	[illegible]
mji¹	dzjar²	mji¹	lho⁰	mji¹	ka²	tshjiij¹	rjur¹	tsjiir¹	ŋowr²	ŋowr²
不	灭，	不	出	不	离	说。	诸	法	一	切
[illegible]	[illegible]	[illegible]	[illegible]	[illegible]，	[illegible]	[illegible]	[illegible]	[illegible]	[illegible]，	
zji²	dźjwa¹	gji¹	sej¹	ku¹	rjir¹	njaa²	njɨ²	rjir¹	njaa²	
究	竟	清	净	故，	得	非	遍	得	非，	

不灭，不出不离。一切诸法究竟清净故，非得非遍得，

5.12.1

[illegible]	[illegible]	[illegible]	[illegible]	[illegible]	[illegible]	[illegible]	[illegible]，	[illegible]	[illegible]	[illegible]
tsjiir¹	ŋowr²	ŋowr²	ɣa²	rjir¹	lew²	mji¹	dju¹	rjir¹	lew²	mjij¹
法	一	切	于	得	应	不	有，	得	应	无
[illegible]	[illegible]	[illegible]	[illegible]	[illegible]，	[illegible]	[illegible]	[illegible]	[illegible]	[illegible]	
ku¹	lja̱¹	lew²	tsjɨ¹	mjij¹	thjɨ²	sju²	zjɨɨr¹	zji̱j¹	rjir¹	
故	证	应	亦	无，	此	如	些	许	得	

于一切法无有所得，无所得故无有可证，如是无有少法可得。

5.12.2

[illegible]	[illegible]	[illegible]。	[illegible]	[illegible]	[illegible]	[illegible]	[illegible]，	[illegible]	[illegible]	[illegible]
lew²	tsjiir¹	mjij¹	tjij¹	tsjiir¹	rjir¹	lew²	dju¹	ku¹	tsjiir¹	ŋowr²
应	法	无。	若	法	得	应	有，	则	法	一
[illegible]	[illegible]	[illegible]	[illegible]	[illegible]	[illegible]，	[illegible]	[illegible]	[illegible]	[illegible]	
ŋowr²	kha¹	lhji̱j²	mjijr²	dju¹	lew²	tjij¹	lhji̱j²	mjijr²	ljɨ̣¹	
切	中	受	者	有	应，	若	受	者	虽	

若法可得，于诸法中应有受者；既无受者，

5.12.3

[illegible]	[illegible]，	[illegible]	[illegible]	[illegible]	[illegible]	[illegible]	[illegible]	[illegible]	[illegible]	[illegible]，
mjij¹	ku¹	tśhjwo¹	thjɨ²	rjur¹	tsjiir¹	ŋowr²	ŋowr²	mji¹	wee¹	nioow¹

无 故， 则 此 诸 法 一 切 不 生 故，

[illegible]

ku^{1} rjir^{1} mjijr^{2} mjij^{1} ljɨ^{1} mjor^{1} ljij^{2} ·jij^{1} mjiij^{2} tsjɨ^{1} śjɨj^{2}

则 得 者 无 也。 如 来 之 名， 亦 圣

是故当知一切诸法，由不生故，无有得者。如来名号，亦由圣

5.12.4

[illegible]

tsjiir^{1} bju^{1} dź-^{0} mjiij^{2} thu^{1} phjij^{1} thjɨ^{2} sju^{2} ŋwuu^{1} dạ^{2} tsjiir^{2}

法 依， 假 名 设 置， 此 如 言 语 性

[illegible]

gji^{1} sej^{1} ku^{1} śjɨj^{2} dzjwo^{2} thja^{2} kha^{1} zjɨɨr^{1} zjij^{1} tsjiir^{1}

清 净 故， 圣 人 彼 中 些 许 法

教假名施设，如是言说性清净故，圣者于中不得少法。

5.12.5

[illegible]

mji^{1} rjir^{1} nioow^{1} śjɨj^{2} dzjwo^{2} ɣa^{2} tsjɨ^{1} tsjiir^{1} nioow^{1} tsjiir^{1} njaa^{2}

不 得。 又 圣 人 于 亦 法 及 法 非

[illegible]

mji^{1} dju^{1} nioow^{1} śjɨj^{2} dzjwo^{2} ŋwu^{2} śjɨj^{2} dzjwo^{2} njaa^{2} mjiij^{2}

不 有， 又 圣 人 是， 圣 人 非 名

然于圣者，亦无有法及与非法，亦无有法名为圣者及非圣者，

5.12.6

[illegible]

sji^{2} tsjiir^{1} mjij^{1} zjɨɨr^{1} zjij^{1} thja^{1} rjir^{2} bju^{1} śjij^{1} mji^{1} bju^{1}

△ 法 无， 些 许 彼 与 相 应 不 相

[illegible]

śjij^{1} tsjiir^{1} mji^{1} dju^{1} thjɨ^{2} mjor^{1} ljij^{2} ·jij^{1} nẹ^{1} tshjiij^{1}

应 法 无 有。 此 如 来 之 宣 说

无有少法与彼相应或当相应。于此如来所有演说，

5.12.7

[illegible]	[illegible]	[illegible]	[illegible]	[illegible]，	[illegible]	[illegible]	[illegible]	[illegible]	[illegible]	[illegible]
ɣa^{2}	zji^{2}	nwə^{1}	tsjij^{2}	lew^{2}	nioow^{1}	rjur^{1}	mur^{1}	bju^{1}	mji^{1}	śjwɨ^{2}
于	皆	知	解	应，	复	世	俗	依	不	随
[illegible]。	[illegible]	[illegible]	[illegible]	[illegible]	[illegible]	[illegible]	[illegible]	[illegible]，	[illegible]	
lew^{2}	mjor^{1}	ljịj^{2}	tsjiir^{1}	nioow^{1}	tsjiir^{1}	njaa^{2}	tshjiij^{1}	njwi^{2}	nioow^{1}	
应。	如	来	法	及	法	非	说	能，	复	

皆应了知，亦复不应随俗而转。如来能说法及非法，

5.13.1

[illegible]	[illegible]	[illegible]	[illegible]	[illegible]	[illegible]，	[illegible]	[illegible]	[illegible]	[illegible]	[illegible]
tsjiir^{1}	tsjiir^{1}	njaa^{2}	mji^{1}	gu^{1}	śjwo^{1}	mjor^{1}	ljịj^{2}	neew^{2}	mji^{1}	neew^{2}
法	法	非	不	建	立，	如	来	善	不	善
[illegible]	[illegible]	[illegible]，	[illegible]	[illegible]	[illegible]	[illegible]	[illegible]	[illegible]	[illegible]	
tsjiir^{1}	tshjiij^{1}	njwi^{2}	nioow^{1}	neew^{2}	mji^{1}	neew^{2}	tsjiir^{1}	mji^{1}	gu^{1}	
法	说	能，	复	善	不	善	法	不	建	

亦不建立有法非法；如来能说善不善法，亦不建立有善不善。

5.13.2

[illegible]。	[illegible]	[illegible]	[illegible]	[illegible]	[illegible]	[illegible]	[illegible]	[illegible]，	[illegible]	[illegible]
śjwo^{1}	mjor^{1}	ljịj^{2}	rjur^{1}	tsjiir^{1}	ŋowr^{2}	ŋowr^{2}	tshjiij^{1}	njwi^{2}	nioow^{1}	tsjiir^{1}
立。	如	来	诸	法	一	切	说	能，	复	法
[illegible]	[illegible]	[illegible]	[illegible]	[illegible]，	[illegible]	[illegible]	[illegible]	[illegible]	[illegible]①	
ŋowr^{2}	ŋowr^{2}	mji^{1}	gu^{1}	śjwo^{1}	mjor^{1}	ljịj^{2}	tsjiir^{1}	dźju^{1}	neej^{2}	
一	切	不	建	立，	如	来	法	显	示	

如来能说一切诸法，亦不建立有一切法；如来能说法无表示，

5.13.3

[illegible]	[illegible]，	[illegible]	[illegible]	[illegible]	[illegible]，	[illegible]	[illegible]	[illegible]。	[illegible]	[illegible]
tshjiij^{1}	njwi^{2}	nioow^{1}	dźju^{1}	neej^{2}	mjij^{1}	mji^{1}	gu^{1}	śjwo^{1}	bju^{2}	mjij^{1}

① [illegible]，西夏文字面意思是"显示"，与汉文本中的"表示"对译。

说	能，	复	显	示	无，	不	建	立。	边	无
[illegible]	[illegible]	[illegible]	[illegible]，	[illegible]	[illegible]	[illegible]	[illegible]	[illegible]	[illegible]	
ljuu^{2}	tshjịj^{2}	dźiã^{2}	tsjij^{2}	thjɨ^{2}	mjor^{1}	ljịj^{2}	rjɨr^{2}	tshjiij^{1}	zji^{2}	
庄	严	菩	萨，	此	如	来	△	说	最	

亦不建立有无表示。无边庄严,如来所说此甚

5.13.4

[illegible]	[illegible]	[illegible]，	[illegible]	[illegible]	[illegible]	[illegible]	[illegible]	[illegible]	[illegible]	[illegible]。
na^{1}	tsjiir^{1}	tja^{1}	sej^{1}	sjwɨj^{1}	mjij^{1}	dzjwo^{2}	nwə^{1}	tsjij^{2}	mjɨ^{1}	njwi^{2}
深	法	者，	净	业	无	人	知	了	不	能。
[illegible]	[illegible]	[illegible]	[illegible]	[illegible]	[illegible]	[illegible]，	[illegible]	[illegible]	[illegible]	[illegible]
tjij^{1}	zji^{2}	phju^{2}	po^{1}	tjɨj^{1}	kjụ^{1}	dzu^{1}	nioow^{1}	lhji^{2}	wee^{1}	kha^{1}
若	最	上	菩	提	求	乐，	复	死	生	中

深法,无净业者不能了知。若有乐求无上菩提,于生死中

5.13.5

[illegible]	[illegible]	[illegible]	[illegible]	[illegible]	[illegible]	[illegible]	[illegible]	[illegible]	[illegible]	[illegible]
bie^{2}	lhew^{2}	kjụ^{1}	mjijr^{2}	tja^{1}	tśhjwo^{1}	rjur^{1}	tha^{1}	mjor^{1}	ljịj^{2}	·jij^{1}
解	脱	求	者	者	则	诸	佛	如	来	之
[illegible]	[illegible]	[illegible]	[illegible]	[illegible]。	[illegible]	[illegible]	[illegible]	[illegible]	[illegible]	
rjɨr^{2}	tshjiij^{1}	tsjiir^{1}	nwə^{1}	tsjij^{2}	bju^{2}	mjij^{1}	ljuu^{2}	tshjịj^{2}	dźiã^{2}	
△	说	法	知	解。	边	无	庄	严	菩	

求解脱者,应当觉了诸佛如来所演说法。无边庄严,

5.13.6

[illegible]，	[illegible]	[illegible]	[illegible]	[illegible]	[illegible]	[illegible]	[illegible]	[illegible]	[illegible]	[illegible]
tsjij^{2}	rjur^{1}	dźiã^{2}	tsjij^{2}	nji^{2}	tjij^{1}	thjɨ^{2}	tsjiir^{1}	kha^{1}	tśjɨ^{1}	tsjij^{2}
萨，	诸	菩	萨	等	若	此	法	中	醒	悟
[illegible]	[illegible]，	[illegible]	[illegible]	[illegible]	[illegible]，	[illegible]	[illegible]	[illegible]	[illegible]，	
njwi^{2}	zjij^{1}	·jiw^{2}	ljɨj^{1}	mji^{1}	tśhju^{1}	mji^{1}	lhjwi^{1}	mji^{1}	dźjɨɨr^{1}	
能	时，	疑	惑	不	生，	不	取	不	舍，	

若诸菩萨，于此法中能解了者，应无犹豫①，不取不舍，

5.13.7

[illegible]	[illegible]	[illegible]	[illegible]、	[illegible]	[illegible]、	[illegible]	[illegible]	[illegible]、	[illegible]	[illegible]
zjɨɨr^{1}	zjij^{1}	wee^{1}	dzjar^{2}	kheej^{1}	ljɨ̣^{1}	mji^{1}	kheej^{1}	ljɨ̣^{1}	tsjiir^{1}	mji^{1}
些	许	生	灭、	戏	论、	不	戏	论、	法	不
[illegible]	[illegible]，	[illegible]	[illegible]	[illegible]	[illegible]	[illegible]	[illegible]②	[illegible]	[illegible]，	
ljij^{2}	ku^{1}	tśhjwo^{1}	thjɨ^{2}	źjɨr^{1}	ɣiej^{1}	tsjiir^{1}	tsjiir^{1}	nẹ^{1}	njwi^{2}	
见	故，	则	此	实	真	法	法	宣	能，	

亦不见有少法生灭，无有戏论，非无戏论③，则能演说此真实法，

5.14.1

[illegible]	[illegible]	[illegible]	[illegible]	[illegible]	[illegible]	[illegible]	[illegible]，	[illegible]	[illegible]	[illegible]
nioow^{1}	thjɨ^{2}	nẹ^{1}	tshjiij^{1}	źjɨr^{1}	ɣiej^{1}	tsjiir^{1}	kha^{1}	zow^{2}	zjị̈j^{1}	mji^{1}
复	此	宣	说	实	真	法	中，	持	著	不
[illegible]。	[illegible]	[illegible]	[illegible]	[illegible]	[illegible]	[illegible]，	[illegible]	[illegible]	[illegible]	
śjwo^{1}	bju^{2}	mjij^{1}	ljuu^{2}	tshjịj^{2}	dźiã^{2}	tsjij^{2}	dzjọ^{1}	sju^{2}	sju^{2}	
生。	边	无	庄	严	菩	萨，	犹	如	须	

于此演说真实法中，亦不执着。无边庄严，譬如须弥

5.14.2

[illegible]	[illegible]	[illegible]，	[illegible]	[illegible]	[illegible]	[illegible]	[illegible]	[illegible]，	[illegible]	[illegible]
mji^{1}	ŋər^{1}	njij^{2}	rjur^{1}	ljo^{1}	tśhja^{2}	neew^{2}	tśhji^{2}	dźjij^{2}	dźiã^{2}	tśhju^{1}
弥	山	王，	诸	福	德	善	根	有，	众	生
[illegible]	[illegible]，	[illegible]	[illegible]	[illegible]	[illegible]	[illegible]	[illegible]	[illegible]，	[illegible]	
dźjiij^{1}	tjị^{2}	mjii^{1}	pjụ^{2}	·jij^{1}	bju^{1}	gjị^{2}	tjị^{2}	we^{2}	dźiã^{2}	
住	可，	宫	殿	之	依	止	可	为，	众	

山王，与诸福德善根众生，所用宫殿，作依止处，众

---

① 应无犹豫，西夏文字面意思是“不生疑惑”。

② 据汉文本“演说”，此处[illegible]（tsjiir^{1}）“法”通[illegible]（tshjiij^{1}）“说”。

③ 不见有少法生灭，无有戏论，非无戏论，西夏文字面意思是“不见少生灭、戏论、非戏论法”。

5.14.3

[illegible]	[illegible]	[illegible]	[illegible]	[illegible]	[illegible]	[illegible]。	[illegible]	[illegible]	[illegible]	[illegible],
tśhju^{1}	thja^{1}	ɣa^{2}	rjur^{1}	bieej^{1}	rejr^{2}	lhjịj^{2}	thjɨ^{2}	sju^{2}	thjɨ^{2}	sju^{2}
生	彼	于	诸	快	乐	受。	此	如	此	如,
[illegible]	[illegible]	[illegible]	[illegible]	[illegible]	[illegible]	[illegible]	[illegible]	[illegible]	[illegible]	[illegible]
neew^{2}	tśhji^{2}	wji^{1}	mjijr^{2}	rjur^{1}	dźiã^{2}	tsjij^{2}	njɨ^{2}	thjɨ^{2}	tsjiir^{1}	ljɨ̣^{1}
善	根	为	者	诸	菩	萨	等	此	法	宝

生于彼而受欢乐。如是如是,作善根者诸菩萨等,于此法宝

5.14.4

[illegible]	[illegible]	[illegible]	[illegible],	[illegible]	[illegible]	[illegible]	[illegible],	[illegible]	[illegible]	[illegible]
tśiow^{1}	dzjɨ̣^{2}	tsjiir^{1}	kha^{1}	nji^{2}	lhjịj^{2}	njwi^{2}	ku^{1}	dźiã^{2}	tsjij^{2}	thjɨ^{2}
积	集	法	中,	听	受	能	故,	菩	萨	此
[illegible]	[illegible]	[illegible],	[illegible]	[illegible]	[illegible]	[illegible]	[illegible]	[illegible]。		
tsjiir^{1}	ljɨ̣^{1}	nioow^{1}	ŋowr^{2}	ŋowr^{2}	sjịj^{2}	sjịj^{2}	rjir^{1}	njwi^{2}		
法	宝	故,	一	切	智	智	得	能。		

积集教中,而能听受。由此法宝,菩萨能得一切智智。

汉文本

无边庄严,如来已得演说善巧胜波罗蜜,如来亦无少法可得,亦无随得,亦不遍得。如来不为少法安住故,不舍离故,不为生故,而能说法;亦不为得少分法故,亦非不得故,如来行无所得,如来不行,亦非不行,亦不应说诸佛如来行如实行。何以故?无有少法说名如来,此是如来,住如是住,行如是行。若彼如来以名字故,名如来者,如来与名非异、非不异;非异、非不异故,不应说言如来若来、若去。如来非戏论者,超过戏论,亦无超过,如来无有超过,超过亦无如来。如是如来,与如来性,非即非离。不虚妄性,不变异性,亦复如是。如是称扬如来体性,无有少法开示演说,亦无示现。如来证得一切诸法如实本性,然一切法所有本性不可宣说,一切诸法无所有故,如是如来说一切法,无有所作,亦无变异,不生不灭,不出不离。一切诸法究竟清净故,非得非遍得,于一切法无有所得,无所得故无有可证,如是无有少法可得。若法可得,于诸法中应有受者;既无受者,是故当知一切诸法,由不生故,无有得者。如来名号,亦由圣教假名施设,如是言说性清净故,圣者于中不得少法。然于圣者,亦无有法及与非法,亦无有法名为圣者及非圣者,无有少法与彼相应或当相应。于此如来所有演说,皆应了知,亦复不应随俗而转。如来能说法及非法,亦不建立有法非法;如来能说善不善法,亦不建立有善不善。如来能说一切诸法,亦不建立有一切法;如来能说法无表示,亦不建立有无表示。

无边庄严,如来所说此甚深法,无净业者不能了知。若有乐求无上菩提,于生死中求解脱者,应当

觉了诸佛如来所演说法。

无边庄严，若诸菩萨，于此法中能解了者，应无犹豫，不取不舍，亦不见有少法生灭，无有戏论，非无戏论，则能演说此真实法，于此演说真实法中，亦不执着。

无边庄严，譬如须弥山王，与诸福德善根众生，所用宫殿，作依止处，众生于彼而受欢乐。如是如是，作善根者诸菩萨等，于此法宝积集教中，而能听受。由此法宝，菩萨能得一切智智。

5.14.4—5.14.5

[illegible]	[illegible]	[illegible]	[illegible]	[illegible]	[illegible]，	[illegible]	[illegible]	[illegible]	[illegible]	[illegible]，	[illegible]
bju^2	mjij^1	ljuu^2	tshjịj^2	dźiã^2	tsjij^2	thjɨ^2	lwər^2	lhejr^2	tsjiir^1	tja^1	zji^2
边	无	庄	严	菩	萨，	此	契	经	法	者，	最
[illegible]	[illegible]	[illegible]	[illegible]	[illegible]	[illegible]	[illegible]，	[illegible]	[illegible]	[illegible]		
phju^2	tsjiir^1	sjịj^2	śjij^1	wji^1	·o^2	njwi^2	mjor^1	ljịj^2	tsjiir^1		
上	法	智	顺	为	入	能，	如	来	法		

无边庄严，此契经法，能随顺入无上法智，为欲开示如来法

5.14.6

[illegible]	[illegible]	[illegible]	[illegible]	[illegible]	[illegible]	[illegible]	[illegible]，	[illegible]	[illegible]	[illegible]
·ụ^2	thow^1	lo^1	dźji^1	phie^2	neej^2	kiẹj^2	nioow^1	thjɨ^2	sju^2	deej^1
藏	陀	罗	尼	开	示	欲	故，	此	如	传
[illegible]	[illegible]	[illegible]	[illegible]	[illegible]	[illegible]，	[illegible]	[illegible]	[illegible]	[illegible]	
dźjịj^1	thjɨ^2	thow^1	lo^1	dźji^1	tja^1	wạ^2	ljịj^2	źjɨr^1	ɣiej^1	
行	此	陀	罗	尼	者，	广	大	实	真	

藏陀罗尼故。如是流布此陀罗尼，能摄一切所有广大真实之法。

5.14.7

[illegible]	[illegible]	[illegible]	[illegible]	[illegible]。	[illegible]	[illegible]	[illegible]	[illegible]	[illegible]	[illegible]
tsjiir^1	ŋowr^2	ŋowr^2	ɣjiw^1	njwi^2	rjur^1	tha^1	mjor^1	ljịj^2	rjɨr^2	tshjiij^1
法	一	切	摄	能。	诸	佛	如	来	△	说
[illegible]，	[illegible]	[illegible]	[illegible]	[illegible]	[illegible]	[illegible]	[illegible]	[illegible]	[illegible]	
tja^1	to^2	zji^2	thjɨ^2	bju^2	mjij^1	thow^1	lo^1	dźji^1	ɣa^1	
者，	尽	皆	此	边	无	陀	罗	尼	门	

诸佛如来所说之法，皆悉从此无边陀罗尼门

5.15.1

[illegible]	[illegible]	[illegible]。	[illegible]	[illegible]	[illegible]	[illegible]	[illegible]	[illegible]	[illegible]	[illegible]
ɣa^{2}	wjɨ^{2}	to^{2}	thjɨ^{2}	thow^{1}	lo^{1}	dźji^{1}	tja^{1}	tsjiir^{1}	ɣa^{1}	ŋowr^{2}
于	△	出。	此	陀	罗	尼	者	法	门	一
[illegible]	[illegible]	[illegible]	[illegible]	[illegible]，	[illegible]	[illegible]	[illegible]	[illegible]	[illegible]	
ŋowr^{2}	gji^{1}	sej^{1}	kiẹj^{2}	nioow^{1}	tśhjwo^{1}	mjor^{1}	ljịj^{2}	nẹ^{1}	tshjiij^{1}	
切	清	净	欲	故，	则	如	来	宣	说	

之所流出。此陀罗尼，为欲清净一切法门，是故如来开示演说；

5.15.2

[illegible]	[illegible]，	[illegible]	[illegible]	[illegible]	[illegible]	[illegible]	[illegible]	[illegible]	[illegible]	[illegible]
phie^{2}	neej^{2}	thjɨ^{2}	thow^{1}	lo^{1}	dźji^{1}	tja^{1}	lwər^{2}	lhejr^{2}	njɨ^{2}	tsjiir^{1}
开	示，	此	陀	罗	尼	者	契	经	等	法
[illegible]	[illegible]	[illegible]	[illegible]，	[illegible]	[illegible]	[illegible]	[illegible]，	[illegible]	[illegible]	
ŋowr^{2}	ŋowr^{2}	ɣjiw^{1}	njwi^{2}	mji^{1}	śjɨj^{1}	mji^{1}	ljiij^{2}	ɣu^{1}	gu^{2}	
一	切	摄	能，	不	成	不	坏，	初	中	

此陀罗尼，能摄一切契经等法，不成不坏，无初中

5.15.3

[illegible]	[illegible]；	[illegible]	[illegible]	[illegible]	[illegible]	[illegible]	[illegible]	[illegible]	[illegible]	[illegible]
mjiij^{2}	mjij^{1}	mjor^{1}	ljịj^{2}	thjɨ^{2}	thow^{1}	lo^{1}	dźji^{1}	tja^{1}	ljɨr^{2}	·wejr^{2}
后	无；	如	来	此	陀	罗	尼	者	念	护
[illegible]，	[illegible]	[illegible]	[illegible]	[illegible]	[illegible]	[illegible]	[illegible]，	[illegible]	[illegible]	
bju^{1}	śja^{1}	rjijr^{2}	rjur^{1}	tha^{1}	rjur^{1}	kiẹj^{2}	·u^{2}	mjɨ^{1}	pjụ^{1}	
依，	十	方	诸	佛	世	界	中，	无	量	

后；此陀罗尼，如来护念，遍于十方诸佛世界，能作无量

5.15.4

[illegible]	[illegible]	[illegible]	[illegible]	[illegible]	[illegible]。	[illegible]	[illegible]	[illegible]	[illegible]	[illegible]
bju^{2}	mjij^{1}	tha^{1}	tśju^{1}	wji^{1}	njwi^{2}	bju^{2}	mjij^{1}	ljuu^{2}	tshjịj^{2}	dźiã^{2}
边	无	佛	事	作	能。	边	无	庄	严	菩

tsjij^{2}	thjɨ^{2}	zji^{2}	ɣu^{1}	thow^{1}	lo^{1}	dźji^{1}	tjij^{1}	wo^{2}	tshjiij^{1}
萨，	此	最	初	陀	罗	尼	品、	义	说

无边佛事。无边庄严，于此最初陀罗尼品、说义

5.15.5

tjij^{1}	wo^{2}	tshwew^{1}	tjij^{1}	kha^{1}	rjur^{1}	tsjiir^{1}	ŋowr^{2}	ŋowr^{2}	zji^{2}	ɣjiw^{1}
品、	理	趣	品	中，	诸	法	一	切	皆	摄
ɣiwej^{1}	njwi^{2}	bju^{2}	mjij^{1}	ljuu^{2}	tshjịj^{2}	dźiã^{2}	tsjij^{2}	thja^{1}	kha^{1}	
受	能。	边	无	庄	严	菩	萨，	彼	中	

品、理趣品中，而能摄受一切诸法。无边庄严，彼中

5.15.6

rjur^{1}	dźiã^{2}	tsjij^{2}	njɨ^{2}	thjɨ^{2}	tśhja^{2}	tsjiir^{1}	dwewr^{2}	tsjij^{2}	kiẹj^{2}	ku^{1}
诸	菩	萨	等，	此	正	法	觉	了	欲	故，
tsjiir^{1}	tśhja^{2}	deej^{1}	dźjịj^{1}	mji^{1}	bja^{2}	phji^{1}	kiẹj^{2}	ku^{1}	rjur^{1}	
法	正	传	行	不	断	令	欲	故，	诸	

诸菩萨等，欲随觉了此教法①者，欲流注法②令不断者，

5.15.7

tsjiir^{1}	dźjiij^{1}	mjij^{1}	tjɨj^{2}	·o^{2}	kiẹj^{2}	ku^{1}	ɣiẹ^{2}	lụ^{2}	mjij^{1}	dwuu^{2}
法	住	无	印	入	欲	故，	障	碍	无	秘
rjɨj^{2}	ɣa^{1}	dwewr^{2}	tsjij^{2}	kiẹj^{2}	ku^{1}	dźjɨ^{0}	lhu^{1}	rjijr^{2}	tshwew^{1}	sji^{2}
密	门	觉	了	欲	故，	行	加	向	趣	△

① 教法，西夏文字面意思是"正法"。
② 流注法，西夏文字面意思是"正法流传"。

欲入诸法无住印者,欲随觉了无有障碍秘密门者,欲随发起趣向加行

5.16.1

[illegible]	[illegible]	[illegible]	[illegible]	[illegible]	[illegible],	[illegible]	[illegible]	[illegible]	[illegible]	[illegible]
ljij^2	khu^1	dźjij^1	śjwo^1	kięj^2	ku^1	rjur^1	tsjiir^1	tsjiir^2	·jij^1	dwewr^2
大	进	精	生	欲	故,	诸	法	性	相	觉
[illegible],	[illegible]	[illegible]	[illegible]	[illegible]	[illegible]	[illegible],	[illegible]	[illegible]	[illegible]	
tsjij^2	nioow^1	thjɨ^2	tsjiir^1	tshjiij^1	kięj^2	ku^1	rjur^1	tha^1	mjor^1	
了,	复	此	法	说	欲	故,	诸	佛	如	

大精进者,欲随觉了诸法性相说此法者,应当受持诸佛如来

5.16.2

[illegible]	[illegible]	[illegible]	[illegible]	[illegible]	[illegible][1]	[illegible]	[illegible]	[illegible]。	[illegible]	[illegible]
ljij^2	·jij^1	rjɨr^2	tshjiij^1	tsjiir^1	dạ^2	ɣiwej^1	·jiij^1	lew^2	ɣiwej^1	·jiij^1
来	之	所	说	法	言	受	持	应。	受	持
[illegible],	[illegible]	[illegible]	[illegible]	[illegible]	[illegible]	[illegible]	[illegible]	[illegible]	[illegible]	[illegible]
dźjwa^1	nioow^1	dzjɨj^2	bju^1	dwuu^2	rjɨj^2	ŋwuu^1	dạ^2	ŋowr^2	ŋowr^2	tsjiir^1
毕,	复	合	随	秘	密	言	词	一	切	法

所演言教。既受持已,随应了知一切所有秘密言词。

5.16.3

[illegible]	[illegible]	[illegible]	[illegible]	[illegible]	[illegible],	[illegible]	[illegible]	[illegible]	[illegible]	[illegible]
nwə^1	tsjij^2	zji^2	·jij^1	tshwew^1	·o^2	·jwɨr^2	dji^2	sjij^2	nẹ^1	tshjiij^1
知	解	总	相	趣	入,	文	字	智	宣	说
[illegible],	[illegible]	[illegible]	[illegible]	[illegible]	[illegible]	[illegible]	[illegible]	[illegible]	[illegible]	
kięj^2	rjur^1	tsjiir^1	do^2	pha^1	wo^2	tshwew^1	dwewr^2	tsjij^2	nẹ^1	
欲,	诸	法	差	别	理	趣	觉	了	宣	

欲随趣入总相,演说文字智者,欲随觉了演说诸法差别理趣者,

5.16.4

[illegible]	[illegible],	[illegible]	[illegible]	[illegible]	[illegible]	[illegible]	[illegible]	[illegible],	[illegible]	[illegible]

① [illegible][illegible],西夏文字面意思是“法言”,与汉文本中的“言教”对译。

tshjiij^1 kiẹj^2 rjur^1 tsjiir^1 ŋowr^2 ŋowr^2 tsjiir^1 gjịj^1 kiẹj^2 rjur^1 dźiã^2

说 欲， 诸 法 一 切 选 择 欲， 诸 众

[illegible]

tśhju^1 ŋowr^2 ŋowr^2 ·jij^1 gjịj^1 ɣie^2 no^2 rejr^2 kiẹj^2 nioow^1

生 一 切 之 利 益 安 乐 欲 故，

欲随忆念一切诸法简择智者①，为欲利益安乐一切诸众生故，

5.16.5

[illegible]

buu^2 wo^2 thu^1 phjij^1 dźiã^2 tśhju^1 ·jij^1 tśhji^2 tsjiir^2 bju^1 khjow^1

胜 义 设 施， 众 生 之 根 性 随 授，

[illegible]②，

gjịj^1 ɣie^2 rjir^1 phji^1 tjij^1 tsjiir^1 ·jow^2 śja^2 tjij^1 tsjiir^1

利 益 得 令。 若 法 赞 叹， 若 法

施设胜义，善随机根，授与众生③，令得利益。若称扬法，

5.16.6

[illegible]

deej^1 dźjịj^1 tjij^1 tsjiir^1 nẹ^1 tshjiij^1 ·wụ^2 dźjwij^2 njiij^1 ŋwu^2 dźiã^2

传 行， 若 法 宣 说， 资 粮 心 以 众

[illegible]

tśhju^1 ·jij^1 njij^2 śjow^1 gjịj^1 ɣie^2 nioow^1 tha^1 sjịj^2 źjɨr^1

生 之 慈 悲 利 益 故， 佛 智 慧

若流传法，若演说法，以资粮心哀愍利益。求佛之智，

5.16.7

[illegible]

kjụ^1 zjɨɨr^1 zjịj^1 tsjiir^1 ɣa^2 zow^2 zjịj^1 mji^1 śjwo^1 mji^1 zow^2

求。 些 许 法 于 持 著 不 生， 不 持

---

① 欲随忆念一切诸法简择智者，西夏文字面意思是"与选择一切诸法"。

② [illegible]，西夏文字面意思是"赞叹"，与汉文本中的"称扬"对译。

③ 善随机根，授与众生，西夏文字面意思是"随授众生之根性"。

zjịj^{1} ku^{1} lhjwi^{1} lew^{2} mji^{1} dju^{1} nioow^{1} mji^{1} bioo^{1} thjuu^{1}

著 则 取 应 不 有 复 不 观 察,

不于少法而生执着①,由不执着无有所取,亦不观察

5.17.1

njɨɨ^{1} tsjiir^{1} sjịj^{2} mjij^{1} ·u^{2} sjịj^{2} djɨr^{2} sjịj^{2} tsjɨ^{1} mji^{1} wjị^{2}

二 法 智 无, 内 智 外 智 亦 不 示

śja^{2} zjɨɨr^{1} zjịj^{1} tsjiir^{1} ɣa^{2} dwər^{1} lhə^{0} mji^{1} śjwo^{1} bji^{2}

现, 些 许 法 于 厌 足 不 生, 下

无二法智,亦不示现内智外智,不于少法而生厌足,

5.17.2

dźju^{2} khu^{1} dźjij^{1} ŋwu^{2} zji^{2} phju^{2} sjịj^{2} mji^{1} kjụ^{1} ·jɨr^{2} ŋwu^{2}

劣 进 精 以 最 上 智 不 求, 勤 以

zji^{2} na^{1} tsjiir^{1} ŋowr^{2} ŋowr^{2} djọ^{2} tśhiaa^{2} ·jɨr^{1} ŋowr^{2} ŋowr^{2}

最 深 法 一 切 修, 难 问 一 切,

亦不应以下劣精进希求上智,勤修一切甚深之法,所有难问,

5.17.3

wo^{2} bju^{1} hụ^{2} tshjiij^{1} ·jij^{1} gjịj^{1} nioow^{1} tsjij^{1} gjịj^{1} ɣa^{2} dźjiij^{1}

义 随 答 说, 自 利 及 他 利 于 住,

·jij^{1} tsjij^{1} sjiij^{2} bioo^{1} thjuu^{1} njwi^{2} tsjiir^{1} ŋowr^{2} ŋowr^{2} ·o^{2}

自 他 思 观 察 善, 法 一 切 入,

① 不于少法而生执着,西夏文字面意思是"于少法不生执着"。

随义而说，应住自利及以利他，应善观察自他之想，入一切法

5.17.4

[illegible]	[illegible]	[illegible]	[illegible]。	[illegible]	[illegible]	[illegible]	[illegible]，	[illegible]	[illegible]	[illegible]
to^{2}	zji^{2}	ŋa^{2}	mjij^{1}	ŋa^{2}	gji^{1}	sej^{1}	nioow^{1}	rjur^{1}	tsjiir^{1}	gji^{1}
尽	皆	我	无。	我	清	净	已，	诸	法	清
[illegible]	[illegible]	[illegible]	[illegible]，	[illegible]	[illegible]	[illegible]	[illegible]，	[illegible]	[illegible]	
sej^{1}	ŋowr^{2}	ŋowr^{2}	·o^{2}	tsjiir^{1}	dạ^{2}	nẹ^{1}	tshjiij^{1}	phie^{2}	neej^{2}	
净	一	切	入，	法	言	宣	说，	开	示	

皆悉无我。我清净已，随入一切诸法清净，爱乐开示

5.17.5

[illegible]	[illegible]，	[illegible]	[illegible]	[illegible]	[illegible]	[illegible]	[illegible]，	[illegible]	[illegible]	[illegible]
dzu^{1}	ŋwe^{1}	tjij^{1}	·jɨr^{1}	mji^{1}	·jɨr^{1}	lew^{2}	mjij^{1}	rjɨr^{2}	njɨ^{2}	zjɨɨr^{1}
爱	乐，	若	问	不	问	应	无，	乃	至	些
[illegible]	[illegible]	[illegible]	[illegible]	[illegible]	[illegible]	[illegible]。	[illegible]	[illegible]	[illegible]	
zjịj^{1}	tsjiir^{1}	ɣa^{2}	·wier^{1}	ljuu^{1}	mji^{1}	śjwo^{1}	dźiã^{2}	tsjij^{2}	thjɨ^{2}	
许	法	于	爱	吝	不	生。	菩	萨	此	

演说言教①，若问不问②，乃至少法不生悭吝。菩萨应作如

5.17.6

[illegible]	[illegible]	[illegible]	[illegible]	[illegible]	[illegible]	[illegible]：	[illegible]	[illegible]	[illegible]	[illegible]
sju^{2}	ljɨɨr^{1}	mjɨ^{1}	pjụ^{1}	njiij^{1}	śjwo^{1}	lew^{2}	ŋa^{2}	rjur^{1}	dźiã^{2}	tśhju^{1}
如	四	无	量	心	生	应：	我	诸	众	生
[illegible]	[illegible]	[illegible]	[illegible]，	[illegible]	[illegible]	[illegible]	[illegible]	[illegible]	[illegible]	
·jij^{1}	gjịj^{1}	ɣie^{2}	nioow^{1}	buu^{2}	mjii^{1}	zji^{2}	phju^{2}	mjii^{1}	khjow^{1}	
之	利	益	故，	胜	施	最	上	施	与	

是四无量心：我为利益诸众生故，随与胜施最上之施，

5.17.7

[illegible]，	[illegible]	[illegible]	[illegible]	[illegible]	[illegible]	[illegible]	[illegible]	[illegible]，	[illegible]	[illegible]

① 演说言教，西夏文字面意思是“宣说法言”。

② 若问不问，西夏文字面意思是“应无若问不问”。

lew² thjɨ² tja¹ zji² phju² tsjiir¹ ljɨ̣¹ ·ụ² ŋwu² ŋa² sjij¹

应， 此 者 最 上 法 宝 藏 是， 我 今

[illegible]

dźiã² tśhju¹ ŋowr² ŋowr² ·jij¹ tshjiij¹ tjị² mjij¹ tsjiir¹ ljɨ̣¹

众 生 一 切 之 说 可 无 法 宝

所谓无上法宝之藏，我今当令一切众生与不可说法宝

5.18.1

[illegible]

rjir² bju¹ śjij¹ phjo² ŋa² tjɨ¹ tjij¹ dźiã² tśhju¹ rjur¹ dzwej¹

与 相 应 令 我。 假 若 众 生 诸 罪

[illegible]

ljɨɨ¹ kjọ¹ wji¹ tsjɨ¹ tśjo⁰ thja¹ do² tsjiir¹ ljuu¹ njiij¹

重 △ 为， 亦 终 彼 处 法 吝 心

相应。假令众生作诸重恶，终不于彼生悭法心，

5.18.2

[illegible]

mji¹ śjwo¹ rjur¹ ·wier¹ ljuu¹ ka² zji¹ mjii¹ wji¹ njwi² tsjiir¹

不 生， 诸 爱 吝 离， 布 施 为 能， 法

[illegible]

mjii¹ ·wə¹ wji¹ ŋa² sjij¹ mjor¹ ljịj² ·jij¹ dạ² ŋowr²

施 主 为。 我 今 如 来 之 事、 一

离诸悭惜，能为舍施，为法施主。我今当作如来之事、一

5.18.3

[illegible]

ŋowr² sjịj² dạ² wjo¹ ŋa² rjur¹ dźiã² tśhju¹ ·jij¹ ·ụ² ljɨɨ¹

切 智 事 为 我。 诸 众 生 之 担 重

[illegible]①

---

① [illegible]，西夏文字面意思是“大骤过”，与汉文本中的“大瀑流”对译。

phjɨ^{1}	phjo^{2}	ŋa^{2}	ljij^{2}	lhjwɨ^{2}	rar^{2}	kha^{1}	tsjiir^{1}	dzjwɨ̣^{1}	ŋwu^{2}
离	使	我。	大	瀑	流	中	法	船	以

切智事，令诸众生舍离重担。于大瀑流，当以法船

5.18.4

[illegible]	[illegible]①	[illegible]	[illegible]	[illegible]	[illegible]，	[illegible]	[illegible]	[illegible]	[illegible]	[illegible]
lo^{2}	wee^{1}	·jij^{1}	śjwu^{1}	ɣiẹj^{2}	lew^{2}	rjur^{1}	dźiã^{2}	tśhju^{1}	·jij^{1}	no^{2}
群	生	之	度	运	应，	诸	众	生	之	安
[illegible]	[illegible]	[illegible]	[illegible]	[illegible]	[illegible]	[illegible]。	[illegible]	[illegible]	[illegible]	
rejr^{2}	·wụ^{2}	gju^{2}	ŋowr^{2}	ŋowr^{2}	rjir^{1}	phji^{1}	dźiã^{2}	tsjij^{2}	thjɨ^{2}	
乐	资	持	一	切	得	令。	菩	萨	此	

运度群品，能令众生得于一切安乐资具。菩萨当以

5.18.5

[illegible]	[illegible]	[illegible]	[illegible]，	[illegible]	[illegible]	[illegible]	[illegible]，	[illegible]	[illegible]	[illegible]
sju^{2}	wjuu^{1}	njiij^{1}	ŋwu^{2}	dwewr^{2}	źjɨr^{1}	gu^{1}	śjwo^{1}	xja^{1}	buu^{2}	gjij^{1}
如	悲	心	以，	觉	慧	发	生，	即	胜	殊
[illegible]	[illegible]。	[illegible]	[illegible]	[illegible]	[illegible]	[illegible]	[illegible]	[illegible]	[illegible]	
tsjiir^{1}	lja̱^{1}	thjɨ^{2}	lwər^{2}	lhejr^{2}	thow^{1}	lo^{1}	dźji^{1}	ɣa^{1}	bju^{1}	
法	证。	此	经	契	陀	罗	尼	门	依	

如是悲心发生觉慧，速疾证于殊胜之法②。于此契经陀罗尼门，

5.18.6

[illegible]	[illegible]	[illegible]	[illegible]	[illegible]	[illegible]，	[illegible]	[illegible]	[illegible]	[illegible]	[illegible]
rjur^{1}	tsjiir^{1}	do^{2}	pha^{1}	nẹ^{1}	tshjiij^{1}	zji^{2}	·jiij^{1}	śjɨj^{1}	·jiw^{2}	lhji^{2}
诸	法	差	异	宣	说，	皆	持	成	就	死
[illegible]	[illegible]	[illegible]，	[illegible]	[illegible]	[illegible]	[illegible]	[illegible]	[illegible]	[illegible]	
wee^{1}	lho^{0}	ka^{2}	tsjij^{1}	ljɨ̣^{1}	·jij^{1}	ɣjiw^{1}	ɣiwej^{1}	lew^{2}	mji^{1}	
生	出	离，	他	论	之	摄	受	应	不	

演说诸法差别总持，当得成就舍离生死，不为他论之所摄受，

---

① [illegible]，西夏文字面意思是"群生"，与汉文本中的"群品"对译。

② 速疾证于殊胜之法，西夏文字面意思是"即证殊胜法"。

5.18.7

[illegible],	[illegible]	[illegible]	[illegible]	[illegible]	[illegible]	[illegible]	[illegible]	[illegible],	[illegible]	[illegible]
we^{2}	tśja^{1}	nioow^{1}	rjur^{1}	ljị^{1}	ŋowr^{2}	ŋowr^{2}	ljiij^{2}	njwi^{2}	ljiij^{2}	gja^{1}
为,	道	外	诸	论	一	切	坏	能,	魔	兵
[illegible]	[illegible],	[illegible]	[illegible]	[illegible]	[illegible]	[illegible]	[illegible]	[illegible],	[illegible]	
rjur^{1}	·jar^{2}	ɣwej^{1}	dzeej^{1}	tsjiir^{1}	ljiij^{2}	dzjar^{2}	kięj^{2}	ku^{1}	thjɨ^{2}	
调	御,	斗	争	法	坏	灭	欲	故,	此	

能破一切外道诸论,降伏魔军,为欲灭坏诤论法故,

5.19.1

[illegible]	[illegible]	[illegible]。
sju^{2}	dźjiij^{1}	lew^{2}
如	住	应。

应如是住。

汉文本

无边庄严,此契经法,能随顺入无上法智,为欲开示如来法藏陀罗尼故。如是流布此陀罗尼,能摄一切所有广大真实之法。诸佛如来所说之法,皆悉从此无边陀罗尼门之所流出。此陀罗尼,为欲清净一切法门,是故如来开示演说;此陀罗尼,能摄一切契经等法,不成不坏,无初中后;此陀罗尼,如来护念,遍于十方诸佛世界,能作无量无边佛事。

无边庄严,于此最初陀罗尼品、说义品、理趣品中,而能摄受一切诸法。无边庄严,彼中诸菩萨等,欲随觉了此教法者,欲流注法令不断者,欲入诸法无住印者,欲随觉了无有障碍秘密门者,欲随发起趣向加行大精进者,欲随觉了诸法性相说此法者,应当受持诸佛如来所演言教。既受持已,随应了知一切所有秘密言词。欲随趣入总相,演说文字智者,欲随觉了演说诸法差别理趣者,欲随忆念一切诸法简择智者,为欲利益安乐一切诸众生故,施设胜义,善随机根,授与众生,令得利益。若称扬法,若流传法,若演说法,以资粮心哀愍利益。求佛之智,不于少法而生执着,由不执着无有所取,亦不观察无二法智,亦不示现内智外智,不于少法而生厌足,亦不应以下劣精进希求上智,勤修一切甚深之法,所有难问,随义而说,应住自利及以利他,应善观察自他之想,入一切法皆悉无我。我清净已,随入一切诸法清净,爱乐开示演说言教,若问不问,乃至少法不生悭吝。菩萨应作如是四无量心:我为利益诸众生故,随与胜施最上之施,所谓无上法宝之藏,我今当令一切众生与不可说法宝相应。假令众生作诸重恶,终不于彼生悭法心,离诸悭惜,能为舍施,为法施主。我今当作如来之事、一切智事,令诸众生舍离重担。于大瀑流,当以法船运度群品,能令众生得于一切安乐资具。菩萨当以如是悲心发生觉慧,速疾证于殊胜之法。于此契经陀罗尼门,演说诸法差别总持,当得成就舍离生死,不为他论之所摄受,能

破一切外道诸论，降伏魔军，为欲灭坏诤论法故，应如是住。

5.19.1

bju^{2}	mjij^{1}	ljuu^{2}	tshjij^{2}	dźiã^{2}	tsjij^{2}	thjɨ^{2}	thow^{1}	lo^{1}
边	无	庄	严	菩	萨，	此	陀	罗
dźji^{1}	ɣa^{1}	tja^{1}	mjor^{1}	ljij^{2}	ŋowr^{2}	ŋowr^{2}	to^{2}	zji^{2}
尼	门	者	如	来	一	切	尽	皆

无边庄严，此陀罗尼门一切如来

5.19.2

ɣjiw^{1}	ɣiwej^{1}	nioow^{1}	sjwɨ^{1}	ljɨr^{2}	njwi^{2}	dzjọ^{1}	sju^{2}	zji^{2}	mjiij^{2}	ljụ^{2}
摄	受，	复	思	念	善。	犹	如	最	后	身
dźiã^{2}	tsjij^{2}	sọ^{1}	ɣạ^{2}	sọ^{1}	mə^{1}	·ja^{2}	mo^{2}	mə^{1}	tew^{1}	
菩	萨	三	十	三	天，	夜	摩	天、	兜	

之所摄受，善作忆念。譬如后身菩萨，住于三十三天、夜摩天、

5.19.3

śie^{1}	thow^{1}	mə^{1}	·wjị^{1}	djii^{2}	ŋwe^{1}	mə^{1}	tsjij^{1}	djii^{2}	·jij^{1}	dzju^{2}
率	陀	天、	变	化	乐	天、	他	化	自	在
mə^{1}	tśhjaa^{1}	dźjiij^{1}	tew^{1}	śie^{1}	thow^{1}	mə^{1}	mjii^{1}	·u^{2}	rjur^{1}	mə^{1}
天	上	住，	兜	率	陀	天	宫	中，	诸	天

兜率陀天、乐变化天、他化自在天中①，兜率陀宫一切诸天

5.19.4

① 夜摩，梵文作 Yāma，夜摩天为欲界六天中第三天名。兜率陀，梵文作 Tuṣita，即兜率天，译言喜足，于五欲之乐生喜足之心。乐变化天，梵文作 Sunirmita，旧译化自乐天，新译乐变化天或妙变化天，欲界六天中第五重天。他化自在天，略名他化天，欲界六天中的第六重天，梵文作 Paranirmitavaśavartina，音译作婆舍跋提。

ŋowr^{2} ŋowr^{2} tshji^{2} ljịj^{1} kjụ^{1} tshwew^{1} dźiã^{2} tśhju^{1} ŋowr^{2} ŋowr^{2} zji^{2}

一 切 侍 奉 供 养， 众 生 一 切 皆

[illegible]

dzjwị^{1} lhejr^{2} śjwo^{1} neew^{2} tśhji^{2} śjɨj^{1} we^{1} rjur^{1} buu^{2} ljo^{1}

恭 敬 生， 善 根 成 熟， 诸 胜 福

承事供养，一切众生咸生爱乐，成熟善根摄诸胜福。

5.19.5

[illegible]

ɣjiw^{1} lew^{1} wee^{1} kjɨ^{1} rjir^{2} mjii^{1} kie^{1} ljo^{1} ŋur^{1} gji^{1} sej^{1}

摄。 一 生 △ 余， 施 戒 福 阴， 清 净

[illegible]

ŋowr^{2} lhə^{0} buu^{2} gjij^{1} sjij^{2} ŋur^{1} ŋowr^{2} ŋowr^{2} śjɨj^{1} ·jiw^{2}

具 足， 胜 殊 智 阴 一 切 成 就。

余有一生，施戒福蕴，具足清净，成就一切殊胜智蕴，

5.19.6

[illegible]

thjɨ^{2} so̱^{1} tụ^{1} ljịj^{2} tụ^{1} rjur^{1} kięj^{2} ·u^{2} dźiã^{2} tśhju^{1} ŋowr^{2}

此 三 千 大 千 世 界 中 众 生 一

[illegible]

ŋowr^{2} zji^{2} ？ mjɨ^{1} njwi^{2} ·jij^{1} dźiã^{2} tśhju^{1} ŋowr^{2} ŋowr^{2}

切 皆 如 不 能， 自 众 生 一 切

于此三千大千世界，一切众生，所不能及，

5.19.7

[illegible]①

·jij^{1} ·jwɨɨ^{1} njwi^{2} dźjij^{2} dźjij^{2} neew^{2} tśhji^{2} tsjɨ^{1} dźiã^{2} tśhju^{1} ŋowr^{2}

之 遮 能， 有 有 善 根， 亦 众 生 一

[illegible]

① [illegible]，西夏文字面意思是“有有”，与汉文本中的“所有”对译。

ŋowr^{2} dzjwɨ̣^{1} lhejr^{2} ·jow^{2} śja^{2} ŋowr^{2} ŋowr^{2} sjij^{2} sjij^{2} mjor^{1} rjir^{1}

切 恭 敬 赞 叹， 一 切 智 智 现 得。

而能映蔽一切有情①，所有善根，亦为一切诸有情等恭敬赞叹，现前获得一切智智。

5.20.1

[illegible] [illegible] [illegible] [illegible]， [illegible] [illegible] [illegible] [illegible] [illegible]， [illegible] [illegible]

tjij^{1} thja^{1} dźiā^{2} tsjij^{2} tew^{1} śie^{1} mjii^{1} ɣa^{2} śjwo^{1} ·jā^{1} xu^{1}

若 彼 菩 萨， 兜 率 宫 于 生， 阎 浮

[illegible] [illegible] [illegible] [illegible] [illegible]， [illegible] [illegible] [illegible] [illegible] [illegible]

thji^{1} ·u^{2} lja^{1} ·jij^{1} zjij^{1} gu^{2} lhjịj^{2} kjạ^{1} le^{2} lew^{2}

提 中 来 欲 时， 中 国 怖 畏 应

若彼菩萨，从兜率宫下阎浮②时，即于中国无怖畏

5.20.2

[illegible] [illegible]、 [illegible]③ [illegible] [illegible] [illegible]， [illegible] [illegible] [illegible] [illegible] [illegible]

mjij^{1} ljɨ̣^{2} zji^{2} buu^{2} gjij^{1} do^{2} ljij^{2} we^{2} ·u^{2} dźiā^{2} tśhju^{1}

无 地、 皆 胜 殊 处， 大 城 内 众 生

[illegible] [illegible] [illegible] [illegible] [illegible]， [illegible] [illegible] [illegible] [illegible]， [illegible]

ŋowr^{2} ŋowr^{2} ·ji^{1} ljwu^{2} kha^{1} wee^{1} lhjịj^{2} to^{2} śja^{2} rjur^{1}

一 切 众 会 中， 生 受 出 现， 诸

地、最胜妙处④，在大城内一切众生众会之中，降生出现，为诸

5.20.3

[illegible] [illegible] [illegible] [illegible] [illegible]⑤、 [illegible] [illegible]、 [illegible] [illegible]、 [illegible] [illegible]

dźiā^{2} tśhju^{1} ·jij^{1} bjuu^{1} ·juu^{1} tśja^{1} tshwew^{1} kjụ^{1} tshwew^{1} dzjwɨ̣^{1} lhejr^{2}

众 生 之 仰 瞻、 礼 敬、 供 养、 恭 敬

[illegible] [illegible]， [illegible] [illegible] [illegible] [illegible] [illegible] [illegible] [illegible] [illegible]，

lew^{2} we^{2} thjɨ^{2} thow^{1} lo^{1} dźji^{1} lwər^{2} lhejr^{2} tsjiir^{1} ɣa^{1}

---

① 而能映蔽一切有情，西夏文字面意思是“自能蔽一切众生”。

② 阎浮，梵文作 Jambudvipa，旧称阎浮提，新称瞻部洲。须弥山之南方大洲名。

③ 据汉文本“最胜妙处”，此处[illegible](zji^{2})“皆”通[illegible](zji^{2})“最”。

④ 最胜妙处，西夏文字面意思是“皆殊胜处”。

⑤ [illegible][illegible]，西夏文字面意思是“恭看”，与汉文本中的“瞻仰”对译。

应	为，	此	陀	罗	尼	经	契	法	门，

众生瞻仰、礼拜、供养、恭敬。此陀罗尼契经之门①，

5.20.4

[illegible]	[illegible]	[illegible]	[illegible]。	[illegible]	[illegible]	[illegible]	[illegible]	[illegible]	[illegible]	[illegible]，
tsjɨ^{1}	thja^{1}	wjɨ^{2}	sju^{2}	rjur^{1}	tsjiir^{1}	ŋowr^{2}	ŋowr^{2}	kha^{1}	no^{2}	dźjiij^{1}
亦	彼	△	如。	诸	法	一	切	中	安	住，
[illegible]	[illegible]	[illegible]	[illegible]	[illegible]	[illegible]	[illegible]	[illegible]，	[illegible]	[illegible]	
rjur^{1}	tsjiir^{1}	ŋowr^{2}	ŋowr^{2}	zji^{2}	thjɨ^{2}	ɣa^{2}	to^{2}	nioow^{1}	thjɨ^{2}	
诸	法	一	切	皆	此	于	出，	复	此	

亦复如是，入于一切诸法之中，而得安住；一切诸法皆从此生，

5.20.5

[illegible]	[illegible]。	[illegible]	[illegible]	[illegible]	[illegible]	[illegible]	[illegible]	[illegible]，	[illegible]	[illegible]
ɣa^{2}	dzjar^{2}	dźiã^{2}	tsjij^{2}	thjɨ^{2}	ɣa^{2}	no^{2}	dźjiij^{1}	rjir^{1}	nioow^{1}	śjɨj^{1}
于	灭。	菩	萨	此	于	安	住	得，	复	成
[illegible]	[illegible]	[illegible]，	[illegible]	[illegible]	[illegible]	[illegible]	[illegible]	[illegible]	[illegible]，	
we^{1}	lhu^{1}	dzja^{1}	ku^{1}	tsjiir^{1}	ŋowr^{2}	ŋowr^{2}	kha^{1}	no^{2}	dźjiij^{1}	
熟	增	长，	则	法	一	切	中	安	住，	

亦从此灭。菩萨于此得安住已，成熟增长，于一切法而得安住，

5.20.6

[illegible]	[illegible]	[illegible]	[illegible]	[illegible]	[illegible]	[illegible]，	[illegible]	[illegible]	[illegible]	[illegible]
tsjiir^{1}	ŋowr^{2}	ŋowr^{2}	kha^{1}	·jij^{1}	dzju^{2}	rjir^{1}	thja^{2}	kha^{1}	·wə^{1}	we^{2}
法	一	切	中	自	在	得，	彼	中	主	为
[illegible]。	[illegible]	[illegible]	[illegible]	[illegible]	[illegible]	[illegible]	[illegible]	[illegible]	[illegible]	[illegible]
ljɨ^{1}	dźiã^{2}	tsjij^{2}	zji^{2}	mjiij^{2}	wjɨ^{2}	lhjịj^{2}	ljụ^{2}	dzjwo^{2}	kha^{1}	wee^{1}
也。	菩	萨	最	后	△	受	身	人	中	生

一切法中而得自在，为其主故。菩萨最后受身，生于人中，

① 契经之门，西夏文字面意思是“契经法门”。

5.20.7

[illegible]，	[illegible]	[illegible]	[illegible]	[illegible]	[illegible]	[illegible]	[illegible]	[illegible]	[illegible]	[illegible]
zjịj^{1}	bioo^{1}	thjuu^{1}	mjij^{1}	tsjiir^{1}	ŋowr^{2}	ŋowr^{2}	tjɨ̣j^{2}	sã^{1}	mej^{2}	thji^{1}
时，	观	察	无	法	一	切	印	三	摩	地
[illegible]	[illegible]，	[illegible]	[illegible]	[illegible]	[illegible]	[illegible]	[illegible]	[illegible]，	[illegible]	
ɣie^{1}	bju^{1}	dźiā^{2}	tśhju^{1}	ŋowr^{2}	ŋowr^{2}	·jij^{1}	zji^{2}	bioo^{1}	nioow^{1}	
力	依，	众	生	一	切	之	皆	观，	复	

以无观视一切法印三摩地力，普遍观察一切有情①，

5.21.1

[illegible]	[illegible]	[illegible]	[illegible]	[illegible]	[illegible]	[illegible]	[illegible]	[illegible]	[illegible]，	[illegible]
sọ^{1}	tụ^{1}	ljịj^{2}	tụ^{1}	rjur^{1}	kiẹj^{2}	ŋowr^{2}	ŋowr^{2}	zji^{2}	bioo^{1}	tsjiir^{1}
三	千	大	千	世	界	一	切	皆	观，	法
[illegible]	[illegible]	[illegible]	[illegible]	[illegible]	[illegible]	[illegible]	[illegible]，	[illegible]	[illegible]	
thow^{1}	lo^{1}	dźji^{1}	wjị^{1}	tśhjwi^{1}	wjị^{1}	rjir^{1}	nioow^{1}	ku^{1}	wạ^{2}	
陀	罗	尼	味	融	味	得	故，	则	弘	

及遍观察一切三千大千世界，由得法陀罗尼醍醐之味②，以广

5.21.2

[illegible]	[illegible]	[illegible]	[illegible]	[illegible]	[illegible]	[illegible]	[illegible]	[illegible]	[illegible]	[illegible]，
ljịj^{2}	njiij^{1}	ŋwu^{2}	wạ^{2}	ljịj^{2}	sjij^{2}	źjɨr^{1}	mjɨɨ^{2}	kiẹj^{2}	dźjiij^{1}	njwi^{2}
大	心	以	弘	大	智	慧	境	界	住	善，
[illegible]	[illegible]	[illegible]	[illegible]	[illegible]	[illegible]	[illegible]	[illegible]	[illegible]	[illegible]	
tśjo^{0}	kiẹj^{2}	rejr^{2}	śjwo^{2}	ŋạ^{2}	·wụ^{2}	gju^{2}	ŋowr^{2}	ŋowr^{2}	mji^{1}	
终	欲	乐	娱	好	资	具	一	切	不	

大心善住广大智慧境界，终不贪爱一切欲乐玩好资具，

5.21.3

[illegible]，	[illegible]	[illegible]	[illegible]	[illegible]	[illegible]	[illegible]	[illegible]	[illegible]	[illegible]	[illegible]

① 普遍观察一切有情，西夏文字面意思是“皆观一切众生”。

② 醍醐之味，西夏文字面意思是“味融味”。醍醐为五味之一，制自牛乳。味中第一，药中第一。

dzu^{1}	nioow^{1}	laa^{1}	tsjiir^{1}	ljuu^{2}	tshjịj^{2}	twẹ^{2}	twẹ^{2}	ŋowr^{2}	ŋowr^{2}	mji^{1}
爱,	复	染	法	庄	严	续	续	一	切	不
[illegible],	[illegible]	[illegible]	[illegible]	[illegible]	[illegible]	[illegible]	[illegible]	[illegible],	[illegible]	
kjụ^{1}	thja^{1}	ŋa^{1}	sã^{1}	mej^{2}	thji^{2}	dwewr^{2}	dźjiij^{1}	nioow^{1}	ku^{1}	
求,	彼	空	三	摩	地	觉	住	故,	则	

亦不希求一切染法端严相续,由住彼空三摩地觉,

5.21.4

[illegible]	[illegible]	[illegible]	[illegible]	[illegible]	[illegible]	[illegible]	[illegible],	[illegible]	[illegible]	[illegible]
rjur^{1}	tsjiir^{1}	ŋowr^{2}	ŋowr^{2}	zji^{2}	bioo^{1}	thjuu^{1}	njwi^{2}	·jij^{1}	mjij^{1}	tśier^{1}
诸	法	一	切	皆	观	察	善,	相	无	方
[illegible]	[illegible]	[illegible]	[illegible],	[illegible]	[illegible]	[illegible]	[illegible]	[illegible]	[illegible]	
·ju^{2}	neew^{2}	ɣjɨr^{1}	rjir^{1}	ŋowr^{2}	ŋowr^{2}	ɣa^{2}	zji^{2}	mji^{1}	zow^{2}	
便	善	造	得,	一	切	于	皆	不	持	

能善观察一切诸法,随得无相方便善巧,而于一切无所执

5.21.5

[illegible],	[illegible]	[illegible]	[illegible]	[illegible]	[illegible]	[illegible]	[illegible]	[illegible]	[illegible]	[illegible]
zjịj^{1}	sọ^{1}	kiẹj^{2}	dźiəj^{2}	lheew^{2}	tsjiir^{1}	ŋowr^{2}	ŋowr^{2}	to^{2}	zji^{2}	dźjar^{2}
著,	三	界	为	有	法	一	切	尽	皆	过
[illegible],	[illegible]	[illegible]	[illegible],	[illegible]	[illegible]	[illegible],	[illegible]	[illegible]	[illegible]	
dju^{1}	lẹj^{2}	zjịj^{1}	njaa^{2}	nwə^{1}	tsjij^{2}	njwi^{2}	lho^{0}	ka^{2}	kjụ^{1}	
有,	贪	著	非,	知	解	能,	出	离	求	

着,能善了知一切三界有为之法。无非过患①,安可贪着②,应求出离,

5.21.6

[illegible],	[illegible]	[illegible]	[illegible]	[illegible]	[illegible]	[illegible]	[illegible],	[illegible]	[illegible]	[illegible]
lew^{2}	xja^{1}	mjij^{1}	sej^{1}	zji^{2}	mjij^{1}	sej^{1}	kiẹj^{2}	nioow^{1}	buu^{2}	bie^{2}
应,	即	寂	静	最	寂	静	界,	复	胜	解
[illegible]	[illegible]	[illegible]	[illegible]	[illegible]	[illegible],	[illegible]	[illegible]	[illegible]	[illegible],	

① 无非过患,西夏文字面意思是"尽皆有过"。

② 安可贪着,西夏文字面意思是"非贪著"。

lhew^{2} buu^{2} lho^{0} ka^{2} kiẹj^{2} rjir^{1} nioow^{1} thja^{1} sjij^{2} ɣa^{2}

脱 胜 出 离 界 得， 复 彼 识 于，

速得寂静极寂静界，及胜解脱胜出离界，然于彼识

5.21.7

[Tangut characters]

mji^{1} dźjiij^{1} mji^{1} zjịj^{1} lhji^{2} wee^{1} śioo^{1} dzjɨ̣^{2} sar^{2} ljiij^{2} bioo^{1}

不 住 不 著， 死 生 集 合， 散 坏 观

[Tangut characters]

thjuu^{1} rjur^{1} dźiã^{2} tśhju^{1} ɣa^{2} ljịj^{2} njij^{2} wjuu^{1} śjwo^{1} śjɨj^{1}

察， 诸 众 生 于 大 慈 悲 生， 成

不住不着，观察生灭，积集散坏①，于诸有情起大慈悲，为成

5.22.1

[Tangut characters]

we^{1} nioow^{1} ku^{1} lho^{0} ka^{2} dwewr^{2} śjwo^{1} wo^{2} tshwew^{1} dwewr^{2} nioow^{1}

熟 故 则 出 离 觉 生， 理 趣 觉 故

[Tangut characters]

dzjɨj^{2} bju^{1} tśier^{1} ·ju^{2} ŋwu^{2} zji^{2} buu^{2} sjịj^{2} źjɨr^{1} śjij^{1}

合 依 方 便 以， 最 胜 智 慧 顺

熟故生出离觉，以觉理趣随宜方便，能随顺入最胜智慧，

5.22.2

[Tangut characters]

wji^{1} ·o^{2} njwi^{2} dźiã^{2} tśhju^{1} ŋowr^{2} ŋowr^{2} ljɨr^{2} neew^{2} ɣjɨr^{1} tśier^{1}

为 入 能， 众 生 一 切 念 善 造 方

[Tangut characters]

·ju^{2} kha^{1} ·jij^{1} dzju^{2} rjir^{1} rjur^{1} tsjiir^{1} ɣiẹ^{2} lụ^{2} mjij^{1}

便 中 自 在 得。 诸 法 障 碍 无，

① 观察生灭，积集散坏，西夏文字面意思是"生死积集，散坏观察"。
② [Tangut]，西夏文字面意思是"随合"，与汉文本中的"随宜"对译。

随念一切有情,善巧方便而得自在。随得诸法无有障碍①

5.22.3

thow^{1}	lo^{1}	dźji^{1}	neew^{2}	ɣjɨr^{1}	wo^{2}	tshwew^{1}	rjir^{1}	neew^{2}	ɣjɨr^{1}	sjịj^{2}
陀	罗	尼	善	造	理	趣	得,	善	造	智
ŋwu^{2}	dźiā^{2}	tśhju^{1}	ŋowr^{2}	ŋowr^{2}	tsjiir^{1}	gjịj^{1}	bioo^{1}	thjuu^{1}	nioow^{1}	
以,	众	生	一	切	选	择	观	察,	复	

陀罗尼善巧理趣,以善巧智,简择观察一切有情,及

5.22.4

seew^{2}	tshjiij^{1}	mjij^{1}	tsjiir^{1}	kjɨ^{1}	djɨj^{2}	wo^{2}	tshwew^{1}	bioo^{1}	thjuu^{1}	njwi^{2}
思	议	不	法	决	定	理	趣	观	察	善,
nioow^{1}	mjor^{1}	laa^{1}	ljuu^{2}	tshjịj^{2}	thjwị^{1}	mjɨr^{1}②	kjɨ^{1}	ŋwu^{2}	rjur^{1}	
复	容	色	庄	严	少	壮	△	是,	诸	

善观察不思议法决定理趣,虽复少年端严美丽③,

5.22.5

kiej^{2}	mjɨɨ^{2}	ɣa^{2}	dzu^{1}	zjịj^{1}	mjij^{2}	djij^{2}	·wụ^{2}	war^{2}	kiwej^{2}	ljɨ̣^{1}
欲	境	于,	爱	著	未	曾,	资	物	珍	宝
·ji^{1}	gju^{2}	njij^{1}	low^{2}	wjɨ̣^{1}	dźjwɨ^{1}	ŋowr^{2}	ŋowr^{2}	dźjɨɨr^{1}	ka^{2}	
众	具、	亲	族	眷	属	一	切	舍	离,	

于诸欲境曾不爱乐,舍离所有一切资财、珍玩众具、亲戚眷属,

---

① 随得诸法无有障碍,西夏文字面意思是"无诸法障碍"。
② 少壮,西夏文字面意思是"少壮",与汉文本中的"少年"对译。
③ 端严美丽,西夏文字面意思是"容色庄严"。

5.22.6

□	□	□	□，	□	□	□	□，	□	□	□
sjwɨ^{1}	sjiij^{2}	bioo^{1}	thjuu^{1}	dwər^{1}	ka^{2}	njiij^{1}	ŋwu^{2}	mjij^{1}	sej^{1}	kjụ^{1}
思	惟	观	察，	厌	离	心	以，	寂	静	求
□。	□	□	□	□，	□	□	□	□，	□	
dzu^{1}	nji^{1}	kha^{1}	wjɨ^{2}	lho^{0}	nji^{1}	njaa^{2}	rjijr^{2}	tshwew^{1}	nji^{1}	
爱。	家	中	△	出，	家	非	向	趣，	家	

思惟观察，以厌离心希求寂静。从家出已，趣于非家，

5.22.7

□	□	□	□	□	□	□	□	□	□	□
phjɨ^{1}	nioow^{1}	rjijr^{2}	tśhjwo^{1}	seew^{2}	tshjiij^{1}	mjij^{1}	dwewr^{2}	zji^{2}	na^{1}	tśier^{1}
出	复	方	则	思	议	无	觉	最	深	方
□	□	□	□，	□	□	□	□，	□	□	
·ju^{2}	śjɨj^{1}	·jiw^{2}	njwi^{2}	rjɨr^{2}	wji^{1}	sjwɨj^{1}	bju^{1}	·wụ^{2}	dźjwij^{2}	
便	成	就	能，	所	为	业	随，	资	粮	

既出家已，而能成就不思议觉甚深方便，随所作业，积集资粮，

5.23.1

□	□，	□	□	□	□	□	□	□	□，	□
śioo^{1}	dzjɨ^{2}	zji^{2}	phju^{2}	po^{1}	tjɨj^{1}	lhejr^{2}	lhjoor^{1}	rjijr^{2}	tshwew^{1}	tji^{1}
聚	集，	最	上	菩	提	道	场	向	趣，	愿
□	□	□，	□	□	□	□	□	□	□	
bju^{1}	ljuu^{2}	tshjij^{2}	zji^{2}	phju^{2}	thow^{1}	lo^{1}	dźji^{1}	tjɨj^{2}	zji^{2}	
随	庄	严，	最	上	陀	罗	尼	印	最	

趣向无上菩提道场，随愿庄严，获得无上陀罗尼印甚

5.23.2

□	□	□	□	□	□	□	□	□。	□	□
na^{1}	tśier^{1}	·ju^{2}	zji^{2}	buu^{2}	pjụ^{1}	tśjiw^{2}	lhjụ^{2}	rjir^{1}	thjɨ^{2}	gji^{1}
深	方	便	最	胜	尊	顶	获	得。	此	清

□ □ □ □ □ □ □ □ □ □，

sej^{1} thow^{1} lo^{1} dźji^{1} ɣa^{1} neew^{2} ɣjɨr^{1} wo^{2} tshwew^{1} nioow^{1}

净 陀 罗 尼 门 善 造 理 趣 故，

深方便最胜尊顶。由是清净陀罗尼门善巧理趣，

5.23.3

□ □ □ □ □ □， □ □ □ □ □

tsjiir^{1} ŋowr^{2} ŋowr^{2} thja^{1} śjij^{1} sjij^{2} nioow^{1} ɣię^{2} lụ^{2} mjij^{1} ŋowr^{2}

法 一 切 自 然 智， 复 障 碍 无 一

□ □ □ □ □ □ □ □。 □ □

ŋowr^{2} sjij^{2} sjij^{2} zji^{2} ·jiij^{1} neew^{2} ɣjɨr^{1} rjir^{2} ŋowr^{2} ŋowr^{2}

切 智 智 皆 持 善 造 得。 一 切

得一切法自然之智，及无障碍一切智智遍持善巧。

5.23.4

□ □ □ □ □ □ □。 □ □ □ □

sjij^{2} sjij^{2} thow^{1} lo^{1} dźji^{1} ɣa^{1} rjir^{2} nioow^{1} thja^{1} bju^{1} kjɨ^{1}

智 智 陀 罗 尼 门 得。 复 彼 依 决

□ □ □ □ □ □， □ □ □ □

djɨj^{2} ŋowr^{2} ŋowr^{2} sjij^{2} sjij^{2} rjir^{1} gji^{1} sej^{1} njwi^{2} nioow^{1}

定 一 切 智 智 得， 清 净 能 复

彼既得于一切智智陀罗尼门，随得决定一切智智善清净已，

5.23.5

□ □ □ □ □ □ □ □ □ □ □，

zji^{2} phju^{2} ŋowr^{2} ŋowr^{2} sjij^{2} sjij^{2} ·wụ^{2} bjij^{2} ɣie^{1} no^{2} dźjiij^{1}

最 上 一 切 智 智 资 助 力 安 住，

□ □ □ □ □ □ □ □， □ □

zji^{2} phju^{2} gji^{1} sej^{1} tsjiir^{1} dźiej^{2} deej^{1} njwi^{2} nioow^{1} ŋowr^{2}

最 上 清 净 法 轮 转 能， 复 一

安住无上一切智智加持之力，能转无上清净法轮，

5.23.6

ŋowr^2	tsjiir^1	sjịj^2	thjoo^1	ɣjɨr^1	ŋwuu^1	dạ^2	rjur^1	tsjiir^1	rjir^1	njwi^2
切	法	智	妙	造	言	语	诸	法	得	能。
dzjọ^1	sju^2	be^2	bji^1	rjur^1	rjur^1	zji^2	swew^1	thjɨ^2	sju^2	
犹	如	日	光	诸	诸	皆	照，	此	如	

亦能随得一切法智巧妙言词诸法。譬如盛日光明照曜①，如是

5.23.7

tsjiir^1	ɣiẹ^2	bji^1	swew^1	tsjɨ^1	dzjwo^2	mə^1	djịj^1	ŋowr^2	ŋowr^2	·jij^1
法	声	光	明，	亦	人	天	辈	一	切	之
zji^2	neej^2	njwi^2								
皆	示	能。								

法声光明，遍示一切天人之类。

汉文本

无边庄严，此陀罗尼门一切如来之所摄受，善作忆念。譬如后身菩萨，住于三十三天、夜摩天、兜率陀天、乐变化天、他化自在天中，兜率陀宫一切诸天承事供养，一切众生咸生爱乐，成熟善根摄诸胜福。余有一生，施戒福蕴，具足清净，成就一切殊胜智蕴，于此三千大千世界，一切众生，所不能及，而能映蔽一切有情，所有善根，亦为一切诸有情等恭敬赞叹，现前获得一切智智。若彼菩萨，从兜率宫下阎浮时，即于中国无怖畏地、最胜妙处，在大城内一切众生众会之中，降生出现，为诸众生瞻仰、礼拜、供养、恭敬。此陀罗尼契经之门，亦复如是，入于一切诸法之中，而得安住；一切诸法皆从此生，亦从此灭。菩萨于此得安住已，成熟增长，于一切法而得安住，一切法中而得自在，为其主故。菩萨最后受身，生于人中，以无观视一切法印三摩地力，普遍观察一切有情，及遍观察一切三千大千世界，由得法陀罗尼醍醐之味，以广大心善住广大智慧境界，终不贪爱一切欲乐玩好资具，亦不希求一切染法端严相续，由住彼空三摩地觉，能善观察一切诸法，随得无相方便善巧，而于一切无所执着，能善了知一切三界有为之法。无非过患，安可贪着，应求出离，速得寂静极寂静界，及胜解脱胜出离界，然于彼识不住不着，观察生灭，积集散坏，于诸有情起大慈悲，为成熟故生出离觉，以觉理趣随宜方便，能随顺入最

① 盛日光明照曜，西夏文字面意思是"诸诸日光遍照"。

胜智慧，随念一切有情，善巧方便而得自在。随得诸法无有障碍陀罗尼善巧理趣，以善巧智，简择观察一切有情，及善观察不思议法决定理趣，虽复少年端严美丽，于诸欲境曾不爱乐，舍离所有一切资财、珍玩众具、亲戚眷属，思惟观察，以厌离心希求寂静。从家出已，趣于非家，既出家已，而能成就不思议觉甚深方便，随所作业，积集资粮，趣向无上菩提道场，随愿庄严，获得无上陀罗尼印甚深方便最胜尊顶。由是清净陀罗尼门善巧理趣，得一切法自然之智，及无障碍一切智智遍持善巧。彼既得于一切智智陀罗尼门，随得决定一切智智善清净已，安住无上一切智智加持之力，能转无上清净法轮，亦能随得一切法智巧妙言词诸法。譬如盛日光明照曜，如是法声光明，遍示一切天人之类。

5.23.7—5.24.1

[illegible]	[illegible]	[illegible]	[illegible]	[illegible]	[illegible]，	[illegible]	[illegible]	[illegible]	[illegible]
bju^2	mjij^1	ljuu^2	tshjịj^2	dźiã^2	tsjij^2	tjɨ^1	tjij^1	dźiã^2	tsjij^2
边	无	庄	严	菩	萨，	假	若	菩	萨
[illegible]	[illegible]	[illegible]	[illegible]	[illegible]	[illegible]	[illegible]	[illegible]	[illegible]，	[illegible]
ŋowr^2	ŋowr^2	sjịj^2	sjịj^2	thow^1	lo^1	dźji^1	ɣa^2	dźjiij^1	nioow^1
一	切	智	智	陀	罗	尼	于	住，	复
[illegible]	[illegible]	[illegible]	[illegible]	[illegible]	[illegible]	[illegible]	[illegible]		
·ja^0	duu^2	tow^1	lo^1	sã^1	mjiw^2	sã^1	po^1		
阿	耨	多	罗	三	藐	三	菩		

无边庄严，菩萨住于一切智智陀罗尼已，得阿耨多罗三藐三菩提。

5.24.2

[illegible]	[illegible]。	[illegible]	[illegible]	[illegible]	[illegible]	[illegible]	[illegible]	[illegible]	[illegible]	[illegible]
tjɨj^1	rjir^1	thja^1	thow^1	lo^1	dźji^1	ɣa^1	gjwi^2	wo^2	do^2	pha^1
提	得。	彼	陀	罗	尼	门	句	义	差	异
[illegible]，	[illegible]	[illegible]	[illegible]	[illegible]	[illegible]	[illegible]	[illegible]	[illegible]。	[illegible]	
tja^1	dzjij^2	rjur^1	dźiã^2	tsjij^2	zji^2	nwə^1	mjɨ^1	njwi^2	tjij^1	
者，	余	诸	菩	萨	皆	知	不	能。	若	

彼陀罗尼门句义差别，诸余菩萨所不能知。若

5.24.3

[illegible]	[illegible]	[illegible]	[illegible]①	[illegible]	[illegible]	[illegible]	[illegible]	[illegible]	[illegible]，	[illegible]
lew^1	wee^1	tśiẹj^2	twẹ^2	dźiã^2	tsjij^2	lhejr^2	lhjoor^1	·u^2	dzuu^2	gji^1

① [illegible]，西夏文字面意思是“一生次续”，与汉文本中的“一生补处”对译。

一 生 次 续 菩 萨 道 场 中 坐， 清

[illegible]

sej^{1} dwewr^{2} ŋwu^{2} dzjiij^{2} mjij^{1} ·jij^{1} tsjij^{2} thjɨ^{2} thow^{1} lo^{1}

净 觉 以 师 无 自 悟， 此 陀 罗

一生补处菩萨坐于道场，以清净觉无师自悟，此陀罗

5.24.4

[illegible]

dźji^{1} tśhjwo^{1} mjor^{1} ·ju^{2} rjir^{1} nioow^{1} tsjɨ^{1} dźiã^{2} tsjij^{2} po^{1} tjɨj^{1}

尼 则 现 前 得。 复 亦 菩 萨 菩 提

[illegible]

nioow^{1} ku^{1} mjɨ^{1} pjụ^{1} kja^{2} ɣa^{2} neew^{2} tśhji^{2} śioo^{1} dzjɨ̣^{2}

故， 则 无 量 劫 于 善 根 集 合，

尼而得现前。亦犹菩萨为菩提故，无量劫中积集善根，

5.24.5

[illegible]

thja^{1} gjɨ^{2} zjir^{2} kha^{1} dju^{1} njij^{2} xiwã^{1} dźjɨ^{0} ·jɨr^{2} djọ^{2} na^{1}

彼 夜 长 中 久 前 梵 行 勤 修， 深

[illegible]

tsjiir^{1} zeew^{2} rjir^{2} rjur^{1} dźiã^{2} tśhju^{1} ŋowr^{2} ŋowr^{2} ·jij^{1} njij^{2}

法 忍 得， 诸 众 生 一 切 之 慈

于其长夜久修梵行，得深法忍，哀愍一切诸众生故，

5.24.6

[illegible]

śjow^{1} ku^{1} ljij^{2} njij^{2} wjuu^{1} njiij^{1} tśhjwo^{1} mjor^{1} ·ju^{2} rjir^{1} bju^{2}

悲， 则 大 慈 悲 心 则 现 前 得。 边

[illegible]

mjij^{1} ljuu^{2} tshjij^{2} dźiã^{2} tsjij^{2} thja^{1} dźiã^{2} tsjij^{2} thjɨ^{2} thow^{1}

无 庄 严 菩 萨， 彼 菩 萨 此 陀

大慈悲心方得现前。无边庄严，菩萨由是陀

5.24.7

[illegible]	[illegible]	[illegible]，	[illegible]	[illegible]	[illegible]	[illegible]	[illegible]	[illegible]，	[illegible]	[illegible]
lo^{1}	dźji^{1}	nioow^{1}	ku^{1}	lhejr^{2}	lhjoor^{1}	·u^{2}	dzuu^{2}	kụ^{1}	·ja^{0}	duu^{2}
罗	尼	故，	则	道	场	中	坐	后，	阿	耨
[illegible]	[illegible]	[illegible]	[illegible]	[illegible]	[illegible]	[illegible]	[illegible]。	[illegible]	[illegible]	
tow^{1}	lo^{1}	sã^{1}	mjiw^{2}	sã^{1}	po^{1}	tjɨj^{1}	ljạ^{1}	ŋa^{2}	sjij^{1}	
多	罗	三	藐	三	菩	提	证。	我	今	

罗尼故,坐于道场,当证阿耨多罗三藐三菩提。

5.25.1

[illegible]	[illegible]	[illegible]	[illegible]，	[illegible]	[illegible]	[illegible]	[illegible]	[illegible]	[illegible]	[illegible]
nji^{2}	·jij^{1}	rjir^{1}	lew^{2}	dźiã^{2}	tsjij^{2}	sjịj^{2}	źjɨr^{1}	neej^{2}	tshjiij^{1}	tjị^{2}
汝	之	得	应，	菩	萨	智	慧	示	说	可
[illegible]，	[illegible]	[illegible]	[illegible]	[illegible]	[illegible]	[illegible]	[illegible]	[illegible]	[illegible]，	
mjij^{1}	rjur^{1}	dźiã^{2}	tsjij^{2}	njɨ^{2}	thja^{1}	tsjiir^{1}	mjor^{1}	ljạ^{1}	zjịj^{1}	
无，	诸	菩	萨	等	彼	法	现	证	时，	

我今于汝不可示说,汝得菩萨智慧现前,能证彼法①,

5.25.2

[illegible]	[illegible]	[illegible]	[illegible]，	[illegible]	[illegible]	[illegible]	[illegible]	[illegible]	[illegible]	[illegible]
·jij^{1}	njiij^{1}	tsjij^{2}	nioow^{1}	ku^{1}	dźiã^{2}	tsjij^{2}	tśhjɨ^{1}	zjịj^{1}	bju^{2}	mjij^{1}
自	心	解	故，	则	菩	萨	尔	时	边	无
[illegible]、	[illegible]	[illegible]	[illegible]、	[illegible]	[illegible]、	[illegible]	[illegible]	[illegible]	[illegible]、	[illegible]
ɣa^{1}	mjɨ^{1}	pjụ^{1}	ɣa^{1}	·jiw^{1}	ɣa^{1}	dzjọ^{1}	dza^{2}	mjij^{1}	ɣa^{1}	to^{2}
门、	无	量	门、	因	门、	如	量	无	门、	尽

当于尔时,诸菩萨等自应解了②。尔时菩萨得无边门、无量门、因门、无譬喻门③,

5.25.3

[illegible]	[illegible]	[illegible]。	[illegible]	[illegible]	[illegible]	[illegible]	[illegible]	[illegible]	[illegible]	[illegible]

① 汝得菩萨智慧现前,能证彼法,西夏文字面意思是"诸菩萨等彼法现证时"。
② 当于尔时,诸菩萨等自应解了,西夏文字面意思是"自心解故"。
③ 无譬喻门,西夏文字面意思是"无如量门"。

zji^{2}	mjor^{1}	śja^{2}	thja^{1}	ɣa^{1}	rjir^{2}	mjijr^{2}	tsjɨ^{1}	nẹ^{1}	tshjiij^{1}	mjɨ^{1}
皆	现	现。	彼	门	得	者	亦	宣	说	不
[illegible]，	[illegible]	[illegible]	[illegible]	[illegible]，	[illegible]	[illegible]	[illegible]	[illegible]	[illegible]	
ljɨɨ^{1}	rjur^{1}	kha^{1}	gjiij^{1}	dzjịj^{1}	dzjwo^{2}	mə^{1}	ljiij^{2}	xiwã^{1}	nioow^{1}	
能，	世	间	超	过，	人	天	魔	梵	复	

悉皆现前。而得门者不可宣说，超过世间，不共一切天人魔梵及

5.25.4

[illegible]	[illegible]	[illegible]、	[illegible]	[illegible]	[illegible]	[illegible]	[illegible]	[illegible]	[illegible]	[illegible]
rjur^{1}	śia^{1}	mẽ^{1}	pho^{1}	lo^{1}	mẽ^{1}	njɨ^{2}	ŋowr^{2}	ŋowr^{2}	rjir^{2}	mji^{1}
诸	沙	门、	婆	罗	门	等	一	切	与	不
[illegible]，	[illegible]	[illegible]	[illegible]	[illegible]	[illegible]	[illegible]	[illegible]	[illegible]	[illegible]	[illegible]
gu^{2}	zji^{2}	phju^{2}	gji^{1}	sej^{1}	tsjiir^{1}	ŋowr^{2}	ŋowr^{2}	sjịj^{2}	sjịj^{2}	nioow^{1}
共，	最	上	清	净	法	一	切	智	智	及

诸沙门婆罗门等，逮得最上清净之法，一切智智及

5.25.5

[illegible]	[illegible]	[illegible]	[illegible]	[illegible]。	[illegible]	[illegible]	[illegible]	[illegible]	[illegible]	[illegible]
thja^{1}	śjij^{1}	sjịj^{2}	lhjụ^{2}	rjir^{1}	dźiã^{2}	tsjij^{2}	thja^{1}	gji^{1}	sej^{1}	thja^{1}
自	然	智	获	得。	菩	萨	彼	清	净	自
[illegible]	[illegible]	[illegible]	[illegible]	[illegible]，	[illegible]	[illegible]	[illegible]	[illegible]	[illegible]	[illegible]
śjij^{1}	sjịj^{2}	·o^{2}	njwi^{2}	nioow^{1}	zji^{2}	phju^{2}	gji^{1}	sej^{1}	tsjiir^{1}	dźiej^{2}
然	智	入	能	故，	最	上	清	净	法	轮

自然智。菩萨由是能入清净自然之智，能转无上清净法轮，

5.25.6

[illegible]	[illegible]。	[illegible]	[illegible]①	[illegible]	[illegible]	[illegible]	[illegible]	[illegible]，	[illegible]	[illegible]
deej^{1}	njwi^{2}	tśjɨɨ^{1}	bju^{1}	mjɨ^{1}	pjụ^{1}	dźiã^{2}	tśhju^{1}	nioow^{1}	zji^{2}	phju^{2}
转	能。	次	依	无	量	众	生	故，	最	上
[illegible]	[illegible]	[illegible]	[illegible]	[illegible]	[illegible]，	[illegible]	[illegible]	[illegible]	[illegible]	

① [illegible][illegible]，西夏文字面意思是“次依”，与汉文本中的“渐次”对译，下同。

ŋowr^{2} ŋowr^{2} sjịj^{2} sjịj^{2} ɣjiw^{1} ɣiwej^{1} rjur^{1} tsjiir^{1} ɣa^{1} nioow^{1}

一 切 智 智 摄 受, 诸 法 门 及

渐次为于无量众生,摄取无上一切智智。于诸法门及

5.25.7

[illegible]

djiij^{2} phã^{1} ɣa^{1} gji^{1} sej^{1} rjir^{1} ku^{1} mjɨ^{1} pjụ^{1} mə^{2} mə^{2}

涅 槃 门, 清 净 得 故, 无 量 种 种

[illegible]

neew^{2} ɣjɨr^{1} wo^{2} tshwew^{1} nẹ^{1} tshjiij^{1} phie^{2} neej^{2} ŋwu^{2} ŋur^{1}

善 造 理 趣 宣 说 开 示 以, 蕴

涅槃门,得清净故,开示演说无量种种善巧理趣,而能发生持蕴

5.26.1

[illegible]

·jiij^{1} neew^{2} ɣjɨr^{1} gu^{1} śjwo^{1} njwi^{2} nioow^{1} ŋur^{1} ·jiij^{1} gji^{1} sej^{1}

持 善 造 发 生 能, 复 蕴 持 清 净

[illegible]

neew^{2} ɣjɨr^{1} sjịj^{2} wjị^{2} śja^{2} njwi^{2} kiẹj^{2} do^{2} nioow^{1} śjwo^{1}

善 造 智 示 现 能, 界 处 缘 起,

善巧,亦能示现持蕴清净善巧之智,界处缘起,

5.26.2

[illegible]

tsjɨ^{1} zji^{2} thja^{1} wjɨ^{2} sju^{2} nioow^{1} dźiã^{2} tśhju^{1} ·jij^{1} śjɨj^{2} dźjar^{2}

亦 皆 彼 所 如。 复 众 生 之 圣 谛

[illegible]

ɣa^{2} tshwew^{1} ·o^{2} sji^{2} tsjiir^{1} ɣa^{1} gu^{1} śjwo^{1} njwi^{2} nioow^{1} śjɨj^{2}

于, 趣 入 △ 法 门 发 生 能, 复 圣

亦复如是。又令众生发生趣入圣谛法门,亦能示现圣

5.26.3

[illegible]

dźjar^{2} gji^{1} sej^{1} neew^{2} ɣjɨr^{1} sjịj^{2} wjị^{2} śja^{2} njwi^{2} nioow^{1} sọ^{1}

谛 清 净 善 造 智 示 现 能， 复 三

[illegible]

ɣạ^{2} śjạ^{1} tjij^{1} po^{1} tjɨj^{1} ·jiw^{1} tsjiir^{1} do^{2} pha^{1} neew^{2} ɣjɨr^{1}

十 七 品 菩 提 分 法 差 别 善 造

谛清净善巧之智；又能发生三十七品菩提分法差别善巧，

5.26.4

[illegible]

gu^{1} śjwo^{1} njwi^{2} nioow^{1} po^{1} tjɨj^{1} ·jiw^{1} tsjiir^{1} gji^{1} sej^{1} sjịj^{2}

发 生 能， 复 菩 提 因 法 清 净 智

[illegible]

wjị^{2} śja^{2} njwi^{2} nioow^{1} śja^{1} mo^{2} thow^{1} phji^{1} pa^{2} śja^{1} no^{1}

示 现 能， 复 奢 摩 他①、 毗 钵 舍 那②

亦能示现菩提分法清净之智；而能发起持奢摩他、毗钵舍那

5.26.5

[illegible]

·jiij^{1} neew^{2} ɣjɨr^{1} sjịj^{2} gu^{1} śjwo^{1} njwi^{2} nioow^{1} śja^{1} mo^{2} thow^{1}

持， 善 造 智 发 生 能， 复 奢 摩 他

[illegible]

phji^{1} pa^{2} śja^{1} no^{1} ·jiij^{1} gji^{1} sej^{1} neew^{2} ɣjɨr^{1} wjị^{2}

毗 钵 舍 那 持， 清 净 善 造 示

善巧之智，亦能示现持奢摩他、毗钵舍那清净善巧；

5.26.6

[illegible]

śja^{2} njwi^{2} nioow^{1} sã^{1} mo^{2} thji^{2} sã^{1} mo^{2} pa^{2} tji^{2} ·jiij^{1}

① 奢摩他，梵文作śamatha，又作舍摩他、奢摩陀，禅定七名之一，译曰止、寂静、能灭等。

② 毗钵舍那，梵文作 Vipaśyanā，译曰观、见、种种观察等。

现 能， 复 三 摩 地①、 三 摩 钵 底② 持，

□ □ □ □ □ □， □ □ □ □

neew^{2} ɣjɨr^{1} sjịj^{2} gu^{1} śjwo^{1} njwi^{2} nioow^{1} śjã^{1} sã^{1} mo^{2}

善 造 智 发 生 能， 复 禅 三 摩

又能发起持三摩地、三摩钵底善巧之智，亦能示现禅三摩

5.26.7

□、 □ □ □ □ □ □ □ □ □ □

thji^{2} sã^{1} mo^{2} pa^{2} tji^{2} gji^{1} sej^{1} neew^{2} ɣjɨr^{1} wjị^{2} śja^{2}

地、 三 摩 钵 底 清 净 善 造 示 现

□， □ □ □ □ □， □ □ □ □，

njwi^{2} nioow^{1} ·jiw^{2} ljɨj^{1} mjij^{1} ·jiij^{1} wji^{1} wji^{1} ·wạ^{1} dju^{1}

能， 复 疑 惑 无 持， 为 为 赢 有，

地三摩钵底清净善巧；又能发起持无迷惑，功不唐捐③，

5.27.1

□ □ □ □ □ □， □ □ □ □ □，

neew^{2} ɣjɨr^{1} sjịj^{2} gu^{1} śjwo^{1} njwi^{2} nioow^{1} ·jiw^{2} ljɨj^{1} mjij^{1} ·jiij^{1}

善 造 智 发 生 能， 复 疑 惑 无 持，

□ □ □ □， □ □ □ □ □ □

wji^{1} wji^{1} ·wạ^{1} dju^{1} gji^{1} sej^{1} sjịj^{2} źjɨr^{1} wjị^{2} śja^{2}

为 为 赢 有， 清 净 智 慧 示 现

善巧之智，亦能示现持无迷惑，功不唐捐，清净智慧；

5.27.2

□， □ □ □ □ □， □ □ □ □ □

njwi^{2} nioow^{1} dwər^{1} ka^{2} sji^{1} ·jiij^{1} wee^{1} mjij^{1} sjịj^{2} gu^{1} śjwo^{1}

能， 复 厌 离 尽 持， 生 无 智 发 生

□， □ □ □ □ □， □ □ □ □

---

① 三摩地，梵文作 Samādhi，旧称三昧、三摩提、三摩帝、三摩底；新称三么地、三昧地；译曰定、等持、正定、一境性。

② 三摩钵底，梵文作 Samāpatti，禅定之一种；又曰三摩钵提、三摩拔提、三摩跋提。

③ 功不唐捐，西夏文字面意思是“有为为赢”，下同。

njwi² nioow¹ dwər¹ ka² sji¹ ·jiij¹ wee¹ mjij¹ gji¹ sej¹

能， 复 厌 离 尽 持， 生 无 清 净

又能发起持厌离尽无生之智，亦能示现持厌离尽无生清净

5.27.3

[illegible]

neew² ɣjɨr¹ sjịj² wjị² śja² njwi² nioow¹ swew¹ bie² lhew² ·jiij¹

善 造 智 示 现 能， 复 明 解 脱 持，

[illegible]

neew² ɣjɨr¹ sjịj² gu¹ śjwo¹ njwi² nioow¹ swew¹ bie² lhew² ·jiij¹

善 造 智 发 生 能， 复 明 解 脱 持，

善巧之智，又能发起持明解脱善巧之智，亦能示现持明解脱

5.27.4

[illegible]

gji¹ sej¹ neew² ɣjɨr¹ wjị² śja² njwi² nioow¹ ljịj² djiij² phã¹

清 净 善 造 示 现 能， 复 大 涅 槃

[illegible]

ɣa¹ nẹ¹ tshjiij¹ njwi² gji¹ sej¹ neew² ɣjɨr¹ tśier¹ ·ju² dźjɨɨr¹

门 宣 说 能， 清 净 善 造 方 便 舍

清净善巧，而能演说大涅槃门，亦能住持一切句义，舍离清净善巧方便，

5.27.5

[illegible]

ka² gjwi² wo² ŋowr² ŋowr² dźjiij¹ ·jiij¹ njwi² dźiəj² lheew² dźiəj²

离， 句 义 一 切 住 持 能， 为 有、 为

[illegible]

mə̣¹ rar² dju¹ rar² mjij¹ rjur¹ kha¹ rjur¹ kha¹ lho⁰ tsjiir¹

无、 漏 有、 漏 无、 世 间、 世 间 出 法，

于有为、无为、有漏、无漏、世、出世法①，

① 世、出世法，西夏文字面意思是“世间、出世间法”。

5.27.6

[illegible]	[illegible]	[illegible]	[illegible]	[illegible]	[illegible]	[illegible]	[illegible]	[illegible]，	[illegible]	[illegible]
bju^{1}	mjɨ^{1}	pjụ^{1}	mjiij^{2}	ŋwu^{2}	dźju^{1}	sjwij^{1}	phie^{2}	tshjiij^{1}	tsjiir^{1}	ɣa^{1}
依	无	量	名	以	显	明	解	说，	法	门
[illegible]	[illegible]	[illegible]，	[illegible]	[illegible]	[illegible]	[illegible]	[illegible]	[illegible]	[illegible]	[illegible]
gji^{1}	sej^{1}	ku^{1}	rjur^{1}	dźiã^{2}	tśhju^{1}	·jij^{1}	zji^{2}	phju^{2}	kjɨ^{1}	djɨj^{2}
清	净	故，	诸	众	生	之	最	上	决	定

以无量名表示宣说①，法门清净故，为诸众生开示无上决定

5.27.7

[illegible]	[illegible]	[illegible]，	[illegible]	[illegible]	[illegible]	[illegible]	[illegible]	[illegible]	[illegible]	[illegible]
tsjiir^{1}	phie^{2}	neej^{2}	nioow^{1}	gji^{1}	sej^{1}	zji^{2}	thjoo^{1}	sjịj^{2}	·jiw^{1}	·jiij^{1}
法	开	示，	复	清	净	最	妙	智	因	持
[illegible]。	[illegible]	[illegible]	[illegible]	[illegible]	[illegible]	[illegible]，	[illegible]	[illegible]	[illegible]	
ljɨ^{1}	bju^{2}	mjij^{1}	ljuu^{2}	tshjịj^{2}	dźiã^{2}	tsjij^{2}	mjor^{1}	ljịj^{2}	thjɨ^{2}	
也。	边	无	庄	严	菩	萨，	如	来	此	

之法，及持清净微妙智因。无边庄严，如来说此

5.28.1

[illegible]	[illegible]	[illegible]	[illegible]	[illegible]	[illegible]	[illegible]	[illegible]	[illegible]	[illegible]：	[illegible]
ljịj^{2}	thow^{1}	lo^{1}	dźji^{1}	zji^{2}	·jiij^{1}	tśier^{1}	·ju^{2}	rjɨr^{2}	tshjiij^{1}	ŋowr^{2}
大	陀	罗	尼	遍	持	方	便	△	说：	一
[illegible]	[illegible]	[illegible]	[illegible]	[illegible]	[illegible]	[illegible]	[illegible]	[illegible]，	[illegible]	
ŋowr^{2}	sjịj^{2}	thow^{1}	lo^{1}	dźji^{1}	neew^{2}	ɣjɨr^{1}	ɣie^{1}	nioow^{1}	no^{2}	
切	智	陀	罗	尼	善	造	力	故，	安	

大陀罗尼遍持方便，为一切智陀罗尼善巧之力，得安

5.28.2

[illegible]	[illegible]	[illegible]，	[illegible]	[illegible]	[illegible]	[illegible]	[illegible]	[illegible]	[illegible]	[illegible]
dźjiij^{1}	rjir^{1}	ku^{1}	rjur^{1}	dźiã^{2}	tśhju^{1}	·jij^{1}	mər^{2}	tjị^{1}	ŋowr^{2}	ŋowr^{2}

① 表示宣说，西夏文字面意思是“显明解说”。

住	得	故，	诸	众	生	之	本	愿	一	切

[illegible]

bju^{1}	thjɨ^{2}	sju^{2}	dźjɨ^{0}	neej^{2}	dwewr^{2}	bju^{1}	wo^{2}	tshwew^{1}	do^{2}
依，	此	如	行	示，	觉	依	理	趣	差

住故，随诸众生一切本愿，示如是行，令入随觉理趣差别，

5.28.3

[illegible]

pha^{1}	·o^{2}	phji^{1}	thow^{1}	lo^{1}	dźji^{1}	pjụ^{1}	ɣie^{1}	zji^{2}	phju^{2}	tsjiir^{1}
异	入	令，	陀	罗	尼	威	力	最	上	法

[illegible]

·ụ^{2}	phie^{2}	neej^{2}	njwi^{2}	ku^{1}	tsjiir^{1}	twẹ^{2}	twẹ^{2}	mji^{1}	bja^{2}
藏	开	示	能，	则	法	续	续	不	断

善能开示陀罗尼威力无上法藏，而能流注降洒

5.28.4

[illegible]

tsjiir^{1}	dzjụ^{2}	dzjụ^{2}	ŋwu^{2}	kjịj^{1}	rowr^{1}	dźiã^{2}	tśhju^{1}	ŋowr^{2}	ŋowr^{2}	·jij^{1}
法	雨	雨	以，	毁	枯	众	生	一	切	之

[illegible]

njọ^{1}	nejr^{1}	thjoo^{1}	tsjiir^{1}	mjii^{1}	khjow^{1}	zji^{2}	sə^{1}	lhə^{0}	phji^{1}
润	泽，	妙	法	施	与	皆	满	足	令。

法雨①，润洽一切枯槁有情，施以妙法咸令满足。

5.28.5

[illegible]

nji^{2}	njɨ^{2}	mjor^{1}	ljịj^{2}	bju^{1}	ɣiew^{1}	lew^{2}	thjɨ^{2}	zji^{2}	na^{1}	kjɨ^{1}
汝	等	如	来	依	学	应，	此	最	深	决

[illegible]

djịj^{2}	tsjiir^{1}	ɣa^{2}	ljwu^{1}	nu^{1}	tji^{1}	wji^{1}	nji^{2}	njɨ^{2}	thjɨ^{2}

① 而能流注降洒法雨，西夏文字面意思是“则法相续不断，雨法雨”。

定	法	于	违	背	不	为。	汝	等	此

汝等应当随如来学,于此甚深决定之法,不应违逆;汝等于此

5.28.6

[illegible]	[illegible]	[illegible]	[illegible]	[illegible]	[illegible]	[illegible]	[illegible]	[illegible],	[illegible]	[illegible]
ŋowr2	ŋowr2	sjịj2	sjịj2	ljịj2	thow1	lo1	dźji1	bju1	mji1	khwa1
一	切	智	智	大	陀	罗	尼	依,	不	远
[illegible]	[illegible]	[illegible]	[illegible]	[illegible],	[illegible]	[illegible]	[illegible]	[illegible],	[illegible]	
zji2	·jiij1	·jij1	dzju2	rjir1	thow1	lo1	dźji1	dźjiij1	rjur1	
遍	持	自	在	得,	陀	罗	尼	住,	诸	

一切智智大陀罗尼,不久当得遍持自在住陀罗尼,

5.28.7

[illegible]	[illegible]	[illegible]	[illegible]	[illegible]	[illegible]	[illegible]	[illegible]	[illegible]	[illegible]	[illegible]。
dźiã2	tśhju1	·jij1	thjɨ2	sju2	mjɨ1	pjụ1	gjịj1	ɣie2	wji1	lew2
众	生	之	此	如	无	量	利	益	为	应。
[illegible]	[illegible]	[illegible]	[illegible]	[illegible]	[illegible]	[illegible]	[illegible]	[illegible]	[illegible]	
nji2	njɨ2	thjɨ2	wjɨ2	ŋa2	wjɨ2	sju2	mjɨ1	pjụ1	do2	
汝	等	此	刻	我	所	如	无	量	差	

为诸众生,当作如是无量义利。如我今者,汝等当以无量

5.29.1

[illegible]	[illegible],	[illegible]	[illegible]	[illegible]	[illegible]	[illegible]	[illegible]	[illegible]	[illegible]	[illegible]
pha1	ŋwu2	thjɨ2	thow1	lo1	dźji1	kjɨ1	djɨj2	rjur1	tsjiir1	zji2
异	以,	此	陀	罗	尼	决	定	诸	法	最
[illegible]	[illegible]	[illegible]	[illegible]	[illegible]	[illegible]	[illegible]	[illegible]。			
na1	sjịj2	źjɨr1	nẹ1	tshjiij1	phie2	neej2	lew2			
深	智	慧	宣	说	开	示	应。			

异名①,开示演说此陀罗尼,决定诸法甚深智慧。

① 无量异名,西夏文字面意思是“无量差异”。

汉文本

无边庄严，菩萨住于一切智智陀罗尼已，得阿耨多罗三藐三菩提。彼陀罗尼门句义差别，诸余菩萨所不能知。若一生补处菩萨坐于道场，以清净觉无师自悟，此陀罗尼而得现前。亦犹菩萨为菩提故，无量劫中积集善根，于其长夜久修梵行，得深法忍，哀愍一切诸众生故，大慈悲心方得现前。

无边庄严，菩萨由是陀罗尼故，坐于道场，当证阿耨多罗三藐三菩提。我今于汝不可示说，汝得菩萨智慧现前，能证彼法，当于尔时诸菩萨等自应解了。尔时菩萨得无边门、无量门、因门、无譬喻门，悉皆现前。而得门者不可宣说，超过世间，不共一切天人魔梵及诸沙门婆罗门等，逮得最上清净之法，一切智智及自然智。菩萨由是能入清净自然之智，能转无上清净法轮，渐次为于无量众生，摄取无上一切智智。于诸法门及涅槃门，得清净故，开示演说无量种种善巧理趣，而能发生持蕴善巧，亦能示现持蕴清净善巧之智，界处缘起，亦复如是。又令众生发生趣入圣谛法门，亦能示现圣谛清净善巧之智；又能发生三十七品菩提分法差别善巧，亦能示现菩提分法清净之智；而能发起持奢摩他、毗钵舍那善巧之智；亦能示现持奢摩他、毗钵舍那清净善巧；又能发起持三摩地、三摩钵底善巧之智，亦能示现禅三摩地三摩钵底清净善巧；又能发起持无迷惑，功不唐捐，善巧之智，亦能示现持无迷惑，功不唐捐，清净智慧；又能发起持厌离尽无生之智，亦能示现持厌离尽无生清净善巧之智，又能发起持明解脱善巧之智，亦能示现持明解脱清净善巧，而能演说大涅槃门，亦能住持一切句义，舍离清净善巧方便，于有为、无为、有漏、无漏、世、出世法，以无量名表示宣说，法门清净故，为诸众生开示无上决定之法，及持清净微妙智因。

无边庄严，如来说此大陀罗尼遍持方便，为一切智陀罗尼善巧之力，得安住故，随诸众生一切本愿，示如是行，令入随觉理趣差别，善能开示陀罗尼威力无上法藏，而能流注降洒法雨，润洽一切枯槁有情，施以妙法咸令满足。汝等应当随如来学，于此甚深决定之法，不应违逆；汝等于此一切智智大陀罗尼，不久当得遍持自在住陀罗尼，为诸众生，当作如是无量义利。如我今者，汝等当以无量异名，开示演说此陀罗尼，决定诸法甚深智慧。

5.29.1—5.29.2

[illegible]	[illegible]	[illegible]	[illegible]	[illegible]	[illegible]	[illegible]	[illegible]	[illegible]	[illegible]	[illegible]	[illegible]。	[illegible]
bju^2	mjij^1	ljuu^2	tshjịj^2	tshjɨ^1	tsjij^2	thja^1	kha^1	buu^2	tsjij^2	kjụ^1	lew^2	po^1
边	无	庄	严	菩	萨	彼	中	胜	解	求	应。	菩

[illegible]	[illegible]	[illegible]	[illegible]	[illegible]	[illegible]	[illegible]，	[illegible]	[illegible]	[illegible]
tjɨj^1	·wụ^2	dźjwij^2	mji^1	dźjɨɨr^1	ka^2	lew^2	buu^2	tsjij^2	kjụ^1
提	资	粮	不	舍	离	应，	胜	解	求

无边庄严，此中应当希求胜解，不应舍离菩提资粮。云何应当希求胜解？

5.29.3

[illegible]	[illegible]	[illegible]	[illegible]？	[illegible]	[illegible]	[illegible]	[illegible]，	[illegible]	[illegible]	[illegible]

śjij¹	tja¹	thjij²	sjo²	rjur¹	dźiã²	tsjij²	nji²	rjur¹	tsjiir¹	ŋowr²
顺	者	何	云?	诸	菩	萨	等,	诸	法	一
[illegible]	[illegible]	[illegible]、	[illegible]	[illegible]、	[illegible]	[illegible]、	[illegible]	[illegible]、	[illegible]	
ŋowr²	mji¹	wee¹	mji¹	dzjar²	mji¹	mju²	mji¹	dźjiij¹	mji¹	
切	不	生、	不	灭、	不	动、	不	住、	不	

谓诸菩萨,应当解了一切诸法不生、不灭、不动、不住、不

5.29.4

[illegible]、	[illegible]	[illegible]、	[illegible]	[illegible]	[illegible]	[illegible]	[illegible]	[illegible]	[illegible]。	[illegible]
śjɨ¹	mji¹	lja¹	·jij¹	tsjiir²	ŋa¹	mjij¹	nwə¹	tsjij²	lew²	thja¹
去、	不	来、	自	性	空	寂	知	解	应。	彼
[illegible]	[illegible]	[illegible],	[illegible]	[illegible]	[illegible]	[illegible],	[illegible]	[illegible]	[illegible]	
ŋa¹	tsjiir²	ɣa²	tsjɨ¹	mji¹	zow²	zjij¹	nioow¹	·jij¹	ɣa²	
空	性	于,	亦	不	持	著,	复	相	于	

来、不去、自性空寂,于彼空性,亦不执着,何况于相,

5.29.5

[illegible]	[illegible]	[illegible]	[illegible]	[illegible]	[illegible]	[illegible]?	[illegible]	[illegible]	[illegible]	[illegible],
zow²	zjij¹	·jij¹	śjwo¹	tji²	ljọ²	wjij²	thja¹	ŋa¹	tsjiir²	kha¹
执	着	相	生	可	所	有?	彼	空	性	中,
[illegible]	[illegible]	[illegible]	[illegible]。	[illegible]	[illegible]	[illegible]	[illegible],	[illegible]	[illegible]	
·jij¹	sjiij²	mjij¹	ljɨ¹	tjij¹	thja¹	ŋa¹	kha¹	·jij¹	mji¹	
相	想	无	也。	若	彼	空	中,	相	无	

起执着想①?彼空性中,无有相想。若彼空中,无有相者能入②,

5.29.6

[illegible]	[illegible],	[illegible]	[illegible]	[illegible]	[illegible]	[illegible]	[illegible]、	[illegible]、	[illegible]、	[illegible]
dju¹	ku¹	mjor¹	ljij²	rjɨr²	tshjiij¹	dźiəj²	lheew²	ŋa¹	ŋa²	ŋa²
有	故,	如	来	△	说	为	有、	空、	我、	我
[illegible]	[illegible]、	[illegible]、	[illegible]	[illegible]、	[illegible]	[illegible]	[illegible]	[illegible]	[illegible]	

① 何况于相,起执着想,西夏文字面意思是"复于相生执着相何有"。

② 无有相者能入,西夏文字面意思是"无有相故"。

·jij¹ ŋa² dzjwo² dźiã² tśhju¹ kạ¹ mjijr² zji² mjij¹ dạ²

之 我、 人、 众 生、 命 者 皆 无 言

如来说有为、空、无我、我所、一切我①、人、众生、寿者②。

5.29.7

tsjij² njwi² thjɨ² sju² ŋa¹ tsjiir² laa¹ zjịj¹ njaa² mji¹ laa¹

解 能， 此 如 空 性 染 著 非， 不 染

zjịj¹ njaa² tśior¹ njaa² mji¹ tśior¹ njaa² lhạ² ljịj¹ njaa²

著 非， 污 非 不 污 非， 迷 惑 非

如是空性非染着，非不染着，非污非不污，非迷惑非

5.30.1

mji¹ lhạ² ljịj¹ njaa² dzu¹ njaa² mji¹ dzu¹ njaa² ŋa¹ ɣa²

不 迷 惑 非， 爱 非 不 爱 非。 空 于

mji¹ dźjiij¹ zji² ɣa² mji¹ dźjiij¹ nioow¹ mji¹ gu¹ śjwo¹

不 住， 皆 于 不 住， 复 不 建 立。

不迷惑，非爱非不爱。不住于空，亦不遍住，亦不建立。

5.30.2

tjij¹ ŋa¹ dwər¹ ka² ku¹ thja¹ mjij¹ dzjar² ŋwu² phjo² kar²

若 空 厌 离， 则 彼 寂 灭 是， 分 别

mji¹ dju¹ njɨ² phjo² kar² mjij¹ buu² phjo² kar² mjij¹

无 有， 遍 分 别 无， 胜 分 别 无，

若空厌离，彼即寂灭，无有分别，无遍分别，无胜分别，

① 无我、我所、一切我，西夏文字面意思是"我、我之我"。

② 寿者，西夏文字面意思是"命者"。

5.30.3

zji^2	phjo^2	kar^2	mjij^1	rjijr^2	·ioow^1	mji^1	dju^1	rjɨr^2	njɨ^2	zjiɨr^1
普	分	别	无,	用	功	无	有,	乃	至	些

zjịj^1	lhjwi^1	lew^2	tsjiir^1	mjij^1	·jij^1	tsjiir^2	gji^1	sej^1	tja^1
许	取	应	法	无,	自	性	清	净	者,

无普分别,无有功用,乃至无有少法可取,自性清净,

5.30.4

rjur^1	tsjiir^1	mər^2	tsjiir^2	·jij^1	tsjiir^2	ŋwu^2	dźiəj^2	lheew^2	ŋowr^2	ŋowr^2
诸	法	本	性	自	性	是。	为	有	一	切,

mər^2	tsjiir^2	zji^2	ŋa^1	rjɨr^2	njɨ^2	neew^2	mji^1	neew^2	tsjiir^1
本	性	皆	空,	乃	至	善、	不	善	法,

彼即诸法本性自性。一切有为,本性皆空,乃至一切善、不善法,

5.30.5

dźiəj^2	lheew^2	dźiəj^2	mə̣^{1}	rjur^1	kha^1	rjur^1	kha^1	lho^0	tsjiir^1	ŋowr^2
为	有、	为	无、	世	间、	世	间	出	法	一

ŋowr^2	tsjɨ^1	zji^2	thja^1	wjɨ^2	sju^2	dźiã^2	tsjij^2	thjɨ^2	sju^2
切	亦	皆	彼	△	如。	菩	萨	此	如

有为、无为、世、出世间,亦复如是。菩萨

5.30.6

	①									
buu^2	tsjiir^1	ɣjiw^1	ɣiwej^1	ku^1	bie^2	lhew^2	bie^2	lhew^2	sjịj^2	ljij^2

① [illegible],西夏文字面意思是“胜法”,与汉文本中的“胜解”对译。

胜 法 摄 受 故 解 脱、 解 脱 智 见

[illegible]

·o² rjir¹ nioow¹ njɨ² sej¹ ror² mjij¹ bie² lhew² do²

入 得。 复 普 净 垢 无 解 脱 处

摄受如是胜解，得入解脱、解脱智见，及能摄受普净无垢解脱之处

5.30.7

[illegible]

po¹ tjɨj¹ ·wụ² dźjwij² ɣjiw¹ ɣiwej¹ njwi² po¹ tjɨj¹ ·wụ² dźjwij²

菩 提 资 粮 摄 受 能， 菩 提 资 粮

[illegible]

tja¹ ljị¹ kjɨ¹ ŋwu² kie¹ gji¹ sej¹ sjij² źjɨr¹ gji¹

者 何 所 是？ 戒 清 净、 智 慧 清

菩提资粮。云何名为菩提资粮？谓戒清净、智慧清净、

5.31.1

[illegible]

sej¹ sã¹ mej² gji¹ sej¹ bie² lhew² gji¹ sej¹ bie² lhew²

净、 三 昧 清 净、 解 脱 清 净、 解 脱

[illegible]

sjij² ljij² gji¹ sej¹ mjii¹ po¹ lo¹ bjii² gji¹ sej¹

智 见 清 净、 施 波 罗 蜜 清 净、

三昧清净、解脱清净、解脱智见清净、施波罗蜜清净、

5.31.2

[illegible]

kie¹ po¹ lo¹ bjii² gji¹ sej¹ zeew² po¹ lo¹ bjii² gji¹

戒 波 罗 蜜 清 净、 忍 波 罗 蜜 清

[illegible]

sej¹ khu¹ dźjij¹ po¹ lo¹ bjii² gji¹ sej¹ śjã¹ po¹

净、 进 精 波 罗 蜜 清 净、 禅 波

戒波罗蜜清净、忍波罗蜜清净、精进波罗蜜清净、禅波

5.31.3

[illegible]	[illegible]	[illegible]	[illegible]、	[illegible]	[illegible]	[illegible]	[illegible]	[illegible]	[illegible]	[illegible]。
lo^{1}	bjii^{2}	gji^{1}	sej^{1}	źjɨr^{1}	po^{1}	lo^{1}	bjii^{2}	gji^{1}	sej^{1}	ŋwu^{2}
罗	蜜	清	净、	慧	波	罗	蜜	清	净	是。
[illegible]	[illegible]	[illegible]	[illegible]	[illegible]	[illegible]	[illegible]，	[illegible]	[illegible]	[illegible]	
thja^{1}	gji^{1}	sej^{1}	ku^{1}	zji^{2}	gji^{1}	sej^{1}	tjij^{1}	zji^{2}	gji^{1}	
彼	清	净	则	普	清	净，	若	皆	清	

罗蜜清净、慧波罗蜜清净。若彼清净即普清净，若普清

5.31.4

[illegible]	[illegible]	[illegible]	[illegible]	[illegible]	[illegible]。	[illegible]	[illegible]	[illegible]	[illegible]，	[illegible]
sej^{1}	tja^{1}	ror^{2}	mjij^{1}	tsjiir^{1}	ɣa^{1}	tsjiir^{2}	sej^{1}	njiij^{1}	ŋwu^{2}	bji^{1}
净	者	垢	无	法	门。	性	净	心	是，	光
[illegible]	[illegible]	[illegible]，	[illegible]	[illegible]	[illegible]	[illegible]。	[illegible]	[illegible]	[illegible]	
swew^{1}	swew^{1}	lhã^{1}	źjị^{1}	njɨɨ^{2}	mji^{1}	dju^{1}	thja^{1}	njiij^{1}	·ju^{2}	
明	照	耀，	烦	恼	无	有。	彼	心	常	

净，即无垢法门。性净之心，光明照耀，无有烦恼。彼心常

5.31.5

[illegible]	[illegible]	[illegible]	[illegible]	[illegible]，	[illegible]	[illegible]	[illegible]	[illegible]。	[illegible]	[illegible]
dźjiij^{1}	mər^{2}	tsjiir^{2}	ŋa^{1}	mjij^{1}	nioow^{1}	swew^{1}	lhã^{1}	mjij^{1}	źjị^{1}	njɨɨ^{2}
住	本	性	空	寂，	复	照	曜	无。	烦	恼
[illegible]①	[illegible]	[illegible]	[illegible]	[illegible]	[illegible]	[illegible]	[illegible]。	[illegible]	[illegible]	
pha^{1}	śio^{1}	sọ^{1}	mə^{2}	tśior^{1}	laa^{1}	tsjɨ^{1}	mjij^{1}	thja^{1}	zji^{2}	
异	导	三	种	污	染	亦	无。	彼	皆	

住本性空寂，亦无照曜。客随烦恼三种染污，彼皆

5.31.6

[illegible]	[illegible]，	[illegible]	[illegible]	[illegible]	[illegible]，	[illegible]	[illegible]	[illegible]	[illegible]，	[illegible]
mji^{1}	źjɨr^{1}	ŋa^{1}	dju^{1}	lew^{2}	mjij^{1}	thjɨ^{2}	sju^{2}	njiij^{1}	tsjiir^{2}	źjị^{1}

① 根据汉文本"客随烦恼"，此处[illegible](pha^{1})"异"通[illegible](pha^{1})"随"。

不 实， 空 有 应 无， 此 如 心 性， 烦

[illegible]

njɨɨ^{2} gji^{1} sej^{1} rjir^{2} zjɨ̣^{2} mji^{1} bju^{1} śjij^{1} thjij^{2} sjo^{2}

恼 清 净 与 俱 不 相 应。 何 云

不实，空无所有，如是心性，不与烦恼清净相应。何以故？

5.31.7

[illegible]

ljɨ^{1} thja^{1} njiij^{1} njɨɨ^{1} mjij^{1} njɨɨ^{1} phiaa^{2} tsjɨ^{1} mjij^{1} mər^{2} tsjiir^{2}

也？ 彼 心 二 无， 二 分 亦 无， 本 性

[illegible]

gji^{1} sej^{1} ljɨ^{1} tjij^{1} thjɨ^{2} sju^{2} njiij^{1} tsjiir^{2} źjị^{1} njɨɨ^{2}

清 净 也。 若 此 如 心 性 烦 恼

是心无二，亦无二分，本性清净。若能如是了知心性，非烦恼染

5.32.1

[illegible]

·jij^{1} laa^{1} tśior^{1} lew^{2} njaa^{2} nwə^{1} tsjij^{2} njwi^{2} ku^{1} ·u^{2} djɨr^{2}

之 染 污 应 非 知 解 能， 则 内 外

[illegible]

njɨɨ^{1} zjạ^{1} zji^{2} rjir^{1} tjị^{2} mjij^{1} lạ^{1} sjiij^{2} rjɨr^{2} nioow^{1}

二 间 皆 得 可 无， 妄 想 除 复

之所染污，非内非外，不在中间①，皆不可得，惟除妄想

5.32.2

[illegible]

·jiw^{1} nioow^{1} dzow^{1} ŋwej^{2} bju^{1} njiij^{1} gu^{1} śjwo^{1} kjɨ^{1} dju^{1} thja^{1}

因 缘 和 合， 依 心 发 生 虽 有， 彼

[illegible]

tsjɨ^{1} ljij^{2} tjị^{2} mjij^{1} śja^{1} rjijr^{2} tjoo^{1} ·ju^{2} tśjo^{0} rjir^{1}

---

① 非内非外，不在中间，西夏文字面意思是"则内外二间"。

亦	见	可	无,	十	方	寻	求,	终	得

因缘和合;虽有心生①,亦不可见,十方推求,了不可得;

5.32.3

[illegible]	[illegible],	[illegible]	[illegible]	[illegible]	[illegible]	[illegible]	[illegible]	[illegible]	[illegible],	[illegible]
tji²	mjij¹	nioow¹	njiij¹	ŋwu²	njiij¹	ljij²	tja¹	tsjɨ¹	mjij¹	thjɨ²
可	无,	复	心	以	心	见	者	亦	无,	此
[illegible]	[illegible]	[illegible]②,	[illegible]	[illegible]	[illegible]	[illegible],	[illegible]	[illegible]	[illegible]	
sju²	thjuu¹	kie¹	njiij¹	dzow¹	ŋwej²	njaa²	njiij¹	thjuu¹	kie¹	
如	审	察,	心	和	合	非,	心	审	察	

亦无有心,能见于心;如是攀缘,非心和合,

5.32.4

[illegible]	[illegible]	[illegible]	[illegible],	[illegible]	[illegible]	[illegible]	[illegible]	[illegible]	[illegible]	[illegible]
rjir²	mji¹	dzow¹	ŋwej²	nioow¹	·jiw¹	nioow¹	njiij¹	rjir²	tsjɨ¹	bju¹
与	不	和	合,	复	因	缘	心	与	亦	相
[illegible]	[illegible]	[illegible],	[illegible]	[illegible]	[illegible]	[illegible]	[illegible]	[illegible]	[illegible]	
śjij¹	tsjɨ¹	njaa²	nioow¹	njiij¹	tsjɨ¹	·jiw¹	nioow¹	rjir²	bju¹	
应	亦	非,	复	心	亦	因	缘	与	相	

心亦不与攀缘和合;亦非因缘与心相应,

5.32.5

[illegible]	[illegible]。	[illegible]	[illegible]	[illegible]	[illegible]	[illegible]	[illegible]	[illegible]	[illegible]	[illegible]
śjij¹	njaa²	lew¹	njiij¹	nioow¹	ku¹	thja¹	tsjiir¹	ŋowr²	ŋowr²	njiij¹
应	非。	惟	心	故	则	彼	法	一	切	心
[illegible]	[illegible]	[illegible],	[illegible]	[illegible]	[illegible]	[illegible]	[illegible]	[illegible]	[illegible],	
rjir²	bju¹	śjij¹	thja¹	njiij¹	rjir²	bju¹	śjij¹	rjur¹	tsjiir¹	
与	相	应,	彼	心	与	相	应	诸	法,	

心亦不与因缘相应。惟由心故,彼一切法与心相应,凡所有法与心相应,

① 虽有心生,西夏文字面意思是"虽有随心发生"。

② [illegible][illegible],西夏文字面意思是"审察",与汉文本中的"攀缘"对译。

5.32.6

[illegible]	[illegible]	[illegible]	[illegible]	[illegible]，	[illegible]	[illegible]	[illegible]	[illegible]，	[illegible]	[illegible]
tsjɨ1	dźjwɨ1	gu2	mjɨ1	nwə1	ljij2	tji̩2	tsjɨ1	mjij1	nioow1	njiij1
亦	亲	共	不	知，	见	可	亦	无，	复	心
[illegible]	[illegible]	[illegible]	[illegible]	[illegible]	[illegible]	[illegible]	[illegible]	[illegible]	[illegible]	
rjir2	mji1	bju1	śjij1	rjur1	tsjiir1	nwə1	ljij2	tji̩2	ljo̩2	
与	不	相	应	诸	法	知	见	可	所	

非互相知①，亦不可见，何况诸法非心相应？

5.32.7

[illegible]？	[illegible]	[illegible]	[illegible]	[illegible]	[illegible]	[illegible]	[illegible]	[illegible]，	[illegible]	[illegible]
wjij2	phju2	tsew2	wo2	ŋwu2	sjwɨ1	sjiij2	bioo1	thjuu1	nioow1	zjɨɨr1
有？	上	第	义	以	思	惟	观	察，	故	些
[illegible]	[illegible]	[illegible]	[illegible]	[illegible]	[illegible]	[illegible]	[illegible]	[illegible]	[illegible]	
zjij1	bju1	śjij1	mji1	bju1	śjij1	tsjiir1	mjij1	thjij2	sjo2	
许	相	应	不	相	应	法	无	何	云	

以第一义思惟观察，无有少物，可相应者及不相应。何以故？

5.33.1

[illegible]？	[illegible]	[illegible]	[illegible]	[illegible]	[illegible]	[illegible]	[illegible]	[illegible]	[illegible]	[illegible]
ljɨ1	zjɨɨr1	zjij1	·jij1	gu2	bju1	śjij1	mji1	bju1	śjij1	tsjiir1
也？	些	许	自	共	相	应	不	相	应	法
[illegible]，	[illegible]	[illegible]	[illegible]	[illegible]	[illegible]	[illegible]	[illegible]	[illegible]，	[illegible]	
mjij1	rjur1	tsjiir1	ŋowr2	ŋowr2	·jij1	tsjiir2	mjij1	sej1	·jij1	
无，	诸	法	一	切	自	性	寂	静，	自	

无有少法与少法相应，及不相应②，一切诸法自性寂静，

5.33.2

[illegible]	[illegible]	[illegible]	[illegible]	[illegible]	[illegible]	[illegible]	[illegible]	[illegible]	[illegible]	[illegible]

① 非互相知，西夏文字面意思是“亲不共知”。

② 无有少法与少法相应，及不相应，西夏文字面意思是“无少自共相应不相应法”。

tsjiir² zjɨɨr¹ zjij¹ tsjiir¹ rjir² mji¹ bju¹ śjij¹ mji¹ mji¹ bju¹

性 些 许 法 与 不 相 应 不 不 相

[illegible]

śjij¹ rjur¹ tsjiir¹ ŋowr² ŋowr² ·jij¹ tsjiir² tja¹ mər² tsjiir²

应。 诸 法 一 切 自 性 者 本 性

自性亦不与少物相应，及不相应。一切诸法所有自性，即是本性，

5.33.3

[illegible]

ŋwu² ljɨ¹ tjij¹ mər² tsjiir² ŋwu² ku¹ thja¹ ·jij¹ tsjiir² mjij¹

是 也。 若 本 性 是， 则 彼 自 性 无。

[illegible]

nji² sjij¹ nwə¹ lew² tjij¹ ŋwuu¹ dạ² ŋwu² tsjiir¹ ŋowr²

汝 今 知 应， 若 言 语 以， 法 一

若是本性，彼无自性。汝今当知，若以言说，得一

5.33.4

[illegible]

ŋowr² mər² tsjiir² ·jij¹ tsjiir² rjir¹ tja¹ mjij¹ ljɨ¹ tsjiir¹ ŋowr²

切 本 性 自 性 得 者 无 也。 法 一

[illegible]

ŋowr² kha¹ zjɨɨr¹ zjij¹ rjur¹ tsjiir¹ mər² tsjiir² ·jij¹ tsjiir²

切 中 些 许 诸 法， 本 性 自 性

切法本性自性，无有是处。于诸法中无有少法，名为诸法①。本性自性，

5.33.5

[illegible]

ŋwu² tsjiir¹ mji¹ dju¹ rjur¹ tsjiir¹ ŋowr² ŋowr² mər² tsjiir² zji²

是， 法 不 有。 诸 法 一 切 本 性 皆

[illegible]

---

① 于诸法中无有少法，名为诸法，西夏文字面意思是“一切法中诸少法”。

ŋa^{1}	rjur^{1}	tsjiir^{1}	ŋowr^{2}	ŋowr^{2}	·jij^{1}	tsjiir^{2}	tsjiir^{2}	mjij^{1}	tjij^{1}	ŋa^{1}
空,	诸	法	一	切	自	性	性	无。	若	空

一切诸法本性皆空,一切诸法自性无性;若空

5.33.6

[illegible]	[illegible]	[illegible],	[illegible]	[illegible]	[illegible]	[illegible]	[illegible],	[illegible]	[illegible]	[illegible]	[illegible]
tsjiir^{2}	tsjiir^{2}	mjij^{1}	ku^{1}	thja^{1}	lew^{1}	·jij^{1}	ŋwu^{2}	lew^{1}	·jij^{1}	tja^{1}	·jij^{1}
性	性	无,	则	彼	一	相	是,	一	相	者	相
[illegible]	[illegible],	[illegible]	[illegible]	[illegible]	[illegible]	[illegible]	[illegible]	[illegible]	[illegible]。	[illegible]	[illegible]
mjij^{1}	ŋwu^{2}	·jij^{1}	mjij^{1}	nioow^{1}	ku^{1}	thja^{1}	gji^{1}	sej^{1}	rjir^{1}	tjij^{1}	ŋa^{1}
无	是,	相	无	故	则	彼	清	净	得。	若	空

无性,彼则一相,所谓无相,以无相故,彼得清净;若空

5.33.7

[illegible]	[illegible]	[illegible]	[illegible]	[illegible]	[illegible]	[illegible]	[illegible]	[illegible]。	[illegible]	[illegible]
tsjiir^{2}	mjij^{1}	ku^{1}	·jij^{1}	ŋwu^{2}	dźju^{1}	sjwij^{1}	tji̱^{2}	mjij^{1}	ŋa^{1}	sju^{2}
性	无	则	相	以	显	明	可	无。	空	如
[illegible]	[illegible],	[illegible]	[illegible]	[illegible]	[illegible]	[illegible]	[illegible],	[illegible]	[illegible]	
tsjiir^{2}	mjij^{1}	·jij^{1}	ŋwu^{2}	dźju^{1}	sjwij^{1}	tji̱^{2}	mjij^{1}	rjɨr^{2}	njɨ^{2}	
性	无,	相	以	显	明	可	无,	乃	至	

无性,彼即不可以相表示;如空无性,不可以相表示,乃至

5.34.1

[illegible]	[illegible]	[illegible]	[illegible]	[illegible]	[illegible]	[illegible]	[illegible]	[illegible]。	[illegible]	[illegible]
rjur^{1}	tsjiir^{1}	ŋowr^{2}	ŋowr^{2}	tsjɨ^{1}	zji^{2}	thja^{1}	wjɨ^{2}	sju^{2}	thja^{1}	ŋa^{1}
诸	法	一	切	亦	皆	彼	△	如。	彼	空
[illegible]	[illegible]	[illegible],	[illegible]	[illegible]	[illegible]	[illegible],	[illegible]	[illegible]	[illegible]	
tsjiir^{2}	mjij^{1}	tja^{1}	laa^{1}	sej^{1}	kjɨ^{1}	njaa^{2}	nioow^{1}	rjur^{1}	tsjiir^{1}	
性	无	者,	染	净	△	非,	复	诸	法	

一切诸法亦复如是。是空无性,非染非净,

5.34.2—5.34.3

[illegible]	[illegible]	[illegible]	[illegible]	[illegible]	[illegible],	[illegible]	[illegible]	[illegible]	[illegible]	[illegible]

ŋowr²	ŋowr²	·jij¹	mər²	tsjiir²	ŋwu²	tjij¹	rjur¹	tsjiir¹	ŋowr²	ŋowr²
一	切	之	本	性	是,	若	诸	法	一	切
[illegible]	[illegible]	[illegible]	[illegible],	[illegible]	[illegible]	[illegible]	[illegible]	[illegible]	[illegible],	[illegible]
·jij¹	mər²	tsjiir²	ŋwu²	ku¹	laa¹	sej¹	nioow¹	dźjiij¹	mjij¹	śjwo¹
之	本	性	是,	则	染	净	故	住	无,	生
[illegible]	[illegible]	[illegible]	[illegible]	[illegible]。						
mjij¹	gu¹	śjwo¹	njaa²	ljɨ¹						
无	建	立	非	也。						

然是一切诸法本性;若是一切诸法本性,非由染净之所建立,无住无起。

汉文本

无边庄严,此中应当希求胜解,不应舍离菩提资粮。云何应当希求胜解?谓诸菩萨,应当解了一切诸法不生、不灭、不动、不住、不来、不去、自性空寂,于彼空性,亦不执着,何况于相,起执着想?彼空性中,无有相想。若彼空中,无有相者能入,如来说有为、空、无我、我所、一切我、人、众生、寿者。如是空性非染着,非不染着,非污非不污,非迷惑非不迷惑,非爱非不爱。不住于空,亦不遍住,亦不建立。若空厌离,彼即寂灭,无有分别,无遍分别,无胜分别,无普分别,无有功用,乃至无有少法可取,自性清净,彼即诸法本性自性。一切有为,本性皆空,乃至一切善、不善法,有为、无为、世、出世间,亦复如是。菩萨摄受如是胜解,得入解脱、解脱智见,及能摄受普净无垢解脱之处菩提资粮。云何名为菩提资粮?谓戒清净、智慧清净、三昧清净、解脱清净、解脱智见清净、施波罗蜜清净、戒波罗蜜清净、忍波罗蜜清净、精进波罗蜜清净、禅波罗蜜清净、慧波罗蜜清净。若彼清净即普清净,若普清净,即无垢法门。性净之心,光明照耀,无有烦恼。彼心常住本性空寂,亦无照曜。客随烦恼三种染污,彼皆不实,空无所有,如是心性,不与烦恼清净相应。何以故?是心无二,亦无二分,本性清净。若能如是了知心性,非烦恼染之所染污,非内非外,不在中间,皆不可得,惟除妄想因缘和合;虽有心生,亦不可见,十方推求,了不可得;亦无有心,能见于心;如是攀缘,非心和合,心亦不与攀缘和合;亦非因缘与心相应,心亦不与因缘相应。惟由心故,彼一切法与心相应,凡所有法与心相应,非互相知,亦不可见,何况诸法非心相应?以第一义思惟观察,无有少物,可相应者及不相应。何以故?无有少法与少法相应,及不相应。一切诸法自性寂静,自性亦不与少物相应,及不相应。一切诸法所有自性,即是本性,若是本性,彼无自性。汝今当知,若以言说,得一切法本性自性,无有是处。于诸法中无有少法,名为诸法。本性自性,一切诸法本性皆空,一切诸法自性无性;若空无性,彼则一相,所谓无相,以无相故,彼得清净;若空无性,彼即不可以相表示;如空无性,不可以相表示,乃至一切诸法亦复如是。是空无性,非染非净,然是一切诸法本性;若是一切诸法本性,非由染净之所建立,无住无起。

5.34.3

[illegible] [illegible] [illegible] [illegible] [illegible] [illegible], [illegible] [illegible]

bju²	mjij¹	ljuu²	tshjij²	tshjɨ¹	tsjij²	nji²	sjij¹
边	无	庄	严	菩	萨,	汝	今
[illegible]	[illegible]	[illegible]	[illegible]	[illegible]	[illegible]、	[illegible]	[illegible]、
rjur¹	tsjiir¹	ŋowr²	ŋowr²	dźjiij¹	mjij¹	śjwo¹	mjij¹
诸	法	一	切	住	无、	起	无、

无边庄严,汝今当观一切诸法,无住、无起、

5.34.4

[illegible]	[illegible]	[illegible]	[illegible]。	[illegible]	[illegible]	[illegible]	[illegible]	[illegible],	[illegible]	[illegible]
gu¹	śjwo¹	lew²	mjij¹	mər²	tsjiir²	ljɨ¹	gji¹	sej¹	wa²	nioow¹
建	立	所	无。	本	性	虽	清	净,	何	故
[illegible]	[illegible]	[illegible]	[illegible]	[illegible]	[illegible]	[illegible]	[illegible]	[illegible]	[illegible]	
dźiã²	tśhju¹	thja¹	kha¹	dja²	lhạ²	sji²	nji²	sjij¹	bioo¹	
众	生	彼	中	△	迷	△	汝	今	观	

无所建立,本性清净。云何众生于中迷惑?

5.34.5

[illegible]。	[illegible]	[illegible]	[illegible]	[illegible]	[illegible]	[illegible]	[illegible]	[illegible]	[illegible]	[illegible]
lew²	thjɨ²	tja¹	rjur¹	kha¹	dźiã²	tśhju¹	tshọ²	lạ¹	dźiej²	ɣa²
应。	此	者	世	间	众	生	虚	妄	轮	于
[illegible]	[illegible],	[illegible]	[illegible]	[illegible]	[illegible]	[illegible]	[illegible]	[illegible]	[illegible]	[illegible]。
bju¹	gjị²	ku¹	tshọ²	lạ¹	dźiej²	·jij¹	lhạ²	ljɨj¹	lew²	we²
依	止,	则	虚	妄	轮	之	迷	惑	应	是。

此由世间乘虚妄轮①,为虚妄轮之所迷惑。

5.34.6

[illegible]	[illegible]	[illegible]	[illegible],	[illegible]	[illegible]	[illegible]	[illegible],	[illegible]	[illegible]	[illegible]
bju¹	gjị²	·jɨ²	tja¹	bju¹	gjị²	mji¹	dju¹	bju¹	gjị²	tsjɨ¹
依	止	谓	者,	依	止	无	有,	依	止	亦
[illegible]	[illegible],	[illegible]	[illegible]	[illegible]	[illegible]	[illegible]	[illegible]	[illegible]	[illegible],	

① 此由世间乘虚妄轮,西夏文字面意思是“此者世间众生依止虚妄轮”。[illegible][illegible],西夏文字面意思是“依止”,与汉文本中的“乘”对译,下同。

mjij^{1} njaa^{2} nioow^{1} thjɨ^{2} rjur^{1} kha^{1} tsho̜^{2} ŋa^{1} dźiej^{2} bju^{1}

无 非， 复 此 世 间 虚 空 轮 依，

所言乘者，亦无有乘，亦非无乘，而此世间乘虚空轮，

5.34.7

[illegible] [illegible] [illegible] [illegible] [illegible] [illegible] [illegible] [illegible]， [illegible] [illegible] [illegible]

tsho̜^{2} ŋa^{1} dźiej^{2} ·jij^{1} phej^{1} tśjiɨr^{2} lew^{2} we^{2} thja^{1} tsho̜^{2} ŋa^{1}

虚 空 轮 之 系 缚 应 为， 彼 虚 空

[illegible] [illegible] [illegible] [illegible]。 [illegible] [illegible] [illegible] [illegible]， [illegible] [illegible]

dźiej^{2} tsjɨ^{1} mji^{1} dju^{1} thja^{1} rjur^{1} dźiã^{2} tśhju^{1} ljịj^{2} wẹ^{1}

轮 亦 无 有。 彼 诸 众 生， 大 愚

为虚空轮之所系缚，然虚空轮亦无所有。此诸众生，为大愚

5.35.1

[illegible] [illegible] [illegible] [illegible] [illegible] [illegible] [illegible] [illegible]。 [illegible] [illegible] [illegible]

lə^{2} dźjɨ^{0} wji^{1} dja^{2} lhạ^{2} phji^{1} mjɨ^{1} djij^{2} thja^{1} kha^{1} ljɨ̣^{1}

痴 行 为 △ 迷 令 无 △。 彼 中 虽

[illegible] [illegible] [illegible] [illegible]， [illegible] [illegible] [illegible] [illegible] [illegible]。 [illegible]

wẹ^{1} lə^{2} mji^{1} dju^{1} lhạ^{2} ljɨ̣j^{1} tsjɨ^{1} mjij^{1} ljɨ^{1} bju^{2}

愚 痴 无 有， 迷 惑 亦 无 也。 边

痴之所迷惑，而于其中无有愚痴，亦无迷惑。

5.35.2

[illegible] [illegible] [illegible] [illegible] [illegible]， [illegible] [illegible] [illegible] [illegible] [illegible]， [illegible]

mjij^{1} ljuu^{2} tshjịj^{2} tshjɨ^{1} tsjij^{2} nji^{2} dźiã^{2} tśhju^{1} ·jij^{1} bioo^{1} thja^{1}

无 庄 严 菩 萨， 汝 众 生 之 观， 彼

[illegible] [illegible] [illegible] [illegible] [illegible]， [illegible] [illegible] [illegible] [illegible] [illegible]

dźiã^{2} tśhju^{1} wẹ^{1} lə^{2} nioow^{1} ku^{1} thjɨ^{2} tsjiir^{1} kha^{1} nwə^{1}

众 生 愚 痴 故， 则 此 法 中 知

无边庄严，汝观众生以愚痴故，于此法中

5.35.3

[illegible]	[illegible]	[illegible]，	[illegible]	[illegible]①	[illegible]	[illegible]	[illegible]。	[illegible]	[illegible]	[illegible]
tsjij^{2}	mjɨ^{1}	njwi^{2}	ɣwej^{1}	dzeej^{1}	ɣa^{2}	dźjiij^{1}	ljɨ^{1}	bju^{2}	mjij^{1}	ljuu^{2}
解	不	能，	斗	争	于	住	也。	边	无	庄
[illegible]	[illegible]	[illegible]，	[illegible]	[illegible]	[illegible]	[illegible]	[illegible]	[illegible]。	[illegible]	
tshjịj^{2}	tshjɨ^{1}	tsjij^{2}	ɣwej^{1}	dzeej^{1}	dźjiij^{1}	tja^{1}	dźjiij^{1}	njaa^{2}	thja^{1}	
严	菩	萨，	斗	争	住	者	住	非。	彼	

不能了知，住于诤论。无边庄严，住诤论者即为非住。

5.35.4

[illegible]	[illegible]	[illegible]	[illegible]	[illegible]	[illegible]，	[illegible]	[illegible]	[illegible]	[illegible]	[illegible]
rjur^{1}	rjur^{1}	kha^{1}	lhạ^{2}	ljịj^{1}	nioow^{1}	ku^{1}	thja^{1}	gji^{1}	sej^{1}	ŋwu^{2}
诸	世	间	迷	惑	故，	则	彼	清	净	以
[illegible]	[illegible]	[illegible]	[illegible]。	[illegible]	[illegible]	[illegible]	[illegible]	[illegible]	[illegible]，	
nwə^{1}	tsjij^{2}	mjɨ^{1}	njwi^{2}	tjij^{1}	mji^{1}	dźjiij^{1}	ku^{1}	dźjiij^{1}	ŋwu^{2}	
知	解	不	能。	若	不	住	故	住	是，	

然诸世间，以迷惑故，不能了知彼即清净。若不住者，即名为住，

5.35.5

[illegible]	[illegible]	[illegible]	[illegible]	[illegible]	[illegible]	[illegible]	[illegible]	[illegible]。	[illegible]	[illegible]
thjɨ^{2}	tja^{1}	gji^{1}	sej^{1}	neew^{2}	tśhji^{2}	mji^{1}	dźjiij^{1}	ljɨ^{1}	bju^{2}	mjij^{1}
此	者	清	净	善	根	不	住	也。	边	无
[illegible]	[illegible]	[illegible]	[illegible]，	[illegible]	[illegible]	[illegible]	[illegible]	[illegible]	[illegible]	
ljuu^{2}	tshjịj^{2}	tshjɨ^{1}	tsjij^{2}	thjɨ^{2}	sju^{2}	mjor^{1}	ljịj^{2}	·jij^{1}	dwuu^{2}	
庄	严	菩	萨，	此	如	如	来	之	秘	

是则不住清净善根。无边庄严，如是如来秘密

5.35.6

[illegible]	[illegible]	[illegible]	[illegible]，	[illegible]	[illegible]	[illegible]	[illegible]，	[illegible]	[illegible]	[illegible]
rjij^{2}	tsjiir^{1}	ɣa^{1}	tja^{1}	tsjij^{2}	gie^{1}	·o^{2}	gie^{1}	lew^{1}	nji^{2}	njɨ^{2}

① [illegible][illegible]，西夏文字面意思是"斗争"，与汉文本中的"诤论"对译。

密 法 门 者, 解 难 入 难, 惟 汝 等

[illegible] [illegible] [illegible] [illegible] [illegible] [illegible] [illegible] [illegible], [illegible] [illegible]

thja¹ gjɨ² zjir² kha¹ neew² tsjiir¹ djọ² nioow¹ tśhjwo¹ tsjij²

彼 夜 长 中 善 法 修 故, 则 解

法门,难解难入,惟除汝等能于长夜修行善法,而得了知。

5.35.7

[illegible] [illegible]。 [illegible] [illegible] [illegible] [illegible] [illegible] [illegible], [illegible] [illegible] [illegible]

njwi² ljɨ¹ bju² mjij¹ ljuu² tshjịj² tshjɨ¹ tsjij² mjor¹ ljịj² ɣwej¹

能 也。 边 无 庄 严 菩 萨, 如 来 斗

[illegible] [illegible] [illegible] [illegible] [illegible] [illegible] [illegible]。 [illegible] [illegible] [illegible]

dzeej¹ dźjiij¹ tja¹ dźjiij¹ njaa² tshjiij¹ djij² dźjiij¹ tja¹ thjij²

争 住 者 住 非 说 △。 住 者 何

无边庄严,如来尝说住诤论者则为非住。云何为住?

5.36.1

[illegible]? [illegible] [illegible] [illegible] [illegible]。 [illegible] [illegible] [illegible] [illegible] [illegible] [illegible]

sjo² mji¹ neew² ŋwu² ljɨ¹ nioow¹ thja¹ mji¹ neew² dju¹ lew²

云? 不 善 是 也。 复 彼 不 善 有 所

[illegible] [illegible], [illegible] [illegible] [illegible] [illegible] [illegible] [illegible] [illegible], [illegible]

mjij¹ ŋwu² tjɨ¹ tjij¹ thjɨ² dju¹ lew² mjij¹ kha¹ dźjiij¹

无 是, 假 若 此 有 应 无 中, 住

所谓不善。然不善者是无所有,若有于此无所有中,

5.36.2

[illegible] [illegible] [illegible] [illegible] [illegible] [illegible] [illegible] [illegible] [illegible], [illegible] [illegible]

mji¹ dźjiij¹ do² pha¹ mji¹ dju¹ mji¹ nwə¹ tsjij² ku¹ ɣwej¹

不 住 差 异 无 有 不 知 解, 则 斗

[illegible] [illegible] [illegible]。 [illegible] [illegible] [illegible] [illegible] [illegible] [illegible] [illegible]

dzeej¹ dźjiij¹ ŋwu² tjij¹ dzjwo² gji¹ sej¹ neew² tśhji² dźjiij¹

争 住 是。 若 人 清 净 善 根 住

不能了知住与不住无有别异,是则名为住于净论。若复有住清净善根,

5.36.3

[illegible]	[illegible]	[illegible]	[illegible]。	[illegible]	[illegible]	[illegible]	[illegible]	[illegible]	[illegible]	[illegible]
ku^{1}	dźjiij^{1}	mji^{1}	·jɨ^{2}	tjij^{1}	mji^{1}	dźjiij^{1}	ku^{1}	dźjar^{2}	lju^{2}	mji^{1}
则	住	不	谓。	若	不	住	则	罪	过	无
[illegible]。	[illegible]	[illegible]	[illegible]	[illegible]，	[illegible]	[illegible]	[illegible]	[illegible]	[illegible]	
dju^{1}	dźjar^{2}	lju^{2}	mjij^{1}	ku^{1}	tśhjwo^{1}	thjɨ^{2}	sju^{2}	tsjiir^{1}	ɣa^{1}	
有。	罪	过	无	故，	则	此	如	法	门	

则不名住。若不住者，无有过失。无过失故，则能了知如是法门，

5.36.4

[illegible]	[illegible]	[illegible]，	[illegible]	[illegible]	[illegible]	[illegible]	[illegible]	[illegible]	[illegible]	[illegible]
nwə^{1}	tsjij^{2}	njwi^{2}	nioow^{1}	thja^{1}	gji^{1}	sej^{1}	mji^{1}	we^{2}	tja^{1}	mjij^{1}
知	解	能，	复	彼	清	净	不	为	者	无
[illegible]。	[illegible]	[illegible]	[illegible]	[illegible]	[illegible]	[illegible]	[illegible]	[illegible]，	[illegible]	
ljɨ^{1}	tjij^{1}	rjur^{1}	dźiã^{2}	tśhju^{1}	sjij^{2}	źjɨr^{1}	mji^{1}	dźjij^{2}	ljij^{2}	
也。	若	诸	众	生	智	慧	无	有，	大	

若不清净，无有是处。若诸众生无有智慧，为大

5.36.5

[illegible]	[illegible]	[illegible]	[illegible]	[illegible]	[illegible]，	[illegible]	[illegible]	[illegible]	[illegible]，	[illegible]
źji^{1}	njɨɨ^{2}	dźjɨ^{0}	wji^{1}	nja^{1}	phoo^{1}	sjij^{2}	źjɨr^{1}	mjij^{1}	ku^{1}	tjij^{1}
烦	恼	行	为	△	覆，	智	慧	无	故，	若
[illegible]	[illegible]	[illegible]	[illegible]	[illegible]	[illegible]	[illegible]，	[illegible]	[illegible]	[illegible]	
zjɨɨr^{1}	zjij^{1}	śjwii^{2}	bju^{1}	dźju^{1}	sjwij^{1}	tshjiij^{1}	tsjɨ^{1}	tśjɨ^{1}	tsjij^{2}	
些	许	和	依	显	明	说，	亦	醒	悟	

烦恼之所覆蔽，无智慧故，假使少有明了顺说①，尚不能解②，

5.36.6

[illegible]	[illegible]，	[illegible]	[illegible]	[illegible]	[illegible]	[illegible]	[illegible]	[illegible]	[illegible]	[illegible]

① 少有明了顺说，西夏文字面意思是“少和显明说”。

② 尚不能解，西夏文字面意思是“亦不能醒悟”。

mjɨ1 njwi2 nioow1 dwuu2 rjɨj2 mji1 bju1 śjij1 dạ2 tsjij2 tjị2

不 能， 又 秘 密 不 相 应 言 解 可

[illegible]

ljọ2 wjij2 tjij1 mji1 dźjiij1 ku1 thja1 gji1 sej1 ŋwu2

所 有？ 若 不 住 故， 彼 清 净 是。

何况秘密，非随顺说①。若不住者，是则清净。

5.36.7

[illegible]

mji1 dźjiij1 tja1 thjij2 sjo2 neew2 tsjiir1 nioow1 lho0 ka2 kięj2

不 住 者 何 云？ 善 法 及 出 离 界

[illegible]

mji1 dźjiij1 thjij2 sjo2 ljɨ1 lho0 ka2 kięj2 nioow1 kięj2

不 住。 何 云 也？ 出 离 界 及 界

云何不住？谓不住善法，及出离界。何以故？无出离界及界

5.37.1

[illegible]

thu1 phjij1 mjij1 ljɨ1 tjij1 djiij2 phã1 kięj2 ɣa2 mji1 dźjiij1

设 置 无 也。 若 涅 槃 界 于 不 住，

[illegible]

ku1 djiij2 phã1 rjir1 ·jɨ2 thjɨ2 djiij2 phã1 mjiij2 lew1

则 涅 槃 得 谓。 此 涅 槃 名， 惟

施设。于涅槃界若不住者，名得涅槃。此涅槃名，

5.37.2

[illegible]

dź-0 thu1 phjij1 thjɨ2 sju2 djiij2 phã1 rjir1 lew2 mji1 dju1

假 设 置。 此 如 涅 槃， 得 应 无 有，

[illegible]

① 非随顺说，西夏文字面意思是“不相应言”。

nioow¹	djiij²	phā¹	rjir¹	mjijr²	tsjɨ¹	mjij¹	tjij¹	rjir¹	mjijr²
又	涅	槃	得	者	亦	无。	若	得	者

但假施设。如是涅槃，无有所得，亦复无有得涅槃者。若有得者，

5.37.3

[illegible]，	[illegible]	[illegible]	[illegible]	[illegible]	[illegible]	[illegible]	[illegible]	[illegible]	[illegible]	[illegible]；
dju¹	ku¹	thja¹	dzjar²	nioow¹	rjijr²	nioow¹	mjor¹	ljịj²	mja¹	dju¹
有，	则	彼	灭	后	方	又	如	来	后	有；

[illegible]	[illegible]	[illegible]	[illegible]，	[illegible]	[illegible]	[illegible]	[illegible]	[illegible]	[illegible]
tjij¹	rjir¹	mjijr²	mjij¹	ku¹	thja¹	dzjar²	nioow¹	rjijr²	mjor¹
若	得	者	无，	则	彼	灭	后	方	如

则应灭后更有如来；若无得者，则应灭后无有如

5.37.4

[illegible]	[illegible]	[illegible]。	[illegible]	[illegible]	[illegible]	[illegible]	[illegible]，	[illegible]	[illegible]	[illegible]
ljịj²	mja¹	mjij¹	tjij¹	gju¹	dzjar²	nioow¹	rjijr²	tjij¹	mjor¹	ljịj²
来	后	无。	若	度	灭	然	后，	若	如	来

[illegible]，	[illegible]	[illegible]	[illegible]	[illegible]，	[illegible]	[illegible]	[illegible]	[illegible]。	[illegible]
dju¹	tjij¹	mjor¹	ljịj²	mjij¹	zji²	tshjiij¹	tjị²	mjij¹	thjɨ²
有，	若	如	来	无，	皆	说	可	无。	此

来。若灭度后，言有如来，及无如来①，俱不可说。此不

5.37.5

[illegible]	[illegible]	[illegible]，	[illegible]	[illegible]	[illegible]	[illegible]	[illegible]	[illegible]	[illegible]	[illegible]
tshjiij¹	tjị²	mjij¹	tsjɨ¹	mjor¹	ljịj²	·jij¹	dź-⁰	thu¹	phjij¹	gjwi²
说	可	无，	亦	如	来	之	假	设	置	句

[illegible]，	[illegible]	[illegible]	[illegible]	[illegible]，	[illegible]	[illegible]	[illegible]	[illegible]，	[illegible]
ŋwu²	tjij¹	rjur¹	dźiā²	tśhju¹	zji²	na¹	tsjiir¹	ɣa²	·jɨr²
是，	若	诸	众	生，	最	深	法	于，	勤

可说，亦是如来假施设句。有诸众生，于甚深法，不勤

① 言有如来，及无如来，西夏文字面意思是"若有如来，若无如来"。

5.37.6

[illegible]
mji^{1} djọ^{2} dźjịj^{1} ·jiw^{2} ljɨ̣j^{1} śjwo^{1} ku^{1} tśhioow^{1} tsjɨ^{1} mjor^{1} ljịj^{2}
不 修 行, 疑 惑 生 故。 或 亦 如 来

[illegible]
tsə̣^{1} dju^{1} gju^{1} dzjar^{2} nioow^{1} rjijr^{2} mjor^{1} ljịj^{2} mja^{1} dju^{1} ·jɨ^{2}
色 有, 度 灭 然 后, 如 来 应 有 谓。

修行,而生疑惑。若有说言如来有色,灭度之后,应有如来;

5.37.7

[illegible]
tśhioow^{1} tsjɨ^{1} mjor^{1} ljịj^{2} tsə̣^{1} mjij^{1} gju^{1} dzjar^{2} nioow^{1} rjijr^{2} mjor^{1}
或 亦 如 来 色 无, 度 灭 然 后 如

[illegible]
ljịj^{2} mja^{1} mjij^{1} ·jɨ^{2} rjɨr^{2} njɨ^{2} gju^{1} dzjar^{2} nioow^{1} rjijr^{2}
来 应 无 谓; 乃 至 度 灭 然 后,

若有说言如来无色,灭度之后应无如来;乃至灭后,

5.38.1

[illegible]
mjor^{1} ljịj^{2} mji^{1} dju^{1} mjor^{1} ljịj^{2} mji^{1} mji^{1} dju^{1} ·jɨ^{2} tsjɨ^{1}
如 来 非 有, 如 来 无 无 有 谓, 亦

[illegible]
zji^{2} thja^{1} wjɨ^{2} sju^{2} tjij^{1} tsjiir^{1} mji^{1} wee^{1} mji^{1} dzjar^{2}
皆 彼 所 如。 若 法 不 生 不 灭,

非有如来,非无如来,亦复如是。若法不生不灭,

5.38.2

[illegible]
ku^{1} nioow^{1} thja^{1} tsjiir^{1} dzjar^{2} nioow^{1} tjij^{1} dju^{1} tjij^{1} mjij^{1} mji^{1}
则 又 彼 法 灭, 又 或 有 或 无 不

[illegible]	[illegible]。	[illegible]	[illegible]	[illegible]	[illegible]	[illegible]	[illegible]	[illegible]	[illegible]，
·jɨ^2	lew^2	thjɨ^2	sju^2	mjor^1	ljịj^2	mji^1	wee^1	mji^1	dzjar^2
说	应。	此	如	如	来	不	生	不	灭，

彼法灭后，不应说有说无①，如是如来不生不灭，

5.38.3

[illegible]	[illegible]	[illegible]	[illegible]	[illegible]	[illegible]	[illegible]	[illegible]	[illegible]	[illegible]	[illegible]，
nioow^1	thja^1	dzjar^2	nioow^1	tjij^1	dju^1	tjij^1	mjij^1	mji^1	·jɨ^2	lew^2
复	彼	灭	后	若	有	若	无	不	谓	应，
[illegible]	[illegible]	[illegible]	[illegible]	[illegible]	[illegible]，	[illegible]	[illegible]	[illegible]	[illegible]	
rjɨr^2	njɨ^2	bju^2	bju^2	mjij^1	njɨ^2	mjor^1	ljịj^2	thja^2	·jij^1	
乃	至	边	边	无	等，	如	来	彼	之	

彼亦灭后，不应说有说无，乃至边无边等，如来说彼

5.38.4

[illegible]	[illegible]	[illegible]	[illegible]	[illegible]。	[illegible]	[illegible]	[illegible]	[illegible]，	[illegible]	[illegible]
zji^2	tshjiij^1	tjị^2	mjij^1	·jɨ^2	tjij^1	bju^2	dju^1	tshjiij^1	ku^1	gu^2
皆	说	可	无	谓。	若	边	有	说，	则	中
[illegible]	[illegible]	[illegible]；	[illegible]	[illegible]	[illegible]	[illegible]，	[illegible]	[illegible]	[illegible]	[illegible]
tsjɨ^1	mji^1	dju^1	tjij^1	gu^2	dju^1	·jɨ^2	ku^1	bju^2	mji^1	dju^1
亦	无	有；	若	中	有	谓，	则	边	无	有

俱不可说。若说有边，则无有中；若说有中，则无有边。

5.38.5

[illegible]。	[illegible]	[illegible]	[illegible]	[illegible]	[illegible]	[illegible]。	[illegible]	[illegible]	[illegible]
ljɨ^1	gu^2	·jɨ^2	dju^1	njaa^2	mjij^1	njaa^2	tjɨ^1	tjij^1	thja^2
也。	中	谓	有	非	无	非。	假	若	彼
[illegible]，	[illegible]	[illegible]	[illegible]	[illegible]，	[illegible]	[illegible]	[illegible]	[illegible]	[illegible]
kha^1	źjɨr^1	dju^1	źjɨr^1	mjij^1	ku^1	tśhjɨ^2	rjar^2	nioow^1	śjwo^1
中，	实	有	实	无，	则	立	即	缘	起

① 不应说有说无，西夏文字面意思是“不应说或有或无”。

所言中者①,非有非无。若复于中②,实有实无,是则便

5.38.6

[illegible]	[illegible]	[illegible]	[illegible]。	[illegible]	[illegible]	[illegible]	[illegible]	[illegible]	[illegible],	[illegible]
rjir^2	ljwu^1	nu^1	ljɨ^1	tjij^1	tsjiir^1	mji^1	nioow^1	śjwo^1	mji^1	mji^1
与	违	背	也。	若	法	不	缘	起	不,	不

[illegible]	[illegible]	[illegible]	[illegible]	[illegible]	[illegible],	[illegible]	[illegible]	[illegible]	[illegible],
śjwo^1	ku^1	thja^2	tsjiir^1	mji^1	dzjar^2	tjij^1	dju^1	tjij^1	mjij^1
起	则	彼	法	不	灭,	若	有	若	无,

与缘起相违。若复有法非从缘起③,及非缘起④,彼法不灭,若有若无,

5.38.7

[illegible]	[illegible]	[illegible]	[illegible]	[illegible]	[illegible]	[illegible]	[illegible]	[illegible]	[illegible]	[illegible]
zji^2	·jiw^1	bju^1	śjwo^1	tsjiir^1	nioow^1	nioow^1	śjwo^1	tsjiir^1	ŋowr^2	ŋowr^2
皆	因	依	起	法	及	缘	起	法	一	切

[illegible]	[illegible]	[illegible]。	[illegible]	[illegible]	[illegible]	[illegible],	[illegible]	[illegible]	[illegible]
rjir^2	mji^1	ljwu^1	thjɨ^2	gu^2	bju^2	mjij^1	dju^1	njaa^2	mjij^1
与	不	违。	此	中	边	无,	有	非	无

俱不相违。所有一切从缘起法,及缘起法⑤,此无中边,非有非无。

5.39.1

[illegible],	[illegible]	[illegible]	[illegible]	[illegible]	[illegible],	[illegible]	[illegible]	[illegible]	[illegible]?
njaa^2	tjij^1	dju^1	mjij^1	njaa^2	ku^1	thjij^2	sjo^2	tshjiij^1	ljɨ^1
非,	若	有	无	非	故,	何	云	说	也?

若非有无,云何可说?

① 所言中者,西夏文字面意思是"谓中"。

② 若复于中,西夏文字面意思是"假若彼中"。

③ 若复有法非从缘起,西夏文字面意思是"若法非不缘起"。

④ 及非缘起,西夏文字面意思是"不起"。

⑤ 所有一切从缘起法,及缘起法,西夏文字面意思是"一切皆依因起法及缘起法"。

汉文本

无边庄严，汝今当观一切诸法，无住、无起、无所建立，本性清净。云何众生于中迷惑？此由世间乘虚妄轮，为虚妄轮之所迷惑。所言乘者，亦无有乘，亦非无乘，而此世间乘虚空轮，为虚空轮之所系缚，然虚空轮亦无所有。此诸众生，为大愚痴之所迷惑，而于其中无有愚痴，亦无迷惑。

无边庄严，汝观众生以愚痴故，于此法中不能了知，住于诤论。无边庄严，住诤论者即为非住。然诸世间，以迷惑故，不能了知彼即清净。若不住者，即名为住，是则不住清净善根。无边庄严，如是如来秘密法门，难解难入，惟除汝等能于长夜修行善法，而得了知。

无边庄严，如来尝说住诤论者则为非住。云何为住？所谓不善。然不善者是无所有，若有于此无所有中，不能了知住与不住无有别异，是则名为住于诤论。若复有住清净善根，则不名住。若不住者，无有过失。无过失故，则能了知如是法门，若不清净，无有是处。若诸众生无有智慧，为大烦恼之所覆蔽，无智慧故，假使少有明了顺说，尚不能解，何况秘密，非随顺说。若不住者，是则清净。云何不住？谓不住善法，及出离界。何以故？无出离界及界施设。于涅槃界若不住者，名得涅槃。此涅槃名，但假施设。如是涅槃，无有所得，亦复无有得涅槃者。若有得者，则应灭后更有如来；若无得者，则应灭后无有如来。若灭度后，言有如来，及无如来，俱不可说。此不可说，亦是如来假施设句。有诸众生，于甚深法，不勤修行，而生疑惑。若有说言如来有色，灭度之后，应有如来；若有说言如来无色，灭度之后应无如来；乃至灭后，非有如来，非无如来，亦复如是。若法不生不灭，彼法灭后，不应说有说无，如是如来不生不灭，彼亦灭后，不应说有说无，乃至边无边等，如来说彼俱不可说。若说有边，则无有中；若说有中，则无有边。所言中者，非有非无。若复于中，实有实无，是则便与缘起相违。若复有法非从缘起，及非缘起，彼法不灭，若有若无，俱不相违。所有一切从缘起法，及缘起法，此无中边，非有非无。若非有无，云何可说？

5.39.1—5.39.2

[illegible]	[illegible]	[illegible]	[illegible]	[illegible]	[illegible]，	[illegible]	[illegible]	[illegible]	[illegible]	[illegible]
bju^{2}	mjij^{1}	ljuu^{2}	tshjij^{2}	tshjɨ^{1}	tsjij^{2}	mjor^{1}	ljij^{2}	ljij^{2}	tśier^{1}	·ju^{2}
边	无	庄	严	菩	萨，	如	来	大	方	便
[illegible]	[illegible]	[illegible]	[illegible]	[illegible]。	[illegible]	[illegible]	[illegible]	[illegible]	[illegible]	[illegible]
ŋwu^{2}	thja^{2}	kha^{1}	no^{2}	dźjiij^{1}	rjur^{1}	dźiā^{2}	tśhju^{1}	·jij^{1}	bju^{1}	mjij^{1}
以	彼	中	安	住。	诸	众	生	之	明	无
[illegible]	[illegible]，	[illegible]	[illegible]	[illegible]	[illegible]	[illegible]，	[illegible]	[illegible]	[illegible]	
tew^{1}	ljiij^{2}	phie^{2}	neej^{2}	nẹ^{1}	tshjiij^{1}	nioow^{1}	śjwo^{1}	rjir^{2}	mji^{1}	
卵	破，	开	示	宣	说	故，	起	与	不	

无边庄严，如来以大方便安住彼中，为诸众生破无明鷇，开示演说，不违缘起①。

① 不违缘起，西夏文字面意思是“不与起违”。

5.39.3

[illegible]，	[illegible]	[illegible]	[illegible]	[illegible]	[illegible]	[illegible]	[illegible]	[illegible]，	[illegible]	[illegible]
ljwu^{1}	rjur^{1}	tsjiir^{1}	ŋowr^{2}	ŋowr^{2}	zji^{2}	nioow^{1}	śjwo^{1}	·o^{2}	tjij^{1}	nioow^{1}
违，	诸	法	一	切	皆	缘	起	入，	若	缘
[illegible]	[illegible]，	[illegible]	[illegible]	[illegible]	[illegible]	[illegible]	[illegible]	[illegible]	[illegible]。	
śjwo^{1}	·o^{2}	ku^{1}	thjɨ^{2}	nioow^{1}	gu^{2}	bju^{2}	dju^{1}	mji^{1}	·jɨ^{2}	
起	入，	则	此	故	中	边	有	无	谓。	

一切诸法皆入缘起，若入缘起，是则无有中边之说。

5.39.4

[illegible]	[illegible]	[illegible]	[illegible]，	[illegible]	[illegible]	[illegible]	[illegible]	[illegible]	[illegible]	[illegible]
tjij^{1}	ŋwuu^{1}	dạ^{2}	ka^{2}	ku^{1}	rjɨr^{2}	njɨ^{2}	zjɨɨr^{1}	zjịj^{1}	rjir^{1}	lew^{2}
若	言	语	离，	则	乃	至	些	许	得	应
[illegible]	[illegible]。	[illegible]	[illegible]	[illegible]	[illegible]	[illegible]	[illegible]，	[illegible]	[illegible]	[illegible]
tsjiir^{1}	mjij^{1}	bju^{2}	mjij^{1}	ljuu^{2}	tshjịj^{2}	tshjɨ^{1}	tsjij^{2}	nji^{2}	sjij^{1}	dju^{1}
法	无。	边	无	庄	严	菩	萨，	汝	今	有

若离言说，乃至无有少法可得。无边庄严，汝今

5.39.5

[illegible]	[illegible]	[illegible]	[illegible]	[illegible]，	[illegible]	[illegible]	[illegible]	[illegible]	[illegible]	[illegible]
lew^{2}	mjij^{1}	tsjiir^{1}	bioo^{1}	lew^{2}	bju^{2}	mji^{1}	dju^{1}	tsjiir^{1}	gu^{2}	tśja^{1}
应	无	法	观	应，	边	无	有	法	中	道
[illegible]	[illegible]。	[illegible]	[illegible]	[illegible]	[illegible]	[illegible]	[illegible]	[illegible]	[illegible]	[illegible]
·jɨ^{2}	ljɨ^{1}	tśier^{1}	·ju^{2}	ŋwu^{2}	dwewr^{2}	źjɨr^{1}	rjur^{1}	tsjiir^{1}	·jiij^{1}	njwi^{2}
谓	也。	方	便	以	觉	慧	诸	法	持	能

当观无所有法，无有边法，说名中道。以于方便，说有觉慧能持诸法，

5.39.6

[illegible]，	[illegible]	[illegible]	[illegible]	[illegible]	[illegible]	[illegible]	[illegible]	[illegible]，	[illegible]	[illegible]
tshjiij^{1}	thjɨ^{2}	tsjiir^{1}	·jiij^{1}	mjijr^{2}	tsjɨ^{1}	rjir^{1}	tjị^{2}	mjij^{1}	rjir^{1}	tjị^{2}
说，	此	法	持	者	亦	得	可	无，	得	可

[illegible]

mjij^{1} ku^{1} ŋwuu^{1} dạ^{2} tsjɨ^{1} mjij^{1} bju^{2} mjij^{1} ljuu^{2} tshjịj^{2}

无 故 言 语 亦 无。边 无 庄 严

然持法者亦不可得,不可得故无有言说。无边庄严,

5.39.7

[illegible]

tshjɨ^{1} tsjij^{2} nji^{2} sjịj^{2} dzjwo^{2} njɨ^{2} thjɨ^{2} sju^{2} rjur^{1} tsjiir^{1} ŋowr^{2}

菩 萨, 汝 智 人 等 此 如 诸 法 一

[illegible]

ŋowr^{2} mji^{1} lja^{1} mji^{1} śjɨ^{1} tsew^{2} mjij^{1} bja^{2} mjij^{1} mji^{1}

切, 不 来 不 往, 分 无 断 无, 不

汝等智者应如是知一切诸法真实之相,不来不去,无分无断,

5.40.1

[illegible]

lew^{1} tsjiir^{2} mji^{1} do^{2} tsjiir^{2} źjɨr^{1} ɣiej^{1} ·jij^{1} nwə^{1} ku^{1} rjur^{1} tsjiir^{1}

一 性、不 异 性, 实 真 相 知。则 诸 法

[illegible]

ŋowr^{2} ŋowr^{2} phju^{2} tsew^{2} tjịj^{1} rewr^{2} ɣa^{2} njɨ^{2} zjɨɨr^{1} zjịj^{1} tsjiir^{1} tjịj^{1}

一 切 上 第 彼 岸 于 至, 些 许 法 彼

[illegible]

rewr^{2} mji^{1} njɨ^{2} tja^{1} mjij^{1} tjịj^{1} rewr^{2} njɨ^{2} tja^{1} ·jij^{1} djiij^{2}

岸 不 至 者 无。彼 岸 至 者 自 涅

不一性、不异性,到一切法第一彼岸,无有少法不到彼岸。到彼岸者即是涅槃,

5.40.2

[illegible]

phã^{1} ŋwu^{2} rjur^{1} tsjiir^{1} ŋowr^{2} ŋowr^{2} zji^{2} djiij^{2} phã^{1} ·jij^{1} ŋwu^{2}

槃 是, 诸 法 一 切 皆 涅 槃 相 是,

[illegible]

thjɨ^{2} nioow^{1} nẹ^{1} tshjiij^{1} tji^{2} mjij^{1} lew^{1} rjur^{1} mur^{1} bju^{1}

此 故 宣 说 可 无, 惟 世 俗 依

一切诸法悉涅槃相,是故当知不可宣说,惟除世俗

5.40.3

[illegible] [illegible] [illegible] [illegible]。 [illegible] [illegible] [illegible] [illegible] [illegible], [illegible] [illegible]

gu^{2} tśja^{1} tshjiij^{1} ljɨ^{1} thjɨ^{2} sju^{2} gu^{2} tśja^{1} tja^{1} ljịj^{2} djiij^{2}

中 道 说 也。 此 如 中 道 者, 大 涅

[illegible] [illegible] [illegible] [illegible] [illegible] [illegible], [illegible] [illegible] [illegible] [illegible]

phã^{1} rjijr^{2} tshwew^{1} sji^{2} tśja^{1} ŋwu^{2} nioow^{1} thja^{2} ·jij^{1} tshwew^{1}

槃 向 趣 △ 路 是, 又 彼 之 趣

说为中道。如是中道,彼即趣向大涅槃路,

5.40.4

[illegible] [illegible] [illegible] [illegible] [illegible]; [illegible] [illegible] [illegible] [illegible] [illegible] [illegible]

sji^{2} djiij^{2} phã^{1} tsjɨ^{1} mjij^{1} tjij^{1} thja^{2} ·jij^{1} tshwew^{1} tjị^{2} djiij^{2}

△ 涅 槃 亦 无; 若 彼 之 趣 所 涅

[illegible] [illegible], [illegible] [illegible] [illegible] [illegible] [illegible] [illegible] [illegible] [illegible]

phã^{1} dju^{1} ku^{1} rjur^{1} tsjiir^{1} ŋowr^{2} ŋowr^{2} lja^{1} ·wjij^{1} mja^{1}

槃 有, 则 诸 法 一 切 来 去 应

亦无涅槃是彼所趣;若有涅槃是彼所趣,而于诸法应有去来。

5.40.5

[illegible], [illegible] [illegible] [illegible] [illegible] [illegible] [illegible] [illegible], [illegible] [illegible] [illegible]

dju^{1} tsjiir^{1} ŋowr^{2} ŋowr^{2} tsjiir^{2} zji^{2} tśhja^{2} ka^{1} ku^{1} thjɨ^{2} nioow^{1}

有, 法 一 切 性 皆 正 等, 则 此 故

[illegible] [illegible] [illegible] [illegible] [illegible] [illegible]。 [illegible] [illegible] [illegible] [illegible]

djiij^{2} phã^{1} tshwew^{1} tjị^{2} mjij^{1} ·jɨ^{2} bju^{2} mjij^{1} ljuu^{2} tshjịj^{2}

涅 槃 趣 所 无 谓。 边 无 庄 严

一切诸法性皆平等,是故涅槃名无所趣。无边庄严,

5.40.6

[illegible] [illegible], [illegible] [illegible] [illegible] [illegible] [illegible], [illegible] [illegible] [illegible] [illegible]

dźiã^{2}	tsjij^{2}	thjɨ^{2}	gu^{2}	tśja^{1}	·jɨ^{2}	tja^{1}	nioow^{1}	thjɨ^{2}	gu^{2}	tśja^{1}
菩	萨，	此	中	道	谓	者，	又	此	中	道
[illegible]	[illegible]	[illegible]。	[illegible]	[illegible]	[illegible]？	[illegible]	[illegible]	[illegible]	[illegible]	
gu^{2}	tśja^{1}	njaa^{2}	thjij^{2}	sjo^{2}	ljɨ^{1}	lhu^{1}	mjij^{1}	tjịj^{1}	mjij^{1}	
中	道	非。	何	云	也？	增	无	减	无	

此名中道，然此中道，即非中道。何以故？无增无减故，

5.40.7

[illegible]，	[illegible]	[illegible]	[illegible]	[illegible]	[illegible]。	[illegible]	[illegible]	[illegible]	[illegible]	[illegible]
ljɨ^{1}	bju^{2}	mjij^{1}	lhjwi^{1}	mjij^{1}	ljɨ^{1}	tjịj^{1}	tsjiir^{1}	bju^{2}	mjij^{1}	ku^{1}
也，	边	无	取	无	也。	若	法	边	无	则
[illegible]	[illegible]	[illegible]	[illegible]	[illegible]	[illegible]	[illegible]	[illegible]？	[illegible]	[illegible]	
thjij^{2}	sjo^{2}	bju^{2}	dju^{1}	dźjiij^{1}	tjị^{2}	mjij^{1}	ljɨ^{1}	thja^{1}	bju^{2}	
何	云	边	有	住	可	无	也？	彼	边	

无边无取故。法若无边，云何有边？

5.41.1

[illegible]	[illegible]。	[illegible]	[illegible]	[illegible]	[illegible]，	[illegible]	[illegible]	[illegible]	[illegible]
mjij^{1}	tsjiir^{1}	·ju^{2}	mur^{1}	dźiã^{2}	tśhju^{1}	dźjiij^{1}	tjị^{2}	mjij^{1}	kha^{1}
无	法。	夫	凡	众	生，	住	处	无	中
[illegible]	[illegible]	[illegible]	[illegible]，	[illegible]	[illegible]	[illegible]	[illegible]	[illegible]	[illegible]
bju^{2}	do^{2}	dju^{1}	zow^{2}	bju^{2}	do^{2}	ljij^{2}	ku^{1}	bie^{2}	lhew^{2}
边	处	有	执，	边	处	见	故	解	脱

谓无处所是无边法①。凡夫众生，于无处所执为边处②，见边处故不得解脱，

5.41.2

[illegible]	[illegible]，	[illegible]	[illegible]	[illegible]	[illegible]	[illegible]	[illegible]	[illegible]	[illegible]。	[illegible]
mji^{1}	rjir^{1}	thja^{1}	źjɨr^{1}	ɣiej^{1}	dźjiij^{1}	tjị^{2}	mjij^{1}	nioow^{1}	ljɨ^{1}	bju^{2}
不	得，	彼	实	真	住	处	无	故	也。	边
[illegible]	[illegible]	[illegible]	[illegible]	[illegible]，	[illegible]	[illegible]	[illegible]	[illegible]	[illegible]	

① 谓无处所是无边法，西夏文字面意思是“彼边无法”。
② 于无处所执为边处，西夏文字面意思是“无住处中执有边处”。

mjij^{1} ljuu^{2} tshjij^{2} dźiã^{2} tsjij^{2} mjor^{1} ljij^{2} tśier^{1} ·ju^{2} kji^{1}

无 庄 严 菩 萨, 如 来 方 便 决

以于真实无处所故。无边庄严,汝观如来以善方便

5.41.3

[illegible]

djij^{2} dwewr^{2} źjir^{1} ŋwu^{2} thji^{2} sju^{2} gu^{2} tśja^{1} nẹ^{1} tshjiij^{1} njwi^{2}

定 觉 慧 以, 此 如 中 道 宣 说 能

[illegible]

lji^{1} bju^{2} mjij^{1} ljuu^{2} tshjij^{2} dźiã^{2} tsjij^{2} rjur^{1} tha^{1} mjor^{1}

也。 边 无 庄 严 菩 萨, 诸 佛 如

决定觉慧,乃能演说如是中道。无边庄严,诸佛如来

5.41.4

[illegible]

ljij^{2} tsjiir^{1} ŋowr^{2} ŋowr^{2} kha^{1} ·jiw^{2} ljij^{1} mji^{1} dju^{1} ljir^{2} phji^{1}

来 法 一 切 中, 疑 惑 无 有, 念 失

[illegible]

tsji^{1} mjij^{1} rjur^{1} tha^{1} rjur^{1} pjụ^{1} njiij^{1} ·ju^{2} djij^{2} dźjiij^{1}

亦 无。 诸 佛 世 尊 心 常 定 住,

于一切法,无有疑惑,无忘失念。诸佛世尊心常在定,

5.41.5

[illegible]

sã^{1} mej^{2} thji^{2} ɣiẹ^{2} mjij^{1} ·jij^{1} dzju^{2} rjir^{2} ·ju^{2} bioo^{1} thjuu^{1}

三 摩 地 碍 无 自 在 得, 常 观 察

[illegible]

njwi^{2} zji^{2} buu^{2} sã^{1} mo^{2} xji^{1} tow^{1} no^{2} dźjiij^{1} thji^{2}

善, 最 胜 三 摩 呬 多 安 住。 此

得三摩地无碍自在,常善观察,安住最胜三摩呬多①,

① 三摩呬多,梵文作 Samāhitg,禅定之一种,译为等引,谓能引诸功德也。

5.41.6

sju^{2}	ŋwuu^{1}	dạ^{2}	·jɨ^{1}	mjɨ^{1}	pjụ^{1}	nwə^{1}	ljij^{2}	do^{2}	njaa^{2}	ɣa^{2}
如	言	语	谓，	无	量	知	见，	处	非	于
mji^{1}	dźjiij^{1}	gji^{1}	sej^{1}	tsjiir^{1}	tshjiij^{1}	zji^{2}	dźjwa^{1}	tsjiir^{1}	tshjiij^{1}	
不	住，	清	净	法	说，	究	竟	法	说，	

而说语言，无量知见，不住非处，说清净法，说究竟法，

5.41.7

mjij^{1}	sej^{1}	tsjiir^{1}	tshjiij^{1}	mjor^{1}	ljịj^{2}	rjɨr^{2}	tshjiij^{1}	zji^{2}	sji^{1}	mji^{1}
寂	静	法	说，	如	来	△	说	皆	尽	不
rjir^{2}	bju^{2}	mjij^{1}	ljuu^{2}	tshjịj^{2}	dźiã^{2}	tsjij^{2}	dzjọ^{1}	sju^{2}	ljị^{1}	
余。	边	无	庄	严	菩	萨，	犹	如	宝	

说寂静法，如来所说无有遗余。无边庄严，如有宝

5.42.1

nji^{2}	mjiij^{2}	tja^{1}	mə^{2}	mə^{2}	tsə̣^{1}	ljịj^{2}	ŋjow^{2}	·u^{2}	tśhju^{1}	mjɨ^{1}
珠	名	者，	种	种	色。	大	海	中	有，	无
pjụ^{1}	rjur^{1}	zjɨɨr^{2}	ljịj^{2}	ŋjow^{2}	·u^{2}	kjɨ^{1}	·o^{2}	nji^{2}	məə^{1}	
量	诸	水	大	海	中	△	入，	珠	火	

珠，名种种色，在大海中，虽有无量众多驶流入于大海，以珠火

5.42.2

ɣie^{1}	bju^{1}	thja^{1}	zjɨɨr^{2}	dźjwu^{2}	dzjar^{2}	ŋjow^{2}	mji^{1}	sə^{1}	phji^{1}
力	依，	彼	水	销	灭，	海	不	满	令。

[illegible]	[illegible]	[illegible]	[illegible]、	[illegible]	[illegible]①、	[illegible]	[illegible]	[illegible]，	[illegible]
thjɨ^{2}	sju^{2}	mjor^{1}	ljij^{2}	bju^{1}	·wo^{2}	tśhja^{2}	ka^{1}	dwewr^{2}	po^{1}
此	如	如	来、	应	供、	正	等	觉，	菩

力令水销灭而不盈溢②。如是如来、应、正等觉，

5.42.3

[illegible]	[illegible]	[illegible]，	[illegible]	[illegible]	[illegible]	[illegible]	[illegible]	[illegible]	[illegible]	[illegible]
tjɨj^{1}	lja̱^{1}	nioow^{1}	sjij^{2}	məə^{1}	ɣie^{1}	bju^{1}	dźiã^{2}	tśhju^{1}	·jij^{1}	źji̱^{1}
提	证	已，	智	火	力	依	众	生	之	烦
[illegible]	[illegible]	[illegible]	[illegible]	[illegible]，	[illegible]	[illegible]	[illegible]	[illegible]	[illegible]。	
njɨɨ^{2}	dźjwi̱^{1}	dzjar^{2}	phji^{1}	njwi^{2}	tsjɨ^{1}	zji^{2}	thja^{1}	wjɨ^{2}	sju^{2}	
恼	销	灭	令	能，	亦	皆	彼	△	如。	

证菩提已，由智火力能令众生烦恼销灭，亦复如是。

汉文本

无边庄严，如来以大方便安住彼中，为诸众生破无明鷇，开示演说，不违缘起。

一切诸法皆入缘起，若入缘起，是则无有中边之说。若离言说，乃至无有少法可得。无边庄严，汝今当观无所有法，无有边法，说名中道。以于方便，说有觉慧能持诸法，然持法者亦不可得，不可得故无有言说。

无边庄严，汝等智者应如是知一切诸法真实之相，不来不去，无分无断，不一性、不异性，到一切法第一彼岸，无有少法不到彼岸。到彼岸者即是涅槃，一切诸法悉涅槃相，是故当知不可宣说，惟除世俗说为中道。如是中道，彼即趣向大涅槃路，亦无涅槃是彼所趣；若有涅槃是彼所趣，而于诸法应有去来。一切诸法性皆平等，是故涅槃名无所趣。

无边庄严，此名中道，然此中道，即非中道。何以故？无增无减故，无边无取故。法若无边，云何有边？谓无处所是无边法。凡夫众生，于无处所执为边处，见边处故不得解脱，以于真实无处所故。无边庄严，汝观如来以善方便决定觉慧，乃能演说如是中道。无边庄严，诸佛如来于一切法，无有疑惑，无忘失念。诸佛世尊心常在定，得三摩地无碍自在，常善观察，安住最胜三摩呬多，而说语言，无量知见，不住非处，说清净法，说究竟法，说寂静法，如来所说无有遗余。无边庄严，如有宝珠，名种种色，在大海中，虽有无量众多驶流入于大海，以珠火力令水销灭而不盈溢。如是如来、应、正等觉，证菩提已，由智火力能令众生烦恼销灭，亦复如是。

① [illegible]，西夏文字面意思是“应供”，与汉文本中的“应”对译。梵文作 Arhat，音译作阿罗诃，意译作应供。如来十号之一。

② 而不盈溢，西夏文字面意思是“令海不满”。

5.42.4

[illegible]	[illegible]	[illegible]	[illegible]	[illegible]	[illegible],	[illegible]	[illegible]	[illegible]	[illegible]	[illegible]
bju^2	mjij^1	ljuu^2	tshjịj^2	dźiã^2	tsjij^2	tjɨ^1	tjij^1	nioow^1	dzjwo^2	dju^1
边	无	庄	严	菩	萨,	假	若	又	人	有
[illegible]	[illegible]	[illegible]	[illegible]	[illegible]	[illegible]	[illegible]	[illegible]	[illegible]	[illegible]	
njɨɨ^2	njɨɨ^2	mjor^1	ljij^2	·jij^1	mjiij^2	·we^2	tśhja^2	·ioow^1	·jow^2	
日	日	如	来	之	名	号	德	功	赞	

无边庄严,若复有人于日日中,称说如来名号功德,

5.42.5

[illegible]	[illegible]	[illegible]	[illegible]	[illegible]	[illegible]	[illegible]	[illegible]	[illegible]	[illegible],	[illegible]
tshjɨɨ^1	ku^1	thja^1	rjur^1	dźiã^2	tśhju^1	na^1	njaa^1	ka^2	njwi^2	tśjɨɨ^1
诵	则	彼	诸	众	生	暗	冥	离	能,	次
[illegible]	[illegible]	[illegible]	[illegible]	[illegible]	[illegible],	[illegible]	[illegible]	[illegible]	[illegible]	
bju^1	rjur^1	źjị^1	njɨɨ^2	pju^2	njwi^2	thjɨ^2	sju^2	na^1	mu^2	
依	诸	烦	恼	烧	能,	此	如	南	无	

是诸众生能离黑暗,渐次当得烧诸烦恼,如是

5.42.6

[illegible]	[illegible]	[illegible]	[illegible]	[illegible]	[illegible]	[illegible]。	[illegible]	[illegible]	[illegible]	[illegible]
tha^1	·jɨ^2	mjijr^2	ljaa^2	sjwɨj^1	mji^1	ŋa^1	thjɨ^2	sju^2	ljaa^2	sjwɨj^1
佛	谓	者	口	业	不	空。	此	如	口	业
[illegible]	[illegible],	[illegible]	[illegible]	[illegible],	[illegible]	[illegible]	[illegible]	[illegible]	[illegible]。	
mjiij^2	tja^1	ljij^2	tjij^1	zow^2	źjị^1	njɨɨ^2	pju^2	njwi^2	ljɨ^1	
名	者,	大	炬	执,	烦	恼	烧	能	也。	

称念南无佛者,语业不空,如是语业名执大炬,能烧烦恼。

5.42.7

[illegible]	[illegible]	[illegible]	[illegible]	[illegible],	[illegible]	[illegible]	[illegible]	[illegible]	[illegible]	[illegible]
tjɨ^1	tjij^1	nioow^1	dzjwo^2	dju^1	mjor^1	ljij^2	nioow^1	tha^1	·jij^1	mjiij^2
假	若	复	人	有,	如	来	又	佛	之	名

[illegible]	[illegible]	[illegible]，	[illegible]	[illegible]	[illegible]	[illegible]	[illegible]，	[illegible]	[illegible]
·we^2	mji^1	rjir^1	tsjɨ^1	rjur^1	na^1	njaa^1	ka^2	thja^1	dźiã^2
号	闻	得，	亦	诸	暗	冥	离，	彼	众

若复有人，得闻如来及佛名号，离诸黑暗，与彼众

5.43.1

[illegible]	[illegible]	[illegible]	[illegible]	[illegible]	[illegible]。	[illegible]	[illegible]	[illegible]	[illegible]	[illegible]
tśhju^1	·jij^1	djiij^2	phã^1	·jiw^1	we^2	bju^2	mjij^1	ljuu^2	tshjịj^2	dźiã^2
生	之	涅	槃	因	为。	边	无	庄	严	菩
[illegible]，	[illegible]	[illegible]	[illegible]	[illegible]	[illegible]	[illegible]	[illegible]	[illegible]	[illegible]	
tsjij^2	ŋa^2	mjor^1	ljịj^2	dźiã^2	tśhju^1	nioow^1	rjur^1	dźiã^2	tśhju^1	
萨，	我	如	来	众	生	及	诸	众	生	

生为涅槃因。无边庄严，我为信于如来众生及诸众生，

5.43.2

[illegible]	[illegible]	[illegible]	[illegible]	[illegible]	[illegible]	[illegible]，	[illegible]	[illegible]	[illegible]	[illegible]。
·jij^1	źjị^1	njɨɨ^2	wjɨ^2	dzjar^2	dźiej^2	nioow^1	tsjiir^1	dzjụ^2	nja^1	dzjụ^2
之	烦	恼	△	灭	信	故，	法	雨	△	雨。
[illegible]	[illegible]	[illegible]	[illegible]	[illegible]	[illegible]，	[illegible]	[illegible]	[illegible]	[illegible]	
bju^2	mjij^1	ljuu^2	tshjịj^2	dźiã^2	tsjij^2	thja^1	mjor^1	ljịj^2	rjɨr^2	
边	无	庄	严	菩	萨，	彼	如	来	△	

烦恼灭故，降澍法雨。无边庄严，如来

5.43.3

[illegible]	[illegible]	[illegible]	[illegible]	[illegible]，	[illegible]	[illegible]	[illegible]	[illegible]	[illegible]	[illegible]
tshjiij^1	źjɨr^1	ɣiej^1	tsjiir^1	tja^1	źjɨr^1	ɣiej^1	nioow^1	ku^1	zjɨɨr^1	zjịj^1
说	实	真	法	者，	实	真	故	则	些	许
[illegible]	[illegible]	[illegible]	[illegible]	[illegible]	[illegible]，	[illegible]	[illegible]	[illegible]	[illegible]	
phie^2	neej^2	nẹ^1	tshjiij^1	tsjiir^1	mjij^1	nioow^1	thja^1	tsjiir^1	ɣa^2	
开	示	宣	说	法	无，	又	彼	法	于	

所说是法真实，以真实故，无有少法开示演说，而于是法

5.43.4

źjɨr1 mjij1 tshọ2 mjij1 bju2 mjij1 ljuu2 tshjịj2 dźiã2 tsjij2 mjor1
实 无 虚 无。 边 无 庄 严 菩 萨， 如
ljịj2 tja1 dạ2 źjɨr1 mjijr2 ŋwu2 źjɨr1 ɣiej1 tsjiir1 dźjiij1
来 者 语 实 者 是， 实 真 法 住。

无实无虚。无边庄严，如来是实语者，住真实法，

5.43.5

thjɨ2 thow1 lo1 dźji1 ɣa1 tshjiij1 njwi2 bju2 mjij1 ljuu2 tshjịj2
此 陀 罗 尼 门 说 能。 边 无 庄 严
dźiã2 tsjij2 thjɨ2 źjɨr1 ɣiej1 tsjiir1 tja1 sjwɨ1 nwə1 tsjij2
菩 萨， 此 实 真 法 者 谁 知 解

能演说此陀罗尼门。无边庄严，此真实法谁当能了？

5.43.6

njwi2 lew1 dźiã2 tsjij2 źjɨr1 ɣiej1 ljij2 mjijr2 ŋowr2 lhə0 ljij2 mjijr2
能？ 惟 菩 萨 实 真 见 者、 具 足 见 者、
neew2 sjwɨj1 wji1 mjijr2 rjɨr2 nioow1 thjɨ2 zji2 na1 tsjiir1 ɣa2 tsjij2
善 业 作 者 除， 又 此 最 深 法 于 解

惟除菩萨如实见者①、具足见者、作善业者，于甚深法，余无能了。

5.43.7

njwi2 tja1 mjij1 bju2 mjij1 ljuu2 tshjịj2 dźiã2 tsjij2 nji2 thjɨ2

① 如实见者，西夏文字面意思是“真实见者”。

能 者， 无 边 无 庄 严 菩 萨， 汝 此

[illegible]

wo^{2} kha^{1} bju^{1} śjij^{1} wji^{1} lew^{2} ·jij^{1} thjɨ^{2} tsjiir^{1} kha^{1} njiij^{1}

义 中 随 顺 为 应， 自 此 法 中， 心

无边庄严，于此义中应当随顺，自于此法，

5.44.1

[illegible]

tji̠^{1} mjor^{1} ljɨr^{2} dzjij^{2} mjɨ^{1} ɣa^{2} śjwo^{1} sji̠j^{2} tji^{1} dźiej^{2}

诚 现 念 余， 他 于 生 智 不 信

[illegible]

nja^{2} dźiã^{2} tśhju^{1} ·jij^{1} gji̠j^{1} ɣie^{2} no^{2} rejr^{2} nioow^{1} thjɨ^{2}

△， 众 生 之 利 益 安 乐 故， 此

系念现前不信乐余，从他生智，为欲利益安乐众生，

5.44.2

[illegible]

tsjiir^{1} kha^{1} śjij^{1} wji^{1} lew^{2} tjij^{1} thjɨ^{2} kha^{1} śjij^{1} wji^{1} zeew^{2}

法 中 顺 为 应， 若 此 中 顺 为 忍

[illegible]

śjwo^{1} ku^{1} thja^{1} tsjɨ^{1} śjij^{1} mji^{1} wji^{1} kha^{1} mji^{1} dźjiij^{1}

生， 则 彼 亦 顺 不 为 中 不 住。

于此法中，应生随顺①，若于此中，生随顺忍，是则不住不随顺中。

5.44.3

[illegible]

bju^{2} mjij^{1} ljuu^{2} tshjij^{2} dźiã^{2} tsjij^{2} mji^{1} źjɨr^{1} mjij^{1} dźiã^{2} tśhju^{1}

边 无 庄 严 菩 萨， 闻 慧 无 众 生

[illegible]

śjij^{1} wji^{1} zeew^{2} mjij^{1} ku^{1} thjɨ^{2} tśhja^{2} tsjiir^{1} ɣa^{2} nwə^{1}

① 于此法中，应生随顺，西夏文字面意思是“此法中应顺为”。

顺	为	忍	无，	则	此	正	法	于	知

无边庄严，无闻①众生无随顺忍，于此法教不能了知；

5.44.4

[illegible]	[illegible]	[illegible]，	[illegible]	[illegible]	[illegible]	[illegible]	[illegible]	[illegible]	[illegible]，	[illegible]
tsjij^{2}	mjɨ^{1}	njwi^{2}	tjij^{1}	nioow^{1}	do^{2}	ljij^{2}	bju^{1}	gjị^{2}	mjijr^{2}	do^{2}
解	不	能，	若	又	异	见	依	止	者，	异
[illegible]	[illegible]	[illegible]，	[illegible]	[illegible]	[illegible]	[illegible]，	[illegible]	[illegible]	[illegible]	[illegible]
tśja^{1}	dźjịj^{1}	mjijr^{2}	niow^{2}	tśja^{1}	tshwew^{1}	mjijr^{2}	rjur^{1}	dzjij^{2}	do^{2}	dźjɨ^{0}
路	行	者，	恶	道	趣	者，	诸	余	处	行

或复有余异见所行②，乘异路者，趣恶道者，不作善者，亲近诸余行

5.44.5

[illegible]	[illegible]，	[illegible]	[illegible]	[illegible]	[illegible]，	[illegible]	[illegible]	[illegible]	[illegible]	[illegible]
dźjịj^{1}	mjijr^{2}	rjir^{2}	?	njij^{1}	mjijr^{2}	thja^{1}	njɨ^{2}	to^{2}	zji^{2}	thjɨ^{2}
行	者，	与	近	亲	者，	彼	等	尽	皆	此
[illegible]	[illegible]	[illegible]	[illegible]	[illegible]	[illegible]。	[illegible]	[illegible]	[illegible]	[illegible]	
tsjiir^{1}	ɣa^{1}	·o^{2}	mjɨ^{1}	njwi^{2}	ljɨ^{1}	bju^{2}	mjij^{1}	ljuu^{2}	tshjịj^{2}	
法	门	入	不	能	也。	边	无	庄	严	

异行者③，彼等不能入此法门。无边庄严，

5.44.6

[illegible]	[illegible]，	[illegible]	[illegible]	[illegible]	[illegible]，	[illegible]	[illegible]	[illegible]	[illegible]	[illegible]，
dźiã^{2}	tsjij^{2}	nji^{2}	sjij^{1}	bioo^{1}	lew^{2}	tjij^{1}	dzjwo^{2}	ɣiẹ^{2}	lụ^{2}	mjij^{1}
菩	萨，	汝	今	观	应，	若	人	障	碍	无，
[illegible]	[illegible]	[illegible]	[illegible]	[illegible]	[illegible]，	[illegible]	[illegible]	[illegible]	[illegible]	
·ụ^{2}	tsjiir^{1}	bji^{1}	swew^{1}	tshjiij^{1}	zjij^{1}	mji^{1}	źjɨr^{1}	mjij^{1}	dźiã^{2}	
藏	法	光	明	说	时，	闻	慧	无	众	

汝今当观，若有说此无障碍藏法光明时，所有一切无闻众生，

① 无闻，西夏文字面意思是“无闻慧”。
② 余异见所行，西夏文字面意思是“异见依止者”。
③ 不作善者，亲近诸余行异行者，西夏文字面意思是“诸余行者，相亲近者”。

5.44.7

[illegible]	[illegible]	[illegible]	[illegible]	[illegible]	[illegible]	[illegible]	[illegible]	[illegible]，	[illegible]	[illegible]
tśhju^{1}	ŋowr^{2}	ŋowr^{2}	·ju^{2}	mur^{1}	njiij^{1}	mjij^{2}	rjur^{1}	·jar^{2}	ku^{1}	pjụ^{1}
生	一	切	夫	凡	心	未	调	御，	则	威
[illegible]	[illegible]	[illegible]，	[illegible]	[illegible]	[illegible]	[illegible]	[illegible]	[illegible]	[illegible]	
wer^{1}	mji^{1}	dźjij^{2}	ku^{1}	thjɨ^{2}	nioow^{1}	thjɨ^{2}	sju^{2}	tsjiir^{1}	dạ^{2}	
仪	无	有，	则	此	故	此	如	法	言	

未善调伏凡夫心故，无有威仪，由此远离如是法教。

5.45.1

[illegible]	[illegible]。	[illegible]	[illegible]	[illegible]	[illegible]	[illegible]	[illegible]	[illegible]	[illegible]，	[illegible]
khwa^{1}	ka^{2}	tjɨ^{1}	tjij^{1}	dźiã^{2}	tśhju^{1}	ljụ^{2}	djọ^{2}	dzjɨɨ^{2}	njwi^{2}	ku^{1}
远	离。	假	若	众	生	身	修	习	能，	则
[illegible]	[illegible]	[illegible]	[illegible]	[illegible]	[illegible]	[illegible]	[illegible]，	[illegible]	[illegible]	
thjɨ^{2}	tsjiir^{1}	kha^{1}	śjij^{1}	wji^{1}	njwi^{2}	zeew^{2}	mjij^{1}	tsjɨ^{1}	mji^{1}	
此	法	中	顺	为	能	忍	无，	亦	不	

若有众生能修习身，于此法中，假使无有能随顺忍，

5.45.2

[illegible]	[illegible]，	[illegible]	[illegible]	[illegible]	[illegible]	[illegible]	[illegible]	[illegible]	[illegible]，	[illegible]
khwa^{1}	ka^{2}	nioow^{1}	rar^{2}	mjij^{1}	zeew^{2}	śjwo^{1}	njwi^{2}	mjijr^{2}	dju^{1}	zow^{2}
远	离，	又	漏	无	忍	生	能	者	有，	持
[illegible]	[illegible]	[illegible]，	[illegible]	[illegible]	[illegible]	[illegible]	[illegible]	[illegible]	[illegible]	[illegible]
zjij^{1}	mji^{1}	dju^{1}	thjɨ^{2}	·ji^{1}	ljwu^{2}	kha^{1}	dźjwɨ^{2}	mjij^{1}	ɣię^{2}	mjij^{1}
著	无	有，	此	众	会	中	障	无	碍	无

尚不远离，何况有能生无漏忍，无有执着，于此众会能转无障无

5.45.3

[illegible]	[illegible]	[illegible]	[illegible]	[illegible]	[illegible]	[illegible]	[illegible]	[illegible]	[illegible]？	[illegible]
tsjiir^{1}	dźiej^{2}	deej^{1}	njwi^{2}	tja^{1}	khwa^{1}	ka^{2}	tji^{2}	ljọ^{2}	wjij^{2}	thjij^{2}
法	轮	转	能	者	远	离	可	所	有？	何

[illegible] [illegible]？ [illegible] [illegible] [illegible] [illegible] [illegible] [illegible] [illegible] [illegible]

sjo^{2} ljɨ^{1} thjɨ^{2} njɨ^{2} zji^{2} ɣię^{2} lụ^{2} mjij^{1} ljɨ̣^{2} dźjiij^{1}

云 也？ 此 等 皆 障 碍 无 地 住

碍法轮？何以故？此等皆住无障碍地。

5.45.4

[illegible]。 [illegible] [illegible] [illegible] [illegible] [illegible] [illegible]， [illegible] [illegible] [illegible] [illegible]

ljɨ^{1} bju^{2} mjij^{1} ljuu^{2} tshjij^{2} dźiã^{2} tsjij^{2} ŋa^{2} neew^{2} tśhji^{2} śjɨj^{1}

也。 边 无 庄 严 菩 萨， 我 善 根 成

[illegible] [illegible] [illegible]， [illegible] [illegible] [illegible] [illegible] [illegible] [illegible] [illegible]

·jiw^{2} dźiã^{2} tśhju^{1} nioow^{1} mjor^{1} ljij^{2} dźjɨ^{0} wji^{1} kji^{1} ·wụ^{2}

就 众 生， 及 如 来 行 为 △ 资

无边庄严，我为成就善根众生，及为如来

5.45.5

[illegible] [illegible] [illegible] [illegible]， [illegible] [illegible] [illegible] [illegible] [illegible] [illegible]

bjij^{2} dźiã^{2} tśhju^{1} nioow^{1} ɣię^{2} mjij^{1} tsjiir^{1} ɣa^{2} gji^{1} sej^{1}

助 众 生 故， 碍 无 法 于 清 净

[illegible] [illegible]， [illegible] [illegible] [illegible] [illegible] [illegible] [illegible] [illegible] [illegible]

ljij^{2} phji^{1} nioow^{1} dźiã^{2} tśhju^{1} ŋowr^{2} ŋowr^{2} ·jij^{1} gjɨj^{1} ɣie^{2}

见 令， 又 众 生 一 切 之 利 益

加持众生，于无碍法见清净故，亦欲利益哀愍一切故，

5.45.6

[illegible] [illegible] [illegible] [illegible]， [illegible] [illegible] [illegible] [illegible] [illegible] [illegible] [illegible] [illegible]。

njij^{2} śjow^{1} kię^{2} nioow^{1} thjɨ^{2} thow^{1} lo^{1} dźji^{1} ɣa^{1} rjɨr^{2} tshjiij^{1} ŋa^{2}

慈 悲 欲 故， 此 陀 罗 尼 门 △ 说 我。

演说此陀罗尼门。

汉文本

无边庄严，若复有人于日日中，称说如来名号功德，是诸众生能离黑暗，渐次当得烧诸烦恼，如是称念南无佛者，语业不空，如是语业名执大炬，能烧烦恼。若复有人，得闻如来及佛名号，离诸黑暗，与

彼众生为涅槃因。

无边庄严,我为信于如来众生及诸众生,烦恼灭故,降澍法雨。无边庄严,如来所说是法真实,以真实故,无有少法开示演说,而于是法无实无虚。无边庄严,如来是实语者,住真实法,能演说此陀罗尼门。

无边庄严,此真实法谁当能了?惟除菩萨如实见者、具足见者、作善业者,于甚深法,余无能了。无边庄严,于此义中应当随顺,自于此法,系念现前不信乐余,从他生智,为欲利益安乐众生,于此法中,应生随顺,若于此中,生随顺忍,是则不住不随顺中。无边庄严,无闻众生无随顺忍,于此法教不能了知;或复有余异见所行,乘异路者,趣恶道者,不作善者,亲近诸余行、异行者,彼等不能入此法门。

无边庄严,汝今当观,若有说此无障碍藏法光明时,所有一切无闻众生,未善调伏凡夫心故,无有威仪,由此远离如是法教。若有众生能修习身,于此法中,假使无有能随顺忍,尚不远离,何况有能生无漏忍,无有执着,于此众会能转无障无碍法轮?何以故?此等皆住无障碍地。无边庄严,我为成就善根众生,及为如来加持众生,于无碍法见清净故,亦欲利益哀愍一切故,演说此陀罗尼门。

5.45.6—5.45.7

[illegible]	[illegible]	[illegible]	[illegible]	[illegible]	[illegible],	[illegible]	[illegible]	[illegible]	[illegible]	[illegible]①
bju^{2}	mjij^{1}	ljuu^{2}	tshjij^{2}	dźiã^{2}	tsjij^{2}	tjij^{1}	dzjwo^{2}	thjɨ^{2}	tsjiir^{1}	ɣa^{2}
边	无	庄	严	菩	萨,	若	人	此	法	于
[illegible]	[illegible],	[illegible]	[illegible]	[illegible]	[illegible]	[illegible]	[illegible]	[illegible],	[illegible]	[illegible]
tsjij^{2}	·o^{2}	ku^{1}	thja^{1}	dzjwo^{2}	dźiã^{2}	tsjij^{2}	ljɨ^{2}	dźjiij^{1}	dzjɨr^{1}	bow^{2}
悟	入,	则	彼	人	菩	萨	地	住,	迅	速
[illegible]	[illegible]	[illegible]	[illegible]	[illegible],	[illegible]	[illegible]	[illegible]②	[illegible]	[illegible]	
wee^{1}	mjij^{1}	tsjiir^{1}	zeew^{2}	lja^{1}	mji^{1}	khwa^{1}	ka^{2}	po^{1}	tjɨj^{1}	
生	无	法	忍	证,	不	远	离	菩	提	

无边庄严,若有于此法门能悟入者,应知彼已③住菩萨地,能速疾证无生法忍,

5.46.1

[illegible]	[illegible]	[illegible]。	[illegible]	[illegible]	[illegible]	[illegible]	[illegible]	[illegible],	[illegible]	[illegible]
la^{1}	rjir^{1}	ljɨ^{1}	bju^{2}	mjij^{1}	ljuu^{2}	tshjij^{2}	dźiã^{2}	tsjij^{2}	nji^{2}	njɨ^{2}
记	得	也。	边	无	庄	严	菩	萨,	汝	等
[illegible]	[illegible]	[illegible]	[illegible]	[illegible]	[illegible],	[illegible]	[illegible]	[illegible]	[illegible]。	
thjɨ^{2}	zji^{2}	na^{1}	tsjiir^{1}	ɣa^{1}	ɣa^{2}	buu^{2}	tsjij^{2}	śjwo^{1}	lew^{2}	

① [illegible](ɣa^{2}),通[illegible](ɣa^{1}),即"门",与汉文本中的"法门"对译。

② [illegible],西夏文字面意思是"不远离",与汉文本中的"不久"对译。

③ 彼已,西夏文字面意思是"彼人"。

此 最 深 法 门 于， 胜 解 生 应。

不久当得授菩提记。无边庄严,汝等于此甚深法门,应生胜解。

5.46.2

[illegible] [illegible] [illegible] [illegible] [illegible] [illegible]， [illegible] [illegible] [illegible] [illegible]， [illegible]

bju^{2} mjij^{1} ljuu^{2} tshjịj^{2} dźiā^{2} tsjij^{2} nji^{2} sjij^{1} nwə^{1} lew^{2} thjɨ^{2}

边 无 庄 严 菩 萨， 汝 今 知 应， 此

[illegible] [illegible] [illegible] [illegible] [illegible] [illegible] [illegible] [illegible]， [illegible] [illegible]

sju^{2} tsjiir^{1} ɣa^{1} tsjij^{2} mji^{1} zow^{2} zjij^{1} mjijr^{2} rjir^{1} mjij^{1}

如 法 门 解 不 执 着 者， 得 无

无边庄严,汝今当知如是法门,无执着者,

5.46.3

[illegible] [illegible] [illegible] [illegible] [illegible]。 [illegible] [illegible] [illegible] [illegible] [illegible] [illegible]

zeew^{2} mjijr^{2} ·jij^{1} ljị^{2} we^{2} tjij^{1} njwo^{2} zjọ^{2} rjur^{1} tha^{1} ·jij^{1}

忍 者 之 地 为。 若 昔 世 诸 佛 之

[illegible] [illegible] [illegible]， [illegible] [illegible] [illegible] [illegible] [illegible] [illegible] [illegible]

rjɨr^{2} kjụ^{1} tshwew^{1} tśjo^{0} gjɨ^{2} zjir^{2} kha^{1} ·jɨr^{2} ŋwu^{2} djọ^{2}

△ 供 养， 常 夜 长 中 勤 以 修

无得忍者,以之为地。若有供养往昔诸佛,能于长夜勤心修

5.46.4

[illegible]， [illegible] [illegible] [illegible] [illegible] [illegible]， [illegible] [illegible] [illegible] [illegible]， [illegible]

dzjɨɨ^{2} ljụ^{2} neew^{2} pjụ^{1} wer^{1} djọ^{2} dạ^{2} sjwɨj^{1} ·wejr^{2} njwi^{2} njiij^{1}

习， 身 善 威 仪 修， 语 业 护 善， 心

[illegible] [illegible] [illegible]， [illegible] [illegible] [illegible] [illegible] [illegible] [illegible] [illegible]，

rjur^{1} ·jar^{2} ljɨɨ^{1} tśhja^{2} ka^{1} sjij^{2} źjɨr^{1} sjwɨ^{1} ljɨr^{2} mjijr^{2}

调 御 能， 正 等 智 慧 思 念 者，

习,善身威仪,善护语业,善调伏心,平等智慧随忆念者,

5.46.5

[illegible] [illegible] [illegible] [illegible]， [illegible] [illegible] [illegible] [illegible]， [illegible] [illegible] [illegible] njiij^{1} dźjiij^{1} lew^{2} mjij^{1} tjij^{1} thjɨ^{2} tsjiir^{1} kha^{1} ɣiwej^{1} ·jiij^{1} njwi^{2}

心 住 所 无， 若 此 法 中， 受 执 能

[illegible]

tja^{1} ljụ^{2} kạ^{1} mji^{1} ·wier^{1} mjijr^{2} thjɨ^{2} sju^{2} dzjwo^{2} njɨ^{2}

者， 身 命 不 爱 者， 此 如 人 等

心无所住，于此法中，善受持者，不顾身命①，彼人

5.46.6

[illegible]

tśhjwo^{1} thjɨ^{2} lwər^{2} lhejr^{2} deej^{1} dźjij^{1} njwi^{2} tjij^{1} kụ^{1} lja^{1}

则 此 契 经 传 行 能。 若 后 来

[illegible]

zjọ^{2} ɣa^{2} tjɨ^{1} tjij^{1} dźjã^{2} tśhju^{1} thjɨ^{2} tsjiir^{1} kha^{1}

世 于， 假 若 众 生 此 法 中

则能流传此经。当于后时，若有众生，于此法中，

5.46.7

[illegible]

nji^{2} lhjịj^{2} nioow^{1} ·jɨr^{2} djọ^{2} dzjɨɨ^{2} tja^{1} tsjɨ^{1} rjir^{1} gie^{1} nioow^{1}

听 受 故， 勤 修 习 者， 亦 得 难， 又

[illegible]

rjar^{1} sjij^{2} ɣiwej^{1} ·jiij^{1} do^{1} tshjɨɨ^{1} tsjij^{2} dar^{1} phie^{2} neej^{2}

书 写、 受 持、 读 诵、 解 达、 开 示、

为听闻故，勤修习者，尚难可得，何况有能书写、受持、读诵、通利、开示、

5.47.1

[illegible]

deej^{1} dźjịj^{1} mjɨ^{1} ·jij^{1} wạ^{2} tshjiij^{1} mjijr^{2} tja^{1} thja^{1} dzjwo^{2} mji^{1}

传 行、 他 之 广 说 者 者， 彼 人 不

[illegible]

① 不顾身命，西夏文字面意思是“身命不爱者”。

② [illegible]，西夏文字面意思是“解达”，与汉文本中的“通利”对译。

khwa^{1}	gji^{1}	sej^{1}	thow^{1}	lo^{1}	dźji^{1}	ɣa^{1}	mji^{1}	rjir^{1}	tjị^{2}
久	清	净	陀	罗	尼	门	不	得	可

流布，为他广说①，是人不久获得清净陀罗尼门，

5.47.2

[illegible]	[illegible]？	[illegible]	[illegible]	[illegible]	[illegible]	[illegible]	[illegible]	[illegible]	[illegible]	[illegible]
ljọ^{2}	wjij^{2}	xja^{1}	gji^{1}	sej^{1}	sjij^{2}	źjɨr^{1}	mji^{1}	lhjụ^{2}	tjị^{2}	ljọ^{2}
所	有？	即	清	净	智	慧	不	获	可	所
[illegible]？	[illegible]	[illegible]	[illegible]	[illegible]	[illegible]	[illegible]	[illegible]	[illegible]	[illegible]？	
wjij^{2}	ŋowr^{2}	ŋowr^{2}	sjij^{2}	sjij^{2}	mji^{1}	·o^{2}	tjị^{2}	ljọ^{2}	wjij^{2}	
有？	一	切	智	智	不	入	可	所	有？	

速疾逮得清净智慧，当能入于一切智智。

5.47.3

[illegible]	[illegible]	[illegible]	[illegible]	[illegible]	[illegible]，	[illegible]	[illegible]	[illegible]	[illegible]，	[illegible]
bju^{2}	mjij^{1}	ljuu^{2}	tshjịj^{2}	dźiã^{2}	tsjij^{2}	nji^{2}	sjij^{1}	bioo^{1}	lew^{2}	mjor^{1}
边	无	庄	严	菩	萨，	汝	今	观	应，	如
[illegible]	[illegible]	[illegible]	[illegible]	[illegible]	[illegible]	[illegible]	[illegible]	[illegible]	[illegible]	
ljij^{2}	rjur^{1}	dźiã^{2}	tsjij^{2}	·jij^{1}	ŋowr^{2}	ŋowr^{2}	sjij^{2}	sjij^{2}	rjir^{1}	
来	诸	菩	萨	之	一	切	智	智	得	

无边庄严，汝观如来，为诸菩萨得一切智智故，

5.47.4

[illegible]	[illegible]，	[illegible]	[illegible]	[illegible]	[illegible]	[illegible]	[illegible]	[illegible]	[illegible]，	[illegible]
phji^{1}	nioow^{1}	thjɨ^{2}	sju^{2}	tsjiir^{1}	·ụ^{2}	nẹ^{1}	tshjiij^{1}	phie^{2}	neej^{2}	thja^{1}
令	故，	此	如	法	藏	宣	说	开	示，	彼
[illegible]	[illegible]	[illegible]	[illegible]	[illegible]	[illegible]	[illegible]	[illegible]	[illegible]。	[illegible]	
kha^{1}	zjɨɨr^{1}	zjij^{1}	tsjiir^{1}	mji^{1}	nẹ^{1}	tshjiij^{1}	tja^{1}	mjij^{1}	thjɨ^{2}	
中	些	许	法	不	宣	说	者	无。	此	

开示演说如是法藏，然于其中，无有少法而不演说。

① 为他广说，西夏文字面意思是"他之广说者"。

5.47.5

[illegible]	[illegible]	[illegible]，	[illegible]	[illegible]	[illegible]	[illegible]，	[illegible]	[illegible]	[illegible]	[illegible]，
sju^2	tshjiij^1	tja^1	tshjiij^1	mjij^1	ŋwu^2	tshjiij^1	gji^1	sej^1	śjwo^1	njwi^2
如	说	者，	说	无	以	说，	清	净	生	能，
[illegible]	[illegible]	[illegible]	[illegible]	[illegible]，	[illegible]	[illegible]	[illegible]	[illegible]	[illegible]	
nioow^1	gji^1	sej^1	tsjiir^1	ɣa^1	rjur^1	tsjiir^1	ŋowr^2	ŋowr^2	tshọ^2	
又	清	净	法	门，	诸	法	一	切	虚	

如是所说，无说而说，能生清净，及能开示清净法门，一切诸法等虚

5.47.6

[illegible]	[illegible]	[illegible]	[illegible]	[illegible]	[illegible]	[illegible]。	[illegible]	[illegible]	[illegible]
ŋa^1	rjir^2	ka^1	·jij^1	phie^2	neej^2	njwi^2	ka^1	tja^1	thjij^2
空	与	等	相	开	示	能。	等	者	何
[illegible]？	[illegible]	[illegible]	[illegible]	[illegible]	[illegible]	[illegible]	[illegible]	[illegible]	[illegible]。
sjo^2	rjur^1	tsjiir^1	ŋowr^2	ŋowr^2	tshọ^2	ŋa^1	rjir^2	ka^1	ljɨ^1
云？	诸	法	一	切	虚	空	与	等	也。

空相。云何为等？以一切法与虚空等，

5.47.7

[illegible]	[illegible]	[illegible]	[illegible]	[illegible]	[illegible]	[illegible]	[illegible]	[illegible]，	[illegible]	[illegible]
nioow^1	thja^1	tshọ^2	ŋa^1	ka^1	njaa^2	mji^1	ka^1	njaa^2	rjur^1	tsjiir^1
又	彼	虚	空	等	非	不	等	非，	诸	法
[illegible]	[illegible]	[illegible]	[illegible]	[illegible]	[illegible]	[illegible]。	[illegible]	[illegible]	[illegible]	
ŋowr^2	ŋowr^2	tsjɨ^1	zji^2	thja^1	wjɨ^2	sju^2	tjij^1	ŋa^1	bju^2	
一	切	亦	皆	彼	△	如。	若	空	边	

而是虚空非等不等①，一切诸法亦复如是。如空无边

5.48.1

[illegible]	[illegible]	[illegible]	[illegible]	[illegible]	[illegible]	[illegible]。	[illegible]	[illegible]	[illegible]	[illegible]
mjij^1	ku^1	rjur^1	tsjiir^1	tsjɨ^1	thja^1	sju^2	rjur^1	tsjiir^1	ŋowr^2	ŋowr^2

① 非等不等，西夏文字面意思是“非等非不等”。

无 则 诸 法 亦 彼 如。 诸 法 一 切

[illegible]

bju^{2} rjir^{1} tji^{2} mjij^{1} rjir^{1} tji^{2} mjij^{1} ku^{1} bju^{2} ljow^{2}

边 得 可 不, 得 可 不 则 边 际

诸法亦尔①,一切诸法边不可得,不可得故无有边际,

5.48.2

[illegible]

mji^{1} dju^{1} bju^{2} ljow^{2} mjij^{1} ku^{1} tśhjwo^{1} bju^{2} mjij^{1} tshjiij^{1} ·jɨ^{2}

无 有, 边 际 无 故 则 边 无 说 谓。

[illegible]

tjij^{1} thja^{2} kha^{1} thjɨ^{2} sju^{2} dźjiij^{1} ku^{1} thja^{1} dzjwo^{2} mjor^{1}

若 彼 中 此 如 住 故, 彼 人 如

无边际故说为无边。若能于中如是住者,是即名

5.48.3

[illegible]

ljij^{2} tsjiir^{1} dźjiij^{1} ŋwu^{2} mjor^{1} ljij^{2} tsjiir^{1} dźjiij^{1} ku^{1} tshjiij^{1} lew^{2}

来 法 住 是; 如 来 法 住, 则 说 应

[illegible]

mji^{1} dju^{1} tjij^{1} tshjiij^{1} lew^{2} mjij^{1} ku^{1} tsjiir^{1} ŋowr^{2} ŋowr^{2}

不 有, 若 说 所 无, 则 法 一 切

为住如来法;住如来法,则无所说;若无所说,于一切法

5.48.4

[illegible]

ɣa^{2} lew^{1} dź-^{0} mjiij^{2} ·jij^{1} dju^{1} thja^{1} bju^{1} nwə^{1} tsjij^{2} thja^{2}

于 惟 假 名 相 有, 彼 依 知 解, 彼

[illegible]

kha^{1} zow^{2} zjij^{1} mji^{1} śjwo^{1} lew^{2} tjij^{1} mji^{1} zow^{2} zjij^{1}

① 诸法亦尔,西夏文字面意思是“诸法亦如彼”。

中	持	著	不	生	应。	若	不	持	著，

以假名相，随应了知，不应于中而起执着①。若不执着，

5.48.5

[illegible]	[illegible]	[illegible]	[illegible]	[illegible]；	[illegible]	[illegible]	[illegible]	[illegible]，	[illegible]	[illegible]
ku1	bju2	kha1	mji1	ljɨ1	bju2	kha1	mji1	ljɨ1	ku1	gu2
则	边	中	不	堕；	边	中	不	堕，	则	中
[illegible]	[illegible]	[illegible]	[illegible]；	[illegible]	[illegible]	[illegible]	[illegible]，	[illegible]	[illegible]	
kha1	tsjɨ1	mji1	ljɨ1	tjij1	bju2	kha1	ljɨ1	ku1	gu2	
中	亦	不	堕；	若	边	中	堕，	则	中	

即不堕边；若不堕边，则不堕中；若堕于边，则

5.48.6

[illegible]	[illegible]	[illegible]。	[illegible]	[illegible]	[illegible]、	[illegible]	[illegible]	[illegible]，	[illegible]	[illegible]、
kha1	tsjɨ1	ljɨ1	thjɨ2	nioow1	gu2	bju2	ka2	lew2	tjij1	gu2
中	亦	堕。	此	故	中、	边	离	应，	若	中、
[illegible]	[illegible]	[illegible]	[illegible]	[illegible]	[illegible]	[illegible]，	[illegible]	[illegible]	[illegible]	
bju2	ka2	ku1	ŋowr2	ŋowr2	zji2	ka2	tjij1	ŋowr2	ŋowr2	
边	离	则	一	切	皆	离，	若	一	切	

堕于中。是故应当离于中、边，若离中、边，即离一切，

5.48.7

[illegible]	[illegible]	[illegible]	[illegible]	[illegible]	[illegible]。	[illegible]	[illegible]	[illegible]	[illegible]	[illegible]
ka2	ku1	tshjiij1	lew2	mji1	dju1	thjɨ2	nioow1	gji1	sej1	sjij2
离	则	说	所	无	有。	此	故	清	净	智
[illegible]	[illegible]	[illegible]，	[illegible]	[illegible]	[illegible]	[illegible]	[illegible]	[illegible]	[illegible]，	
źjɨr1	lhjụ2	rjir1	tsjiir1	ŋowr2	ŋowr2	lhjwi1	zjij1	lew2	mjij1	
慧	获	得，	法	一	切	取	著	所	无，	

若离一切则无所说。由此获得清净智慧，于一切法无所取着，

① 不应于中而起执着，西夏文字面意思是"彼中应不生执着"。

5.49.1

lhjwi^{1}	lew^{2}	nioow^{1}	lhjwi^{1}	mjijr^{2}	tsjɨ^{1}	mjij^{1}	thjij^{2}	sjo^{2}	ljɨ^{1}	rjur^{1}
取	所	及	取	者	亦	无，	何	云	也？	诸
tsjiir^{1}	ŋa^{2}	mjij^{1}	ŋa^{2}	rjir^{1}	lew^{2}	mjij^{1}	ljɨ^{1}	ŋa^{2}	tsjiir^{2}	
法	我	无，	我	得	所	无	也。	我	性	

无有所取及能取者。何以故？诸法无我，我无所得故，我性

5.49.2

·jij^{1}	tsjiir^{2}	dju^{1}	lew^{2}	mjij^{1}	ku^{1}	thjɨ^{2}	sju^{2}	thjɨ^{2}	sju^{2}	ljɨ^{1}
自	性，	有	所	无	故。	此	如，	此	如	也。
bju^{2}	mjij^{1}	ljuu^{2}	tshjịj^{2}	dźiã^{2}	tsjij^{2}	tha^{1}	rjɨr^{2}	tshjiij^{1}	rjur^{1}	
边	无	庄	严	菩	萨，	佛	△	说	诸	

自性，无所有故。如是，如是，无边庄严，如佛所说

5.49.3

dźjɨ^{0}	mji^{1}	·ju^{2}	sju^{2}	thjɨ^{2}	sju^{2}	·wjị^{1}	lej^{2}	mjij^{1}	wo^{2}
行	无	常	如，	此	如	变	异	无	义、
mji^{1}	bju^{1}	śjij^{1}	wo^{2}	nẹ^{1}	tshjiij^{1}	tha^{1}	rjɨr^{2}	tshjiij^{1}	rjur^{1}
不	相	应	义	宣	说，	佛	△	说	诸

诸行无常，如是演说无变异义、不相应义；如佛所说诸

5.49.4

dju^{1}	tśjị^{1}	wo^{2}	sju^{2}	thjɨ^{2}	sju^{2}	djiij^{2}	phã^{1}	wo^{2}	dwər^{1}	ka^{2}
有	苦	义	如；	此	如	涅	槃	义、	厌	离

[illegible]	[illegible]	[illegible]，	[illegible]	[illegible]	[illegible]	[illegible]	[illegible]	[illegible]	[illegible]
wo^{2}	nẹ^{1}	tshjiij^{1}	tha^{1}	rjɨr^{2}	tshjiij^{1}	djiij^{2}	phã^{1}	mjij^{1}	sej^{1}
义	宣	说，	佛	△	说	涅	槃	寂	静

有苦义，如是演说涅槃义、厌离义；如佛所说涅槃寂静，

5.49.5

[illegible]，	[illegible]	[illegible]	[illegible]	[illegible]	[illegible]	[illegible]，	[illegible]	[illegible]	[illegible]
sju^{2}	thjɨ^{2}	sju^{2}	dźiəj^{2}	lheew^{2}	ŋowr^{2}	ŋowr^{2}	zji^{2}	dźjɨɨr^{1}	ka^{2}
如，	此	如	为	有	一	切，	皆	舍	离
[illegible]。	[illegible]	[illegible]	[illegible]，	[illegible]	[illegible]	[illegible]，	[illegible]	[illegible]	[illegible]，
wo^{2}	tjij^{1}	mji^{1}	·ju^{2}	tjij^{1}	rjur^{1}	tśjị^{1}	tjij^{1}	ŋa^{2}	mjij^{1}
义。	若	无	常，	若	诸	苦，	若	我	无，

如是演说一切有为，皆舍离义。或无常故，或诸苦故，或无我故，

5.49.6

[illegible]	[illegible]	[illegible]	[illegible]	[illegible]，	[illegible]	[illegible]	[illegible]	[illegible]	[illegible]	[illegible]
tjij^{1}	djiij^{2}	phã^{1}	nẹ^{1}	tshjiij^{1}	thjɨ^{2}	sju^{2}	njɨ^{2}	ɣa^{1}	tja^{1}	zji^{2}
若	涅	槃	宣	说，	此	如	等	门	者	皆
[illegible]	[illegible]	[illegible]	[illegible]	[illegible]	[illegible]	[illegible]，	[illegible]	[illegible]	[illegible]	
mjor^{1}	ljịj^{2}	·jij^{1}	rjɨr^{2}	tshjiij^{1}	sji^{2}	ŋwu^{2}	thjɨ^{2}	tsjɨ^{1}	rjur^{1}	
如	来	之	△	说	△	是，	此	亦	诸	

或涅槃故，如是等门，此是如来之所演说，此亦

5.49.7

[illegible]	[illegible]	[illegible]	[illegible]	[illegible]	[illegible]	[illegible]	[illegible]	[illegible]	[illegible]。
tsjiir^{1}	ŋowr^{2}	ŋowr^{2}	mər^{2}	tsjiir^{2}	·jij^{1}	tsjiir^{2}	phie^{2}	neej^{2}	ljɨ^{1}
法	一	切	本	性	自	性	开	示	也。

开示一切诸法本性自性。

汉文本

无边庄严，若有于此法门能悟入者，应知彼已住菩萨地，能速疾证无生法忍，不久当得授菩提记。无边庄严，汝等于此甚深法门，应生胜解。无边庄严，汝今当知如是法门，无执着者，无得忍者，以之为

地。若有供养往昔诸佛，能于长夜勤心修习，善身威仪，善护语业，善调伏心，平等智慧随忆念者，心无所住，于此法中，善受持者，不顾身命，彼人则能流传此经。当于后时，若有众生，于此法中，为听闻故，勤修习者，尚难可得，何况有能书写、受持、读诵、通利、开示、流布，为他广说，是人不久获得清净陀罗尼门，速疾逮得清净智慧，当能入于一切智智。

无边庄严，汝观如来，为诸菩萨得一切智智故，开示演说如是法藏，然于其中，无有少法而不演说。如是所说，无说而说，能生清净，及能开示清净法门，一切诸法等虚空相。云何为等？以一切法与虚空等，而是虚空非等不等，一切诸法亦复如是。如空无边诸法亦尔，一切诸法边不可得，不可得故无有边际，无边际故说为无边。若能于中如是住者，是即名为住如来法；住如来法，则无所说；若无所说，于一切法以假名相，随应了知，不应于中而起执着。若不执着，即不堕边；若不堕边，则不堕中；若堕于边，则堕于中。是故应当离于中、边，若离中、边，即离一切，若离一切则无所说。由此获得清净智慧，于一切法无所取着，无有所取及能取者。何以故？诸法无我，我无所得故，我性自性，无所有故。如是，如是，无边庄严，如佛所说诸行无常，如是演说无变异义、不相应义；如佛所说诸有苦义，如是演说涅槃义、厌离义；如佛所说涅槃寂静，如是演说一切有为，皆舍离义。或无常故，或诸苦故，或无我故，或涅槃故，如是等门，此是如来之所演说，此亦开示一切诸法本性自性。

5.49.7—5.50.1

[illegible]	[illegible]	[illegible]	[illegible]	[illegible]	[illegible]，	[illegible]	[illegible]	[illegible]	[illegible]	[illegible]
bju^{2}	mjij^{1}	ljuu^{2}	tshjịj^{2}	dźiã^{2}	tsjij^{2}	mjor^{1}	ljịj^{2}	mə^{2}	mə^{2}	mjiij^{2}
边	无	庄	严	菩	萨，	如	来	种	种	名
[illegible]，	[illegible]	[illegible]	[illegible]	[illegible]，	[illegible]	[illegible]	[illegible]	[illegible]	[illegible]，	[illegible]
ŋwu^{2}	mə^{2}	mə^{2}	ɣa^{1}	ŋwu^{2}	mə^{2}	mə^{2}	ŋwuu^{1}	dạ^{2}	ŋwu^{2}	rjur^{1}
以，	种	种	门	以，	种	种	言	语	以，	诸
[illegible]	[illegible]	[illegible]，	[illegible]	[illegible]	[illegible]	[illegible]	[illegible]	[illegible]	[illegible]	
tsjiir^{1}	nẹ^{1}	tshjiij^{1}	mjor^{1}	ljịj^{2}	tsjɨ^{1}	rjur^{1}	tsjiir^{1}	mər^{2}	tsjiir^{2}	
法	宣	说，	如	来	亦	诸	法	本	性	

无边庄严，如来以种种名，以种种门，种种语言，演说诸法，如来亦不异于诸法，本性

5.50.2

[illegible]，	[illegible]	[illegible]	[illegible]	[illegible]、	[illegible]	[illegible]	[illegible]，	[illegible]	[illegible]	[illegible]
rjɨr^{2}	nioow^{1}	mji^{1}	lew^{1}	tsjiir^{2}	mji^{1}	do^{2}	tsjiir^{2}	thu^{1}	phjij^{1}	ljɨ̣^{1}
△，	又	非	一	性、	非	异	性，	设	置	虽
[illegible]，	[illegible]	[illegible]	[illegible]	[illegible]，	[illegible]	[illegible]	[illegible]	[illegible]，	[illegible]	
njaa^{2}	rjur^{1}	tsjiir^{1}	ŋowr^{2}	ŋowr^{2}	mji^{1}	lew^{1}	mji^{1}	do^{2}	ljij^{2}	
非，	诸	法	一	切，	非	一	非	异，	见	

施设,非一性、非异性,一切诸法,非一非异,

5.50.3

[illegible]	[illegible]	[illegible],	[illegible]	[illegible]	[illegible]	[illegible]	[illegible]	[illegible]	[illegible]	[illegible],
tjị^{2}	mjij^{1}	ku^{1}	dzjɨr^{1}	ɣa^{2}	tsho̱^{2}	ŋa^{1}	·jij^{1}	tsjiir^{2}	lja̱^{1}	·o^{2}
可	无	故,	疾	于	虚	空	自	性	证	入,
[illegible]	[illegible]	[illegible]	[illegible]	[illegible]	[illegible]	[illegible]	[illegible]	[illegible]。	[illegible]	
tsjiir^{1}	ŋowr^{2}	ŋowr^{2}	dju^{1}	lew^{2}	mjij^{1}	·jij^{1}	rjijr^{2}	tshwew^{1}	bju^{2}	
法	一	切	有	所	无	相	向	趣。	边	

不可见故,速疾证入虚空自性,趣一切法无所有相。

5.50.4

[illegible]	[illegible]	[illegible]	[illegible]	[illegible],	[illegible]	[illegible]	[illegible]	[illegible]	[illegible]	[illegible]
mjij^{1}	ljuu^{2}	tshjịj^{2}	dźiã^{2}	tsjij^{2}	rjur^{1}	dźiã^{2}	tsjij^{2}	·jij^{1}	mər^{2}	tsjiir^{2}
无	庄	严	菩	萨,	诸	菩	萨	之	本	性
[illegible]	[illegible],	[illegible]	[illegible]	[illegible]	[illegible]	[illegible],	[illegible]	[illegible]	[illegible]	
gji^{1}	sej^{1}	·jij^{1}	tsjiir^{2}	rjur^{1}	·jar^{2}	nioow^{1}	thjɨ^{2}	thow^{1}	lo^{1}	
清	净,	自	性	调	御	故,	此	陀	罗	

无边庄严,此陀罗尼门,为诸菩萨本性清净,自性调伏,

5.50.5

[illegible]	[illegible]	[illegible]	[illegible]。	[illegible]	[illegible]	[illegible]	[illegible],	[illegible]	[illegible]	[illegible]
dźji^{1}	gu^{1}	śjwo^{1}	ljɨ^{1}	rjur^{1}	·jar^{2}	·jɨ^{2}	tja^{1}	lej̣^{2}	tshja̱^{1}	lə^{2}
尼	发	生	也。	调	御	谓	者,	贪	瞋	痴
[illegible]	[illegible]	[illegible]	[illegible],	[illegible]	[illegible]	[illegible]	[illegible]	[illegible]。	[illegible]	
rjur^{1}	·jar^{2}	kiej̣^{2}	nioow^{1}	ku^{1}	bju^{1}	mjij^{1}	tsjɨ^{1}	·jar^{2}	thjɨ^{2}	
调	御	欲	故,	则	明	无	亦	调。	此	

是故发起。言调伏者,为欲调伏贪瞋痴故,调无明故,

5.50.6

[illegible]	[illegible]	[illegible]	[illegible]	[illegible]	[illegible]。	[illegible]	[illegible]	[illegible]	[illegible]	[illegible]
sju^{2}	tśhja^{2}	ka^{1}	tshwew^{1}	·o^{2}	phji^{1}	thja^{1}	lej̣^{2}	tshja̱^{1}	lə^{2}	rjur^{1}

如 正 等 趣 入 令。 彼 贪 瞋 痴 调

[illegible]

·jar[2] mjijr[2] tsjɨ[1] rjir[1] tjị[2] mjij[1] tjij[1] rjir[1] tjị[2] mjij[1]

御 者 亦 得 可 无。 若 得 可 无，

及令趣入如是平等。以贪瞋痴能调伏者，亦不可得，若不可得

5.50.7

[illegible]

ku[1] rjur[1] ·jar[2] ŋwu[2] ljɨ[1] bju[2] mjij[1] ljuu[2] tshjịj[2] dźiã[2] tsjij[2]

则 调 御 是 也。 边 无 庄 严 菩 萨，

[illegible]

thja[1] lẹj[2] tshjạ[1] lə[2] wo[2] bju[1] tjoo[1] ·ju[2] ku[1] thja[1]

彼 贪 瞋 痴， 理 依 寻 求， 则 彼

即是调伏。无边庄严，或贪瞋痴，如理推求，

5.51.1

[illegible]

tsjɨ[1] rjir[1] tjị[2] mjij[1] thja[1] lẹj[2] tshjạ[1] lə[2] ŋa[1] dju[1] lew[2]

亦 得 可 无。 彼 贪 瞋 痴， 空 有 所

[illegible]①

mjij[1] tshọ[2] lạ[1] mji[1] źjɨr[1] wẹ[1] mjijr[2] ·jij[1] dźju[1] no[2]

无， 虚 妄 不 实， 愚 者 之 诳 安

亦不可得，以贪瞋痴，空无所有，虚空不实，诳惑愚夫无所安

5.51.2

[illegible]

dźjiij[1] lew[2] mjij[1] thja[1] tsjɨ[1] thjɨ[2] sju[2] dźjiij[1] tjị[2] mji[1] dju[1]

住 所 无， 彼 亦 此 如， 住 可 无 有

[illegible]

nioow[1] rjir[1] tjị[2] mjij[1] thja[1] lẹj[2] tshjạ[1] lə[2] thja[2] ɣa[2]

① [illegible]，西夏文字面意思是“虚妄”，与汉文本中的“虚空”对译。

又　得　可　无。　彼　贪　瞋　痴，　彼　于

住，彼亦如是，无有住处亦不可得。是贪瞋痴，从于彼

5.51.3

[illegible]，	[illegible]	[illegible]	[illegible]，	[illegible]	[illegible]	[illegible]	[illegible]，	[illegible]	[illegible]	[illegible]
śjwo^{1}	thja^{2}	ɣa^{2}	dzjar^{2}	mər^{2}	tsjiir^{2}	ŋa^{1}	mjij^{1}	thjɨ^{2}	sju^{2}	nwə^{1}
生，	彼	于	灭，	本	性	空	寂，	此	如	知
[illegible]。	[illegible]	[illegible]	[illegible]	[illegible]？	[illegible]	[illegible]	[illegible]	[illegible]，	[illegible]	
lew^{2}	thjij^{2}	sjo^{2}	nwə^{1}	lew^{2}	tjij^{1}	mji^{1}	wee^{1}	ku^{1}	thja^{1}	
应。	何	云	知	应？	若	不	生	故，	彼	

生，即于彼灭，本性空寂，应如是知。云何应知？如其不生，彼

5.51.4

[illegible]	[illegible]	[illegible]，	[illegible]	[illegible]	[illegible]	[illegible]。	[illegible]	[illegible]	[illegible]	[illegible]
tsjɨ^{1}	mji^{1}	źjɨr^{1}	nioow^{1}	mji^{1}	tśhjɨɨ^{2}	tśhjuu^{2}	thja^{1}	lẹj^{2}	tshjạ^{1}	lə^{2}
亦	不	实，	又	不	颠	倒。	彼	贪	瞋	痴
[illegible]	[illegible]	[illegible]	[illegible]	[illegible]	[illegible]	[illegible]	[illegible]	[illegible]，	[illegible]	
zji^{2}	bju^{1}	mjij^{1}	na^{1}	njaa^{1}	ŋwu^{2}	phju^{2}	ɣu^{1}	we^{2}	thja^{2}	
皆	明	无	暗	冥	以	上	首	为，	彼	

则不实，亦不颠倒。是贪瞋痴，皆以无明黑暗为首，从彼

5.51.5

[illegible]	[illegible]	[illegible]，	[illegible]	[illegible]	[illegible]	[illegible]	[illegible]	[illegible]	[illegible]	[illegible]
ɣa^{2}	to^{2}	nioow^{1}	ku^{1}	ŋowr^{2}	ŋowr^{2}	to^{2}	zji^{2}	tshọ^{2}	lạ^{1}	mji^{1}
于	出	故，	则	一	切	尽	皆	虚	妄	不
[illegible]。	[illegible]	[illegible]	[illegible]	[illegible]	[illegible]	[illegible]	[illegible]	[illegible]，	[illegible]	
źjɨr^{1}	thjɨ^{2}	lẹj^{2}	tshjạ^{1}	lə^{2}	mər^{2}	tsjiir^{2}	gji^{1}	sej^{1}	thjɨ^{2}	
实。	此	贪	瞋	痴	本	性	清	净，	此	

所生①；由彼所生②，一切皆悉虚妄不实。是贪瞋痴本性清净，

① 从彼所生，西夏文字面意思是“于彼出故”。
② 西夏本无此句。

5.51.6

[illegible]	[illegible]	[illegible]	[illegible]	[illegible]	[illegible]	[illegible]	[illegible]	[illegible]	[illegible]	[illegible]，
sju^{2}	ljij^{2}	ku^{1}	gji^{1}	sej^{1}	seew^{2}	tshjiij^{1}	mjij^{1}	ɣa^{1}	śjwo^{1}	njwi^{2}
如	见	则	清	净	思	议	不	门	生	能，
[illegible]	[illegible]	[illegible]	[illegible]	[illegible]	[illegible]	[illegible]。	[illegible]	[illegible]	[illegible]	
nioow^{1}	thow^{1}	lo^{1}	dźji^{1}	ɣa^{1}	rjir^{1}	njwi^{2}	tjij^{1}	dzjwo^{2}	thjɨ^{2}	
又	陀	罗	尼	门	得	能。	若	人	此	

如是见者，能生清净不思议门，及能获得陀罗尼门。

5.51.7

[illegible]	[illegible]	[illegible]	[illegible]	[illegible]	[illegible]	[illegible]	[illegible]，	[illegible]	[illegible]	[illegible]
sju^{2}	tsjiir^{1}	kha^{1}	sjwɨ^{1}	sjiij^{2}	bioo^{1}	thjuu^{1}	njwi^{2}	ku^{1}	thjɨ^{2}	tja^{1}
如	法	中	思	惟	观	察	能，	则	此	者
[illegible]	[illegible]	[illegible]	[illegible]	[illegible]	[illegible]	[illegible]	[illegible]	[illegible]	[illegible]	
thow^{1}	lo^{1}	dźji^{1}	sjwɨj^{1}	nioow^{1}	sjịj^{2}	źjɨr^{1}	sjwɨj^{1}	lhjụ^{2}	rjir^{1}	
陀	罗	尼	业	及	智	慧	业	获	得	

若有能于如是法中，思惟观察，是名获得陀罗尼业及智慧业，

5.52.1

[illegible]，	[illegible]	[illegible]	[illegible]	[illegible]	[illegible]	[illegible]	[illegible]	[illegible]，	[illegible]	[illegible]
ŋwu^{2}	thjɨ^{2}	tja^{1}	tśhja^{2}	ka^{1}	nwə^{1}	tsjij^{2}	sjịj^{2}	ŋwu^{2}	thjɨ^{2}	tja^{1}
是，	此	者	正	等	知	解	智	是，	此	者
[illegible]	[illegible]	[illegible]	[illegible]	[illegible]	[illegible]	[illegible]，	[illegible]	[illegible]	[illegible]	
gji^{1}	sej^{1}	po^{1}	tjɨj^{1}	·wụ^{2}	dźjwij^{2}	ŋwu^{2}	thjɨ^{2}	tja^{1}	khu^{1}	
清	净	菩	提	资	粮	是，	此	者	进	

是名平等了知之智，是名清净菩提资粮，是名精进

5.52.2

[illegible]	[illegible]	[illegible]	[illegible]	[illegible]	[illegible]，	[illegible]	[illegible]	[illegible]	[illegible]①	[illegible]
dźjij^{1}	mji^{1}	śja^{1}	wją^{2}	ljɨ̣^{2}	ŋwu^{2}	thjɨ^{2}	tja^{1}	mjɨ^{1}	gjiw^{1}	śja^{1}

① [illegible]，西夏文字面意思是“不恭”，与汉文本中的“憍”对译。

精　不　逸　放　地　是，　此　者　不　恭　逸

wja̱² rjur¹ ·jar² sji² ljɨ² ŋwu² thjɨ² tja¹ kie¹ ljij²

放　调　御　△　地　是，　此　者　戒　见

不放逸地，是名调伏憍放逸地，是名不坏戒见

5.52.3

pju̱¹ wer¹ mji¹ ljiij² ŋwu² thjɨ² tja¹ gji¹ sej¹ lju̱² ljaa²

威　仪　不　坏　是，　此　者　清　净　身　口

phji¹ sjwɨj¹ ŋwu² thjɨ² tja¹ ŋa² mjij¹ sjij² śjij¹ wji¹

意　业　是，　此　者　我　无　智　顺　为

威仪，是名清净身语意业，是名随顺无我智相，

5.52.4

·jij¹ ŋwu² thjɨ² tja¹ phja¹ njwi² dzjar² njwi² ka² sjiij² ŋwu²

相　是，　此　者　断　能　灭　能　离　想　是，

thjɨ² tja¹ mjɨ¹ pju̱¹ bju² mjij¹ neew² ɣjɨr¹ tśier¹ ·ju²

此　者　无　量　边　无　善　造　方　便

是名能断能灭离相①，是名出生无量无边善巧方便。

5.52.5

to² tji̱² ŋwu² ljɨ¹

出　可　是　也。

① 离相，西夏文字面意思是“离想”。

汉文本

无边庄严，如来以种种名，以种种门，种种语言，演说诸法，如来亦不异于诸法，本性施设，非一性、非异性，一切诸法，非一非异，不可见故，速疾证入虚空自性，趣一切法无所有相。

无边庄严，此陀罗尼门，为诸菩萨本性清净，自性调伏，是故发起。言调伏者，为欲调伏贪瞋痴故，调无明故，及令趣入如是平等。以贪瞋痴能调伏者，亦不可得，若不可得即是调伏。

无边庄严，或贪瞋痴，如理推求，亦不可得，以贪瞋痴，空无所有，虚空不实，诳惑愚夫无所安住，彼亦如是，无有住处亦不可得。是贪瞋痴，从于彼生，即于彼灭，本性空寂，应如是知。云何应知？如其不生，彼则不实，亦不颠倒。是贪瞋痴，皆以无明黑暗为首，从彼所生；由彼所生，一切皆悉虚妄不实。是贪瞋痴本性清净，如是见者，能生清净不思议门，及能获得陀罗尼门。若有能于如是法中，思惟观察，是名获得陀罗尼业及智慧业，是名平等了知之智，是名清净菩提资粮，是名精进不放逸地，是名调伏憍放逸地，是名不坏戒见威仪，是名清净身语意业，是名随顺无我智相，是名能断能灭离相，是名出生无量无边善巧方便。出可是也。

5.52.5

[illegible]	[illegible]	[illegible]	[illegible]	[illegible]	[illegible]，	[illegible]	[illegible]
bju^{2}	mjij^{1}	ljuu^{2}	tshjịj^{2}	dźiã^{2}	tsjij^{2}	nji^{2}	sjij^{1}
边	无	庄	严	菩	萨，	汝	今
[illegible]	[illegible]，	[illegible]	[illegible]	[illegible]	[illegible]	[illegible]	[illegible]
bioo^{1}	lew^{2}	thjɨ^{2}	dźiej^{2}	tsjij^{2}	lho^{0}	ka^{2}	tsjiir^{1}
观	应，	此	信	解	出	离	法

无边庄严，汝今当观，于此信解出离法

5.52.6

[illegible]	[illegible]	[illegible]	[illegible]	[illegible]	[illegible]	[illegible]	[illegible]	[illegible]	[illegible]	[illegible]
kha^{1}	rjur^{1}	tsjiir^{1}	ŋowr^{2}	ŋowr^{2}	mər^{2}	tsjiir^{2}	·jij^{1}	·jij^{1}	nẹ^{1}	tshjiij^{1}
中	诸	法	一	切	本	性	自	相	宣	说
[illegible]	[illegible]，	[illegible]	[illegible]	[illegible]	[illegible]	[illegible]	[illegible]	[illegible]	[illegible]，	
phie^{2}	neej^{2}	nioow^{1}	thjɨ^{2}	rjur^{1}	tsjiir^{1}	ɣa^{1}	phie^{2}	neej^{2}	njwi^{2}	
开	示，	复	此	诸	法	门	开	示	能，	

中，开示演说一切诸法本性自相，及能开示此诸法门，

5.52.7

[illegible]	[illegible]	[illegible]	[illegible]	[illegible]	[illegible]	[illegible]	[illegible]	[illegible]	[illegible]	[illegible]

tsjiir^{1} ŋowr^{2} ŋowr^{2} tshọ^{2} ŋa^{1} tsjiir^{2} rjir^{2} ka^{1} tshjiij^{1} tja^{1} tsjiir^{1}

法 一 切 虚 空 性 与 等 说 者 法

tshjiij^{1} mjijr^{2} rjir^{1} tji̱^{2} mjij^{1} tsjiir^{1} tsjij^{2} mjijr^{2} tsjɨ^{1} rjir^{1}

说 者 得 可 无, 法 解 者 亦 得

说一切法等虚空性。能说法者,亦不可说;所为说者,亦不可得。

5.53.1

tji̱^{2} mjij^{1} ljɨ^{1} bju^{2} mjij^{1} ljuu^{2} tshjij^{2} dźiã^{2} tsjij^{2} ŋa^{2} sjij^{1}

可 无 也。 边 无 庄 严 菩 萨, 我 今

thjɨ^{2} rjur^{1} dźiã^{2} tsjij^{2} njɨ^{2} ·jij^{1} gjwi^{2} tsjij^{2} ·o^{2} sji^{2}

此 诸 菩 萨 等 之 句 悟 入 △

无边庄严,我今说此诸菩萨等悟入句门,

5.53.2

ɣa^{1} rjɨr^{2} tshjiij^{1} tjij^{1} rjur^{1} dźiã^{2} tsjij^{2} thjɨ^{2} ɣiew^{1} njwi^{2} ku^{1}

门 △ 说。 若 诸 菩 萨 此 学 能, 则

ŋjow^{2} sju^{2} zji^{2} na^{1} sjij^{2} źjɨr^{1} rjir^{1} njwi^{2} tsjij^{1} ljɨ^{1}

海 如 最 深 智 慧 得 能, 他 论

若诸菩萨于此学已,能得甚深如海智慧,一切他论

5.53.3

ŋowr^{2} ŋowr^{2} dźjwu^{2} ·wəə^{1} mjɨ^{1} ljɨɨ^{1} ŋowr^{2} ŋowr^{2} sjij^{2} tshwew^{1} lew^{2}

一 切, 消 伏 不 能, 一 切 智 趣 所

dźjɨ^{0} rjir^{2} tsjiir^{1} tshji^{1} tshjiij^{1} njwi^{2} mjɨ^{1} ɣa^{2} mji^{1} tshow^{1}

行 与, 法 要 说 善, 他 于 不 教,

无能摧伏，随得一切智所趣行，善说法要不由他教，

5.53.4

[illegible]	[illegible]	[illegible]	[illegible]	[illegible]	[illegible]	[illegible]	[illegible]，	[illegible]	[illegible]	[illegible]
seew^{2}	tshjiij^{1}	mjij^{1}	tśhja^{2}	ka^{1}	sjịj^{2}	źjɨr^{1}	nioow^{1}	ku^{1}	zjịj^{1}	lew^{2}
思	议	无	正	等	智	慧	故，	则	著	所

[illegible]	[illegible]，	[illegible]	[illegible]	[illegible]	[illegible]	[illegible]	[illegible]	[illegible]	[illegible]
mji^{1}	dju^{1}	thjɨ^{2}	mjiij^{2}	mjij^{1}	·jij^{1}	mjij^{1}	tsjiir^{1}	ɣa^{1}	ŋowr^{2}
无	有，	此	名	无	相	无	法	门	一

得不思议平等智慧，由智慧故无有所著①，能演说此无名无相一切法门，

5.53.5

[illegible]	[illegible]	[illegible]。	[illegible]	[illegible]	[illegible]	[illegible]	[illegible]	[illegible]	[illegible]	[illegible]，
ŋowr^{2}	tshjiij^{1}	njwi^{2}	rjur^{1}	tha^{1}	mjor^{1}	ljịj^{2}	ŋowr^{2}	ŋowr^{2}	sjịj^{2}	sjịj^{2}
切	说	能。	诸	佛	如	来	一	切	智	智，

[illegible]	[illegible]	[illegible]	[illegible]	[illegible]	[illegible]	[illegible]②	[illegible]	[illegible]	[illegible]
nioow^{1}	thja^{1}	śjij^{1}	sjịj^{2}	rjijr^{2}	?	njij^{1}	mjiij^{2}	·we^{2}	dju^{1}
及	自	然	智	向	近	亲	名	号	有

能得邻近诸佛如来一切智智，及自然智所有名号，

5.53.6

[illegible]③，	[illegible]	[illegible]	[illegible]	[illegible]	[illegible]	[illegible]	[illegible]	[illegible]，	[illegible]	[illegible]④
dju^{1}	mjiij^{2}	·jij^{1}	gji^{1}	sej^{1}	ŋowr^{2}	ŋowr^{2}	lhjụ^{2}	rjir^{1}	zji^{2}	njɨ^{2}
有，	名	相	清	净	一	切	获	得，	皆	至

[illegible]	[illegible]	[illegible]	[illegible]	[illegible]	[illegible]，	[illegible]	[illegible]	[illegible]	[illegible]
mə^{2}	ɣiẹ^{2}	dzjɨr^{1}	bow^{2}	ljạ^{1}	rjir^{1}	njiij^{1}	·o^{2}	ɣiẹ^{2}	rjir^{1}
声	音	迅	速	证	得，	心	悦	声	得

逮得一切名相清净，随证速疾普遍音声，得悦意声⑤，

---

① 得不思议平等智慧，由智慧故无有所著，西夏文字面意思是“不思议平等智慧故，则无有所著”。

② [illegible]，西夏文字面意思是“近亲向”，与汉文本中的“邻近”对译。

③ [illegible]，西夏文字面意思是“有有”，与汉文本中的“所有”对译。

④ [illegible]，西夏文字面意思是“皆至”，与汉文本中的“普遍”对译。

⑤ 悦意声，西夏文字面意思是“心悦声”。

5.53.7

[illegible] [illegible] [illegible]、 [illegible] [illegible] [illegible] [illegible]。 [illegible] [illegible] [illegible] [illegible]
buu^{2} thjoo^{1} ɣię^{2} gji^{1} sej^{1} ɣię^{2} rjir^{1} rjur^{1} dźiã^{2} tśhju^{1} ·jij^{1}
胜 妙 声、 清 净 声 得。 诸 众 生 之
[illegible] [illegible] [illegible] [illegible], [illegible] [illegible] [illegible] [illegible] [illegible] [illegible],
ŋwuu^{1} dạ^{2} dźiej^{2} ɣiwej^{1} ? njij^{1} ɣju^{1} ·jɨr^{1} lew^{2} we^{2}
言 语 信 受, 近 亲 请 问 应 为,

得殊妙声,得清净声。为诸众生信受语言,亲近咨问,

5.54.1

[illegible] [illegible] [illegible] [illegible] [illegible] [illegible] [illegible] [illegible], [illegible] [illegible] [illegible]、
kjɨ^{1} djɨj^{2} źjɨr^{1} ŋwu^{2} neew^{2} ɣjɨr^{1} hụ^{2} njwi^{2} dzjɨj^{1} bju^{1} ŋwuu^{1}
决 定 慧 以 善 造 答 能, 时 依 语、
[illegible] [illegible] [illegible]、 [illegible] [illegible] [illegible]、 [illegible] [illegible] [illegible] [illegible]
wo^{2} bju^{1} ŋwuu^{1} ·wəə^{1} lhjii^{1} ŋwuu^{1} wo^{2} kjɨ^{1} djɨj^{2} ŋwuu^{1}
理 依 语、 调 柔 语、 义 决 定 语

以决定慧,能善巧答。所谓时语、如理语、利益语①、柔软语、义决定语,

5.54.2

[illegible] [illegible] [illegible] [illegible] [illegible], [illegible] [illegible] [illegible] [illegible] [illegible] [illegible]
ŋwu^{2} lew^{1} wo^{2} nẹ^{1} tshjiij^{1} dźiã^{2} tśhju^{1} ·jij^{1} rejr^{2} wo^{2} rejr^{2}
以 一 义 宣 说, 众 生 之 多 义 多
[illegible] [illegible] [illegible]。 [illegible] [illegible] [illegible] [illegible] [illegible] [illegible], [illegible] [illegible]
tsjij^{2} phji^{1} ljɨ^{1} bju^{2} mjij^{1} ljuu^{2} tshjij^{2} dźiã^{2} tsjij^{2} nji^{2} sjij^{1}
知 令 也。 边 无 庄 严 菩 萨, 汝 今

以一义说,能令众生了知多义。无边庄严,汝今

5.54.3

[illegible] [illegible], [illegible] [illegible] [illegible] [illegible] [illegible] [illegible] [illegible] [illegible], [illegible]
bioo^{1} lew^{2} rjur^{1} dźiã^{2} tsjij^{2} njɨ^{2} thjɨ^{2} bju^{1} djọ^{2} dźjij^{1} ku^{1}

① 西夏本无此句。

观 应， 诸 菩 萨 等 此 依 修 行， 则

[illegible]

tha1 ·jij1 po1 tjɨj1 dwewr2 tsjij2 njwi2 thjɨ2 sju2 mjɨ1 pjụ1

佛 之 菩 提 觉 解 能， 此 如 无 量

当观诸菩萨等，于此修行而能觉了诸佛菩提，能得如是无量

5.54.4

[illegible]

tśhja2 ·ioow1 rjir1 njwi2 rjur1 dzu1 tshją1 sjwɨ1 źjị1 wẹ1 lə2

德 功 得 能， 诸 爱 瞋、 思 恼、 愚 痴

[illegible]

phja1 njwi2 wji1 lew2 tjɨ2 njwi2 do2 pha1 sjịj2 rjir1

断 能， 为 应 作 能， 差 异 智 得。

功德，断诸爱恚、忧恼、愚痴，能办所作得差别智，

5.54.5

[illegible]

do2 ŋowr2 ŋowr2 ɣa2 rjɨr2 djọ2 ɣiew1 njwi2 ŋowr2 lhə0 zeew2

处 一 切 于 △ 修 学 能， 具 足 忍

[illegible]

rjir1 tsjiir1 mji1 lhjwo1 phjɨ1 tsjiir1 kjur2 tjị1 gji1 sej1

得， 法 不 退 失。 法 志 归 清 净

于一切处已善修学，获具足忍不退失法，意乐①清净

5.54.6

[illegible]

ljịj2 tjị1 ɣa2 dźjiij1 rjur1 dźiã2 tśhju1 do2 neew2 dạ2 ŋwu2

大 愿 于 住， 诸 众 生 处 善 言 以

[illegible]

bjuu1 ·jɨr1 bju2 mjij1 ljuu2 tshjịj2 dźiã2 tsjij2 tjij1 rjur1

① 意乐，西夏文字面意思是"志归"，下同。

恭　问。　边　无　庄　严　菩　萨,　若　诸

住于大愿,于诸众生善言问讯。无边庄严,若诸菩萨

5.55.1

dźiã^{2} tsjij^{2} thjɨ^{2} tsjiir^{1} kha^{1} śji^{1} ·jɨr^{2} mji^{1} djọ^{2} ku^{1} ·jɨr^{2}

菩　萨　此　法　中,　先　勤　不　修,　则　勤

mji^{1} djọ^{2} kụ^{1} ·jɨr^{2} mji^{1} djọ^{2} ku^{1} rjur^{1} mjor^{1} ljịj^{2}

不　修,　后　勤　不　修,　则　诸　如　来

于此法中,已不勤修,今不勤修,当不勤修,于诸如来

5.55.2

·jij^{1} buu^{2} gjij^{1} tśhja^{2} ·ioow^{1} kha^{1} zjɨɨr^{1} zjịj^{1} mji^{1} wəə^{1} bju^{2}

之　胜　殊　德　功　中,　些　许　不　属。　边

mjij^{1} ljuu^{2} tshjịj^{2} dźiã^{2} tsjij^{2} tjɨ^{1} tjij^{1} dźiã^{2} tsjij^{2} thjɨ^{2}

无　庄　严　菩　萨,　假　若　菩　萨　此

殊胜功德,无有少分①。无边庄严,若有菩萨于此

5.55.3

sju^{2} tsjiir^{1} kha^{1} ·jɨr^{2} djọ^{2} njwi^{2} ku^{1} kjụ^{1} lew^{2} ŋowr^{2} ŋowr^{2}

如　法　中,　勤　修　能　故,　求　应　一　切,

thja^{1} kjɨ^{1} tjị^{1} bju^{1} thja^{1} dźjij^{1} lew^{2} bju^{1} thja^{1} śjwo^{1} tshwew^{1}

彼　△　归　依,　彼　行　应　依,　彼　发　趣

法中,能勤修习,志求一切,如其所愿②,如其所行,如所发趣,

① 无有少分,西夏文字面意思是“些许不属”。

② 如其所愿,西夏文字面意思是“其所归依”。

5.55.4

[illegible],	[illegible]	[illegible]	[illegible]	[illegible],	[illegible]	[illegible]	[illegible]	[illegible],	[illegible]	[illegible]
bju^{1}	thja^{1}	kjur^{2}	tjị^{1}	bju^{1}	zjɨɨr^{1}	zji^{2}	zjɨɨr^{1}	·gie^{1}	rjir^{1}	zji^{2}
依,	彼	志	归	依,	少	最	少	难,	得	皆
[illegible]	[illegible]	[illegible]	[illegible]	[illegible]。	[illegible]	[illegible]	[illegible]	[illegible]	[illegible]	
·gie^{1}	to^{2}	zji^{2}	sə^{1}	lhə^{0}	tjij^{1}	thjɨ^{2}	zji^{2}	na^{1}	tsjiir^{1}	
难	尽	皆	满	足。	若	此	最	深	法	

如所意乐,当满足者,少极少难,得极难得。若有于此甚深法

5.55.5

[illegible]	[illegible]	[illegible]、	[illegible]	[illegible]、	[illegible]	[illegible]、	[illegible]	[illegible]	[illegible],	[illegible]	[illegible]
kha^{1}	dźjiij^{1}	njwi^{2}	zeew^{2}	njwi^{2}	bioo^{1}	thjuu^{1}	tsjiir^{1}	gjịj^{1}	njwi^{2}	ku^{1}	kụ^{1}
中	住	能、	忍	能、	观	察、	选	择	能,	则	后
[illegible]	[illegible]	[illegible]	[illegible]	[illegible]	[illegible]	[illegible]	[illegible],	[illegible]	[illegible]	[illegible]	
mji^{1}	sji^{1}	mee^{2}	mjijr^{2}	ljij^{2}	mee^{2}	mjijr^{2}	sjịj^{2}	rjur^{1}	kha^{1}	ŋowr^{2}	
不	尽	神	通	大	神	通	智,	世	间	一	

中,能住、能忍、观察、简择者,当得证于无尽神通大神通智,超过一切世间

5.55.6

[illegible]	[illegible]	[illegible]	[illegible],	[illegible]	[illegible]	[illegible]、	[illegible]	[illegible]	[illegible]、	[illegible]
ŋowr^{2}	gjiij^{1}	dzjịj^{1}	sjịj^{2}	thja^{1}	śjij^{1}	sjịj^{2}	bju^{2}	mjij^{1}	sjịj^{2}	pjụ^{1}
切	超	过	智,	自	然	智、	边	无	智、	量
[illegible]	[illegible]	[illegible]	[illegible]。	[illegible]	[illegible]	[illegible]	[illegible]	[illegible]	[illegible],	
mjij^{1}	sjịj^{2}	ljạ^{1}	rjir^{1}	bju^{2}	mjij^{1}	ljuu^{2}	tshjij^{2}	dźiã^{2}	tsjij^{2}	
无	智	证	得。	边	无	庄	严	菩	萨,	

智、自然智、无边智、无量智。无边庄严,

5.55.7

[illegible]	[illegible]	[illegible]	[illegible]	[illegible]	[illegible]	[illegible]	[illegible]	[illegible],	[illegible]
thjɨ^{2}	lho^{0}	ka^{2}	tsjiir^{1}	thow^{1}	lo^{1}	dźji^{1}	ɣa^{1}	tja^{1}	tjij^{1}
此	出	离	法	陀	罗	尼	门	者,	若

dzjwo^{2}	thjɨ^{2}	·jɨr^{2}	bju^{1}	djọ^{2}	ɣiew^{1}	ku^{1}	po^{1}	tjɨj^{1}	lhejr^{2}
人	此	勤	依	修	学,	则	菩	提	道

此出离法陀罗尼门,若有于此勤修学者,当得近于菩提道场,

5.56.1

lhjoor^{1}	rjijr^{2}	?	njij^{1}	rjur^{1}	dźiã^{2}	tśhju^{1}	nioow^{1}	ljij^{2}	njij^{2}	ljij^{2}
场	方	近	亲	诸	众	生	故,	大	慈	大
wjuu^{1}	gu^{1}	śjwo^{1}	no^{2}	dźjiij^{1}	rjur^{1}	tha^{1}	tśju^{1}	wji^{1}	njwi^{2}	ljɨ^{1}
悲	发	生	安	住,	诸	佛	事	为	能	也。

为诸众生,安住发起大慈大悲,作诸佛事。

5.56.2

ljij^{2}	ljɨ̣^{1}	tśiow^{1}	lwər^{2}	lhejr^{2}	?	ŋwə	tsew^{2}
大	宝	积	经	契	卷	五	第

《大宝积经》卷第五

5.56.3

njɨɨ^{1}	dźjow^{1}	njar^{1}
二	遍	校

汉文本

无边庄严,汝今当观,于此信解出离法中,开示演说一切诸法本性自相,及能开示此诸法门,说一切法等虚空性。能说法者,亦不可说;所为说者,亦不可得。

无边庄严,我今说此诸菩萨等悟入句门,若诸菩萨于此学已,能得甚深如海智慧,一切他论无能摧伏,随得一切智所趣行,善说法要不由他教,得不思议平等智慧,由智慧故无有所著,能演说此无名无相一切法门,能得邻近诸佛如来一切智智,及自然智所有名号,逮得一切名相清净,随证速疾普遍音声,得悦意声,得殊妙声,得清净声。为诸众生信受语言,亲近咨问,以决定慧,能善巧答。所谓时语、

如理语、利益语、柔软语、义决定语，以一义说，能令众生了知多义。

无边庄严，汝今当观诸菩萨等，于此修行而能觉了诸佛菩提，能得如是无量功德，断诸爱恚、忧恼、愚痴，能办所作得差别智，于一切处已善修学，获具足忍不退失法，意乐清净住于大愿，于诸众生善言问讯。

无边庄严，若诸菩萨于此法中，已不勤修，今不勤修，当不勤修，于诸如来殊胜功德，无有少分。无边庄严，若有菩萨于此法中，能勤修习，志求一切，如其所愿，如其所行，如所发趣，如所意乐，当满足者，少极少难，得极难得。若有于此甚深法中，能住、能忍、观察、简择者，当得证于无尽神通大神通智，超过一切世间智、自然智、无边智、无量智。

无边庄严，此出离法陀罗尼门，若有于此勤修学者，当得近于菩提道场，为诸众生，安住发起大慈大悲，作诸佛事。

《大宝积经》卷第五

西夏文《大宝积经》

·卷六·

《无边庄严会》"出离陀罗尼品"

第二整理与研究

内容和版本介绍

《大宝积经》卷六《无边庄严会》“出离陀罗尼品”是说陀罗尼门的经典，主要内容是佛为无边庄严菩萨阐说三品陀罗尼门中的出离陀罗尼。这一品说依无上见地来观修，讲述佛继续为无边庄严菩萨宣说出离一切文字语言的法门理趣，并说由此成就如来十力，及说陀罗尼与最胜出离陀罗尼和它的功德。

西夏文《大宝积经》卷六残卷首，留存“出离陀罗尼品”第二及“清净陀罗尼品”第三之一。该文献由 1909 年科兹洛夫率领的俄国皇家蒙古四川地理考察队发现于黑水城遗址，现藏于俄罗斯科学院东方文献研究所。据克恰诺夫《西夏佛典目录》记载，该卷在俄藏第一部《大宝积经》中保存，编号为 инв. № 372。инв. № 372，白棉纸，蓝绢护封。写本，经折装，版框高 27.3 厘米，每折 7 行，行 21 字。现存 50 折，残卷首至“于一切法自性如实不分别时，一切诸法悉入其中”，结尾重复经名，小字注“二遍校”。“出离陀罗尼品”第二为第一折第一行至第二十四折第五行。卷六虽未见到题款与帙号，但对音用字特征符合西夏仁宗时期的用字原则，应为该时期的校译本。

下面的录文和释读依据 инв.№372，释读采用逐折、逐行对译的形式，并用数字标明西夏文录文的卷次、原版折面和行次，如 6.1.1，为第六卷第一折第一行。

文本释读

6.1.1

[illegible]	[illegible]。	[illegible]	[illegible]	[illegible]	[illegible]	[illegible]	[illegible]	[illegible]	[illegible]	[illegible]
mjij^{1}	ljɨ^{1}	tsjiir^{1}	ŋowr^{2}	ŋowr^{2}	ɣa^{2}	·jij^{1}	tsjiir^{2}	źjɨr^{1}	bju^{1}	phjo^{2}
无	也。	法	一	切	于	自	性	实	依	分
[illegible]	[illegible]，	[illegible]	[illegible]	[illegible]	[illegible]	[illegible]	[illegible]	[illegible]	[illegible]	[illegible]，
kar^{2}	mjij^{1}	ku^{1}	rjur^{1}	tsjiir^{1}	ŋowr^{2}	ŋowr^{2}	zji^{2}	thja^{1}	kha^{1}	·o^{2}
别	无，	则	诸	法	一	切	皆	彼	中	入，

……①于一切法自性如实不分别时，一切诸法悉入其中，

6.1.2

[illegible]	[illegible]	[illegible]	[illegible]	[illegible]	[illegible]	[illegible]	[illegible]。	[illegible]	[illegible]	[illegible]
wji^{1}	mjij^{1}	nioow^{1}	wji^{1}	dju^{1}	zjị^{2}	ka^{2}	ljɨ^{1}	rjur^{1}	·jwɨr^{2}	dji^{2}
作	无	及	作	有	俱	离	也。	诸	文	字
[illegible]	[illegible]	[illegible]	[illegible]	[illegible]	[illegible]	[illegible]	[illegible]，	[illegible]	[illegible]	[illegible]
nioow^{1}	ljaa^{2}	sjwɨj^{1}	ŋwu^{2}	rjur^{1}	tsjiir^{1}	nẹ^{1}	tshjiij^{1}	thjɨ^{2}	sju^{2}	njɨɨ^{1}
及	口	业	以	诸	法	宣	说，	此	如	二

离于无作及有作故。由诸文字及以语业演说诸法，如是二

6.1.3

[illegible]	[illegible]	[illegible]	[illegible]，	[illegible]	[illegible]	[illegible]	[illegible]，	[illegible]	[illegible]	[illegible]
mə^{2}	mji^{1}	źjɨr^{1}	ɣiej^{1}	tsjiir^{2}	tśhja^{2}	ka^{1}	ku^{1}	thja^{1}	·jwɨr^{2}	dji^{2}
种	不	实	真，	性	正	等	故，	彼	文	字
[illegible]	[illegible]	[illegible]	[illegible]	[illegible]	[illegible]	[illegible]	[illegible]。	[illegible]	[illegible]	[illegible]
nioow^{1}	ljaa^{2}	sjwɨj^{1}	njɨ^{2}	to^{2}	zji^{2}	tśhja^{2}	ka^{1}	thja^{1}	rjur^{1}	tsjiir^{1}
及	口	业	等	尽	皆	正	等。	彼	诸	法

种不如实故，性平等故，所有文字及以语业皆悉平等。于诸法

① 卷首残。

6.1.4

kha^1	ŋwuu^1	dạ^2	ŋowr^2	ŋowr^2	zji^2	źjɨr^1	ɣiej^1	njaa^2	ku^1	thjɨ^2
中	言	语	一	切	皆	实	真	非，	则	此
tja^1	rjur^1	tsjiir^1	źjɨr^1	ɣiej^1	gjwi^2	wo^2	ŋwu^2	·jwɨr^2	dji^2	
者	诸	法	实	真	句	义	是，	文	字	

中所有言说皆非如实，此是诸法如实句义，所有文字①

6.1.5

nioow^1	ljaa^2	sjwɨj^1	thjɨ^2	njɨɨ^1	zjɨ̣^{2}	mjij^1	mji^1	dju^1	nioow^1	ku^1
及	口	业，	此	二	俱	无。	无	有	故	则
źjɨr^1	ɣiej^1	phie^2	neej^2	nẹ^1	tshjiij^1	tsjɨ^1	mjij^1	·jwɨr^2	dji^2	
实	真	开	示	宣	说	亦	无，	文	字	

及以语业，此二皆无。以无有故，无有真实开示演说。所言文字

6.1.6

nioow^1	ljaa^2	sjwɨj^1	źjɨr^1	ɣiej^1	mjij^1	·ji^2	ku^1	thjɨ^2	tja^1	rjur^1
及	口	业	实	真	无	谓。	则	此	者	诸
tsjiir^1	do^2	pha^1	mjij^1	gjwi^2	buu^2	gjij^1	mjij^1	gjwi^2	gu^1	śjwo^1
法	差	异	无	句、	胜	殊	无	句、	建	立

及以语业，无真实者，即是诸法无差别句、无增胜句②、无建立句。

6.1.7

① 所有文字，西夏文字面意思是“文字”，下同。

② 无增胜句，西夏文字面意思是“无殊胜句”。

mjij^{1}	gjwi^{2}	ŋwu^{2}	thjɨ^{2}	zji^{2}	na^{1}	tsjiir^{1}	nẹ^{1}	tshjiij^{1}	tjị^{2}	mjij^{1}
无	句	是，	此	最	深	法	宣	说	可	无，
[illegible]	[illegible]	[illegible]	[illegible]	[illegible]	[illegible]	[illegible]	[illegible]、	[illegible]	[illegible]	
rjur^{1}	tsjiir^{1}	ŋowr^{2}	ŋowr^{2}	zji^{2}	źjɨr^{1}	ɣiej^{1}	njaa^{2}	mji^{1}	źjɨr^{1}	
诸	法	一	切	皆	实	真	非、	不	实	

此甚深法，不可宣说，一切诸法皆非真实、非不

6.2.1

[illegible]	[illegible]	[illegible]。	[illegible]	[illegible]	[illegible]？	[illegible]	[illegible]	[illegible]	[illegible]	[illegible]
ɣiej^{1}	tsjɨ^{1}	njaa^{2}	thjij^{2}	sjo^{2}	ljɨ^{1}	rjur^{1}	tsjiir^{1}	mər^{2}	tsjiir^{2}	·jwɨr^{2}
真	亦	非。	何	云	也？	诸	法	本	性	文
[illegible]	[illegible]	[illegible]	[illegible]	[illegible]	[illegible]	[illegible]	[illegible]	[illegible]	[illegible]	[illegible]，
dji^{2}	ljaa^{2}	sjwɨj^{1}	nẹ^{1}	tshjiij^{1}	ŋwu^{2}	ljij^{2}	lew^{2}	rjir^{1}	lew^{2}	njaa^{2}
字	口	业	宣	说	以	见	可	得	可	非，

真实。何以故？诸法本性，非以文字语业宣说可见可得，

6.2.2

[illegible]	[illegible]	[illegible]	[illegible]	[illegible]	[illegible]	[illegible]	[illegible]。	[illegible]	[illegible]	[illegible]
rjur^{1}	tsjiir^{1}	ŋowr^{2}	ŋowr^{2}	zji^{2}	mər^{2}	tsjiir^{2}	mjij^{1}	thjɨ^{2}	sju^{2}	rjur^{1}
诸	法	一	切	皆	本	性	无。	此	如	诸
[illegible]，	[illegible]	[illegible]	[illegible]	[illegible]	[illegible]、	[illegible]	[illegible]	[illegible]	[illegible]	[illegible]、
tsjiir^{1}	wji^{1}	njaa^{2}	mji^{1}	wji^{1}	njaa^{2}	ka^{1}	njaa^{2}	mji^{1}	ka^{1}	njaa^{2}
法，	为	非	不	为	非、	等	非	不	等	非、

一切诸法皆无本性。如是诸法，非作非不作、非等非不等、

6.2.3

[illegible]	[illegible]	[illegible]	[illegible]	[illegible]	[illegible]	[illegible]	[illegible]。	[illegible]	[illegible]	[illegible]
mjij^{1}	sej^{1}	njaa^{2}	mji^{1}	mjij^{1}	sej^{1}	kjɨ^{1}	njaa^{2}	nioow^{1}	rjur^{1}	tsjiir^{1}
寂	静	非	不	寂	静	△	非。	复	诸	法
[illegible]	[illegible]	[illegible]	[illegible]	[illegible]	[illegible]	[illegible]	[illegible]。	[illegible]	[illegible]	[illegible]，
ɣa^{2}	mjij^{1}	sej^{1}	nioow^{1}	mji^{1}	mjij^{1}	sej^{1}	dźjiij^{1}	dźjiij^{1}	·jɨ^{2}	tja^{1}
于	寂	静	及	不	寂	静	住。	住	谓	者，

非寂静非不寂静。然于诸法,亦住寂静,及不寂静。所言住者,

6.2.4

[illegible]	[illegible]	[illegible]	[illegible]，	[illegible]	[illegible]	[illegible]	[illegible]，	[illegible]	[illegible]	[illegible]
dźjiij^{1}	lew^{2}	tsjɨ^{1}	mjij^{1}	mji^{1}	tsjɨ^{1}	·wjị^{1}	lej^{2}	nioow^{1}	mji^{1}	·wjị^{1}
住	应	亦	无，	不	亦	变	转，	复	不	变
[illegible]	[illegible]	[illegible]	[illegible]	[illegible]。	[illegible]	[illegible]	[illegible]？	[illegible]	[illegible]	[illegible]
lej^{2}	tsjiir^{1}	tsjɨ^{1}	mji^{1}	dźjiij^{1}	thjij^{2}	sjo^{2}	ljɨ^{1}	tsjiir^{1}	mji^{1}	dźjiij^{1}
异	法	亦	不	住。	何	云	也？	法	不	住

亦无所住,亦不变异,亦复不住不变异法。何以故？法无住

6.2.5

[illegible]，	[illegible]	[illegible]	[illegible]	[illegible]，	[illegible]	[illegible]	[illegible]	[illegible]	[illegible]	[illegible]	[illegible]，
ku^{1}	sej^{1}	bjii^{2}	mji^{1}	ljị^{1}	sej^{1}	bjii^{2}	ŋwu^{2}	ŋwuu^{1}	dạ^{2}	gu^{1}	śjwo^{1}
故，	算	数	不	入，	算	数	以	言	语	建	立，
[illegible]	[illegible]	[illegible]	[illegible]	[illegible]	[illegible]	[illegible]	[illegible]	[illegible]。	[illegible]	[illegible]	
thja^{1}	tsjiir^{1}	sej^{1}	bjii^{2}	kha^{1}	·o^{2}	ljị^{1}	njaa^{2}	ljɨ^{1}	·jwɨr^{2}	dji^{2}	
彼	法	算	数	中	入	虽	非	也。	文	字	

故,不入算数,非由算数建立言教,而能令法入于算数。一切文字

6.2.6

[illegible]	[illegible]	[illegible]	[illegible]	[illegible]	[illegible]	[illegible]，	[illegible]	[illegible]	[illegible]	[illegible]，
ljaa^{2}	sjwɨj^{1}	ŋwu^{2}	nẹ^{1}	tshjiij^{1}	ŋowr^{2}	ŋowr^{2}	zji^{2}	rjir^{1}	tjị^{2}	mjij^{1}
口	业	以	宣	说	一	切，	[illegible]	[illegible]	[illegible]	[illegible]
[illegible]	[illegible]	[illegible]	[illegible]	[illegible]	[illegible]	[illegible]	[illegible]。	[illegible]	[illegible]	[illegible]
do^{2}	nioow^{1}	do^{2}	ŋowr^{2}	ŋowr^{2}	ɣa^{2}	mji^{1}	dźjiij^{1}	thjɨ^{2}	sju^{2}	·jwɨr^{2}
处	及	处	一	切	于	不	住。	此	如	文

语业演说,皆不可得,不住于处及一切处;如是文

6.2.7

[illegible]	[illegible]	[illegible]	[illegible]，	[illegible]	[illegible]	[illegible]	[illegible]	[illegible]，	[illegible]	[illegible]	[illegible]
dji^{2}	nioow^{1}	ljaa^{2}	sjwɨj^{1}	lja^{1}	rjɨr^{2}	ljịj^{2}	tjị^{2}	mjij^{1}	śjɨ^{1}	njɨ^{2}	śjɨ^{1}

字 及 口 业， 来 △ 来 可 无， 去 至 去

tjị^{2} mjij^{1} gu^{2} bju^{2} mji^{1} dźjiij^{1} ·jwɨr^{2} dji^{2} nioow^{1} ljaa^{2} sjwɨj^{1}

可 无， 中 边 不 住； 文 字 及 口 业

字及以语业，无所从来，去无所至①，不住中边；一切文字及于语业，

6.3.1

ŋowr^{2} ŋowr^{2} sjwɨj^{1} sjwɨj^{1} njaa^{2} ljɨ^{1} rjijr^{2} ·ioow^{1} njaa^{2} ljɨ^{1} ·jwɨr^{2}

一 切， 业 业 非 也， 用 功 非 也。 文

dji^{2} ljaa^{2} sjwɨj^{1} ŋowr^{2} ŋowr^{2} ·jij^{1} tsjiir^{2} ŋa^{1} nioow^{1} ku^{1} ·jwɨr^{2}

字 口 业 一 切 自 性 空 故， 则 文

业非业故，非功用故，以于一切文字语业，自性空故，文

6.3.2

dji^{2} ljaa^{2} sjwɨj^{1} tsjɨ^{1} zji^{2} ŋa^{1} nioow^{1} ·jwɨr^{2} dji^{2} ljaa^{2} sjwɨj^{1}

字 口 业 亦 皆 空。 复 文 字 口 业

tsjij^{1} tsjiir^{2} tsjɨ^{1} ŋa^{1} nioow^{1} ku^{1} tsjij^{1} tsjiir^{2} tsjɨ^{1} ŋa^{1} rjɨr^{2}

他 性 亦 空 故， 则 他 性 亦 空； 乃

字语业，亦复皆空。亦以文字语业他性空故，他性亦空；

6.3.3

njɨ^{2} ·jij^{1} tsjij^{1} tsjiir^{2} ŋa^{1} nioow^{1} ku^{1} ·jij^{1} tsjij^{1} tsjiir^{2}

至 自 他 性 空 故， 则 自 他 性

tsjɨ^{1} ŋa^{1} ·jij^{1} tsjij^{1} ŋa^{1} ku^{1} tśhjwo^{1} mjij^{1} sej^{1} ŋwu^{2}

① 无所从来，去无所至，西夏文字面意思是“来所来处无，去至去处无”。

亦 空; 自 他 空 故, 则 寂 静 是,

乃至自他性空故,自他性亦空;自他空故彼则寂静;

6.3.4

[illegible] [illegible] [illegible] [illegible], [illegible] [illegible] [illegible] [illegible], [illegible] [illegible] [illegible]

tjij^{1} mjij^{1} sej^{1} ku^{1} thja^{1} mjij^{1} dzjar^{2} we^{2} tjij^{1} mjij^{1} dzjar^{2}

若 寂 静 故, 彼 寂 灭 为, 若 寂 灭

[illegible], [illegible] [illegible] [illegible] [illegible] [illegible] [illegible] [illegible] [illegible]。 [illegible]

ku^{1} thja^{1} tsjiir^{1} ŋowr^{2} ŋowr^{2} mjij^{1} dzjar^{2} ɣa^{1} ŋwu^{2} thja^{2}

故, 彼 法 一 切 寂 灭 门 是。 彼

若寂静者,彼则寂灭;若寂灭者,彼一切法即寂灭门。

6.3.5

[illegible] [illegible] [illegible] [illegible] [illegible] [illegible] [illegible], [illegible] [illegible] [illegible] [illegible],

thja^{2} ɣa^{1} nioow^{1} tsjiir^{1} tshjiij^{1} mjiij^{2} rjir^{1} tjij^{1} ·jwɨr^{2} dji^{2} tshjiij^{1}

彼 门 故 法 说 名 得, 若 文 字 说,

[illegible] [illegible] [illegible] [illegible], [illegible] [illegible] [illegible] [illegible] [illegible] [illegible]

tjij^{1} ljaa^{2} sjwɨj^{1} tshjiij^{1} thja^{1} ɣa^{1} ŋowr^{2} ŋowr^{2} tsjɨ^{1} rjir^{1}

若 口 业 说, 彼 门 一 切 亦 得

由彼彼门得说法名,若说文字,若说语业,彼一切门亦不可得。

6.3.6

[illegible] [illegible]。 [illegible] [illegible] [illegible] [illegible]; [illegible] [illegible] [illegible] [illegible]。 [illegible]

tjị^{2} mjij^{1} ɣa^{1} gji^{1} sej^{1} ljɨ^{1} dju^{1} lew^{2} mjij^{1} ljɨ^{1} thja^{2}

可 无。 门 清 净 也; 有 应 无 也。 彼

[illegible] [illegible] [illegible], [illegible] [illegible] [illegible] [illegible], [illegible] [illegible] [illegible] [illegible]

thja^{2} ɣa^{1} nioow^{1} rjur^{1} tsjiir^{1} nẹ^{1} tshjiij^{1} nioow^{1} thja^{1} ɣa^{1} ɣa^{2}

彼 门 故, 诸 法 宣 说, 复 彼 门 于

门清净故,无所有故,由彼彼门演说诸法,而于此门

6.3.7

[illegible] [illegible] [illegible] [illegible], [illegible] [illegible] [illegible] [illegible] [illegible] [illegible] [illegible] zji² dźjwa¹ gji¹ sej¹ tsjiir¹ ŋowr² ŋowr² ɣa² tśhja² ka¹ ·o²

究 竟 清 净, 法 一 切 于 正 等 入

[illegible]

njwi² thjɨ² sju² dwər¹ ka² dwər¹ ka² tja¹ ljɨ̣¹ kjɨ¹ ŋwu²

能。 此 如 厌 离, 厌 离 者 何 △ 是?

究竟清净,能平等入于一切法。如是厌离,云何厌离?

6.4.1

[illegible]

lẹj² mər² tsjiir² ŋwu² lẹj² mər² tsjiir² tja¹ gji¹ sej¹ ŋwu²

贪 本 性 是; 贪 本 性 者 清 净 是;

[illegible]

tjij¹ gji¹ sej¹ ku¹ zji² dźjwa¹ ŋwu² tjij¹ zji² dźjwa¹ ku¹

若 清 净 故 究 竟 是, 若 究 竟 故,

谓贪本性,贪本性者彼则清净;若清净者,彼则究竟,若究竟者,

6.4.2

[illegible]

lẹj² thjij² sjo² dju¹ tshjiij¹ ljọ² dja² dju¹ bju² mjij¹ ljuu²

贪 何 云 有? 说 岂 △ 有? 边 无 庄

[illegible]

tshjịj² dźiā² tsjij² thjɨ² sju² phjo² kar² mjij¹ kheej¹ ljɨ̣¹ mjij¹

严 菩 萨, 此 如 分 别 无, 戏 论 无,

云何有贪?云何有说?无边庄严,如是略说,无有分别,无有戏论,

6.4.3

[illegible]

tsjiir¹ ɣa¹ gji¹ sej¹ thow¹ lo¹ dźji¹ ɣa¹ ljow² tshjiij¹ thjɨ² ɣa¹

法 门 清 净 陀 罗 尼 门 略 说。 此 门

[illegible]

·o² ku¹ bju¹ mjij¹ na¹ njaa¹ lə¹ ljɨɨ¹ ljiij² njwi² bju¹

入 故, 明 无 黑 冥 障 重 破 能, 明

法门清净陀罗尼门。入是门故,能破无明黑暗重障,能随忆念明

6.4.4

[illegible]	[illegible]	[illegible]	[illegible]	[illegible]	[illegible]，	[illegible]	[illegible]	[illegible]	[illegible]	[illegible]
tsjiir1	sjwɨ1	tsjiir2	sjwɨ1	ljɨr2	njwi2	tsjiir1	ŋowr2	ŋowr2	ɣa2	bji1
法	种	性	思	念	能，	法	一	切	于	光
[illegible]	[illegible]	[illegible]	[illegible]	[illegible]	[illegible]	[illegible]	[illegible]	[illegible]	[illegible]	[illegible]，
swew1	gji1	sej1	tsjiir1	mej1	thow1	lo1	dźji1	ɣa1	·o2	njwi2
明	清	净	法	眼	陀	罗	尼	门	入	能，

法种性,于一切法,得入光明清净法眼陀罗尼门,

6.4.5

[illegible]	[illegible]	[illegible]	[illegible]	[illegible]，	[illegible]	[illegible]	[illegible]	[illegible]	[illegible]	[illegible]
nioow1	·jwɨr2	dji2	do2	pha1	nẹ1	tshjiij1	tsjiir1	ɣa1	ljạ1	rjir1
复	文	字	差	异，	宣	说	法	门	证	得
[illegible]。	[illegible]	[illegible]	[illegible]	[illegible]	[illegible]	[illegible]	[illegible]	[illegible]	[illegible]	[illegible]，
njwi2	thjɨ2	ɣa1	nioow1	ku1	xja1	ŋowr2	ŋowr2	sjịj2	sjịj2	·o2
能。	此	门	故	则	即	一	切	智	智	入，

及能证得文字差别,演说法门。由是门故,便得入于一切智智,

6.4.6

[illegible]	[illegible]	[illegible]	[illegible]	[illegible]	[illegible]	[illegible]	[illegible]	[illegible]，	[illegible]	[illegible]	[illegible]	[illegible]
nioow1	rjur1	tha1	mjor1	ljịj2	do2	?	njij1	rjir1	rjur1	tsjiir1	kha1	kjir1
复	诸	佛	如	来	处	近	亲	得，	诸	法	中	勇
[illegible]	[illegible]	[illegible]，	[illegible]	[illegible]①	[illegible]	[illegible]，	[illegible]	[illegible]	[illegible]	[illegible]，	[illegible]	[illegible]
ljị2	rjir1	njwi2	tśja1	nu1	ljiij2	njwi2	ljiij2	gja1	rjur1	·jar2	rjur1	dźiã2
健	得	能，	道	背	破	能，	魔	军	调	御，	诸	众

及得近于诸佛如来,于诸法中得为勇健,能破外道,降伏魔军,

6.4.7

[illegible]	[illegible]	[illegible]	[illegible]	[illegible]	[illegible]	[illegible]。	[illegible]	[illegible]	[illegible]	[illegible]

① [illegible][illegible],西夏文字面意思是“背道”,与汉文本中的“外道”对译。

tśhju1	·jij1	neew2	tśhji2	lhu1	dzja1	phji1	mjor1	ljij2	·jij1	dwuu2
生	之	善	根	增	长	令。	如	来	之	秘
[illegible]	[illegible]	[illegible]	[illegible]，	[illegible]	[illegible]	[illegible]	[illegible]	[illegible]	[illegible]	[illegible]
rjɨj2	tsjiir1	kha1	·o2	tsjiir1	ɣa1	thow1	lo1	dźji1	ɣa1	zjɨɨr1
密	法	中	入，	法	门	陀	罗	尼	门	小

令诸众生增长善根，入于如来秘密之法，随得①法门陀罗尼门。

6.5.1

[illegible]	[illegible]	[illegible]。	[illegible]	[illegible]	[illegible]	[illegible]，	[illegible]	[illegible]	[illegible]	[illegible]
ljịj2	lja̱1	rjir1	thjɨ2	tsjiir1	ɣa1	nioow1	ɣa̱2	ɣie1	kha1	ljịj2
大	证	得。	此	法	门	故，	十	力	中	大
[illegible]	[illegible]	[illegible]，	[illegible]	[illegible]	[illegible]	[illegible]	[illegible]	[illegible]	[illegible]	[illegible]。
tsjiir1	bji1	rjir1	mjor1	ljij2	·jij1	ɣie1	tśhjɨ2	rjar2	śjɨj1	·jiw2
法	光	得，	如	来	之	力	立	即	成	就。

由是法门，于十力中，获大法光，速疾成就如来之力。

汉文本

……

于一切法自性如实不分别时，一切诸法悉入其中，离于无作及有作故。由诸文字及以语业演说诸法，如是二种不如实故，性平等故，所有文字及以语业皆悉平等。于诸法中所有言说皆非如实，此是诸法如实句义，所有文字及以语业，此二皆无。以无有故，无有真实开示演说。所言文字及以语业，无真实者，即是诸法无差别句、无增胜句、无建立句。此甚深法，不可宣说，一切诸法皆非真实、非不真实。何以故？诸法本性，非以文字语业宣说可见可得，一切诸法皆无本性。如是诸法，非作非不作、非等非不等、非寂静非不寂静。然于诸法，亦住寂静，及不寂静。所言住者，亦无所住，亦不变异，亦复不住不变异法。何以故？法无住故，不入算数，非由算数建立言教，而能令法入于算数。一切文字语业演说，皆不可得，不住于处及一切处；如是文字及以语业，无所从来，去无所至，不住中边；一切文字及于语业，业非业故，非功用故，以于一切文字语业，自性空故，文字语业，亦复皆空。亦以文字语业他性空故，他性亦空；乃至自他性空故，自他性亦空；自他空故彼则寂静；若寂静者，彼则寂灭；若寂灭者，彼一切法即寂灭门。由彼彼门得说法名，若说文字，若说语业，彼一切门亦不可得。门清净故，无所有故，由彼彼门演说诸法，而于此门究竟清净，能平等入于一切法。如是厌离，云何厌离？谓贪本性，贪本性者彼则清净；若清净者，彼则究竟，若究竟者，云何有贪？云何有说？

无边庄严，如是略说，无有分别，无有戏论，法门清净陀罗尼门。入是门故，能破无明黑暗重障，能

① 随得，西夏文字面意思是“大小证得”。

随忆念明法种性，于一切法，得入光明清净法眼陀罗尼门，及能证得文字差别，演说法门。由是门故，便得入于一切智智，及得近于诸佛如来，于诸法中得为勇健，能破外道，降伏魔军，令诸众生增长善根，入于如来秘密之法，随得法门陀罗尼门。由是法门，于十力中，获大法光，速疾成就如来之力。

6.5.2

[illegible]	[illegible]	[illegible]	[illegible]	[illegible]	[illegible]，	[illegible]	[illegible]	[illegible]	[illegible]	[illegible]
bju^{2}	mjij^{1}	ljuu^{2}	tshjịj^{2}	dźiã^{2}	tsjij^{2}	rjur^{1}	tha^{1}	mjor^{1}	ljịj^{2}	ɣạ^{2}
边	无	庄	严	菩	萨，	诸	佛	如	来	十
[illegible]	[illegible]	[illegible]	[illegible]，	[illegible]	[illegible]	[illegible]	[illegible]，	[illegible]	[illegible]	[illegible]
ɣie^{1}	ŋwu^{2}	ɣie^{1}	we^{2}	zji^{2}	phju^{2}	ɣie^{1}	we^{2}	rjur^{1}	kha^{1}	ŋowr^{2}
力	以	力	为，	最	上	力	为，	世	间	一

无边庄严，诸佛如来，以十力为力，为无上力，超过一切世间

6.5.3

[illegible]	[illegible]	[illegible]	[illegible]	[illegible]	[illegible]，	[illegible]	[illegible]	[illegible]	[illegible]	[illegible]
ŋowr^{2}	·jij^{1}	ɣie^{1}	su^{1}	gjiij^{1}	dzjij^{1}	rjur^{1}	ljịj^{2}	·ji^{1}	kha^{1}	ka^{2}
切	之	力	胜	超	过，	诸	大	众	中	狮
[illegible]	[illegible]	[illegible]，	[illegible]	[illegible]	[illegible]	[illegible]	[illegible]	[illegible]	[illegible]	[illegible]
tśjij^{2}	kwə^{2}	wji^{1}	mjor^{1}	ljịj^{2}	·jij^{1}	ɣạ^{2}	ɣie^{1}	tja^{1}	ljɨ^{1}	kjɨ^{1}
子	吼	为，	如	来	之	十	力	者	何	△

之力，能于众中作狮子吼，何等名为如来十力？

6.5.4

[illegible]？	[illegible]	[illegible]	[illegible]	[illegible]	[illegible]	[illegible]，	[illegible]	[illegible]	[illegible]	[illegible]
ŋwu^{2}	bju^{2}	mjij^{1}	ljuu^{2}	tshjịj^{2}	dźiã^{2}	tsjij^{2}	mjor^{1}	ljịj^{2}	thjɨ^{2}	do^{2}
是？	边	无	庄	严	菩	萨，	如	来	此	处
[illegible]	[illegible]	[illegible]	[illegible]	[illegible]	[illegible]	[illegible]	[illegible]，	[illegible]	[illegible]	[illegible]
zji^{2}	phju^{2}	mjijr^{2}	ŋowr^{2}	ŋowr^{2}	sjij^{2}	sjij^{2}	ŋwu^{2}	do^{2}	do^{2}	njaa^{2}
最	上	者	一	切	智	智	以，	处	处	非

无边庄严，如来于此，以无上上①一切智智，于处非处②，

① 无上上，西夏文字面意思是“无上者”。
② 西夏本无此句。

6.5.5

[illegible]	[illegible]	[illegible]	[illegible]，	[illegible]	[illegible]	[illegible]	[illegible]	[illegible]	[illegible]	[illegible]
źjɨr^1	bju^1	nwə^1	tsjij^2	thjɨ^2	tja^1	mjor^1	ljịj^2	·jij^1	lew^1	tsew^2
实	依	知	解，	此	者	如	来	之	一	第
[illegible]	[illegible]。	[illegible]	[illegible]	[illegible]	[illegible]	[illegible]	[illegible]	[illegible]	[illegible]。	[illegible]
ɣie^1	ŋwu^2	thjɨ^2	ɣie^1	nioow^1	ku^1	ljịj^2	śji^1	mjii^1	dźjiij^1	rjur^1
力	是。	此	力	故	则	大	仙	宫	住。	诸

以处非处如实了知，此是如来第一之力。由此力故，处大仙位①，

6.5.6

[illegible]	[illegible]	[illegible]	[illegible]	[illegible]	[illegible]	[illegible]，	[illegible]	[illegible]	[illegible]	[illegible]
dźiā^2	tśhju^1	·jij^1	tśhja^2	tsjiir^1	nẹ^1	tshjiij^1	nioow^1	thja^2	·jij^1	zji^2
众	生	之	正	法	宣	说，	复	彼	之	最
[illegible]	[illegible]	[illegible]	[illegible]	[illegible]。	[illegible]	[illegible]	[illegible]	[illegible]。	[illegible]	[illegible]
phju^2	tsjiir^1	dźiej^2	deej^1	njwi^2	lew^1	mjor^1	ljịj^2	rjɨr^2	nioow^1	dzjwo^2
上	法	轮	转	能。	惟	如	来	除。	复	人

为诸众生演说正法，及能为转无上法轮。惟除如来。

6.5.7

[illegible]	[illegible]	[illegible]，	[illegible]	[illegible]	[illegible]	[illegible]	[illegible]	[illegible]	[illegible]	[illegible]。
mə^1	rjur^1	kha^1	śji^1	tsjiir^1	bju^1	deej^1	njwi^2	mjijr^2	mji^1	dju^1
天	世	间，	先	法	如	转	能	者	无	有。
[illegible]	[illegible]，	[illegible]	[illegible]	[illegible]	[illegible]	[illegible]	[illegible]	[illegible]	[illegible]	[illegible]
nioow^1	tśjɨɨ^1	mjor^1	ljịj^2	phjo^2	kar^2	mjij^1	ŋowr^2	ŋowr^2	sjịj^2	sjịj^2
复	次，	如	来	分	别	无	一	切	智	智

天人世间，先无有能如法转者。复次，如来以无分别一切智智，

6.6.1

[illegible]	[illegible]	[illegible]、	[illegible]	[illegible]、	[illegible]	[illegible]	[illegible]	[illegible]，	[illegible]	[illegible]
ŋwu^2	·wjɨ^2	rar^2	mjij^2	ljịj^2	mjor^1	dźjiij^1	rjur^1	sjwɨj^1	sjwɨj^1	ŋwu^2

① 处大仙位，西夏文字面意思是“住大仙宫”。

以 △ 去、 未 来、 现 住 诸 业, 业 以

[illegible]

ɣjiw1 ·jiw1 neew2 nioow1 mji1 neew2 mjɨ1 pjụ1 dźjɨ0 ·jij1 źjɨr1

摄 因 善 故, 不 善 无 量 行 相 实

如实了知过去、未来、现在诸业,业摄取因善与不善无量行相,

6.6.2

[illegible]

bju1 nwə1 tsjij2 zjịj1 mjij1 ɣię2 mjij1 thjɨ2 tja1 mjor1 ljịj2

依 知 解, 著 无 碍 无, 此 者 如 来

[illegible]

·jij1 njɨɨ1 tsew2 ɣie1 ŋwu2 nioow1 tśjɨɨ1 mjor1 ljịj2 phjo2 kar2

之 二 第 力 是。 复 次, 如 来 分 别

无着无碍,此是如来第二之力。复次,如来以无分别

6.6.3

[illegible]

mjij1 ŋowr2 ŋowr2 sjịj2 sjịj2 ŋwu2 dźiã2 tśhju1 ŋowr2 ŋowr2 ·jij1 mjɨ1

无 一 切 智 智 以, 众 生 一 切 之 无

[illegible]

pjụ1 rjur1 dźjɨ0 źjɨr1 bju1 nwə1 tsjij2 zjịj1 mjij1 ɣię2 mjij1

量 诸 行 实 依 知 解, 著 无 碍 无,

一切智智无着无碍,能善了知一切有情,无量诸行①,

6.6.4

[illegible]

thjɨ2 tja1 mjor1 ljịj2 ·jij1 sọ1 tsew2 ɣie1 ŋwu2 nioow1 tśjɨɨ1

此 者 如 来 之 三 第 力 是。 复 次,

[illegible]

mjor1 ljịj2 zji2 phju2 phju2 ŋowr2 ŋowr2 sjịj2 sjịj2 ŋwu2 mə2

---

① 能善了知一切有情,无量诸行,西夏文字面意思是"如实了知一切众生之无量诸行"。

如	来	最	上	上	一	切	智	智	以，	种

此是如来第三之力。复次，如来以无上上一切智智，

6.6.5

[illegible]	[illegible]	[illegible]、	[illegible]	[illegible]	[illegible]	[illegible]、	[illegible]	[illegible]	[illegible]	[illegible]，
mə^{2}	buu^{2}	tsjij^{2}	mjɨ^{1}	pjụ^{1}	buu^{2}	tsjij^{2}	·jij^{1}	twụ^{1}	buu^{2}	tsjij^{2}
种	胜	解、	无	量	胜	解、	自	各	胜	解，
[illegible]	[illegible]	[illegible]	[illegible]	[illegible]	[illegible]	[illegible]	[illegible]	[illegible]	[illegible]，	[illegible]
phjo^{2}	kar^{2}	nioow^{1}	lwow^{1}	phjo^{2}	kar^{2}	źjɨr^{1}	bju^{1}	nwə^{1}	tsjij^{2}	thjɨ^{2}
分	别	及	妄	分	别	实	依	知	解，	此

如实了知种种胜解、无量胜解、各各胜解，所有分别及妄分别，

6.6.6

[illegible]	[illegible]	[illegible]	[illegible]	[illegible]	[illegible]	[illegible]	[illegible]。	[illegible]	[illegible]，	[illegible]
tja^{1}	mjor^{1}	ljij^{2}	·jij^{1}	ljɨɨr^{1}	tsew^{2}	ɣie^{1}	ŋwu^{2}	nioow^{1}	tśjɨɨ^{1}	mjor^{1}
者	如	来	之	四	第	力	是。	复	次，	如
[illegible]	[illegible]	[illegible]	[illegible]、	[illegible]	[illegible]	[illegible]、	[illegible]	[illegible]	[illegible]	[illegible]
ljij^{2}	mjɨ^{1}	pjụ^{1}	kięj^{2}	mə^{2}	mə^{2}	kięj^{2}	mjɨ^{1}	pjụ^{1}	·jiw^{1}	mə^{2}
来	无	量	界、	种	种	界、	无	量	因	种

此是如来第四之力。复次，如来能如实知无量界、种

6.6.7

[illegible]	[illegible]、	[illegible]	[illegible]	[illegible]	[illegible]，	[illegible]	[illegible]	[illegible]	[illegible]，	[illegible]
mə^{2}	nioow^{1}	rjur^{1}	kha^{1}	dźjiij^{1}	tjị^{2}	źjɨr^{1}	bju^{1}	nwə^{1}	njwi^{2}	thjɨ^{2}
种	缘、	世	间	住	处，	实	依	知	能，	此
[illegible]	[illegible]	[illegible]	[illegible]	[illegible]	[illegible]	[illegible]	[illegible]。	[illegible]	[illegible]，	[illegible]
tja^{1}	mjor^{1}	ljij^{2}	·jij^{1}	ŋwə^{1}	tsew^{2}	ɣie^{1}	ŋwu^{2}	nioow^{1}	tśjɨɨ^{1}	mjor^{1}
者	如	来	之	五	第	力	是。	复	次，	如

种界、无量缘、种种缘、世间住处，此是如来第五之力。复次，如

6.7.1

[illegible]	[illegible]	[illegible]、	[illegible]	[illegible]，	[illegible]	[illegible]	[illegible]	[illegible]	[illegible]	[illegible]

ljij^{2} tjij^{1} ·jiw^{1} tjij^{1} nioow^{1} nwə^{1} ljij^{2} tshwew^{1} tśja^{1} źjɨr^{1} bju^{1}

来 若 因、 若 缘， 知 见 趣 道 实 依

nwə^{1} njwi^{2} thjɨ^{2} tja^{1} mjor^{1} ljij^{2} ·jij^{1} tśhjiw^{1} tsew^{2} ɣie^{1} ŋwu^{2}

知 能， 此 者 如 来 之 六 第 力 是。

来能如实知若因、若缘，知见趣道，此是如来第六之力。

6.7.2

nioow^{1} tśjɨɨ^{1} mjor^{1} ljij^{2} mə^{1} mej^{1} ɣię^{2} mjij^{1} sjij^{2} ljij^{2} nioow^{1} zji^{2}

复 次， 如 来 天 眼 碍 无 智 见， 及 最

phju^{2} ŋowr^{2} ŋowr^{2} sjij^{2} sjij^{2} ŋwu^{2} rjur^{1} dźiã^{2} tśhju^{1} njɨ^{2} ·jij^{1}

上 一 切 智 智 以， 诸 众 生 等 之

复次，如来以于天眼无碍智见，及以无上一切智智，如实了知诸有情等

6.7.3

lhji^{2} wee^{1} sjij^{2} źjɨr^{1} bju^{1} nwə^{1} tsjij^{2} thjɨ^{2} tja^{1} mjor^{1} ljij^{2} ·jij^{1}

死 生 智 实 依 知 解， 此 者 如 来 之

śją^{1} tsew^{2} ɣie^{1} ŋwu^{2} nioow^{1} tśjɨɨ^{1} mjor^{1} ljij^{2} mjij^{1} sjwɨ^{1} bie^{2}

七 第 力 是。 复 次， 如 来 寂 思、 解

生死之智，此是如来第七之力。复次，如来能如实知静虑、解脱、

6.7.4

lhew^{2} ka^{1} ·jiij^{1} ka^{1} njɨ^{2} dza^{1} laa^{1} gji^{1} sej^{1} lho^{0} ·o^{2} njwi^{2}

脱、 等 持、 等 至， 杂 染 清 净， 出 入 能

sji^{2} sjij^{2} źjɨr^{1} bju^{1} nwə^{1} njwi^{2} thjɨ^{2} tja^{1} mjor^{1} ljij^{2} ·jij^{1}

△ 智， 实 依 知 能， 此 者 如 来 之

等持、等至，离染①清净，能出入智，此是如来

6.7.5

[illegible]	[illegible]	[illegible]	[illegible]。	[illegible]	[illegible]，	[illegible]	[illegible]	[illegible]	[illegible]	[illegible]
·jar^{1}	tsew^{2}	ɣie^{1}	ŋwu^{2}	nioow^{1}	tśjɨɨ^{1}	mjor^{1}	ljịj^{2}	swew^{1}	ljạ^{1}	sjịj^{2}
八	第	力	是。	复	次，	如	来	明	证	智
[illegible]	[illegible]	[illegible]	[illegible]	[illegible]，	[illegible]	[illegible]	[illegible]	[illegible]，	[illegible]	[illegible]
ŋwu^{2}	dzjụ^{1}	dźjiij^{1}	sjwɨ^{1}	ljɨr^{2}	źjɨr^{1}	bju^{1}	nwə^{1}	njwi^{2}	thjɨ^{2}	tja^{1}
以	昔	住	思	念，	实	依	知	能，	此	者

第八之力。复次，如来宿住忆念作证明智，如实了知，

6.7.6

[illegible]	[illegible]	[illegible]	[illegible]	[illegible]	[illegible]	[illegible]。	[illegible]	[illegible]，	[illegible]	[illegible]
mjor^{1}	ljịj^{2}	·jij^{1}	gjɨɨ^{1}	tsew^{2}	ɣie^{1}	ŋwu^{2}	nioow^{1}	tśjɨɨ^{1}	mjor^{1}	ljịj^{2}
如	来	之	九	第	力	是。	复	次，	如	来
[illegible]	[illegible]	[illegible]、	[illegible]	[illegible]	[illegible]、	[illegible]	[illegible]	[illegible]	[illegible]，	[illegible]
rar^{2}	sji^{1}	sjịj^{2}	swew^{1}	ljạ^{1}	sjịj^{2}	źjɨr^{1}	bju^{1}	nwə^{1}	tsjij^{2}	thjɨ^{2}
漏	尽	智、	明	证	智、	实	依	知	解，	此

此是如来第九之力。复次，如来漏尽智、证明智、如实了知，

6.7.7

[illegible]	[illegible]	[illegible]	[illegible]	[illegible]	[illegible]	[illegible]	[illegible]。	[illegible]	[illegible]	[illegible]
tja^{1}	mjor^{1}	ljịj^{2}	·jij^{1}	ɣạ^{2}	tsew^{2}	ɣie^{1}	ŋwu^{2}	bju^{2}	mjij^{1}	ljuu^{2}
者	如	来	之	十	第	力	是。	边	无	庄
[illegible]	[illegible]	[illegible]，	[illegible]	[illegible]	[illegible]	[illegible]	[illegible]	[illegible]	[illegible]	[illegible]
tshjịj^{2}	dźiã^{2}	tsjij^{2}	thjɨ^{2}	tja^{1}	mjɨ^{1}	pjụ^{1}	zji^{2}	phju^{2}	ŋowr^{2}	ŋowr^{2}
严	菩	萨，	此	者	无	量	最	上	一	切

此是如来第十之力。无边庄严，如是无量无上一切

6.8.1

[illegible]	[illegible]	[illegible]，	[illegible]	[illegible]	[illegible]	[illegible]	[illegible]	[illegible]	[illegible]，	[illegible]

① 离染，西夏文字面意思是“杂染”。

sjịj^{2} ɣie^{1} ŋwu^{2} thjɨ^{2} sjịj^{2} ɣie^{1} zji^{2} śjɨj^{1} ·jiw^{2} nioow^{1} rjur^{1}

智 力 是， 此 智 力 皆 成 就 故， 诸

[illegible] [illegible] [illegible] [illegible] [illegible] [illegible] [illegible] [illegible] [illegible] [illegible] [illegible]

dźiã^{2} tsjij^{2} nioow^{1} rjur^{1} dźiã^{2} tśhju^{1} ·jij^{1} rjur^{1} tha^{1} sjịj^{2} ɣa^{2}

菩 萨 复 诸 众 生 之 诸 佛 智 于

智力，以是智力悉成就故，为诸菩萨及诸众生，于诸佛智，

6.8.2

[illegible] [illegible] [illegible]， [illegible] [illegible] [illegible] [illegible]， [illegible] [illegible] [illegible] [illegible]，

ɣjiw^{1} ɣiwej^{1} nioow^{1} rjur^{1} tsjiir^{1} sjịj^{2} ɣa^{2} gji^{1} sej^{1} ljạ^{1} nioow^{1}

摄 受 故， 诸 法 智 于， 清 净 证 故，

[illegible] [illegible] [illegible] [illegible] [illegible] [illegible] [illegible] [illegible] [illegible] [illegible]。

ku^{1} thjɨ^{2} bju^{2} mjij^{1} tsjiir^{1} ·ụ^{2} phie^{2} neej^{2} tshjiij^{1} njwi^{2}

则 此 边 无 法 藏 开 示 说 能。

得摄受故，于诸法智，证清净故，开示演此无边法藏。

汉文本

无边庄严，诸佛如来，以十力为力，为无上力，超过一切世间之力，能于众中作狮子吼，何等名为如来十力？无边庄严，如来于此，以无上上一切智智，于处非处，以处非处如实了知，此是如来第一之力。由此力故，处大仙位，为诸众生演说正法，及能为转无上法轮。惟除如来。天人世间，先无有能如法转者。复次，如来以无分别一切智智，如实了知过去、未来、现在诸业，业摄取因善与不善无量行相，无着无碍，此是如来第二之力。复次，如来以无分别一切智智无着无碍，能善了知一切有情，无量诸行，此是如来第三之力。复次，如来以无上上一切智智，如实了知种种胜解、无量胜解、各各胜解，所有分别及妄分别，此是如来第四之力。复次，如来能如实知无量界、种种界、无量缘、种种缘、世间住处，此是如来第五之力。复次，如来能如实知若因、若缘，知见趣道，此是如来第六之力。复次，如来以于天眼无碍智见，及以无上一切智智，如实了知诸有情等生死之智，此是如来第七之力。复次，如来能如实知静虑、解脱、等持、等至，离染清净，能出入智，此是如来第八之力。复次，如来宿住忆念作证明智，如实了知，此是如来第九之力。复次，如来漏尽智、证明智、如实了知，此是如来第十之力。无边庄严，如是无量无上一切智力，以是智力悉成就故，为诸菩萨及诸众生，于诸佛智，得摄受故，于诸法智，证清净故，开示演此无边法藏。

6.8.2—6.8.3

[illegible] [illegible] [illegible] [illegible] [illegible] [illegible] [illegible] [illegible] [illegible] [illegible] [illegible] [illegible] tha^1 nioow^1 bju^2 mjij^1 ljuu^2 tshjịj^2 po^1 tsa^1 ma^2 ŋạ^2 tsa^1 ·jij^1

佛 复 边 无 庄 严 菩 萨 摩 诃 萨 之

[illegible]

dạ^2 tshjiij^1 neew^2 goor^1 gji^2 nji^2 sjij^1 mjor^1 ljij^2 njɨ^2 tshjiij^1

言 说： 善 男 子， 汝 今 如 来 等 说，

佛复告无边庄严菩萨摩诃萨言：善男子，汝今当观如来所说，

6.8.4

[illegible]

thjɨ^2 sju^2 zji^2 na^1 thjɨ^2 sju^2 tsjij^2 ·gie^1 ŋowr^2 ŋowr^2 sjij^2

此 如 最 深， 此 如 了 难， 一 切 智

[illegible]

sjij^2 ɣie^1 gji^1 sej^1 bioo^1 lew^2 rjur^1 tsjiir^1 ŋowr^2 ŋowr^2 zji^2

智 力 清 净 观 应， 诸 法 一 切 皆

如是甚深，如是难了，一切智智力清净故，所有诸法，

6.8.5

[illegible]

mjor^1 ljij^2 nioow^1 mjor^1 ljij^2 ɣie^1 ·jɨ^2 nioow^1 thja^1 tsjiir^1 ɣa^2

如 来 及 如 来 力 谓， 复 彼 法 于

[illegible]

ljij^2 tjị^2 mjij^1 tshjiij^1 tjị^2 tsjɨ^1 mjij^1 bju^2 mjij^1 ljuu^2 tshjịj^2

见 可 无， 说 可 亦 无。 边 无 庄 严

说名如来及如来力，然于彼法亦不可见，亦不可说。无边庄严，

6.8.6

[illegible]

dźiā^2 tsjij^2 ɣie^1 ·jɨ^2 tja^1 mjor^1 ljij^2 ·jij^1 dźjwu^2 ·wəə^1 tjị^2

菩 萨， 力 谓 者 如 来 之 消 伏 可

[illegible]

mjij^1 zji^2 phju^2 tsjiir^1 ɣa^1 ŋwu^2 thjɨ^2 tsjiir^1 wo^2 tshwew^1

无 最 上 法 门 是， 此 法 理 趣

所言力者,此是如来不可摧伏无上法门,于彼安住,开示演说此法理趣,

6.8.7

[illegible]	[illegible]	[illegible]	[illegible]	[illegible]	[illegible]	[illegible],	[illegible]	[illegible]	[illegible]	[illegible]
ɣa^{2}	no^{2}	dźjiij^{1}	phie^{2}	neej^{2}	nẹ^{1}	tshjiij^{1}	thjɨ^{2}	wo^{2}	tshwew^{1}	gu^{1}
于	安	住	开	示	宣	说,	此	理	趣	建
[illegible]	[illegible]	[illegible],	[illegible]	[illegible]	[illegible]	[illegible]	[illegible]	[illegible]	[illegible],	
śjwo^{1}	ɣie^{1}	nioow^{1}	ku^{1}	rjur^{1}	tsjiir^{1}	ŋowr^{2}	ŋowr^{2}	gu^{1}	śjwo^{1}	
立	力	故,	则	诸	法	一	切	建	立,	

由斯理趣建立力故,能演说此一切诸法无建立性,

6.9.1

[illegible]	[illegible]	[illegible]	[illegible]	[illegible]	[illegible]	[illegible]	[illegible],	[illegible]	[illegible]	[illegible]
mjij^{1}	tsjiir^{2}	ŋwu^{2}	ɣie^{1}	we^{2}	nẹ^{1}	tshjiij^{1}	njwi^{2}	thjɨ^{2}	sju^{2}	rjur^{1}
无	性	以	力	为	宣	说	能,	此	如	诸
[illegible]	[illegible]	[illegible]	[illegible]	[illegible],	[illegible]	[illegible]	[illegible]	[illegible]	[illegible]	
ɣie^{1}	gu^{1}	śjwo^{1}	tsjiir^{2}	mjij^{1}	·jij^{1}	tsjiir^{2}	mji^{1}	dju^{1}	·jij^{1}	
力	生	起	性	无,	自	性	无	有	自	

以之为力①,如是诸力无生起性,无有自性离于自性,

6.9.2

[illegible]	[illegible]	[illegible]。	[illegible]	[illegible]	[illegible]	[illegible]	[illegible]	[illegible]	[illegible]	[illegible]
tsjiir^{2}	ka^{2}	ljɨ^{1}	mjor^{1}	ljịj^{2}	thjɨ^{2}	sju^{2}	ɣạ^{2}	ɣie^{1}	iọ^{1}	sə^{1}
性	离	也。	如	来	此	如	十	力	圆	满
[illegible],	[illegible]	[illegible]	[illegible]	[illegible]	[illegible]	[illegible]	[illegible]	[illegible]	[illegible]	
nioow^{1}	mjɨ^{1}	pjụ^{1}	bju^{2}	mjij^{1}	zji^{2}	na^{1}	wo^{2}	tshwew^{1}	phie^{2}	
故,	无	量	边	无	最	深	义	趣	开	

如是如来十力圆满,而能开示无量无边甚深之义。

6.9.3

[illegible]	[illegible]。	[illegible]	[illegible]	[illegible]	[illegible]	[illegible]	[illegible],	[illegible]	[illegible]	[illegible]

① 以之为力,西夏本作"为力"。

neej^{2}	njwi^{2}	bju^{2}	mjij^{1}	ljuu^{2}	tshjịj^{2}	dźiā^{2}	tsjij^{2}	thjɨ^{2}	tja^{1}	rjur^{1}
示	能。	边	无	庄	严	菩	萨，	此	者	诸
[illegible]	[illegible]	[illegible]	[illegible]	[illegible]	[illegible]	[illegible]，	[illegible]	[illegible]	[illegible]	[illegible]，
tha^{1}	·jij^{1}	zji^{2}	phju^{2}	tsjiir^{1}	ɣa^{1}	ŋwu^{2}	thjɨ^{2}	ɣa^{1}	dźjiij^{1}	ku^{1}
佛	之	最	上	法	门	是，	此	门	住	故，

无边庄严，此是诸佛无上法门，住斯门已，

6.9.4

[illegible]	[illegible]	[illegible]	[illegible]	[illegible]	[illegible]	[illegible]	[illegible]，	[illegible]	[illegible]	[illegible]
mjor^{1}	ljịj^{2}	·jij^{1}	ɣạ^{2}	ɣie^{1}	nẹ^{1}	tshjiij^{1}	njwi^{2}	nioow^{1}	thjɨ^{2}	ɣie^{1}
如	来	之	十	力	宣	说	能，	复	此	力
[illegible]	[illegible]	[illegible]、	[illegible]	[illegible]	[illegible]	[illegible]	[illegible]	[illegible]。	[illegible]	[illegible]
gji^{1}	sej^{1}	ɣa^{1}	njɨ^{2}	gji^{1}	sej^{1}	ɣa^{1}	tshjiij^{1}	njwi^{2}	bju^{2}	mjij^{1}
清	净	门、	普	清	净	门	说	能。	边	无

便能演说如来十力，及能说此力清净门、普清净门。无边

6.9.5

[illegible]	[illegible]	[illegible]	[illegible]，	[illegible]	[illegible]	[illegible]	[illegible]	[illegible]	[illegible]	[illegible]
ljuu^{2}	tshjịj^{2}	dźiā^{2}	tsjij^{2}	ŋa^{2}	nioow^{1}	rjur^{1}	dźiā^{2}	tsjij^{2}	njɨ^{2}	·jij^{1}
庄	严	菩	萨，	我	复	诸	菩	萨	等	之
[illegible]	[illegible]	[illegible]	[illegible]	[illegible]	[illegible]	[illegible]	[illegible]	[illegible]，	[illegible]	[illegible]
tsjiir^{1}	ɣa^{1}	ŋwu^{2}	gji^{1}	sej^{1}	rjir^{1}	phji^{1}	kiẹj^{2}	nioow^{1}	thow^{1}	lo^{1}
法	门	以	清	净	得	令	欲	故，	陀	罗

庄严，我当复为诸菩萨等。能于法门得清净故说陀罗

6.9.6

[illegible]	[illegible]。	[illegible]	[illegible]	[illegible]	[illegible]，	[illegible]	[illegible]	[illegible]	[illegible]：
dźji^{1}	tshjiij^{1}	nji^{2}	nji^{2}	lhjɨj^{1}	lew^{2}	thow^{1}	lo^{1}	dźji^{1}	ŋwuu^{1}
尼	说。	汝	听	闻	应，	陀	罗	尼	颂：

尼，汝应听受。陀罗尼曰：

6.9.7①

[illegible]	[illegible]	[illegible]	[illegible]	[illegible]	[illegible]②	[illegible]	[illegible]	[illegible]	[illegible]	[illegible]
ta^{1}	djij^{1}	tha^{2}	pjɨ^{1}	rar^{1}	tśja^{1}	njij^{2}		njij^{2}	ma^{2}	tśja^{1}
怛	姪	他	钵	啰	折	宁	（一）	你	牟	折
[illegible]	[illegible]	[illegible]	[illegible]	[illegible]	[illegible]	[illegible]	[illegible]	[illegible]	[illegible]	[illegible]
njij^{2}		ma^{2}	tśja^{1}	njij^{2}		phji^{1}	pjɨ^{1}	rar^{1}	ma^{2}	tśja^{1}
宁	（二）	牟	折	宁	（三）	毗	钵	啰	闷	折

怛姪（地也反）他钵啰（二合）牟折宁（一）你牟折宁（二）牟折宁（三）毗钵啰（二合）闷折

6.10.1

[illegible]	[illegible]	[illegible]	[illegible]	[illegible]	[illegible]	[illegible]	[illegible]	[illegible]	[illegible]	[illegible]	[illegible]	[illegible]
njij^{2}		·a^{0}	tśja^{1}	rjir^{2}		·ja^{0}	phji^{1}	·ja^{2}	tśhia^{1}	njij^{2}		pjɨ^{1}
你	（四）	阿	折	黎	（五）	阿	毗	耶	咤	你	（六）	钵
[illegible]	[illegible]	[illegible]	[illegible]	[illegible]	[illegible]	[illegible]	[illegible]	[illegible]	[illegible]	[illegible]	[illegible]	
rar^{1}	pho^{1}	rur^{1}	kja^{1}	tji^{2}		tji^{2}	śji^{1}		ma^{2}	xa^{1}	tji^{2}	
啰	婆	怒	揭	帝	（七）	帝	誓	（八）	摩	诃	帝	

你（四）阿折黎（五）阿毗耶（二合引）咤你（六）钵啰（二合）婆怒揭帝（七）帝誓（八）摩诃帝

6.10.2

[illegible]	[illegible]	[illegible]	[illegible]	[illegible]	[illegible]	[illegible]	[illegible]	[illegible]	[illegible]	[illegible]	[illegible]
śji^{1}		·ja^{0}	pjɨ^{1}	rar^{1}	tji^{2}	·ja^{2}	mjij^{1}	rar^{1}	dzji^{1}		·ja^{0}
誓	（九）	阿	钵	啰	底	耶	末	啰	尼	（十）	阿
[illegible]	[illegible]	[illegible]	[illegible]	[illegible]	[illegible]	[illegible]	[illegible]	[illegible]	[illegible]	[illegible]	
no^{1}	baa^{1}	rar^{1}	dzji^{1}		·a^{0}	baa^{1}	rar^{1}	dźiā^{1}	phji^{1}	śju^{1}	
那	靺	啰	尼	（十一）	阿	靺	啰	拏	毗	戍	

誓（九）阿钵啰（二合）底耶（二合）末啰尼（十）阿那（引）靺啰尼（十一）阿（引）靺啰拏毗戍

① 据《大藏全咒》此陀罗尼梵文为：tad yathā pramocani nimocani mocani bipramocani acale abyārthani prabha anugate teje mahāteje aprati avaraṇi anāvaraṇi aparaṇabiśodhani nidhānaprabeśani dhura anikṣepani balku balku svare svarabiśodhani mutra mutra biśodhani saparibāre samantaparibāre agra anusmṛti arthasādhani saṃgramacchadani śūre sūre birya āharaṇi upanamati nidarśani samantaparipulyai gate tāra anugate anibiśani asanni biśani dhāraṇi gate nidhāna pariśodhani anudharabibāsani bhadre bhadrabati mukhamukhabati sandharaṇi upadharaṇi anantaprabhe prabhutaparibāre śvasani pariśvasani mahābāgeśa ākāśasamosāraṇi bidhimiṅkaraṇi sarvaṃjñāpratibiśodhani nirvaṇa pathasandhariśani svāhā。

② 此处据汉文本疑脱“[illegible]”。

6.10.3

tha^2	njij^2		njij^2	thwo^2	no^1	pa^2	rar^1	xjwi^2	śja^2	njij^2
达	你	（十二）	你	驮	那	钵	啰	吠	设	你
	thwo^2	rar^1	·a^0	njij^2	nẹ^1	tsow^2	pa^2	njij^2		
（十三）	突	啰	阿	你	乞	屣	钵	你	（十四）	

达你（十二）你驮那钵啰（二合）吠设你（十三）突啰阿你乞屣钵你（十四）

6.10.4

baa^1	gjuu^2		baa^1	gjuu^2	sa^2	·o^2	lji^1		sa^2	·o^2
鞢	虞	（十五）	鞢	虞	萨	嚩	黎	（十六）	萨	嚩
rar^1	·wji^2	śju^1	tha^2	njij^2		boo^2	tha^2	rar^1		boo^2
啰	尾	戍	惮	你	（十七）	母	达	啰	（十八）	母

鞢虞（十五）鞢虞萨嚩黎（十六）萨嚩啰尾戍惮你（十七）母达啰（二合十八）母

6.10.5

tha^2	rar^1	·wji^2	śju^1	tha^2	njij^2		sa^2	pa^2	lji^1	·o^2	lji^1
达	啰	尾	戍	惮	你	（十九）	萨	钵	唎	缚	嚟
	sã^1	mã^1	tow^1	pa^2	lji^1	·o^2	lji^1		·a^0	kja^1	
（二十）	三	漫	多	钵	嚟	嚩	嚟	（二十一）	阿	揭	

达啰（二合）尾戍惮你（十九）萨钵唎缚嚟（二十）三漫多钵嚟嚩嚟（二十一）阿揭

6.10.6

rar^1	lu^2	mã^1	tji^2		gja^2	tha^2	so^2	tha^2	njij^2		sẽ^1
啰	砮	么	底	（二十二）	遏	他	娑	惮	你	（二十三）	僧

kja^{1}	lo^{1}	nji^{2}	ma^{2}	tśhja^{1}	thã^{1}	njij^{2}		śju^{1}	lji^{1}	
羯	啰	尼	么	掣	惮	你	(二十四)	戍	嚟	(二十五)

啰(引二合)弩么底(二十二)遏他(二合)娑惮你(二十三)僧羯啰(二合)尼么掣惮你(二十四)戍嚟(二十五)

6.10.7

śju^{1}	rar^{1}	mji^{2}	rjir^{2}	·ji^{1}		·a^{0}	xa^{1}	rar^{1}	nji^{2}		·u^{2}
戍	啰	寐	唎	曳	(二十六)	阿	褐	啰	尼	(二十七)	乌
po^{1}	na^{1}	baa^{1}	tji^{2}		njij^{2}	na^{1}	lji^{1}	śia^{1}	njij^{2}		
波	那	末	底	(二十八)	你	那	嚟	设	你	(二十九)	

戍啰寐唎曳(二合二十六)阿(引)褐啰(二合)尼(二十七)乌波那末底(二十八)你那嚟(二合)设你(二十九)

6.11.1

sã^{1}	mã^{1}	tow^{1}	pa^{2}	rjir^{2}	phu^{2}	lji^{1}	·ja^{2}	kja^{1}	tji^{2}	
三	曼	多	波	嚟	普	里	也	揭	帝	(三十)
tha^{2}	la^{1}	du^{2}	kja^{1}	tji^{2}		·a^{0}	nji^{2}	mji^{1}	śja^{1}	njij^{2}
驮	罗	弩	揭	帝	(三十一)	阿	你	迷	设	你

三曼多波嚟普里也(二合)揭帝(三十)驮罗(引)弩揭帝(三十一)阿你迷设你

6.11.2

	·a^{0}	sa^{2}	njij^{2}	mji^{1}	śja^{1}	njij^{2}		tha^{2}	rar^{1}	nji^{2}
(三十二)	阿	伞	你	迷	设	你	(三十三)	陀	啰	尼
kja^{1}	tji^{2}		njij^{2}	thwo^{2}	na^{1}	pa^{2}	lji^{1}	śju^{1}	thã^{1}	
揭	帝	(三十四)	你	驮	那	钵	唎	戍	惮	

(三十二)阿伞你迷设你(三十三)陀(引)啰尼揭帝(三十四)你驮那钵唎戍惮

6.11.3

[illegible]	[illegible]	[illegible]	[illegible]	[illegible]	[illegible]	[illegible]	[illegible]	[illegible]	[illegible]	[illegible]
njij^{2}		·a^{0}	duu^{2}	tha^{2}	rar^{1}	phji^{2}	pho^{1}	sji^{2}	njij^{2}	
你	（三十五）	阿	弩	达	啰	毗	婆	枭	你	（三十六）
[illegible]	[illegible]	[illegible]	[illegible]	[illegible]	[illegible]	[illegible]	[illegible]	[illegible]	[illegible]	
pha^{1}	tśji^{2}	rjir^{2}		pha^{1}	tha^{2}	rar^{1}	xiwã^{1}	tji^{2}		
跛	暾	囇	（三十七）	跛	达	啰	筏	帝	（三十八）	

你(三十五)阿弩达啰毗婆枭你(三十六)跛暾囇(二合三十七)跛达啰(二合)筏帝(三十八)

6.11.4

[illegible]	[illegible]	[illegible]	[illegible]	[illegible]	[illegible]	[illegible]	[illegible]	[illegible]	[illegible]	[illegible]
boo^{2}	khji^{2}		boo^{2}	khji^{2}	xiwã^{1}	tji^{2}		sã^{1}	thwo^{2}	rar^{1}
莫	异	（三十九）	莫	企	筏	底	（四十）	珊	驮	啰
[illegible]	[illegible]	[illegible]	[illegible]	[illegible]	[illegible]	[illegible]	[illegible]	[illegible]	[illegible]	[illegible]
nji^{2}		·u^{2}	xiwã^{1}	thow^{1}	lji^{1}	nji^{2}		·a^{0}	na^{1}	tow^{1}
尼	（四十一）	乌	筏	驮	唎	尼	（四十二）	阿	难	多

莫异(三十九)莫企筏底(四十)珊驮(引)啰尼(四十一)乌筏驮(引)唎尼(四十二)阿难多

6.11.5

[illegible]	[illegible]	[illegible]	[illegible]	[illegible]	[illegible]	[illegible]	[illegible]	[illegible]	[illegible]	[illegible]	[illegible]
pa^{2}	rar^{1}	pho^{1}	xjwi^{2}		pjɨ^{1}	rar^{1}	phu^{2}	tow^{1}	pa^{2}	lji^{1}	·o^{2}
钵	啰	皤	吠	（四十三）	钵	啰	步	多	钵	唎	嚩
[illegible]	[illegible]	[illegible]	[illegible]	[illegible]	[illegible]	[illegible]	[illegible]	[illegible]	[illegible]	[illegible]	
lji^{1}		śja^{1}	njij^{2}		pa^{2}	lji^{1}	śie^{2}	śja^{1}	njij^{2}		
嚟	（四十四）	设	你	（四十五）	钵	唎	些	设	你	（四十六）	

钵啰(二合)皤吠(四十三)钵啰(二合)步(引)多钵唎嚩嚟(四十四)设你(四十五)钵唎(二合)些设你(四十六)

6.11.6

[illegible]	[illegible]	[illegible]	[illegible]	[illegible]	[illegible]	[illegible]	[illegible]	[illegible]	[illegible]	[illegible]
ma^{2}	xa^{0}	·o^{2}	kja^{1}	śji^{1}		·a^{0}	kja^{1}	śja^{1}	so^{2}	boo^{2}
摩	诃	嚩	迦	世	（四十七）	阿	迦	舍	娑	牟

[illegible]	[illegible]	[illegible]	[illegible]	[illegible]	[illegible]	[illegible]	[illegible]	[illegible]	[illegible]	[illegible]
sẽ¹	rar¹	nji²		mji¹	tji²	mji¹	rar¹	kja¹	rar¹	nji²
萨	啰	尼	(四十八)	弭	底	弥	啰	迦	啰	尼

摩诃嚩迦(引)世(四十七)阿迦(引)舍娑牟萨啰尼(四十八)弭底弥啰迦啰尼

6.11.7

[illegible]	[illegible]	[illegible]	[illegible]	[illegible]	[illegible]	[illegible]	[illegible]	[illegible]	[illegible]	[illegible]
	sa²	pho¹	khu¹	pa²	tha²	phji¹	śju¹	tha²	njij²	
(四十九)	萨	婆	若	钵	他	毗	输	达	你	(五十)
[illegible]	[illegible]	[illegible]	[illegible]	[illegible]	[illegible]	[illegible]	[illegible]	[illegible]	[illegible]	[illegible]
djiij²	phã¹	no¹	pa²	thwo²	sã¹	no¹	rjir²	śja¹	njij²	
涅	槃	那	钵	他	珊	那	唎	设	你	(五十一)

(四十九)萨婆若钵他(上)毗输达你(五十)涅槃那钵他(上)珊那唎设你(五十一)

6.12.1

[illegible]	[illegible]	[illegible]
swa¹	xa⁰	
莎	诃	(五十二)

莎诃(五十二)

6.12.2

[illegible]	[illegible]	[illegible]	[illegible]	[illegible]	[illegible],	[illegible]	[illegible]	[illegible]	[illegible]	[illegible]
bju²	mjij¹	ljuu²	tshjịj²	dźiã²	tsjij²	thjɨ²	tja¹	thow¹	lo¹	dźji¹
边	无	庄	严	菩	萨,	此	者	陀	罗	尼
[illegible]	[illegible]	[illegible]	[illegible]	[illegible]	[illegible],	[illegible]	[illegible]	[illegible]	[illegible]	[illegible]
tjɨ̣j²	tsjiir¹	dzjiij²	tsjiir¹	ɣa¹	ŋwu²	rjur¹	tsjiir¹	ŋowr²	ŋowr²	zji²
印	法	教	法	门	是,	诸	法	一	切	皆

无边庄严,此是陀罗尼印法教法门,一切诸法悉

6.12.3

[illegible]	[illegible]	[illegible]。	[illegible]	[illegible]	[illegible]	[illegible],	[illegible]	[illegible]	[illegible]	[illegible]
thja¹	kha¹	·o²	tjij¹	rjur¹	dźiã²	tsjij²	thjɨ²	tsjiir¹	kha¹	tshjiij¹

彼	中	入。	若	诸	菩	萨，	此	法	中	说
[illegible]	[illegible]	[illegible]，	[illegible]	[illegible]	[illegible]	[illegible]，	[illegible]	[illegible]	[illegible]	[illegible]
bju^{1}	djọ^{2}	dźjij^{1}	ku^{1}	buu^{2}	nwə^{0}	ŋwo^{2}	do^{2}	pha^{1}	sjịj^{2}	źjɨr^{1}
依	修	行，	则	胜	辩	才，	差	异	智	慧

入其中，若诸菩萨，于此法中如说修行，具胜辩才，差别智慧，

6.12.4

[illegible]	[illegible]，	[illegible]	[illegible]	[illegible]	[illegible]，	[illegible]	[illegible]	[illegible]	[illegible]	[illegible]
ŋowr^{2}	lhə^{0}	zji^{2}	buu^{2}	khwa^{1}	ka^{2}	thow^{1}	lo^{1}	dźji^{1}	gjwi^{2}	nwə^{1}
具	足，	最	胜	出	离，	陀	罗	尼	句	知
[illegible]	[illegible]。	[illegible]	[illegible]	[illegible]	[illegible]	[illegible]	[illegible]	[illegible]	[illegible]？	[illegible]
tsjij^{2}	njwi^{2}	thjij^{2}	sjo^{2}	buu^{2}	khwa^{1}	ka^{2}	gjwi^{2}	mjiij^{2}	we^{2}	thow^{1}
解	能。	何	云	胜	出	离	句	名	为？	陀

能善了知，最胜出离陀罗尼句。云何名为胜出离句？陀

6.12.5

[illegible]	[illegible]	[illegible]：
lo^{1}	dźji^{1}	ŋwuu^{1}
罗	尼	颂：

罗尼曰：

6.12.6①

[illegible]	[illegible]	[illegible]	[illegible]	[illegible]	[illegible]	[illegible]	[illegible]	[illegible]	[illegible]	[illegible]
sa^{2}	kja^{1}	rar^{1}	·a^{0}	pjɨ^{1}	·jĩ^{1}	tow^{1}		su^{1}	bjii^{2}	lu^{1}
娑	揭	啰	阿	钵	演	多	(一)	苏	迷	嚧
[illegible]	[illegible]	[illegible]	[illegible]	[illegible]	[illegible]	[illegible]	[illegible]	[illegible]	[illegible]	[illegible]
rar^{1}	ta^{1}	no^{1}	sa^{2}	kja^{1}	rar^{1}	sā^{1}	njij^{2}	tśja^{1}	·ja^{2}	
啰	怛	那	婆②	揭	啰	珊	你	折	耶	(二)

娑(上)揭啰阿(上)钵演多(一)苏迷(上)嚧啰怛那婆揭啰珊你折耶(二)

---

① 据《大藏全咒》此陀罗尼梵文为：sāgara aparyanta sumeruratna sāgarasannicāya abhedani asaṃbhedani apibare bajrāsani nirbhiṣani akṣobhyani asaṃkṣobhyani akṣaya avyayikṣaya aparyante akṣiṇa kṣayānta santiśe aparikṣaye abhikṣobhyani abhigale abhigala jñānaharaṇi svāhā。

② 西夏字[illegible]（sa^{2}）常与汉文本中的“娑”对音。此处与“婆”对音，音理不符，疑为西夏本误译。

6.12.7

[illegible]	[illegible]	[illegible]	[illegible]	[illegible]	[illegible]	[illegible]	[illegible]	[illegible]	[illegible]	[illegible]
·ja^{0}	phji^{1}	ta^{1}	njij^{2}		·a^{0}	sẽ^{1}	phji^{1}	ta^{1}	njij^{2}	
阿	毗	怛	你	(三)	阿	三	毗	怛	你	(四)
[illegible]	[illegible]	[illegible]	[illegible]	[illegible]	[illegible]	[illegible]	[illegible]	[illegible]	[illegible]	[illegible]
·a^{0}	pji^{1}	baa^{1}	rjir^{2}		pha^{1}	śja^{2}	rar^{1}	sã^{1}	njij^{2}	
阿	卑	鞢	嚟	(五)	拔	折	啰	珊	你	(六)

阿毗怛你(三)阿三毗怛你(四)阿卑鞢嚟(五)拔折啰(二合)珊你(六)

6.13.1

[illegible]	[illegible]	[illegible]	[illegible]	[illegible]	[illegible]	[illegible]	[illegible]	[illegible]	[illegible]	[illegible]	[illegible]
djiij^{2}	phji^{1}	śja^{2}	njij^{2}		·a^{0}	khju^{2}	phji^{1}	njij^{2}		·a^{0}	sẽ^{1}
涅	陛	设	你	(七)	阿	乞	毗	你	(八)	阿	僧
[illegible]	[illegible]	[illegible]	[illegible]	[illegible]	[illegible]	[illegible]	[illegible]	[illegible]	[illegible]	[illegible]	
khju^{2}	phji^{1}	njij^{2}		·a^{0}	tśhia^{1}	·ja^{2}		·a^{0}	phji^{1}	·ja^{1}	
乞	毗	你	(九)	阿	乞	沙	(十)	阿	避	夜	

涅陛设你(七)阿乞刍(二合)毗你(八)阿僧乞刍(二合)毗你(九)阿乞沙(二合)耶(十)阿避夜

6.13.2

[illegible]	[illegible]	[illegible]	[illegible]	[illegible]	[illegible]	[illegible]	[illegible]	[illegible]	[illegible]	[illegible]
·ji^{1}		tśja^{1}	·ja^{2}	·a^{0}	pa^{2}	·jã^{2}	tji^{2}		·a^{0}	khji^{2}
已	(十一)	乞	耶	阿	钵	演	帝	(十二)	阿	乞
[illegible]	[illegible]	[illegible]	[illegible]	[illegible]	[illegible]	[illegible]	[illegible]	[illegible]	[illegible]	[illegible]
śji^{2}	no^{1}	khjɨ^{1}	śia^{1}	·jã^{2}	ta^{1}	sa^{2}	tśhji^{1}	rjir^{2}	śji^{2}	
师	那	乞	沙	演	多	萨	侄	里	世	(十三)

已(二合十一)乞沙(二合)耶阿钵演帝(十二)阿乞师(二合去)那乞沙演多萨侄里(二合)世(平十三)

6.13.3

[illegible]	[illegible]	[illegible]	[illegible]	[illegible]	[illegible]	[illegible]	[illegible]	[illegible]	[illegible]	[illegible]	[illegible]
·a^{0}	pjɨ^{1}	rjir^{2}	khjɨ^{1}	śia^{1}	·ji^{1}		·a^{0}	phji^{1}	khjɨ^{1}	śjụ^{1}	phji^{2}
阿	钵	唎	乞	沙	曳	(十四)	阿	毗	乞	疏	避

[illegible]	[illegible]	[illegible]	[illegible]	[illegible]	[illegible]	[illegible]	[illegible]	[illegible]	[illegible]	[illegible]
$njij^{2}$		$\cdot a^{0}$	$phji^{1}$	kja^{1}	$rjir^{2}$		$\cdot a^{0}$	$phji^{1}$	kja^{1}	la^{1}
你	（十五）	阿	毗	揭	嚟	（十六）	阿	毗	揭	罗

阿钵唎乞沙(二合)曳(十四)阿毗乞疏(二合)避你(十五)阿毗揭嚟(十六)阿毗揭罗

6.13.4

[illegible]	[illegible]	[illegible]	[illegible]	[illegible]	[illegible]	[illegible]	[illegible]	[illegible]
$gjaa^{1}$	na^{1}	kja^{1}	rar^{1}	nji^{2}		swa^{1}	xa^{0}	
若	那	揭	啰	尼	（十七）	莎	诃	（十八）

若那揭啰尼(十七)莎诃(十八)

汉文本

佛复告无边庄严菩萨摩诃萨言：善男子，汝今当观如来所说，如是甚深，如是难了，一切智智力清净故，所有诸法，说名如来及如来力，然于彼法亦不可见，亦不可说。无边庄严，所言力者，此是如来不可摧伏无上法门，于彼安住，开示演说此法理趣，由斯理趣建立力故，能演说此一切诸法无建立性，以之为力，如是诸力无生起性，无有自性离于自性，如是如来十力圆满，而能开示无量无边甚深之义。无边庄严，此是诸佛无上法门，住斯门已，便能演说如来十力，及能说此力清净门、普清净门。无边庄严，我当复为诸菩萨等。能于法门得清净故说陀罗尼，汝应听受。陀罗尼曰：

怛姪(地也反)他钵啰(二合)牟折宁(一)你牟折宁(二)牟折宁(三)毗钵啰(二合)闷折你(四)阿折黎(五)阿毗耶(二合引)咤你(六)钵啰(二合)婆恕揭帝(七)帝誓(八)摩诃帝誓(九)阿钵啰(二合)底耶(二合)末啰尼(十)阿那(引)鞢啰尼(十一)阿(引)鞢啰拏毗戍达你(十二)你驮那钵啰(二合)吠设你(十三)突啰阿你乞屣钵你(十四)鞢虞(十五)鞢虞萨嚩黎(十六)萨嚩啰尾戍惮你(十七)母达啰(二合十八)母达啰(二合)尾戍惮你(十九)萨钵唎缚嚟(二十)三漫多钵嚟嚩嚟(二十一)阿揭啰(引二合)拏么底(二十二)遏他(二合)娑惮你(二十三)僧羯啰(二合)尼么掣惮你(二十四)戍嚟(二十五)戍啰寐唎曳(二合二十六)阿(引)褐啰(二合)尼(二十七)乌波那末底(二十八)你那嚟(二合)设你(二十九)三曼多波嚟普里也(二合)揭帝(三十)驮罗(引)拏揭帝(三十一)阿你迷设你(三十二)阿伞你迷设你(三十三)陀(引)啰尼揭帝(三十四)你驮那钵唎戍惮你(三十五)阿拏达啰毗婆枭你(三十六)跋啵囇(二合三十七)跋达啰(二合)筏帝(三十八)莫异(三十九)莫企筏底(四十)珊驮(引)啰尼(四十一)乌筏驮(引)唎尼(四十二)阿难多钵啰(二合)皤吠(四十三)钵啰(二合)步(引)多钵唎嚩嚟(四十四)设你(四十五)钵唎(二合)些设你(四十六)摩诃嚩迦(引)世(四十七)阿迦(引)舍娑牟萨啰尼(四十八)弭底弥啰迦啰尼(四十九)萨婆若钵他(上)毗输达你(五十)涅槃那钵他(上)珊那唎设你(五十一)莎诃(五十二)

无边庄严，此是陀罗尼印法教法门，一切诸法悉入其中，若诸菩萨，于此法中如说修行，具胜辩才，差别智慧，能善了知，最胜出离陀罗尼句。云何名为胜出离句？陀罗尼曰：

娑(上)揭啰阿(上)钵演多(一)苏迷(上)嚧啰怛那婆揭啰珊你折耶(二)阿毗怛你(三)阿三毗怛你(四)阿卑鞢嚟(五)拔折啰(二合)珊你(六)涅陛设你(七)阿乞刍(二合)毗你(八)阿僧乞刍(二合)毗你(九)阿乞沙(二合)耶(十)阿避夜已(二合十一)乞沙(二合)耶阿钵演帝(十二)阿乞师(二合去)那乞沙演多萨侄里(二合)世(平十三)阿

钵唎乞沙(二合)曳(十四)阿毗乞疏(二合)避你(十五)阿毗揭嚟(十六)阿毗揭罗若那揭啰尼(十七)莎诃(十八)

6.13.5

[illegible]	[illegible]	[illegible]	[illegible]	[illegible]	[illegible],	[illegible]	[illegible]	[illegible]	[illegible]	[illegible]
bju²	mjij¹	ljuu²	tshjịj²	dźiã²	tsjij²	thjɨ²	buu²	khwa¹	ka²	thow¹
边	无	庄	严	菩	萨,	此	胜	出	离	陀
[illegible]	[illegible]	[illegible],	[illegible]	[illegible]	[illegible]	[illegible]	[illegible]	[illegible]	[illegible]	[illegible]
lo¹	dźji¹	gjwi²	tjɨ¹	tjij¹	dźiã²	tsjij²	thjɨ²	tsjiir¹	kha¹	·jɨr²
罗	尼	句,	假	若	菩	萨	此	法	中	勤

无边庄严,此胜出离陀罗尼句,若有菩萨,于此法中精勤

6.13.6

[illegible]	[illegible]	[illegible],	[illegible]	[illegible]	[illegible]	[illegible]	[illegible]	[illegible]	[illegible]	[illegible]
dźjij¹	djọ²	dzjɨɨ²	ku¹	sjij²	źjɨr¹	lhu¹	ljịj¹	ŋjow²	sju²	we²
精	修	习,	则	智	慧	增	益	海	如	为
[illegible],	[illegible]	[illegible]	[illegible]	[illegible]	[illegible]	[illegible]	[illegible]	[illegible]	[illegible]①	[illegible]。
njwi²	ljịj²	wjuu¹	ŋwu²	dźiã²	tśhju¹	·jij¹	·o¹	njiij¹	ljwị¹	wji¹
能,	大	悲	以	众	生	之	腹	心	入	为。

修习,则能增长智慧如海,能以大慈慰喻众生,

6.13.7

[illegible]	[illegible]	[illegible]	[illegible]	[illegible]	[illegible]	[illegible]	[illegible]	[illegible],	[illegible]	[illegible]
ŋa²	nji²	·jij¹	wạ²	ljịj²	tsjiir¹	tsə̣¹	khjɨj¹	ŋa²	nji²	njɨ²
我	汝	之	广	大	法	药	授	我,	汝	等
[illegible]	[illegible]	[illegible]	[illegible]	[illegible]	[illegible]	[illegible],	[illegible]	[illegible]	[illegible]	[illegible]
·jij¹	swew¹	mjij¹	wją¹	njaa¹	ljiij²	ka²	nji²	njɨ²	·jij¹	ɣu¹
之	明	无	华	冥	破	灭,	汝	等	之	始

言我授汝广大法药,破灭汝等无明黑暗,拔除汝等无始

6.14.1

[illegible]	[illegible]	[illegible]	[illegible]	[illegible]	[illegible]	[illegible]、	[illegible]	[illegible]	[illegible]	[illegible]

① [illegible],西夏文字面意思是“腹心入”,常译作“安慰”,与汉文本中的“慰喻”对译。

mjij^1	mjiij^2	mjiij^1	lhji^2	wee^1	źji̱^{1}	njɨɨ^2	sjwɨ^1	tśji̱^{1}	do^1	lji̱^{1}
无	后	无	死	生	烦	恼、	思	苦	毒	箭
[illegible]	[illegible]。	[illegible]	[illegible]	[illegible]	[illegible]	[illegible]	[illegible]	[illegible]	[illegible],	[illegible]
tji̱j^1	khuu^2	nioow^1	nji^2	njɨ^2	·jij^1	dzu^1	tśjɨɨr^2	phie^2	wji^1	lhji^2
除	拔。	复	汝	等	之	爱	缚	解	为,	死

无终生死烦恼、忧苦毒箭,亦令汝等爱缚当解,超度一切生死

6.14.2

[illegible]	[illegible]	[illegible]①	[illegible]	[illegible]	[illegible]	[illegible]	[illegible]	[illegible]。	[illegible]	[illegible]
wee^1	lju̱^{1}	rar^2	ŋowr^2	ŋowr^2	gju^1	dzji̱j^1	lew^2	·jɨ^2	nioow^1	lji̱j^2
生	流	去	一	切	度	过	应	谓。	复	大
[illegible]	[illegible]	[illegible],	[illegible]	[illegible]	[illegible]	[illegible]	[illegible]	[illegible]	[illegible]	[illegible]
tsjiir^1	bji^1	we^2	rjur^1	dźiã^2	tśhju^1	·jij^1	neew^2	tśhji^2	lhu^1	dzja^1
法	光	为,	诸	众	生	之	善	根	增	长

瀑流。作大法光,使诸众生善根生长,

6.14.3

[illegible]	[illegible]	[illegible]	[illegible],	[illegible]	[illegible]	[illegible]	[illegible]。	[illegible]	[illegible]	[illegible]
zji^2	dźjwa^1	rjir^1	njwi^2	tśjo^0	gjuu^2	khuu^2	ljɨ^1	thjɨ^2	sju^2	neew^2
究	竟	得	能,	终	济	拔	也。	此	如	善
[illegible]	[illegible]	[illegible]	[illegible]	[illegible],	[illegible]	[illegible]	[illegible]	[illegible]	[illegible]	
dzjwo^2	śio^1	dzjiij^2	ɣu^1	we^2	zji^2	ŋowr^2	ŋowr^2	sji̱j^2	sji̱j^2	
人	导	教	首	为,	皆	一	切	智	智	

能得究竟永拔济故。如是善人为善导首,能令入于一切智智,

6.14.4

[illegible]	[illegible]	[illegible]	[illegible],	[illegible]	[illegible]	[illegible]	[illegible]	[illegible]	[illegible]	[illegible]
ɣa^2	·o^2	phji^1	njwi^2	nioow^1	lew^1	zji̱j^1	dźiã^2	tśhju^1	·jij^1	thjɨ^2
于	入	令	能,	复	一	许	众	生	之	此
[illegible]	[illegible]	[illegible]	[illegible]	[illegible],	[illegible]	[illegible]	[illegible]	[illegible]。	[illegible]	[illegible]

① [illegible],西夏文字面意思是“流去”,与汉文本中的“瀑流”对译。

zji^{2}	phju^{2}	ljịj^{2}	sjịj^{2}	ɣa^{2}	mji^{1}	lhjii^{1}	lhjwo^{1}	phji^{1}	ljịj^{2}	njij^{2}
最	上	大	智	于，	不	悔	退	令。	大	慈

亦复不令有一众生，从此无上大智退失，能以大慈

6.14.5

[illegible]	[illegible]	[illegible]	[illegible]	[illegible]	[illegible]，	[illegible]	[illegible]	[illegible]	[illegible]	[illegible]
ŋwu^{2}	ŋowr^{2}	ŋowr^{2}	zji^{2}	njɨ^{2}	njwi^{2}	nji^{2}	lhjɨj^{1}	mjij^{2}	djij^{2}	mjijr^{2}
以	一	切	普	遍	能，	听	闻	未	曾	者
[illegible]	[illegible]	[illegible]	[illegible]	[illegible]	[illegible]	[illegible]	[illegible]，	[illegible]	[illegible]	
rjur^{1}	dźiã^{2}	tśhju^{1}	·jij^{1}	wo^{2}	rjir^{2}	bju^{1}	śjij^{1}	mjij^{1}	dzjar^{2}	
诸	众	生	之	义	与	相	应，	寂	灭	

普遍一切，令诸众生于未听受与义相应，寂灭

6.14.6

[illegible]	[illegible]	[illegible]	[illegible]	[illegible]	[illegible]①	[illegible]，	[illegible]	[illegible]	[illegible]	[illegible]
dwər^{1}	dzjar^{2}	wee^{1}	mjij^{1}	sjij^{2}	ɣa^{2}	khjow^{1}	ɣię^{2}	mjij^{1}	nwə^{0}	ŋwo^{2}
厌	离	生	无	智	于	与，	碍	无	辩	才
[illegible]	[illegible]。	[illegible]	[illegible]	[illegible]	[illegible]	[illegible]	[illegible]，	[illegible]	[illegible]	
rjir^{1}	phji^{1}	bju^{2}	mjij^{1}	ljuu^{2}	tshjij^{2}	dźiã^{2}	tsjij^{2}	tjij^{1}	rjur^{1}	
得	令。	边	无	庄	严	菩	萨，	若	诸	

厌离无生智门，得无碍辩②。无边庄严，若诸

6.14.7

[illegible]	[illegible]	[illegible]	[illegible]	[illegible]	[illegible]，	[illegible]	[illegible]	[illegible]	[illegible]	[illegible]
dźiã^{2}	tsjij^{2}	tsjiir^{1}	tshjiij^{1}	kięj^{2}	zjij^{1}	thjij^{2}	sjo^{2}	thjɨ^{2}	thow^{1}	lo^{1}
菩	萨	法	说	欲	时，	何	云	此	陀	罗
[illegible]	[illegible]	[illegible]，	[illegible]	[illegible]	[illegible]	[illegible]，	[illegible]	[illegible]	[illegible]	[illegible]
dźji^{1}	gjwi^{2}	ɣa^{2}	njiij^{1}	tjị^{1}	·ju^{2}	śja^{2}	tsjiir^{1}	mji^{1}	bja^{2}	phji^{1}
尼	句	于，	心	诚	前	现，	法	不	断	令

① [illegible]（ɣa^{2}），通[illegible]（ɣa^{1}），即“门”，与汉文本中的“智门”对译。
② 得无碍辩，西夏文字面意思是“得无碍辩才”。

菩萨欲说法时，云何于此陀罗尼句，系念现前①，令法不断？

6.15.1

[西夏字]？	[西夏字]	[西夏字]	[西夏字]	[西夏字]	[西夏字]	[西夏字]	[西夏字]	[西夏字]	[西夏字]，	[西夏字]
ljɨ^{1}	thjɨ^{2}	rjur^{1}	dźiã^{2}	tsjij^{2}	ka^{2}	tśjij^{2}	lu^{2}	tśhjaa^{1}	dzuu^{2}	ɣię^{2}
也？	此	诸	菩	萨	狮	子	座	上	坐，	碍
[西夏字]	[西夏字]	[西夏字]，	[西夏字]	[西夏字]	[西夏字]	[西夏字]	[西夏字]	[西夏字]	[西夏字]	[西夏字]
mjij^{1}	nwə^{0}	ŋwu^{2}	mjor^{1}	ljịj^{2}	·jij^{1}	mjɨ^{1}	pjụ^{1}	tśhja^{2}	·ioow^{1}	sjwɨ^{1}
无	辩	以，	如	来	之	无	量	德	功	思

谓诸菩萨处狮子座，以无碍辩，思惟如来无量功德，

6.15.2

[西夏字]。	[西夏字]	[西夏字]	[西夏字]	[西夏字]	[西夏字]	[西夏字]	[西夏字]	[西夏字]，	[西夏字]	[西夏字]
sjiij^{2}	thja^{1}	tśier^{1}	·ju^{2}	wạ^{2}	ljịj^{2}	sjịj^{2}	źjɨr^{1}	nioow^{1}	neew^{2}	ɣjɨr^{1}
惟。	彼	方	便	广	大	智	慧	故，	善	造
[西夏字]	[西夏字]	[西夏字]	[西夏字]	[西夏字]	[西夏字]	[西夏字]。	[西夏字]	[西夏字]	[西夏字]	
ljị^{2}	ɣa^{2}	zji^{2}	gji^{1}	sej^{1}	phji^{1}	ljɨ^{1}	tjij^{1}	rjur^{1}	dźiã^{2}	
地	于	最	清	净	令	也。	若	诸	众	

由于方便广大智慧，令善巧地极清净故。若诸众生，

6.15.3

[西夏字]	[西夏字]	[西夏字]	[西夏字]，	[西夏字]	[西夏字]	[西夏字]	[西夏字]	[西夏字]	[西夏字]，	[西夏字]
tśhju^{1}	tsjiir^{1}	nji^{2}	tjị^{2}	twụ^{1}	djɨj^{2}	sju^{2}	dzjị^{2}	lja^{1}	zjij^{1}	thja^{2}
生	法	听	处，	各	云	如	集	来	时，	彼
[西夏字]	[西夏字]	[西夏字]	[西夏字]	[西夏字]，	[西夏字]	[西夏字]	[西夏字]	[西夏字]	[西夏字]	
do^{2}	ljịj^{2}	wjuu^{1}	gu^{1}	śjwo^{1}	rjur^{1}	dźiã^{2}	tśhju^{1}	ɣa^{2}	ljịj^{2}	
处	大	悲	发	生，	诸	众	生	于	大	

于听法所来云集时，当于彼所发生大悲，于诸众生起大

6.15.4

[西夏字]	[西夏字]	[西夏字]，	[西夏字]	[西夏字]	[西夏字]	[西夏字]	[西夏字]	[西夏字]	[西夏字]	[西夏字]，

① 系念现前，西夏文字面意思是“诚心现前”。

njij^{2} njiij^{1} śjwo^{1} wạ^{2} ljij^{2} sjij^{2} ŋwu^{2} kjɨ^{1} djɨj^{2} wo^{2} tshwew^{1}

慈 心 生， 广 大 智 以 决 定 理 趣，

[illegible]

źjɨr^{1} bju^{1} phie^{2} neej^{2} lhu^{1} tjij^{1} mjij^{1} phji^{1} rjur^{1} dźiã^{2}

实 依 开 示 增 减 不 令。 诸 众

慈心，以广大智决定理趣，如实开示令不增减。知诸众

6.15.5

[illegible]

tśhju^{1} ·jij^{1} phji^{1} ŋwe^{1} do^{2} pha^{1} mji^{1} neew^{2} dźju^{1} sjwij^{1} kjɨ^{1}

生 之 意 乐 差 异， 不 善 显 明 决

[illegible]

djɨj^{2} ljaa^{2} sjwɨj^{1} nioow^{1} ·jwɨr^{2} dji^{2} gjwi^{2} ŋwu^{2} wạ^{2} nẹ^{1} tshjiij^{1}

定 口 业， 及 文 字 句 以， 广 宣 说

生意乐差别，以善分明①决定语业，及文字句，广为宣说。

6.15.6

[illegible]

wji^{1} thjɨ^{2} tshjiij^{1} nioow^{1} ku^{1} ·jij^{1} ljụ^{2} neew^{2} tśhji^{2} lhjɨ^{1} dzja^{1}

为。 此 说 故 则 自 身 善 根 增 长

[illegible]

phji^{1} njwi^{2} gji^{1} sej^{1} tsjiir^{1} ŋwu^{2} dźiã^{2} tśhju^{1} ·jij^{1} ɣjiw^{1}

令 能， 清 净 法 以 众 生 之 摄

由是说故，能令自身善根增长，以清净法摄受众生。

6.15.7

[illegible]

ɣiwej^{1} mjor^{1} ljij^{2} mjɨ^{1} pjụ^{1} dzjọ^{1} dza^{2} ŋwu^{2} thjɨ^{2} sju^{2} tsjiir^{1}

受。 如 来 无 量 譬 喻 以 此 如 法

[illegible]

---

① 以善分明，西夏文字面意思是“不善显明”。

tśiow¹ thow¹ lo¹ dźji¹ ɣa¹ phie² neej² nẹ¹ tshjiij¹ njwi²
聚 陀 罗 尼 门 开 示 宣 说 能;

如来能以无量譬喻,开示演说如是法聚陀罗尼门;

6.16.1

nji² njɨ² tjij¹ thjɨ² sju² zji² phju² tśhja² tsjiir¹ nẹ¹ tshjiij¹
汝 等 若 此 如 最 上 正 法 宣 说

njwi² ku¹ tha¹ ·jij¹ wji¹ lew² dạ² ɣa² dźjiij¹ njwi²
能, 则 佛 之 为 所 事 于 住 能,

汝等若能如是宣说无上正法,是则住于佛所作事,

6.16.2

ljɨɨr¹ le² lew² mjij¹ tśhjɨ² rjar² iọ¹ sə¹ bju² mjij¹ ljuu²
四 畏 应 无 立 即 圆 满。 边 无 庄

tshjịj² dźiã² tsjij² thjɨ² sju² dźiã² tsjij² ljịj² tśier¹ ·ju²
严 菩 萨, 此 如 菩 萨 大 方 便

速疾圆满四无所畏。无边庄严,如是菩萨以大方便

6.16.3

gji¹ sej¹ sjịj² źjɨr¹ ŋwu² neew² mee² mjijr² kha¹ śjwo¹ sji²
清 净 智 慧 以, 善 神 通 中 生 △

rjur¹ tsjiir¹ djọ² dzjɨɨ² njwi² wạ² ljịj² sjịj² tśiow¹ ɣjiw¹
诸 法 修 习 能, 广 大 智 积 摄

清净智慧,善能修习起神通业所有诸法,即能摄取广大智聚。

6.16.4

lhjwi1	njwi2	thjɨ2	kha1	mee2	mjijr2	śjwo1	sji2	tja1	ljɨ̣1	kjɨ1
取	能。	此	中	神	通	生	△	者，	何	△
[illegible]？	[illegible]	[illegible]	[illegible]	[illegible]	[illegible]	[illegible]，	[illegible]	[illegible]	[illegible]	
ŋwu2	bju2	mjij1	ljuu2	tshjịj2	dźiā2	tsjij2	tjij1	rjur1	dźiā2	
是？	边	无	庄	严	菩	萨，	若	诸	菩	

此中何者起神通业？无边庄严，若诸菩

6.16.5

[illegible]	[illegible]	[illegible]	[illegible]	[illegible]，	[illegible]	[illegible]	[illegible]	[illegible]	[illegible]	[illegible]
tsjij2	mee2	rewr2	kha1	dźjiij1	tshọ2	ŋa1	sju2	bju1	tjị1	mjij1
萨	神	足	中	住，	虚	空	如	依	归	无
[illegible]	[illegible]，	[illegible]	[illegible]	[illegible]	[illegible]	[illegible]	[illegible]	[illegible]。	[illegible]	
sjiij2	ŋwu2	ljɨɨr1	ljịj2	tśiow1	dzjɨ̣2	dźjow1	tśhjow1	njwi2	mjor1	
思	以，	四	大	积	集	解	分	能。	如	

萨住神足中，以如虚空无所依想，善能分析大种积聚①。如

6.16.6

[illegible]	[illegible]	[illegible]	[illegible]	[illegible]、	[illegible]	[illegible]	[illegible]	[illegible]	[illegible]	[illegible]，
ljịj2	ɣiẹ2	mjij1	sjịj2	ljij2	bju2	mjij1	sjịj2	ljij2	we2	·jiw2
来	碍	无	智	见、	边	无	智	见	成	就，
[illegible]	[illegible]	[illegible]	[illegible]，	[illegible]	[illegible]	[illegible]	[illegible]	[illegible]	[illegible]	
sjịj2	ljij2	ɣie1	ŋwu2	tsjiir1	ŋowr2	ŋowr2	ɣa2	neew2	ɣjɨr1	
智	见	力	以，	法	一	切	于	善	造	

来成就无碍智见、无边智见，以智见力，于一切法得善巧智，

6.16.7

[illegible]	[illegible]，	[illegible]	[illegible]	[illegible]	[illegible]，	[illegible]	[illegible]	[illegible]	[illegible]	[illegible]
sjịj2	rjir1	nioow1	kjɨ1	djɨ̣2	njwi2	zjɨɨr1	zjịj1	nwə1	tsjij2	lew2
智	得，	复	决	定	能，	些	许	知	解	应
[illegible]	[illegible]。	[illegible]	[illegible]	[illegible]	[illegible]，	[illegible]	[illegible]	[illegible]	[illegible]，	

① 善能分析大种积聚，西夏文字面意思是“能分写四大积聚”。

tsjiir^1	mjij^1	rjir^1	lew^2	mjij^1	dźjiij^1	ŋwer^1	ŋwer^1	mjij^1	dźjiij^1
法	无。	得	应	无	住，	等	等	无	住，

能善决定，无有少法而可了知。住无所得，住无等等，

6.17.1

[illegible]	[illegible]	[illegible]	[illegible]	[illegible]	[illegible]	[illegible]；	[illegible]	[illegible]	[illegible]	[illegible]，
nioow^1	thja^1	rjir^2	tsjɨ^1	mji^1	bji̠j^2	bji̠j^2	·ja^0	·iã^1	zja^2	dźjiij^1
复	彼	与	亦	不	助	助；	阿	兰	若	住，

[illegible]	[illegible]	[illegible]	[illegible]，	[illegible]	[illegible]	[illegible]	[illegible]，	[illegible]	[illegible]
zow^2	zji̠j^1	mjij^1	dźjiij^1	gji^1	sej^1	sji̠j^2	dźjiij^1	zjɨɨr^1	zji̠j^1
持	著	无	住，	清	净	智	住，	些	许

亦不与俱①；住阿兰若，住无执着，住清净智，

6.17.2

[illegible]	[illegible]	[illegible]	[illegible]	[illegible]	[illegible]。	[illegible]	[illegible]	[illegible]	[illegible]，	[illegible]
mjɨ^1	nwə^1	mji^1	ljij^2	tsjiir^1	mjij^1	na^1	njaa^1	khwa^1	ka^2	lə^1
无	知	不	见	法	无。	暗	冥	远	离，	障

[illegible]	[illegible]	[illegible]，	[illegible]	[illegible]	[illegible]	[illegible]	[illegible]	[illegible]	[illegible]
ɣie̠^{2}	mji^1	dju^1	mjɨ^1	pju̠^{1}	bju^2	mjij^1	sji̠j^2	ljij^2	dźjiij^1
碍	无	有，	无	量	边	无	智	见	住

无有少法不知不见。远离黑暗，无有障碍，善住无量无边智见。

6.17.3

[illegible]，	[illegible]	[illegible]	[illegible]	[illegible]	[illegible]	[illegible]	[illegible]	[illegible]	[illegible]	[illegible]
njwi^2	tśhjwo^1	thjɨ^2	mjor^1	lji̠j^2	rjur^1	tsjiir^1	ŋowr^2	ŋowr^2	·wjɨ̠^{1}	sju^2
善，	则	此	如	来	诸	法	一	切	幻	如

[illegible]	[illegible]，	[illegible]	[illegible]	[illegible]	[illegible]。	[illegible]	[illegible]	[illegible]	[illegible]
mjiij^1	sju^2	tśhja^2	ka^1	nwə^1	ljij^2	nioow^1	mjiij^2	mjij^1	tsjiir^1
梦	如，	正	等	知	见。	复	名	无	法

是故如来平等见觉一切诸法如幻如梦，及能开示无名法想，

① 亦不与俱，西夏文字面意思是“亦不与彼助助”。

6.17.4

[illegible] [illegible] [illegible] [illegible] [illegible]， [illegible] [illegible] [illegible] [illegible] [illegible] [illegible]
sjiij^{2} ·jij^{1} phie^{2} neej^{2} njwi^{2} tśhjwo^{1} thjɨ^{2} ŋa^{2} njɨ^{2} tha^{1} bju^{1}
想 之 开 示 能， 则 此 我 等 佛 依

[illegible] [illegible]。 [illegible] [illegible] [illegible] [illegible] [illegible] [illegible] [illegible] [illegible]，
ɣiew^{1} lew^{2} mjor^{1} ljịj^{2} sjịj^{2} źjɨr^{1} ɣię^{2} lụ^{2} mji^{1} dju^{1}
学 应。 如 来 智 慧 障 碍 无 有，

是故我等应随佛学。如来智慧无有障碍，

6.17.5

[illegible] [illegible] [illegible] [illegible] [illegible] [illegible] [illegible] [illegible] [illegible] [illegible] [illegible]
dźiã^{2} tśhju^{1} ŋowr^{2} ŋowr^{2} ·jij^{1} phju^{2} gu^{2} mjiij^{2} tśhji^{2} zji^{2} nwə^{1}
众 生 一 切 之 上 中 下 根 皆 知

[illegible] [illegible]， [illegible] [illegible] [illegible] [illegible] [illegible] [illegible]， [illegible] [illegible]
tsjij^{2} njwi^{2} rjur^{1} dźiã^{2} tsjij^{2} ·jij^{1} tśhja^{2} ka^{1} mee^{2} mjijr^{2}
解 能， 诸 菩 萨 之 正 等， 神 通

能善了知一切众生上中下根，令诸菩萨安住平等，起神通业，

6.17.6

[illegible] [illegible] [illegible] [illegible] [illegible]， [illegible] [illegible] [illegible] [illegible] [illegible] [illegible]
sjwɨj^{1} śjwo^{1} sji^{2} no^{2} dźjiij^{1} thjɨ^{2} nioow^{1} mee^{2} rewr^{2} ·ju^{2} śja^{2}
业 生 △ 安 住， 此 故 神 足 前 现

[illegible] [illegible]， [illegible] [illegible] [illegible] [illegible] [illegible] [illegible] [illegible]， [illegible]
śjɨj^{1} ·jiw^{2} thjɨ^{2} mee^{2} rewr^{2} ·wụ^{2} ·jiij^{1} ɣie^{1} nioow^{1} kie^{1}
成 就， 此 神 足 加 持 力 故， 戒

由是成就神足现前，由是神足加持之力，

6.17.7

[illegible] [illegible] [illegible] [illegible] [illegible] [illegible] [illegible]， [illegible] [illegible] [illegible]
djɨj^{2} źjɨr^{1} nioow^{1} bie^{2} lhew^{2} sjịj^{2} ljij^{2} sej^{1} mjii^{1} tsjiir^{1}
定 慧 及 解 脱 智 见， 净 施 法

[illegible]	[illegible]	[illegible]	[illegible]	[illegible]	[illegible]，	[illegible]	[illegible]	[illegible]	[illegible]
sjịj^{2}	ɣa^{2}	zji^{2}	no^{2}	dźjiij^{1}	njwi^{2}	thjɨ^{2}	nioow^{1}	źjɨr^{1}	ɣiej^{1}
智	于	皆	安	住	能，	此	故	实	真

于戒定慧及以解脱智见，净施法智善能安住，由此能得真

6.18.1

[illegible]	[illegible]	[illegible]，	[illegible]	[illegible]	[illegible]	[illegible]	[illegible]	[illegible]	[illegible]
·wụ^{2}	·jiij^{1}	rjir^{1}	mjɨ^{1}	pjụ^{1}	do^{2}	pha^{1}	mee^{2}	·wjɨ^{1}	ɣjiw^{1}
加	持	得，	无	量	差	异	神	变	摄
[illegible]，	[illegible]	[illegible]	[illegible]	[illegible]	[illegible]	[illegible]	[illegible]	[illegible]。	[illegible]
ɣiwej^{1}	xiwã^{1}	rjur^{1}	kiẹj^{2}	ɣa^{2}	·jij^{1}	dzju^{2}	rjir^{1}	njwi^{2}	ka^{2}
受，	梵	世	界	于	自	在	得	能。	狮

实加持，摄受无量差别神变，于梵世间而得自在，

6.18.2

[illegible]	[illegible]	[illegible]	[illegible]，	[illegible]	[illegible]	[illegible]	[illegible]，	[illegible]	[illegible]
tśjij^{2}	lu^{2}	tśhjaa^{1}	dzuu^{2}	ljịj^{2}	tsjiir^{1}	bar^{1}	tsjụ^{1}	rjur^{1}	·ji^{1}
子	座	上	坐，	大	法	鼓	击，	诸	众
[illegible]	[illegible]	[illegible]	[illegible]	[illegible]	[illegible]，	[illegible]	[illegible]	[illegible]	[illegible]
ljwu^{2}	·jij^{1}	zji^{2}	njiij^{1}	ljịj^{2}	phji^{1}	nioow^{1}	dźiã^{2}	tśhju^{1}	nioow^{1}
会	之	皆	心	喜	令，	复	众	生	故

处狮子座，击大法鼓，令诸众会皆悉欢喜，及为众生

6.18.3

[illegible]	[illegible]	[illegible]	[illegible]。
ljịj^{2}	gjịj^{1}	ɣie^{2}	wji^{1}
大	利	益	为。

作大利益。

汉文本

无边庄严，此胜出离陀罗尼句，若有菩萨，于此法中精勤修习，则能增长智慧如海，能以大慈慰喻众生，言我授汝广大法药，破灭汝等无明黑暗，拔除汝等无始无终生死烦恼、忧苦毒箭，亦令汝等爱缚

当解,超度一切生死瀑流。作大法光,使诸众生善根生长,能得究竟永拔济故。如是善人为善导首,能令入于一切智智,亦复不令有一众生,从此无上大智退失,能以大慈普遍一切,令诸众生于未听受与义相应,寂灭厌离无生智门,得无碍辩。

无边庄严,若诸菩萨欲说法时,云何于此陀罗尼句,系念现前,令法不断?谓诸菩萨处狮子座,以无碍辩,思惟如来无量功德,由于方便广大智慧,令善巧地极清净故。若诸众生,于听法所来云集时,当于彼所发生大悲,于诸众生起大慈心,以广大智决定理趣,如实开示令不增减。知诸众生意乐差别,以善分明决定语业,及文字句,广为宣说。由是说故,能令自身善根增长,以清净法摄受众生。如来能以无量譬喻,开示演说如是法聚陀罗尼门;汝等若能如是宣说无上正法,是则住于佛所作事,速疾圆满四无所畏。

无边庄严,如是菩萨以大方便清净智慧,善能修习起神通业所有诸法,即能摄取广大智聚。此中何者起神通业?无边庄严,若诸菩萨住神足中,以如虚空无所依想,善能分析大种积聚。如来成就无碍智见、无边智见,以智见力,于一切法得善巧智,能善决定,无有少法而可了知。住无所得,住无等等,亦不与俱;住阿兰若,住无执着,住清净智,无有少法不知不见。远离黑暗,无有障碍,善住无量无边智见。是故如来平等见觉一切诸法如幻如梦,及能开示无名法想,是故我等应随佛学。如来智慧无有障碍,能善了知一切众生上中下根,令诸菩萨安住平等,起神通业,由是成就神足现前,由是神足加持之力,于戒定慧及以解脱智见,净施法智善能安住,由此能得真实加持,摄受无量差别神变,于梵世间而得自在,处狮子座,击大法鼓,令诸众会皆悉欢喜,及为众生作大利益。

6.18.3—6.18.4

bju^{2}	mjij^{1}	ljuu^{2}	tshjịj^{2}	dźiã^{2}	tsjij^{2}	dzjọ^{1}	sju^{2}	ljịj^{2}	śjow^{1}
边	无	庄	严	菩	萨,	犹	如	大	铁
tśjɨ̣^{1}	ŋər^{1}	njij^{2}	rjur^{1}	dźiã^{2}	tśhju^{1}	·jij^{1}	sjwɨj^{1}	buu^{2}	gjij^{1}
围	山	王,	诸	众	生	之	业	胜	殊
ɣie^{1}	nioow^{1}	thjɨ^{2}	rjur^{1}	kiẹj^{2}	·jij^{1}	ɣu^{1}	mjiij^{1}	·wiọ^{1}	tśjɨ̣^{1}
力	故,	此	世	界	之	首	尾	围	绕,
dźiã^{2}	tśhju^{1}	·jij^{1}	djị^{1}	·jɨj^{2}	lji^{2}	mji^{1}			
众	生	之	地	狱	香	不			

无边庄严,譬如大铁轮围山王①,以诸众生业增上力②,于此世界围绕而住③,不令众生嗅地狱香、

① 大铁轮围山王,西夏文字面意思是“大铁围山王”。

② 增上力,西夏文字面意思是“殊胜力”。

③ 围绕而住,西夏文字面意思是“首尾围绕”。

6.18.5

[illegible]，	[illegible]	[illegible]	[illegible]	[illegible]	[illegible]，	[illegible]	[illegible]	[illegible]	[illegible]	[illegible]
dwewr^{2}	djị^{1}	·jɨj^{2}	ɣiẹ^{2}	mji^{1}	mji^{1}	djị^{1}	·jɨj^{2}	tsjɨ^{1}	mji^{1}	ljij^{2}
知，	地	狱	声	不	闻，	地	狱	亦	不	见
[illegible]。	[illegible]	[illegible]	[illegible]	[illegible]	[illegible]	[illegible]	[illegible]，	[illegible]	[illegible]	
phji^{1}	thjɨ^{2}	sju^{2}	dźiã^{2}	tsjij^{2}	thjɨ^{2}	tsjiir^{1}	kha^{1}	djo̥^{2}	ɣiew^{1}	
令。	此	如	菩	萨	此	法	中，	修	学	

闻地狱声、见于地狱①。如是菩萨于此法中，善修学已，

6.18.6

[illegible]。	[illegible]	[illegible]	[illegible]	[illegible]	[illegible]	[illegible]	[illegible]	[illegible]	[illegible]
njwi^{2}	nioow^{1}	rjur^{1}	dźiã^{2}	tśhju^{1}	·jij^{1}	ɣiẹ^{2}	lụ^{2}	dju^{1}	tsjiir^{1}
能。	复	诸	众	生	之	障	碍	有	法
[illegible]	[illegible]	[illegible]	[illegible]，	[illegible]	[illegible]	[illegible]	[illegible]	[illegible]	[illegible]
ŋowr^{2}	ŋowr^{2}	tjij^{1}	dzjar^{2}	ɣiẹ^{2}	lụ^{2}	mjij^{1}	tsjiir^{1}	ŋowr^{2}	ŋowr^{2}
一	切	除	灭，	障	碍	无	法	一	切

为诸众生，除灭一切有障碍法，授与一切无障碍法。

6.18.7

[illegible]	[illegible]。	[illegible]	[illegible]	[illegible]	[illegible]	[illegible]	[illegible]	[illegible]	[illegible]，
mjii^{1}	khjow^{1}	thjɨ^{2}	sju^{2}	dźiã^{2}	tsjij^{2}	kiẹ^{1}	dźja^{2}	sjij^{2}	ŋwu^{2}
施	与。	此	如	菩	萨	金	刚	智	以，
[illegible]	[illegible]	[illegible]	[illegible]	[illegible]	[illegible]	[illegible]	[illegible]	[illegible]	[illegible]
thjɨ^{2}	tsjiir^{1}	·jij^{1}	neew^{2}	ɣjɨr^{1}	ɣjiw^{1}	ɣiwej^{1}	zji^{2}	na^{1}	tsjij^{2}
此	法	之	善	造	摄	受	最	深	悟

如是菩萨，以金刚智摄受善巧，于此法教悟入甚深，

6.19.1

[illegible]	[illegible]	[illegible]	[illegible]	[illegible]，	[illegible]	[illegible]	[illegible]	[illegible]，	[illegible]	[illegible]
·o^{2}	rjir^{1}	lew^{2}	mjij^{1}	·jɨ^{2}	zər^{2}	ljɨj^{2}	pho^{1}	lju^{2}	thjij^{2}	sjo^{2}

① 不令众生嗅地狱香、闻地狱声、见于地狱，西夏文字面意思是“令众生不嗅地狱香、不闻地狱声、不见于地狱”。

入	得	应	无	谓，	露	甘	洒	散，	何	云
[illegible]	[illegible]	[illegible]	[illegible]	[illegible]	[illegible]？	[illegible]	[illegible]	[illegible]	[illegible]	
zər²	ljɨj²	pho¹	lju²	mjiij²	·jɨ²	thjɨ²	tja¹	źjị¹	njɨɨ²	
露	甘	洒	散	名	谓？	此	者	烦	恼	

住无所得①甘露灌洒。云何名得甘露灌洒？谓烦恼

6.19.2

[illegible]、	[illegible]	[illegible]、	[illegible]	[illegible]	[illegible]	[illegible]	[illegible]	[illegible]。	[illegible]
ljiij²	ŋur¹	ljiij²	mə¹	ljiij²	njɨ²	ŋwo²	mjɨ¹	njwi²	tjɨ¹
魔、	阴	魔、	天	魔	等	损	不	能。	假
[illegible]	[illegible]	[illegible]	[illegible]，	[illegible]	[illegible]	[illegible]	[illegible]	[illegible]，	[illegible]
tjij¹	sjɨ¹	djij²	ŋwu²	tsjɨ¹	sjɨ¹	ljiij²	kjɨ¹	dju¹	nioow¹
若	死	△	是，	亦	死	魔	△	有，	复

魔、蕴魔、天魔所不能损；纵于死时，虽有死魔，

6.19.3

[illegible]	[illegible]	[illegible]，	[illegible]	[illegible]	[illegible]	[illegible]，	[illegible]	[illegible]	[illegible]？
·jij¹	dzju²	rjir²	sjɨ¹	sjiij²	mji¹	śjwo¹	thjij²	sjo²	ljɨ¹
自	在	得，	死	思	不	生，	何	云	也？
[illegible]	[illegible]	[illegible]，	[illegible]	[illegible]、	[illegible]	[illegible]、	[illegible]	[illegible]	[illegible]
thja¹	tśhja²	mjijr²	ŋa¹	tsjiir²	·jij¹	mjij¹	tjị¹	mjij¹	dźjiij¹
彼	正	者，	空	性、	相	无、	愿	无	住

亦得自在，不起死想。何以故？由彼正士，住于空性、无相、无愿；

6.19.4

[illegible]，	[illegible]	[illegible]	[illegible]	[illegible]	[illegible]	[illegible]	[illegible]	[illegible]，	[illegible]
nioow¹	tsjiir¹	ŋowr²	ŋowr²	ɣa²	phjo²	kar²	lew²	mjij¹	mji¹
故，	法	一	切	于	分	别	应	无，	不
[illegible]、	[illegible]	[illegible]、	[illegible]	[illegible]、	[illegible]	[illegible]、	[illegible]	[illegible]、	[illegible]
wee¹	mji¹	dzjar²	mji¹	·o²	mji¹	lho⁰	mji¹	lja¹	mji¹

① 住无所得，西夏文字面意思是“入无所得”。

生、	不	灭、	不	入、	不	出、	不	来、	不

于一切法无所分别，不生、不灭、不堕、不起①、不来、不

6.19.5

śjɨ^{1}	mji^{1}	dźjiij^{1}	mji^{1}	laa^{1}	mji^{1}	sej^{1}	nioow^{1}	mji^{1}	dźju^{2}
往、	不	住、	不	染、	不	净，	复	不	劣
noo^{1}	ɣię^{2}	lų^{2}	mji^{1}	dju^{1}	rjir^{1}	lew^{2}	tsjɨ^{1}	mjij^{1}	mjɨ^{1}
弱，	障	碍	无	有，	得	应	亦	无，	不

去、不住、不染、不净，亦不怯弱；无有障碍，无有所得，

6.19.6

gjiw^{1}	dźjɨɨr^{1}	ka^{2}	njiij^{1}	phji^{1}	tsjɨ̣j^{1}	bjị^{1}	·u^{2}	mer^{2}	lhạ^{2}
恭	舍	离，	心	意	谦	下，	内	迷	惑
ka^{2}	djɨr^{2}	tsjiir^{1}	tsjij^{2}	njwi^{2}	mji^{1}	ljij^{2}	nwə^{1}	dwewr^{2}	·jij^{1}
离，	外	法	解	能，	闻	见	觉	知	之

舍离憍慢，其心谦下，内离迷惑，善了于外，见闻觉知，

6.19.7

ɣjiw^{1}	lew^{2}	mji^{1}	we^{2}	rjur^{1}	tsjiir^{1}	nwə^{1}	tsjij^{2}	to^{2}	zji^{2}	tśhja^{2}
摄	应	不	为，	诸	法	知	解，	尽	皆	正
ka^{1}	mjor^{1}	ljij^{2}	tsjiir^{1}	kha^{1}	źjɨr^{1}	bju^{1}	·o^{2}	njwi^{2}	mji^{1}	
等，	如	来	法	中	实	依	入	能，	不	

所不能摄；了知诸法，皆悉平等，如实入于如来法中，

① 不堕、不起，西夏文字面意思是“不入、不出”。

6.20.1

[illegible]	[illegible]	[illegible]	[illegible]	[illegible]	[illegible]	[illegible]，	[illegible]	[illegible]	[illegible]	[illegible]，
tshọ^{2}	lạ^{1}	·wjɨ^{1}	lej^{2}	mji^{1}	dju^{1}	ŋwu^{2}	mjor^{1}	ɣiej^{1}	no^{2}	dźjiij^{1}
虚	诳	变	转	无	有	以，	如	真	安	住，
[illegible]	[illegible]	[illegible]	[illegible]	[illegible]	[illegible]，	[illegible]	[illegible]	[illegible]	[illegible]	
thjɨ^{2}	tja^{1}	rjur^{1}	dźiã^{2}	tsjij^{2}	njɨ^{2}	·jij^{1}	·o^{2}	tji^{2}	pa^{2}	
此	者	诸	菩	萨	等，	之	入	可	般	

以不虚妄无有变异，安住真如，此即名为诸菩萨等，所入般

6.20.2

[illegible]	[illegible]	[illegible]	[illegible]	[illegible]	[illegible]。	[illegible]	[illegible]	[illegible]	[illegible]，
zja^{2}	po^{1}	lo^{1}	bjii^{2}	ɣa^{1}	ŋwu^{2}	thjɨ^{2}	ɣa^{2}	dźjiij^{1}	ku^{1}
若	波	罗	蜜	门	是。	此	于	住	故，
[illegible]	[illegible]	[illegible]	[illegible]	[illegible]	[illegible]	[illegible]。	[illegible]	[illegible]	[illegible]
bju^{2}	mjij^{1}	sjij^{2}	źjɨr^{1}	śjɨj^{1}	·jiw^{2}	njwi^{2}	thjɨ^{2}	źjɨr^{1}	ɣie^{1}
边	无	智	慧	成	就	能。	此	慧	力

若波罗蜜门。于此住已，则能成就无边智慧。由是慧力，

6.20.3

[illegible]，	[illegible]	[illegible]	[illegible]	[illegible]	[illegible]	[illegible]	[illegible]	[illegible]	[illegible]
nioow^{1}	seew^{2}	tshjiij^{1}	mjij^{1}	sjij^{2}	nioow^{1}	rjur^{1}	mjor^{1}	ljij^{2}	dwuu^{2}
故，	思	议	无	智	及	诸	如	来	秘
[illegible]	[illegible]	[illegible]	[illegible]	[illegible]，	[illegible]	[illegible]	[illegible]	[illegible]	
rjɨj^{2}	ŋwuu^{1}	dạ^{2}	·o^{2}	njwi^{2}	tsjiir^{1}	ŋowr^{2}	ŋowr^{2}	ɣa^{2}	
密	言	语	入	能，	法	一	切	于	

能使入于不思议智，及诸如来秘密言说，于一切法

6.20.4

[illegible]	[illegible]	[illegible]	[illegible]。	[illegible]	[illegible]	[illegible]①	[illegible]	[illegible]	[illegible]	[illegible]
zji^{2}	nwə^{1}	tsjij^{2}	njwi^{2}	dwewr^{2}	twẹ^{2}	twẹ^{2}	bju^{1}	po^{1}	tjɨj^{1}	rjir^{2}

① [illegible][illegible]，西夏文字面意思是“续续”，与汉文本中的“无间”对译。

皆 知 解 能。 觉 续 续 依 菩 提 与

[illegible]

ka¹ dwewr² twę² twę² seew² tshjiij¹ tjị² mjij¹ bju¹ po¹

等， 觉 续 续 思 议 可 无 依， 菩

能善了知。随觉无间等菩提故，随觉无间不可思议，等于菩

6.20.5

[illegible]

tjɨj¹ seew² tshjiij¹ tjị² mjij¹ rjir² ka¹ dwewr² twę² twę² phjo²

提 思 议 可 无 与 等； 觉 续 续 分

[illegible]

kar² lew² mjij¹ bju¹ po¹ tjɨj¹ phjo² kar² lew² mjij¹

别 应 无 依， 菩 提 分 别 应 无

提不可思议；随觉无间无所分别，等于菩提无所分别，

6.20.6

[illegible]

rjir² ka¹ twę² twę² po¹ tjɨj¹ tsjiir¹ lew² rjir¹ mjij¹ nwə¹

与 等， 续 续 菩 提 法 应 得 无， 知

[illegible]

tsjij² ku¹ thja¹ twę² twę² do² pha¹ mji¹ wji¹ po¹

解 则 彼 续 续 差 异 不 作， 菩

了知无间及菩提法无所得故。彼亦不作无间差别，不作菩

6.20.7

[illegible]

tjɨj¹ tśhja² ka¹ sjiij² tsjɨ¹ mji¹ wji¹ twę² twę² po¹ tjɨj¹

提 正 等 思 亦 不 作， 续 续 菩 提

[illegible]

mji¹ wji¹ mji¹ ljiij² mji¹ dzjị² mji¹ sar² thjɨ² wo²

不 作、 不 坏、 不 集、 不 散； 此 义

提平等之想，无间菩提不作、不坏、不集、不散；于此义

6.21.1

[illegible]	[illegible]	[illegible]	[illegible]	[illegible]	[illegible],	[illegible]	[illegible]	[illegible]	[illegible]	[illegible]
kha^1	sjwɨj^1	wji^1	njwi^2	mjijr^2	tja^1	thjɨ^2	rjɨr^2	tshjiij^1	mjij^1	sej^1
中	业	为	能	者	者，	此	△	说	寂	静
[illegible]	[illegible]	[illegible]	[illegible]	[illegible]	[illegible],	[illegible]	[illegible]	[illegible]	[illegible]	
tsjiir^1	ɣa^1	ɣa^2	mji^1	zow^2	zji̱j^1	rjur^1	sjwɨj^1	mjaa^1	tshja^2	
法	门	于	不	持	著，	诸	业	果	报	

中能作业者，于此所说寂静法门，而不执着，亦不分别诸业果报。

6.21.2

[illegible]	[illegible]	[illegible]	[illegible]。	[illegible]	[illegible]	[illegible]	[illegible]	[illegible]	[illegible]	[illegible]
tsjɨ^1	mji^1	phjo^2	kar^2	sjwɨj^1	mjaa^1	tśhja^2	ka^1	zji^2	nwə^1	tsjij^2
亦	不	分	别。	业	果	正	等	皆	知	解
[illegible],	[illegible]	[illegible]	[illegible]	[illegible]	[illegible]	[illegible]	[illegible]	[illegible];	[illegible]	[illegible]
njwi^2	tśhja^2	ka^1	nioow^1	ku^1	sjwɨj^1	mjaa^1	mji^1	rjir^1	phjo^2	kar^2
能，	正	等	故	则	业	果	不	得；	分	别

能善了知业果平等，以平等故不得业果；亦不分别，

6.21.3

[illegible]	[illegible],	[illegible]	[illegible]	[illegible]	[illegible],	[illegible]	[illegible]	[illegible]?	[illegible]	[illegible]
mji^1	dju^1	zow^2	zji̱j^1	tsjɨ^1	mjij^1	thjij^2	sjo^2	ljɨ^1	thja^1	źji̱^{1}
不	有，	持	著	亦	无，	何	云	也？	彼	烦
[illegible]	[illegible]	[illegible]	[illegible]	[illegible],	[illegible]	[illegible]	[illegible]	[illegible],	[illegible]	
njɨɨ^2	nioow^1	sjwɨj^1	lə^1	ɣa^2	no^2	·jij^1	lhjṳ^2	rjir^1	tśhiow^1	
恼	及	业	障	于，	安	轻	获	得，	结	

亦不执着，何以故？彼于烦恼及以业障，获得轻安，远离结因，

6.21.4

[illegible]	[illegible]	[illegible],	[illegible]	[illegible]	[illegible]	[illegible]	[illegible]	[illegible]①	[illegible]	[illegible],
·jiw^1	khwa^1	ka^2	rjur^1	tsjiir^1	ɣa^1	ɣa^2	dźju^1	sjwij^1	rjir^1	njwi^2

① [illegible][illegible]，西夏文字面意思是“显明”，与汉文本中的“照曜”对译。

因 远 离， 诸 法 门 于 显 明 得 能，

[illegible] [illegible] [illegible] [illegible] [illegible] [illegible] [illegible] [illegible] [illegible] [illegible]。

thjɨ^2 thow^1 lo^1 dźji^1 tjij^1 ɣa^2 bji^1 swew^1 rjir^1 njwi^2

此 陀 罗 尼 品 于 光 明 得 能。

于诸法门能得照曜，于此陀罗尼品能得光明。

6.21.5

[illegible] [illegible] [illegible] [illegible] [illegible] [illegible] [illegible]， [illegible] [illegible] [illegible]

thja^1 thjɨ^2 sju^2 gji^1 sej^1 ɣa^1 dźjiij^1 ku^1 śja^1 rjijr^2

彼 此 如 清 净 门 住， 则 十 方

[illegible] [illegible] [illegible] [illegible] [illegible] [illegible] [illegible]， [illegible] [illegible] [illegible]

rjur^1 kięj^2 ·u^2 zji^2 kheej^1 dzjiij^2 njwi^2 gji^1 sej^1 dźjɨ^0

世 界 中 皆 游 化 能， 清 净 行

彼住如是清净门故，能于十方世界游化，具清净行

6.21.6

[illegible]， [illegible] [illegible] [illegible] [illegible]， [illegible] [illegible] [illegible] [illegible] [illegible]

ŋowr^2 dźjiij^1 zjij^1 lew^2 mjij^1 rjur^1 tsjiir^1 ·jij^1 tśior^1 laa^1

具， 住 著 应 无， 世 法 之 污 染

[illegible] [illegible] [illegible]， [illegible] [illegible] [illegible] [illegible] [illegible] [illegible]， [illegible]

lew^2 mji^1 we^2 rjur^1 rjur^1 kięj^2 dzjwo^2 mə^1 kha^1 ljo^1

应 不 为， 诸 世 界 人 天 中， 福

无所住着，不为世法之所染污，于诸世间天人之中，堪为福

6.21.7

[illegible] [illegible] [illegible]， [illegible] [illegible] [illegible] [illegible] [illegible]。 [illegible] [illegible] [illegible]

rjar^1 we^2 njwi^2 ? njij^1 kjų^1 tshwew^1 wo^2 bju^2 mjij^1 ljuu^2

田 为 能， 近 亲 供 养 理。 边 无 庄

[illegible] [illegible] [illegible]， [illegible] [illegible] [illegible] [illegible] [illegible]， [illegible] [illegible]

tshjịj^2 dźiã^2 tsjij^2 ŋa^2 ·jar^1 tsew^2 ljɨ̣^{2} dźjiij^1 dźiã^2 tsjij^2

严 菩 萨， 我 八 第 地 住， 菩 萨

田亲近供养。无边庄严，我说供养①住第八地

6.22.1

[illegible]	[illegible]	[illegible]	[illegible]	[illegible]	[illegible]	[illegible]	[illegible]，	[illegible]	[illegible]	[illegible]
·jij^{1}	kjụ^{1}	tshwew^{1}	mjijr^{2}	rjur^{1}	neew^{2}	goor^{1}	gji^{2}	tsjɨ^{1}	tśhja^{2}	·ioow^{1}
之	供	养	者	诸	善	男	子，	亦	德	功
[illegible]	[illegible]	[illegible]	[illegible]，	[illegible]	[illegible]	[illegible]	[illegible]	[illegible]	[illegible]	
mjɨ^{1}	pjụ^{1}	njɨ^{2}	tshjiij^{1}	ŋa^{2}	nioow^{1}	dźiã^{2}	tsjij^{2}	thjɨ^{2}	sju^{2}	
无	量	等	说，	我	复	菩	萨	此	如	

诸善男子功德无量，何况菩萨于如

6.22.2

[illegible]	[illegible]	[illegible]	[illegible]	[illegible]	[illegible]	[illegible]	[illegible]	[illegible]？	[illegible]	[illegible]
tsjiir^{1}	ɣa^{2}	djọ^{2}	dźjịj^{1}	ku^{1}	·jɨ^{2}	tjị^{2}	ljọ^{2}	wjij^{2}	tjij^{1}	po^{1}
法	于	修	行	故	谓	可	所	有？	若	菩
[illegible]	[illegible]	[illegible]	[illegible]	[illegible]	[illegible]	[illegible]	[illegible]	[illegible]	[illegible]	
tjɨj^{1}	nioow^{1}	dźiã^{2}	tśhju^{1}	dźiã^{2}	tsjij^{2}	tsjiir^{1}	rjɨr^{2}	njɨ^{2}	rjur^{1}	
提	及	众	生	菩	萨	法	乃	至	世	

是法，而修行者？若于菩提及以众生，众生之法乃至世

6.22.3

[illegible]	[illegible]	[illegible]，	[illegible]	[illegible]	[illegible]	[illegible]，	[illegible]	[illegible]	[illegible]	[illegible]，
kha^{1}	tsjiir^{1}	ɣa^{2}	rjir^{1}	lew^{2}	mji^{1}	dju^{1}	nioow^{1}	mji^{1}	phjo^{2}	kar^{2}
中	法	于，	得	应	不	有，	复	不	分	别，
[illegible]	[illegible]	[illegible]	[illegible]	[illegible]，	[illegible]	[illegible]	[illegible]	[illegible]	[illegible]	
nioow^{1}	rjur^{1}	kheej^{1}	ljị^{1}	mjij^{1}	ku^{1}	thja^{1}	dzjwo^{2}	thjɨ^{2}	tsjiir^{1}	
及	诸	戏	论	无，	则	彼	人	此	法	

间之法，无有所得，亦不分别，及诸戏论，彼人则能了知此法，

6.22.4

[illegible]	[illegible]	[illegible]	[illegible]	[illegible]	[illegible]	[illegible]，	[illegible]	[illegible]	[illegible]

① 供养，西夏文字面意思是“菩萨之供养”。

nwə^{1}	tsjij^{2}	tshjiij^{1}	bju^{1}	djọ^{2}	dźjịj^{1}	njwi^{2}	rjur^{1}	kha^{1}	wạ^{2}
知	解	说	依	修	行	能，	世	间	广
[illegible]	[illegible]	[illegible]	[illegible]	[illegible]，	[illegible]	[illegible]	[illegible]	[illegible]	[illegible]
ljịj^{2}	kjụ^{1}	tshwew^{1}	lhjịj^{2}	wo^{2}	mjor^{1}	ljịj^{2}	·jij^{1}	kjụ^{1}	tshwew^{1}
大	供	养	受	理，	如	来	之	供	养

如说修行，能消世间广大供养，应以如来供养而供养之。

汉文本

无边庄严，譬如大铁轮围山王，以诸众生业增上力，于此世界围绕而住，不令众生嗅地狱香、闻地狱声、见于地狱。如是菩萨于此法中，善修学已，为诸众生，除灭一切有障碍法，授与一切无障碍法。如是菩萨，以金刚智摄受善巧，于此法教悟入甚深，住无所得甘露灌洒。云何名得甘露灌洒？谓烦恼魔、蕴魔、天魔所不能损；纵于死时，虽有死魔，亦得自在，不起死想。何以故？由彼正士，住于空性、无相、无愿；于一切法无所分别，不生、不灭、不堕、不起、不来、不去、不住、不染、不净，亦不怯弱；无有障碍，无有所得，舍离憍慢，其心谦下，内离迷惑，善了于外，见闻觉知，所不能摄；了知诸法，皆悉平等，如实入于如来法中，以不虚妄无有变异，安住真如，此即名为诸菩萨等，所入般若波罗蜜门。于此住已，则能成就无边智慧。由是慧力，能使入于不思议智，及诸如来秘密言说，于一切法能善了知。随觉无间等菩提故，随觉无间不可思议，等于菩提不可思议；随觉无间无所分别，等于菩提无所分别，了知无间及菩提法无所得故。彼亦不作无间差别，不作菩提平等之想，无间菩提不作、不坏、不集、不散；于此义中能作业者，于此所说寂静法门，而不执着，亦不分别诸业果报。能善了知业果平等，以平等故不得业果；亦不分别，亦不执着，何以故？彼于烦恼及以业障，获得轻安，远离结因，于诸法门能得照曜，于此陀罗尼品能得光明。彼住如是清净门故，能于十方世界游化，具清净行无所住着，不为世法之所染污，于诸世间天人之中，堪为福田亲近供养。

无边庄严，我说供养住第八地诸善男子功德无量，何况菩萨于如是法，而修行者？若于菩提及以众生，众生之法乃至世间之法，无有所得，亦不分别，及诸戏论，彼人则能了知此法，如说修行，能消世间广大供养，应以如来供养而供养之。

6.22.5

[illegible]	[illegible]	[illegible]	[illegible]。	[illegible]	[illegible]	[illegible]	[illegible]	[illegible]	[illegible]，	[illegible]
sju^{2}	kjụ^{1}	tshwew^{1}	lew^{2}	bju^{2}	mjij^{1}	ljuu^{2}	tshjịj^{2}	dźiā^{2}	tsjij^{2}	tjij^{1}
如	供	养	应。	边	无	庄	严	菩	萨，	若

[illegible]	[illegible]	[illegible]	[illegible]	[illegible]	[illegible]	[illegible]，	[illegible]	[illegible]	[illegible]
rjur^{1}	dźiā^{2}	tsjij^{2}	thjɨ^{2}	tsjiir^{1}	djọ^{2}	ɣiew^{1}	ku^{1}	rjur^{1}	kjụ^{1}
诸	菩	萨	此	法	修	学，	则	诸	供

无边庄严，若诸菩萨修学此法，于诸供养，

6.22.6

[illegible]	[illegible]	[illegible]	[illegible]	[illegible]	[illegible]	[illegible]	[illegible]，	[illegible]	[illegible]	[illegible]
tshwew^{1}	sji^{2}	ŋowr^{2}	ŋowr^{2}	to^{2}	zji^{2}	ŋowr^{2}	lhə^{0}	rjur^{1}	kja̱^{1}	le^{2}
养	△	一	切	尽	皆	具	足，	诸	怖	畏
[illegible]，	[illegible]	[illegible]	[illegible]	[illegible]	[illegible]	[illegible]	[illegible]	[illegible]。	[illegible]	
ka^{2}	rjɨr^{2}	njɨ^{2}	lju̱^{2}	ka̱^{1}	ŋowr^{2}	ŋowr^{2}	dźjɨɨr^{1}	njwi^{2}	thja^{1}	
离，	乃	至	身	命	一	切	舍	能。	彼	

一切所有,皆悉具足,离诸怖畏,乃至能舍一切身命。彼

6.22.7

[illegible]	[illegible]	[illegible]	[illegible]	[illegible]	[illegible]	[illegible]	[illegible]	[illegible]	[illegible]	[illegible]
rjur^{1}	tsjiir^{1}	ɣa^{2}	ɣjiw^{1}	ɣiwej^{1}	lew^{2}	mjij^{1}	ŋwu^{2}	wa̱^{2}	ljịj^{2}	tsjiir^{1}
诸	法	于	摄	受	应	无	以	广	大	法
[illegible]	[illegible]	[illegible]。	[illegible]	[illegible]	[illegible]	[illegible]	[illegible]，	[illegible]	[illegible]	[illegible]
ɣjiw^{1}	ɣiwej^{1}	njwi^{2}	le^{2}	mjij^{1}	lu^{2}	tśhjaa^{1}	dzuu^{2}	ka^{2}	tśjij^{2}	kwə^{2}
摄	持	能。	畏	无	座	上	坐，	狮	子	吼

于诸法无所摄受,而能摄受广大之法。处无畏座,作狮子吼,

6.23.1

[illegible]，	[illegible]	[illegible]	[illegible]	[illegible]	[illegible]	[illegible]	[illegible]	[illegible]	[illegible]，	[illegible]
wji^{1}	tśja^{1}	nioow^{1}	nioow^{1}	tśja^{1}	nioow^{1}	tsjiir^{1}	·jij^{1}	rjur^{1}	·jar^{2}	po^{1}
作，	道	外	及	道	外	法	之	调	御，	波
[illegible]	[illegible]	[illegible]	[illegible]	[illegible]	[illegible]	[illegible]	[illegible]，	[illegible]	[illegible]	[illegible]
sjwɨ^{1}	nioow^{1}	ljiij^{2}	gja^{1}	·ji^{1}	·jij^{1}	dźjwu^{2}	ljiij^{2}	dźiã^{2}	tśhju^{1}	·jij^{1}
旬	及	魔	兵	众	之	摧	灭，	众	生	之

降伏外道,及外道法,摧灭波旬及魔军众,能除众生

6.23.2

[illegible]	[illegible]	[illegible]	[illegible]	[illegible]	[illegible]，	[illegible]	[illegible]①	[illegible]	[illegible]	[illegible]
lə^{1}	ɣja^{2}	ŋowr^{2}	ŋowr^{2}	tjij^{1}	njwi^{2}	tsjiir^{1}	dzjwɨ̣^{1}	ŋwu^{2}	rjur^{1}	dźiã^{2}

① [illegible](dzjwɨ̣^{1}),通[illegible](dzjwɨ̣^{1}),意为“船”,与汉文本中的“法船”对译。

障	覆	一	切	除	能，	法	敬	以	诸	众
[illegible]	[illegible]	[illegible]	[illegible]，	[illegible]	[illegible]	[illegible]	[illegible]	[illegible]	[illegible]	[illegible]
tśhju^{1}	·jij^{1}	gju^{1}	ɣiẹj^{2}	dźiã^{2}	tśhju^{1}	·jij^{1}	ŋowr^{2}	ŋowr^{2}	sjịj^{2}	tśja^{1}
生	之	度	运，	众	生	之	一	切	智	道

一切覆障。当以法船渡诸众生，当示众生一切智道，

6.23.3

[illegible]，	[illegible]	[illegible]	[illegible]	[illegible]	[illegible]	[illegible]	[illegible]	[illegible]	[illegible]	[illegible]
neej^{2}	dźiã^{2}	tśhju^{1}	ŋowr^{2}	ŋowr^{2}	·jij^{1}	bju^{1}	śjij^{1}	tśja^{1}	ɣa^{2}	no^{2}
示，	众	生	一	切	之	随	顺	道	于	安
[illegible]	[illegible]	[illegible]，	[illegible]	[illegible]	[illegible]	[illegible]	[illegible]	[illegible]	[illegible]	
dźjiij^{1}	phji^{1}	njwi^{2}	dźiã^{2}	tśhju^{1}	ŋowr^{2}	ŋowr^{2}	·jij^{1}	bju^{1}	śjij^{1}	
住	令	能，	众	生	一	切	之	随	顺	

当能安住一切众生于随顺道，当能令彼一切众生随顺

6.23.4

[illegible]	[illegible]，	[illegible]	[illegible]	[illegible]	[illegible]	[illegible]。	[illegible]	[illegible]	[illegible]	[illegible]
śjij^{2}	dźjar^{2}	mji^{1}	ljwu^{1}	nu^{1}	phji^{1}	njwi^{2}	dźiã^{2}	tśhju^{1}	·jij^{1}	po^{1}
圣	谛，	不	违	背	令	能。	众	生	之	菩
[illegible]	[illegible]	[illegible]	[illegible]	[illegible]	[illegible]	[illegible]，	[illegible]	[illegible]	[illegible]	
tjɨj^{1}	·jiw^{1}	tsjiir^{1}	ŋowr^{2}	ŋowr^{2}	phie^{2}	neej^{2}	tsjiir^{1}	mjii^{1}	ŋwu^{2}	
提	分	法	一	切	开	示，	法	施	以	

圣谛，不相违逆，当为众生开示一切菩提分法，当以法

6.23.5

[illegible]	[illegible]	[illegible]	[illegible]	[illegible]	[illegible]	[illegible]，	[illegible]	[illegible]	[illegible]	[illegible]
dźiã^{2}	tśhju^{1}	·jij^{1}	·o^{1}	njiij^{1}	ljwị^{1}	wji^{1}	dźiã^{2}	tśhju^{1}	·jij^{1}	tsjiir^{1}
众	生	之	腹	心	入	为，	众	生	之	法
[illegible]	[illegible]	[illegible]	[illegible]。	[illegible]	[illegible]	[illegible]	[illegible]	[illegible]	[illegible]，	[illegible]
de^{2}	rjir^{1}	phji^{1}	njwi^{2}	bju^{2}	mjij^{1}	ljuu^{2}	tshjịj^{2}	dźiã^{2}	tsjij^{2}	tjɨ^{1}
喜	得	令	能。	边	无	庄	严	菩	萨，	假

施慰喻众生，当令众生能得法喜。无边庄严，

6.23.6

[illegible]	[illegible]	[illegible]	[illegible]	[illegible]	[illegible]	[illegible]，	[illegible]	[illegible]	[illegible]
tjij^{1}	thjɨ^{2}	thow^{1}	lo^{1}	dźji^{1}	ɣa^{1}	ɣa^{2}	zeew^{2}	dźiej^{2}	ɣiwej^{1}
若	此	陀	罗	尼	门	于，	忍	信	受
[illegible]，	[illegible]	[illegible]	[illegible]	[illegible]	[illegible]	[illegible]	[illegible]	[illegible]	[illegible]
njwi^{2}	ku^{1}	po^{1}	tjɨj^{1}	la^{1}	ɣiwej^{1}	rjir^{2}	sji^{2}	dzjwo^{2}	rjir^{2}
能，	则	菩	提	记	受	得	△	人	与

若有于此陀罗尼门,能忍信受,则与得受菩提记人等

6.23.7

[illegible]	[illegible]	[illegible]	[illegible]。	[illegible]	[illegible]	[illegible]	[illegible]，	[illegible]	[illegible]
·a^{0}	tjɨj^{2}	mji^{1}	do^{2}	thja^{1}	tsjiir^{1}	ljɨ̣^{1}	mji^{1}	ku^{1}	·jij^{1}
一	法	不	异。	彼	法	虽	闻，	则	自
[illegible]	[illegible]	[illegible]，	[illegible]	[illegible]	[illegible]	[illegible]	[illegible]	[illegible]	[illegible]
·jij^{1}	la^{1}	ɣiwej^{1}	mjor^{1}	ljịj^{2}	tsjiir^{1}	njij^{2}	thjɨ^{2}	tsjiir^{1}	thu^{1}
自	记	授，	如	来	法	王	此	法	设

无有异。彼既闻法,当于己身而自授记。如来法王施设

6.24.1

[illegible]，	[illegible]	[illegible]	[illegible]	[illegible]，	[illegible]	[illegible]	[illegible]	[illegible]	[illegible]	[illegible]
phjij^{1}	thjɨ^{2}	tsjiir^{1}	·ụ^{2}	phie^{2}	tjij^{1}	thjɨ^{2}	thow^{1}	lo^{1}	dźji^{1}	tjɨj^{2}
置，	此	法	藏	开，	若	此	陀	罗	尼	印
[illegible]	[illegible]	[illegible]	[illegible]	[illegible]	[illegible]	[illegible]	[illegible]，	[illegible]	[illegible]	[illegible]
nioow^{1}	thjɨ^{2}	rjur^{1}	tsjiir^{1}	ɣa^{1}	gu^{1}	śjwo^{1}	njwi^{2}	ku^{1}	ŋa^{2}	njɨ^{2}
及	此	诸	法	门	发	生	能，	则	我	等

此法,开此法藏,而能安立此陀罗尼印,及能建立此诸法门,

6.24.2

[illegible]	[illegible]	[illegible]。	[illegible]	[illegible]	[illegible]	[illegible]，	[illegible]	[illegible]	[illegible]	[illegible]	[illegible]	[illegible]
·jij^{1}	ɣjiw^{1}	ɣiwej^{1}	ŋa^{2}	njɨ^{2}	·jij^{1}	·wja^{1}	ŋa^{2}	njɨ^{2}	·jij^{1}	njij^{2}	śjow^{1}	mjijr^{2}
之	摄	受。	我	等	之	父，	我	等	之	慈	悲	者

[illegible]。	[illegible]	[illegible]	[illegible]	[illegible]	[illegible]	[illegible]，	[illegible]	[illegible]	[illegible]	[illegible]	[illegible]
ŋwu^2	bju^2	mjij^1	ljuu^2	tshjịj^2	dźiã^2	tsjij^2	tjɨ^1	tjij^1	dźiã^2	tsjij^2	buu^2
是。	边	无	庄	严	菩	萨，	假	若	菩	萨	胜

摄受我等，是我等父，哀愍我者。无边庄严，若有菩萨

6.24.3

[illegible]	[illegible]	[illegible]，	[illegible]	[illegible]	[illegible]	[illegible]	[illegible]	[illegible]，	[illegible]	[illegible]
phji^1	ŋwe^1	ŋwu^2	ŋa^2	do^2	·wja^1	sjiij^2	śjwo^1	njwi^2	ku^1	thja^1
意	乐	是，	我	所	父	想	生	能，	则	彼
[illegible]	[illegible]	[illegible]	[illegible]	[illegible]	[illegible]，	[illegible]	[illegible]	[illegible]	[illegible]。	[illegible]
dzjwo^2	mjor^1	ljịj^2	ŋewr^2	kha^1	ljị^1	ŋa^2	rjir^2	mji^1	do^2	bju^2
人	如	来	数	中	堕，	我	与	不	异。	边

以胜意乐，能于我所起于父想，彼人当得入如来数，如我无异。

6.24.4

[illegible]	[illegible]	[illegible]	[illegible]	[illegible]，	[illegible]	[illegible]	[illegible]	[illegible]	[illegible]
mjij^1	ljuu^2	tshjịj^2	dźiã^2	tsjij^2	thjɨ^2	thow^1	lo^1	dźji^1	ɣa^1
无	庄	严	菩	萨，	此	陀	罗	尼	门
[illegible]	[illegible]	[illegible]	[illegible]	[illegible]	[illegible]	[illegible]	[illegible]	[illegible]	[illegible]
tsjiir^1	tjij^1	kha^1	njɨɨ^1	tsew^2	lho^0	ka^2	thow^1	lo^1	dźji^1
法	品	中	二	第	出	离	陀	罗	尼

无边庄严，于此陀罗尼门法品之中。此是第二出离陀罗尼印

6.24.5

[illegible]	[illegible]	[illegible]	[illegible]	[illegible]	[illegible]。
tjɨj^2	tsjiir^1	nẹ^1	tshjiij^1	·ụ^2	ŋwu^2
印	法	宣	说	藏	是。

演说法藏。

汉文本

无边庄严，若诸菩萨修学此法，于诸供养，一切所有，皆悉具足，离诸怖畏，乃至能舍一切身命。彼于诸法无所摄受，而能摄受广大之法。处无畏座，作狮子吼，降伏外道，及外道法，摧灭波旬及魔军众，

能除众生一切覆障。当以法船渡诸众生,当示众生一切智道,当能安住一切众生于随顺道,当能令彼一切众生随顺圣谛,不相违逆,当为众生开示一切菩提分法,当以法施慰喻众生,当令众生能得法喜。

无边庄严,若有于此陀罗尼门,能忍信受,则与得受菩提记人等无有异。彼既闻法,当于己身而自授记。如来法王施设此法,开此法藏,而能安立此陀罗尼印,及能建立此诸法门,摄受我等,是我等父,哀愍我者。无边庄严,若有菩萨以胜意乐,能于我所起于父想,彼人当得入如来数,如我无异。无边庄严,于此陀罗尼门法品之中。此是第二出离陀罗尼印演说法藏。

西夏文《大宝积经》

·卷六·

《无边庄严会》"清净陀罗尼品"第三之一整理与研究

内容和版本介绍

《大宝积经》卷六《无边庄严会》“清净陀罗尼品”是说陀罗尼门的经典，主要内容是佛为无边庄严菩萨阐说三品陀罗尼门中的清净陀罗尼。这一品说观修果，为佛以神通力令此众会了知佛性非有非无，乃至十力、四无所畏，及说十四首摄受一切善巧的清净陀罗尼咒而劝令奉持。[①]

西夏文《大宝积经》卷六残卷首，留存“出离陀罗尼品”第二及“清净陀罗尼品”第三之一。该文献由1909年科兹洛夫率领的俄国皇家蒙古四川地理考察队发现于黑水城遗址，现藏于俄罗斯科学院东方文献研究所。据克恰诺夫《西夏佛典目录》记载，该卷在俄藏第一部《大宝积经》中保存，编号为инв. № 372。инв. № 372，白棉纸，蓝绢护封。写本，经折装，版框高27.3厘米，每折7行，行21字。现存50折，残卷首至“于一切法自性如实不分别时，一切诸法悉入其中”，结尾重复经名，小字注“二遍校”。“清净陀罗尼品”第三之一为第二十四折第六行至卷末。卷六虽未见到题款与帙号，但对音用字特征符合西夏仁宗时期的用字原则，应为该时期的校译本。

下面的录文和释读依据инв.№372，释读采用逐折、逐行对译的形式，并用数字标明西夏文录文的卷次、原版折面和行次，如6.24.6，为第六卷第二十四折第六行。

① 参见谈锡永：《〈无边庄严会〉密意》，上海：复旦大学出版社，2014年，第1—3页。

文本释读

6.24.6

[illegible]	[illegible]	[illegible]	[illegible]	[illegible]	[illegible]	[illegible]	[illegible]	[illegible]	[illegible]
gji^{1}	sej^{1}	thow^{1}	lo^{1}	dźji^{1}	tjij^{1}	sọ^{1}	tsew^{2}	·jij^{1}	lew^{1}
清	净	陀	罗	尼	品	三	第	之	一

清净陀罗尼品第三之一

6.24.7

[illegible]	[illegible]，	[illegible]	[illegible]	[illegible]	[illegible]	[illegible]	[illegible]，	[illegible]	[illegible]	[illegible]
tśhjɨ^{1}	zjọ^{2}	rjur^{1}	pjụ^{1}	ljɨɨr^{1}	rjijr^{2}	bioo^{1}	thjuu^{1}	thjɨ^{2}	sju^{2}	djịj^{1}
尔	时，	世	尊	四	方	观	察，	此	如	类
[illegible]	[illegible]	[illegible]	[illegible]	[illegible]，	[illegible]	[illegible]	[illegible]	[illegible]，	[illegible]	
mə^{2}	mə^{2}	mee^{2}	mjijr^{2}	wji^{1}	mee^{2}	mjijr^{2}	ɣie^{1}	ŋwu^{2}	thjɨ^{2}	
种	种	神	通	作，	神	通	力	以，	此	

尔时，世尊观察四方，作如是类种种神通，以神通力，

6.25.1

[illegible]	[illegible]	[illegible]	[illegible]	[illegible]	[illegible]	[illegible]	[illegible]	[illegible]	[illegible]	[illegible]
·ji^{1}	ljwu^{2}	kha^{1}	rjur^{1}	dźiã^{2}	tsjij^{2}	njɨ^{2}	·jij^{1}	śja^{1}	rjijr^{2}	mjɨ^{1}
众	会	中	诸	菩	萨	等	之	十	方	无
[illegible]	[illegible]	[illegible]	[illegible]	[illegible]，	[illegible]	[illegible]	[illegible]	[illegible]	[illegible]	
pjụ^{1}	rjur^{1}	tha^{1}	·jij^{1}	ljij^{2}	nioow^{1}	rjur^{1}	tha^{1}	rjɨr^{2}	tshjiij^{1}	
量	诸	佛	之	见，	复	诸	佛	所	说	

令此众会诸菩萨等，见于十方无量诸佛，及闻诸佛所说之法。

6.25.2

[illegible]	[illegible]	[illegible]。	[illegible]	[illegible]，	[illegible]	[illegible]	[illegible]	[illegible]	[illegible]	[illegible]
tsjiir^{1}	mji^{1}	phji^{1}	tśhjɨ^{1}	zjọ^{2}	tha^{1}	bju^{2}	mjij^{1}	ljuu^{2}	tshjij^{2}	dźiã^{2}
法	闻	令。	尔	时，	佛	边	无	庄	严	菩

[illegible]	[illegible]	[illegible]:	[illegible]	[illegible]	[illegible]	[illegible]	[illegible],	[illegible]	[illegible]
tsjij^{2}	·jij^{1}	·jɨ^{2}	nji^{2}	mjor^{1}	ljịj^{2}	·jij^{1}	bioo^{1}	tsjiir^{1}	ŋowr^{2}
萨	之	谓:	汝	如	来	之	观,	法	一

尔时,佛告无边庄严:汝观如来,于一切法

6.25.3

[illegible]	[illegible]	[illegible]	[illegible]	[illegible]	[illegible],	[illegible]	[illegible]、	[illegible]	[illegible]
ŋowr^{2}	ɣa^{2}	wji^{1}	lew^{2}	mji^{1}	dju^{1}	ŋewr^{2}	mjij^{1}	ŋewr^{2}	ka^{2}
切	于	作	应	无	有,	数	无、	数	离
[illegible]	[illegible]	[illegible]	[illegible]	[illegible],	[illegible]	[illegible]	[illegible]	[illegible]	[illegible]
nioow^{1}	ŋewr^{2}	mjij^{1}	sej^{1}	kha^{1}	thjɨ^{2}	sju^{2}	·jij^{1}	dzju^{2}	mee^{2}
及	数	寂	静	中,	此	如	自	在	神

无有所作,无数、离数及寂静数,能作如是自在神通,

6.25.4

[illegible]	[illegible]	[illegible]。	[illegible]	[illegible]	[illegible]	[illegible]	[illegible]	[illegible]	[illegible]	[illegible]
mjijr^{2}	wji^{1}	njwi^{2}	thjɨ^{2}	tja^{1}	mjor^{1}	ljịj^{2}	·jij^{1}	ɣie^{1}	le^{2}	mjij^{1}
通	为	能。	此	者	如	来	之	力	畏	无
[illegible]。	[illegible]	[illegible]	[illegible]	[illegible]	[illegible]	[illegible],	[illegible]	[illegible]	[illegible]	
ŋwu^{2}	bju^{2}	mjij^{1}	ljuu^{2}	tshjij^{2}	dźiã^{2}	tsjij^{2}	mjor^{1}	ljịj^{2}	tsjiir^{2}	
是。	边	无	庄	严	菩	萨,	如	来	性	

如来之力无畏如是。无边庄严,如来之性,

6.25.5

[illegible],	[illegible]	[illegible]	[illegible]	[illegible]、	[illegible]	[illegible]	[illegible]	[illegible],	[illegible]
tja^{1}	mji^{1}	lew^{1}	mji^{1}	do^{2}	mji^{1}	lew^{1}	do^{2}	njaa^{2}	dju^{1}
者,	不	一	不	异、	不	一	异	非,	有
[illegible]	[illegible]	[illegible]。	[illegible]	[illegible]、	[illegible]	[illegible],	[illegible]	[illegible]	[illegible]
lew^{2}	mjij^{1}	ljɨ^{1}	dju^{1}	njaa^{2}	mjij^{1}	njaa^{2}	·jij^{1}	tsjiir^{2}	mji^{1}
所	无	也。	有	非、	无	非,	自	性	无

不一不异、非不一异,无所有故,非有、非无,无有自性、

6.25.6

dju^{1}	·jij^{1}	tsjiir^{2}	mjij^{1}	njaa^{2}	mjor^{1}	ljịj^{2}	tsjiir^{1}	tja^{1}	rjɨr^{2}
有、	自	性	无	非。	如	来	法	者，	乃
njɨ^{2}	zjɨɨr^{1}	zjịj^{1}	rjir^{1}	lew^{2}	tsjiir^{1}	mjij^{1}	thjɨ^{2}	sju^{2}	ljij^{2}
至	些	许	得	应	法	无。	此	如	见

非无自性。应如是知如来之性①，乃至无有少法可得。

6.25.7

ku^{1}	thja^{1}	tsjɨ^{1}	zjɨɨr^{1}	zjịj^{1}	ljij^{2}	lew^{2}	tsjiir^{1}	mji^{1}	dju^{1}
故，	彼	亦	些	许	见	应	法	无	有。
tjij^{1}	ljij^{2}	tji̠^{2}	mjij^{1}	ku^{1}	dju^{1}	lew^{2}	tsjɨ^{1}	mjij^{1}	lhjwi^{1}
若	见	可	无，	则	有	应	亦	无，	取

如是见者，亦复无有少法可见。若不可见，则无所有，亦无所取。

6.26.1

lew^{2}	tsjɨ^{1}	mjij^{1}	thjɨ^{2}	sju^{2}	nwə^{1}	lew^{2}	bju^{2}	mjij^{1}	ljuu^{2}	tshjịj^{2}
应	亦	无，	此	如	知	应。	边	无	庄	严
dźiã^{2}	tsjij^{2}	mjor^{1}	ljịj^{2}	tsjiir^{1}	tja^{1}	zjɨɨr^{1}	zjịj^{1}	źjɨr^{1}	ɣiej^{1}	
菩	萨，	如	来	法	者，	些	许	实	真	

无边庄严，如来之性，无少真实、少不真实；

6.26.2

zjɨɨr^{1}	zjịj^{1}	mji^{1}	źjɨr^{1}	ɣiej^{1}	mjij^{1}	tjij^{1}	zjɨɨr^{1}	zjịj^{1}	źjɨr^{1}

① 如来之性，西夏文字面意思是"如来法者"，下同。

些 许 不 实 真 无。 若 些 许 实

[illegible]

ɣiej^1 zjɨɨr^1 zjij^1 mji^1 źjɨr^1 ɣiej^1 dju^1 ku^1 mjor^1 ljij^2

真， 些 许 不 实 真 有， 则 如 来

若少真实、少不真实，是则应言有如来性、无如来性，

6.26.3

[illegible]

tsjiir^2 dju^1 mjor^1 ljij^2 tsjiir^2 mjij^1 ·jɨ^2 wji^1 dju^1 ljɨ^1

性 有， 如 来 性 无 谓 为 有 也。

[illegible]

mjor^1 ljij^2 tsjiir^2 tja^1 dju^1 ka^2 mjij^1 ka^2 nioow^1 mji^1

如 来 性 者， 有 离、 无 离、 复 不

如来之性离有、离无，亦不曾离。

6.26.4

[illegible]

tsjɨ^1 ka^2 bju^2 mjij^1 ljuu^2 tshjij^2 dźiã^2 tsjij^2 rjur^1 tsjiir^1 ŋowr^2

亦 离。 边 无 庄 严 菩 萨， 诸 法 一

[illegible]

ŋowr^2 ·jij^1 tsjiir^2 mər^2 tsjiir^2 tshọ^2 ŋa^1 wjɨ^2 sju^2 thjɨ^2

切 自 性 本 性， 虚 空 △ 如。 此

无边庄严，一切诸法自性本性，犹如虚空，如是

6.26.5

[illegible]①

sju^2 tsjiir^1 ɣa^2 rjur^1 tha^1 mjor^1 ljij^2 rjur^1 mjij^2 to^2 zjọ^2

如 法 于， 诸 佛 如 来 世 未 出 时，

[illegible]

tshjiij^1 mjɨ^1 tśhjɨ^1 djij^2 bju^2 mjij^1 ljuu^2 tshjij^2 dźiã^2 tsjij^2 tjij^1

① [illegible]（ɣa^2），通[illegible]（ɣa^1），即"门"，与汉文本中的"法门"对译。

说　不　尔　曾。　边　无　庄　严　菩　萨，　若

法门，诸佛如来未出世时，所未曾说。无边庄严，若诸菩萨，

6.26.6

[illegible]	[illegible]	[illegible]	[illegible]	[illegible]	[illegible]	[illegible]	[illegible]	[illegible]	[illegible]，
rjur^{1}	dźiã^{2}	tsjij^{2}	thjɨ^{2}	tsjiir^{1}	kha^{1}	thjɨ^{2}	sju^{2}	tsjij^{2}	ku^{1}
诸	菩	萨	此	法	中	此	如	解	故，
[illegible]	[illegible]	[illegible]	[illegible]	[illegible]	[illegible]	[illegible]，	[illegible]	[illegible]	[illegible]
mjɨ^{1}	pjụ^{1}	nwə^{0}	ŋwo^{2}	gu^{1}	śjwo^{1}	njwi^{2}	thja^{1}	rjur^{1}	tsjiir^{1}
无	量	辩	才	发	生	能，	彼	诸	法

于此法中如是解者，则能发生无量辩才，于诸法中

6.26.7

[illegible]	[illegible]	[illegible]	[illegible]	[illegible]，	[illegible]	[illegible]	[illegible]	[illegible]，	[illegible]	[illegible]
kha^{1}	zji^{2}	swew^{1}	swew^{1}	njwi^{2}	tha^{1}	le^{2}	mjij^{1}	bju^{1}	bji^{1}	swew^{1}
中	皆	明	照	能，	佛	畏	无	依，	光	明
[illegible]	[illegible]。	[illegible]	[illegible]	[illegible]	[illegible]	[illegible]	[illegible]，	[illegible]	[illegible]	
wji^{1}	njwi^{2}	bju^{2}	mjij^{1}	ljuu^{2}	tshjij^{2}	dźiã^{2}	tsjij^{2}	le^{2}	mjij^{1}	
为	能。	边	无	庄	严	菩	萨，	畏	无	

能为照曜，于佛无畏，而作光明。无边庄严，言无畏者，

6.27.1

[illegible]	[illegible]，	[illegible]	[illegible]	[illegible]	[illegible]	[illegible]	[illegible]	[illegible]，	[illegible]	[illegible]
·jɨ^{2}	tja^{1}	mjor^{1}	ljij^{2}	zji^{2}	phju^{2}	le^{2}	mjij^{1}	rjir^{1}	zjɨɨr^{1}	zjịj^{1}
谓	者，	如	来	最	上	畏	无	得，	些	许
[illegible]	[illegible]	[illegible]	[illegible]	[illegible]	[illegible]、	[illegible]	[illegible]	[illegible]	[illegible]、	
tsjiir^{1}	ɣa^{2}	mji^{1}	ɣjiw^{1}	ɣiwej^{1}	ku^{1}	mji^{1}	lhu^{1}	dzja^{1}	ku^{1}	
法	于	不	摄	受	故、	不	增	长	故、	

谓得如来最上无畏，能于少法不摄受故、不增长故、

6.27.2

[illegible]	[illegible]	[illegible]	[illegible]、	[illegible]	[illegible]	[illegible]	[illegible]、	[illegible]	[illegible]

rjir^{1} tjị^{2} mjij^{1} ku^{1} zji^{2} mji^{1} rjir^{1} ku^{1} zjɨɨr^{1} ljịj^{2}

得 可 无 故、 皆 不 得 故、 少 大

mji^{1} rjir^{1} ku^{1} mjor^{1} ljịj^{2} rjur^{1} lho^{0} tjij^{1} rjur^{1} mji^{1}

不 得 故。 如 来 世 出， 若 世 不

不可得故、不遍得故、不随得故①。如来出世，若不出世，

6.27.3

lho^{0} lew^{2} mjij^{1} tsjiir^{1} mji^{1} lhu^{1} tjịj^{1} zji^{2} mji^{1} lhu^{1} tjịj^{1}

出 应 无， 法 不 增 减， 皆 不 增 减，

rjur^{1} tsjiir^{1} ·jij^{1} tsjiir^{2} mər^{2} tsjiir^{2} ·ju^{2} tsjiir^{1} kiẹj^{2} dźjiij^{1}

诸 法 自 性， 本 性 常 法 界 住

法不增减，不遍增减，诸法自性，本性常住，法界住

6.27.4

tsjiir^{2} tsjiir^{1} kiẹj^{2} djɨj^{2} tsjiir^{2} kha^{1} dźjiij^{1} bju^{2} mjij^{1} ljuu^{2} tshjịj^{2}

性， 法 界 定 性 中 住。 边 无 庄 严

dźiā^{2} tsjij^{2} rjur^{1} tsjiir^{1} ŋowr^{2} ŋowr^{2} tsjiir^{1} djɨj^{2} tsjiir^{2} dźjiij^{1}

菩 萨， 诸 法 一 切 法 定 性 住，

性，法界定性。无边庄严，一切诸法住法定性，

6.27.5

thjɨ^{2} sju^{2} mji^{1} dju^{1} rjir^{1} tjị^{2} mjij^{1} ljɨ^{1} rjur^{1} tsjiir^{1} ŋowr^{2}

此 如 不 有， 得 可 无 也。 诸 法 一

① 不随得故，西夏文字面意思是“不少大得故”。

ŋowr^{2} zji^{2} lwow^{1} phjo^{2} kar^{2} sjwɨj^{1} tshja^{2} ŋwu^{2} dja^{2} śjɨj^{1}

切 皆 妄 分 别， 业 报 以 △ 成

如是无有，不可得故。一切诸法皆妄分别，不以业报而得成就。

6.27.6

[illegible]

·jiw^{2} njaa^{2} thjɨ^{2} nioow^{1} rjur^{1} tsjiir^{1} ŋowr^{2} ŋowr^{2} sjwɨj^{1} tshja^{2} mjij^{1}

就 非。 此 故 诸 法 一 切 业 报 无

[illegible]

ɣa^{1} ·o^{2} njwi^{2} thjɨ^{2} sju^{2} rjur^{1} tsjiir^{1} ·jij^{1} tsjiir^{2} mjij^{1}

门 入 能。 此 如 诸 法 自 性 无，

是故能入一切诸法无业报门。如是诸法无自性故，

6.27.7

[illegible]

mji^{1} źjɨr^{1} bju^{1} ku^{1} rjur^{1} sjwɨj^{1} mjaa^{1} ɣa^{2} wee^{1} dzjar^{2}

不 实 依 故， 诸 业 果 于 生 灭

[illegible]

·jiw^{1} njaa^{2} dzjar^{2} tshwew^{1} tśja^{1} ɣa^{2} tsjɨ^{1} ·jiw^{1} njaa^{2} mjor^{1}

因 非， 灭 趣 道 于 亦 因 非。 如

不如实故，诸业于果非生灭因，于灭趣道，亦复非因。

6.28.1

[illegible]

ljịj^{2} lew^{1} rjur^{1} mur^{1} thu^{1} phjij^{1} bju^{1} tsjiir^{1} ŋowr^{2} ŋowr^{2} ·jiw^{1}

来 惟 世 俗 设 置 依， 法 一 切 因

[illegible]

mji^{1} ·jiw^{1} dju^{1} tshjiij^{1} ·jiw^{1} ·jij^{1} dzju^{2} ljɨ^{1} ·jiw^{1} mji^{1}

无 因 有 说， 因 自 在 也， 因 无

如来但以世俗施设，说一切法有因非因，因自在故，无有因故，

6.28.2

[illegible]

dju¹	ljɨ¹	thjɨ²	tja¹	mjor¹	ljij²	·jij¹	le²	mjij¹	ljɨ̣²	ŋwu²
有	也。	此	者	如	来	之	畏	无	地	是。

[illegible]

mjor¹	ljij²	mjɨ¹	pjụ¹	nwə⁰	ŋwo²	ŋowr²	lhə⁰	ku¹	ljij²
如	来	无	量	辩	才	具	足	故,	大

此是如来无畏之地。如来具足无量辩才故,

6.28.3

[illegible]

le²	mjij¹	ljɨ̣²	·o²	njwi²
畏	无	地	入	能。

能得入大无畏地。

汉文本

清净陀罗尼品第三之一

尔时,世尊观察四方,作如是类种种神通,以神通力,令此众会诸菩萨等,见于十方无量诸佛,及闻诸佛所说之法。尔时,佛告无边庄严:汝观如来,于一切法无有所作,无数、离数及寂静数,能作如是自在神通,如来之力无畏如是。无边庄严,如来之性,不一不异、非不一异,无所有故,非有、非无,无有自性、非无自性。应如是知如来之性,乃至无有少法可得。如是见者,亦复无有少法可见。若不可见,则无所有,亦无所取。无边庄严,如来之性,无少真实、少不真实;若少真实、少不真实,是则应言有如来性、无如来性,如来之性离有、离无,亦不曾离。

无边庄严,一切诸法自性本性,犹如虚空,如是法门,诸佛如来未出世时,所未曾说。

无边庄严,若诸菩萨,于此法中如是解者,则能发生无量辩才,于诸法中能为照曜,于佛无畏,而作光明。

无边庄严,言无畏者,谓得如来最上无畏,能于少法不摄受故、不增长故、不可得故、不遍得故、不随得故。如来出世,若不出世,法不增减,不遍增减,诸法自性,本性常住,法界住性,法界定性。

无边庄严,一切诸法住法定性,如是无有,不可得故。一切诸法皆妄分别,不以业报而得成就。是故能入一切诸法无业报门。如是诸法无自性故,不如实故,诸业于果非生灭因,于灭趣道,亦复非因。如来但以世俗施设,说一切法有因非因,因自在故,无有因故,此是如来无畏之地。如来具足无量辩才故,能得入大无畏地。

6.28.3—6.28.4

[illegible]

bju^{2}	mjij^{1}	ljuu^{2}	tshjij^{2}	dźiã^{2}	tsjij^{2}	le^{2}	mjij^{1}	tja^{1}
边	无	庄	严	菩	萨，	畏	无	者
[illegible]	[illegible]	[illegible]？	[illegible]	[illegible]	[illegible]	[illegible]	[illegible]	[illegible]
ljɨ̣^{1}	kjɨ^{1}	ŋwu^{2}	rjur^{1}	mjor^{1}	ljịj^{2}	·jij^{1}	ljɨɨr^{1}	le^{2}
何	△	是？	诸	如	来	之	四	畏
[illegible]	[illegible]	[illegible]。	[illegible]	[illegible]	[illegible]	[illegible]，	[illegible]	[illegible]
lew^{2}	mjij^{1}	ŋwu^{2}	thjɨ^{2}	ljɨɨr^{1}	le^{2}	mjij^{1}	tjịj^{1}	dwewr^{2}
应	无	是。	此	四	畏	无，	独	觉
[illegible]	[illegible]	[illegible]。	[illegible]	[illegible]	[illegible]	[illegible]	[illegible]	
tsjɨ^{1}	mji^{1}	dźjij^{2}	ɣiẹ^{2}	mji^{1}	nioow^{1}	dzjij^{2}	rjur^{1}	
亦	无	有。	声	闻	及	余	世	

无边庄严，云何无畏？谓诸如来四无所畏。此四无畏，缘觉①尚无，何况声闻，及余世

6.28.5

[illegible]	[illegible]	[illegible]	[illegible]	[illegible]？	[illegible]	[illegible]	[illegible]	[illegible]？	[illegible]	[illegible]，
kha^{1}	dźjij^{2}	tjị^{2}	ljọ^{2}	wjij^{2}	ljɨɨr^{1}	tja^{1}	thjij^{2}	sjo^{2}	lew^{1}	tja^{1}
间	有	可	所	有？	四	者	何	云？	一	者，
[illegible]	[illegible]	[illegible]	[illegible]	[illegible]	[illegible]、	[illegible]	[illegible]、	[illegible]	[illegible]	
·jij^{1}	tśhjɨ^{1}	ŋa^{2}	tja^{1}	mjor^{1}	ljịj^{2}	bju^{1}	·wo^{2}	tśhja^{2}	ka^{1}	
自	尔	我	者	如	来、	依	理、	正	等	

间？何等为四？一者唱言②：我是如来、应、正等觉，

6.28.6

[illegible]	[illegible]	[illegible]	[illegible]	[illegible]、	[illegible]	[illegible]	[illegible]	[illegible]	[illegible]
dwewr^{2}	ŋowr^{2}	ŋowr^{2}	nwə^{1}	mjijr^{2}	ŋowr^{2}	ŋowr^{2}	ljij^{2}	mjijr^{2}	ŋwu^{2}
觉	一	切	知	者、	一	切	见	者	是
[illegible]。	[illegible]	[illegible]	[illegible]	[illegible]	[illegible]	[illegible]	[illegible]，	[illegible]	[illegible]
ŋa^{2}	tjij^{1}	dzjwo^{2}	mə^{1}	rjur^{1}	kha^{1}	ŋowr^{2}	ŋowr^{2}	ŋa^{2}	rjir^{2}
我。	若	人	天	世	间	一	切，	我	与

一切知者、一切见者。或有一切天人世间，

① 缘觉，西夏文字面意思是“独觉”。

② 唱言，西夏文字面意思是“自尔我者”，下同。

6.28.7

[illegible]	[illegible]①,	[illegible]	[illegible]	[illegible]	[illegible]	[illegible]	[illegible]	[illegible]	[illegible]	[illegible]
·jɨr^{1}	·jɨr^{1}	ŋa^{2}	·jij^{1}	rjur^{1}	tsjiir^{1}	dwewr^{2}	tsjij^{2}	mjɨ^{1}	njwi^{2}	nja^{2}
询	问,	我	之	诸	法	觉	了	不	能	△
[illegible]	[illegible],	[illegible]	[illegible]	[illegible]	[illegible],	[illegible]	[illegible]	[illegible]	[illegible]	
·jɨ^{2}	mjijr^{2}	mji^{1}	dju^{1}	thjɨ^{2}	nioow^{1}	zji^{2}	phju^{2}	le^{2}	mjij^{1}	
谓	者,	无	有	此	故,	最	上	畏	无	

立论于我,言我不能觉了诸法,无有是处。由此能得最上无畏,

6.29.1

[illegible]	[illegible]。	[illegible]	[illegible]	[illegible]	[illegible]	[illegible]	[illegible]	[illegible]	[illegible],	[illegible]
rjir^{1}	njwi^{2}	·ji^{1}	ljwu^{2}	kha^{1}	ka^{2}	tśjij^{2}	kwə^{2}	wji^{1}	ŋa^{2}	zji^{2}
得	能。	众	会	中	狮	子	吼	为	我,	最
[illegible]	[illegible]	[illegible]	[illegible]	[illegible]	[illegible]	[illegible]	[illegible]	[illegible]	[illegible]	
phju^{2}	zji^{2}	na^{1}	wạ^{2}	ljij^{2}	tsjiir^{1}	nẹ^{1}	tshjiij^{1}	njwi^{2}	ŋa^{2}	
上	最	深	广	大	法	宣	说	能	我	

于众会中正狮子吼:我能演说无上甚深广大法教。

6.29.2

[illegible]。	[illegible]	[illegible],	[illegible]	[illegible]	[illegible]	[illegible]	[illegible]	[illegible]	[illegible]	[illegible]
·jɨ^{2}	njɨɨ^{1}	tja^{1}	·jij^{1}	tśhjɨ^{1}	ŋa^{2}	tja^{1}	rjur^{1}	rar^{2}	ŋowr^{2}	ŋowr^{2}
谓。	二	者,	自	尔	我	者	诸	漏	一	切
[illegible]	[illegible]	[illegible]	[illegible]	[illegible]。	[illegible]	[illegible]	[illegible]	[illegible]	[illegible]	
wjɨ^{2}	dzjar^{2}	mjijr^{2}	ŋwu^{2}	ŋa^{2}	tjij^{1}	dzjwo^{2}	mə^{1}	rjur^{1}	kha^{1}	
△	灭	者	是	△。	若	人	天	世	间	

二者唱言:我是一切诸漏尽者。或有一切天人世间,

6.29.3

[illegible]	[illegible],	[illegible]	[illegible]	[illegible]	[illegible],	[illegible]	[illegible]	[illegible]	[illegible]
ŋowr^{2}	ŋowr^{2}	ŋa^{2}	rjir^{2}	·jɨr^{1}	·jɨr^{1}	ŋa^{2}	·jij^{1}	rjur^{1}	rar^{2}

① [illegible],西夏文字面意思是“问问”,与汉文本中的“立论”对译。

一	切，	我	与	询	问，	我	之	诸	漏
[illegible]	[illegible]	[illegible]	[illegible]	[illegible]	[illegible]，	[illegible]	[illegible]	[illegible]	[illegible]
mjij²	dzjar²	nja²	·ji²	mjijr²	mjij¹	thjɨ²	nioow¹	no²	rejr²
将	灭	△	谓	者	无，	此	故	安	乐

立论于，我诸漏不尽，无有是处①。由此能得住于安乐，

6.29.4

[illegible]	[illegible]。	[illegible]	[illegible]	[illegible]	[illegible]	[illegible]	[illegible]	[illegible]	[illegible]
dźjiij¹	njwi²	ŋa²	thjɨ²	bju²	mjij¹	mjɨ¹	pjụ¹	kju¹	tśji²
住	能。	我	此	边	无	无	量	俱	胝②
[illegible]	[illegible]	[illegible]	[illegible]	[illegible]，	[illegible]	[illegible]	[illegible]	[illegible]	[illegible]
kja²	kha¹	rjɨr²	śioo¹	dzjɨ̣²	zji²	phju²	tsjiir¹	·ụ²	phie²
劫	中	△	集	合，	最	上	法	藏	开

我开示此无量俱胝劫所积集无上法藏。

6.29.5

[illegible]	[illegible]	[illegible]：	[illegible]	[illegible]，	[illegible]	[illegible]	[illegible]	[illegible]	[illegible]
neej²	ŋa²	·ji²	sọ¹	tja¹	·jij¹	tśhjɨ¹	ŋa²	tshjiij¹	tshjiij¹
示	我	谓：	三	者，	自	尔	我	说	说
[illegible]	[illegible]	[illegible]	[illegible]	[illegible]	[illegible]	[illegible]	[illegible]，	[illegible]	[illegible]
ŋa²	tja¹	lho⁰	ka²	dwewr²	tsjij²	dźjij¹	ŋwu²	thja¹	ɣa²
我	者	出	离	觉	了	精	是，	彼	于

三者我所宣说出离觉了，于彼

6.29.6

[illegible]	[illegible]	[illegible]	[illegible]	[illegible]	[illegible]	[illegible]。	[illegible]	[illegible]	[illegible]
djọ²	dzjiɨ²	ku¹	tśjị¹	dzjar²	sji¹	njwi²	tjij¹	mə¹	rjur¹
修	习	故	苦	灭	尽	能。	若	天	世
[illegible]	[illegible]	[illegible]	[illegible]	[illegible]，	[illegible]	[illegible]	[illegible]	[illegible]，	[illegible]
kha¹	ŋa²	rjir²	·jɨr¹	·jɨr¹	ŋa²	·jij¹	tśjị¹	tśja¹	mjij²

① 我诸漏不尽，无有是处，西夏文字面意思是“无说我之诸漏未尽者”。

② 俱胝，梵文作 Koṭi，数名，意译为亿。

间 我 与 问 问， 我 之 苦 道， 将

修习正苦灭尽。或天世间立论于我，若苦尽道①，

6.29.7

[illegible]	[illegible]	[illegible]	[illegible]	[illegible]	[illegible]	[illegible]。	[illegible]	[illegible]	[illegible]
lho^{0}	ka^{2}	nja^{2}	·jɨ^{2}	mjijr^{2}	mji^{1}	dju^{1}	ŋa^{2}	thjɨ^{2}	·jij^{1}
出	离	△	谓	者	无	有。	我	此	相
[illegible]	[illegible]，	[illegible]	[illegible]	[illegible]	[illegible]	[illegible]，	[illegible]	[illegible]	[illegible]
mji^{1}	ljij^{2}	ŋa^{2}	thjɨ^{2}	·jij^{1}	mji^{1}	ljij^{2}	ku^{1}	no^{2}	rejr^{2}
不	见，	我	此	相	不	见，	则	安	乐

不出离者，无有是处。我不见此相，我不见此相时，得安乐住，

6.30.1

[illegible]	[illegible]，	[illegible]	[illegible]	[illegible]	[illegible]	[illegible]	[illegible]	[illegible]	[illegible]	[illegible]
dźjiij^{1}	rjir^{1}	rjur^{1}	dźiã^{2}	tśhju^{1}	nioow^{1}	thjɨ^{2}	tsjiir^{1}	sjwɨ^{1}	tsjiir^{2}	neej^{2}
住	得，	诸	众	生	故	此	法	种	性	示
[illegible]，	[illegible]	[illegible]	[illegible]	[illegible]	[illegible]	[illegible]	[illegible]	[illegible]	[illegible]	
śja^{2}	thja^{1}	·ji^{1}	ljwu^{2}	kha^{1}	ka^{2}	tśjij^{2}	kwə^{2}	wjo^{1}	ŋa^{2}	
现，	彼	众	会	中	狮	子	吼	为	我	

为诸众生，示现此法种性，于众会中作狮子吼。

6.30.2

[illegible]。	[illegible]	[illegible]	[illegible]	[illegible]	[illegible]	[illegible]	[illegible]	[illegible]	[illegible]	[illegible]
·jɨ^{2}	ljɨɨr^{1}	tja^{1}	·jij^{1}	tśhjɨ^{1}	ŋa^{2}	rjɨr^{2}	tshjiij^{1}	ŋa^{2}	rjur^{1}	ɣiẹ^{2}
谓。	四	者	自	尔	我	△	说	我	诸	障
[illegible]	[illegible]	[illegible]	[illegible]	[illegible]	[illegible]、	[illegible]、	[illegible]、	[illegible]	[illegible]、	
lụ^{2}	tsjiir^{1}	ɣa^{2}	tjij^{1}	dzjwo^{2}	mə^{1}	ljiij^{2}	xiwã^{1}	śia^{1}	mẽ^{1}	
碍	法	于	若	人	天、	魔、	梵、	沙	门、	

四者我所宣说诸障碍法，于此或有天人、魔、梵、沙门、

① 若苦尽道，西夏文字面意思是“我之苦道”。

6.30.3

[illegible]	[illegible]	[illegible]	[illegible]，	[illegible]	[illegible]	[illegible]	[illegible]，	[illegible]	[illegible]	[illegible]
pho^1	lo^1	mẽ^1	·ji^1	ŋa^2	rjir^2	·jɨr^1	·jɨr^1	thja^1	ɣa^2	djọ^2
婆	罗	门	众，	我	与	询	问，	彼	于	修
[illegible]	[illegible]	[illegible]	[illegible]	[illegible]	[illegible]。	[illegible]	[illegible]	[illegible]	[illegible]	
dzjɨɨ^2	mji^1	ɣię^2	lụ^2	tja^1	mjij^1	ŋa^2	thjɨ^2	·jij^1	mji^1	
习	无	障	碍	者	无。	我	此	相	不	

婆罗门众，立论于我，于彼习行无障碍者，无有是处①。我不见此相时，

6.30.4

[illegible]，	[illegible]	[illegible]	[illegible]	[illegible]	[illegible]	[illegible]	[illegible]。	[illegible]	[illegible]	[illegible]
ljij^2	ku^1	buu^2	gjij^1	no^2	rejr^2	dźjiij^1	rjir^1	ŋa^2	ljịj^2	·ji^1
见，	则	胜	殊	安	乐	住	得。	我	大	众
[illegible]	[illegible]	[illegible]	[illegible]	[illegible]，	[illegible]	[illegible]	[illegible]	[illegible]	[illegible]	
kha^1	ka^2	tśjij^2	kwə^2	wji^1	ŋa^2	thjɨ^2	zji^2	phju^2	tsjiir^1	
中	狮	子	吼	为，	我	此	最	上	法	

得增上②安乐住，我于众中正狮子吼：我能转此无上法

6.30.5

[illegible]	[illegible]	[illegible]	[illegible]，	[illegible]	[illegible]	[illegible]	[illegible]	[illegible]	[illegible]	[illegible]
dźiej^2	deej^1	njwi^2	ŋa^2	tśja^1	nioow^1	rjur^1	mə^1	rjur^1	kha^1	ŋowr^2
轮	转	能	我，	道	外	诸	天	世	间	一
[illegible]	[illegible]	[illegible]	[illegible]	[illegible]。	[illegible]	[illegible]	[illegible]	[illegible]	[illegible]	
ŋowr^2	deej^1	mjɨ^1	njwi^2	·jɨ^2	bju^2	mjij^1	ljuu^2	tshjịj^2	dźiã^2	
切	转	不	能	谓。	边	无	庄	严	菩	

轮，一切外道诸天世间所不能转。无边庄严，

6.30.6

[illegible]，	[illegible]	[illegible]	[illegible]	[illegible]	[illegible]	[illegible]	[illegible]	[illegible]	[illegible]

① 无有是处，西夏文字面意思是“无”。

② 增上，西夏文字面意思是“殊胜”。

tsjij^{2}	thjɨ^{2}	tja^{1}	mjor^{1}	ljij^{2}	·jij^{1}	ljɨɨr^{1}	le^{2}	lew^{2}	mjij^{1}
萨，	此	者	如	来	之	四	畏	应	无
[illegible]，	[illegible]	[illegible]	[illegible]	[illegible]	[illegible]	[illegible]	[illegible]	[illegible]	[illegible]
ŋwu^{2}	thjɨ^{2}	kha^{1}	dźiã^{2}	tsjij^{2}	·jɨr^{2}	djọ^{2}	ɣiew^{1}	ku^{1}	tśhjɨ^{2}
是，	此	中	菩	萨	勤	修	学	则	立

此是如来四无所畏。此中菩萨勤修学时，

6.30.7

[illegible]	[illegible]	[illegible]	[illegible]	[illegible]	[illegible]，	[illegible]	[illegible]	[illegible]	[illegible]	[illegible]
rjar^{2}	le^{2}	mjij^{1}	ljɨ̣^{2}	lhjụ^{2}	rjir^{1}	rjur^{1}	dzjwo^{2}	mə^{1}	kha^{1}	zji^{2}
即	畏	无	地	获	得，	诸	人	天	中	最
[illegible]	[illegible]	[illegible]。	[illegible]	[illegible]	[illegible]	[illegible]	[illegible]	[illegible]，	[illegible]	
buu^{2}	gjij^{1}	we^{2}	bju^{2}	mjij^{1}	ljuu^{2}	tshjij^{2}	dźiã^{2}	tsjij^{2}	tjij^{1}	
胜	殊	为。	边	无	庄	严	菩	萨，	若	

速疾获得无畏之地，于人天中最为殊胜。无边庄严，

6.31.1

[illegible]	[illegible]	[illegible]，	[illegible]	[illegible]	[illegible]	[illegible]	[illegible]	[illegible]，	[illegible]	[illegible]
rjur^{1}	dźiã^{2}	tsjij^{2}	tshọ^{2}	ŋa^{1}	·jij^{1}	djọ^{2}	dzjɨɨ^{2}	njwi^{2}	ku^{1}	seew^{2}
诸	菩	萨，	虚	空	相	修	习	能，	则	思
[illegible]	[illegible]	[illegible]	[illegible]	[illegible]	[illegible]	[illegible]	[illegible]	[illegible]	[illegible]。	
tshjiij^{1}	tjị^{2}	mjij^{1}	njɨ^{2}	gji^{1}	sej^{1}	ɣa^{1}	gu^{1}	śjwo^{1}	njwi^{2}	
议	可	不	遍	清	净	门	发	生	能。	

若诸菩萨，由善修习虚空相故，则能发生不可思议遍清净门。

6.31.2

[illegible]	[illegible]	[illegible]	[illegible]，	[illegible]	[illegible]	[illegible]	[illegible]，	[illegible]	[illegible]	[illegible]
thjɨ^{2}	ɣa^{1}	nioow^{1}	ku^{1}	tsjiir^{1}	ŋowr^{2}	ŋowr^{2}	ɣa^{2}	zji^{2}	ɣu^{1}	tsjiir^{1}
此	门	故	则，	法	一	切	于，	最	初	法
[illegible]	[illegible]	[illegible]	[illegible]	[illegible]	[illegible]	[illegible]，	[illegible]	[illegible]	[illegible]	
ŋowr^{2}	ŋowr^{2}	tshọ^{2}	ŋa^{1}	·jij^{1}	rjir^{2}	ka^{1}	mji^{1}	njɨɨ^{1}	mji^{1}	
一	切	虚	空	相	与	等，	无	二	无	

由是门故，于一切法最初了知，见一切法等虚空相，无二无别①，

6.31.3

[illegible]，	[illegible]	[illegible]	[illegible]	[illegible]。	[illegible]	[illegible]	[illegible]	[illegible]	[illegible]
do^{2}	nwə^{1}	tsjij^{2}	ljij^{2}	njwi^{2}	rjur^{1}	tsjiir^{1}	ŋowr^{2}	ŋowr^{2}	tsjɨ^{1}
异，	知	解	见	能。	诸	法	一	切	亦
[illegible]	[illegible]	[illegible]	[illegible]。	[illegible]	[illegible]	[illegible]	[illegible]	[illegible]	[illegible]
zji^{2}	thja^{1}	wjɨ^{2}	sju^{2}	nioow^{1}	thja^{1}	tshọ^{2}	ŋa^{1}	ɣa^{2}	tsjɨ^{1}
皆	彼	△	如。	复	彼	虚	空	于	亦

一切诸法，亦复如是。然于虚空亦

6.31.4

[illegible]	[illegible]	[illegible]，	[illegible]	[illegible]	[illegible]	[illegible]	[illegible]	[illegible]	[illegible]
mji^{1}	phjo^{2}	kar^{2}	nioow^{1}	kheej^{1}	ljɨ̣^{1}	ŋwu^{2}	wo^{2}	rjir^{1}	neew^{2}
不	分	别，	及	戏	论	以	义	得	善
[illegible]	[illegible]	[illegible]，	[illegible]	[illegible]	[illegible]	[illegible]	[illegible]	[illegible]	[illegible]
ɣjɨr^{1}	tsjɨ^{1}	mjij^{1}	zjɨɨr^{1}	zjij^{1}	tsjiir^{1}	kiẹj^{2}	kha^{1}	lja^{1}	lew^{2}
造	亦	无，	些	许	法	界	中	来	应

不分别，亦不戏论，得义善巧，无少法界所从将来②，

6.31.5

[illegible]	[illegible]，	[illegible]	[illegible]	[illegible]	[illegible]，	[illegible]	[illegible]	[illegible]	[illegible]，
mji^{1}	dju^{1}	tśhjij^{1}	lew^{2}	tsjɨ^{1}	mjij^{1}	śioo^{1}	dzjɨ̣^{2}	tsjɨ^{1}	mjij^{1}
不	有，	执	应	亦	无，	集	合	亦	无，
[illegible]	[illegible]	[illegible]	[illegible]，	[illegible]	[illegible]	[illegible]	[illegible]，	[illegible]	[illegible]
rjur^{1}	tsjiir^{1}	ŋowr^{2}	ŋowr^{2}	śioo^{1}	dzjɨ̣^{2}	mji^{1}	dju^{1}	śjɨ^{1}	mjij^{1}
诸	法	一	切，	集	合	无	有，	往	无

亦不将去，亦不积集，乃能观察一切诸法，无有积集，不来不去。

① 于一切法最初了知，见一切法等虚空相，无二无别，西夏文字面意思是“能了知见于一切法，一切最初法与等虚空相，不二无别”。

② 无少法界所从将来，西夏文字面意思是“少法界中所来无有”。

6.31.6

[illegible]

lja^{1} mjij^{1} bioo^{1} thjuu^{1} tsjiir^{1} ŋowr^{2} ŋowr^{2} ɣa^{2} dźjij^{1} lew^{2}

来 无 观 察。 法 一 切 于 行 应

[illegible]

mjij^{1} dźjij^{1} ljij^{2} tsjiir^{1} zjur^{2} tśhjij^{1} rjur^{1} dźiã^{2} tśhju^{1} ·jij^{1}

无 行, 大 法 炬 燃, 诸 众 生 之

于一切法行无所行,燃大法炬,为诸众生

6.31.7

[illegible]

tsjiir^{1} swew^{1} swew^{1} wji^{1} bju^{2} mjij^{1} ljuu^{2} tshjij^{2} dźiã^{2} tsjij^{2} nji^{2}

法 明 照 为。 边 无 庄 严 菩 萨, 汝

[illegible]

sjij^{1} bioo^{1} lew^{2} tha^{1} ·jij^{1} ɣạ^{2} ɣie^{1} mjiij^{1} le^{2} lew^{2}

今 观 应, 佛 之 十 力、 四 畏 应

作法照曜。无边庄严,汝观此法,能为菩萨几许利益?几许事业?① 谓佛十力、四无所畏,

6.32.1

[illegible]

mjij^{1} tsjɨ^{1} zjɨɨr^{1} zjij^{1} rjir^{1} lew^{2} tsjiir^{1} mji^{1} dju^{1} mji^{1} rjir^{1}

无, 亦 些 许 得 可 法 无 有, 不 得

[illegible]

tsjɨ^{1} mjij^{1} nioow^{1} dźiã^{2} tsjij^{2} ·jij^{1} zjɨɨr^{1} zjɨɨr^{1} zjij^{1} gjịj^{1} ɣie^{2}

亦 无。 复 菩 萨 之 些 些 许 利 益,

亦复无有少法可得,亦非不得。

6.32.2

[illegible]

① 西夏本此句与后句次序颠倒。

② [illegible],西夏文字面意思是“许许”,与汉文本中的“几许”对译。

zjij^{1}	zjij^{1}	dạ^{2}	sjwɨj^{1}	wji^{1}	njwi^{2}	sji^{2}	tsjiir^{1}	ljọ^{2}	dju^{1}
许	许	事	业	为	能	△	法	岂	有?
[illegible]	[illegible]	[illegible]	[illegible]	[illegible]	[illegible],	[illegible]	[illegible]	[illegible]	[illegible]
bju^{2}	mjij^{1}	ljuu^{2}	tshjịj^{2}	dźiã^{2}	tsjij^{2}	rjur^{1}	tsjiir^{1}	ŋowr^{2}	ŋowr^{2}
边	无	庄	严	菩	萨,	诸	法	一	切

无边庄严,一切诸法

6.32.3

[illegible]	[illegible]	[illegible]	[illegible]	[illegible],	[illegible]	[illegible]	[illegible]	[illegible],	[illegible]
tshọ^{2}	ŋa^{1}	·jij^{1}	rjir^{2}	ka^{1}	gjịj^{1}	ɣie^{2}	wji^{1}	nioow^{1}	sjwɨj^{1}
虚	空	相	与	等,	利	益	为	故,	业
[illegible]	[illegible]	[illegible]	[illegible]	[illegible]	[illegible]	[illegible]	[illegible]	[illegible]	[illegible]
bju^{1}	tjị^{2}	dạ^{2}	nioow^{1}	thja^{1}	sjwɨj^{1}	·jiw^{1}	phie^{2}	neej^{2}	nẹ^{1}
依	所	事	及	彼	业	因	开	示	宣

等虚空相,为得义利,开示演说,业所依事,及彼业因,

6.32.4

[illegible],	[illegible]	[illegible]	[illegible]	[illegible]	[illegible]	[illegible]	[illegible]	[illegible]。
tshjiij^{1}	thja^{1}	kha^{1}	gjịj^{1}	ɣie^{2}	tsjɨ^{1}	rjir^{1}	tjị^{2}	mjij^{1}
说,	彼	中	利	益	亦	得	可	无。

于中亦无义利可得。

汉文本

无边庄严,云何无畏?谓诸如来四无所畏。此四无畏,缘觉尚无,何况声闻,及余世间?何等为四?一者唱言:我是如来、应、正等觉,一切知者、一切见者。或有一切天人世间,立论于我,言我不能觉了诸法,无有是处。由此能得最上无畏,于众会中正狮子吼:我能演说无上甚深广大法教。二者唱言:我是一切诸漏尽者。或有一切天人世间,立论于,我诸漏不尽,无有是处。由此能得住于安乐,我开示此无量俱胝劫所积集无上法藏。三者我所宣说出离觉了,于彼修习正苦灭尽。或天世间立论于我,若苦尽道,不出离者,无有是处。我不见此相,我不见此相时,得安乐住,为诸众生,示现此法种性,于众会中作狮子吼。四者我所宣说诸障碍法,于此或有天人、魔、梵、沙门、婆罗门众,立论于我,于彼习行无障碍者,无有是处。我不见此相时,得增上安乐住,我于众中正狮子吼:我能转此无上法轮,一切外道诸天世间所不能转。无边庄严,此是如来四无所畏。此中菩萨勤修学时,速疾获得无畏之地,于人天中最为殊胜。

无边庄严，若诸菩萨，由善修习虚空相故，则能发生不可思议遍清净门。由是门故，于一切法最初了知，见一切法等虚空相，无二无别，一切诸法，亦复如是。然于虚空亦不分别，亦不戏论，得义善巧，无少法界所从将来，亦不将去，亦不积集，乃能观察一切诸法，无有积集，不来不去。于一切法行无所行，燃大法炬，为诸众生作法照曜。

无边庄严，汝观此法，能为菩萨几许利益？几许事业？谓佛十力、四无所畏，亦复无有少法可得，亦非不得。无边庄严，一切诸法等虚空相，为得义利，开示演说，业所依事，及彼业因，于中亦无义利可得。

6.32.4—6.32.5

bju^{2}	mjij^{1}	ljuu^{2}	tshjij^{2}	dźiã^{2}	tsjij^{2}	thjɨ^{2}	zji^{2}	na^{1}	tsjiir^{1}	rjur^{1}	kha^{1}
边	无	庄	严	菩	萨，	此	最	深	法，	世	间
ŋowr^{2}	ŋowr^{2}	dźiej^{2}	tsjij^{2}	gie^{1}	ljɨ^{1}	rjur^{1}	kha^{1}	ŋowr^{2}	ŋowr^{2}	zji^{2}	dzjar^{2}
一	切	信	解	难	也。	世	间	一	切	皆	灭
ljiij^{2}	ŋwu^{2}	tshọ^{2}	lạ^{1}	bju^{1}	·a^{0}	gu^{1}	śjwo^{1}	thjɨ^{2}			
坏	是。	虚	诳	依	△	建	立，	此			

无边庄严，此甚深法，一切世间之所难信。一切世间皆是灭坏虚妄建立，

6.32.6

nioow^{1}	thjɨ^{2}	tsjiir^{1}	phji^{1}	nej^{2}	·ja^{2}	ɣa^{2}	dźiej^{2}	ɣiwej^{1}	mjɨ^{1}	njwi^{2}	rjur^{1}
故	此	法	毗	奈	耶①	于，	信	受	不	能。	世
kha^{1}	tsjɨ^{1}	nwə^{1}	lew^{2}	njaa^{2}	rjur^{1}	kha^{1}	to^{2}	zji^{2}	tsjiir^{1}	njaa^{2}	
间	亦	知	应	非	世	间，	尽	皆	法	非；	

由是于此法毗奈耶，不能信受。亦非世间能知世间，皆悉非法；

6.32.7

zow^{2}	zjij^{1}	nioow^{1}	ku^{1}	rjur^{1}	kha^{1}	nioow^{1}	dźjiij^{1}	tji^{2}	dju^{1}	·jɨ^{2}

① 毗奈耶，梵文作 Vinaya，三藏之一，意译为灭或律，又译为调伏。

持 著 故 则 世 间 复 住 可 有 谓，

[illegible]

rjɨr^{2} njɨ^{2} tsjiir^{1} sjiij^{2} zow^{2} zjịj^{1} kjɨ^{1} djij^{2} ŋwu^{2} tsjɨ^{1}

乃 至 法 思 持 著 △ △ 是， 亦

以执着故，言有世间，及安住处。假使乃至法想执着，

6.33.1

[illegible]

thja^{1} tsjiir^{1} zow^{2} zjịj^{1} lew^{2} mji^{1} dju^{1} tsjiir^{1} njaa^{2} ɣa^{2} zow^{2}

彼 法 持 著 应 不 有。 法 非 于 持

[illegible]

zjịj^{1} nioow^{1} ku^{1} mjor^{1} ljịj^{2} rjir^{2} nioow^{1} rjɨr^{2} tshjiij^{1} tsjiir^{1}

著 故， 则 如 来 与 复 △ 说 法

亦无有法而可执着。由于非法起执着故，则与如来及所说法，

6.33.2

[illegible]

kha^{1} gu^{2} ɣwej^{1} phji^{1} śjwo^{1} nioow^{1} rjur^{1} tsjiir^{1} ŋowr^{2} ŋowr^{2} ·jij^{1}

中 共 诤 意 生， 又 诸 法 一 切 自

[illegible]

tsjiir^{2} mər^{2} tsjiir^{2} nwə^{1} tsjij^{2} mjɨ^{1} njwi^{2} nioow^{1} wee^{1} mjij^{1}

性 本 性 知 解 不 能， 复 生 无

共兴诤论，又不能了一切诸法自性本性，复与无生

6.33.3

[illegible]

tsjiir^{1} rjir^{2} ljwu^{1} nu^{1} thjɨ^{2} nioow^{1} thjɨ^{2} zji^{2} na^{1} tsjiir^{1} ɣa^{2}

法 与 违 背。 此 故 此 最 深 法 于

[illegible]

nwə^{1} tsjij^{2} mjɨ^{1} njwi^{2} bju^{2} mjij^{1} ljuu^{2} tshjịj^{2} dźiã^{2} tsjij^{2}

① [illegible]，西夏文字面意思是"诤意"，与汉文本中的"诤论"对译。

知 解 不 能。 边 无 庄 严 菩 萨，

法等相违。是故于此甚深法教，不能解了。无边庄严，

6.33.4

ŋa^{2} dzjwo^{2} mə^{1} ŋowr^{2} ŋowr^{2} kha^{1} dźiej^{2} mjijr^{2} źjɨr^{1} bju^{1}

我 人 天 一 切 中 信 者， 实 依

tshjiij^{1} mjijr^{2} ɣwej^{1} phji^{1} mjijr^{2} mjij^{1} nioow^{1} mjor^{1} ljịj^{2} rjur^{1}

说 者， 诤 意 者 无 故， 如 来 世

我为一切天人所信，如实语者，无诤论者。如来世

6.33.5

pjụ^{1} ɣwej^{1} phji^{1} djɨj^{2} tạ^{1} ŋur^{1} dźjɨɨr^{1} ka^{2} bju^{1} thjɨ^{2} sju^{2}

尊 诤 意 止 息， 蕴 舍 离 依， 此 如

thjoo^{1} tsjiir^{1} phie^{2} neej^{2} nẹ^{1} tshjiij^{1} thja^{1} kha^{1} ŋur^{1} mjij^{1}

妙 法 开 示 宣 说， 彼 中 蕴 无

尊息诤论故，舍离蕴故，开示演说如是法教①，于中无蕴，

6.33.6

ŋur^{1} dzjar^{2} tsjɨ^{1} mjij^{1} bju^{2} mjij^{1} ljuu^{2} tshjịj^{2} dźiã^{2} tsjij^{2} ŋowr^{2}

蕴 尽 亦 无。 边 无 庄 严 菩 萨， 一

ŋowr^{2} dju^{1} tja^{1} neew^{2} mji^{1} neew^{2} tsjiir^{1} ŋowr^{2} ŋowr^{2} ŋwu^{2}

切 有 者， 善 不 善 法 一 切 是

亦无蕴尽。无边庄严，一切有者，所谓一切善不善法，

① 法教，西夏文字面意思是“妙法”。

6.33.7

[illegible]	[illegible]	[illegible]	[illegible]	[illegible]	[illegible]	[illegible]	[illegible]	[illegible]	[illegible]
thja^{1}	kha^{1}	neew^{2}	mji^{1}	neew^{2}	tsjiir^{1}	zji^{2}	mjij^{1}	neew^{2}	mji^{1}
彼	中	善	不	善	法	皆	无	善	不
[illegible]	[illegible]	[illegible]	[illegible]	[illegible]	[illegible]，	[illegible]	[illegible]	[illegible]	[illegible]
neew^{2}	tsjiir^{1}	to^{2}	zji^{2}	mjij^{1}	sej^{1}	neew^{2}	mji^{1}	neew^{2}	tsjiir^{1}
善	法	尽	皆	寂	静，	善	不	善	法

于中都无善不善法，善不善法皆悉寂静，善不善法①……

6.34.1

[illegible]	[illegible]，	[illegible]	[illegible]	[illegible]	[illegible]，	[illegible]	[illegible]	[illegible]	[illegible]。
tsjiir^{1}	dju^{1}	mji^{1}	śjɨ^{1}	mji^{1}	lja^{1}	gu^{1}	śjwo^{1}	lew^{2}	mjij^{1}
法	有，	不	往	不	来，	发	生	应	无。
[illegible]	[illegible]	[illegible]	[illegible]	[illegible]	[illegible]	[illegible]	[illegible]，	[illegible]	[illegible]
ku^{1}	thjɨ^{2}	tja^{1}	źjɨr^{1}	mej^{1}	gji^{1}	sej^{1}	ŋwu^{2}	zji^{2}	dźjwa^{1}
则	此	者	慧	眼	清	净	是，	究	竟

不来不去，无所建立，此则说名慧眼清净究竟

6.34.2

[illegible]	[illegible]，	[illegible]	[illegible]	[illegible]	[illegible]。	[illegible]	[illegible]	[illegible]	[illegible]，
khwa^{1}	ka^{2}	lhjwi^{1}	lew^{2}	mjij^{1}	ljɨ^{1}	·jij^{1}	tsjiir^{2}	mər^{2}	tsjiir^{2}
远	离，	取	应	无	也。	自	性	本	性，
[illegible]	[illegible]	[illegible]	[illegible]	[illegible]	[illegible]	[illegible]，	[illegible]	[illegible]	[illegible]
ŋowr^{2}	ŋowr^{2}	dźjɨɨr^{1}	ka^{2}	bioo^{1}	thjuu^{1}	njwi^{2}	ku^{1}	thjɨ^{2}	tja^{1}
一	切	舍	离	观	察	能，	则	此	者

远离，无所取故。善能观察，舍离一切，自性本性，

① 对照汉文本，西夏本此句后缺“各不相知，善不善法不相映蔽。以善不善执着因缘，是故如来说一切法皆悉无记，以彼真实善不善法不可得故，若不可得，则无有记。何以故？于中无因，无因可见。无边庄严，汝今当观，一切诸法皆悉无记。若诸菩萨如是觉已，于一切法无记言说，亦不可得。如是法门，为诸菩萨于不善法如实见故，得舍圆满，于法不住。以无记门证入诸法，是无记门，彼则非门。若非门者，则不可得；若不可得，彼则清净。此是诸菩萨所入陀罗尼清净法门。由是门故，得一切法光明照曜，于诸法中，无有愚暗迷惑犹豫，及能获得无碍法智慧眼清净。无边庄严，于此法中，应生愿乐。云何愿乐？谓于诸法无所取故，无有执着，究竟离舍，超过摄藏，无希求故，于善不善一切有为及世间法，不观待故。此是无上不放逸地，离攀缘地，于诸法中无有所住”。

6.34.3

[illegible]	[illegible]	[illegible]。	[illegible]	[illegible]	[illegible]	[illegible],	[illegible]	[illegible]	[illegible]
źjɨr^{1}	mej^{1}	ŋwu^{2}	źjɨr^{1}	mej^{1}	·jɨ^{2}	tja^{1}	dzjar^{2}	sji^{1}	dwər^{1}
慧	眼	是。	慧	眼	谓	者,	灭	尽	厌
[illegible]	[illegible]	[illegible]	[illegible],	[illegible]	[illegible]	[illegible]	[illegible],	[illegible]	[illegible]
ka^{2}	sjịj^{2}	tsjiir^{2}	ŋwu^{2}	thjɨ^{2}	sju^{2}	sjịj^{2}	tsjiir^{2}	wee^{1}	mjij^{1}
离	智	性	是,	此	如	智	性,	生	无

此名慧眼。言慧眼者,所谓尽灭厌离智性,如是智性,无生

6.34.4

[illegible]	[illegible],	[illegible]	[illegible]	[illegible]	[illegible],	[illegible]	[illegible]	[illegible]	[illegible]
wji^{1}	mjij^{1}	mər^{2}	tsjiir^{2}	mjij^{1}	sej^{1}	nioow^{1}	tsjɨ^{1}	mjij^{1}	sej^{1}
作	无,	本	性	寂	静,	复	亦	寂	静
[illegible]	[illegible]	[illegible]	[illegible],	[illegible]	[illegible]	[illegible]	[illegible]。	[illegible]	[illegible]
rjir^{2}	mji^{1}	bju^{1}	śjij^{1}	bju^{1}	śjij^{1}	bja^{2}	ljɨ^{1}	nioow^{1}	tsjɨ^{1}
与	不	相	应,	相	应	断	也。	复	亦

无作,本性寂静,亦复不与寂静相应,断相应故。亦复

6.34.5

[illegible]	[illegible],	[illegible]	[illegible]	[illegible]	[illegible],	[illegible]	[illegible]	[illegible]	[illegible],	[illegible]
bja^{2}	njaa^{2}	mji^{1}	bja^{2}	tsjɨ^{1}	njaa^{2}	tjịj^{1}	mjij^{1}	dzəj^{1}	mjij^{1}	thjɨ^{2}
断	非,	不	断	亦	非,	缺	无	减	无,	此
[illegible]	[illegible]	[illegible]	[illegible]	[illegible]	[illegible]	[illegible]	[illegible]	[illegible]	[illegible]。	
tja^{1}	gji^{1}	sej^{1}	źjɨr^{1}	mej^{1}	kheej^{1}	ljɨ̣^{1}	mjij^{1}	tśja^{1}	ŋwu^{2}	
者	清	净	慧	眼	戏	论	无	道	是。	

非断,亦非无断,无缺无减,此则名为清净慧眼无戏论道。

6.34.6

[illegible]	[illegible]	[illegible]	[illegible]	[illegible]	[illegible]	[illegible],	[illegible]	[illegible]	[illegible]
thjɨ^{2}	źjɨr^{1}	mej^{1}	śjɨj^{1}	·jiw^{2}	rjir^{1}	nioow^{1}	ljịj^{2}	njij^{2}	wjuu^{1}
此	慧	眼	成	就	得	故,	大	慈	悲

ŋwu^{2}	rjur^{1}	dźiā^{2}	tśhju^{1}	·jij^{1}	ɣjiw^{1}	ɣiwej^{1}	to^{2}	zji^{2}	njiij^{1}
以	诸	众	生	之	摄	受，	尽	皆	心

由是慧眼得成就故，以大慈悲摄诸众生，令其发心

6.34.7

śjwo^{1}	dźiā^{2}	tśhju^{1}	·jij^{1}	bioo^{1}	mji^{1}	sji^{1}	thjoo^{1}	dźjɨ^{0}	dźjiij^{1}	phji^{1}
生，	众	生	之	观	不	尽	妙	行	住	令，
nioow^{1}	rjur^{1}	tsjiir^{1}	ŋowr^{2}	ŋowr^{2}	ŋa^{2}	dzjwo^{2}	dźiā^{2}	tśhju^{1}	kạ^{1}	
复	诸	法	一	切	我、	人、	众	生、	命	

住缘众生无尽妙行，及能觉了一切诸法无有我、人、众生、

6.35.1

mjijr^{2}	mji^{1}	dju^{1}	dwewr^{2}	tsjij^{2}	phji^{1}	tjij^{1}	thja^{1}	ljij^{2}	po^{1}
者	无	有	觉	了	令。	若	彼	大	菩
tjɨj^{1}	ljạ^{1}	rjir^{1}	ku^{1}	kjɨ^{1}	djɨj^{2}	zji^{2}	phju^{2}	tsjiir^{1}	·ụ^{2}
提	证	得	故，	决	定	最	上	法	藏

寿者。彼若证得大菩提时，决定当能开示演说无上法藏，

6.35.2

nioow^{1}	gji^{1}	sej^{1}	thow^{1}	lo^{1}	dźji^{1}	ɣa^{1}	phie^{2}	neej^{2}	nẹ^{1}	tshjiij^{1}
及	清	净	陀	罗	尼	门	开	示	宣	说
njwi^{2}	rjur^{1}	dźiā^{2}	tśhju^{1}	·jij^{1}	sjwɨ^{1}	tsjiir^{2}	nioow^{1}	tsjiir^{1}	mji^{1}	
能，	诸	众	生	之	种	性	及	法	不	

及能清净陀罗尼门，为诸众生种性

6.35.3

[illegible]	[illegible]	[illegible]	[illegible]，	[illegible]	[illegible]	[illegible]	[illegible]	[illegible]。
kụ^{1}	bja^{2}	phji^{1}	nioow^{1}	ku^{1}	tsjiir^{1}	tjịj^{2}	gu^{1}	śjwo^{1}
后	断	令	故，	则	法	印	发	生。

教法不断尽故,应置法印。

汉文本

无边庄严,此甚深法,一切世间之所难信。一切世间皆是灭坏虚妄建立,由是于此法毗奈耶,不能信受。亦非世间能知世间,皆悉非法;以执着故,言有世间,及安住处。假使乃至法想执着,亦无有法而可执着。由于非法起执着故,则与如来及所说法,共兴诤论,又不能了一切诸法自性本性,复与无生法等相违。是故于此甚深法教,不能解了。无边庄严,我为一切天人所信,如实语者,无诤论者。如来世尊息诤论故,舍离蕴故,开示演说如是法教,于中无蕴,亦无蕴尽。

无边庄严,一切有者,所谓一切善不善法,于中都无善不善法,善不善法皆悉寂静,善不善法各不相知,善不善法不相映蔽。以善不善执着因缘,是故如来说一切法皆悉无记,以彼真实善不善法不可得故,若不可得,则无有记。何以故?于中无因,无因可见。

无边庄严,汝今当观,一切诸法皆悉无记。若诸菩萨如是觉已,于一切法无记言说,亦不可得。如是法门,为诸菩萨于不善法如实见故,得舍圆满,于法不住。以无记门证入诸法,是无记门,彼则非门。若非门者,则不可得;若不可得,彼则清净。此是诸菩萨所入陀罗尼清净法门。由是门故,得一切法光明照曜,于诸法中,无有愚暗迷惑犹豫,及能获得无碍法智慧眼清净。

无边庄严,于此法中,应生愿乐。云何愿乐?谓于诸法无所取故,无有执着,究竟离舍,超过摄藏,无希求故,于善不善一切有为及世间法,不观待故。此是无上不放逸地,离攀缘地,于诸法中无有所住。不来不去,无所建立,此则说名慧眼清净究竟远离,无所取故。善能观察,舍离一切,自性本性,此名慧眼。言慧眼者,所谓尽灭厌离智性,如是智性,无生无作,本性寂静,亦复不与寂静相应,断相应故。亦复非断,亦非无断,无缺无减,此则名为清净慧眼无戏论道。由是慧眼得成就故,以大慈悲摄诸众生,令其发心住缘众生无尽妙行,及能觉了一切诸法无有我、人、众生、寿者。彼若证得大菩提时,决定当能开示演说无上法藏,及能清净陀罗尼门,为诸众生种性教法不断尽故,应置法印。

6.35.3—6.35.4

[illegible]	[illegible]	[illegible]	[illegible]	[illegible]	[illegible]	[illegible]	[illegible]	[illegible]	[illegible]	[illegible]	[illegible]
tha^{1}	nioow^{1}	bju^{2}	mjij^{1}	ljuu^{2}	tshjịj^{2}	po^{1}	tsa^{1}	ma^{2}	ŋạ^{2}	tsa^{1}	·jij^{1}
佛	复	边	无	庄	严	菩	萨	摩	诃	萨	之
[illegible]	[illegible]:	[illegible]	[illegible]	[illegible]	[illegible]	[illegible]	[illegible]	[illegible]	[illegible]	[illegible]，	[illegible]
dạ^{2}	·jɨ^{1}	thjɨ^{2}	thow^{1}	lo^{1}	dźji^{1}	gji^{1}	sej^{1}	tsjiir^{1}	ɣa^{1}	tja^{1}	rjur^{1}

言 谓： 此 陀 罗 尼 清 净 法 门 者， 诸

[illegible] [illegible] [illegible] [illegible] [illegible] [illegible] [illegible] [illegible] [illegible]

tha¹ ŋowr² ŋowr² ·ju² ɣjiw¹ ɣiwej¹ phie² tshjiij¹ ljɨr²

佛 一 切 常 摄 受 解 说 念

佛复告无边庄严菩萨摩诃萨言：此陀罗尼清净法门，一切诸佛常所护念，摄受开演。

6.35.5

[illegible]， [illegible] [illegible] [illegible] [illegible] [illegible] [illegible] [illegible] [illegible] [illegible]

·wejr² śja¹ rjijr² sọ¹ zjọ² rjur¹ tha¹ tsjɨ¹ to² zji²

护， 十 方 三 世 诸 佛 亦 尽 皆

[illegible] [illegible] [illegible] [illegible] [illegible] [illegible]， [illegible] [illegible] [illegible] [illegible]

thjɨ² sju² tsjiir¹ ɣa¹ nẹ¹ tshjiij¹ rjur¹ dźiā² tsjij² ·jij¹

此 如 法 门 宣 说， 诸 菩 萨 之

住于十方三世诸佛，亦皆宣说如是法门，为诸菩萨，

6.35.6

[illegible] [illegible] [illegible] [illegible] [illegible] [illegible] [illegible] [illegible]， [illegible] [illegible] [illegible]

sọ¹ zjọ² tśhja² ka¹ tsjiir¹ tsjiir² phie² neej² thjɨ² nioow¹ sọ¹

三 世 正 等 法 性 开 示， 此 故 三

[illegible] [illegible] [illegible] [illegible]， [illegible] [illegible] [illegible] [illegible] [illegible] [illegible] [illegible]

zjọ² rjur¹ tsjiir¹ ɣa² źjɨr¹ bju¹ tsjij² ·o² thjɨ² tsjiir¹ ɣa¹

世 诸 法 于， 实 依 悟 入 此 法 门

开示三世平等法性，由是能于三世诸法，如实悟入此之法门，

6.35.7

[illegible]， [illegible] [illegible] [illegible] [illegible] [illegible] [illegible] [illegible] [illegible] [illegible]

tja¹ dźiā² tsjij² ·jij¹ gji¹ sej¹ sọ¹ zjọ² zji² ·jiij¹

者， 菩 萨 之 清 净 三 世 总 持

[illegible] [illegible] [illegible] [illegible]。 [illegible] [illegible] [illegible] [illegible] [illegible] [illegible]

źjɨr¹ śjɨj¹ ·jiw² ljɨ¹ thja¹ rjur¹ dźiā² tsjij² rjur¹ sjiij²

慧 成 就 也。 彼 诸 菩 萨 世 想

成就菩萨清净三世总持慧故。彼诸菩萨无有世想，

6.36.1

mji^{1}	dju^{1}	neew^{2}	mji^{1}	neew^{2}	ɣa^{2}	mji^{1}	njɨɨ^{1}	nwə^{1}	tsjij^{2}	mə^{2}
无	有，	善	不	善	于，	不	二	知	了，	种
mə^{2}	neew^{2}	tśhji^{2}	zji^{2}	lhu^{1}	dzja^{1}	njwi^{2}	ljụ^{2}	ljaa^{2}	phji^{1}	sjwɨj^{1}
种	善	根	皆	增	长	能，	身	口	意	业

于善不善了知无二,而能生长种种善根,身语意业

6.36.2

to^{2}	zji^{2}	gji^{1}	sej^{1}	mjɨ^{1}	pjụ^{1}	tsjiir^{1}	ɣa^{1}	zji^{2}	gji^{1}	sej^{1}
尽	皆	清	净，	无	量	法	门	遍	清	净
njwi^{2}	gji^{1}	sej^{1}	zji^{2}	·jiij^{1}	źjɨr^{1}	rjir^{2}	nioow^{1}	ku^{1}	śjwo^{1}	
能，	清	净	皆	持	慧	得	故，	则	起	

悉皆清净,能遍清净无量法门,为得清净总持慧故。

6.36.3

wji^{1}	mjij^{1}	tsjiir^{2}	nioow^{1}	gji^{1}	sej^{1}	tsjiir^{1}	phie^{2}	neej^{2}	njwi^{2}	nioow^{1}	rjur^{1}
作	无	性	及	清	净	法	开	示	能。	复	诸
tsjiir^{1}	ŋowr^{2}	ŋowr^{2}	sji^{1}	dźjwa^{1}	ŋa^{1}	mjij^{1}	tshọ^{2}	ŋa^{1}	wjɨ^{2}	sju^{2}	
法	一	切	尽	竟	空	寂，	虚	空	△	如	

亦能开演无起作性清净法教。复能开示一切诸法毕竟空寂,犹如虚空。

6.36.4

phie^{2}	neej^{2}	njwi^{2}	nioow^{1}	wạ^{2}	ljij^{2}	źjɨr^{1}	bji^{1}	wjị^{2}	śja^{2}	njwi^{2}
开	示	能。	复	广	大	慧	光	示	现	能，

gji^{1} sej^{1} sjịj^{2} phie^{2} neej^{2} ljɨ^{1} nioow^{1} rjur^{1} tsjiir^{1} ŋowr^{2}

清 净 智 开 示 也。 复 诸 法 一

又能示现广大慧光，而为开示清净智故。亦能开示一切诸法

6.36.5

ŋowr^{2} po^{1} tjɨj^{1} rjir^{2} tshọ^{2} ŋa^{1} tsjiir^{2} sju^{2} phie^{2} neej^{2}

切 菩 提 与， 虚 空 性 如 开 示

njwi^{2} ŋowr^{2} ŋowr^{2} sjịj^{2} sjịj^{2} tśja^{1} gji^{1} sej^{1} wjị^{2} śja^{2}

能， 一 切 智 智 道 清 净 示 现

及与菩提如虚空性，而为示现一切智智道清净故。

6.36.6

ljɨ^{1} nioow^{1} gji^{1} sej^{1} tśja^{1} tsjiir^{2} tja^{1} po^{1} tjɨj^{1} ŋwu^{2} phie^{2}

也。 复 清 净 道 性 者 菩 提 是 开

neej^{2} njwi^{2} thja^{1} ŋwụ^{1} tjị^{1} bju^{1} iọ^{1} sə^{1} rjir^{1} ljɨ^{1}

示 能。 彼 誓 愿 依， 圆 满 得 也。

又能开示清净道法，即是菩提随其所愿，得圆满故①。

6.36.7

źjɨr^{1} dźjar^{2} tshjiij^{1} sji^{2} tśier^{1} ·ju^{2} neew^{2} ɣjɨr^{1} nwə^{1} tsjij^{2} njwi^{2}

实 谛 说 △ 方 便 善 造 知 解 能，

phjo^{2} kar^{2} mjij^{1} dźjar^{2} nẹ^{1} tshjiij^{1} njwi^{2} ljɨ^{1} rjur^{1} tha^{1}

分 别 无 谛 宣 说 能 也。 诸 佛

① 即是菩提随其所愿，得圆满故，西夏文字面意思是"复能开示清净道性者是菩提，依彼誓愿，得圆满也"。

能正了知,演出实谛方便善巧,而能宣说无分别谛故。

6.37.1

sjij^2	źjɨr^1	phie^2	neej^2	njwi^2	bju^1	śjij^1	wo^2	ŋowr^2	ŋowr^2	dwewr^2
智	慧	开	示	能,	相	应	理	一	切	觉
tsjij^2	ljɨ^1	bju^2	mjij^1	ljuu^2	tshjịj^2	dźiã^2	tsjij^2	tjij^1	rjur^1	dźiã^2
了	也。	边	无	庄	严	菩	萨,	若	诸	菩

能善开示诸佛智慧,随顺觉了一切义故。无边庄严,若诸菩萨,

6.37.2

tsjij^2	thjɨ^2	tsjiir^1	kha^1	djọ^2	ɣiew^1	njwi^2	ku^1	xja^1	po^1	tjɨj^1
萨	此	法	中	修	学	能,	则	速	菩	提
·wụ^2	dźjwij^2	gji^1	sej^1	njwi^2	po^1	tjɨj^1	dźjiij^1	rjir^1	njij^1	
资	粮	清	净	能,	菩	提	住	得。	近	

于此法中善修学者,能速清净菩提资粮,得住菩提。

6.37.3

khwa^1	mji^1	dju^1	zjɨɨr^1	zjịj^1	tsjiir^1	rjir^2	dźjwɨ^1	mji^1	ljwu^1	nu^1
远	无	有,	些	许	法	与	相	不	违	背,
nioow^1	thjɨ^2	rjɨr^2	tshjiij^1	rjur^1	tsjiir^1	ɣa^2	njij^1	khwa^1	mji^1	ljij^2
复	此	所	说	诸	法	于	近	远	不	见,

无有远近,不与少法共相违背①,亦不于此所说诸法而见远近。

6.37.4

① 不与少法共相违背,西夏文字面意思是"与些许法不相违背"。

tsjiir^{1} nioow^{1} tsjiir^{1} njaa^{2} bju^{1} po^{1} tjɨj^{1} mji^{1} ljij^{2} po^{1} tjɨj^{1}

法 及 法 非 依， 菩 提 不 见。 菩 提

[illegible]

tsjij^{2} mjijr^{2} rjur^{1} dźju^{1} neej^{2} ka^{2} tśhja^{2} ka^{1} dźju^{1} neej^{2} mjij^{1}

解 通 诸 显 示 离， 正 等 显 示 无

不以法及非法，随见菩提①，通达菩提绝诸显示，能以平等无显示义，

6.37.5

[illegible]

wo^{2} ŋwu^{2} po^{1} tjɨj^{1} nwə^{1} tsjij^{2} nioow^{1} rjur^{1} tsjiir^{1} mjij^{1} sej^{1}

理 以 菩 提 知 解。 复 诸 法 寂 静

[illegible]

wo^{2} bioo^{1} zjij^{1} po^{1} tjɨj^{1} mji^{1} phjo^{2} kar^{2} nioow^{1} mjij^{1} sej^{1}

义 观 时， 菩 提 不 分 别， 复 寂 静、

了知菩提②；及观诸法寂静义时，不分别菩提，亦不见寂静、

6.37.6

[illegible]

mji^{1} mjij^{1} sej^{1} wo^{2} tsjɨ^{1} mji^{1} ljij^{2} mjij^{1} sej^{1} rjɨr^{2} nioow^{1}

不 寂 静 义 亦 不 见， 寂 静 离 复

[illegible]

mji^{1} mjij^{1} sej^{1} tsjɨ^{1} mji^{1} ljij^{2} zjɨɨr^{1} phiaa^{2} zjij^{1} bioo^{1} ljij^{2}

不 寂 静 亦 不 见， 些 分 许 观 见

不寂静义，非寂静外见不寂静，无有少分能观见想，

6.37.7

[illegible]

sji^{2} sjiij^{2} ŋowr^{2} ŋowr^{2} do^{2} gji^{1} sej^{1} ljij^{2} njwi^{2} mji^{1} dju^{1}

△ 想， 一 切 处 清 净 见 能 无 有，

[illegible]

① 不以法及非法，随见菩提，西夏文字面意思是“以法及非法，不见菩提”。

② 能以平等无显示义，了知菩提，西夏文字面意思是“正等无显示，以义菩提知”。

nioow¹ zjɨɨr¹ zji̠j¹ gji¹ sej¹ lew² tsjɨ¹ mjij¹ thjɨ² tja¹

复 些 许 清 净 应 亦 无。 此 者

于一切处能清净见,亦无少有可能清净。

6.38.1

[illegible] [illegible] [illegible] [illegible] [illegible] [illegible] [illegible] [illegible] [illegible]。 [illegible] [illegible]

rjur¹ dźiã² tsjij² ·jij¹ gji¹ sej¹ sji̠j² ɣa¹ ŋwu² thjɨ² ɣa¹

诸 菩 萨 之 清 净 智 门 是。 此 门

[illegible] [illegible] [illegible] [illegible] [illegible] [illegible] [illegible] [illegible] [illegible] [illegible]

nioow¹ ku¹ rjur¹ tha¹ mjor¹ lji̠j² bju² mjij¹ tsjiir¹ ·u̠²

故 则 诸 佛 如 来 边 无 法 藏

此是诸菩萨清净智门。由此门故,而能随念诸佛如来无边法藏

6.38.2

[illegible] [illegible] [illegible] [illegible] [illegible] [illegible]。 [illegible] [illegible] [illegible] [illegible] [illegible]

thow¹ lo¹ dźji¹ ɣa¹ ljɨr² njwi² rjur¹ dźiã² tśhju¹ dji̠j¹ ·jij¹

陀 罗 尼 门 念 能。 诸 众 生 类 之

[illegible] [illegible] [illegible] [illegible] [illegible] [illegible] [illegible] [illegible], [illegible] [illegible]

·jij¹ tsjiir² mər² tsjiir² zji² nwə¹ tsjij² njwi² rjur¹ dźiã²

自 性 本 性 皆 知 解 能, 诸 众

陀罗尼门。能遍了知诸有情类自性本性,为诸有情

6.38.3

[illegible] [illegible] [illegible] [illegible] [illegible] [illegible] [illegible] [illegible] [illegible] [illegible], [illegible]

tśhju¹ nioow¹ thjɨ² rjur¹ tsjiir¹ ·u̠² phie² neej² ne̠¹ tshjiij¹ rjur¹

生 故 此 诸 法 藏 开 示 宣 说, 诸

[illegible] [illegible] [illegible] [illegible] [illegible] [illegible] [illegible] [illegible] [illegible] [illegible] [illegible]

sji̠j² źjɨr¹ sjwɨj¹ nioow¹ ·a⁰ śjwo¹ śjwo¹ tji̠¹ zji² gji¹ sej¹

智 慧 业 复 △ 生 生 愿 皆 清 净

开示演说此诸法藏,能遍清净诸智慧业、诸所愿求;

6.38.4

[illegible]。 [illegible] [illegible] [illegible] [illegible] [illegible] [illegible] [illegible] [illegible] [illegible] [illegible],

njwi^{2}	·ja^{0}	duu^{2}	tow^{1}	lo^{1}	sã^{1}	mjiw^{2}	sã^{1}	po^{1}	tjɨj^{1}	ɣa^{2}
能。	阿	耨	多	罗	三	藐	三	菩	提	于，
[illegible]	[illegible]	[illegible]	[illegible]，	[illegible]	[illegible]	[illegible]	[illegible]，	[illegible]	[illegible]	[illegible]
mjor^{1}	tśhja^{2}	dwewr^{2}	nioow^{1}	buu^{2}	gjij^{1}	phji^{1}	ŋwe^{1}	tśjo^{0}	mji^{1}	lhjii^{1}
现	正	觉	已，	胜	殊	意	乐，	终	不	退

于阿耨多罗三藐三菩提，现等觉已，增上意乐，终不退转；

6.38.5

[illegible]。	[illegible]	[illegible]	[illegible]	[illegible]	[illegible]	[illegible]	[illegible]，	[illegible]	[illegible]	[illegible]
lhjwo^{1}	nioow^{1}	neew^{2}	gji^{1}	sej^{1}	tjị^{1}	bju^{1}	ljɨr^{2}	neew^{2}	tsjiir^{1}	ŋowr^{2}
转。	复	善	清	净	愿	随	念，	善	法	一
[illegible]	[illegible]，	[illegible]	[illegible]	[illegible]	[illegible]；	[illegible]	[illegible]	[illegible]	[illegible]	
ŋowr^{2}	ɣa^{2}	xja^{1}	·jij^{1}	dzju^{2}	rjir^{1}	rjur^{1}	tha^{1}	mjor^{1}	ljịj^{2}	
切	于，	即	自	在	得；	诸	佛	如	来	

及能随念善清净愿，于一切法，速得自在而能习行；诸佛如来

6.38.6

[illegible]	[illegible]	[illegible]	[illegible]	[illegible]	[illegible]	[illegible]	[illegible]，	[illegible]	[illegible]	[illegible]
·jij^{1}	ljịj^{2}	njij^{2}	ljịj^{2}	wjuu^{1}	djọ^{2}	dzjɨɨ^{2}	njwi^{2}	mjor^{1}	ljịj^{2}	ŋowr^{2}
之	大	慈	大	悲	修	习	能，	如	来	一
[illegible]	[illegible]	[illegible]	[illegible]	[illegible]	[illegible]，	[illegible]	[illegible]	[illegible]	[illegible]；	[illegible]
ŋowr^{2}	·jij^{1}	neew^{2}	ɣjɨr^{1}	tsjiir^{1}	·ụ^{2}	zji^{2}	mjor^{1}	·ju^{2}	śja^{2}	nioow^{1}
切	之	善	造	法	藏，	皆	现	前	现；	复

大慈大悲、一切如来善巧法藏，皆现在前；及能示现

6.38.7

[illegible]	[illegible]	[illegible]	[illegible]	[illegible]	[illegible]	[illegible]	[illegible]	[illegible]	[illegible]	[illegible]
mjɨ^{1}	pjụ^{1}	bju^{2}	mjij^{1}	ljịj^{2}	tsjiir^{1}	bji^{1}	swew^{1}	ljụ^{2}	wjị^{2}	śja^{2}
无	量	边	无	大	法	光	明	身	示	现
[illegible]，	[illegible]	[illegible]	[illegible]	[illegible]	[illegible]	[illegible]	[illegible]	[illegible]。		
njwi^{2}	·ju^{2}	rjur^{1}	tha^{1}	·jij^{1}	sjịj^{2}	mjɨɨ^{2}	no^{2}	dźjiij^{1}		
能，	常	诸	佛	之	智	境	安	住。		

无量无边大法光明,身常安住诸佛智境。

汉文本

佛复告无边庄严菩萨摩诃萨言:此陀罗尼清净法门,一切诸佛常所护念,摄受开演。住于十方三世诸佛,亦皆宣说如是法门,为诸菩萨,开示三世平等法性,由是能于三世诸法,如实悟入此之法门,成就菩萨清净三世总持慧故。彼诸菩萨无有世想,于善不善了知无二,而能生长种种善根,身语意业悉皆清净,能遍清净无量法门,为得清净总持慧故。亦能开演无起作性清净法教。复能开示一切诸法毕竟空寂,犹如虚空。又能示现广大慧光,而为开示清净智故。亦能开示一切诸法及与菩提如虚空性,而为示现一切智智道清净故。又能开示清净道法,即是菩提随其所愿,得圆满故。能正了知,演出实谛方便善巧,而能宣说无分别谛故。能善开示诸佛智慧,随顺觉了一切义故。

无边庄严,若诸菩萨,于此法中善修学者,能速清净菩提资粮,得住菩提。无有远近,不与少法共相违背,亦不于此所说诸法而见远近。不以法及非法,随见菩提,通达菩提绝诸显示,能以平等无显示义,了知菩提;及观诸法寂静义时,不分别菩提,亦不见寂静、不寂静义,非寂静外见不寂静,无有少分能观见想,于一切处能清净见,亦无少有可能清净。此是诸菩萨清净智门。由此门故,而能随念诸佛如来无边法藏陀罗尼门。能遍了知诸有情类自性本性,为诸有情开示演说此诸法藏,能遍清净诸智慧业、诸所愿求;于阿耨多罗三藐三菩提,现等觉已,增上意乐,终不退转;及能随念善清净愿,于一切法,速得自在而能习行;诸佛如来大慈大悲、一切如来善巧法藏,皆现在前;及能示现无量无边大法光明,身常安住诸佛智境。

6.38.7—6.39.1

[illegible]	[illegible]	[illegible]	[illegible]	[illegible]	[illegible],	[illegible]	[illegible]	[illegible]	[illegible]	[illegible]	[illegible]
bju^{2}	mjij^{1}	ljuu^{2}	tshjịj^{2}	dźiã^{2}	tsjij^{2}	thjɨ^{2}	mjɨ^{1}	pjụ^{1}	bju^{2}	mjij^{1}	tsjiir^{1}
边	无	庄	严	菩	萨,	此	无	量	边	无	法

[illegible]	[illegible]	[illegible]	[illegible]	[illegible]	[illegible]	[illegible]?	[illegible]	[illegible]	[illegible]
ɣa^{1}	tja^{1}	sjwɨ^{1}	·jij^{1}	lhu^{1}	dạ^{2}	ŋwu^{2}	bju^{2}	mjij^{1}	ljuu^{2}
门	者	谁	之	增	言	是?	边	无	庄

无边庄严,此无量无边法门,谁之增语?无边庄严,

6.39.2

[illegible]	[illegible]	[illegible],	[illegible]	[illegible]	[illegible]	[illegible]	[illegible],	[illegible]	[illegible]	[illegible]
tshjịj^{2}	dźiã^{2}	tsjij^{2}	mjɨ^{1}	pjụ^{1}	bju^{2}	mjij^{1}	tja^{1}	tsjiir^{1}	ŋowr^{2}	ŋowr^{2}
严	菩	萨,	无	量	边	无	者,	法	一	切

[illegible]、[illegible]、[illegible]、[illegible]、[illegible] [illegible]、[illegible] [illegible] [illegible] [illegible] ljɨ̣^{2} zjɨɨr^{2} məə^{1} ljɨ^{1} tshọ^{2} ŋa^{1} sjij^{2} kięj^{2} zji^{2} mjɨ^{1}

地、 水、 火、 风、 虚 空、 识 界 皆 无

无量无边者，谓一切法，地、水、火、风、虚空、识界，

6.39.3

[illegible]

pjụ^{1} ljɨ^{1} kięj^{2} kięj^{2} tsə̣^{1} kięj^{2} nioow^{1} tsə̣^{1} mjij^{1} kięj^{2} rjur^{1}

量 也。 欲 界、 色 界、 及 色 无 界 诸

[illegible]

dźiã^{2} tśhju^{1} kięj^{2} mjɨ^{1} pjụ^{1} ljɨ^{1} zjɨɨr^{1} phiaa^{2} zjịj^{1} rjur^{1}

众 生 界 无 量 也。 些 分 许 诸

皆无量故。欲界、色界、及无色界，诸有情界，无有量故。然无少分

6.39.4

[illegible]

dźiã^{2} tśhju^{1} kięj^{2} nwə^{1} tsjij^{2} tjị^{2} mjij^{1} dźiã^{2} tśhju^{1} mjij^{1} ljɨ^{1}

众 生 界 知 解 可 无。 众 生 无 也，

[illegible]

thjɨ^{2} sju^{2} thjɨ^{2} sju^{2} thjɨ^{2} dźiã^{2} tśhju^{1} kięj^{2} rjir^{1} tjị^{2} mjij^{1}

此 如 此 如， 此 众 生 界 得 可 无，

诸有情界，可得了知。有情无故，如是如是，此有情界不可得，

6.39.5

[illegible]

nwə^{1} tsjij^{2} tjị^{2} mjij^{1} kięj^{2} mji^{1} dju^{1} ljɨ^{1} tśhjwo^{1} thjɨ^{2} rjur^{1}

知 解 可 无， 界 无 有 也。 则 此 诸

[illegible]

tsjiir^{1} djiij^{2} phā^{1} kięj^{2} rjir^{2} ka^{1} djiij^{2} phā^{1} tshwew^{1} ·o^{2}

法 涅 槃 界 与 等， 涅 槃 趣 入，

不可了知，界无有故。是故诸法等涅槃界，趣入涅槃，

6.39.6

[illegible]

rjur^{1} tsjiir^{1} ŋowr^{2} ŋowr^{2} zji^{2} thwuu^{1} tshjiij^{1} tji̱^{2} mjij^{1} do^{2} tshwew^{1}

诸 法 一 切 皆 同 说 可 无 处 趣

[illegible]

·o^{2} djiij^{2} phã^{1} kię̱j^{2} ɣa^{2} zjɨɨr^{1} phiaa^{2} zji̱j^{1} tshjiij^{1} tji̱^{2}

入, 涅 槃 界 于 些 分 许 说 可

一切诸法皆同趣入不可说处,于涅槃界无有少分而可说故。

6.39.7

[illegible]

mjij^{1} ljɨ^{1} djiij^{2} phã^{1} kię̱j^{2} kha^{1} ɣię̱^{2} lṳ^{2} mji^{1} dju^{1} lə^{1}

无 也。 涅 槃 界 中 障 碍 无 有, 障

[illegible]

ɣja^{2} tsjɨ^{1} mjij^{1} ɣię̱^{2} lṳ^{2} lə^{1} ɣja^{2} tśjo^{0} gji^{1} sej^{1}

盖 亦 无 障 碍, 障 盖 终 清 净

涅槃界中无有障碍,亦无盖覆障碍,盖覆永清净故,

6.40.1

[illegible]

ljɨ^{1} tśhjwo^{1} thjɨ^{2} djiij^{2} phã^{1} kię̱j^{2} gji^{1} sej^{1} zji^{2} gji^{1} sej^{1}

也。 则 此 涅 槃 界 清 净 最 清 净,

[illegible]

djiij^{2} phã^{1} kię̱j^{2} ŋwu^{2} kię̱j^{2} tsjɨ^{1} kię̱j^{2} njaa^{2} kię̱j^{2} khwa^{1}

涅 槃 界 是, 界 亦 界 非, 界 远

是故涅槃界清净最清净。是涅槃界,界亦非界,

6.40.2

[illegible]

ka^{2} ljɨ^{1} kię̱j^{2} mji^{1} dju^{1} ljɨ^{1} kię̱j^{2} gjiij^{1} dzjij^{1} ljɨ^{1} nioow^{1}

离 也, 界 无 有 也, 界 超 过 也。 复

[illegible]

kię̱j^{2} lew^{2} swu^{2} ŋwu^{2} tśier^{1} ·ju^{2} nę̱^{1} tshjiij^{1} nioow^{1} kię̱j^{2}

界 同 样 以, 方 便 宣 说。 复 界

远离界故，无有界故，超过界故，然以似界方便显说。

6.40.3

[illegible]	[illegible]，	[illegible]	[illegible]	[illegible]	[illegible]	[illegible]	[illegible]	[illegible]，	[illegible]	[illegible]
·jɨ²	tja¹	kięj²	mjij¹	mji¹	kięj²	mjij¹	no²	dźjiij¹	thja¹	ŋwuu¹
谓	者，	界	无	不	界	无	安	住，	彼	言
[illegible]	[illegible]	[illegible]	[illegible]	[illegible]	[illegible]，	[illegible]	[illegible]	[illegible]	[illegible]	
dạ²	kha¹	tsjɨ¹	kięj²	mji¹	dju¹	lew¹	ŋwuu¹	dạ²	ŋwu²	
语	中	亦	界	不	有，	惟	言	语	以	

所言界者，安住非界及非非界，于言说中亦无有界，但以语言

6.40.4

[illegible]	[illegible]	[illegible]	[illegible]，	[illegible]	[illegible]	[illegible]	[illegible]	[illegible]	[illegible]	[illegible]
rjur¹	tsjiir¹	nẹ¹	tshjiij¹	thja¹	ŋwuu¹	dạ²	nioow¹	tshjiij¹	mjijr²	njɨ²
诸	法	宣	说，	彼	言	语	及	说	者	等
[illegible]	[illegible]	[illegible]	[illegible]，	[illegible]	[illegible]	[illegible]	[illegible]，	[illegible]	[illegible]	
zji²	rjir¹	tjị²	mjij¹	nwə¹	tsjij²	tjị²	mjij¹	ŋwuu¹	dạ²	
皆	得	可	无，	知	解	可	无，	言	语	

显说诸法，所有言说及能说者，皆不可得不可了知。

6.40.5

[illegible]	[illegible]	[illegible]，	[illegible]	[illegible]	[illegible]。	[illegible]	[illegible]	[illegible]	[illegible]	[illegible]
ŋowr²	ŋowr²	tja¹	ŋwuu¹	dạ²	njaa²	thjɨ²	sju²	ŋwuu¹	dạ²	ŋowr²
一	切	者，	言	语	非。	此	如	言	语	一
[illegible]，	[illegible]	[illegible]	[illegible]	[illegible]，	[illegible]	[illegible]	[illegible]	[illegible]	[illegible]，	
ŋowr²	tshọ²	ŋa¹	tsjiir²	sju²	tshọ²	ŋa¹	rjir²	ka¹	·o²	
切，	虚	空	性	如，	虚	空	与	等	入，	

一切言说，即非言说。如是一切言说，如虚空性，等入虚空，

6.40.6

[illegible]	[illegible]	[illegible]	[illegible]	[illegible]	[illegible]	[illegible]	[illegible]，	[illegible]	[illegible]	[illegible]
thjɨ²	nioow¹	ljị²	kięj²	nẹ¹	tshjiij¹	mjɨ¹	njwi²	tshjiij¹	sji²	ɣie¹

此 故 地 界 宣 说 不 能， 说 △ 力

[illegible]

mjij^{1} rjɨr^{2} njɨ^{2} ŋa^{1} kięj^{2} nẹ^{1} tshjiij^{1} mjɨ^{1} njwi^{2} tshjiij^{1}

无， 乃 至 空 界 宣 说 不 能， 说

由是地界不能言说，无能说力，乃至空界不能言说，

6.40.7

[illegible]

sji^{2} ɣie^{1} mjij^{1} sjij^{2} kięj^{2} ·jɨ^{2} tja^{1} thja^{1} bju^{1} lew^{1} ŋwuu^{1}

△ 力 无。 识 界 谓 者， 彼 依 惟 言

[illegible]

dạ^{2} ŋwu^{2} rjur^{1} tsjiir^{1} nẹ^{1} tshjiij^{1} nioow^{1} thja^{1} sjij^{2} kięj^{2}

语 以 诸 法 宣 说， 复 彼 识 界，

无能说力。言识界者，由是但以语言显说诸法，而彼识界，

6.41.1

[illegible]

kięj^{2} tsjɨ^{1} kięj^{2} njaa^{2} rjur^{1} kięj^{2} mji^{1} ·o^{2} kięj^{2} rjir^{2} bju^{1} śjij^{1}

界 亦 界 非， 诸 界 不 入， 界 与 相 应

[illegible]

njaa^{2} mji^{1} bju^{1} śjij^{1} tsjɨ^{1} njaa^{2} tshọ^{2} ŋa^{1} gu^{2} rjɨr^{2} ljịj^{2}

非， 不 相 应 亦 非， 虚 空 中 △ 来，

界亦非界，不入诸界，不与界相应，非不相应，从虚空生，

6.41.2

[illegible]

tshọ^{2} ŋa^{1} ·o^{2} thjɨ^{2} sju^{2} sjij^{2} kięj^{2} ·u^{2} mji^{1} dźjiij^{1}

虚 空 入。 此 如 识 界， 内 不 住，

[illegible]

djɨr^{2} mji^{1} dźjiij^{1} njɨɨ^{1} zjạ^{1} mji^{1} dźjiij^{1} thja^{1} ŋa^{1} phiaa^{2}

外 不 住， 二 间 不 住， 彼 空 分

入于虚空。如是识界，不在内，不在外，不在中间，随其空分

6.41.3

[illegible]	[illegible]	[illegible]	[illegible]，	[illegible]	[illegible]	[illegible]	[illegible]，	[illegible]	[illegible]	[illegible]
rjɨr^{2}	ɣjiw^{1}	ɣiwej^{1}	bju^{1}	tshọ^{2}	ŋa^{1}	tshwew^{1}	·o^{2}	thu^{1}	phjij^{1}	tjị^{2}
△	摄	受	依，	虚	空	趣	入，	设	置	可
[illegible]，	[illegible]	[illegible]	[illegible]	[illegible]。	[illegible]	[illegible]	[illegible]	[illegible]	[illegible]，	
mjij^{1}	ljij^{2}	tjị^{2}	tsjɨ^{1}	mjij^{1}	tjij^{1}	thu^{1}	phjij^{1}	tjị^{2}	mjij^{1}	
无，	见	可	亦	无。	若	设	置	可	无，	

之所摄受，趣入虚空，不可施设，不可睹见。

6.41.4

[illegible]	[illegible]	[illegible]	[illegible]	[illegible]，	[illegible]	[illegible]	[illegible]	[illegible]	[illegible]	[illegible]
ku^{1}	thja^{1}	wji^{1}	lew^{2}	rjir^{2}	bju^{1}	śjij^{1}	dzjij^{2}	·jiw^{1}	sjij^{2}	kiẹj^{2}
则	彼	为	应	与，	相	应	余	缘	识	界
[illegible]	[illegible]	[illegible]	[illegible]。	[illegible]	[illegible]	[illegible]	[illegible]	[illegible]	[illegible]	
dju^{1}	tshjiij^{1}	sji^{1}	mjij^{1}	thjɨ^{2}	tja^{1}	dźiã^{2}	tsjij^{2}	·jij^{1}	·o^{2}	
有	说	尽	无。	此	者	菩	萨	之	入	

若不可施设，彼无所作，余缘相应说有识界①。此是菩萨之所入门。

6.41.5

[illegible]	[illegible]	[illegible]。	[illegible]	[illegible]	[illegible]	[illegible]	[illegible]	[illegible]	[illegible]	[illegible]。
tjị^{2}	ɣa^{1}	ŋwu^{2}	rjur^{1}	tsjiir^{1}	ŋowr^{2}	ŋowr^{2}	mər^{2}	tsjiir^{2}	·jij^{1}	tsjiir^{2}
可	门	是。	诸	法	一	切	本	性	自	性。
[illegible]	[illegible]	[illegible]	[illegible]。	[illegible]	[illegible]	[illegible]	[illegible]	[illegible]	[illegible]	
tshọ^{2}	ŋa^{1}	wjɨ^{2}	sju^{2}	tsjiir^{1}	kiẹj^{2}	bju^{1}	phie^{2}	neej^{2}	nẹ^{1}	
虚	空	△	如。	法	界	依	开	示	宣	

一切诸法本性自性。犹如虚空。以依法界开示演说。

6.41.6

[illegible]。	[illegible]	[illegible]	[illegible]	[illegible]	[illegible]	[illegible]	[illegible]，	[illegible]	[illegible]
tshjiij^{1}	nioow^{1}	rjur^{1}	tsjiir^{1}	kiẹj^{2}	tsjɨ^{1}	mji^{1}	dju^{1}	kiẹj^{2}	kiẹj^{2}

① 说有识界，西夏文字面意思是“无尽说有识界”。

说。	复	诸	法	界	亦	无	有，	界	界
[illegible]	[illegible]。	[illegible]	[illegible]	[illegible]	[illegible]	[illegible]	[illegible]	[illegible]	[illegible]，
njaa^{2}	ljɨ^{1}	rjur^{1}	tsjiir^{1}	ŋowr^{2}	ŋowr^{2}	tshọ^{2}	ŋa^{1}	wjɨ^{2}	sju^{2}
非	也。	诸	法	一	切	虚	空	△	如，

而亦无有诸法之界，界非界故。一切诸法犹如虚空，

6.41.7

[illegible]	[illegible]	[illegible]	[illegible]	[illegible]	[illegible]	[illegible]	[illegible]	[illegible]	[illegible]	[illegible]
thjɨ^{2}	nioow^{1}	mjor^{1}	ljij^{2}	tsjiir^{1}	ŋowr^{2}	ŋowr^{2}	zji^{2}	tshọ^{2}	ŋa^{1}	ŋwu^{2}
此	故	如	来	法	一	切	皆	虚	空	是
[illegible]，	[illegible]	[illegible]	[illegible]	[illegible]。	[illegible]	[illegible]	[illegible]	[illegible]	[illegible]	
·ji^{2}	pjụ^{1}	dza^{2}	gie^{1}	ljɨ^{1}	tsjiir^{1}	ŋowr^{2}	ŋowr^{2}	zji^{2}	tshọ^{2}	
谓，	测	量	难	也。	法	一	切	皆	虚	

是故如来说一切法皆是虚空，量难得故①。显一切法皆虚

6.42.1

[illegible]	[illegible]	[illegible]。	[illegible]	[illegible]	[illegible]	[illegible]，	[illegible]	[illegible]	[illegible]	[illegible]
ŋa^{1}	tsjiir^{2}	ŋwu^{2}	dźju^{1}	sjwij^{1}	rjur^{1}	tsjiir^{1}	mər^{2}	tsjiir^{2}	tshọ^{2}	ŋa^{1}
空	性	是。	显	明	诸	法，	本	性	虚	空
[illegible]	[illegible]，	[illegible]	[illegible]	[illegible]	[illegible]	[illegible]	[illegible]	[illegible]	[illegible]。	
sju^{2}	ljɨ^{1}	lew^{1}	ŋwuu^{1}	dạ^{2}	ŋwu^{2}	phie^{2}	neej^{2}	nẹ^{1}	tshjiij^{1}	
如	也，	惟	言	语	以	开	示	宣	说。	

空性，诸法②本性如虚空故，但以语言开示演说。

6.42.2

[illegible]	[illegible]	[illegible]	[illegible]	[illegible]	[illegible]，	[illegible]	[illegible]	[illegible]	[illegible]，	[illegible]
bju^{2}	mjij^{1}	ljuu^{2}	tshjij^{2}	dźiã^{2}	tsjij^{2}	nji^{2}	sjij^{1}	bioo^{1}	lew^{2}	mjor^{1}
边	无	庄	严	菩	萨，	汝	今	观	应，	如
[illegible]	[illegible]	[illegible]	[illegible]	[illegible]，	[illegible]	[illegible]	[illegible]	[illegible]	[illegible]，	
ljij^{2}	sjij^{2}	tsjiir^{1}	rjɨr^{2}	tshjiij^{1}	tśhjɨ^{1}	zjij^{1}	gji^{1}	sej^{1}	tja^{1}	

① 量难得故，西夏文字面意思是“难测量也”。

② 诸法，西夏文字面意思是“显明诸法”。

来	智	法	△	说，	尔	许	清	净	者，

无边庄严，汝观如来智所演说，尔所清净，

6.42.3

śjwo^{1}	lew^{2}	tsjiir^{1}	mjij^{1}	khjow^{1}	lew^{2}	tsjiir^{1}	tsjɨ^{1}	mjij^{1}	thjɨ^{2}	sju^{2}
生	应	法	无，	授	应	法	亦	无。	此	如
gji^{1}	sej^{1}	tsjiir^{1}	tja^{1}	rjur^{1}	dźiã^{2}	tsjij^{2}	·jij^{1}	mji^{1}	tśhjɨɨ^{2}	
清	净	法	者，	诸	菩	萨	之	不	颠	

彼无法可生，亦无法授与。如是清净法教，是诸菩萨不颠

6.42.4

tśhjuu^{2}	sjịj^{2}	ŋwu^{2}	thjɨ^{2}	nioow^{1}	nji^{2}	njɨ^{2}	mjɨ^{1}	ɣa^{2}	mji^{1}	tha^{2}
倒	智	以，	此	故	汝	等，	他	于	不	达
sjịj^{2}	·jij^{1}	dzu^{1}	ŋwe^{1}	lew^{2}	phjo^{2}	kar^{2}	mjij^{1}	mji^{1}	lhu^{1}	
智	之	爱	乐	应，	分	别	无、	不	增	

倒智。是故汝等，应当愿乐不由他缘①，智得无分别、不增

6.42.5

phjo^{2}	kar^{2}	rjir^{1}	nioow^{1}	nẹ^{1}	tshjiij^{1}	tjị^{2}	mjij^{1}	wo^{2}	tshwew^{1}	tsjiir^{1}
分	别	得，	复	宣	说	可	无	义	趣	法
ɣa^{1}	gji^{1}	sej^{1}	njwi^{2}	tsjiir^{1}	ŋowr^{2}	ŋowr^{2}	sjịj^{2}	gji^{1}	sej^{1}	
门	清	净	能，	法	一	切	智	清	净	

分别、及能清净，不可言说理趣法门，由一切法智清净故。

① 不由他缘，西夏文字面意思是"与彼不达智"。

6.42.6

ljɨ^{1}	tha^{1}	bju^{2}	mjij^{1}	ljuu^{2}	tshjij^{2}	dźiã^{2}	tsjij^{2}	·jij^{1}	dạ^{2}	·jɨ^{1}
也。	佛	边	无	庄	严	菩	萨	之	言	谓:
rjur^{1}	dźjwow^{1}	·we^{1}	djij^{1}	wa^{2}	bju^{1}	dzjwɨ^{2}	dźjij^{1}	bju^{2}	mjij^{1}	ljuu^{2}
诸	禽	鸟	类	何	依	走	行?	边	无	庄

佛告无边庄严:诸飞鸟类于何所行?无边庄严

6.42.7

tshjịj^{2}	dźiã^{2}	tsjij^{2}	nioow^{1}	tha^{1}	·jij^{1}	dạ^{2}	·jɨ^{1}	rjur^{1}	pjụ^{1}	ŋa^{1}
严	菩	萨	复	佛	之	言	谓:	世	尊,	空
gu^{2}	dzjwɨ^{2}	dźjij^{1}	tha^{1}	nioow^{1}	·jɨr^{1}	dạ^{2}	tshọ^{2}	ŋa^{1}	wa^{2}	bju^{1}
中	走	行。	佛	复	问	言:	虚	空	何	依

白佛言:世尊,行于虚空。佛复问言:虚空复何所行?

6.43.1

dźjij^{1}	hụ^{2}	dạ^{2}	rjur^{1}	pjụ^{1}	thjɨ^{2}	sju^{2}	tshọ^{2}	ŋa^{1}	dźjij^{1}	tjị^{2}
行?	答	言:	世	尊,	此	如	虚	空	行	可
mji^{1}	dju^{1}	tha^{1}	dạ^{2}	ŋwu^{2}	ljɨ^{1}	ŋwu^{2}	ljɨ^{1}	rjur^{1}	tsjiir^{1}	ŋowr^{2}
无	有。	佛	言:	是	也	是	也。	诸	法	一

答言:世尊,如是虚空无有所行。佛言:如是如是!一切诸法

6.43.2

ŋowr^{2}	tshọ^{2}	ŋa^{1}	wjɨ^{2}	sju^{2}	dźjij^{1}	tjị^{2}	mji^{1}	dju^{1}	dźjij^{1}	dźjij^{1}
切	虚	空	△	如。	行	可	无	有,	行	行

[illegible]	[illegible]，	[illegible]	[illegible]	[illegible]	[illegible]，	[illegible]	[illegible]	[illegible]	[illegible]	[illegible]
tjị^{2}	mjij^{1}	tsjiir^{1}	rjir^{1}	tjị^{2}	mjij^{1}	thjɨ^{2}	nioow^{1}	rjur^{1}	tsjiir^{1}	dźjij^{1}
可	无，	法	得	可	无，	此	故	诸	法	行

犹如虚空，无有所行。行无所行，法不可得，是故诸法无有所行，

6.43.3

[illegible]	[illegible]	[illegible]，	[illegible]	[illegible]	[illegible]	[illegible]；	[illegible]	[illegible]	[illegible]	[illegible]，
tjị^{2}	mji^{1}	dju^{1}	nioow^{1}	mji^{1}	tsjɨ^{1}	dźjij^{1}	rjur^{1}	tsjiir^{1}	mər^{2}	tsjiir^{2}
可	无	有，	复	不	亦	行；	诸	法	本	性，
[illegible]	[illegible]	[illegible]	[illegible]，	[illegible]	[illegible]	[illegible]	[illegible]。	[illegible]	[illegible]	
dźjij^{1}	tjị^{2}	mji^{1}	dju^{1}	nioow^{1}	tshjiij^{1}	tjị^{2}	mjij^{1}	thjɨ^{2}	tsjiir^{1}	
行	可	无	有，	复	说	可	无。	此	法	

亦复不行；诸法本性无有可行，及无可说。而此法

6.43.4

[illegible]	[illegible]，	[illegible]	[illegible]	[illegible]	[illegible]	[illegible]	[illegible]	[illegible]	[illegible]	[illegible]
ɣa^{1}	tja^{1}	rjur^{1}	dźiã^{2}	tsjij^{2}	tshọ^{2}	ŋa^{1}	sjịj^{2}	gji^{1}	sej^{1}	rjir^{1}
门	者，	诸	菩	萨	虚	空	智	清	净	得
[illegible]	[illegible]	[illegible]。	[illegible]	[illegible]	[illegible]	[illegible]	[illegible]	[illegible]	[illegible]	[illegible]
ku^{1}	deej^{1}	ljɨ^{1}	thjɨ^{2}	tja^{1}	bju^{2}	mjij^{1}	swew^{1}	bji^{1}	tsjiir^{1}	ɣa^{1}
故	转	也。	此	者	边	无	明	光	法	门

门为诸菩萨得虚空智清净故转，此是无边光明法门，

6.43.5

[illegible]。	[illegible]	[illegible]	[illegible]	[illegible]，	[illegible]	[illegible]	[illegible]	[illegible]	[illegible]	[illegible]
ŋwu^{2}	rjur^{1}	rjur^{1}	njɨ^{2}	swew^{1}	mjɨ^{1}	pjụ^{1}	bju^{2}	mjij^{1}	tshọ^{2}	ŋa^{1}
是。	诸	诸	遍	照，	无	量	边	无	虚	空
[illegible]	[illegible]。	[illegible]	[illegible]	[illegible]	[illegible]	[illegible]	[illegible]	[illegible]	[illegible]，	
wjɨ^{2}	sju^{2}	nioow^{1}	thja^{1}	bji^{1}	swew^{1}	rjur^{1}	rjur^{1}	njɨ^{2}	swew^{1}	
△	如。	复	彼	光	明	诸	诸	遍	照，	

普遍照耀无量无边，犹如虚空，彼之光明普遍照耀，

6.43.6

ljij2	tjị2	tsjɨ1	mjij1	dźiã2	tsjij2	thjɨ2	ɣa1	rjir1	ku1	śja1	rjijr2
见	可	亦	无。	菩	萨	此	门	得，	则	十	方
rjur1	kiẹj2	zji2	bioo1	thjuu1	njwi2	nioow1	rjur1	kha1	ŋowr2	ŋowr2	
世	界	皆	观	察	能，	复	世	间	一	切	

亦不可见。菩萨得是门已，能遍观察十方世界，及能随见一切世间。

6.43.7

to2	zji2	ljij2	njwi2	bju2	mjij1	ljuu2	tshjij2	dźiã2	tsjij2	thjɨ2
尽	皆	见	能。	边	无	庄	严	菩	萨，	此
tja1	dźiã2	tsjij2	·jij1	sjij2	ŋwu2	nwə1	lew2	ljị2	tsjij2	mjijr2
者	菩	萨	之	智	以	知	应	地，	解	通

无边庄严，此是菩萨智所知地，通达智地，

6.44.1

sjij2	ljị2	ŋwu2	dzjij2	ljɨ1	ŋowr2	ŋowr2	·jij1	ljị2	njaa2	tjị2
智	地	是。	余	论	一	切	之	地	非	可
mjɨ1	njwi2	ljɨ1	thjɨ2	tsjiir1	wo2	tshwew1	tja1	tshjiij1	tjị2	
不	能	也。	此	法	理	趣	者	说	可	

而非一切他论者地。彼不能说故①，此法理趣

6.44.2

mjij1	tsjiir1	tjɨj2	ŋwu2	ŋwuu1	dạ2	dźju1	neej2	ŋwu2	rjir1	tjị2

① 西夏本无“彼不能说故”。

无 法 印 是。 言 语 显 示 以 得 可

[illegible] [illegible]。 [illegible] [illegible] [illegible] [illegible] [illegible] [illegible] [illegible] [illegible]，

mjij¹ ljɨ¹ thjɨ² nioow¹ rjur¹ tsjiir¹ ŋowr² ŋowr² mji¹ tjɨj²

无 也。 此 故 诸 法 一 切 不 印，

是不可说法印，语言显示不可得故。是故一切诸法不印，

6.44.3

[illegible] [illegible] [illegible] [illegible]， [illegible] [illegible] [illegible] [illegible]， [illegible] [illegible] [illegible]

tjɨj² mji¹ lhu¹ dzja¹ mji¹ tjɨj² nwə¹ tsjij² djọ² dzjɨɨ² neew²

印 不 增 长， 不 印 知 了， 修 习 善

[illegible] [illegible]。 [illegible] [illegible] [illegible] [illegible]， [illegible] [illegible] [illegible] [illegible]，

ɣjɨr¹ ljɨ¹ tshọ² ŋa¹ tjɨj² ŋwu² tsjiir¹ ŋowr² ŋowr² tjɨj²

造 也。 虚 空 印 以， 法 一 切 印，

亦不增印，了知不印，修习善巧故。以虚空印，印一切法，

6.44.4

[illegible] [illegible] [illegible] [illegible]， [illegible] [illegible] [illegible]， [illegible] [illegible] [illegible] [illegible]， [illegible]

·jij¹ mjij¹ tjɨj² ŋwu² ŋa¹ ·jij¹ mjij¹ dźiəj² lheew² mjij¹ ·jij¹ ŋwuu¹

相 无 印 以， 空 相 无， 为 有 无 相， 言

[illegible] [illegible] [illegible] [illegible] [illegible] [illegible]， [illegible] [illegible] [illegible] [illegible] [illegible] [illegible]

dạ² mjij¹ ·jij¹ neej² śja² njwi² ŋa¹ mjij¹ nioow¹ ku¹ tśhjwo¹ tshọ²

语 无 相 示 现 能， 空 无 因 故 则 虚

以无相印，能示现彼虚空无相[1]，无有为相，无语言相，以空无故，说此虚空。

6.44.5

[illegible] [illegible]。 [illegible] [illegible] [illegible] [illegible]， [illegible] [illegible] [illegible] [illegible]， [illegible]

ŋa¹ ·jɨ² tshọ² ŋa¹ ·jɨ² tja¹ źjɨr¹ kwər¹ mjij¹ ku¹ tśhjwo¹

空 谓。 虚 空 谓 者， 实 体 无 故， 则

[illegible] [illegible]。 [illegible] [illegible] [illegible] [illegible]， [illegible] [illegible] [illegible] [illegible]

ŋa¹ ·jɨ² źjɨr¹ buu² wo² tja¹ rjur¹ tsjiir¹ dạ² mjij¹

① 虚空无相，西夏文字面意思是"无空相"。

空 谓。 实 胜 义 者, 诸 法 言 无

所言虚空,彼无实体,故说为空,以真胜义,应知诸法无言

6.44.6

[illegible]

tjịj1 rewr2 ŋwu2 bju2 mjij1 ljuu2 tshjịj2 dźiã2 tsjij2 ŋa2 thjɨ2

彼 岸 是。 边 无 庄 严 菩 萨, 我 此

[illegible]

kha1 thow1 lo1 dźji1 tjɨ̣j2 gji1 sej1 sji2 gjwi2 tshjiij1

中 陀 罗 尼 印 清 净 △ 句 说,

彼岸。无边庄严,我于此中,当说陀罗尼印能清净句,

6.44.7

[illegible]

tshọ2 ŋa1 gjwi2 nioow1 sjịj2 gji1 sej1 ljɨ1 ŋa1 sju2 gjwi2

虚 空 句 故, 智 清 净 也。 空 如 句

[illegible]

mjij1 gjwi2 gji1 sej1 mjij1 thjɨ2 sju2 ŋwu2 rjur1 gjwi2

无, 句 清 净 无, 此 如 以 诸 句

为虚空句,智清净故。如空无句,无句清净,如是应当了

6.45.1

[illegible]

mjij1 tsjij2 thja1 gjwi2 thjij2 sjo2

无 解, 彼 句 何 云?

无诸句。其句云何?

汉文本

无边庄严,此无量无边法门,谁之增语?无边庄严,无量无边者,谓一切法,地、水、火、风、虚空、识界,皆无量故。欲界、色界、及无色界,诸有情界,无有量故。然无少分诸有情界,可得了知。有情无故,如是如是,此有情界不可得,不可了知,界无有故。是故诸法等涅槃界,趣入涅槃,一切诸法皆同趣入不可说处,于涅槃界无有少分而可说故。涅槃界中无有障碍,亦无盖覆障碍,盖覆永清净故,是故涅

槃界清净最清净。是涅槃界，界亦非界，远离界故，无有界故，超过界故，然以似界方便显说。所言界者，安住非界及非非界，于言说中亦无有界，但以语言显说诸法，所有言说及能说者，皆不可得不可了知。一切言说，即非言说。如是一切言说，如虚空性，等入虚空，由是地界不能言说，无能说力，乃至空界不能言说，无能说力。言识界者，由是但以语言显说诸法，而彼识界，界亦非界，不入诸界，不与界相应，非不相应，从虚空生，入于虚空。如是识界，不在内，不在外，不在中间，随其空分之所摄受，趣入虚空，不可施设，不可睹见。若不可施设，彼无所作，余缘相应说有识界。此是菩萨之所入门。一切诸法本性自性。犹如虚空。以依法界开示演说。而亦无有诸法之界，界非界故。一切诸法犹如虚空，是故如来说一切法皆是虚空，量难得故。显一切法皆虚空性，诸法本性如虚空故，但以语言开示演说。无边庄严，汝观如来智所演说，尔所清净，彼无法可生，亦无法授与。如是清净法教，是诸菩萨不颠倒智。是故汝等，应当愿乐不由他缘，智得无分别、不增分别、及能清净，不可言说理趣法门，由一切法智清净故。

佛告无边庄严：诸飞鸟类于何所行？

无边庄严白佛言：世尊，行于虚空。

佛复问言：虚空复何所行？

答言：世尊，如是虚空无有所行。

佛言：如是如是！一切诸法犹如虚空，无有所行。行无所行，法不可得，是故诸法无有所行，亦复不行；诸法本性无有可行，及无可说。而此法门为诸菩萨得虚空智清净故转，此是无边光明法门，普遍照耀无量无边，犹如虚空，彼之光明普遍照耀，亦不可见。菩萨得是门已，能遍观察十方世界，及能随见一切世间。无边庄严，此是菩萨智所知地，通达智地，而非一切他论者地。彼不能说故，此法理趣是不可说法印，语言显示不可得故。是故一切诸法不印，亦不增印，了知不印，修习善巧故。以虚空印，印一切法，以无相印，能示现彼虚空无相，无有为相，无语言相，以空无故，说此虚空。所言虚空，彼无实体，故说为空，以真胜义，应知诸法无言彼岸。

无边庄严，我于此中，当说陀罗尼印能清净句，为虚空句，智清净故。如空无句，无句清净，如是应当了无诸句。其句云何？

6.45.1—6.45.2①

[illegible]	[illegible]	[illegible]	[illegible]	[illegible]：	[illegible]	[illegible]	[illegible]	[illegible]	[illegible]	[illegible]
tśhjwo^{1}	ŋwəə^{1}	ŋwuu^{1}	rjɨr^{2}	tshjiij^{1}	phji^{1}	·wa^{1}	rjir^{2}		phji^{1}	·wa^{1}
则	咒	颂	△	说：	毗	筏	嚟	（一）	毗	筏
[illegible]	[illegible]	[illegible]	[illegible]	[illegible]	[illegible]	[illegible]	[illegible]	[illegible]	[illegible]	[illegible]

① 据《大藏全咒》此陀罗尼梵文为：biparibipari anusakṛte apranuni nisannabicaraṇi abhiavakarṣaṇi saṃdarśani prābdhani prabhipari ś odhani nirbikalpi ākāśasamanusāraṇi nisaṅge niśaṅgopagate saṅge bimocani anādāni adhanabigato kaṃkṣacchedaparikaraṃ acchedi anupacchedi asame asamasame devabijñāne aharaṇe prajñācakṣubiśodhani śallya avanāyani tvaṅge udaraṇi ayoge apīyoge asamaprayoge apiprayoge aprabādanirhare nirdeśabādabiśodhani atitā anāgatā pratyutpannabiś-odhani kṛtvā parikarma binīte na arthānugate asaṃgrame agrabādabiśodhani saṃprabhedajñāna biśodhani nirabhāse avabhāsabi-śodhani asamantadaśadika byavalokani birāgabādanirhare prajñābiśuddhe avabhāsa aprameyakaraṇi akalpadharaṃ adarśanabiś-odhani budha artha saṃdarśani anubodhi agrabiśodhani sāgaracitta anuprabeśa meruparisaṃsthani rasmiprati bhani sarvaloka adhipati yajñānabiśodhani apratihata asaṅgajñānadarśane。

rar^{1}	du^{2}	so^{2}	xji^{1}	tji^{1}		pjɨ^{1}	rar^{1}	du^{2}	njij^{2}	
啰	弩	娑	呬	谛	(二)	钵	啰	弩	你	(三)
[illegible]	[illegible]	[illegible]	[illegible]	[illegible]						
njij^{2}	sã^{1}	no^{1}	·wji^{2}	·wa^{1}						
你	珊	那	尾	筏						

即说咒曰:毗筏嚟(一)毗筏啰(引)弩娑呬谛(二)钵啰(引二合)弩你(三)你珊那(上)尾筏

6.45.3

[illegible]	[illegible]	[illegible]	[illegible]	[illegible]	[illegible]	[illegible]	[illegible]	[illegible]	[illegible]	[illegible]	[illegible]
rar^{1}	dzji^{1}		·ja^{0}	phji^{1}	·ja^{2}	·wa^{1}	kjaa^{1}	śja^{1}	sã^{1}	daa^{2}	śja^{2}
啰	尼	(四)	阿	毗	夜	筏	伽	赊	珊	奈	设
[illegible]	[illegible]	[illegible]	[illegible]	[illegible]	[illegible]	[illegible]	[illegible]	[illegible]	[illegible]	[illegible]	
njij^{2}		pjɨ^{1}	rar^{1}	phã^{1}	rjir^{2}		pjɨ^{1}	rar^{1}	phã^{1}	rar^{1}	
你	(五)	钵	啰	皤	嚟	(六)	钵	啰	皤	嚟	

啰尼(上四)阿毗夜(二合)筏伽(引)赊珊奈设你(五)钵啰(二合)皤(去)嚟(六)钵啰(二合)皤(去)啰

6.45.4

[illegible]	[illegible]	[illegible]	[illegible]	[illegible]	[illegible]	[illegible]	[illegible]	[illegible]	[illegible]	[illegible]	[illegible]
mji^{1}	śju^{2}	tha^{2}	njij^{2}		djiij^{2}	phji^{1}	kjaa^{1}	phji^{1}		·a^{0}	kjaa^{1}
弭	输	达	你	(七)	涅	毗	羯	鞞	(八)	阿	迦
[illegible]	[illegible]	[illegible]	[illegible]	[illegible]	[illegible]	[illegible]	[illegible]	[illegible]	[illegible]	[illegible]	
śja^{1}	sã^{1}	mo^{2}	·wa^{1}	so^{2}	rar^{1}	dzji^{1}		njij^{2}	sjij^{2}	gji^{1}	
赊	三	摩	筏	娑	啰	尼	(九)	你	省	霓	

弭输达你(七)涅毗羯鞞(八)阿(引)迦(去)赊三摩筏娑啰尼(上九)你省霓

6.45.5

[illegible]	[illegible]	[illegible]	[illegible]	[illegible]	[illegible]	[illegible]	[illegible]	[illegible]	[illegible]	[illegible]	[illegible]
	sjij^{2}	gja^{2}	po^{1}	kja^{1}	tji^{1}		sjij^{2}	gja^{2}	phji^{1}	mo^{2}	śja^{1}
(十)	省	伽	波	揭	底	(十一)	省	伽	毗	牟	折
[illegible]	[illegible]	[illegible]	[illegible]	[illegible]	[illegible]	[illegible]	[illegible]	[illegible]	[illegible]	[illegible]	
njij^{2}		·a^{0}	do^{2}	thwo^{2}	njij^{2}		·a^{0}	thow^{1}	no^{1}	phji^{1}	
你	(十二)	阿	娜	驮	你	(十三)	阿	驮	囊	毗	

(十)省(上)伽(上)波揭底(十一)省(上去)伽(去)毗牟折你(十二)阿(引)娜(上)驮你(十三)阿(引)驮(去)曩毗

6.45.6

[illegible]	[illegible]	[illegible]	[illegible]	[illegible]	[illegible]	[illegible]	[illegible]	[illegible]	[illegible]	[illegible]	[illegible]
kja^{1}	tji^{1}		ko^{1}	khjɨ^{2}	śia^{1}	tśhja^{2}	no^{1}	pa^{2}	rjir^{2}	kja^{1}	mo^{2}
揭	帝	(十四)	姜	乞	沙	掣	那	钵	唎	羯	么
[illegible]	[illegible]	[illegible]	[illegible]	[illegible]	[illegible]	[illegible]	[illegible]	[illegible]	[illegible]	[illegible]	
	gja^{2}	tśhja^{2}	dzji^{1}		·ja^{0}	du^{2}	pa^{2}	tśhja^{2}	dzji^{1}		
(十五)	遏	掣	泥	(十六)	阿	弩	钵	掣	泥	(十七)	

揭帝(十四)姜(去)乞沙(二合)掣(去)那钵唎羯么(十五)遏掣(去)泥(十六)阿弩钵掣泥(十七)

6.45.7

[illegible]	[illegible]	[illegible]	[illegible]	[illegible]	[illegible]	[illegible]	[illegible]	[illegible]	[illegible]	[illegible]	[illegible]
·a^{0}	sã^{1}	mji^{1}		thji^{1}	phji^{1}	·ja^{2}		zja^{2}	no^{1}	·ja^{0}	xa^{1}
阿	三	冥	(十八)	地	毗	耶	(十九)	若	曩	阿	呵
[illegible]	[illegible]	[illegible]	[illegible]	[illegible]	[illegible]	[illegible]	[illegible]	[illegible]	[illegible]	[illegible]	
rar^{1}	njij^{2}		pjɨ^{1}	rjɨr^{2}	gja^{2}	kjaa^{1}	khju^{2}	phji^{1}	śju^{2}	thwo^{2}	
啰	宁	(二十)	钵	啰	攘	斫	刍	毗	输	驮	

阿三(去)冥(十八)地毗耶(二合十九)若曩阿(引)呵啰宁(二十)钵啰(二合)攘斫刍毗输驮

6.46.1

[illegible]	[illegible]	[illegible]	[illegible]	[illegible]	[illegible]	[illegible]	[illegible]	[illegible]	[illegible]	[illegible]
njij^{2}		śja^{1}	rjir^{2}	·ja^{2}	po^{1}	no^{1}	·ja^{2}	njij^{2}		thji^{2}
你	(二十一)	设	黎	耶	播	那	耶	你	(二十二)	地
[illegible]	[illegible]	[illegible]	[illegible]	[illegible]	[illegible]	[illegible]	[illegible]	[illegible]	[illegible]	
·jĩ^{1}	khji^{1}	ɣu^{1}	tjɨ^{1}	rar^{1}	dzji^{1}		·a^{0}	·ja^{0}	·ju^{1}	
孕	只	乌	怛	啰	尼	(二十三)	阿	阿	喻	

你(二十一)设黎耶(二合引)播那耶你(二十二)地孕(二合)只乌怛啰尼(上二十三)阿喻

6.46.2

[illegible]	[illegible]	[illegible]	[illegible]	[illegible]	[illegible]	[illegible]	[illegible]	[illegible]	[illegible]	[illegible]
kji^{1}		·a^{0}	phji^{1}	·ju^{1}	kji^{1}		·ja^{0}	sjɨ^{2}	pjɨ^{1}	rar^{1}

鸡	(二十四)	阿	毗	喻	鸡	(二十五)	阿	三	钵	啰
[illegible]	[illegible]	[illegible]	[illegible]	[illegible]	[illegible]	[illegible]	[illegible]	[illegible]	[illegible]	
·ju^{1}	kji^{1}		·ja^{0}	phji^{1}	pjɨ^{1}	rar^{1}	·ju^{1}	kji^{1}		
喻	鸡	(二十六)	阿	毗	钵	啰	喻	鸡	(二十七)	

鸡(二十四)阿毗喻鸡(二十五)阿三钵啰(二合)喻鸡(二十六)阿毗钵啰(二合)喻鸡(二十七)

6.46.3

[illegible]	[illegible]	[illegible]	[illegible]	[illegible]	[illegible]	[illegible]	[illegible]	[illegible]	[illegible]	[illegible]
·ja^{0}	xa^{1}	rar^{1}	pa^{2}	wjɨ^{2}	djiij^{2}	xa^{1}	rjir^{2}		djiij^{2}	thji^{1}
阿	纥	啰	钵	驮	涅	贺	嚟	(二十八)	涅	提
[illegible]	[illegible]	[illegible]	[illegible]	[illegible]	[illegible]	[illegible]	[illegible]	[illegible]	[illegible]	
śja^{1}	pa^{2}	thow^{1}	phji^{1}	śju^{2}	tha^{2}	njij^{2}		·ja^{0}	tji^{1}	
赊	钵	驮	毗	输	达	你	(二十九)	阿	底	

阿纥啰(二合)钵驮涅贺嚟(二十八)涅提赊钵驮毗输达你(二十九)阿底

6.46.4

[illegible]	[illegible]	[illegible]	[illegible]	[illegible]	[illegible]	[illegible]	[illegible]	[illegible]	[illegible]	[illegible]
tow^{1}	no^{1}	kja^{1}	tow^{1}	pjɨ^{1}	rar^{1}	tji^{2}	·juu^{1}	pa^{2}	no^{1}	phji^{1}
多	那	揭	多	钵	啰	底	逾	般	那	毗
[illegible]	[illegible]	[illegible]	[illegible]	[illegible]	[illegible]	[illegible]	[illegible]	[illegible]	[illegible]	
śju^{2}	tha^{2}	njij^{2}		gjɨ^{2}	rjir^{2}	tow^{1}	pa^{2}	rjir^{2}	kja^{1}	
输	达	你	(三十)	讫	唎	多	钵	唎	羯	

多(引)那揭多钵啰(二合)底逾(二合)般那毗输达你(三十)讫唎(二合)多钵唎(二合)羯

6.46.5

[illegible]	[illegible]	[illegible]	[illegible]	[illegible]	[illegible]	[illegible]	[illegible]	[illegible]	[illegible]	[illegible]
mo^{2}	phji^{1}	njij^{2}	tji^{2}		no^{1}	tow^{1}	rar^{1}	thow^{1}	duu^{2}	kja^{1}
么	毗	你	谛	(三十一)	曩	多	啰	他	弩	揭
[illegible]	[illegible]	[illegible]	[illegible]	[illegible]	[illegible]	[illegible]	[illegible]	[illegible]	[illegible]	
tji^{2}		·ja^{0}	sjɨ^{2}	kja^{1}	rar^{1}	mji^{1}		·a^{0}	kjɨ^{1}	
谛	(三十二)	阿	僧	羯	啰	冥	(三十三)	阿	讫	

么毗你谛(三十一)曩多(引)啰他(二合)弩揭谛(三十二)阿僧羯啰(二合)冥(三十三)阿讫

6.46.6

[illegible]	[illegible]	[illegible]	[illegible]	[illegible]	[illegible]	[illegible]	[illegible]	[illegible]	[illegible]	[illegible]
rar^{1}	pa^{2}	thow^{1}	phji^{1}	śju^{2}	tha^{2}	njij^{2}		pa^{2}	thow^{1}	pjɨ^{1}
啰	钵	驮	毗	输	达	你	（三十四）	钵	驮	钵

[illegible]	[illegible]	[illegible]	[illegible]	[illegible]	[illegible]	[illegible]	[illegible]	[illegible]	[illegible]
rar^{1}	phji^{1}	thow^{1}	gja^{2}	no^{1}	phji^{1}	śju^{2}	tha^{2}	njij^{2}	
啰	陛	驮	攘	那	毗	输	达	你	（三十五）

啰钵驮毗输达你（三十四）钵驮钵啰（二合）陛驮攘那毗输达你（三十五）

6.46.7

[illegible]	[illegible]	[illegible]	[illegible]	[illegible]	[illegible]	[illegible]	[illegible]	[illegible]	[illegible]	[illegible]
djiij^{2}	phã^{1}	sə^{1}		·a^{0}	phã^{1}	pho^{1}	phji^{1}	njij^{2}	tha^{2}	njij^{2}
涅	皤	斯	（三十六）	阿	皤	婆	毗	输	达	你

[illegible]	[illegible]	[illegible]	[illegible]	[illegible]	[illegible]	[illegible]	[illegible]	[illegible]	[illegible]
	sã^{1}	mã^{1}	tja^{1}	da^{2}	śja^{1}	thji^{1}	śja^{1}	phji^{1}	·ja^{2}
（三十七）	三	漫	多	奈	赊	地	赊	毗	耶

涅皤斯（三十六）阿（去）皤（去）婆毗输达你（三十七）三漫多奈赊地赊毗耶（二合）

6.47.1

[illegible]	[illegible]	[illegible]	[illegible]	[illegible]	[illegible]	[illegible]	[illegible]	[illegible]	[illegible]
·wa^{1}	rjur^{2}	kjaa^{1}	njij^{2}		mjijr^{2}	rar^{1}	gju^{2}	pa^{2}	thow^{1}
筏	卢	羯	宁	（三十八）	弭	啰	疟	钵	驮

[illegible]	[illegible]	[illegible]	[illegible]	[illegible]	[illegible]	[illegible]	[illegible]	[illegible]	[illegible]
njij^{2}	xa^{1}	rjir^{2}		pjɨ^{1}	rar^{1}	gja^{2}	mjijr^{2}	śju^{2}	thji^{1}
涅	诃	嚟	（三十九）	钵	啰	若	弭	输	地

筏卢羯宁（三十八）弭啰（引）疟（上）钵驮涅诃嚟（三十九）钵啰（二合）若弭输地

6.47.2

[illegible]	[illegible]	[illegible]	[illegible]	[illegible]	[illegible]	[illegible]	[illegible]	[illegible]	[illegible]	[illegible]
	·u^{2}	phã^{1}	so^{2}	·ja^{0}	pjɨ^{1}	rar^{1}	mji^{1}	kja^{1}	rar^{1}	njij^{2}
（四十）	呜	皤	娑	阿	钵	啰	冥	迦	啰	尼

	·ja0	kjiw1	lo1	po1	tha2	mo2	nja1	rjir2	śja1
（四十一）	阿	矩	罗	波	达	摩	奈	唎	设

（四十）呜（上）皤（去）娑阿钵啰（二合）冥迦啰尼（四十一）阿矩罗波（二合）达摩奈唎设

6.47.3

no1	mji1	śju2	tha2	njij2		phu2	tow1	gaa1	rar1	thow1
那	弭	输	达	你	（四十二）	步	多	遏	啰	他
sã1	nja1	rjir2	śja1	njij2		·ja0	du2	buu2	thow1	kja1
珊	奈	唎	设	你	（四十三）	阿	怒	耄	驮	遏

那弭输达你（四十二）步多（去）遏啰他（二合）珊奈唎设你（四十三）阿怒耄驮遏

6.47.4

tha2	mjijr2	śju2	tha2	njij2		so2	kja1	rar1	tsjɨ1	tja1
他	弭	输	诞	你	（四十四）	娑	竭	啰	质	多
du2	pjɨ1	rar1	mjijr2	śji1		mjijr2	rur2	pa2	rjir2	
弩	钵	啰	吠	世	（四十五）	谜	嚧	钵	唎	

他（二合）弭输诞你（四十四）娑竭啰质多弩钵啰吠世（四十五）谜嚧钵唎

6.47.5

sjɨ2	sã1	thow1	njij2		rar1	śjɨ1	mji1	pjɨ1	rar1	thow1
僧	萨	他	宁	（四十六）	啰	湿	弭	钵	啰	多
pa2	njij2		sã1	pho1	lo1	kja1	thji1	pa2	tji1	
钵	你	（四十七）	萨	婆	路	迦	地	钵	帝	

僧萨他（二合引）宁（四十六）啰湿弭（二合）钵啰（二合）多钵你（四十七）萨婆路迦（引）地钵帝

6.47.6

·ja^{2}	gja^{2}	no^{1}	mjijr^{2}	śju^{2}	tha^{2}	njij^{2}		·ja^{0}	pjɨ^{1}	rar^{1}
耶	攘	囊	尾	输	诞	你	（四十八）	阿	钵	啰
tji^{1}	xa^{1}	tow^{1}		·ja^{0}	sjɨ^{2}	khja^{2}	gja^{2}	no^{1}	djɨ^{2}	rjir^{2}
底	褐	多	（四十九）	阿	僧	伽	攘	那	奈	唎

耶攘囊尾输诞你（四十八）阿钵啰（二合）底褐多（四十九）阿僧伽攘那奈唎（二合）

6.47.7

śja^{1}	njij^{2}	
设	宁	（五十）

设宁（五十）

6.48.1

tha^{1}	bju^{2}	mjij^{1}	ljuu^{2}	tshjij^{2}	dźiã^{2}	tsjij^{2}	·jij^{1}	·jɨ^{2}	thjɨ^{2}	rjur^{1}
佛	边	无	庄	严	菩	萨	之	谓	此	诸
thow^{1}	lo^{1}	dźji^{1}	tjɨj^{2}	gji^{1}	sej^{1}	sji^{2}	gjwi^{2}	tja^{1}	tshọ^{2}	
陀	罗	尼	印	清	净	△	句	者	虚	

佛言：无边庄严，此诸陀罗尼印能清净句，演说虚

6.48.2

ŋa^{1}	tsew^{2}	du^{2} ①	nẹ^{1}	tshjiij^{1}	sji^{2}	gjwi^{2}	ŋwu^{2}	tsew^{2}	du^{2}	mji^{1}
空	第	限	宣	说	△	句	是。	第	限	无
dju^{1}	tsew^{2}	du^{2}	zji^{2}	mjij^{1},	tsew^{2}	du^{2}	mjij^{1}	ku^{1}	thjɨ^{2}	

① ，西夏文字面意思是“第量”，与汉文本中的“分段”对译。

有	第	限	皆	无，	第	限	无	则	此

空分段之句，无有分段遍无分段，无分段故于中无句，

6.48.3

[illegible]	[illegible]，	[illegible]	[illegible]	[illegible]	[illegible]，	[illegible]	[illegible]	[illegible]	[illegible]
kha^{1}	gjwi^{2}	mjij^{1}	gjwi^{2}	gji^{1}	sej^{1}	mjij^{1}	tsjiir^{1}	ŋowr^{2}	ŋowr^{2}
中	句，	无	句	清	净，	无	法	一	切
[illegible]	[illegible]	[illegible]	[illegible]	[illegible]。	[illegible]	[illegible]	[illegible]	[illegible]	[illegible]
gjwi^{2}	gji^{1}	sej^{1}	nioow^{1}	ljɨ^{1}	thja^{1}	ljịj^{2}	·ụ^{2}	śjwo^{1}	tshwew^{1}
句	清	净	故	也。	彼	大	乘	生	趣

无句清净，由一切法句清净故。为彼发趣住大乘者，

6.48.4

[illegible]	[illegible]	[illegible]	[illegible]	[illegible]	[illegible]	[illegible]	[illegible]	[illegible]，	[illegible]
dźjiij^{1}	mjijr^{2}	zji^{2}	na^{1}	gji^{1}	sej^{1}	tsjiir^{1}	kjụ^{1}	mjijr^{2}	nioow^{1}
住	者	最	深	清	净	法	求	者，	故
[illegible]	[illegible]	[illegible]	[illegible]	[illegible]	[illegible]	[illegible]。	[illegible]	[illegible]	[illegible]
mjor^{1}	ljij^{2}	ɣie^{1}	thjɨ^{2}	ɣiwej^{1}	·jiij^{1}	bju^{1}	thjɨ^{2}	rjur^{1}	ŋwəə^{1}
如	来	力	此	受	持	依。	此	诸	咒

希求甚深清净法者，由如来力所加持故。此诸咒

6.48.5

[illegible]	[illegible]	[illegible]	[illegible]	[illegible]。	[illegible]	[illegible]	[illegible]	[illegible]	[illegible]	[illegible]
gjwi^{2}	wạ^{2}	deej^{1}	śjwo^{1}	ljɨ^{1}	bju^{2}	mjij^{1}	ljuu^{2}	tshjij^{2}	dźiã^{2}	tsjij^{2}
句	弘	传	生	也。	边	无	庄	严	菩	萨
[illegible]	[illegible]	[illegible]	[illegible]，	[illegible]	[illegible]	[illegible]	[illegible]	[illegible]	[illegible]	
tjij^{1}	neew^{2}	goor^{1}	gji^{2}	ljịj^{2}	po^{1}	tjɨj^{1}	mjor^{1}	ljạ^{1}	dzu^{1}	
若	善	男	子，	大	菩	提	现	证	爱	

句而得流布。无边庄严，若善男子爱乐现证大菩提者，

6.48.6

[illegible]	[illegible]	[illegible]	[illegible]	[illegible]	[illegible]	[illegible]	[illegible]，	[illegible]	[illegible]	[illegible]

ŋwe^{1}	dźiã^{2}	tśhju^{1}	·jij^{1}	gjịj^{1}	ɣie^{2}	wji^{1}	kiẹj^{2}	ku^{1}	thjɨ^{2}	ŋwəə^{1}
乐	众	生	之	利	益	为	欲，	则	此	咒
[illegible]	[illegible]	[illegible]	[illegible]	[illegible]	[illegible]，	[illegible]	[illegible]	[illegible]	[illegible]。	
gjwi^{2}	ɣa^{2}	mji^{1}	kjɨ^{1}	mjij^{2}	djij^{2}	tśjɨ^{1}	tsjij^{2}	njwi^{2}	ljɨ^{1}	
句	于	闻	△	未	曾，	醒	悟	能	也。	

欲为众生作利益者，于此咒句虽未曾闻，而能悟解。

6.48.7

[illegible]	[illegible]	[illegible]，	[illegible]	[illegible]	[illegible]	[illegible]，	[illegible]	[illegible]	[illegible]	[illegible]，
tjij^{1}	mji^{1}	dzjwo^{2}	tjij^{1}	sej^{1}	mjii^{1}	mə^{1}	thjɨ^{2}	ŋwəə^{1}	gjwi^{2}	·jiij^{1}
若	非	人，	若	净	宫	天，	此	咒	句	持，
[illegible]	[illegible]	[illegible]	[illegible]。	[illegible]	[illegible]	[illegible]	[illegible]	[illegible]	[illegible]	
thja^{2}	·jij^{1}	khjow^{1}	ljɨ^{1}	tjij^{1}	·ja^{0}	duu^{2}	tow^{1}	lo^{1}	sã^{1}	
彼	之	与	也。	若	阿	耨	多	罗	三	

若有非人，或净居天，持此咒句，当授与彼。若有发趣阿耨多罗三

6.49.1

[illegible]	[illegible]	[illegible]	[illegible]	[illegible]	[illegible]	[illegible]	[illegible]	[illegible]	[illegible]
mjiw^{2}	sã^{1}	po^{1}	tjɨj^{1}	śjwo^{1}	tshwew^{1}	ku^{1}	rjur^{1}	mə^{1}	njɨ^{2}
藐	三	菩	提	生	趣	则	诸	天	等
[illegible]	[illegible]	[illegible]	[illegible]	[illegible]，	[illegible]	[illegible]	[illegible]	[illegible]。	
tsjɨ^{1}	thjɨ^{2}	ŋwəə^{1}	gjwi^{2}	·jiij^{1}	thja^{2}	·jij^{1}	khjow^{1}	ljɨ^{1}	
亦	此	咒	句	持，	彼	之	与	也。	

藐三菩提者，诸天子等，亦持此咒而授与之。

6.49.1—6.49.2

[illegible]	[illegible]	[illegible]	[illegible]：
ŋwəə^{1}	ŋwuu^{1}	rjɨr^{2}	tshjiij^{1}
咒	颂	△	说：

即说咒曰：

6.49.3①

[illegible]	[illegible]	[illegible]	[illegible]	[illegible]	[illegible]	[illegible]	[illegible]	[illegible]	[illegible]	[illegible]
·u^{2}	po^{1}	sə^{1}	xa^{0}	rjir^{2}		so^{2}	xa^{0}	rjir^{2}		gjɨ^{2}
乌	波	僧	荷	嚟	（一）	娑	荷	嚟	（二）	纥
[illegible]	[illegible]	[illegible]	[illegible]	[illegible]	[illegible]	[illegible]	[illegible]	[illegible]	[illegible]	
rjir^{2}		śji^{2}	rjir^{2}	thji^{2}	rjir^{2}	tji^{1}	mjijr^{2}	śju^{2}	tha^{2}	
唎	（三）	室	唎	地	唎	底	弭	输	诞	

乌波僧荷嚟(一)娑荷嚟(二)纥唎(二合三)室唎(二合)地唎(二合)底弭输诞

6.49.4

[illegible]	[illegible]	[illegible]	[illegible]	[illegible]	[illegible]	[illegible]	[illegible]	[illegible]	[illegible]	[illegible]
njij^{2}		kjaa^{1}	rur^{2}	no^{1}	gja^{2}	tha^{2}	djiij^{2}	thji^{1}	śjã^{1}	pjɨ^{1}
你	（四）	羯	量	囊	遏	他	涅	弟	闪	钵
[illegible]	[illegible]	[illegible]	[illegible]	[illegible]	[illegible]	[illegible]	[illegible]	[illegible]	[illegible]	[illegible]
rar^{1}	tji^{2}	phã^{1}	tji^{1}		tsji^{2}	ta^{1}	ma^{2}	du^{2}	mjijr^{2}	gja^{2}
啰	底	皤	底	（五）	质	多	末	驽	弭	攘

你(四)羯量囊遏他(二合)涅弟闪钵啰(二合)底皤底(五)质多末驽弭攘

6.49.5

[illegible]	[illegible]	[illegible]	[illegible]	[illegible]	[illegible]	[illegible]	[illegible]	[illegible]	[illegible]	[illegible]
no^{1}	mjijr^{2}	śju^{2}	tha^{2}	njij^{2}		·a^{0}	thji^{1}	·ja^{2}	ta^{1}	mo^{2}
那	弭	输	诞	你	（六）	阿	地	耶	怛	么
[illegible]	[illegible]	[illegible]	[illegible]	[illegible]	[illegible]	[illegible]	[illegible]	[illegible]	[illegible]	
mo^{2}	xji^{1}	gja^{2}	thow^{1}	pa^{2}	rjir^{2}	śju^{1}	tha^{2}	njij^{2}		
么	呬	遏	驮	钵	唎	输	诞	你	（七）	

那弭输诞你(六)阿(引)地耶(二合)怛么(二合)么呬遏驮钵唎输诞你(七)

6.49.6

[illegible]	[illegible]	[illegible]	[illegible]	[illegible]	[illegible]	[illegible]	[illegible]	[illegible]	[illegible]	[illegible]

① 据《大藏全咒》此陀罗尼梵文为：upasaṃhare sāhare hariśrī dhritibiśodhani kalyaṇa artha nirdeśap ratibati cittamānabijñānabiśodhani madhyam abiharadvapariśodhani gatismṛti mati āharaṇi gandha gandhabati sare sarabati。

kjaa^{1}	tji^{1}	sjɨ^{2}	mjijr^{2}	rjir^{2}	tji^{1}	ma^{2}	tji^{1}		·a^{0}	xa^{0}
揭	底	臬	蜜	里	底	末	底	（八）	阿	褐
[illegible]	[illegible]	[illegible]	[illegible]	[illegible]	[illegible]	[illegible]	[illegible]	[illegible]	[illegible]	
rar^{1}	njij^{2}	khja^{2}	tja^{1}		khja^{2}	tja^{1}	pa^{2}	tji^{2}		
啰	你	岌	多	（九）	岌	多	钵	底	（十）	

揭底臬蜜里(二合)底末底(八)阿(引)褐啰你岌多(九)岌多钵底(十)

6.49.7

[illegible]	[illegible]	[illegible]	[illegible]	[illegible]	[illegible]	[illegible]	[illegible]
sa^{2}	rjir^{2}		sa^{2}	rar^{1}	·wa^{1}	tji^{2}	
萨	嚟	（十一）	萨	啰	筏	底	（十二）

萨嚟(十一)萨啰筏底(十二)

6.50.1

[illegible]	[illegible]：	[illegible]	[illegible]	[illegible]	[illegible]①，	[illegible]	[illegible]	[illegible]	[illegible]	[illegible]
tha^{1}	dạ^{2}	bju^{2}	mjij^{1}	ljuu^{2}	tshjịj^{2}	rjur^{1}	mə^{1}	njạ^{1}	dju^{1}	wjị^{1}
佛	言：	边	无	庄	严，	诸	天	神	有	雪
[illegible]	[illegible]	[illegible]，	[illegible]	[illegible]	[illegible]	[illegible]，	[illegible]	[illegible]	[illegible]	[illegible]
ŋər^{1}	kha^{1}	dźjiij^{1}	thja^{1}	njɨ^{2}	mə^{1}	njạ^{1}	tjij^{1}	mjor^{1}	ljịj^{2}	·jij^{1}
山	中	住，	彼	等	天	神，	若	如	来	之

佛言：无边庄严，有诸天神住雪山中，彼等天神，若如来

6.50.2

[illegible]	[illegible]	[illegible]	[illegible]	[illegible]	[illegible]	[illegible]	[illegible]	[illegible]	[illegible]	[illegible]
ɣie^{1}	ŋwu^{2}	kjɨ^{1}	gja^{2}	bjịj^{2}	nioow^{1}	tśhjwo^{1}	rjur^{1}	tsjiir^{1}	tshjiij^{1}	mjijr^{2}
力	以	△	我	助	故	则	诸	法	说	者
[illegible]	[illegible]	[illegible]	[illegible]	[illegible]	[illegible]。	[illegible]	[illegible]	[illegible]	[illegible]：	
·jij^{1}	tsjiir^{1}	bji^{1}	swew^{1}	khjow^{1}	njwi^{2}	ŋwəə^{1}	ŋwuu^{1}	rjɨr^{2}	tshjiij^{1}	
之	法	光	明	与	能。	咒	颂	△	说：	

力之所加持，而能授与诸说法者法之光明。即说咒曰：

① 此处原图版残损，据汉文本补“[illegible]”。

6.50.3①

ma^{2}	tji^{1}	mjijr^{2}	śju^{2}	tha^{2}	njij^{2}		su^{1}	njij^{2}	tja^{1}	mjijr^{2}
末	底	弭	输	诞	你	(一)	苏	育	多	寐

rjir^{2}	·ji^{1}		·ja^{0}	kha^{1}	rar^{1}	xji^{1}	ta^{1}	pa^{2}	thow^{1}	njij^{2}
唎	曳	(二)	阿	竭	啰	呬	多	钵	驮	涅

末底弭输诞你(一)苏育多寐唎曳(二合二)阿竭啰(二引)呬多钵驮涅

6.50.4

xa^{0}	rjir^{2}		·a^{0}	kji^{1}	la^{1}	sjɨ^{2}	njij^{2}		·a^{0}	mji^{1}
荷	唎	(三)	阿	枳	逻	枭	你	(四)	阿	弭

la^{1}	sjɨ^{2}	njij^{2}		·jwar^{1}	thow^{1}	no^{1}	sjɨ^{2}	pa^{2}	njij^{2}	
逻	枭	你	(五)	郁	他	曩	三	半	宁	(六)

荷唎(三)阿枳逻(引)枭你(四)阿弭逻枭你(五)郁他(引)曩三半宁(六)

6.50.5

mjijr^{2}	njij^{2}	tja^{1}	sjɨ^{2}	mo^{2}	no^{1}	pa^{2}	tji^{1}	
弭	你	多	三	么	那	钵	底	(七)

ma^{2}	tji^{1}	·a^{0}	kjaa^{1}	rar^{1}	du^{2}	sa^{2}	tji^{1}	
末	底	阿	揭	罗	怒	蘖	谛	(八)

弭你多三么(引)那钵底(七)末底阿揭罗(二合)怒蘖谛(八)

6.50.6

① 据《大藏全咒》此陀罗尼梵文为:matibiśodhani suyukta birya agrahitabāda nirhare akilasini abhilasini utthānasampane binītasamatabati mati agra agrānta gate。

ljịj[2]	ljị[1]	tśiow[1]	lwər[2]	lhejr[2]	?	tśhjiw[1]	tsew[2]
大	宝	积	经	契	卷	六	第
[illegible]	[illegible]	[illegible]					
njɨɨ[1]	dźjow[1]	njar[1]					
二	遍	校					

《大宝积经》卷第六

汉文本

即说咒曰：毗筏嚟(一)毗筏啰(引)弩娑呬谛(二)钵啰(引二合)弩你(三)你珊那(上)尾筏啰尼(上四)阿毗夜(二合)筏伽(引)赊珊奈设你(五)钵啰(二合)皤(去)嚟(六)钵啰(二合)皤(去)啰弭输达你(七)涅毗羯鞞(八)阿(引)迦(去)赊三摩筏娑啰尼(上九)你省霓(十)省(上)伽(上)波揭底(十一)省(上去)伽(去)毗牟折你(十二)阿(引)娜(上)驮你(十三)阿(引)驮(去)曩毗揭帝(十四)姜(去)乞沙(二合)掣(去)那钵唎羯么(十五)遏掣(去)泥(十六)阿弩钵掣泥(十七)阿三(去)冥(十八)地毗耶(二合十九)若曩阿(引)呵啰宁(二十)钵啰(二合)攘斫刍毗输驮你(二十一)设黎耶(二合引)播那耶你(二十二)地孕(二合)只乌怛啰尼(上二十三)阿喻鸡(二十四)阿毗喻鸡(二十五)阿三钵啰(二合)喻鸡(二十六)阿毗钵啰(二合)喻鸡(二十七)阿纥啰(二合)钵驮涅贺嚟(二十八)涅提赊钵驮毗输达你(二十九)阿底多(引)那揭多钵啰(二合)底逾(二合)般那毗输达你(三十)讫唎(二合)多钵唎(二合)羯么毗你谛(三十一)曩多(引)啰他(二合)弩揭谛(三十二)阿僧羯啰(二合)冥(三十三)阿讫啰钵驮毗输达你(三十四)钵驮钵啰(二合)陛驮攘那毗输达你(三十五)涅皤斯(三十六)阿(去)皤(去)婆毗输达你(三十七)三漫多奈赊地赊毗耶(二合)筏卢羯宁(三十八)弭啰(引)疕(上)钵驮涅诃嚟(三十九)钵啰(二合)若弭输地(四十)鸣(上)皤(去)娑阿钵啰(二合)冥迦啰尼(四十一)阿矩罗波(二合)达摩奈唎设那弭输达你(四十二)步多(去)遏啰他(二合)珊奈唎设你(四十三)阿怒毫驮遏他(二合)弭输诞你(四十四)娑竭啰质多弩钵啰吠世(四十五)谜嚧钵唎僧萨他(二合引)宁(四十六)啰湿弭(二合)钵啰(二合)多钵你(四十七)萨婆路迦(引)地钵帝耶攘囊尾输诞你(四十八)阿钵啰(二合)底褐多(四十九)阿僧伽攘那奈唎(二合)设宁(五十)

佛言：无边庄严，此诸陀罗尼印能清净句，演说虚空分段之句，无有分段遍无分段，无分段故于中无句，无句清净，由一切法句清净故。为彼发趣住大乘者，希求甚深清净法者，由如来力所加持故。此诸咒句而得流布。无边庄严，若善男子爱乐现证大菩提者，欲为众生作利益者，于此咒句虽未曾闻，而能悟解。若有非人，或净居天，持此咒句，当授与彼。若有发趣阿耨多罗三藐三菩提者，诸天子等，亦持此咒而授与之。即说咒曰：

乌波僧荷嚟(一)娑荷嚟(二)纥唎(二合三)室唎(二合)地唎(二合)底弭输诞你(四)羯量曩遏他(二合)涅弟闪钵啰(二合)底皤底(五)质多末弩弭攘那弭输诞你(六)阿(引)地耶(二合)怛么(二合)么呬遏驮钵唎输诞你(七)揭底枭蜜里(二合)底末底(八)阿(引)褐啰你岌多(九)岌多钵底(十)萨嚟(十一)萨啰筏底(十二)

佛言：无边庄严，有诸天神住雪山中，彼等天神，若如来力之所加持，而能授与诸说法者法之光明。即说咒曰：

末底弭输诞你(一)苏育多寐唎曳(二合二)阿竭啰(二引)呬多钵驮涅荷唎(三)阿枳逻(引)枭你(四)阿弭逻枭你(五)郁他(引)曩三半宁(六)弭你多三么(引)那钵底(七)末底阿揭罗(二合)怒蘖谛(八)

《大宝积经》卷第六

西夏文《大宝积经》

·卷七·

《无边庄严会》“清净陀罗尼品”

第三之二整理与研究

内容和版本介绍

《大宝积经》卷七《无边庄严会》“清净陀罗尼品”是说陀罗尼门的经典，主要内容是佛为无边庄严菩萨阐说三品陀罗尼门中的清净陀罗尼。这一品说观修果，为佛以神通力令此众会了知佛性非有非无，乃至十力、四无所畏，及说十四首摄受一切善巧的清净陀罗尼咒而劝令奉持。[1]

西夏文《大宝积经》卷七为“清净陀罗尼品”第三之二。该文献由1909年科兹洛夫率领的俄国皇家蒙古四川地理考察队发现于黑水城遗址，现藏于俄罗斯科学院东方文献研究所。据克恰诺夫《西夏佛典目录》记载，该卷在俄藏第一部、第二部和第三部《大宝积经》中均有保存。第一部编号为 инв. № 554。инв. № 554，写本，经折装。版框高27.5厘米。残卷首卷尾，经文中间夹杂经名。第二部编号为 инв. № 373。инв. № 373，写本，经折装。版框高25.8厘米，纸幅33厘米×12厘米。乌丝栏。每折6行，行19字，共存71折，内容为完整的《大宝积经》第七卷。卷首经名后有西夏仁宗皇帝尊号的简称“[illegible]”（奉天显道），卷尾重复经名，可知为西夏仁宗时期的校译本。第三部编号为 инв. № 7377。инв. № 7377，写本，梵夹装。纸幅32.5厘米×50厘米。每叶21—28行，行19—20字。每叶右边角处写有帙号和页码，每10卷用一个帙号。偈颂部分每5行行末有补花。该经文书写十分随意，且前后字体不一致，应为两个抄经人所写。卷首经名后题有“[illegible]”（天生圆能禄番依法正国皇太后梁氏御译）和“[illegible]”（就德主国增福正民大明皇帝嵬名御译），可知为西夏惠宗时期的初译本。

下面的录文和释读依据 инв.№373，释读采用逐折、逐行对译的形式，并用数字标明西夏文录文的卷次、原版折面和行次，如7.1.1，为第七卷第一折第一行。

---

① 参见谈锡永：《〈无边庄严会〉密意》，上海：复旦大学出版社，2014年，第1—3页。

文本释读

7.1.1

[illegible]	[illegible]	[illegible]	[illegible]	[illegible]	[illegible]	[illegible]	[illegible]	[illegible]①
ljịj²	ljɨ̣¹	tśiow¹	lwər²	lhejr²	?	śją¹	tsew²	zeew²
大	宝	积	经	契	卷	七	第	忍

《大宝积经》卷第七

7.1.2

[illegible]	[illegible]	[illegible]	[illegible]
tshjwu¹	bju¹	tśja¹	dźju¹
天	奉	道	显②

7.1.3

[illegible]	[illegible]	[illegible]	[illegible]	[illegible]	[illegible]	[illegible]	[illegible]	[illegible]
njɨɨ¹	tsew²	bju²	mjij¹	ljuu²	tshjịj²	ljwu²	gji¹	sej¹
二	第	边	无	庄	严	会	清	净
[illegible]	[illegible]	[illegible]	[illegible]	[illegible]	[illegible]	[illegible]	[illegible]	
thow¹	lo¹	dźji¹	tjij¹	sọ¹	tsew²	·jij¹	njɨɨ¹	
陀	罗	尼	品	三	第	之	二	

第二《无边庄严会》清净陀罗尼品第三之二③

7.1.4

[illegible]	[illegible],	[illegible]	[illegible]	[illegible]	[illegible]	[illegible]	[illegible]	[illegible]
tśhjɨ¹	zjọ²	tha¹	bju²	mjij¹	ljuu²	tshjịj²	dźiã²	tsjij²
尔	时,	佛	边	无	庄	严	菩	萨
[illegible]	[illegible]	[illegible]:	[illegible]	[illegible]	[illegible]	[illegible]	[illegible]	[illegible]

① 西夏字“[illegible]”为帙号,可以译作“忍”。

② “奉天显道”为西夏仁宗皇帝尊号。汉文本无此尊号。

③ 此处汉文本署“大唐三藏菩提流志译”,西夏文本无。

·jij^{1}	dạ^{2}	·jɨ^{1}	rjur^{1}	mə^{1}	njạ^{1}	njɨ^{2}	kji^{1}	lo^{1}
之	言	谓:	诸	天	神	等	鸡	罗

尔时,佛告无边庄严①:有诸天神住鸡罗

7.1.5

[illegible]	[illegible]	[illegible]	[illegible],	[illegible]	[illegible]	[illegible]	[illegible]	[illegible]
so^{2}	ŋər^{1}	kha^{1}	dźjiij^{1}	thja^{1}	mə^{1}	njạ^{1}	njɨ^{2}	rjur^{1}
娑	山	中	住,	彼	天	神	等	诸
[illegible]	[illegible]	[illegible]	[illegible]	[illegible]	[illegible]	[illegible]	[illegible]	[illegible],
tsjiir^{1}	tshjiij^{1}	mjijr^{2}	·jij^{1}	tśhjiw^{1}	tśhji^{2}	gji^{1}	sej^{1}	phji^{1}
法	说	者	之	六	根	清	净	令,

娑山,彼等天神,能令诸说法者六根清净,

7.1.6

[illegible]	[illegible]	[illegible]	[illegible]	[illegible]	[illegible]	[illegible]	[illegible],	[illegible]
rjur^{1}	rjur^{1}	tsjiir^{1}	nẹ^{1}	tshjiij^{1}	phie^{2}	neej^{2}	zjij^{1}	thja^{2}
诸	诸	法	宣	说	开	示	时,	彼
[illegible]	[illegible]	[illegible]	[illegible],	[illegible]	[illegible]	[illegible]	[illegible]	[illegible]。
·jij^{1}	dạ^{2}	sjwɨj^{1}	bjij^{2}	twẹ^{2}	twẹ^{2}	tshjiij^{1}	phji^{1}	njwi^{2}
之	语	业	助,	续	续	说	令	能。

于诸演说开示法时,助其语业,令相续说。

7.2.1

[illegible]	[illegible]	[illegible]	[illegible]:
ŋwəə^{1}	ŋwuu^{1}	rjɨr^{2}	tshjiij^{1}
咒	颂	△	说:

即说咒曰:

7.2.2②

[illegible]	[illegible]	[illegible]	[illegible]③	[illegible]	[illegible]	[illegible]	[illegible]	[illegible]	[illegible]

① 无边庄严,西夏文字面意思是"无边庄严菩萨"。

② 据《大藏全咒》此陀罗尼梵文为:pradīpabidhi birocanabati budhimati basumati dharmamati asaṃpramukha mati avabhāsa saṃdarśanabati upasaṃharanirdeśanabati。

③ 据汉文本此处疑衍"[illegible]"。

pjɨ^{1}	rar^{1}		ta^{1}	tow^{1}	pa^{2}	tja^{1}	tji^{1}		·wji^{2}
钵	啰	(二合)	他	多	钵	怛	底	(一)	吠
[illegible]	[illegible]	[illegible]	[illegible]	[illegible]	[illegible]	[illegible]	[illegible]	[illegible]	
rur^{2}	tśja^{1}	na^{1}	·wa^{1}	tji^{1}		bə^{1}	tha^{2}	ba^{2}	
嚧	折	那	筏	底	(二)	没	陀	末	

钵啰(二合)多钵怛底(一)吠嚧折那筏底(二)没陀末

7.2.3

[illegible]	[illegible]	[illegible]	[illegible]	[illegible]	[illegible]	[illegible]	[illegible]	[illegible]	[illegible]
tji^{2}		war^{1}	su^{1}	ba^{2}	tji^{1}		tha^{2}	mạ^{1}	ba^{2}
底	(三)	嚩	苏	末	底	(四)	达	摩	末
[illegible]	[illegible]	[illegible]	[illegible]	[illegible]	[illegible]	[illegible]	[illegible]	[illegible]	
tji^{1}		gaa^{1}	sã^{1}	pjɨ^{1}	rar^{1}		buu^{2}	śia^{1}	
底	(五)	遏	三	钵	啰	(二合)	谋	沙	

底(三)嚩苏末底(四)达摩末底(五)遏三钵啰(二合)谋(上)沙

7.2.4

[illegible]	[illegible]	[illegible]	[illegible]	[illegible]	[illegible]	[illegible]	[illegible]	[illegible]
·wa^{1}	tji^{1}		gjaa^{2}	pho^{1}	sã^{1}	deer^{2}	rjir^{2}	śja^{1}
筏	底	(六)	粤	皤	珊	奈	唎	设
[illegible]	[illegible]	[illegible]	[illegible]	[illegible]	[illegible]	[illegible]	[illegible]	[illegible]
pho^{1}	·wa^{1}	tji^{1}		·u^{2}	po^{1}	sẽ^{1}	xa^{0}	rar^{1}
曩	筏	底	(七)	乌	波	僧	荷	啰

筏底(六)粤皤珊奈唎设曩筏底(七)乌波僧荷啰

7.2.5

[illegible]	[illegible]	[illegible]	[illegible]	[illegible]	[illegible]
djiij^{2}	thji^{1}	śja^{2}	·wa^{1}	tji^{1}	
涅	弟	赊	筏	底	(八)

涅弟赊筏底(八)

7.2.6

[illegible]	[illegible]	[illegible]	[illegible]	[illegible]	[illegible]	[illegible]	[illegible]	[illegible]

tha^{1}	bju^{2}	mjij^{1}	ljuu^{2}	tshjij^{2}	dźiã^{2}	tsjij^{2}	·jij^{1}	dạ^{2}
佛	边	无	庄	严	菩	萨	之	言
[illegible]:	[illegible]	[illegible]	[illegible]	[illegible]	[illegible]	[illegible]	[illegible]	[illegible]
·jɨ^{1}	rjur^{1}	mə^{1}	njạ^{1}	njɨ^{2}	so^{2}	lo^{1}	bo^{1}	kha^{1}
谓:	诸	天	神	等	娑	罗	林	中

佛言:无边庄严,有诸天神住娑罗林,

7.3.1

[illegible],	[illegible]	[illegible]	[illegible]	[illegible]	[illegible]	[illegible]	[illegible]	[illegible]
dźjiij^{1}	thja^{1}	mə^{1}	njạ^{1}	njɨ^{2}	rjur^{1}	tsjiir^{1}	tshjiij^{1}	mjijr^{2}
住,	彼	天	神	等	诸	法	说	者
[illegible]	[illegible]	[illegible]	[illegible]	[illegible]	[illegible]	[illegible]	[illegible]	[illegible]
·jij^{1}	ljụ^{2}	ljaa^{2}	phji^{1}	sjwɨj^{1}	zji^{2}	gji^{1}	sej^{1}	phji^{1}
之	身	口	意	业	皆	清	净	令

彼等天神,能令诸说法者身语意业皆悉清净,及能令

7.3.2

[illegible],	[illegible]	[illegible]	[illegible]	[illegible]	[illegible]	[illegible]	[illegible]①	[illegible]
njwi^{2}	nioow^{1}	thja^{2}	·jij^{1}	ŋwuu^{1}	ɣię^{2}	gji^{1}	śjwii^{2}	phji^{1}
能,	及	彼	之	言	声	清	和	令
[illegible],	[illegible]	[illegible]	[illegible]	[illegible]	[illegible]、	[illegible]	[illegible]	[illegible]
njwi^{2}	thjɨ^{2}	tja^{1}	zji^{2}	thjoo^{1}	ɣię^{2}	dzu^{1}	lew^{2}	ɣię^{2}
能,	此	者	最	妙	声、	爱	可	声

彼言音清彻,谓美妙声②、可爱乐声,

7.3.3

[illegible]。	[illegible]	[illegible]	[illegible]	[illegible]、	[illegible]	[illegible]	[illegible]
ŋwu^{2}	nioow^{1}	njwo^{2}	śjwii^{2}	ŋwuu^{1}	mji^{1}	ljwu^{1}	nu^{1}
是。	及	词	和	语、	不	违	背
[illegible]	[illegible]	[illegible],	[illegible]	[illegible]	[illegible]	[illegible]:	

① [illegible],西夏文字面意思是“清和”,与汉文本中的“清彻”对译。

② 美妙声,西夏文字面意思是“最妙声”。

ŋwuu^{1}	khjow^{1}	njwi^{2}	ŋwəə^{1}	ŋwuu^{1}	rjɨr^{2}	tshjiij^{1}
语	授	能，	咒	颂	△	说：

及能授与爱语①、不相违语。即说咒曰：

7.3.4②

[illegible]	[illegible]	[illegible]	[illegible]	[illegible]	[illegible]	[illegible]	[illegible]	[illegible]
djiij^{2}	rar^{1}	lã^{1}	pho^{1}	·ja^{0}	gjaa^{1}	rar^{1}	kja^{1}	rjir^{2}
涅	啰	蓝	婆	阿	孽	啰	羯	嚟
[illegible]	[illegible]	[illegible]	[illegible]	[illegible]	[illegible]③	[illegible]	[illegible]	[illegible]
	khjɨ^{2}	śia^{1}	mạ^{1}	gjɨɨ^{2}	lji^{1}	phji^{1}	tśji^{2}	·jij^{1}
(一)	乞	晒	么	佉	唎	毗	制	曳

涅啰(引)蓝婆阿孽啰(二合)羯嚟(一)乞晒么毗制曳

7.3.5

[illegible]	[illegible]	[illegible]	[illegible]	[illegible]	[illegible]	[illegible]	[illegible]	[illegible]	[illegible]
	djiij^{2}	pho^{1}	so^{2}	·wa^{1}	tji^{1}		djiij^{2}	xa^{1}	rar^{1}
(二)	涅	皤	娑	筏	底	(三)	涅	荷	啰
[illegible]	[illegible]	[illegible]	[illegible]	[illegible]	[illegible]	[illegible]	[illegible]	[illegible]	
·wa^{1}	tji^{1}		·u^{2}	śja^{1}	·wa^{1}	tji^{1}		·u^{2}	
筏	底	(四)	乌	阇	筏	底	(五)	乌	

(二)涅皤娑筏底(三)涅荷啰筏底(四)乌阇筏底(五)乌

7.3.6

[illegible]	[illegible]	[illegible]	[illegible]	[illegible]	[illegible]	[illegible]	[illegible]	[illegible]	[illegible]
po^{1}	no^{1}	mjij^{2}	tji^{1}		·u^{2}	po^{1}	sẽ^{1}	xa^{1}	rar^{1}
波	曩	酩	底	(六)	乌	波	僧	荷	啰
[illegible]	[illegible]	[illegible]	[illegible]	[illegible]	[illegible]	[illegible]	[illegible]	[illegible]	
kja^{1}	rar^{1}	dzji^{1}		·a^{0}	wji̩^{1}	śja^{1}	tha^{2}		
羯	啰	尼	(七)	阿	尾	舍	他	(八)	

① 爱语，西夏文字面意思是“和词语”。

② 据《大藏全咒》此陀罗尼梵文为：niralambhe agrakare kṣemabicaya nirabhasabati nidharabati ojobati upanamiti upasaṃharakaraṇi abhiṣeka iha dharaṇimukhe dharmamukhe dharmabatale。

③ 汉文本无“佉唎”二字。

波曩酩底(六)乌波僧荷啰羯啰尼(上七)阿(引)尾舍他(八)

7.4.1

[illegible]	[illegible]	[illegible]	[illegible]	[illegible]	[illegible]	[illegible]	[illegible]	[illegible]	[illegible]
·ji¹	xa¹	tha²	rar¹	nji²	boo²	xji¹		thjowr²	mo²
伊	荷	驮	啰	尼	目	溪	(九)	达	摩
[illegible]	[illegible]	[illegible]	[illegible]	[illegible]	[illegible]	[illegible]	[illegible]	[illegible]	
boo²	xji¹		thjowr²	mo²	po¹	dźiã¹	lji¹		
目	溪	(十)	达	摩	波	吒	嚟	(十一)	

伊荷驮啰尼目溪(九)达摩目溪(十)达摩波吒嚟(十一)①

7.4.2

[illegible]	[illegible]	[illegible]	[illegible]	[illegible]	[illegible]	[illegible]	[illegible]	[illegible]：
bju²	mjij¹	ljuu²	tshjij²	dźiã²	tsjij²	·jij¹	dạ²	·jɨ¹
边	无	庄	严	菩	萨	之	言	谓：
[illegible]	[illegible]	[illegible]	[illegible]	[illegible]	[illegible]	[illegible]	[illegible]	
rjur¹	mə¹	njạ¹	njɨ²	·wjị¹	ŋər¹	zjɨr¹	rjijr²	
诸	天	神	等	雪	山	南	方	

佛言:无边庄严,有诸天神住雪山南面,

7.4.3

[illegible]。	[illegible]	[illegible]	[illegible]	[illegible]	[illegible]	[illegible]	[illegible]，	[illegible]
dźjiij¹	thja¹	mə¹	njạ¹	njɨ²	tsjiir¹	tshjiij¹	mjijr²	nioow¹
住。	彼	天	神	等	法	说	者，	复
[illegible]	[illegible]	[illegible]	[illegible]	[illegible]	[illegible]	[illegible]，	[illegible]	[illegible]
thjɨ²	tsjiir¹	kha¹	·jɨr²	djọ²	dźjịj¹	mjijr²	tsjiir¹	kjụ¹
此	法	中	勤	修	行	者，	法	求

彼等天神,为说法者,于此法中勤修行者,乐求法者,

7.4.4

[illegible]	[illegible]，	[illegible]	[illegible]	[illegible]	[illegible]	[illegible]	[illegible]

① 《大藏全咒》此句后依番经补入 dharmakāma dhamacantikā。

dzu^{1}	mjijr^{2}	tsjiir^{1}	dzu^{1}	kowr^{2}	mjijr^{2}	njɨ^{2}	·jij^{1}
爱	者，	法	爱	爱	者	等	之
[illegible]	[illegible]	[illegible]	[illegible]，	[illegible]	[illegible]	[illegible]	[illegible]：
bji^{1}	ɣie^{1}	ljwị^{1}	wji^{1}	ŋwəə^{1}	ŋwuu^{1}	rjɨr^{2}	tshjiij^{1}
威	力	入	为，	咒	颂	△	说：

爱乐法者，益其精气①。即说咒曰：

7.4.5②

[illegible]	[illegible]	[illegible]	[illegible]	[illegible]	[illegible]	[illegible]	[illegible]	[illegible]	[illegible]
kja^{1}	rjir^{2}	·ja^{2}	no^{1}	gjaa^{1}	tha^{2}	·wji^{2}	sa^{2}	gja^{2}	njij^{2}
羯	唎	耶	曩	遏	他	微	萨	若	你
[illegible]	[illegible]	[illegible]	[illegible]	[illegible]	[illegible]	[illegible]	[illegible]	[illegible]	
	kjiw^{1}	śja^{1}	lji^{1}	·ja^{2}	duu^{2}	gjaa^{1}	tji^{1}		
（一）	骄	赊	唎	耶	怒	孽	帝	（二）	

羯唎耶（二合）曩遏他（二合）微萨若你（一）骄赊唎耶（二合）怒孽帝（二）

7.4.6

[illegible]	[illegible]	[illegible]	[illegible]	[illegible]	[illegible]	[illegible]	[illegible]	[illegible]
·u^{2}	pa^{2}	·ja^{2}	sẽ^{1}	gjɨɨ^{2}	rjir^{2}	xji^{1}	tji^{1}	
呜	播	耶	僧	仡	唎	呬	帝	（三）
[illegible]	[illegible]	[illegible]	[illegible]	[illegible]	[illegible]	[illegible]	[illegible]	[illegible]
·wji^{2}	njij^{2}	boo^{2}	tji^{1}		śja^{1}	tow^{1}	pa^{2}	no^{1}
微	宁	目	帝	（四）	扇	多	钵	那

呜播（引）耶僧仡唎（二合）呬（引）帝（三）微宁目帝（四）扇（引）多钵那

7.5.1

[illegible]	[illegible]	[illegible]	[illegible]	[illegible]	[illegible]	[illegible]	[illegible]	[illegible]	[illegible]	[illegible]	[illegible]	[illegible]
·wji^{2}	sa^{2}	rar^{1}	njij^{2}		·u^{2}	pho^{1}	pha^{1}	·ja^{2}	śja^{1}	·wa^{1}	tji^{1}	
微	萨	啰	你	（五）	乌	皤	婆	耶	赊	筏	底	（六）

① 益其精气，西夏文字面意思是“威力入为”。

② 据《大藏全咒》此陀罗尼梵文为：kalyaṇārthabisarjani ko ś ālya anagate upayasaṃgrihete binirmukta śantapada bisarani oṃ pasayaśapati。

微萨啰你(五)乌皤(引上)婆耶赊筏底(六)

汉文本

《大宝积经》卷第七

大唐三藏菩提流志译

第二《无边庄严会》清净陀罗尼品第三之二

尔时,佛告无边庄严:有诸天神住鸡罗娑山,彼等天神,能令诸说法者六根清净,于诸演说开示法时,助其语业,令相续说。即说咒曰:

钵啰(二合)多钵怛底(一)吠嚧折那筏底(二)没陀末底(三)嚩苏末底(四)达摩末底(五)遏三钵啰(二合)谋(上)沙筏底(六)粤皤珊奈唎设曩筏底(七)乌波僧荷啰涅弟赊筏底(八)

佛言:无边庄严,有诸天神住娑罗林,彼等天神,能令诸说法者身语意业皆悉清净,及能令彼言音清彻,谓美妙声、可爱乐声,及能授与爱语、不相违语。即说咒曰:

涅啰(引)蓝婆阿孽啰(二合)羯嚟(一)乞哂么毗制曳(二)涅皤娑筏底(三)涅荷啰筏底(四)乌阇筏底(五)乌波曩酪底(六)乌波僧荷啰羯啰尼(上七)阿(引)尾舍他(八)伊荷驮啰尼目溪(九)达摩目溪(十)达摩波吒嚟(十一)

佛言:无边庄严,有诸天神住雪山南面,彼等天神,为说法者,于此法中勤修行者,乐求法者,爱乐法者,益其精气。即说咒曰:

羯唎耶(二合)曩遏他(二合)微萨若你(一)骄赊唎耶(二合)怒孽帝(二)呜播(引)耶僧仡唎(二合)呬(引)帝(三)微宁目帝(四)扇(引)多钵那微萨啰你(五)乌皤(引上)婆耶赊筏底(六)

7.5.2

[illegible]	[illegible]	[illegible]	[illegible]	[illegible]	[illegible]	[illegible]	[illegible]	[illegible]
tha^{1}	bju^{2}	mjij^{1}	ljuu^{2}	tshjịj^{2}	dźiã^{2}	tsjij^{2}	·jij^{1}	dạ^{2}
佛	边	无	庄	严	菩	萨	之	言
[illegible]:	[illegible]	[illegible]	[illegible]	[illegible]	[illegible]	[illegible]	[illegible]	[illegible]
·jɨ^{1}	rjur^{1}	mə^{1}	nja̹^{1}	njɨ^{2}	ljịj^{2}	ŋjow^{2}	rewr^{2}	ɣa^{2}
谓:	诸	天	神	等	大	海	岸	于

佛言:无边庄严,有诸天神住大海岸,

7.5.3

[illegible],	[illegible]	[illegible]	[illegible]	[illegible],	[illegible]	[illegible]	[illegible]	[illegible]
dźjiij^{1}	thja^{1}	mə^{1}	nja̹^{1}	njɨ^{2}	tsjiir^{1}	mji^{1}	nioow^{1}	ku^{1}
住,	彼	天	神	等,	法	闻	故	则
[illegible]	[illegible]	[illegible]	[illegible]	[illegible]	[illegible]	[illegible]	[illegible],	[illegible]

rjur[1]	tsjiir[1]	dzjiij[2]	·jij[1]	no[2]	rejr[2]	rjir[1]	phji[1]	mjor[1]
诸	法	师	之	安	乐	得	令，	如

彼等天神，为闻法故，为诸法师而作安乐，如

7.5.4

ljịj[2]	thja[2]	·jij[1]	gjịj[1]	ɣie[2]	kięj[2]	nioow[1]	thjɨ[2]	ŋwəə[1]
来	彼	之	利	益	欲	故，	此	咒
gjwi[2]	tshjiij[1]	nioow[1]	śjɨ[2]	ŋwər[1]	dzjwɨ[1]	tsjɨ[1]	thjɨ[2]	rjur[1]
句	说	及	释	天	帝	亦	此	诸

来为欲利益彼故，说此咒句，及天帝释亦能授与此诸

7.5.5

ŋwuu[1]	gjwi[2]	khjow[1]	njwi[2]	thjɨ[2]	tja[1]	śjɨ[2]	ŋwər[1]	dzjwɨ[1]
颂	句	与	能。	此	者	释	天	帝
njɨ[2]	·jij[1]	ɣjiw[1]	njwi[2]	sji[2]	gjwi[2]	ŋwu[2]	ŋwəə[1]	ŋwuu[1]
等	之	摄	能	∧	句	是，	咒	颂

咒句，此是能摄帝释①等句。即说

7.5.6

rjɨr[2]	tshjiij[1]
△	说：

咒曰：

① 帝释，西夏文字面意思是“释天帝”。

7.6.1①

[illegible]	[illegible]	[illegible]	[illegible]	[illegible]	[illegible]	[illegible]	[illegible]	[illegible]	[illegible]
mạ^{1}	khji^{1}	pa^{2}	tji^{1}		mạ^{1}	su^{1}	ma^{2}	tji^{1}	
么	弃	钵	底	(一)	么	苏	莽	底	(二)
[illegible]	[illegible]	[illegible]	[illegible]	[illegible]	[illegible]	[illegible]	[illegible]	[illegible]	
nji^{2}	pho^{1}	·a^{0}	rar^{1}	gja^{2}		śja^{1}	tśji^{2}	pa^{2}	
泥	婆	阿	啰	若	(三)	舍	至	钵	

么弃钵底(一)么苏莽底(二)泥(引)婆(上)阿啰(二合)若(三)舍至钵

7.6.2

[illegible]	[illegible]	[illegible]	[illegible]	[illegible]	[illegible]	[illegible]	[illegible]	[illegible]	[illegible]
tji^{2}		sa^{2}	pho^{1}	·a^{0}	su^{1}	rar^{1}	na^{1}		djiij^{2}
底	(四)	萨	婆	阿	苏	啰	曩	(五)	涅
[illegible]	[illegible]	[illegible]	[illegible]	[illegible]	[illegible]	[illegible]	[illegible]	[illegible]	
la^{1}	khja^{2}	tow^{1}	njij^{2}		·wji^{2}	zji^{1}	śia^{1}	·ja^{2}	
罗	伽	多	你	(六)	未	而	晒	野	

底(四)萨婆阿苏啰曩(五)涅罗(二合)伽(引)多你(六)未而晒(二合)野

7.6.3

[illegible]	[illegible]	[illegible]	[illegible]	[illegible]	[illegible]	[illegible]	[illegible]	[illegible]	[illegible]
	su^{1}	pjɨ^{1}	rar^{1}	tji^{1}	rjɨr^{2}	tśhji^{2}	ta^{1}		pjɨ^{1}
(七)	素	钵	啰	底	瑟	耻	多	(八)	钵

---

① 据《大藏全咒》此陀罗尼梵文为：mahipatibasumati devarājaśucibati sarvāsuraṃ nirghatani bajraya supratiṣṭhita pramardanobyāsurāṇāṃ tebam adhipatyasana puraskṛtihinideviḥ śubhase bhasāpasadha purandhara mahāketu tabesya surasamadha dhvajagrāntāpapaśyantva bidhvansitamahāsura asurentrapalabanti bhitattastanirdesde śa namaḥ buddhasyakirtisya namaḥ gotraṃmahāyaśa devāsurasmiṃsaṃgrame buddhaśutamanuttara śrabasyadevabi jaya namaḥ buddhabibhaṣita saṃgramacantasimaṇibidyaṃ menabhiṣitabijaye sotatadevāsuraś ca binitabanakṛtate rakṣadevanaṃ manuṣyāṇaṃ rakṣasaṃbidyayaṃ iha dharmanirdeśottaranti supratiṣṭhatinigrihī tatvāyāsurarakṣasa sayakṣakinnaranāga kumbhāṇṭabhutapūtani biśacaninabatathā acalāstanapraptosi indrapuraskṛti adigambhiraśāca agrapuruṣasebita praṇamyatasyadebentra budhimaṃtathābiśuddha abeśehasūtrasena rakṣasamabitahica sahasranetra sumukha apasatiparivarta upamuñcasvakakaraṃ pūrvahetusmayaṃkṛtaṃ atipañca anupraptā acalasupratiṣṭhita kṛtaṃhekuśalaṃbhure manuṣyeṣumahipati pūrvaṃgamosya devāṇāṃ pūjentenacamanuṣa buddhasya kṛttva saṅgaraṃ pūjabeśya titebahu mahācamanibicaraṃ bhavanañcapaśotpati devalayasyamadhasmai yakṣohiparibārato pralam bhaharibahuca tapaskara biśatāgra bahi satimati surat prati saratasatathāprabhuḥ skandhānila camarāccha mahābhagi mahāskandha mahāhetusupradhipa mahābalamitiyakṣa mahātejarakṣakṣanti bhavanantabahuyakṣa paribaroyenaśobha sebasacabasusarva basutejamahāteja mahāganimahāpara haranocayibamabhi nirharayatathaipaśca sumerumutitabasba sarvadevasuraskṛto śobhatebhavanobhasaṃ prabhamuñcasitejasa。

[illegible]	[illegible]	[illegible]	[illegible]	[illegible]	[illegible]	[illegible]	[illegible]	[illegible]
rar^{1}	ma^{2}	·a^{0}	rar^{1}	na^{1}	duu^{2}	pji^{1}		·a^{0}
啰	莽	阿	啰	娜	怒	比	（九）	阿

（七）素钵啰（二合）底瑟耻多（八）钵啰（二合）莽阿啰（二合）娜怒（上）比（九）阿

7.6.4

[illegible]	[illegible]	[illegible]	[illegible]	[illegible]	[illegible]	[illegible]	[illegible]	[illegible]	[illegible]
su^{1}	rar^{1}	dźiã^{1}		nji^{2}	war^{2}	na^{1}	·a^{0}	thji^{1}	pa^{2}
素	啰	喃	（十）	泥	嚩	南	阿	地	钵
[illegible]	[illegible]	[illegible]	[illegible]	[illegible]	[illegible]	[illegible]	[illegible]	[illegible]	
tśjĩ^{1}		sa^{2}		na^{1}	pu^{1}	rar^{1}	se^{2}	kjɨ^{1}	
砧	（十一）	萨	（十二）	那	布	啰	塞	仡	

素啰（上）喃（十）泥嚩南（上）阿地钵砧（知临反十一）萨（上十二）那布啰塞仡

7.6.5

[illegible]	[illegible]	[illegible]	[illegible]	[illegible]	[illegible]	[illegible]	[illegible]	[illegible]	[illegible]
rjir^{2}	ljaa^{2}	xji^{1}	djiij^{2}		dzji^{1}	·wji^{2}	xji^{1}	śju^{1}	pho^{1}
唎	睹	呬	涅	（十三）	泥	微	呬	庶	皤
[illegible]	[illegible]	[illegible]	[illegible]	[illegible]	[illegible]	[illegible]	[illegible]	[illegible]	
sji^{1}		war^{2}	so^{2}	war^{2}	sa^{2}	na^{1}		pu^{1}	
细	（十四）	嚩	娑	嚩	萨	那	（十五）	布	

唎（二合）睹（引）呬涅（十三）泥微呬庶（上）皤（上）细（十四）嚩（引）娑嚩萨那（十五）布

7.6.6

[illegible]	[illegible]	[illegible]	[illegible]	[illegible]	[illegible]	[illegible]	[illegible]	[illegible]	[illegible]
·iã^{1}	daa^{2}	rar^{1}		tu^{1}		tow^{1}	pji^{1}	sə^{1}	
烂	奈	啰	（十六）	都	（十七）	多	闭	肆	（十八）
[illegible]	[illegible]	[illegible]	[illegible]	[illegible]	[illegible]①	[illegible]	[illegible]	[illegible]	[illegible]
·a^{0}	su^{1}	rar^{1}	sa^{2}	na^{1}		thwo^{2}	gja^{2}	·a^{0}	ɣiẹ^{2}
阿	素	啰	萨	那	（十九）	堕	喏	阿	趍

① 原文讹作"[illegible]"。

烂奈啰(十六)都(十七)多(引)闭肆(十八)阿素啰(二合)萨那(十九)堕喏(上)阿迄(其迄反)

7.7.1

ljĩ^{1}		ta^{1}	·wa^{1}	pa^{2}	śiə^{1}	to^{2}		wji^{1}	thu^{1}
林	(二十)	多	嚩	钵	施	埵	(二十一)	微	图
phow^{1}	sə^{1}	ta^{1}		ma^{2}	xa^{1}	su^{1}	rar^{1}		
孕	肆	多	(二十二)	么	诃	素	啰	(二十三)	

林(二十)多嚩(二合)钵施埵(二十一)微图孕(二合)肆多(二十二)么诃素啰(二十三)

7.7.2

·a^{0}	su^{1}	lji^{1}	na^{1}	rar^{1}	pjɨ^{1}	rar^{1}	·jã^{2}	tji^{1}	
阿	素	丽	那	啰	钵	啰	演	底	(二十四)
phji^{2}	ta^{1}	rar^{1}	sjɨ^{2}	ta^{1}		na^{1}	śju^{1}	thji^{2}	
避	多	啰	悉	多	(二十五)	那	输	地	

阿素丽那啰(二合)钵啰演底(二十四)避(引)多啰(二合)悉多(二合二十五)那输地

7.7.3

śja^{1}		ma^{2}	na^{1}	phə^{1}	tha^{2}	sja^{2}		·ji^{1}	xa^{0}
赊	(二十六)	那	莽	勃	陀	肆	(二十七)	已	曷
tji^{1}	śiə^{1}	·jij^{1}		na^{1}	ma^{2}	gjuu^{1}	ta^{1}	rar^{1}	
底	使	曳	(二十八)	曩	么	狱	多	啰	

赊(二十六)那莽勃陀肆也(二合二十七)已曷底(二合)使曳(二合二十八)曩么狱(去)多啰

7.7.4

	ma^{2}	xa^{1}	·ja^{2}	śja^{1}		nji^{2}	·wa^{1}	·a^{0}	su^{1}

(二十九)	摩	诃	野	舍	(三十)	泥	嚩	阿	素
[illegible]	[illegible]	[illegible]	[illegible]	[illegible]	[illegible]	[illegible]	[illegible]	[illegible]	
rar^{1}	sjɨ^{2}	mjij^{2}		sẽ^{1}	gja^{2}	rar^{1}	mjij^{1}		
啰	肆	酪	(三十一)	僧	孽	啰	名	(三十二)	

(二合二十九)摩诃野舍(三十)泥嚩(引)阿素啰肆酪(三十一)僧孽啰(二合)名(上三十二)

7.7.5

[illegible]	[illegible]	[illegible]	[illegible]	[illegible]	[illegible]	[illegible]	[illegible]	[illegible]
phə^{1}	tha^{2}	śja^{1}	thow^{1}		·a^{0}	duu^{2}	ta^{1}	rar^{1}
勃	陀	摄	陀	(三十三)	阿	耨	多	啰
[illegible]	[illegible]	[illegible]	[illegible]	[illegible]	[illegible]	[illegible]	[illegible]	[illegible]
	śjɨ^{1}	rar^{1}	baa^{1}	sə^{1}		djij^{1}	·wa^{1}	·wji^{2}
(三十四)	室	啰	末	斯	(三十五)	泥	嚩	微

勃陀摄陀(三十三)阿耨多啰(三十四)室啰(二合)末斯(三十五)泥嚩微

7.7.6

[illegible]	[illegible]	[illegible]	[illegible]	[illegible]	[illegible]	[illegible]	[illegible]	[illegible]	[illegible]
śji^{2}	·ja^{2}		na^{1}	mu^{2}	phə^{1}	tha^{2}	tji^{1}	no^{1}	ma^{2}
誓	耶	(三十六)	那	么	勃	陀	底	曩	莽
[illegible]	[illegible]	[illegible]	[illegible]	[illegible]	[illegible]	[illegible]	[illegible]	[illegible]	
sə^{1}		sjɨ^{2}	kja^{1}	rar^{1}	mu^{2}	tśhja^{1}	no^{1}	sə^{1}	
斯	(三十七)	僧	羯	啰	么	阐	那	斯	

誓耶(三十六)那么勃陀(引)底曩(引)莽斯(三十七)僧(上)羯啰(二合)么阐(引)那(去)斯

7.8.1

[illegible]	[illegible]	[illegible]	[illegible]	[illegible]	[illegible]	[illegible]	[illegible]	[illegible]	[illegible]
baa^{1}	nuə^{0}		phə^{1}	tha^{2}	no^{1}	mjij^{1}	no^{1}	·wa^{1}	xji^{1}
末	捻	(三十八)	勃	陀	囊	铭	曩	嚩	呬
[illegible]	[illegible]	[illegible]	[illegible]	[illegible]	[illegible]	[illegible]	[illegible]	[illegible]	
ta^{1}		·wji^{2}	śji^{2}	·jij^{1}	su^{1}		ta^{1}	ta^{1}	
多	(三十九)	微	誓	曳	素	(四十)	多	多	

末捻(引三十八)勃陀囊(引)铭曩嚩呬多(三十九)微誓曳素(四十)多多

7.8.2

[illegible]	[illegible]	[illegible]	[illegible]	[illegible]	[illegible]	[illegible]	[illegible]	[illegible]	[illegible]
djij^{1}	·wa^{1}		·a^{0}	su^{1}	rar^{1}	śjɨ^{1}	tśja^{1}		·wji^{2}
泥	嚩	（四十一）	阿	素	啰	室	者	（四十二）	微
[illegible]	[illegible]	[illegible]	[illegible]	[illegible]	[illegible]	[illegible]	[illegible]	[illegible]	
njij^{1}	tow^{1}	xiwã^{1}		kjɨ^{1}	lji^{2}	ta^{1}	tji^{1}		
宁	多	哾	（四十三）	讫	里	多	帝	（四十四）	

泥嚩（四十一）阿素啰室者（二合四十二）微宁多哾（四十三）讫里（二合）多（引）帝（四十四）

7.8.3

[illegible]	[illegible]	[illegible]	[illegible]	[illegible]	[illegible]	[illegible]	[illegible]	[illegible]	[illegible]
rar^{1}	khjɨ^{2}	śia^{1}	djij^{1}	·wa^{1}	na^{1}		mu^{2}	duu^{2}	śia^{1}
啰	乞	沙	泥	嚩	南	（四十五）	么	努	沙
[illegible]	[illegible]	[illegible]	[illegible]	[illegible]	[illegible]	[illegible]	[illegible]	[illegible]	
na^{1}		rar^{1}	khjɨ^{1}	śia^{1}	sã^{1}	wji^{2}	no^{1}		
南	（四十六）	啰	乞	沙	三	尾	那	（四十七）	

啰乞沙（二合）泥嚩（引）南（上四十五）么努沙（引）南（四十六）啰乞沙（二合）三（上）尾那（四十七）

7.8.4

[illegible]	[illegible]	[illegible]	[illegible]	[illegible]	[illegible]	[illegible]	[illegible]	[illegible]	[illegible]
·jij^{1}	·ji^{1}	xa^{0}		tha^{2}	mu^{2}	mo^{2}	djii^{1}	śjɨ^{2}	
曳	翳	诃	（四十八）	达	么	你	泥	世	（四十九）
[illegible]	[illegible]	[illegible]	[illegible]	[illegible]	[illegible]	[illegible]	[illegible]	[illegible]	
·u^{1}	ta^{1}	rar^{1}	tji^{1}		su^{1}	pjɨ^{1}	rar^{1}	tji^{1}	
污	多	谰	底	（五十）	素	钵	啰	底	

曳翳诃（四十八）达么你泥世（四十九）污多谰（二合）底（五十）素（引）钵啰（二合）底

7.8.5

[illegible]	[illegible]	[illegible]	[illegible]	[illegible]	[illegible]	[illegible]	[illegible]	[illegible]
śiə^{1}	tśhji^{2}	ta^{1}		njij^{1}	gjɨɨ^{1}	lji^{2}	xji^{1}	ta^{1}
瑟	耻	多	（五十一）	宁	疙	里	呬	多

[illegible]	[illegible]	[illegible]	[illegible]	[illegible]	[illegible]	[illegible]	[illegible]	[illegible]
	ta^{1}	·wa^{1}	·ja^{1}	·a^{0}	su^{1}	rar^{1}		·a^{0}
（五十二）	多	嚩	夜	阿	素	啰	（五十三）	阿

瑟耻（二合）多（五十一）宁疙（鱼近反）里（二合）呬多（五十二）多嚩（二合）夜（引）阿素（引）啰（五十三）阿

7.8.6

[illegible]	[illegible]	[illegible]	[illegible]	[illegible]	[illegible]	[illegible]	[illegible]	[illegible]	[illegible]
rar^{1}	khju^{2}	śia^{1}	sa^{1}	·jij^{1}	khja^{2}	kjĩ^{1}	no^{1}	la^{1}	
啰	去	洒	娑	药	叉	紧	那	啰	（五十四）
[illegible]	[illegible]	[illegible]	[illegible]	[illegible]	[illegible]	[illegible]	[illegible]	[illegible]	
na^{1}	khja^{2}	kjiw^{1}	phã^{1}	tśia^{1}	phu^{1}	ta^{1}	njij^{2}		
曩	伽	鸠	盘	吒	步	多	你	（五十五）	

啰（二合）去洒（二合）娑药叉紧那啰（五十四）曩（引）伽鸠盘吒步多你（五十五）

7.9.1

[illegible]	[illegible]	[illegible]	[illegible]	[illegible]	[illegible]	[illegible]	[illegible]	[illegible]
phji^{1}	śja^{1}	tśja^{1}	na^{1}	no^{1}	·wa^{1}	ta^{1}	tha^{2}	
毗	舍	遮	那	曩	嚩	多	他	（五十六）
[illegible]	[illegible]	[illegible]	[illegible]	[illegible]	[illegible]	[illegible]	[illegible]	[illegible]
·a^{0}	tśja^{1}	lo^{1}	sjɨ^{2}	tha^{2}	na^{1}		pjɨ^{1}	rar^{1}
阿	者	罗	悉	他	曩	（五十七）	钵	啰

毗舍（引）遮那曩嚩多他（五十六）阿者罗悉他（上二合）曩（五十七）钵啰（二合）

7.9.2

[illegible]	[illegible]	[illegible]	[illegible]	[illegible]	[illegible]	[illegible]	[illegible]	[illegible]	[illegible]
pa^{2}	tu^{1}	sə^{1}		·jĩ^{1}	no^{1}	rar^{1}	·jĩ^{1}	no^{1}	rar^{1}
钵	睹	肆	（五十八）	印	那	啰	印	那	啰
[illegible]	[illegible]	[illegible]	[illegible]	[illegible]	[illegible]	[illegible]	[illegible]	[illegible]	
	pu^{1}	rar^{1}	se^{2}	kjɨ^{1}	lji^{2}	ta^{1}		·a^{0}	
（五十九）	布	啰	塞	讫	里	多	（六十）	阿	

钵睹肆（五十八）印那啰（二合）印那啰（二合五十九）布啰（二合）塞讫里（二合）多（六十）阿

7.9.3

[illegible]	[illegible]	[illegible]	[illegible]	[illegible]	[illegible]	[illegible]	[illegible]	[illegible]
tji^{1}	gja^{2}	phji^{2}	rar^{1}		śjã^{1}	tã^{1}	tśja^{1}	
底	严	毗	啰	（六十一）	扇	旦	者	（六十二）
[illegible]	[illegible]	[illegible]	[illegible]	[illegible]	[illegible]	[illegible]	[illegible]	[illegible]
·a^{0}	kja^{1}	rar^{1}	pu^{1}	rur^{1}	śia^{1}		sji^{1}	·wji^{2}
阿	孽	啰	布	嚕	沙	（六十三）	细	尾

底严毗（引）啰（六十一）扇（引）旦（引）者（六十二）阿孽啰（二合）布嚕沙（六十三）细（引）尾

7.9.4

[illegible]	[illegible]	[illegible]	[illegible]	[illegible]	[illegible]	[illegible]	[illegible]	[illegible]
no^{1}		pjɨ^{1}	rar^{1}	ljow^{2}	mã^{1}	tu^{1}	sə^{1}	
囊	（六十四）	钵	啰	攘	漫	睹	肆	（六十五）
[illegible]	[illegible]	[illegible]	[illegible]	[illegible]	[illegible]	[illegible]	[illegible]	[illegible]
djii^{1}	baa^{1}	na^{1}	rar^{1}		phə^{1}	thji^{2}	mạ^{1}	ta^{1}
泥	末	那	啰	（六十六）	勃	地	么	多

囊（六十四）钵啰（二合）攘漫睹（引）肆（六十五）泥末那啰（二合六十六）勃地么（引）多

7.9.5

[illegible]	[illegible]	[illegible]	[illegible]	[illegible]	[illegible]	[illegible]	[illegible]	[illegible]
tha^{2}	·wji^{2}	śju^{1}	lu^{2}	ta^{1}		·a^{0}	baa^{1}	śja^{1}
他	微	庶	路	多	（六十七）	阿	末	舍
[illegible]	[illegible]	[illegible]	[illegible]	[illegible]	[illegible]	[illegible]	[illegible]	[illegible]
·ji^{1}	xa^{1}		su^{1}	ta^{1}	rar^{1}	sə^{1}	śiə^{1}	
翳	诃	（六十八）	素	多	啰	肆	氏	（六十九）

他微庶路（二合）多（六十七）阿（引）末舍翳诃（六十八）素多啰（二合）肆氏（六十九）

7.9.6

[illegible]	[illegible]	[illegible]	[illegible]	[illegible]	[illegible]	[illegible]	[illegible]	[illegible]
·a^{0}	rar^{1}	khjɨ^{1}	śia^{1}	sã^{1}	baa^{1}	no^{1}	xji^{1}	ta^{1}
阿	啰	乞	沙	三	末	娜	呬	多

	sa1	xa2	sa1	rar1	djii1	ta1	rar1	
（七十）	娑	诃	萨	啰	泥	多	啰	（七十一）

阿啰(二合)乞沙(二合)三(上)末娜呬多(七十)娑诃萨啰(二合)泥多啰(二合七十一)

7.10.1

su1	boo2	khja2	·a0	po1	sjɨ2	rjir2		pa1
素	目	佉	罨	播	娑	丽	（七十二）	钵
lji2	·wa1	lji1	tow1		ɣu1	pa2	mə2	źjow1
唎	嚩	履	多	（七十三）	污	波	闷	攘

素(引)目佉罨播娑(二合)丽(七十二)钵唎嚩(引)履多(七十三)污波闷攘(汝阳反)

7.10.2

sa2	·wa1	kã1	kja1	ma2		pu1	rar1	bjii2
萨	嚩	甘	羯	忙	（七十四）	布	啰	迷
xji1	tu1	sə1	mjij2		·ja2	ɣjɨ1	rjir2	tã1
呬	睹	肆	酩	（七十五）	野	讫	唎	檐

萨嚩(二合)甘羯忙(七十四)布啰(二合)迷呬睹肆酩(七十五)野讫唎(二合)檐

7.10.3

	·a0	tji1	pa1	śji2	tśja1		·a0	duu2
（七十六）	阿	底	钵	始	遮	（七十七）	阿	努
pjɨ1	rar1	baa1	ta1		·a0	tśja1	lo1	su1
钵	啰	没	多	（七十八）	阿	者	罗	素

（七十六）阿底钵始遮（七十七）阿努钵啰(二合)没多(七十八)阿者罗素

7.10.4

[illegible]	[illegible]	[illegible]	[illegible]	[illegible]	[illegible]	[illegible]	[illegible]	[illegible]
pa^{1}	lji^{1}	tji^{1}	śji^{2}	tśhji^{2}	ta^{1}		kjɨ^{1}	lji^{1}
钵	唎	底	瑟	耻	多	（七十九）	讫	里
[illegible]	[illegible]	[illegible]	[illegible]	[illegible]	[illegible]	[illegible]	[illegible]	[illegible]
ta^{1}	xji^{1}		kju^{1}	śja^{1}	·iã^{1}	pu^{1}	rar^{1}	mji^{1}
胆	呬	（八十）	据	舍	蓝	布	啰	迷

钵唎(二合)底瑟耻(二合)多(七十九)讫里(二合)胆呬(八十)据舍蓝布啰(二合)迷

7.10.5

[illegible]	[illegible]	[illegible]	[illegible]	[illegible]	[illegible]	[illegible]	[illegible]	[illegible]
	mo^{2}	duu^{1}	śji^{2}	śju^{1}		mo^{2}	xji^{1}	pa^{1}
（八十一）	么	怒	世	数	（八十二）	忙	呬	钵
[illegible]	[illegible]	[illegible]	[illegible]	[illegible]	[illegible]	[illegible]	[illegible]	[illegible]
tji^{1}		pu^{1}	rar^{1}	·wa^{1}	·jij^{1}	mo^{2}	sə^{1}	
底	（八十三）	布	啰	嚩	虚	牟	肆	（八十四）

(八十一)么怒世数(八十二)忙呬(引)钵底(八十三)布啰嚩(二合)虚牟肆(八十四)

7.10.6

[illegible]	[illegible]	[illegible]	[illegible]	[illegible]	[illegible]	[illegible]	[illegible]	[illegible]
djij^{1}	·wa^{1}	na^{1}		pu^{1}	śji^{2}	·jĩ^{1}	tji^{1}	
泥	嚩	南	（八十五）	布	嚐	印	底	（八十六）
[illegible]	[illegible]	[illegible]	[illegible]	[illegible]	[illegible]	[illegible]	[illegible]	[illegible]
ta^{1}	·wa^{1}	ma^{2}	duu^{1}	śia^{1}		phə^{1}	tha^{2}	sã^{1}
答	嚩	忙	努	沙	（八十七）	勃	陀	肆

泥嚩(引)南(上八十五)布嚐印底(八十六)答嚩忙努(引)沙(上八十七)勃陀肆野(二合)

7.11.1

[illegible]	[illegible]	[illegible]	[illegible]	[illegible]	[illegible]	[illegible]	[illegible]	[illegible]
kjɨ^{1}	rjir^{2}	te^{1}	·wa^{1}		sa^{2}	te^{1}	kja^{1}	·iã^{1}
讫	唎	得	嚩	（八十八）	萨	得	迦	蓝

[illegible]	[illegible]	[illegible]	[illegible]	[illegible]	[illegible]	[illegible]	[illegible]	[illegible]
	pu^{1}	śja^{1}	phji^{1}	śiar^{1}	tji^{2}		tji^{1}	boo^{2}
（八十九）	布	阇	陛	杀	底	（九十）	帝	莫

讫唎(二合)得嚩(二合八十八)萨得迦(二合)蓝(八十九)布阇陛杀底(九十)帝莫

7.11.2

[illegible]	[illegible]	[illegible]	[illegible]	[illegible]	[illegible]	[illegible]	[illegible]	[illegible]
xu^{1}		mo^{2}	xa^{1}	·wa^{1}	ma^{2}	njij^{1}		·wji^{2}
呼	（九十一）	摩	诃	嚩	莽	宁	（九十二）	微
[illegible]	[illegible]	[illegible]	[illegible]	[illegible]	[illegible]	[illegible]	[illegible]	[illegible]
tśja^{1}	·iã^{1}	pho^{1}	·wa^{1}	na^{1}	tśja^{1}		su^{1}	śju^{1}
者	蓝	皤	嚩	南	者	（九十三）	素	庶

呼(九十一)摩诃嚩莽宁(九十二)微者蓝皤嚩南者(九十三)素庶(引)

7.11.3

[illegible]	[illegible]	[illegible]	[illegible]	[illegible]	[illegible]	[illegible]	[illegible]	[illegible]
pho^{1}	tji^{2}		djij^{1}	·wa^{1}	lej^{1}	·ja^{2}	sə^{1}	
皤	底	（九十四）	泥	嚩	来	野	肆	（九十五）
[illegible]	[illegible]	[illegible]	[illegible]	[illegible]	[illegible]	[illegible]	[illegible]	[illegible]
mo^{2}	thji^{2}	·ja^{2}	sə^{1}	śiə^{1}		·ja^{2}	khju^{2}	śju^{1}
莽	地	野	肆	氏	（九十六）	野	去	疏

皤底(九十四)泥嚩来野肆(去九十五)莽地野(二合)肆氏(九十六)野去疏(二合)

7.11.4

[illegible]	[illegible]	[illegible]	[illegible]	[illegible]	[illegible]	[illegible]	[illegible]	[illegible]
xji^{1}		pha^{1}	lji^{2}	·wa^{1}	lji^{2}	tu^{1}		pjɨ^{1}
呬	（九十七）	播	履	嚩	履	睹	（九十八）	钵
[illegible]	[illegible]	[illegible]	[illegible]	[illegible]	[illegible]	[illegible]	[illegible]	
rar^{1}	·iã^{1}	mo^{2}		xa^{2}	lji^{2}	mo^{2}	xo^{0}	
啰	滥	磨	（九十九）	呵	唎	磨	鈝	

呬(九十七)播履嚩履睹(九十八)钵啰(二合)滥磨(九十九)呵唎磨鈝

7.11.5

tśja^{1}		ta^{1}	·wa^{1}	sə^{1}	kja^{1}		·wji^{2}	śja^{1}	no^{1}
者	(百)	多	嚩	肆	迦	(一百一)	微	舍	那

·ja^{0}	ɣjɨ^{1}	rar^{1}	·wa^{1}	xji^{1}		so^{2}	ta^{1}	tji^{2}
阿	疙	啰	嚩	呬	(一百二)	娑	哆	底

者(一百)多嚩肆迦(一百一)微舍那阿疙啰(二合)嚩(引)呬(一百二)娑哆底

7.11.6

mo^{2}	tji^{2}		su^{1}	rar^{1}	ta^{1}	pjɨ^{1}	rar^{1}	tji^{2}	
么	底	(一百三)	素	啰	多	钵	啰	底	(一百四)

so^{2}	rar^{1}	tow^{1}	so^{2}	ta^{1}	tha^{2}		pjɨ^{1}	rar^{1}
娑	啰	多	娑	多	他	(一百五)	钵	啰

么底(一百三)素啰多钵啰(二合)底(一百四)娑啰多娑多他(一百五)钵啰(二合)

7.12.1

phu^{1}	sa^{2}	kja^{1}	tha^{2}		·a^{0}	njij^{1}	rar^{1}	tśja^{1}
部	萨	建	陀	(一百六)	阿	你	啰	者

mo^{2}	rar^{1}	tśja^{1}		ma^{2}	xa^{1}	mo^{2}	·ji^{1}	
莽	啰	者	(一百七)	摩	诃	磨	霓	(一百八)

部(引)萨建陀(一百六)阿你啰者莽啰者(一百七)摩诃磨霓(一百八)

7.12.2

ma^{2}	xa^{1}	sa^{2}	kja^{1}	tha^{2}		ma^{2}	xa^{1}	kjii^{1}
摩	诃	萨	建	陀	(一百九)	摩	诃	计

[illegible]	[illegible]	[illegible]	[illegible]	[illegible]	[illegible]	[illegible]	[illegible]	[illegible]
tu¹		su¹	pjɨ¹	rar¹	thji²	tśja¹		ma²
都	（一百十）	素	钵	啰	地	者	（一百十一）	摩

摩诃萨建(引)陀(一百九)摩诃计都(一百十)素钵啰(二合)地者(一百十一)摩

7.12.3

[illegible]	[illegible]	[illegible]	[illegible]	[illegible]	[illegible]	[illegible]	[illegible]	[illegible]
xa¹	mo²	rar¹		·ji¹	tji²	·ja²	khja²	
诃	磨	啰	（一百十二）	翳	帝	药	叉	（一百十三）
[illegible]	[illegible]	[illegible]	[illegible]	[illegible]	[illegible]	[illegible]	[illegible]	[illegible]
ma²	xa¹	tji²	gja²		·a⁰	rar¹	khjɨ²	tśhia¹
摩	诃	帝	喏	（一百十四）	阿	啰	乞	羼

诃磨啰(一百十二)翳帝药叉(一百十三)摩诃帝喏(一百十四)阿啰(二合)乞羼(二合)

7.12.4

[illegible]	[illegible]	[illegible]	[illegible]	[illegible]	[illegible]	[illegible]	[illegible]	[illegible]
tji¹	pho¹	·wa¹	na¹	ta¹	·wa¹		mo²	xu¹
底	皤	嚩	南	多	嚩	（一百十五）	摩	护
[illegible]	[illegible]	[illegible]	[illegible]	[illegible]	[illegible]	[illegible]	[illegible]	
·ja²	khja²	pa²	rjir²	·wa¹	lu²		·jij¹	
药	叉	钵	唎	嚩	嚕	（一百十六）	曳	

底皤嚩南多嚩(一百十五)摩护药叉钵唎(二合)嚩(引)嚕(一百十六)曳

7.12.5

[illegible]	[illegible]	[illegible]	[illegible]	[illegible]	[illegible]	[illegible]	[illegible]	[illegible]
na¹	śju²	pho¹	sə¹	·wa¹	sa²	·wa¹		mo²
那	输	皤	肆	嚩	娑	嚩	（一百十七）	摩
[illegible]	[illegible]	[illegible]	[illegible]	[illegible]	[illegible]	[illegible]	[illegible]	[illegible]
su¹	sa²	·wa¹	·wa¹	su¹	tji¹	gja²		mo²
素	萨	嚩	嚩	素	底	喏	（一百十八）	摩

那输皤肆嚩娑嚩(一百十七)摩素萨嚩嚩素底喏(一百十八)摩

7.12.6

[illegible]	[illegible]	[illegible]	[illegible]	[illegible]	[illegible]	[illegible]	[illegible]
xa^{1}	tji^{1}	gja^{2}	mo^{2}	xa^{1}	·jow^{2}	njij^{2}	
诃	帝	喏	摩	诃	仰	你	（一百十九）
[illegible]	[illegible]	[illegible]	[illegible]	[illegible]	[illegible]	[illegible]	
mo^{2}	xa^{1}	pa^{1}	rar^{1}	xa^{1}	rar^{1}	du^{2}	
摩	诃	钵	啰	诃	啰	怒	

诃帝喏摩诃仰你(一百十九)摩诃钵啰(二合)诃啰怒

7.13.1

[illegible]	[illegible]	[illegible]	[illegible]	[illegible]	[illegible]	[illegible]	[illegible]	[illegible]
tśhji^{2}	·wa^{1}		·ja^{0}	·wji^{2}	xji^{1}	sa^{2}	na^{1}	·ja^{2}
制	嚩	（一百二十）	阿	尾	呬	娑	那	耶
[illegible]	[illegible]	[illegible]	[illegible]	[illegible]	[illegible]	[illegible]	[illegible]	[illegible]
tow^{1}	thji^{2}	·wa^{1}	tśja^{1}		su^{1}	mjij^{1}	rur^{1}	buu^{2}
多	替	嚩	者	（一百二十一）	素	名	嚧	暮

制嚩(一百二十)阿尾呬(上)娑那耶(引)多替嚩者(一百二十一)素名嚧暮

7.13.2

[illegible]	[illegible]	[illegible]	[illegible]	[illegible]	[illegible]	[illegible]	[illegible]	[illegible]
rar^{1}	tha^{2}	njij^{1}		ta^{1}	·wa^{1}	sa^{2}	·wa^{1}	
啰	陀	你	（一百二十二）	多	嚩	娑	嚩	（一百二十三）
[illegible]	[illegible]	[illegible]	[illegible]	[illegible]	[illegible]	[illegible]	[illegible]	[illegible]
sa^{2}	·wa^{1}	djij^{1}	·wa^{1}		pu^{1}	rar^{1}	se^{1}	kjɨ^{1}
萨	嚩	泥	嚩	（一百二十四）	布	啰	塞	讫

啰陀(二合)你(一百二十二)多嚩嚩娑嚩(一百二十三)萨嚩泥嚩(一百二十四)布啰塞讫

7.13.3

[illegible]	[illegible]①	[illegible]	[illegible]	[illegible]	[illegible]	[illegible]	[illegible]	[illegible]
rjir^{2}	tu^{1}	śju^{1}	pha^{1}	tji^{2}		pha^{1}	·wa^{1}	na^{1}

① 汉文本咒词后有数字标号“一百二十五”，西夏本脱此标号。

唎	睹	庶	婆	底	（一百二十五）	婆	嚩	曩
[illegible]	[illegible]	[illegible]	[illegible]	[illegible]	[illegible]	[illegible]	[illegible]	[illegible]
ɣu^{1}	pha^{1}	sa^{2}		pjɨ^{1}	rar^{1}	mo^{2}	mẽ^{1}	tśja^{1}
污	婆	娑	（一百二十七）	钵	啰	磨	闷	者

唎（二合）睹（一百二十五）庶（去引）婆底（一百二十六）①婆嚩曩污婆（引）娑（一百二十七）钵啰（二合）磨闷者

7.13.4

[illegible]	[illegible]	[illegible]	[illegible]	[illegible]	[illegible]
sə^{1}		tji^{2}	gja^{2}	so^{2}	
肆	（一百二十八）	底	喏	娑	（一百二十九）

肆（一百二十八）底喏娑（一百二十九）

汉文本

佛言：无边庄严，有诸天神住大海岸，彼等天神，为闻法故，为诸法师而作安乐，如来为欲利益彼故，说此咒句，及天帝释亦能授与此诸咒句，此是能摄帝释等句。即说咒曰：

么奔钵底（一）么苏莽底（二）泥（引）婆（上）阿啰（二合）若（三）舍至钵底（四）萨婆阿苏啰曩（五）涅罗（二合）伽（引）多你（六）未而哂（二合）野（七）素钵啰（二合）底瑟耻多（八）钵啰（二合）莽阿啰（二合）娜怒（上）比（九）阿素啰（上）喃（十）泥嚩南（上）阿地钵砧（知临反十一）萨（上十二）那布啰塞仡唎（二合）睹（引）呬涅（十三）泥微呬庶（上）皤（上）细（十四）嚩（引）娑嚩萨那（十五）布烂奈啰（十六）都（十七）多（引）闭肆（十八）阿素啰（二合）萨那（十九）堕喏（上）阿趁（其迄反）林（二十）多嚩（二合）钵施埵（二十一）微图孕（二合）肆多（二十二）么诃素啰（二十三）阿素丽那啰（二合）钵啰演底（二十四）避（引）多啰（二合）悉多（二合二十五）那输地赊（二十六）那莽勃陀肆也（二合二十七）已曷底（二合）使曳（二合二十八）曩么狱（去）多啰（二合二十九）摩诃野舍（三十）泥嚩（引）阿素啰肆酩（三十一）僧孽啰（二合）名（上三十二）勃陀摄陀（三十三）阿耨多啰（三十四）室啰（二合）末斯（三十五）泥嚩微誓耶（三十六）那么勃陀（引）底曩（引）莽斯（三十七）僧（上）羯啰（二合）么阐（引）那（去）斯末捻（引三十八）勃陀囊（引）铭曩嚩呬多（三十九）微誓曳素（四十）多多泥嚩（四十一）阿素啰室者（二合四十二）微宁多暵（四十三）讫里（二合）多（引）帝（四十四）啰乞沙（二合）泥嚩（引）南（上四十五）么努沙（引）南（四十六）啰乞沙（二合）三（上）尾那（四十七）曳翳诃（四十八）达么你泥世（四十九）污多谰（二合）底（五十）素（引）钵啰（二合）底瑟耻（二合）多（五十一）宁疙（鱼近反）里（二合）呬多（五十二）多嚩（二合）夜（引）阿素（引）啰（五十三）阿啰（二合）去洒（二合）娑药叉紧那啰（五十四）曩（引）伽鸠盘吒步多你（五十五）毗舍（引）遮那曩嚩多他（五十六）阿者罗悉他（上二合）曩（五十七）钵啰（二合）钵睹肆（五十八）印那啰（二合）印那啰（二合五十九）布啰（二合）塞讫里（二合）多（六十）阿底严毗（引）啰（六十一）扇（引）旦（引）者（六十二）阿孽啰（二合）布略沙（六十三）细（引）尾囊（六十四）钵啰（二合）攘漫睹（引）肆（六十五）泥末那啰（二合六十六）勃地么（引）多他微庶路（二合）多（六十七）阿（引）末舍翳诃（六十八）素多啰（二合）肆氏（六十九）阿啰（二合）乞沙（二合）三（上）末娜呬多（七十）娑诃萨啰（二合）泥多啰（二合七十一）素（引）目佉罨播娑（二合）丽（七十二）钵唎嚩（引）履多（七十三）污波闷攘（汝阳反）

① 西夏本咒词后数字标号作“一百二十五”。

萨嚩(二合)甘羯忙(七十四)布啰(二合)迷呬睹肆酩(七十五)野讫唎(二合)檜(七十六)阿底钵始遮(七十七)阿努钵啰(二合)没多(七十八)阿者罗素钵唎(二合)底瑟耻(二合)多(七十九)讫里(二合)胆呬(八十)据舍蓝布啰(二合)迷(八十一)么怒世数(八十二)忙呬(引)钵底(八十三)布啰嚩(二合)虚牟肆(八十四)泥嚩(引)南(上八十五)布嚕印底(八十六)答嚩忙努(引)沙(上八十七)勃陀肆野(二合)讫唎(二合)得嚩(二合八十八)萨得迦(二合)蓝(八十九)布阇陛杀底(九十)帝莫呼(九十一)摩诃嚩莽宁(九十二)微者蓝皤嚩南者(九十三)素庶(引)皤底(九十四)泥嚩来野肆(去九十五)莽地野(二合)肆氏(九十六)野去疏(二合)呬(九十七)播履嚩履睹(九十八)钵啰(二合)滥磨(九十九)呵唎磨阡者(一百)多嚩肆迦(一百一)微舍那阿疙啰(二合)嚩(引)呬(一百二)娑哆底么底(一百三)素啰多钵啰(二合)底(一百四)娑啰多娑多他(一百五)钵啰(二合)部(引)萨建陀(一百六)阿你啰者莽啰者(一百七)摩诃磨霓(一百八)摩诃萨建(引)陀(一百九)摩诃计都(一百十)素钵啰(二合)地者(一百十一)摩诃磨啰(一百十二)翳帝药叉(一百十三)摩诃帝喏(一百十四)阿啰(二合)乞屦(二合)底皤嚩南多嚩(一百十五)摩护药叉钵唎(二合)嚩(引)略(一百十六)曳那输皤肆嚩娑嚩(一百十七)摩素萨嚩嚩素底喏(一百十八)摩诃帝喏摩诃仰你(一百十九)摩诃钵啰(二合)诃啰怒制嚩(一百二十)阿尾呬(上)娑那耶(引)多替嚩者(一百二十一)素名嚧暮啰陀(二合)你(一百二十二)多嚩嚩娑嚩(一百二十三)萨嚩泥嚩(一百二十四)布啰塞讫唎(二合)睹(一百二十五)庶(去引)婆底(一百二十六)婆嚩曩污婆(引)娑(一百二十七)钵啰(二合)磨闷者肆(一百二十八)底喏娑(一百二十九)

7.13.5

[illegible]	[illegible]	[illegible]	[illegible]	[illegible]	[illegible]	[illegible]	[illegible]	[illegible]
tha[1]	bju[2]	mjij[1]	ljuu[2]	tshjịj[2]	dźiã[2]	tsjij[2]	·jij[1]	dạ[2]
佛	边	无	庄	严	菩	萨	之	言
[illegible]:	[illegible]	[illegible]	[illegible]	[illegible]	[illegible]	[illegible]	[illegible]①	[illegible]
·jɨ[1]	thjɨ[2]	tja[1]	śjɨ[2]	dzjwɨ[1]	njɨ[2]	·jij[1]	ɣiew[1]	njwi[2]
谓:	此	者	释	帝	等	之	学	能

佛言:无边庄严,此是能摄帝释等句。

7.13.6

[illegible]	[illegible]	[illegible]。	[illegible]	[illegible]	[illegible]	[illegible]	[illegible]	[illegible]
sji[2]	gjwi[2]	ŋwu[2]	tjij[1]	po[1]	tjɨj[1]	tshwew[1]	mjijr[2]	neew[2]
△	句	是。	若	菩	提	趣	者	善
[illegible]	[illegible]	[illegible],	[illegible]	[illegible]	[illegible]	[illegible]	[illegible]	[illegible]
goor[1]	gji[2]	njɨ[2]	kụ[1]	lja[1]	dzjɨj[1]	ɣa[2]	rjur[1]	dźiã[2]
男	子	等,	后	来	时	于	诸	众

若善男子趣菩提者,于彼后时,有诸众

① 根据汉文本“能摄帝释等”,此处[illegible](ɣiew[1])“学”通[illegible](ɣjiw[1])“摄”。

7.14.1

[illegible]	[illegible]	[illegible]	[illegible]	[illegible]	[illegible]，	[illegible]	[illegible]	[illegible]
tśhju^{1}	dju^{1}	tsjiir^{1}	ɣjiw^{1}	ɣiwej^{1}	mjijr^{2}	rjur^{1}	dźiã^{2}	tsjij^{2}
生	有	法	摄	持	者，	诸	菩	萨
[illegible]	[illegible]	[illegible]	[illegible]	[illegible]	[illegible]	[illegible]	[illegible]	[illegible]
njɨ^{2}	nioow^{1}	dźiã^{2}	tśhju^{1}	nioow^{1}	neew^{2}	ɣjɨr^{1}	tsjiir^{1}	ɣjiw^{1}
等	复	众	生	故	善	造	法	摄

生摄受法者，及为众生摄法善巧得

7.14.2

[illegible]	[illegible]	[illegible]	[illegible]，	[illegible]	[illegible]	[illegible]	[illegible]，	[illegible]	[illegible]	[illegible]
no^{2}	dźjiij^{1}	rjir^{2}	mjijr^{2}	thjɨ^{2}	rjur^{1}	gjwi^{2}	nioow^{1}	śjɨ^{2}	ŋwər^{1}	dzjwɨ^{1}
安	住	得	者，	此	诸	句	故，	释	天	帝
[illegible]	[illegible]	[illegible]	[illegible]	[illegible]	[illegible]	[illegible]	[illegible]	[illegible]。	[illegible]	[illegible]
njɨ^{2}	thjɨ^{2}	njɨ^{2}	rjur^{1}	gjwi^{2}	thja^{2}	njɨ^{2}	·jij^{1}	khjow^{1}	tha^{1}	bju^{2}
等	此	等	诸	句	彼	等	之	与。	佛	边

安住者，由是诸句，天帝释等而当授与①此等诸句。佛言：

7.14.3

[illegible]	[illegible]	[illegible]	[illegible]	[illegible]	[illegible]	[illegible]	[illegible]：	[illegible]
mjij^{1}	ljuu^{2}	tshjịj^{2}	dźiã^{2}	tsjij^{2}	·jij^{1}	dạ^{2}	·jɨ^{1}	ljɨɨr^{1}
无	庄	严	菩	萨	之	言	谓：	四
[illegible]	[illegible]	[illegible]	[illegible]	[illegible]	[illegible]	[illegible]	[illegible]	[illegible]
ŋwər^{1}	njij^{2}	nioow^{1}	wjị^{1}	dźjwɨ^{1}	·jij^{1}	ɣjiw^{1}	njwi^{2}	sji^{2}
天	王	及	眷	属	之	摄	能	△

无边庄严，何者是能摄四天王并眷属

7.14.4

[illegible]	[illegible]	[illegible]	[illegible]	[illegible]？	[illegible]	[illegible]	[illegible]	[illegible]：
gjwi^{2}	tja^{1}	ljị^{1}	kjɨ^{1}	ŋwu^{2}	ljaa^{1}	dạ^{2}	rjɨr^{2}	tshjiij^{1}

① 当授与，西夏文字面意思是“与彼等”。

句	者	何	△	是？	偈	言	△	说：

句？而说颂曰：

7.14.5

[Tangut]	[Tangut]	[Tangut]	[Tangut]	[Tangut]，	[Tangut]	[Tangut]	[Tangut]
thja²	mjii¹	dźjiij¹	·jij¹	khja²	tshjạ¹	mjij¹	tsjụ¹
彼	宫	住	夜	叉①，	瞋	无	扰
[Tangut]	[Tangut]，	[Tangut]	[Tangut]	[Tangut]	[Tangut]	[Tangut]。	
kier¹	mjij¹	rejr²	mji¹	·jij¹	gji²	pụ²	
乱	无，	多	闻	之	子	长。	

于彼②住夜叉，无忿无扰乱，多闻之长子。

7.14.6

[Tangut]	[Tangut]	[Tangut]	[Tangut]	[Tangut]，	[Tangut]	[Tangut]	[Tangut]
nioow¹	·wja¹	zji²	dzjwị¹	lhejr²	śiã¹	śja¹	·ja²
复	父	皆	恭	敬，	删	阇	耶
[Tangut]	[Tangut]，	[Tangut]	[Tangut]	[Tangut]	[Tangut]	[Tangut]③。	
·jij¹	khja²	nioow¹	rjur¹	buu²	gja¹	·ji¹	
夜	叉，	复	诸	胜	兵	众。	

及父咸恭敬，删阇耶④夜叉，及诸胜军旅。

7.15.1

[Tangut]	[Tangut]	[Tangut]	[Tangut]	[Tangut]，	[Tangut]	[Tangut]	[Tangut]
thjɨ²	tsjiir¹	dzu¹	mjijr²	·jij¹	·ju²	tśjụ¹	·wejr²
此	法	爱	者	之，	常	守	护
[Tangut]	[Tangut]，	[Tangut]	[Tangut]	[Tangut]	[Tangut]	[Tangut]。	
·wụ²	bjij²	lhjij²	·jiij¹	ljij²	njạ¹	njij²	

① 夜叉，梵文作 Yakṣa。夜叉在西夏文献中还常音译作“[Tangut][Tangut] ·ja² tśhia¹”（《观弥勒菩萨上生兜率天经》）。藏传西夏文佛经中“夜叉”也意译作“[Tangut][Tangut]”，西夏文字面意思是“碍施”，直译藏文 gnod sbyin（《喜金刚现正如意宝》）。

② 于彼，西夏文字面意思是“彼宫”。

③ [Tangut][Tangut]，西夏文字面意思是“兵众”，与汉文本中的“军旅”对译。

④ 删阇耶，梵文作 Samjayin。汉译又作删阇夜，为删阇夜毗罗胝子之略称，六师外道之一。删阇夜，为其字，译言等胜。毗罗胝，为母之名。因母而名，故曰子。

资	助，	国	持	大	神	王。	

而常拥护彼，爱乐此法者①，持国大神王。

7.15.2

[illegible]	[illegible]	[illegible]	[illegible]	[illegible]，	[illegible]	[illegible]	[illegible]
·ju^{2}	rjur^{1}	wjị^{1}	dźjwɨ^{1}	śio^{1}	thja^{2}	tsjɨ^{1}	thjɨ^{2}
常	诸	眷	属	导，	彼	亦	此
[illegible]	[illegible]，	[illegible]	[illegible]	[illegible]	[illegible]	[illegible]。	
lwər^{2}	lhejr^{2}	tshjiij^{1}	mjijr^{2}	·jij^{1}	tśjụ^{1}	·wejr^{2}	
经	契，	说	者	之	守	护。	

恒将诸眷属，彼亦常卫护②，善说此经者。

7.15.3

[illegible]	[illegible]③	[illegible]	[illegible]	[illegible]，	[illegible]	[illegible]	[illegible]
mej^{1}	wạ^{2}	·jij^{1}	wjị^{1}	dźjwɨ^{1}	·jij^{1}	ljụ^{2}	nioow^{1}
目	广	之	眷	属，	自	身	复
[illegible]	[illegible]，	[illegible]	[illegible]	[illegible]	[illegible]	[illegible]。	
gja^{1}	·ji^{1}	thjɨ^{2}	tsjiir^{1}	dźjiij^{1}	mjijr^{2}	·jij^{1}	
军	众，	此	法	住	者	之。	

丑目之眷属，自身与军众，若能住此教④。

7.15.4

[illegible]	[illegible]	[illegible]	[illegible]	[illegible]，	[illegible]	[illegible]	[illegible]
to^{2}	zji^{2}	·ju^{2}	tśjụ^{1}	·wejr^{2}	lhu^{1}	dzja^{1}	tsjɨ^{1}
尽	皆	常	守	护，	增	长	亦
[illegible]	[illegible]，	[illegible]	[illegible]⑤	[illegible]	[illegible]	[illegible]。	
thja^{2}	sju^{2}	gja^{1}	bo^{1}	nioow^{1}	rjur^{1}	·ji^{1}	
彼	如，	兵	林	复	诸	众。	

---

① 而常拥护彼，爱乐此法者，西夏文字面意思是"此法爱者之，常守护资助"。
② 彼亦常卫护，西夏文字面意思是"说者之守护"。
③ [illegible][illegible]，西夏文字面意思是"广目"，与汉文本中的"丑目"对译。丑目即广目天王，也称丑目天王。
④ 若能住此教，西夏文字面意思是"此法住者之"。
⑤ [illegible][illegible]，西夏文字面意思是"兵林"，与汉文本中的"军旅"对译。

一切当拥护,增长王亦尔①,军旅及诸众。

7.15.5

[illegible]	[illegible]	[illegible]	[illegible]	[illegible],	[illegible]	[illegible]	[illegible]
thjɨ^{2}	tsjiir^{1}	dzu^{1}	mjijr^{2}	·jij^{1}	to^{2}	zji^{2}	·ju^{2}
此	法	爱	者	之,	尽	皆	常
[illegible]	[illegible],	[illegible]	[illegible]	[illegible]	[illegible]	[illegible]。	
tśjṵ^{1}	·wejr^{2}	dźjow^{1}	ljɨɨ^{1}	ljịj^{2}	dźjow^{1}	ɣie^{1}	
守	护,	幢	幡	大	幢	力。	

爱乐此法者,普皆作卫护,幢幡大幢力。

7.15.6

[illegible]	[illegible]	[illegible]	[illegible]	[illegible],	[illegible]	[illegible]	[illegible]
wjɨ̣^{2}	rjijr^{2}	ɣa^{2}	mjii^{1}	dźjiij^{1}	mjiij^{2}	ljịj^{2}	lo^{1}
东	方	于	宫	住,	名	大	罗
[illegible]	[illegible],	[illegible]	[illegible]	[illegible]	[illegible]	[illegible]。	
tśhia^{1}	sə^{1}	thja^{2}	zji^{2}	thjɨ^{2}	kha^{1}	ɣjiw^{1}	
刹	斯,	彼	皆	此	中	摄。	

此住于东方,大称罗刹斯②,彼皆摄入此。

7.16.1

[illegible]	[illegible]	[illegible]	[illegible]	[illegible],	[illegible]	[illegible]	[illegible]
tjɨ^{1}	tjij^{1}	thjɨ^{2}	tsjiir^{1}	ɣa^{1}	·ju^{2}	ɣiwej^{1}	·jiij^{1}
假	若	此	法	门,	常	受	持
[illegible]	[illegible],	[illegible]	[illegible]	[illegible]	[illegible]	[illegible]。	
njwi^{2}	tja^{1}	·jij^{1}	ljṳ^{2}	nioow^{1}	wjị^{1}	dźjwɨ^{1}	
能	者,	自	身	与	眷	属。	

而于③此法门,有能受持者,自身与眷属。

① 增长王亦尔,西夏文字面意思是"增长亦如是"。增长王指南方天王。

② 罗刹斯,又译作罗刹、罗刹私、罗刹娑等,音译梵文 Rākṣasa,饿鬼之总名。下文亦作[illegible](lo^{1}tśhia^{1}sə^{1})。

③ 而于,西夏文字面意思是"假若"。

7.16.2

[illegible]	[illegible]	[illegible]	[illegible]	[illegible],	[illegible]	[illegible]	[illegible]
·ju^{2}	?	njij^{1}	tśjụ^{1}	·wejr^{2}	·iã^{1}	pho^{1}	phji^{1}
常	近	亲	守	护,	蓝	婆	毗
[illegible]	[illegible],	[illegible]	[illegible]	[illegible]	[illegible]	[illegible]。	
kja^{1}	tśja^{1}	nioow^{1}	rjur^{1}	·jĩ^{1}	thow^{1}	tow^{1}	
羯	遮,	复	诸	悉	驮	多。	

常亲近守护,蓝婆毗羯遮①,并及悉驮多②。

7.16.3

[illegible]	[illegible]	[illegible]	[illegible]	[illegible],	[illegible]	[illegible]	[illegible]
xji^{1}	lji^{1}	baa^{1}	tji^{1}	njɨ^{2}	to^{2}	zji^{2}	zjɨr^{1}
奚	离	末	底	等,	尽	皆	南
[illegible]	[illegible],	[illegible]	[illegible]	[illegible]	[illegible]	[illegible]③。	
rjijr^{2}	dźjiij^{1}	śjɨ^{2}	dzjwɨ^{1}	·jij^{1}	tshji^{2}	ljij^{1}	
方	住,	释	帝	之	侍	奉。	

奚离末底④等,此皆住南方,侍卫于帝释。

7.16.4

[illegible]	[illegible]	[illegible]	[illegible]	[illegible],	[illegible]	[illegible]	[illegible]
thja^{2}	ɣjiw^{1}	thju^{2}	lja^{1}	phji^{1}	tśjụ^{1}	·wejr^{2}	bji^{2}
彼	摄	此	来	令,	守	护	步
[illegible]⑤	[illegible],	[illegible]	[illegible]	[illegible]	[illegible]	[illegible]。	
ɣie^{1}	lhu^{1}	ŋowr^{2}	ŋowr^{2}	sjij^{2}	rjɨr^{2}	tshjiij^{1}	
力	增,	一	切	智	△	说。	

彼皆摄入此,拥护益精气,一切智者说。

① 蓝婆,音译梵文 Lambā,法华经所说十罗刹女之一,为第一罗刹女。毗羯遮,又作毗舍遮,音译梵文 Piśācā,持国天所领鬼之名称。

② 悉驮多,音译梵文 Siddhārtha,译曰一切义成,释迦佛为净饭王太子时之名。

③ [illegible],西夏文字面意思是“侍奉”,与汉文本中的“侍卫”对译。

④ 奚离末底,音译梵文 Sthiramati,译曰安慧,成唯识十大论师之一。

⑤ [illegible],西夏文字面意思是“步力”,与汉文本中的“精气”对译。

7.16.5

[illegible]	[illegible]	[illegible]	[illegible]	[illegible],	[illegible]	[illegible]	[illegible]
kjĩ¹	lji¹	sã¹	bjii²	tow¹	nioow¹	khja²	lo¹
剑	离	三	蜜	多,	复	伽	罗
[illegible]	[illegible],	[illegible]	[illegible]	[illegible]	[illegible]	[illegible]。	
kji¹	śji²	nioow¹	thja¹	bjii²	śji²	tow¹	
系	翅,	复	彼	蜜	室	多。	

剑离三蜜多,及伽罗系翅,并与蜜室多。

7.16.6

[illegible]	[illegible]	[illegible]	[illegible]	[illegible],	[illegible]	[illegible]	[illegible]
mjiij²	dźjwow¹	lo¹	tśhia¹	sə¹	zji²	lji⁰	rjijr²
名	称	罗	刹	斯,	皆	西	方
[illegible]	[illegible],	[illegible]	[illegible]	[illegible]	[illegible]	[illegible]。	
mjii¹	dźjiij¹	thjɨ²	njɨ²	zji²	ɣjiw¹	lja¹	
宫	住,	此	等	皆	摄	来。	

名称罗刹斯,皆住于西方,此等皆摄来。

7.17.1

[illegible]	[illegible]	[illegible]	[illegible]	[illegible],	[illegible]	[illegible]	[illegible]
tsjiir¹	tshjiij¹	wo²	tsjij²	mjijr²	ŋowr²	ŋowr²	·jij¹
法	说	义	了	者,	一	切	之
[illegible]	[illegible],	[illegible]	[illegible]	[illegible]	[illegible]	[illegible]。	
tśjụ¹	·wejr²	źjɨr¹	dźjar²	źjɨr¹	dźjar²	dju¹	
守	护,	实	谛	实	谛	有。	

说法了义者,一切常拥护,实谛有实谛。

7.17.2

[illegible]	[illegible]	[illegible]	[illegible]	[illegible],	[illegible]	[illegible]	[illegible]
mjiij²	dźjwow¹	lo¹	tśhia¹	sə¹	thjɨ²	tsjiir¹	njiij¹
名	称	罗	刹	斯,	此	法	心

[illegible]①	[illegible]，	[illegible]	[illegible]	[illegible]	[illegible]	[illegible]。
njaa1	dźiej2	thja1	lja̦1	rjijr2	mjii1	dźjij1
冥	信，	彼	北	方	宫	住。

名称罗刹斯，深信于此法，彼住于北方。

7.17.3

[illegible]	[illegible]	[illegible]	[illegible]	[illegible]，	[illegible]	[illegible]	[illegible]
tha1	thja2	·jij1	·wejr2	nioow1	thja2	ɣjiw1	thju2
佛	彼	之	护	故，	彼	摄	此
[illegible]	[illegible]，	[illegible]	[illegible]	[illegible]	[illegible]	[illegible]。	
ljij2	phji1	mjor1	ljij2	pjų1	ɣie1	nioow1	
来	令，	如	来	威	力	故。	

佛为拥护故，摄彼来入此，由如来威力。

7.17.4

[illegible]	[illegible]	[illegible]	[illegible]	[illegible]。
ŋowr2	ŋowr2	pja̦1	phjoo2	dźjij1
一	切	掌	合	住。

一切合掌住。

汉文本

佛言：无边庄严，此是能摄帝释等句。若善男子趣菩提者，于彼后时，有诸众生摄受法者，及为众生摄法善巧得安住者，由是诸句，天帝释等而当授与此等诸句。佛言：无边庄严，何者是能摄四天王并眷属句？而说颂曰：

于彼住夜叉，无忿无扰乱，多闻之长子。

及父咸恭敬，删阇耶夜叉，及诸胜军旅。

而常拥护彼，爱乐此法者，持国大神王。

恒将诸眷属，彼亦常卫护，善说此经者。

丑目之眷属，自身与军众，若能住此教。

一切当拥护，增长王亦尔，军旅及诸众。

爱乐此法者，普皆作卫护，幢幡大幢力。

此住于东方，大称罗刹斯，彼皆摄入此。

① [illegible]（njaa1），意为“黑”“冥”，通[illegible]（njaa1）“深”。[illegible][illegible]，即深信。

而于此法门,有能受持者,自身与眷属。
常亲近守护,蓝婆毗羯遮,并及悉驮多。
奚离末底等,此皆住南方,侍卫于帝释。
彼皆摄入此,拥护益精气,一切智者说。
剑离三蜜多,及伽罗系翅,并与蜜室多。
名称罗刹斯,皆住于西方,此等皆摄来。
说法了义者,一切常拥护,实谛有实谛。
名称罗刹斯,深信于此法,彼住于北方。
佛为拥护故,摄彼来入此,由如来威力。
一切合掌住。

7.17.5

[illegible]	[illegible]	[illegible]	[illegible]	[illegible]	[illegible]	[illegible]	[illegible]	[illegible]
tha^{1}	bju^{2}	mjij^{1}	ljuu^{2}	tshjij^{2}	dźiã^{2}	tsjij^{2}	·jij^{1}	dạ^{2}
佛	边	无	庄	严	菩	萨	之	言
[illegible]:	[illegible]	[illegible]	[illegible]	[illegible]	[illegible]	[illegible]	[illegible]	[illegible]
·ji^{1}	ljɨɨr^{1}	ŋwər^{1}	njij^{2}	nioow^{1}	wjị^{1}	dźjwɨ^{1}	kụ^{2}	mjii^{1}
谓:	四	天	王	及	眷	属	后	宫

佛言:无边庄严,何者是能摄四天王并诸眷属

7.17.6

[illegible]	[illegible]	[illegible],	[illegible]	[illegible]	[illegible]	[illegible]	[illegible]	[illegible]
tshji^{2}	mjijr^{2}	ɣjiw^{1}	thjɨ^{2}	kha^{1}	lja^{1}	phji^{1}	sji^{2}	gjwi^{2}
侍	者	摄,	此	中	来	令	△	句
[illegible],	[illegible]	[illegible]	[illegible]?	[illegible]	[illegible]	[illegible]	[illegible]:	
tja^{1}	ljị^{1}	kjɨ^{1}	ŋwu^{2}	ŋwəə^{1}	ŋwuu^{1}	rjɨr^{2}	tshjiij^{1}	
者,	何	△	是?	咒	颂	△	说:	

侍从内宫令入①之句? 即说咒曰:

① 令入,西夏本作"令来此中"。

7.18.1①

[illegible]	[illegible]	[illegible]	[illegible]	[illegible]	[illegible]	[illegible]	[illegible]	[illegible]
sa^{2}	njij^{1}	·wji^{2}	śja^{1}	njij^{2}		ma^{2}	xa^{1}	sa^{2}
散	宁	微	舍	你	（一）	摩	诃	萨
[illegible]	[illegible]	[illegible]	[illegible]	[illegible]	[illegible]	[illegible]	[illegible]	[illegible]
rjir^{2}		ma^{2}	xa^{1}	kja^{1}	njij^{2}		ma^{2}	xa^{1}
嚟	（二）	摩	诃	揭	你	（三）	摩	诃

散宁微舍你（一）摩诃（引）萨嚟（二）摩诃揭你（三）摩诃

7.18.2

[illegible]	[illegible]	[illegible]	[illegible]	[illegible]	[illegible]	[illegible]	[illegible]	[illegible]
kja^{1}	gja^{2}	njij^{2}		pjɨ^{1}	rar^{1}	phu^{2}	ta^{1}	·wji^{2}
揭	若	你	（四）	钵	啰	步	多	微
[illegible]	[illegible]	[illegible]	[illegible]	[illegible]	[illegible]	[illegible]	[illegible]	[illegible]
śjɨ^{2}	·jij^{1}		tha^{2}	·wa^{1}	śja^{2}	·a^{0}	gjaa^{1}	rar^{1}
誓	曳	（五）	驮	嚩	社	阿	孽	啰

揭若你（四）钵啰（二合）步（引）多微誓曳（五）驮嚩（二合）社阿孽啰

7.18.3

[illegible]	[illegible]	[illegible]	[illegible]	[illegible]	[illegible]	[illegible]	[illegible]	[illegible]
	·u^{2}	po^{1}	·wa^{1}	sa^{2}	njij^{2}		·a^{0}	njij^{2}
（六）	污	播	嚩	萨	你	（七）	阿	你
[illegible]	[illegible]	[illegible]	[illegible]	[illegible]	[illegible]	[illegible]	[illegible]	[illegible]
la^{1}	sji^{2}	no^{1}	tu^{1}	sa^{2}	xa^{1}		na^{1}	na^{1}
逻	细	曩	睹	娑	呵	（八）	曩	曩

（六）污播嚩（引）萨你（七）阿你逻（引）细曩睹娑呵（八）曩曩

---

① 据《大藏全咒》此陀罗尼梵文为：sannibhaśani mahāsari mahāgani mahā jani praptabi jaye dhvajāgra upabāsīni anī lasintusaha nānā barṇadaśadiśi catu rlokapālani tus merajana ucchiṣṭa abaśana iha samanva haratha pracinigrahi sarvacaturdeśe mitre mitrabati kāruṇe kāruṇabati bibuddhe bibuddhabati pramocani pramocanabati kritakritabati anugame anugamabati upatachedani kamabibar jani kriṣṇasamud śośini nigrita marabalaṃ uttaraṇabati pratyuttaraṇabati upekṣaanusahite aramaṇabiśodhani nidarṣana asamohani niṣpra pañcane。

7.18.4

[illegible]	[illegible]	[illegible]	[illegible]	[illegible]	[illegible]	[illegible]	[illegible]	[illegible]
xiwã^{1}	no^{1}	na^{1}	śja^{1}	njij^{2}	śja^{1}		tśja^{1}	to^{2}
筏	囊	奈	赊	你	舍	(九)	折	埵
[illegible]	[illegible]	[illegible]	[illegible]	[illegible]	[illegible]	[illegible]	[illegible]	[illegible]
rjir^{2}	lu^{1}	kja^{1}	po^{1}	rar^{1}	njij^{2}		tu^{1}	sə^{1}
唎	路	迦	播	啰	你	(十)	睹	肆

筏囊奈赊你舍(九)折埵唎(引)路(引)迦播(引)啰你(十)睹肆

7.18.5

[illegible]	[illegible]	[illegible]	[illegible]	[illegible]	[illegible]	[illegible]	[illegible]	[illegible]
mjij^{1}	rar^{1}	gja^{2}	na^{1}	·u^{1}	tśja^{1}	tha^{2}		·a^{0}
铭	啰	若	囊	污	折	他	(十一)	阿
[illegible]	[illegible]	[illegible]	[illegible]	[illegible]	[illegible]	[illegible]	[illegible]	[illegible]
xjwi^{2}	śja^{1}	na^{1}		·ji^{1}	xa^{2}	sa^{2}	mã^{1}	·wa^{1}
吠	设	娜	(十二)	伊	呵	萨	曼	嚩

铭啰(引)若囊污折他(十一)阿(引)吠设娜(十二)伊呵萨曼嚩(引)

7.18.6

[illegible]	[illegible]	[illegible]	[illegible]	[illegible]	[illegible]	[illegible]	[illegible]	[illegible]	[illegible]
xa^{2}	rar^{1}	tha^{2}		·wə^{1}	rar^{1}	śji^{2}	njij^{2}	gjaa^{1}	rar^{1}
呵	啰	他	(十三)	勿	啰	嚐	宁	孽	啰
[illegible]	[illegible]	[illegible]	[illegible]	[illegible]	[illegible]	[illegible]	[illegible]	[illegible]	
xa^{2}		sa^{2}	mjijr^{2}	tśja^{1}	gjuu^{1}	thji^{2}	śja^{1}		
呵	(十四)	萨	迷	折	突	地	舍	(十五)	

呵啰他(去十三)勿啰(二合)嚐宁孽啰(二合)呵(十四)萨迷折突地舍(十五)

7.19.1

[illegible]	[illegible]	[illegible]	[illegible]	[illegible]	[illegible]	[illegible]	[illegible]	[illegible]
tha^{1}	bju^{2}	mjij^{1}	ljuu^{2}	tshjij^{2}	dźiā^{2}	tsjij^{2}	·jij^{1}	dạ^{2}
佛	边	无	庄	严	菩	萨	之	言

·jɨ^1	ljiij^2	po^1	sjwɨ^1	·jij^1	dźjwu^2	·wəə^1	sji^2	gjwi^2
谓：	魔	波	旬	之	摧	伏	△	句

佛言：无边庄严，何者是摧伏魔波旬句？

7.19.2

tja^1	ljɨ̣^{1}	kjɨ^1	ŋwu^2	nji^2	sjij^1	djị^2	nji^2
者	何	△	是？	汝	今	谛	听！
njiij^1	tjị^1	ljɨr^2	lew^2	ŋwəə^1	ŋwuu^1	rjɨr^2	tshjiij^1
心	诚	念	应。	咒	颂	△	说：

汝应谛听，善思念之①。即说咒曰：

7.19.3②

bjii^2	tji^2	lji^2		bjii^2	ta^1	rar^1	·wa^1	tji^2
蜜	底	丽	（一）	蜜	多	啰	嚩	底
	kja^1	rur^1	na^1	kja^1	rur^1	na^1	·wa^1	
（二）	迦	略	宁	迦	略	曩	嚩	

蜜底丽(二合一)蜜多啰嚩底(二)迦略宁(三)③迦略曩嚩

7.19.4

tji^2		·wji^2	phu^1	tji^2		·wji^2	phu^1	ta^1	·wa^1
底	（四）	微	步	底	（五）	微	步	多	嚩

① 善思念之，西夏本作“应诚心念”，下同。

② 据《大藏全咒》此陀罗尼梵文为：mitre mitrabati kāruṇabati bibuddhe bibuddhabati pramocani pramocanabati kritakritabati anugame anugamabati upatachedani kamabibarjani kriṣṇasamudśośini nigṛhitam arabalaṃ uttaraṇabati pratyuttaraṇabati upekṣa anusahite aramaṇśodhani nidarṣana asamohani niṣprapañcane。

③ 西夏本缺咒文标号(三)。

tji^2		pjɨ^1	rar^1	boo^2	tśja^1	njij^2		pjɨ^1	rar^1
底	(六)	钵	啰	牟	折	你	(七)	钵	啰

底(四)微步(引)底(五)微步(引)多嚩底(六)钵啰(二合)牟折你(七)钵啰(二合)

7.19.5

[illegible]	[illegible]	[illegible]	[illegible]	[illegible]	[illegible]	[illegible]	[illegible]	[illegible]	[illegible]
boo^2	tśja^1	na^1	·wa^1	tji^2		kjɨ^1	rjir^2	ta^1	kjɨ^1
牟	折	囊	嚩	底	(八)	讫	哷	多	讫
[illegible]	[illegible]	[illegible]	[illegible]	[illegible]	[illegible]	[illegible]	[illegible]	[illegible]	
rjir^2	ta^1	·wa^1	tji^2		·a^0	duu^2	·jow^2	mjij^2	
哷	多	嚩	底	(九)	阿	怒	仰	酩	

牟折囊嚩底(八)讫哷(二合)多讫哷(二合)多嚩底(九)阿怒仰酩

7.19.6

[illegible]	[illegible]	[illegible]	[illegible]	[illegible]	[illegible]	[illegible]	[illegible]	[illegible]	[illegible]
	·a^0	duu^2	·jow^2	mo^2	·wa^1	tji^2		·u^2	po^1
(十)	阿	怒	仰	莽	嚩	底	(十一)	邬	播
[illegible]	[illegible]	[illegible]	[illegible]	[illegible]	[illegible]	[illegible]	[illegible]	[illegible]	
ta^1	sjij^2	na^1	njij^2		khja^2	ma^2	·wji^2	·wa^1	
多	掣	娜	你	(十二)	伽	么	微	嚩	

(十)阿怒仰莽嚩底(十一)邬播(引)多掣娜你(十二)伽(引)么微嚩

7.20.1

[illegible]	[illegible]	[illegible]	[illegible]	[illegible]	[illegible]	[illegible]	[illegible]	[illegible]
ljow^2	njij^2		tji^2	rjir^2	śiə^1	na^1	so^2	boo^2
攘	你	(十三)	底	哷	瑟	曩	娑	牟
[illegible]	[illegible]	[illegible]	[illegible]	[illegible]	[illegible]	[illegible]	[illegible]	[illegible]
tśhjụ^1	śiar^1	njij^2		njij^2	gjaa^1	rjir^2	xji^1	ta^1
姝	杀	你	(十四)	你	孽	哷	呬	多

攘你(十三)底哷(二合)瑟曩(二合)娑牟姝(去)杀你(十四)你孽哷(二合)呬(引)多

7.20.2

[illegible]	[illegible]	[illegible]	[illegible]	[illegible]	[illegible]	[illegible]	[illegible]	[illegible]	[illegible]

ma̦^{1} rar^{1} ·wa^{1} ·iã^{1} bju^{1} ta^{1} rar^{1} no^{1} ·wa^{1}

忙 啰 嚩 蓝 (十五) 嗢 多 啰 嚢 嚩

[illegible]

tji^{2} pjɨ^{1} rar^{1} tji^{2} zow^{2} ta^{1} rar^{1} ·wa^{1}

底 (十六) 钵 啰 底 与 多 啰 嚩

忙(引)啰嚩蓝(十五)嗢多啰嚢嚩底(十六)钵啰(二合)底与(二合)多啰嚩

7.20.3

[illegible]

tji^{2} ·u^{2} pji^{1} khju^{2} śia^{1} duu^{1} sa^{2} xji^{1}

底 (十七) 邬 闭 去 沙 怒 娑 呬

[illegible]

tji^{1} ·a^{0} ·iã^{1} na^{1} no^{1} ·wji^{2} śjuu^{1} tha^{2}

帝 (十八) 阿 滥 么 嚢 微 输 驮

底(十七)邬闭(引)去沙怒娑呬帝(十八)阿(引)滥么嚢微输驮

7.20.4

[illegible]

njij^{2} njij^{2} na^{1} rar^{1} śja^{1} na^{1} ·a^{0}

你 (十九) 宁 那 啰 舍 曩 (二十) 阿

[illegible]

sa^{1} buu^{2} xa^{2} njij^{2} njij^{2} śiə^{1} pjɨ^{1} rar^{1}

三 暮 诃 你 (二十一) 你 瑟 钵 啰

你(十九)宁那啰(二合)舍曩(二十)阿三(引)暮(引)诃你(二十一)你瑟(二合)钵啰(二合)

7.20.5

[illegible]

pẽ^{1} tśja^{1} njij^{2}

半 者 宁 (二十二)

半(引)者宁(二十二)

7.20.6

[illegible]

tha^{1}	bju^{2}	mjij^{1}	ljuu^{2}	tshjịj^{2}	dźiã^{2}	tsjij^{2}	·jij^{1}	dạ^{2}
佛	边	无	庄	严	菩	萨	之	言
[illegible]:	[illegible]	[illegible]	[illegible]	[illegible]	[illegible]	[illegible]	[illegible]	[illegible]
·jɨ^{1}	thjɨ^{2}	tja^{1}	ljiij^{2}	po^{1}	sjwɨ^{1}	·jij^{1}	dźjwu^{2}	·wəə^{1}
谓:	此	者	魔	波	旬①	之	消	伏

佛言:无边庄严,此是摧伏魔波旬句,

7.21.1

[illegible]	[illegible]	[illegible]。	[illegible]	[illegible]	[illegible]	[illegible]	[illegible]	[illegible]
sji^{2}	gjwi^{2}	ŋwu^{2}	thjɨ^{2}	gjwi^{2}	nioow^{1}	ku^{1}	mə^{1}	ljiij^{2}
△	句	是。	此	句	故	则	天	魔
[illegible]	[illegible]	[illegible]	[illegible]	[illegible]	[illegible]	[illegible]	[illegible]	[illegible]。
nioow^{1}	rjur^{1}	gja^{1}	·ji^{1}	zji^{2}	tśier^{1}	mji^{1}	rjir^{1}	phji^{1}
及	诸	兵	众	皆	便	不	得	令。

由是句故,不令天魔及诸军众而得其便。

7.21.2

[illegible]	[illegible]	[illegible]	[illegible]	[illegible]	[illegible]	[illegible]	[illegible]	[illegible]
tha^{1}	bju^{2}	mjij^{1}	ljuu^{2}	tshjịj^{2}	dźiã^{2}	tsjij^{2}	·jij^{1}	dạ^{2}
佛	边	无	庄	严	菩	萨	之	言
[illegible]:	[illegible]	[illegible]	[illegible]	[illegible]	[illegible]	[illegible]	[illegible]	[illegible]
·jɨ^{1}	thja^{1}	ljịj^{2}	xiwã^{1}	mə^{1}	·jij^{1}	ɣjiw^{1}	njwi^{2}	sji^{2}
谓:	彼	大	梵	天	之	摄	能	△

佛言:无边庄严,何者是能摄彼大梵天句,

7.21.3

[illegible]	[illegible]	[illegible]	[illegible]	[illegible]?	[illegible]	[illegible]	[illegible]	[illegible]!
gjwi^{2}	tja^{1}	ljɨ^{1}	kjɨ^{1}	ŋwu^{2}	nji^{2}	sjij^{1}	djị^{2}	nji^{2}
句	者	何	△	是?	汝	今	谛	听!
[illegible]	[illegible]	[illegible]	[illegible]。	[illegible]	[illegible]	[illegible]	[illegible]:	

① 波旬,音译梵文 Pāpīyas,汉文佛经又音译作"波卑"。西夏语的音译与汉文更为接近。波旬者,恶魔名,译为杀者、恶者。

njiij^{1}	tji̤^{1}	ljɨr^{2}	lew^{2}	ŋwəə^{1}	ŋwuu^{1}	rjɨr^{2}	tshjiij^{1}
心	诚	念	应。	咒	颂	△	说：

汝今谛听，善思念之。即说咒曰：

7.21.4①

·a^{0}	thji^{2}	pa^{1}	tji^{2}		ma^{2}	xa^{1}	sjɨ^{2}	tha^{2}
阿	地	钵	底	(一)	摩	诃	悉	他
na^{1}	xiwã^{1}	tji^{2}		sjɨ^{2}	·wa^{1}	·jã^{1}	kjɨ^{1}	rjir^{2}
曩	筏	底	(二)	娑	嚩	琰	讫	唎

阿地钵底(一)摩诃悉他(去引二合)曩(上)筏底(二)娑嚩(二合)琰讫唎(二合)

7.21.5

ta^{1}		sjɨ^{2}	tha^{2}	na^{1}	mjij^{1}	tji^{2}		na^{1}
多	(三)	悉	他	曩	酩	底	(四)	曩
na^{1}	ma^{2}	xu^{1}	·wji^{2}	wjɨ^{1}	tha^{2}		pjɨ^{1}	rar^{1}
曩	摩	护	微	尾	驮	(五)	钵	啰

多(三)悉他(引二合)曩酩底(四)曩曩摩护微尾驮(五)钵啰(二合)

7.21.6

tji^{2}	·jo^{2}	po^{1}	sa^{2}	tha^{2}	na^{1}	khja^{2}	na^{1}	
底	与	播	萨	他	曩	伽	曩	(六)
·a^{0}	thji^{2}	khja^{2}	sa^{2}	tha^{2}	na^{1}	pa^{2}	tji^{2}	
阿	地	伽	萨	他	曩	钵	底	(七)

① 据《大藏全咒》此陀罗尼梵文为：atipati mahāsthanabati svayaṃkṛtsnamati nanabahubibidha pratyudupasthanakaraṇa adhikasthanabati śuddhasthanagato sahaṃpati adhigrantabiśeṣana śubhapari baraśubha adhimukta praptaśrītā nibhasana prabhutaprabha nigrahe takāmaṃ sbastikamaṃ praryudupasthana。

底与(二合)播萨他(二合)曩伽啰曩(六)阿地伽萨他(二合)曩钵底(七)

7.22.1

[illegible]	[illegible]	[illegible]	[illegible]	[illegible]	[illegible]	[illegible]	[illegible]	[illegible]	[illegible]
śjuu^{1}	tha^{2}	sa^{2}	tha^{2}	na^{1}	gjaa^{1}	tu^{1}		sa^{1}	xã^{1}
庶	驮	萨	他	曩	孽	睹	（八）	娑	含
[illegible]	[illegible]	[illegible]	[illegible]	[illegible]	[illegible]	[illegible]	[illegible]	[illegible]	
pjɨ^{1}	tji^{2}		·a^{0}	thji^{2}	kja^{1}	·iã^{1}	ta^{1}		
钵	底	（九）	阿	地	羯	烂	多	（十）	

庶驮萨他(引二合)曩孽睹(八)娑含(引)钵底(九)阿地羯烂(引二合)多(十)

7.22.2

[illegible]	[illegible]	[illegible]	[illegible]	[illegible]	[illegible]	[illegible]	[illegible]	[illegible]
·wji^{2}	śju^{1}	tha^{2}	na^{1}		śju^{1}	po^{1}	pjɨ^{1}	rjir^{2}
微	庶	驮	曩	（十一）	庶	婆	钵	唎
[illegible]	[illegible]	[illegible]	[illegible]	[illegible]	[illegible]	[illegible]	[illegible]	[illegible]
	pjɨ^{1}	rar^{1}	śju^{1}	pho^{1}	thji^{2}	buu^{2}	ta^{1}	
（十二）	钵	啰	庶	皤	地	目	多	（十三）

微庶(引)驮曩(十一)庶婆钵唎(十二)钵啰庶皤(引)地目多(十三)

7.22.3

[illegible]	[illegible]	[illegible]	[illegible]	[illegible]	[illegible]	[illegible]	[illegible]	[illegible]	[illegible]
pjɨ^{1}	rar^{1}	phə^{1}	ta^{1}	śjɨ^{1}	rjir^{2}	ta^{1}		njij^{2}	·wa^{1}
钵	啰	勃	多	室	唎	多	（十四）	你	嚩
[illegible]	[illegible]	[illegible]	[illegible]	[illegible]	[illegible]	[illegible]	[illegible]	[illegible]	
sa^{2}	no^{1}		pjɨ^{1}	rar^{1}	phu^{1}	ta^{1}		pjɨ^{1}	
娑	囊	（十五）	钵	啰	步	多	（十六）	钵	

钵啰(二合)勃多(二合)室唎(二合)多(十四)你嚩(引)娑囊(十五)钵啰(二合)步(引)多(十六)钵

7.22.4

[illegible]	[illegible]	[illegible]	[illegible]	[illegible]	[illegible]	[illegible]	[illegible]	[illegible]
rar^{1}	pho^{1}		njij^{2}	gjaa^{1}	rar^{1}	xji^{1}	ta^{1}	khja^{2}

啰	皤	(十七)	你	孽	啰	蹊	多	伽
[illegible]	[illegible]	[illegible]	[illegible]	[illegible]	[illegible]	[illegible]	[illegible]	[illegible]
ma^{2}		sa^{1}	·wa^{1}	sjɨ^{2}	tji^{2}	khja^{2}	ma^{2}	
么	(十八)	娑	嚩	悉	底	伽	么	(十九)

啰(二)皤(十七)你孽啰(二合)蹊(引)多伽(上)么(十八)娑嚩(二合)悉底(二)伽(引)么(十九)

7.22.5

[illegible]	[illegible]	[illegible]	[illegible]	[illegible]	[illegible]	[illegible]	[illegible]	[illegible]
pjɨ^{1}	rar^{1}	tji^{2}	·jo^{2}	po^{1}	sa^{2}	tha^{2}	na^{1}	
钵	啰	底	与	播	萨	他	曩	(二十)

钵啰(二合)底与(二合)播萨他(引二合)曩(二十)

汉文本

佛言:无边庄严,何者是能摄四天王并诸眷属侍从内宫令入之句?即说咒曰:

散宁微舍你(一)摩诃(引)萨嚟(二)摩诃揭你(三)摩诃揭若你(四)钵啰(二合)步(引)多微誓曳(五)驮嚩(二合)社阿孽啰(六)污播嚩(引)萨你(七)阿你逻(引)细曩睹娑呵(八)曩曩筏囊奈赊你舍(九)折埵唎(引)路(引)迦播(引)啰你(十)睹肆铭啰(引)若曩污折他(十一)阿(引)吠设娜(十二)伊呵萨曼嚩(引)呵啰他(去十三)勿啰(二合)嚐宁孽啰(二合)呵(十四)萨迷折突地舍(十五)

佛言:无边庄严,何者是摧伏魔波旬句,汝应谛听,善思念之。即说咒曰:

蜜底丽(二合一)蜜多啰嚩底(二)迦嘚宁(三)迦嘚曩嚩底(四)微步(引)底(五)微步(引)多嚩底(六)钵啰(二合)牟折你(七)钵啰(二合)牟折曩嚩底(八)讫唎(二合)多讫唎(二合)多嚩底(九)阿怒仰酪(十)阿怒仰莽嚩底(十一)邬播(引)多掣娜你(十二)伽(引)么微嚩攘你(十三)底唎(二合)瑟曩(二合)娑牟姝(去)杀你(十四)你孽唎(二合)呬(引)多忙(引)啰嚩蓝(十五)嗢多啰曩嚩底(十六)钵啰(二合)底与(二合)多啰嚩底(十七)邬闭(引)去沙怒娑呬帝(十八)阿(引)滥么曩微输驮你(十九)宁那啰(二合)舍曩(二十)阿三(引)暮(引)诃你(二十一)你瑟(二合)钵啰(二合)半(引)者宁(二十二)

佛言:无边庄严,此是摧伏魔波旬句,由是句故,不令天魔及诸军众而得其便。

佛言:无边庄严,何者是能摄彼大梵天句,汝今谛听,善思念之。即说咒曰:

阿地钵底(一)摩诃悉他(去引二合)曩(上)筏底(二)娑嚩(二合)琰讫唎(二合)多(三)悉他(引二合)曩酪底(四)曩曩摩护微尾驮(五)钵啰(二合)底与(二合)播萨他(二合)曩伽啰曩(六)阿地伽萨他(二合)曩钵底(七)庶驮萨他(引二合)曩孽睹(八)娑含(引)钵底(九)阿地羯烂(引二合)多(十)微庶(引)驮曩(十一)庶婆钵唎(十二)钵啰庶皤(引)地目多(十三)钵啰(二合)勃多(二合)室唎(二合)多(十四)你嚩(引)娑囊(十五)钵啰(二合)步(引)多(十六)钵啰(二)皤(十七)你孽啰(二合)蹊(引)多伽(上)么(十八)娑嚩(二合)悉底(二)伽(引)么(十九)钵啰(二合)底与(二合)播萨他(引二合)曩(二十)

7.22.6

[illegible]	[illegible]	[illegible]	[illegible]	[illegible]	[illegible]	[illegible]	[illegible]	[illegible]
tha^{1}	bju^{2}	mjij^{1}	ljuu^{2}	tshjịj^{2}	dźiã^{2}	tsjij^{2}	·jij^{1}	dạ^{2}
佛	边	无	庄	严	菩	萨	之	言
[illegible]：	[illegible]	[illegible]	[illegible]	[illegible]	[illegible]	[illegible]	[illegible]	[illegible]
·jɨ^{1}	thjɨ^{2}	tja^{1}	ljịj^{2}	xiwã^{1}	mə^{1}	·jij^{1}	ɣjiw^{1}	njwi^{2}
谓：	此	者	大	梵	天	之	摄	能

佛言：无边庄严，此是能摄大梵天句，

7.23.1

[illegible]	[illegible]	[illegible]。	[illegible]	[illegible]	[illegible]	[illegible]	[illegible]	[illegible]
sji^{2}	gjwi^{2}	ŋwu^{2}	thjɨ^{2}	gjwi^{2}	nioow^{1}	ku^{1}	ljịj^{2}	xiwã^{1}
△	句	是。	此	句	故	则	大	梵
[illegible]	[illegible]	[illegible]	[illegible]	[illegible]	[illegible]	[illegible]	[illegible]	[illegible]
rjur^{1}	mə^{1}	thja^{2}	rjur^{1}	tsjiir^{1}	tshjiij^{1}	dzjiij^{2}	·jij^{1}	gji^{1}
诸	天	彼	诸	法	说	师	之	清

由是句故，大梵诸天能授与彼诸说法师清

7.23.2

[illegible]	[illegible]	[illegible]	[illegible]	[illegible]	[illegible]，	[illegible]	[illegible]	[illegible]
sej^{1}	thjoo^{1}	neew^{2}	xiwã^{1}	dźjɨ^{0}	ka^{1}	śio^{1}	iọ^{1}	sə^{1}
净	妙	善	梵	行	等，	引	圆	满
[illegible]	[illegible]	[illegible]	[illegible]	[illegible]。	[illegible]	[illegible]	[illegible]	[illegible]
·jwɨr^{2}	gjwi^{2}	khjow^{1}	njwi^{2}	ljɨ^{1}	tha^{1}	bju^{2}	mjij^{1}	ljuu^{2}
文	句	与	能	也。	佛	边	无	庄

净妙善等，引梵行圆满文句。佛言：无边庄严，

7.23.3

[illegible]	[illegible]	[illegible]	[illegible]	[illegible]	[illegible]：	[illegible]	[illegible]	[illegible]
tshjịj^{2}	dźiã^{2}	tsjij^{2}	·jij^{1}	dạ^{2}	·jɨ^{1}	sej^{1}	mjii^{1}	rjur^{1}
严	菩	萨	之	言	谓：	净	居	诸

mə1	·jij1	tsjiir1	bji1	swew1	gjwi2	tja1	ljɨ1	kjɨ1
天	之	法	光	明	句	者，	何	△

何者是净居诸天法光明句？

7.23.4

ŋwu2	nji2	sjij1	djị2	nji2	njiij1	tjị1	ljɨr2	lew2	ŋwəə1	ŋwuu1	rjɨr2	tshjiij1
是？	汝	今	谛	听！	心	诚	念	应。	咒	颂	△	说：

汝今谛听善思念之。即说咒曰：

7.23.5①

·wji2	śjụ1	tha2	na1	·wa1	tji2		·ã1	tji2
微	输	驮	曩	嚩	底	(一)	案	底
mo2	khja2	rur1	njij2		khja2	mo2	ma2	·wa1
么	伽	噜	你	(二)	伽	么	磨	嚩

微输(引)驮曩嚩底(一)案底么伽(引)噜你(二)伽(引)么磨嚩

7.23.6

	·u2	sã1	ta1	njij2		pjɨ1	rar1	djiij2	mjij1
(三)	邬	娑	多	你	(四)	钵	啰	涅	酩
ta1	njij2		pjɨ1	rjir2	·jã2	ta1		pjɨ1	
多	你	(五)	钵	唎	演	多	(六)	钵	

(三)邬娑(引)多(上)你(四)钵啰(二合)涅酩多(引)你(五)钵唎(二合)演多(六)钵

7.24.1

① 据《大藏全咒》此陀罗尼梵文为：biśodhanabati antimahākāruṇika abhavaussataṇi parinirmitani paryanta praryudupasthana baryabāsana alayabiśodhani ajñnaparyantakarani antimadeśapratyudupasthane。

rar^{1}	tji^{2}	·jo^{2}	pa^{1}	sjɨ^{2}	tha^{2}	na^{1}	pa^{1}	·ja^{2}
啰	底	与	波	悉	他	曩	钵	耶
[illegible]	[illegible]	[illegible]	[illegible]	[illegible]	[illegible]	[illegible]	[illegible]	[illegible]
	·wa^{1}	sa^{1}	na^{1}		·a^{0}	lej^{1}	·ja^{2}	·wji^{2}
（七）	嚩	娑	曩	（八）	阿	赖	耶	微

啰(二合)底与(二合)波悉他(二合)曩钵耶(引七)嚩娑(引)曩(八)阿(引)赖耶微

7.24.2

[illegible]	[illegible]	[illegible]	[illegible]	[illegible]	[illegible]	[illegible]	[illegible]	[illegible]
śjụ^{1}	thow^{1}	njij^{2}		·a^{0}	ljow^{2}	pa^{2}	·jã^{2}	ta^{1}
输	驮	你	（九）	阿	攘	钵	演	多
[illegible]	[illegible]	[illegible]	[illegible]	[illegible]	[illegible]	[illegible]	[illegible]	[illegible]
khja^{2}	rar^{1}	njij^{2}		·ã^{1}	tji^{2}	mạ^{1}	nji^{2}	śja^{1}
伽	啰	你	（十）	案	底	么	泥	舍

输(引)驮你(九)阿(引)攘钵演多伽啰你(十)案底么泥(上)舍

7.24.3

[illegible]	[illegible]	[illegible]	[illegible]	[illegible]	[illegible]	[illegible]	[illegible]	[illegible]	[illegible]
	pjɨ^{1}	rar^{1}	tji^{2}	·jo^{2}	po^{1}	sjɨ^{2}	tha^{2}	njij^{2}	
（十一）	钵	啰	底	与	播	悉	他	宁	（十二）

(十一)钵啰(二合)底与(二合)播悉他(引二合)宁(十二)

7.24.4

[illegible]	[illegible]	[illegible]	[illegible]	[illegible]	[illegible]	[illegible]	[illegible]	[illegible]
tha^{1}	bju^{2}	mjij^{1}	ljuu^{2}	tshjij^{2}	dźiã^{2}	tsjij^{2}	·jij^{1}	dạ^{2}
佛	边	无	庄	严	菩	萨	之	言
[illegible]：	[illegible]	[illegible]	[illegible]	[illegible]	[illegible]	[illegible]	[illegible]	[illegible]
·jɨ^{1}	thjɨ^{2}	tja^{1}	sej^{1}	mjii^{1}	rjur^{1}	mə^{1}	·jij^{1}	tsjiir^{1}
谓：	此	者	净	居	诸	天	之	法

佛言：无边庄严，此是净居诸天法

7.24.5

[illegible]	[illegible]	[illegible]	[illegible]。	[illegible]	[illegible]	[illegible]	[illegible]	[illegible]

bji^{1}	swew^{1}	gjwi^{2}	ŋwu^{2}	thjɨ^{2}	ŋwəə^{1}	gjwi^{2}	nioow^{1}	ku^{1}
光	明	句	是。	此	咒	句	故	则
[illegible]	[illegible]	[illegible]，	[illegible]	[illegible]	[illegible]	[illegible]	[illegible]	[illegible]
ŋa^{2}	rjɨr^{2}	tshjiij^{1}	rjur^{1}	tsjiir^{1}	·u̠^{2}	rjur^{1}	neew^{2}	goor^{1}
我	△	说，	诸	法	藏	诸	善	男

光明句，由是咒句而能授与诸善男

7.24.6

[illegible]	[illegible]	[illegible]	[illegible]。	[illegible]	[illegible]	[illegible]	[illegible]	[illegible]
gji^{2}	·jij^{1}	khjow^{1}	njwi^{2}	tha^{1}	bju^{2}	mjij^{1}	ljuu^{2}	tshjij^{2}
子	之	与	能。	佛	边	无	庄	严
[illegible]	[illegible]	[illegible]	[illegible]	[illegible]：	[illegible]	[illegible]	[illegible]、	[illegible]
dźiã^{2}	tsjij^{2}	·jij^{1}	dạ^{2}	·jɨ^{1}	tjij^{1}	ŋwər^{1}	njij^{2}	dźjwu^{1}
菩	萨	之	言	谓：	若	天	王、	人

子我诸法藏。佛言：无边庄严，若有天王、人

7.25.1

[illegible]、	[illegible]	[illegible]	[illegible]	[illegible]、	[illegible]	[illegible]	[illegible]	[illegible]
njij^{2}	·ja^{0}	sew^{2}	lo^{1}	njij^{2}	kja^{1}	lew^{1}	lo^{1}	njij^{2}
王、	阿	修	罗	王、	迦	楼	罗	王
[illegible]	[illegible]	[illegible]	[illegible]，	[illegible]	[illegible]	[illegible]	[illegible]	[illegible]，
nioow^{1}	rjur^{1}	we^{1}	njij^{2}	tjij^{1}	ljij^{2}	pjụ^{1}	tśhja^{2}	dźjij^{2}
及	诸	龙	王，	若	大	威	德	有，

王、阿修罗王、迦楼罗王及诸龙王，或大威德、

7.25.2

[illegible]	[illegible]	[illegible]	[illegible]	[illegible]，	[illegible]	[illegible]	[illegible]	[illegible]
tjij^{1}	zjɨɨr^{1}	pjụ^{1}	tśhja^{2}	dźjij^{2}	tjij^{1}	dźiej^{2}	mji^{1}	dźiej^{2}
若	小	威	德	有，	若	信	不	信
[illegible]	[illegible]	[illegible]	[illegible]，	[illegible]	[illegible]	[illegible]	[illegible]	[illegible]
rjur^{1}	dźiã^{2}	tśhju^{1}	njɨ^{2}	ŋa^{2}	thja^{2}	njɨ^{2}	·jij^{1}	zji^{2}
诸	众	生	等，	我	彼	等	之	皆

小威德者,若信不信诸众生等,我皆授与

7.25.3

[illegible]	[illegible]	[illegible]	[illegible]	[illegible]	[illegible],	[illegible]	[illegible]	[illegible]
thow^{1}	lo^{1}	dźji^{1}	gjwi^{2}	khjɨj^{1}	ŋa^{2}	thja^{1}	dźiej^{2}	mjijr^{2}
陀	罗	尼	句	与	我,	彼	信	者
[illegible]	[illegible]	[illegible]	[illegible],	[illegible]	[illegible]	[illegible]	[illegible]	[illegible],
·jij^{1}	thjɨ^{2}	tsjiir^{1}	kha^{1}	buu^{2}	gjij^{1}	dźiej^{2}	rjir^{1}	phji^{1}
之	此	法	中,	胜	殊	信	得	令,

陀罗尼句,令其信者,于此法中,获增上信①,

7.25.4

[illegible]	[illegible]	[illegible]	[illegible]	[illegible]	[illegible]	[illegible]	[illegible]	[illegible],
thja^{1}	mji^{1}	dźiej^{2}	mjijr^{2}	·jij^{1}	mjɨ^{2}	mji^{1}	phjɨ^{1}	dźjɨɨr^{1}
彼	不	信	者	之	默	然	出	舍,
[illegible]	[illegible]	[illegible]	[illegible]	[illegible],	[illegible]	[illegible]	[illegible]	[illegible],
ɣwej^{1}	dzeej^{1}	mji^{1}	śjwo^{1}	phji^{1}	thjɨ^{2}	tsjiir^{1}	tshjiij^{1}	zjịj^{1}
斗	争	不	生	令,	此	法	说	时,

其不信者默然舍之,不令得起语言诤论②,说此法时,

7.25.5

[illegible]	[illegible]	[illegible]	[illegible]	[illegible]	[illegible]	[illegible]	[illegible]	[illegible]
tjɨ^{1}	tjij^{1}	ljɨ̣j^{1}	ŋjir^{1}	ɣię̣^{2}	lụ^{2}	wji^{1}	mjijr^{2}	lja^{1}
假	若	惑	难	障	碍	为	者	来
[illegible]	[illegible]	[illegible]	[illegible]	[illegible],	[illegible]	[illegible]	[illegible]	[illegible]
zji^{2}	bu^{1}	·wəə^{1}	phji^{1}	njwi^{2}	thjɨ^{2}	kha^{1}	sej^{1}	dźiej^{2}
皆	摧	伏	令	能,	此	中	净	信

若有来作障碍留难而悉摧伏,此中何者是能摄取净信

7.25.6

[illegible]	[illegible]	[illegible]	[illegible]	[illegible]	[illegible]	[illegible]

① 获增上信,西夏本作"令得殊胜信"。

② 不令得起语言诤论,西夏本作"令得不起诤论"。

mjijr^{2}	·jij^{1}	ɣjiw^{1}	njwi^{2}	sji^{2}	gjwi^{2}	tja^{1}
者	之	摄	能	△	句	者
[illegible]	[illegible]	[illegible]?	[illegible]	[illegible]	[illegible]	[illegible]:
ljɨ^{1}	kjɨ^{1}	ŋwu^{2}	ŋwəə^{1}	ŋwuu^{1}	rjɨr^{2}	tshjiij^{1}
何	△	是?	咒	颂	△	说:

者句？即说咒曰：

7.26.1①

[illegible]	[illegible]	[illegible]	[illegible]	[illegible]	[illegible]	[illegible]	[illegible]	[illegible]	[illegible]
gu^{1}	rur^{1}	na^{1}	rjir^{2}		·a^{0}	tśja^{1}	pa^{2}	lji^{1}	
愚	嚧	那	嚟	(一)	阿	者	钵	丽	(二)
[illegible]	[illegible]	[illegible]	[illegible]	[illegible]	[illegible]	[illegible]	[illegible]	[illegible]	
sjɨ^{2}	·wa^{1}	phji^{1}	djiij^{2}	xa^{1}	rar^{1}		kju^{1}	baa^{1}	
娑	嚩	毗	涅	呵	啰	(三)	句	末	

愚嚧那(上)嚟(一)阿者钵丽(二)娑嚩(二合)毗涅呵(引)啰(三)句末

7.26.2

[illegible]	[illegible]	[illegible]	[illegible]	[illegible]	[illegible]	[illegible]	[illegible]	[illegible]	[illegible]
djii^{2}		djiij^{2}	ljow^{2}	na^{1}	pjɨ^{1}	rar^{1}	tji^{2}	·wji^{2}	rur^{1}
泥	(四)	涅	攘	曩	钵	啰	底	微	嚧
[illegible]	[illegible]	[illegible]	[illegible]	[illegible]	[illegible]	[illegible]	[illegible]	[illegible]	
·ji^{1}	njij^{1}		tśjɨ^{1}	ta^{1}	sã^{1}	tśja^{1}	na^{1}	njij^{2}	
异	宁	(五)	只	多	珊	者	曩	你	

泥(四)涅攘曩钵啰(二合)底微嚧异宁(五)只多珊者曩你

7.26.3

[illegible]	[illegible]	[illegible]	[illegible]	[illegible]	[illegible]	[illegible]	[illegible]	[illegible]	[illegible]
	tśjɨ^{1}	ta^{1}	pjɨ^{1}	rjir^{2}	kja^{1}	mjij^{2}		tśjɨ^{1}	ta^{1}

① 据《大藏全咒》此陀罗尼梵文为：guruttare acala svastinirharagobide nirjanapratibiliyiti cittasañcanani cittaparibāge cittasaṃprasadhani manasya hariśakaraṇi bijñānasvānusvati anudharamano upekṣaṇe hetusandhariśaṇe tathā akṣarapāda nirdeśa śodhitabati yāthāgāthā yathānukulasamupama nirdeśaśodhane tatrakale ñcakartabya saṃprasadana arthato samayata anukulañcamukha upasaṃsārayoniś ca akāśasya biśuddhaya yathāśodhi lakṣaṇi lakṣaṇalakṣaṇabati lakṣaṇabiśodhani pratibodha arthasandhariśaṇi kuśalabodhasarveheprabicaye samosarani krita anurakṣisa sadya arthe tyānaṃ subiśodhane。

(六)	只	多	钵	唎	羯	酪	(七)	只	多
[illegible]	[illegible]	[illegible]	[illegible]	[illegible]	[illegible]	[illegible]	[illegible]	[illegible]	
sã^{1}	pjɨ^{1}	rar^{1}	sa^{1}	na^{1}	njij^{2}		mo^{2}	na^{1}	
三	钵	啰	娑	那	你	(八)	么	曩	

(六)只多钵唎(二合)羯酪(七)只多三(上)钵啰(二合)娑(引)那你(八)么曩

7.26.4

[illegible]	[illegible]	[illegible]	[illegible]	[illegible]	[illegible]	[illegible]	[illegible]	[illegible]	[illegible]
śiə^{2}		xa^{0}	rjir^{2}	śia^{1}	khja^{2}	rar^{1}	njij^{2}		·wji^{2}
肆	(九)	呵	唎	洒	伽	啰	你	(十)	微
[illegible]	[illegible]	[illegible]	[illegible]	[illegible]	[illegible]	[illegible]	[illegible]	[illegible]	[illegible]
ljow^{2}	na^{1}	śiə^{2}		·a^{0}	duu^{2}	sjɨ^{2}	·wa^{1}	tji^{2}	
攘	曩	肆	(十一)	阿	怒	娑	嚩	底	(十二)

肆也(二合九)呵唎洒(二合)伽啰你(十)微攘曩肆也(二合十一)阿怒娑嚩(二合)底(十二)

7.26.5

[illegible]	[illegible]	[illegible]	[illegible]	[illegible]	[illegible]	[illegible]	[illegible]	[illegible]	[illegible]
·a^{0}	duu^{2}	tha^{2}	ma^{2}	duu^{2}	khju^{1}	śiar^{1}	njij^{1}		xji^{1}
阿	怒	达	么	努	去	洒	宁	(十三)	呬
[illegible]	[illegible]	[illegible]	[illegible]①	[illegible]	[illegible]	[illegible]	[illegible]	[illegible]	[illegible]
tu^{1}	sã^{1}	na^{1}	na^{1}	rjir^{2}	śja^{1}	njij^{2}		ta^{1}	tha^{2}
都	珊	那	那	唎	舍	你	(十四)	多	他

阿怒达么努闭去洒(二合)宁(十三)呬都珊那唎舍你(十四)多他

7.26.6

[illegible]	[illegible]	[illegible]	[illegible]	[illegible]	[illegible]	[illegible]	[illegible]	[illegible]	[illegible]
·a^{0}	khju^{1}	śiar^{1}	rar^{1}	pa^{2}	na^{1}		djiij^{2}	dji^{2}	śja^{1}
阿	去	杀	啰	钵	那	(十五)	涅	泥	舍
[illegible]	[illegible]	[illegible]	[illegible]	[illegible]	[illegible]	[illegible]	[illegible]	[illegible]	
	śjụ^{1}	thji^{2}	ta^{1}	·wa^{1}	tji^{2}		·ja^{2}	tha^{2}	

① 此处疑衍“[illegible]”。

(十六)	输	地	多	嚩	底	(十七)	野	他

阿去杀(二合)啰钵那(十五)涅泥(上)舍(十六)输(引)地多(上)嚩底(十七)野他(引)

7.27.1

[illegible]	[illegible]	[illegible]	[illegible]	[illegible]	[illegible]	[illegible]	[illegible]	[illegible]	[illegible]
gjaa^{1}	phjɨɨ^{1}		·ja^{2}	tha^{2}	duu^{2}	kju^{1}	lu^{2}	pa^{2}	ma^{2}
孽	多	(十八)	野	他	努	句	路	播	么
[illegible]	[illegible]	[illegible]	[illegible]	[illegible]	[illegible]	[illegible]	[illegible]	[illegible]	
	·u^{2}	pa^{2}	mo^{2}	djiij^{2}	dji^{2}	śja^{1}		·wji^{2}	
(十九)	邬	播	莽	涅	泥	舍	(二十)	微	

孽多(十八)野他努句路(上)播么(十九)邬播莽涅泥(上引)舍(二十)微

7.27.2

[illegible]	[illegible]	[illegible]	[illegible]	[illegible]	[illegible]	[illegible]	[illegible]	[illegible]
śju^{1}	thji^{2}	phjɨɨ^{1}		ta^{1}	te^{1}	rar^{1}	gja^{1}	śiar^{1}
庶	地	多	(二十一)	怛	多	啰	伽	丽
[illegible]	[illegible]	[illegible]	[illegible]	[illegible]	[illegible]	[illegible]	[illegible]	[illegible]
	na^{1}	tśja^{1}	kja^{1}	ta^{1}	·wji^{2}	·jã^{1}		sã^{1}
(二十二)	曩	者	羯	答	微	阎	(二十三)	三

庶(引)地多(二十一)怛多啰(二合)伽(引)丽(二十二)曩者羯答微阎(二合二十三)三(上)

7.27.3

[illegible]	[illegible]	[illegible]	[illegible]	[illegible]	[illegible]①	[illegible]	[illegible]	[illegible]
pjɨ^{1}	rar^{1}	sa^{2}	na^{1}	gja^{1}	tha^{2}	tu^{1}	sa^{2}	ma^{2}
钵	啰	娑	娜	遏	他	睹	娑	么
[illegible]	[illegible]	[illegible]	[illegible]	[illegible]	[illegible]	[illegible]	[illegible]	[illegible]
	·ja^{2}	tha^{2}	duu^{1}	kju^{1}	·iã^{1}	tśja^{1}	boo^{2}	khja^{2}
(二十四)	野	他	怒	句	懒	者	目	佉

钵啰(二合)娑(引)娜遏他(二合)睹娑么(二十四)野他(引)怒句懒者目佉

① 原文讹作“[illegible]”。

7.27.4

[illegible]	[illegible]	[illegible]	[illegible]	[illegible]	[illegible]	[illegible]	[illegible]	[illegible]
	·u^{2}	po^{1}	sẽ^{1}	xa^{0}	rar^{1}	·ju^{1}	njij^{2}	śja^{1}
(二十五)	邬	波	僧	贺	啰	喻	你	舍
[illegible]	[illegible]	[illegible]	[illegible]	[illegible]	[illegible]	[illegible]	[illegible]	[illegible]
	·a^{0}	śja^{1}	·ja^{2}	śiə^{2}		·wji^{2}	śju^{1}	thji^{2}
(二十六)	阿	舍	耶	肆	(二十七)	微	庶	地

(二十五)邬波僧贺啰喻你舍(二十六)阿(引)舍耶肆也(二合二十七)微庶(引)地

7.27.5

[illegible]	[illegible]	[illegible]	[illegible]	[illegible]	[illegible]	[illegible]	[illegible]	[illegible]
·ja^{2}		·ja^{2}	tha^{2}	śju^{1}	thji^{2}	tji^{2}		la^{1}
耶	(二十八)	野	他	庶	地	底	(二十九)	罗
[illegible]	[illegible]	[illegible]	[illegible]	[illegible]	[illegible]	[illegible]	[illegible]	[illegible]
khju^{2}	śia^{1}	na^{1}	la^{1}	khju^{2}	śia^{1}	njij^{2}		la^{1}
去	洒	曩	罗	去	洒	你	(三十)	罗

耶(二十八)野他庶(引)地底(二十九)罗去洒(二合)曩罗去洒(二合)你(三十)罗

7.27.6

[illegible]	[illegible]	[illegible]	[illegible]	[illegible]	[illegible]	[illegible]	[illegible]	[illegible]
khju^{2}	śia^{1}	na^{1}	·wa^{1}	tji^{2}		la^{1}	khju^{2}	śia^{1}
去	洒	曩	嚩	底	(三十一)	罗	去	洒
[illegible]	[illegible]	[illegible]	[illegible]	[illegible]	[illegible]	[illegible]	[illegible]	
na^{1}	·wji^{2}	śjụ^{1}	tha^{2}	njij^{2}		pa^{2}	rar^{1}	
囊	微	输	驮	你	(三十二)	钵	啰	

去洒(二合)曩嚩底(三十一)罗去洒(二合)囊微输驮你(三十二)钵啰

7.28.1

[illegible]	[illegible]	[illegible]	[illegible]	[illegible]	[illegible]	[illegible]	[illegible]	[illegible]
tji^{2}	·wji^{2}	tha^{2}	ɣa^{1}	tha^{2}		sã^{1}	na^{1}	rjir^{2}
底	吠	驮	遏	他	(三十三)	珊	那	唎

[illegible]	[illegible]	[illegible]	[illegible]	[illegible]	[illegible]	[illegible]	[illegible]
śja^1	njij^2		kju^1	śja^1	rar^1	buu^2	tha^2
舍	你	（三十四）	句	舍	啰	冒	他

底吠驮遏他（三十三）珊那唎（二合）舍你（三十四）句舍啰冒他

7.28.2

[illegible]	[illegible]	[illegible]	[illegible]	[illegible]	[illegible]	[illegible]	[illegible]	[illegible]
sjɨ^2	mjijr^2	xa^1		pjɨ^1	rar^1	·wji^2	tśja^1	·jij^1
萨	谜	呵	（三十五）	钵	啰	微	者	曳
[illegible]	[illegible]	[illegible]	[illegible]	[illegible]	[illegible]	[illegible]	[illegible]	
	sa^2	ma^2	sa^2	rar^1	njij^2		kjɨ^1	
（三十六）	娑	么	娑	啰	你	（三十七）	讫	

萨谜呵（三十五）钵啰（二合）微者曳（三十六）娑么娑啰你（三十七）讫

7.28.3

[illegible]	[illegible]	[illegible]	[illegible]	[illegible]	[illegible]	[illegible]	[illegible]	[illegible]
rjir^2	ta^1	duu^1	·a^0	rar^1	khju^2	śji^2	（三十八）	sa^2
唎	多	怒	阿	啰	去	史		萨
[illegible]	[illegible]	[illegible]	[illegible]	[illegible]	[illegible]	[illegible]	[illegible]	
tji^1	ɣa^1	thji^2		sɑ^2	tji^1	nɑ^1		
底	遏	替	（三十九）	萨	底	南	（四十）	

唎多（引）怒阿啰（二合）去史（二合三十八）萨底也（二合）遏替（三十九）萨底也（二合）南（上四十）

7.28.4

[illegible]	[illegible]	[illegible]	[illegible]	[illegible]	[illegible]
su^1	·wji^2	śjuu^1	thji^2	tji^1	
素	微	输	地	帝	（四十一）

素微输（引）地帝（四十一）

汉文本

佛言：无边庄严，此是能摄大梵天句，由是句故，大梵诸天能授与彼诸说法师清净妙善等，引梵行圆满文句。佛言：无边庄严，何者是净居诸天法光明句？汝今谛听善思念之。即说咒曰：

微输(引)驮曩嚩底(一)案底么伽(引)噜你(二)伽(引)么磨嚩(三)邬娑(引)多(上)你(四)钵啰(二合)涅酩多(引)你(五)钵唎(二合)演多(六)钵啰(二合)底与(二合)波悉他(二合)曩钵耶(引七)嚩娑(引)曩(八)阿(引)赖耶微输(引)驮你(九)阿(引)攘钵演多伽啰你(十)案底么泥(上)舍(十一)钵啰(二合)底与(二合)播悉他(引二合)宁(十二)

佛言:无边庄严,此是净居诸天法光明句,由是咒句而能授与诸善男子我诸法藏。

佛言:无边庄严,若有天王、人王、阿修罗王、迦楼罗王及诸龙王,或大威德、小威德者,若信不信诸众生等,我皆授与陀罗尼句,令其信者,于此法中,获增上信,其不信者默然舍之,不令得起语言诤论,说此法时,若有来作障碍留难而悉摧伏,此中何者是能摄取净信者句?即说咒曰:

愚嚧那(上)嚟(一)阿者钵丽(二)娑嚩(二合)毗涅呵(引)啰(三)句末泥(四)涅攘曩钵啰(二合)底微嚧异宁(五)只多珊者曩你(六)只多钵唎(二合)羯酩(七)只多三(上)钵啰(二合)娑(引)那你(八)么曩肆也(二合九)呵唎洒(二合)伽啰你(十)微攘曩肆也(二合十一)阿怒娑嚩(二合)底(十二)阿怒达么努闭去洒(二合)宁(十三)呬都珊那唎舍你(十四)多他阿去杀(二合)啰钵那(十五)涅泥(上)舍(十六)输(引)地多(上)嚩底(十七)野他(引)孽多(十八)野他努句路(上)播么(十九)邬播莽涅泥(上引)舍(二十)微庶(引)地多(二十一)怛多啰(二合)伽(引)丽(二十二)曩者羯答微阁(二合二十三)三(上)钵啰(二合)娑(引)娜遏他(二合)睹娑么(二十四)野他(引)怒句懒者目佉(二十五)邬波僧贺啰喻你舍(二十六)阿(引)舍耶肆也(二合二十七)微庶(引)地耶(二十八)野他庶(引)地底(二十九)罗去洒(二合)曩罗去洒(二合)你(三十)罗去洒(二合)曩嚩底(三十一)罗去洒(二合)囊微输驮你(三十二)钵啰底吠驮遏他(三十三)珊那唎(二合)舍你(三十四)句舍啰冒他萨谜呵(三十五)钵啰(二合)微者曳(三十六)娑么娑啰你(三十七)讫唎多(引)怒阿啰(二合)去史(二合三十八)萨底也(二合)遏替(三十九)萨底也(二合)南(上四十)素微输(引)地帝(四十一)

7.28.5

[illegible]	[illegible]	[illegible]	[illegible]	[illegible]	[illegible]	[illegible]	[illegible]	[illegible]
tha1	bju2	mjij1	ljuu2	tshjịj2	dźiạ2	tsjij2	·jij1	dạ2
佛	边	无	庄	严	菩	萨	之	言
[illegible]:	[illegible]	[illegible]	[illegible]	[illegible]	[illegible]	[illegible]	[illegible]	[illegible]
·jɨ1	thjɨ2	tja1	sej1	dźiej2	mjijr2	·jij1	ɣjiw1	sji2
谓:	此	者	净	信	者	之	摄	△

佛言:无边庄严,此是能摄净信者

7.28.6

[illegible]	[illegible]	[illegible]	[illegible]	[illegible]	[illegible]	[illegible]。	[illegible]	[illegible]
gjwi2	nioow1	khjow1	njwi2	sji2	gjwi2	ŋwu2	thjɨ2	nioow1
句	及	与	能	△	句	是。	此	故
[illegible]	[illegible]	[illegible]	[illegible]	[illegible]	[illegible]	[illegible]	[illegible]	[illegible]
thjɨ2	tshjiij1	mjijr2	tsjiir1	dzjiij2	·jij1	neew2	tjij1	nioow1

此	说	者	法	师	之	善	品	及

句及授与句，由是当能授与说此法师善品及义。

7.29.1

wo[2]	khjow[1]	njwi[2]	neew[2]	goor[1]	gji[2]	ŋa[2]	sjij[1]	nioow[1]
义	与	能。	善	男	子，	我	今	复
mji[1]	dźiej[2]	mjijr[2]	·jij[1]	dźjwu[2]	·wəə[1]	sji[2]	gjwi[2]	tshjiij[1]
不	信	者	之	消	伏	△	句	说

善男子，我今复说摧伏不信者句。

7.29.2

lew[2]	ŋwəə[1]	ŋwuu[1]	rjɨr[2]	tshjiij[1]
应。	咒	颂	△	说：

即说咒曰：

7.29.3①

khju[2]	śia[1]	mjijr[2]		khju[2]	śia[1]	ma[2]	·wa[1]	tji[2]
去	洒	迷	(一)	去	洒	么	嚩	底
	mjijr[2]	phjɨɨ[1]	rar[1]	pjɨ[1]	rjir[2]	kja[1]	ma[2]	
(二)	迷	多	啰	钵	唎	羯	么	(三)

去洒(二合)迷(一)去洒么嚩底(二)迷多啰(二合)钵唎(二合)羯么(三)

7.29.4

---

① 据《大藏全咒》此陀罗尼梵文为：sukṣame sukṣame bati maitrebarikaṃma pratyu upasthane karuṇa pratilabhahita anukampasañcanani saṃgrahabasduhitabasduṣandhariśaṇi paribarajaniyabararajani pāpamitrasebani natatradeśasthatabya yatra bitrahabartito saṃpragranthapradalati upacarasandhariśaṇi niśayabiśodhani atmānugame para upasaṃharaṇi nirmittani anurakṣapratyudupasthane。

pjɨ^{1}	rjir^{2}	tji^{2}	·juu^{1}	po^{1}	sa^{2}	tha^{2}	njij^{2}	
钵	啰	底	与	波	娑	他	宁	(四)
[illegible]	[illegible]	[illegible]	[illegible]	[illegible]	[illegible]	[illegible]	[illegible]	[illegible]
khja^{2}	rur^{1}	na^{1}	pjɨ^{1}	rar^{1}	tji^{2}	la^{1}	pha^{1}	
伽	略	囊	钵	啰	底	逻	婆	(五)

钵啰(二合)底与(二合)波娑他(二合引)宁(四)伽略囊钵啰(二合)底逻(引)婆(五)

7.29.5

[illegible]	[illegible]	[illegible]	[illegible]	[illegible]	[illegible]	[illegible]	[illegible]	[illegible]	[illegible]
xji^{1}	phjɨɨ^{1}	duu^{1}	kja^{1}	po^{1}		sã^{1}	dzjaa^{1}	na^{1}	njij^{2}
呬	多	努	剑	跛	(六)	散	喏	曩	你
[illegible]	[illegible]	[illegible]	[illegible]	[illegible]	[illegible]	[illegible]	[illegible]	[illegible]	
	sẽ^{1}	kja^{1}	rar^{1}	xa^{1}	·wa^{1}	sa^{2}	tu^{1}		
(七)	僧	揭	啰	呵	嚩	萨	睹	(八)	

呬多努剑跛(六)散喏曩你(七)僧揭啰(二合)呵嚩萨睹(二合八)

7.29.6

[illegible]	[illegible]	[illegible]	[illegible]	[illegible]	[illegible]	[illegible]	[illegible]	[illegible]	[illegible]
xji^{1}	ta^{1}	·wa^{1}	sa^{2}	tu^{1}		sã^{1}	na^{1}	rar^{1}	śja^{1}
呬	多	嚩	萨	睹	(九)	散	那	啰	舍
[illegible]	[illegible]	[illegible]	[illegible]	[illegible]	[illegible]	[illegible]	[illegible]	[illegible]	
njij^{2}		pjɨ^{1}	rjir^{2}	·wa^{1}	dzjaa^{1}	njij^{2}	·ja^{2}		
你	(十)	钵	唎	嚩	喏	你	耶	(十一)	

呬多嚩萨睹(九)散那啰(二合)舍你(十)钵唎(二合)嚩喏你耶(十一)

7.30.1

[illegible]	[illegible]	[illegible]	[illegible]	[illegible]	[illegible]	[illegible]	[illegible]	[illegible]	[illegible]
·wa^{1}	dzjaa^{1}	njij^{2}		pa^{2}	pa^{1}	bjij^{2}	phjɨɨ^{1}	rar^{1}	
嚩	喏	你	(十二)	簸	跛	咩	多	啰	(十三)
[illegible]	[illegible]	[illegible]	[illegible]	[illegible]	[illegible]	[illegible]	[illegible]	[illegible]	
sji^{2}	·wa^{1}	njij^{2}		na^{1}	thã^{1}	ta^{1}	rar^{1}	djiij^{1}	
细	嚩	你	(十四)	曩	坦	多	啰	泥	

嚩喏你(十二)籛跛咩多啰(二合十三)细嚩你(十四)曩坦多啰(二合)泥

7.30.2

[illegible]	[illegible]	[illegible]	[illegible]	[illegible]	[illegible]	[illegible]	[illegible]	[illegible]
śji^{2}	sa^{2}	tha^{2}	ta^{1}	wjij^{2}	·ja^{2}		·ja^{2}	ta^{1}
世	萨	他	答	微	耶	（十五）	野	多
[illegible]	[illegible]	[illegible]	[illegible]	[illegible]	[illegible]	[illegible]	[illegible]	[illegible]
rar^{1}	wjɨ^{1}	kja^{1}	rar^{1}	xa^{1}	·wa^{1}	tji^{2}	duu^{1}	
啰	尾	揭	啰	呵	嚩	底	怒	（十六）

世萨他(二合)答微耶(二合十五)野多啰(二合)尾揭啰(二合)呵嚩底怒(十六)

7.30.3

[illegible]	[illegible]	[illegible]	[illegible]	[illegible]	[illegible]	[illegible]	[illegible]	[illegible]
sa^{2}	ma^{2}	gjaa^{1}	·iã^{1}	thow^{1}		pjɨ^{1}	rar^{1}	na^{1}
萨	摩	孽	烂	陀	（十七）	钵	啰	那
[illegible]	[illegible]	[illegible]	[illegible]	[illegible]	[illegible]	[illegible]	[illegible]	[illegible]
la^{1}	njij^{2}		·u^{2}	po^{1}	tśja^{1}	rar^{1}	sã^{1}	na^{1}
逻	你	（十八）	邬	波	蔗	啰	珊	那

萨摩孽烂(二合)陀(十七)钵啰(二合)那(引)逻你(十八)邬波蔗啰珊那

7.30.4

[illegible]	[illegible]	[illegible]	[illegible]	[illegible]	[illegible]	[illegible]	[illegible]	[illegible]
rjir^{2}	śja^{1}	njij^{2}		njij^{2}	śja^{1}	rar^{1}	·ja^{2}	·wji^{2}
唎	舍	你	（十九）	你	舍	啰	夜	微
[illegible]	[illegible]	[illegible]	[illegible]	[illegible]	[illegible]	[illegible]	[illegible]	[illegible]
śju^{1}	tha^{2}	njij^{2}		·a^{0}	ta^{1}	ma^{2}	duu^{1}	khja^{2}
庶	驮	你	（二十）	阿	多	么	怒	伽

唎舍你(十九)你舍啰(二合)夜微庶(引)驮你(二十)阿(引)多么(二合)怒伽

7.30.5

[illegible]	[illegible]	[illegible]	[illegible]	[illegible]	[illegible]	[illegible]	[illegible]	[illegible]
mjij^{2}		pjɨ^{1}	rar^{1}	·u^{2}	po^{1}	sẽ^{1}	xa^{1}	rar^{1}

酩	(二十一)	钵	啰	邬	波	僧	呵	啰
njij^{2}		djiij^{2}	mjij^{2}	ta^{1}	njij^{2}		·ja^{0}	duu^{1}
你	(二十二)	涅	酩	多	你	(二十三)	阿	怒

酩(二十一)钵啰(二合)邬波僧呵啰(二合)你(二十二)涅酩多(引)你(二十三)阿怒

7.30.6

rar^{1}	khju^{2}	śia^{1}		pjɨ^{1}	rar^{1}	tji^{2}	·ju^{1}	po^{1}	sa^{2}	tha^{2}	njij^{2}	
啰	去	沙	(二十四)	钵	啰	底	与	波	娑	他	宁	(二十五)

啰去沙(二合二十四)钵啰(二合)底与(二合)波娑他(引二合)宁(二十五)

7.31.1

tha^{1}	bju^{2}	mjij^{1}	ljuu^{2}	tshjij^{2}	dźiā^{2}	tsjij^{2}	·jij^{1}	dạ^{2}
佛	边	无	庄	严	菩	萨	之	言
·jɨ^{1}	thjɨ^{2}	tja^{1}	mji^{1}	dźiej^{2}	mjijr^{2}	·jij^{1}	rjur^{1}	·jar^{2}
谓:	此	者	不	信	者	之	调	御

佛言:无边庄严,此是调伏不信者句,

7.31.2

sji^{2}	gjwi^{2}	ŋwu^{2}	thjɨ^{2}	nioow^{1}	rjur^{1}	dźjar^{2}	lju^{2}	mji^{1}
△	句	是。	此	故	诸	罪	过	不
wji^{1}	phji^{1}	sjwa^{1}	sjwa^{1}	zjij^{1}	neew^{2}	tsjiir^{1}	ɣa^{2}	tsjɨ^{1}
为	令,	时	时	时	善	法	于,	亦

由是不令造诸过恶,直尔善法尚多

7.31.3

zjɨ̣^{1}	khie^{1}	rejr^{2}	śjwo^{1}	nioow^{1}	thjɨ^{2}	zji^{2}	phju^{2}	tsjiir^{1}
嫉	恶	多	生，	复	此	最	上	法
[illegible]，	[illegible]	[illegible]	[illegible]	[illegible]	[illegible]	[illegible]	[illegible]？	[illegible]
ɣa^{2}	zjɨ̣^{1}	khie^{1}	mji^{1}	śjwo^{1}	tji̥^{2}	ljọ^{2}	wjij^{2}	thjɨ^{2}
于，	嫉	恶	不	生	可	所	有？	此

憎嫉，何况于此无上法教①？

7.31.4

[illegible]	[illegible]	[illegible]	[illegible]	[illegible]	[illegible]	[illegible]	[illegible]	[illegible]
nioow^{1}	thjɨ^{2}	rjur^{1}	ŋwəə^{1}	gjwi^{2}	rjur^{1}	dźjar^{2}	lju^{2}	ŋowr^{2}
故	此	诸	咒	句	诸	罪	过	一
[illegible]	[illegible]	[illegible]，	[illegible]	[illegible]	[illegible]	[illegible]	[illegible]	[illegible]
ŋowr^{2}	dzjar^{2}	nioow^{1}	źji̥^{1}	njɨɨ^{2}	ŋowr^{2}	ŋowr^{2}	phja^{1}	nioow^{1}
切	灭	故，	烦	恼	一	切	断	故

是故此诸咒句。为灭一切诸过恶故，为断一切

7.31.5

[illegible]	[illegible]	[illegible]。	[illegible]	[illegible]	[illegible]	[illegible]	[illegible]	[illegible]，
ku^{1}	rjɨr^{2}	tshjiij^{1}	bju^{2}	mjij^{1}	ljuu^{2}	tshji̥j^{2}	dźiã^{2}	tsjij^{2}
则	△	说。	边	无	庄	严	菩	萨，
[illegible]	[illegible]	[illegible]	[illegible]	[illegible]	[illegible]	[illegible]	[illegible]，	[illegible]
rjur^{1}	dźiã^{2}	tśhju^{1}	njɨ^{2}	sej^{1}	dźiej^{2}	njiij^{1}	mjij^{1}	tjij^{1}
诸	众	生	等	净	信	心	无，	若

烦恼故转。无边庄严，我见众生心无净信，

7.31.6

[illegible]	[illegible]	[illegible]	[illegible]	[illegible]，	[illegible]	[illegible]	[illegible]	[illegible]
ŋa^{2}	rjir^{2}	ɣwej^{1}	dzeej^{1}	kię j^{2}	tjij^{1}	ŋa^{2}	·jij^{1}	ŋwo^{2}
我	与	战	争	欲，	若	我	之	损
[illegible]	[illegible]，	[illegible]	[illegible]	[illegible]	[illegible]	[illegible]	[illegible]	[illegible]，

① 无上法教，西夏文字面意思是“最上法”。

tśjuu^{1}	kięj^{2}	tjij^{1}	ŋa^{2}	·jij^{1}	tsjụ^{1}	źjị^{1}	kięj^{2}	nioow^{1}
害	欲,	若	我	之	恼	烦	欲	故,

或欲斗诤,或欲损害,或欲恼乱,

7.32.1

[illegible]	[illegible]	[illegible]	[illegible]	[illegible],	[illegible]	[illegible]	[illegible]	[illegible]
ŋa^{2}	do^{2}	?	njij^{1}	lja^{1}	thja^{1}	ŋa^{2}	do^{2}	wa^{2}
我	处	近	亲	来,	彼	我	处	何
[illegible]?	[illegible]	[illegible]	[illegible]	[illegible]	[illegible]	[illegible]	[illegible]	[illegible]
wji^{1}	njiij^{1}	kięj^{2}	djwu^{2}	ŋa^{2}	ku^{1}	thja^{1}	njɨ^{2}	djịj^{1}
为?	心	欲	知	我	则	彼	等	类

而来亲近如来①,知彼心所动作,随其种类②,

7.32.2

[illegible],	[illegible]	[illegible]	[illegible]	[illegible]	[illegible]	[illegible]	[illegible]	[illegible],
bju^{1}	rjur^{1}	tsjiir^{1}	ɣa^{1}	ŋwu^{2}	dwewr^{2}	tśjɨ^{1}	phjo^{2}	ŋa^{2}
随,	诸	法	门	以	觉	醒	使	我,
[illegible]	[illegible]	[illegible]	[illegible]	[illegible]	[illegible]	[illegible],	[illegible]	[illegible]
nioow^{1}	mji^{1}	neew^{2}	seew^{2}	meej^{2}	dźjiir^{1}	ka^{2}	rjur^{1}	neew^{2}
复	不	善	思	寻	舍	离,	诸	善

以诸法门,而作觉悟,令其舍离不善寻思,

7.32.3

[illegible]	[illegible]	[illegible]	[illegible]	[illegible]	[illegible]。
tśhji^{2}	·jiw^{1}	gu^{1}	śjwo^{1}	phjo^{2}	ŋa^{2}
根	因	发	起	使	我。

及令发起诸善根因。

汉文本

佛言:无边庄严,此是能摄净信者句及授与句,由是当能授与说此法师善品及义。善男子,我今复

① 如来,西夏本作“来”,疑脱“如”字。
② 随其种类,西夏文字面意思是“随彼等类”。

说摧伏不信者句。即说咒曰：

去洒(二合)迷(一)去洒么嚩底(二)迷多啰(二合)钵唎(二合)羯么(三)钵啰(二合)底与(二合)波娑他(二合引)宁(四)伽略囊钵啰(二合)底逻(引)婆(五)呬多努剑跛(六)散啱曩你(七)僧揭啰(二合)呵嚩萨睹(二合八)呬多嚩萨睹(九)散那啰(二合)舍你(十)钵唎(二合)嚩啱你耶(十一)嚩啱你(十二)簸跛咩多啰(二合十三)细嚩你(十四)曩坦多啰(二合)泥世萨他(二合)答微耶(二合十五)野多啰(二合)尾揭啰(二合)呵嚩底怒(十六)萨摩孽烂(二合)陀(十七)钵啰(二合)那(引)逻你(十八)邬波蔗啰珊那唎舍你(十九)你舍啰(二合)夜微庶(引)驮你(二十)阿(引)多么(二合)怒伽酪(二十一)钵啰(二合)邬波僧呵啰(二合)你(二十二)涅酪多(引)你(二十三)阿怒啰去沙(二合二十四)钵啰(二合)底与(二合)波娑他(引二合)宁(二十五)

佛言：无边庄严，此是调伏不信者句，由是不令造诸过恶，直尔善法尚多憎嫉，何况于此无上法教？是故此诸咒句。为灭一切诸过恶故，为断一切烦恼故转。

无边庄严，我见众生心无净信，或欲斗诤，或欲损害，或欲恼乱，而来亲近如来，知彼心所动作，随其种类，以诸法门，而作觉悟，令其舍离不善寻思，及令发起诸善根因。

7.32.3—7.32.4

[illegible]	[illegible]	[illegible]	[illegible]	[illegible]	[illegible]，	[illegible]	[illegible]	[illegible]	[illegible]	[illegible]	[illegible]
bju^{2}	mjij^{1}	ljuu^{2}	tshjịj^{2}	dźiã^{2}	tsjij^{2}	mjor^{1}	ljịj^{2}	ɣạ^{2}	·jar^{1}	mə^{2}	mji^{1}
边	无	庄	严	菩	萨，	如	来	十	八	种	不
[illegible]	[illegible]	[illegible]	[illegible]	[illegible]，	[illegible]	[illegible]	[illegible]	[illegible]	[illegible]	[illegible]	[illegible]
gu^{2}	tsjiir^{1}	kha^{1}	no^{2}	dźjiij^{1}	dźiã^{2}	tśhju^{1}	·jij^{1}	njiij^{1}	dźjɨ^{0}	zji^{2}	nwə^{1}
共	法	中	安	住，	众	生	之	心	行	皆	知
[illegible]	[illegible]，	[illegible]	[illegible]	[illegible]	[illegible]						
tsjij^{2}	njwi^{2}	nioow^{1}	njiij^{1}	ɣjiw^{1}	lew^{2}						
解	能，	复	心	摄	所						

无边庄严，如来安住于十八种不共法中，能善了知众生心行，及能了知心所摄法。

7.32.5

[illegible]	[illegible]	[illegible]	[illegible]	[illegible]。	[illegible]	[illegible]	[illegible]	[illegible]
tsjiir^{1}	tsjɨ^{1}	nwə^{1}	tsjij^{2}	njwi^{2}	bju^{2}	mjij^{1}	ljuu^{2}	tshjịj^{2}
法	亦	知	解	能。	边	无	庄	严
[illegible]	[illegible]	[illegible]	[illegible]	[illegible]	[illegible]	[illegible]	[illegible]	[illegible]
dźiã^{2}	tsjij^{2}	tha^{1}	·jij^{1}	ɣạ^{2}	·jar^{1}	mji^{1}	gu^{2}	tsjiir^{1}
菩	萨	佛	之	十	八	不	共	法

无边庄严，何等名为十八佛不共法？

7.32.6

□	□	□	□?	□	□	□	□,	□
tja^1	ljɨ̣^{1}	kjɨ^1	ŋwu^2	bju^2	mjij^1	ljuu^2	tshjịj^2	mjor^1
者	何	△	是?	边	无	庄	严,	如
□	□	□	□	□	□	□	□	□
ljịj^2	wa^2	dzjịj^1	wa^2	gjɨ^2	mjor^1	·ja^0	duu^2	tow^1
来	何	时	何	夜	现	阿	耨	多

无边庄严,所谓如来于某时夜,现觉阿耨多

7.33.1

□	□	□	□	□	□	□,	□	□
lo^1	sã^1	mjiw^2	sã^1	po^1	tjɨj^1	rjir^2	rjɨr^2	njɨ^2
罗	三	藐	三	菩	提	得,	乃	至
□	□	□	□	□	□。	□	□	□
gjij^2	mjij^1	djiij^2	phã^1	kjɨ^1	·o^2	thja^1	njɨɨ^1	njɨɨ^1
余	无	涅	槃	△	入。	彼	二	二

罗三藐三菩提,乃至入于无余涅槃。于其中间,

7.33.2

□①	□	□②	□	□,	□	□	□③	□,
ljwu^1	dzji^1	dạ^2	mjij^2	djij^2	lhjwɨ^2	bow^2	ɣię^2	mjij^1
间	苦	惑	未	曾,	骤	速	碍	无,
□	□	□	□,	□	□	□	□,	□
phjɨ^1	mjɨ̣^{2}	ljɨr^2	mjij^1	mji^1	tsjiir^1	dźjɨɨr^1	mjij^1	mə^2
失	忘	念	无,	不	择	舍	无,	种

无有误失,无卒暴音,无忘失念④,无不择舍,无种

7.33.3

□	□	□,	□	□	□	□。	□	□

① □□□,西夏文字面意思是"二二间",与汉文本中的"中间"对译。

② □□,西夏文字面意思是"苦惑",此处通□□(dzjɨ^{1}dạ^2)"失误"。

③ □(ɣię^2),инв. № 7377 作□(ɣię^2),此处通假,意为"音"。卒暴音,突然而猛烈的声音。

④ 失念,大乘百法中随烦恼二十之一,使心散乱,于所缘之境不能明记之心所。

mə^{2} sjiij^{2} mjij^{1} ·ju^{2} djɨj^{2} njiij^{1} dźjiij^{1} khu^{1} dźjij^{1}

种 想 无， 常 定 心 住。 进 精

□ □， □ □ □， □ □ □ □，

mji^{1} lhjii^{1} ljɨr^{2} mji^{1} lhjii^{1} kjur^{2} kię^{2} mji^{1} lhjii^{1}

无 退， 念 无 退， 志 欲 不 退，

种想，无不定心①。精进无退，念无退，志欲无退，

7.33.4

□ □ □ □， □ □ □， □ □

ka^{1} ·jiij^{1} mji^{1} lhjii^{1} źjɨr^{1} mji^{1} lhjii^{1} bie^{2} lhew^{2}

等 持 无 退， 慧 无 退， 解 脱

□ □ □ □。 □ □ □ □ □

sjịj^{2} ljij^{2} mji^{1} lhjii^{1} mjor^{1} ljịj^{2} ŋowr^{2} ŋowr^{2} ·jij^{1}

智 见 无 退。 如 来 一 切 之

等持无退，慧无退，解脱无退②，解脱智见无退。一切如来

7.33.5

□ □ □ □ □， □ □ □。 □

ljụ^{2} sjwɨj^{1} sjịj^{2} bju^{1} śjwɨ̣^{2} sjịj^{2} bju^{1} lej^{2} mjor^{1}

身 业 智 依 随， 智 随 转。 如

□ □ □ □ □ □ □ □ □，

ljịj^{2} ŋowr^{2} ŋowr^{2} ·jij^{1} tu^{1} sjwɨj^{1} sjịj^{2} bju^{1} śjwɨ̣^{2}

来 一 切 之 口 业 智 依 随，

身业智为前导③，随智而转。一切如来语业智为前导，

7.33.6

□ □ □。 □ □ □ □ □ □

sjịj^{2} bju^{1} lej^{2} mjor^{1} ljịj^{2} ŋowr^{2} ŋowr^{2} ·jij^{1} phji^{1}

智 依 转。 如 来 一 切 之 意

① 无不定心，西夏文字面意思是“常住定心”。

② 西夏本无“解脱无退”。

③ 前导，西夏文字面意思是“依随”，下同。

[illegible]	[illegible]	[illegible]	[illegible]，	[illegible]	[illegible]	[illegible]。	[illegible]	[illegible]
sjwɨj^{1}	sjịj^{2}	bju^{1}	śjwɨ̣^{2}	sjịj^{2}	bju^{1}	lej^{2}	mjor^{1}	ljịj^{2}
业	智	依	随，	智	依	转。	如	来

随智而转。一切如来意业智为前导,随智而转。

7.34.1

[illegible]	[illegible]	[illegible]，	[illegible]	[illegible]	[illegible]	[illegible]，	[illegible]	[illegible]
·jij^{1}	sjịj^{2}	ljij^{2}	·wjɨ^{2}	rar^{2}	zjọ^{2}	ɣa^{2}	zjịj^{1}	mjij^{1}
之	智	见，	△	去	世	于，	著	无
[illegible]	[illegible]。	[illegible]	[illegible]	[illegible]	[illegible]	[illegible]，	[illegible]	[illegible]
ɣię^{2}	mjij^{1}	mjor^{1}	ljịj^{2}	·jij^{1}	sjịj^{2}	ljij^{2}	mjij^{2}	ljịj^{2}
碍	无。	如	来	之	智	见，	将	来

如来智见,于过去世,无着无碍。如来智见,

7.34.2

[illegible]	[illegible]，	[illegible]	[illegible]	[illegible]	[illegible]。	[illegible]	[illegible]	[illegible]
zjọ^{2}	ɣa^{2}	zjịj^{1}	mjij^{1}	ɣię^{2}	mjij^{1}	mjor^{1}	ljịj^{2}	·jij^{1}
世	于，	著	无	碍	无。	如	来	之
[illegible]	[illegible]，	[illegible]	[illegible]	[illegible]	[illegible]	[illegible]	[illegible]	[illegible]
sjịj^{2}	ljij^{2}	mjor^{1}	dźjiij^{1}	zjọ^{2}	ɣa^{2}	zjịj^{1}	mjij^{1}	ɣię^{2}
智	见，	现	住	世	于	著	无	碍

于未来世,无着无碍。如来智见,于现在世①,无着无碍。

7.34.3

[illegible]。	[illegible]	[illegible]	[illegible]	[illegible]	[illegible]	[illegible]，	[illegible]	[illegible]
mjij^{1}	bju^{2}	mjij^{1}	ljuu^{2}	tshjịj^{2}	dźiã^{2}	tsjij^{2}	mjor^{1}	ljịj^{2}
无。	边	无	庄	严	菩	萨，	如	来
[illegible]	[illegible]	[illegible]	[illegible]	[illegible]	[illegible]	[illegible]	[illegible]	[illegible]，
thjɨ^{2}	njɨ^{2}	ɣạ^{2}	·jar^{1}	mji^{1}	gu^{2}	tsjiir^{1}	śjɨj^{1}	·jiw^{2}
此	等	十	八	不	共	法	成	就，

① 现在世,西夏文字面意思是“现住世”。

无边庄严，如来成就此等十八不共法故，

7.34.4

[illegible]	[illegible]	[illegible]	[illegible]	[illegible]	[illegible]	[illegible]	[illegible]	[illegible]，
mjɨ[1]	pju̱[1]	sjij[2]	ljij[2]	ɣie[1]	to[2]	zji[2]	śjɨj[1]	·jiw[2]
无	量	智	见	力	尽	皆	成	就，
[illegible]	[illegible]	[illegible]	[illegible]	[illegible]	[illegible]	[illegible]	[illegible]	[illegible]
ku[1]	thjɨ[2]	thow[1]	lo[1]	dźji[1]	ɣa[1]	gji[1]	sej[1]	tsjiir[1]
则	此	陀	罗	尼	门	清	净	法

无量智见力悉皆成就故，能开演此陀罗尼门清净法品，

7.34.5

[illegible]①	[illegible]	[illegible]	[illegible]，	[illegible]	[illegible]	[illegible]	[illegible]	[illegible]
tjij[1]	phie[2]	tshjiij[1]	njwi[2]	mji[1]	dźiej[2]	dźiã[2]	tśhju[1]	ŋowr[2]
品	解	说	能，	不	信	众	生	一
[illegible]	[illegible]	[illegible]	[illegible]	[illegible]	[illegible]，	[illegible]	[illegible]	[illegible]
ŋowr[2]	·jij[1]	sej[1]	dźiej[2]	śjwo[1]	phji[1]	sej[1]	dźiej[2]	mjijr[2]
切	之	净	信	生	令，	净	信	者

为于不信一切有情，生净信故，为净信者，

7.34.6

[illegible]	[illegible]	[illegible]	[illegible]	[illegible]	[illegible]	[illegible]	[illegible]	[illegible]。
·jij[1]	thjɨ[2]	tsjiir[1]	ɣa[1]	gji[1]	sej[1]	sji̱j[2]	rjir[1]	phji[1]
之	此	法	门	清	净	智	得	令。
[illegible]	[illegible]	[illegible]	[illegible]	[illegible]	[illegible]，	[illegible]	[illegible]	[illegible]
bju[2]	mjij[1]	ljuu[2]	tshji̱j[2]	dźiã[2]	tsjij[2]	mjor[1]	ljij[2]	rjur[1]
边	无	庄	严	菩	萨，	如	来	诸

于此法门得清净智。无边庄严，如来

7.35.1

[illegible]	[illegible]	[illegible]	[illegible]	[illegible]	[illegible]	[illegible]，	[illegible]	[illegible]

① [illegible]（tjij[1]），意为“若”，通[illegible]（tjij[1]），意为“品”。

dźiã^{2}	tśhju^{1}	·jij^{1}	njiij^{1}	kjɨ^{1}	dzu^{1}	bju^{1}	rjur^{1}	mjɨ^{1}
众	生	之	心	△	爱	依,	诸	无
[illegible]	[illegible]	[illegible]	[illegible]	[illegible]	[illegible],	[illegible]	[illegible]	[illegible]
pjụ^{1}	mə^{2}	mə^{2}	ŋwuu^{1}	dạ^{2}	ŋwu^{2}	thjɨ^{2}	thow^{1}	lo^{1}
量	种	种	言	语	以,	此	陀	罗

随所乐欲①,以诸无量种种语言,分别解说此陀罗

7.35.2

[illegible]	[illegible]	[illegible]	[illegible]	[illegible]	[illegible],	[illegible]	[illegible]	[illegible]
dźji^{1}	ɣa^{1}	phjo^{2}	kar^{2}	phie^{2}	tshjiij^{1}	tsjɨ^{1}	thjɨ^{2}	thow^{1}
尼	门	分	别	解	说,	亦	此	陀
[illegible]	[illegible]	[illegible]	[illegible]	[illegible]	[illegible]	[illegible]	[illegible]	[illegible]
lo^{1}	dźji^{1}	ɣa^{1}	·jiw^{2}	phja^{1}	wo^{2}	tshwew^{1}	·jir^{2}	phiaa^{2}
罗	尼	门	疑	断	理	趣	百	分

尼门,亦不能说此陀罗尼门,断疑理趣百分

7.35.3

[illegible]	[illegible]	[illegible]	[illegible]	[illegible]	[illegible]	[illegible],	[illegible]	[illegible]
kha^{1}	·a^{0}	phiaa^{2}	zjij^{1}	tshjiij^{1}	mjɨ^{1}	ljɨɨ^{1}	rjɨr^{2}	njɨ^{2}
中	一	分	许	说	不	能,	乃	至
[illegible]	[illegible]	[illegible]	[illegible]	[illegible]	[illegible]	[illegible]	[illegible]	[illegible]
kju^{1}	tśji^{2}	·jir^{2}	tụ^{1}	sej^{1}	bjii^{2}	nioow^{1}	dzjọ^{1}	dza^{2}
俱	胝	百	千	算	数	及	如	量

之一,乃至俱胝百千算数及譬喻分②。

7.35.4

[illegible]	[illegible]	[illegible]	[illegible]	[illegible]	[illegible]	[illegible]	[illegible]	[illegible],
phiaa^{2}	kha^{1}	tsjɨ^{1}	·a^{0}	phiaa^{2}	zjij^{1}	tshjiij^{1}	mjɨ^{1}	njwi^{2}
分	中	亦	一	分	许	说	不	能,

① 如来随所乐欲,西夏本作"如来乐随众生之心"。

② 譬喻分,西夏文字面意思是"如量分"。乃至俱胝百千算数及譬喻分,西夏本作"乃至不能说俱胝百千算数及譬喻分中一分"。譬喻,以了知之法显未了知之法。

[illegible]	[illegible]	[illegible]？	[illegible]	[illegible]	[illegible]	[illegible]	[illegible]	[illegible]
thjij^2	sjo^2	ljɨ^1	thjɨ^2	rjur^1	tsjiir^1	ɣa^1	tja^1	mjɨ^1
何	云	也？	此	诸	法	门	者	无

何以故？此诸法门是无量

7.35.5

[illegible]	[illegible]	[illegible]，	[illegible]	[illegible]	[illegible]	[illegible]	[illegible]。	[illegible]
pjụ^1	ɣa^1	ŋwu^2	seew^2	tshjiij^1	mjij^1	ɣa^1	ŋwu^2	thjɨ^2
量	门	是，	思	议	无	门	是。	此
[illegible]	[illegible]	[illegible]	[illegible]	[illegible]	[illegible]	[illegible]	[illegible]	[illegible]
rjur^1	ɣa^1	tja^1	ŋowr^2	ŋowr^2	sjij^2	sjij^2	śjwo^1	njwi^2
诸	门	者	一	切	智	智	生	能

门、不思议门，此所有门，能得一切智智转故。

7.35.6

[illegible]。	[illegible]	[illegible]，	[illegible]	[illegible]	[illegible]	[illegible]	[illegible]	[illegible]
ljɨ^1	nioow^1	tśjiɨ^1	bju^2	mjij^1	ljuu^2	tshjij^2	dźiã^2	tsjij^2
也。	复	次，	边	无	庄	严	菩	萨
[illegible]	[illegible]	[illegible]	[illegible]	[illegible]	[illegible]	[illegible]	[illegible]	[illegible]
thjɨ^2	nioow^1	mjor^1	ljij^2	mjɨ^1	pjụ^1	do^2	mjiij^2	ŋwu^2
此	故	如	来	无	量	异	名	以

复次，无边庄严，由此如来以无量异名，

7.36.1

[illegible]	[illegible]	[illegible]	[illegible]	[illegible]	[illegible]	[illegible]	[illegible]	[illegible]
nji^2	njɨ^2	·jij^1	mjɨ^1	pjụ^1	tsjiir^1	ɣa^1	zji^2	nwə^1
汝	等	之	无	量	法	门	皆	知
[illegible]，	[illegible]	[illegible]	[illegible]	[illegible]	[illegible]	[illegible]	[illegible]	[illegible]，
tsjij^2	thow^1	lo^1	dźji^1	ɣa^1	rjir^1	phji^1	kięj^2	nioow^1
解，	陀	罗	尼	门	得	令	欲	故，

今为汝等，开示演说此诸法门，欲令

7.36.2

[illegible]	[illegible]	[illegible]	[illegible]	[illegible]	[illegible]	[illegible]	[illegible]	[illegible]
ku1	tśhjwo1	thjɨ2	wjɨ2	nji2	njɨ2	·jij1	thjɨ2	rjur1
然	则	此	刻	汝	等	之	此	诸
[illegible]	[illegible]	[illegible]	[illegible]	[illegible]	[illegible],	[illegible]	[illegible]	[illegible]
tsjiir1	ɣa1	nẹ1	tshjiij1	phie2	neej2	ŋwəə1	ŋwuu1	rjɨr2
法	门	宣	说	开	示,	咒	颂	△

汝等普遍了知无量法门①,得陀罗尼故。即说咒

7.36.3

[illegible]:

tshjiij1

说:

曰:

7.36.4②

[illegible]	[illegible]	[illegible]	[illegible]	[illegible]	[illegible]	[illegible]	[illegible]	[illegible]
ta1	djiij2	tha2	·ja0	rjir2	·jij1		·ja0	lji1
怛	侄	他	阿	唎	曳	(一)	阿	唎
[illegible]	[illegible]	[illegible]	[illegible]	[illegible]	[illegible]	[illegible]	[illegible]	[illegible]
·ja2	·wa1	tji2		·ja0	rjir2	·ja2	duu2	kja1
耶	嚩	底	(二)	阿	唎	耶	怒	揭

怛侄他阿(引)唎曳(一)阿(引)唎耶(二合)嚩底(二)阿(引)唎耶(二合)怒(上)揭

7.36.5

[illegible]	[illegible]	[illegible]	[illegible]	[illegible]	[illegible]	[illegible]	[illegible]	[illegible]	[illegible]
tji2		njij2	tha2	njij2		njij2	tha2	na1	·wa1
帝	(三)	你	驮	宁	(四)	你	驮	曩	嚩

① 开示演说此诸法门,欲令汝等普遍了知无量法门,西夏文此二句次序颠倒。

② 据《大藏全咒》此陀罗尼梵文为:tad yathā ārya āryabati āryānuga te nidhana nidhanabati barto barto bartuba cotnakaraṇi ākaśa biśodhani anukṣepaṇi abigataparami anupagatini nirvāṇa avabiśodhani byabanikṣibati anutpada piradhapa rame sarvañcanirvaṇa sandhariśaṇi。

[illegible]	[illegible]	[illegible]	[illegible]	[illegible]	[illegible]	[illegible]	[illegible]	[illegible]
tji^2		·wa^1	tu^1	pa^2	rar^1	mjij^2		·wa^1
底	（五）	嚩	睹	钵	啰	酪	（六）	嚩

帝（三）你驮（引）宁（四）你驮曩嚩底（五）嚩睹钵啰（二合）酪（六）嚩

7.36.6

[illegible]	[illegible]	[illegible]	[illegible]	[illegible]	[illegible]	[illegible]	[illegible]	[illegible]	[illegible]
rar^1	tu^1	po^1	tśhja^1	no^1	khja^2	rar^1	njij^2		·a^0
啰	睹	簸	掣	那	伽	啰	你	（七）	阿
[illegible]	[illegible]	[illegible]	[illegible]	[illegible]	[illegible]	[illegible]	[illegible]	[illegible]	
khja^2	śja^1	·wji^2	śjuu^1	thow^1	njij^2		·ja^0	duu^2	
伽	舍	微	输	驮	你	（八）	阿	怒	

啰睹（二合）簸掣那（上）伽啰你（七）阿（引）伽（引）舍微输（引）驮你（八）阿怒

7.37.1

[illegible]	[illegible]	[illegible]	[illegible]	[illegible]	[illegible]	[illegible]	[illegible]	[illegible]
khju^2	śia^1	po^1	njij^2		·ja^0	njij^1	khju^2	śiar^1
去	铩	簸	你	（九）	阿	宁	去	铩
[illegible]	[illegible]	[illegible]	[illegible]	[illegible]	[illegible]	[illegible]	[illegible]	[illegible]
po^1	njij^2		·a^0	·wji^2	gjaa^1	tow^1	pa^2	rar^1
簸	你	（十）	阿	微	孽	多	钵	啰

去铩（二合）簸你（九）阿宁去铩（二合）簸你（十）阿微孽多钵啰

7.37.2

[illegible]	[illegible]	[illegible]	[illegible]	[illegible]	[illegible]	[illegible]	[illegible]	[illegible]
mjij^2		·a^0	duu^2	po^1	gjaa^1	tji^2	njij^2	
酪	（十一）	阿	怒	播	孽	底	你	（十二）
[illegible]	[illegible]	[illegible]	[illegible]	[illegible]	[illegible]	[illegible]	[illegible]	[illegible]
djiij^2	phã^1	na^1	pa^2	tha^2	·wji^2	śjuu^1	tha^2	njij^2
涅	畔	曩	钵	他	微	输	驮	你

酪（十一）阿怒播孽（上）底你（十二）涅畔（引）曩钵他微输（引）驮你

7.37.3

[illegible]	[illegible]	[illegible]	[illegible]	[illegible]	[illegible]	[illegible]	[illegible]	[illegible]	[illegible]
	·wji^{2}	·ja^{2}	po^{1}	njij^{2}	khju^{2}	śiə^{2}	pa^{2}	tji^{2}	
(十三)	微	耶	波	你	去	史	钵	底	(十四)
[illegible]	[illegible]	[illegible]	[illegible]	[illegible]	[illegible]	[illegible]	[illegible]	[illegible]	
·a^{0}	duu^{2}	po^{1}	no^{1}		njij^{1}	rur^{1}	tha^{2}	po^{1}	
阿	怒	播	那	(十五)	宁	略	驮	播	

(十三)微耶(二合)波你去史(二合)钵底(十四)阿怒播(引)那(十五)宁略(引)驮播

7.37.4

[illegible]	[illegible]	[illegible]	[illegible]	[illegible]	[illegible]	[illegible]	[illegible]
rar^{1}	mjij^{2}		sa^{2}	·wa^{1}	gja^{2}	djiij^{2}	phã^{1}
啰	酩	(十六)	萨	嚩	攘	涅	畔
[illegible]	[illegible]	[illegible]	[illegible]	[illegible]	[illegible]	[illegible]	
na^{1}	njij^{1}	no^{1}	rar^{1}	śja^{1}	njij^{1}		
曩	宁	那	啰	舍	宁	(十七)	

啰酩(十六)萨嚩攘涅畔(引)曩(去)宁那啰(二合)舍宁(十七)

汉文本

无边庄严,如来安住于十八种不共法中,能善了知众生心行,及能了知心所摄法。无边庄严,何等名为十八佛不共法?无边庄严,所谓如来于某时夜,现觉阿耨多罗三藐三菩提,乃至入于无余涅槃。于其中间,无有误失,无卒暴音,无忘失念,无不择舍,无种种想,无不定心。精进无退,念无退,志欲无退,等持无退,慧无退,解脱无退,解脱智见无退。一切如来身业智为前导,随智而转。一切如来语业智为前导,随智而转。一切如来意业智为前导,随智而转。如来智见,于过去世,无着无碍。如来智见,于未来世,无着无碍。如来智见,于现在世,无着无碍。无边庄严,如来成就此等十八不共法故,无量智见力悉皆成就故,能开演此陀罗尼门清净法品,为于不信一切有情,生净信故,为净信者,于此法门得清净智。

无边庄严,如来随所乐欲,以诸无量种种语言,分别解说此陀罗尼门,亦不能说此陀罗尼门,断疑理趣百分之一,乃至俱胝百千算数及譬喻分。何以故?此诸法门是无量门、不思议门,此所有门,能得一切智智转故。复次,无边庄严,由此如来以无量异名,今为汝等,开示演说此诸法门,欲令汝等普遍了知无量法门,得陀罗尼故。即说咒曰:

怛侄他阿(引)唎曳(一)阿(引)唎耶(二合)嚩底(二)阿(引)唎耶(二合)怒(上)揭帝(三)你驮(引)宁(四)你驮曩嚩底(五)嚩睹钵啰(二合)酩(六)嚩啰睹(二合)簸掣那(上)伽啰你(七)阿(引)伽(引)舍微输(引)驮你(八)阿怒

去铩(二合)簸你(九)阿宁去铩(二合)簸你(十)阿微孽多钵啰酩(十一)阿怒播孽(上)底你(十二)涅畔(引)曩钵他微输(引)驮你(十三)微耶(二合)波你去史(二合)钵底(十四)阿怒播(引)那(十五)宁略(引)驮播啰酩(十六)萨嚩攘涅畔(引)曩(去)宁那啰(二合)舍宁(十七)

7.37.5

[illegible]	[illegible]	[illegible]	[illegible]	[illegible]	[illegible]	[illegible]	[illegible]	[illegible]
tha^{1}	bju^{2}	mjij^{1}	ljuu^{2}	tshjịj^{2}	dźiã^{2}	tsjij^{2}	·jij^{1}	dạ^{2}
佛	边	无	庄	严	菩	萨	之	言
[illegible]:	[illegible]	[illegible]	[illegible]	[illegible]	[illegible]	[illegible]	[illegible]	[illegible]
·jɨ^{1}	thjɨ^{2}	rjur^{1}	thow^{1}	lo^{1}	dźji^{1}	tjɨj^{2}	gji^{1}	sej^{1}
谓:	此	诸	陀	罗	尼	印	清	净

佛告无边庄严菩萨言:此诸陀罗尼印能清净

7.37.6

[illegible]	[illegible],	[illegible]	[illegible]	[illegible]	[illegible],	[illegible]	[illegible]	[illegible]
njwi^{2}	gjwi^{2}	do^{2}	mjiij^{2}	tshjiij^{1}	gjwi^{2}	thjɨ^{2}	thow^{1}	lo^{1}
能	句,	异	名	说	句,	此	陀	罗
[illegible]	[illegible]	[illegible]	[illegible]	[illegible]	[illegible],	[illegible]	[illegible]	[illegible]①
dźji^{1}	tsjiir^{1}	ɣa^{1}	ɣiwej^{1}	·jiij^{1}	nioow^{1}	ku^{1}	bji^{1}	ɣie^{1}
尼	法	门	受	持	故,	则	步	力

句,异名说句,由受持此陀罗尼法门,以少功用,

7.38.1

[illegible]	[illegible]	[illegible],	[illegible]	[illegible]	[illegible]	[illegible]	[illegible]	[illegible]
ljij^{2}	mji^{1}	śjɨ^{1}	dźiã^{2}	tsjij^{2}	·jij^{1}	mjii^{1}	do^{2}	pha^{1}
大	不	往,	菩	萨	之	宫	差	别
[illegible]	[illegible]	[illegible]	[illegible],	[illegible]	[illegible]	[illegible]	[illegible]	[illegible],
thjoo^{1}	sjij^{2}	ljạ^{1}	nwə^{1}	ljij^{2}	wjuu^{1}	rjir^{2}	?	njij^{1}
妙	智	证	知,	大	悲	与	近	亲,

证菩萨位差别妙智,及近大悲②,

---

① [illegible],西夏文字面意思是“步力”,与汉文本中的“功用”对译。以少功用,西夏本作“大步力不往”。

② 及近大悲,西夏文字面意思是“与大悲亲近”。

7.38.2

[illegible]	[illegible]	[illegible]	[illegible]，	[illegible]	[illegible]	[illegible]	[illegible]	[illegible]
wo^{2}	bju^{1}	dwewr^{2}	nioow^{1}	tsjiir^{1}	ŋowr^{2}	ŋowr^{2}	sjịj^{2}	tsjij^{2}
理	随	觉	故，	法	一	切	智	悟
[illegible]	[illegible]	[illegible]。	[illegible]	[illegible]	[illegible]	[illegible]	[illegible]	[illegible]
·o^{2}	ljạ^{1}	rjir^{1}	bju^{2}	mjij^{1}	ljuu^{2}	tshjịj^{2}	dźiã^{2}	tsjij^{2}
入	证	得。	边	无	庄	严	菩	萨

由随义觉，证得悟入一切法智。无边庄严，

7.38.3

[illegible]	[illegible]	[illegible]	[illegible]	[illegible]	[illegible]	[illegible]	[illegible]	[illegible]
thjɨ^{2}	thow^{1}	lo^{1}	dźji^{1}	gjwi^{2}	tja^{1}	ljịj^{2}	sju^{2}	tser^{1}
此	陀	罗	尼	句	者	大	药	医
[illegible]，	[illegible]	[illegible]	[illegible]	[illegible]	[illegible]	[illegible]；	[illegible]	[illegible]、
ŋwu^{2}	rjur^{1}	ŋo^{2}	ljɨɨ^{1}	ŋwər^{2}	njwi^{2}	ljɨ^{1}	bju^{1}	mjij^{1}
以，	诸	病	重	消	能	也；	明	无、

此陀罗尼句是大良药，以能除破诸重病故；复能除灭无明、

7.38.4

[illegible]	[illegible]、	[illegible]	[illegible]	[illegible]	[illegible]	[illegible]	[illegible]	[illegible]
sjịj^{2}	mjij^{1}	zji^{2}	ljɨɨ^{1}	na^{1}	njaa^{1}	dźjwɨ^{2}	go^{2}	dzjar^{2}
智	无、	最	重	暗	冥	亲	除	灭
[illegible]，	[illegible]	[illegible]	[illegible]	[illegible]	[illegible]	[illegible]	[illegible]	[illegible]。
njwi^{2}	swew^{1}	tsjiir^{1}	iọ^{1}	sə^{1}	śjij^{1}	bju^{1}	śjwo^{1}	ljɨ^{1}
能，	明	法	圆	满	顺	随	生	也。

无智、极黑暗障，随顺明法圆满转故。

7.38.5

[illegible]	[illegible]	[illegible]	[illegible]	[illegible]	[illegible]	[illegible]	[illegible]	[illegible]
wa^{2}	sju^{2}	swew^{1}	tsjiir^{1}	iọ^{1}	sə^{1}	śjij^{1}	bju^{1}	śjwo^{1}
何	如	明	法	圆	满	顺	随	生

[Tangut]？	[Tangut]	[Tangut]	[Tangut]	[Tangut]	[Tangut]	[Tangut]	[Tangut]	[Tangut]，
ljɨ^{1}	swew^{1}	tsjiir^{1}	sjịj^{2}	iọ^{1}	sə^{1}	śjij^{1}	wji^{1}	ku^{1}
也？	明	法	智	圆	满	顺	为	故，

随何明法圆满而转？谓随顺明法智圆满故，

7.38.6

[Tangut]	[Tangut]	[Tangut]	[Tangut]	[Tangut]	[Tangut]	[Tangut]	[Tangut]。	[Tangut]
njwo^{2}	dźjiij^{1}	sjịj^{2}	swew^{1}	mjor^{1}	ljạ^{1}	njwi^{2}	ljɨ^{1}	swew^{1}
昔	住	智	明	现	证	能	也。	明
[Tangut]	[Tangut]	[Tangut]	[Tangut]	[Tangut]	[Tangut]	[Tangut]	[Tangut]	[Tangut]
tsjiir^{1}	sjịj^{2}	neew^{2}	ɣjɨr^{1}	śjij^{1}	wji^{1}	ku^{1}	mə^{1}	mej^{1}
法	智	善	造	顺	为	故	天	眼

而能现证宿住智明；随顺明法智善巧故，而得出生天眼

7.39.1

[Tangut]	[Tangut]	[Tangut]	[Tangut]。	[Tangut]	[Tangut]	[Tangut]	[Tangut]	[Tangut]
sjịj^{2}	swew^{1}	to^{2}	ljɨ^{1}	rjur^{1}	źjị^{1}	njɨɨ^{2}	phjɨ^{1}	ka^{2}
智	明	出	也。	诸	烦	恼	出	离
[Tangut]	[Tangut]	[Tangut]，	[Tangut]	[Tangut]	[Tangut]	[Tangut]	[Tangut]	[Tangut]
bju^{1}	śjij^{1}	ku^{1}	rar^{2}	sji^{1}	sjịj^{2}	swew^{1}	mjor^{1}	ljạ^{1}
相	应	故，	漏	尽	智	明	现	证

智明；随顺舍离诸烦恼故，能现证得漏尽智明。

7.39.2

[Tangut]	[Tangut]。	[Tangut]	[Tangut]	[Tangut]	[Tangut]	[Tangut]	[Tangut]	[Tangut]
njwi^{2}	ljɨ^{1}	thjɨ^{2}	nioow^{1}	ɣiew^{1}	lew^{2}	po^{1}	lo^{1}	bjii^{2}
能	也。	此	故	学	所	波	罗	蜜
[Tangut]	[Tangut]	[Tangut]、	[Tangut]	[Tangut]	[Tangut]	[Tangut]	[Tangut]	[Tangut]、
tow^{1}	ŋowr^{2}	ŋowr^{2}	zji^{2}	phju^{2}	sjịj^{2}	ljij^{2}	ŋowr^{2}	ŋowr^{2}
多	一	切、	最	上	智	见	一	切、

由此复能获得一切所学波罗蜜多、无上知见、

7.39.3

[illegible]	[illegible]	[illegible]	[illegible]	[illegible]、	[illegible]	[illegible]	[illegible]	[illegible]
sjij^{2}	sjịj^{2}	ljij^{2}	ŋowr^{2}	ŋowr^{2}	sjịj^{2}	sjij^{2}	ljɨ̣^{2}	rjir^{1}
智	智	见	一	切、	智	智	地	得
[illegible]	[illegible]。	[illegible]	[illegible]	[illegible]	[illegible]	[illegible]	[illegible]，	[illegible]
njwi^{2}	ljɨ^{1}	bju^{2}	mjij^{1}	ljuu^{2}	tshjịj^{2}	dźiã^{2}	tsjij^{2}	nji^{2}
能	也。	边	无	庄	严	菩	萨，	汝

一切智智见、一切智智地。无边庄严,汝

7.39.4

[illegible]	[illegible]	[illegible]	[illegible]	[illegible]	[illegible]	[illegible]	[illegible]	[illegible]
mjor^{1}	ljij^{2}	·jij^{1}	bioo^{1}	thjɨ^{2}	sju^{2}	wạ^{2}	ljịj^{2}	tsjiir^{1}
如	来	之	观	此	如	广	大	法
[illegible]，	[illegible]	[illegible]	[illegible]	[illegible]	[illegible]	[illegible]	[illegible]	[illegible]
tshjiij^{1}	rjur^{1}	tśier^{1}	·ju^{2}	ɣa^{2}	neew^{2}	ɣjɨr^{1}	iọ^{1}	sə^{1}
说，	诸	方	便	于	善	造	圆	满

观如来善能如许广大说法,于诸方便善巧圆满。

7.39.5

[illegible]	[illegible]。	[illegible]	[illegible]	[illegible]	[illegible]	[illegible]	[illegible]	[illegible]
njwi^{2}	ljɨ^{1}	bju^{2}	mjij^{1}	ljuu^{2}	tshjịj^{2}	dźiã^{2}	tsjij^{2}	mjor^{1}
能	也。	边	无	庄	严	菩	萨	如
[illegible]	[illegible]	[illegible]	[illegible]	[illegible]	[illegible]	[illegible]，	[illegible]	[illegible]
ljij^{2}	thjɨ^{2}	sju^{2}	ljịj^{2}	sjij^{2}	śjɨj^{1}	·jiw^{2}	ŋowr^{2}	ŋowr^{2}
来	此	如	大	智	成	就，	一	切

无边庄严,如来如是成就大智,能善安住一切

7.39.6

[illegible]	[illegible]、	[illegible]、	[illegible]	[illegible]	[illegible]	[illegible]	[illegible]	[illegible]。
sjịj^{2}	sjịj^{2}	ɣie^{1}	le^{2}	mjij^{1}	njɨ^{2}	no^{2}	dźjiij^{1}	njwi^{2}
智	智、	力、	畏	无	等	安	住	能。

[illegible]	[illegible]	[illegible]	[illegible]	[illegible]	[illegible]	[illegible]	[illegible]	[illegible]
thjɨ^2	zji^2	phju^2	ljị^1	·ụ^2	tja^1	mjɨ^1	pjụ^1	kju^1
此	最	上	宝	藏	者	无	量	俱

智智、力、无畏等。此无上宝藏，于无量俱

7.40.1

[illegible]	[illegible]	[illegible]	[illegible]	[illegible]	[illegible]	[illegible]	[illegible]，	[illegible]
tśji^2	no^1	·jiw^1	thow^1	kja^2	kha^1	rjɨr^2	djọ^2	neew^2
胝	那	由	他	劫	中	△	修，	善
[illegible]	[illegible]	[illegible]	[illegible]	[illegible]	[illegible]	[illegible]。	[illegible]	[illegible]
tśhji^2	bju^1	rjɨr^2	śioo^1	dzjị^2	sji^2	ŋwu^2	thjɨ^2	nioow^1
根	依	△	集	合	△	是。	此	故

胝那由他劫，所修善根之所积集，以是缘故，

7.40.2

[illegible]	[illegible]	[illegible]	[illegible]	[illegible]	[illegible]	[illegible]	[illegible]。	[illegible]
thjɨ^2	rjur^1	tsjiir^1	ɣa^1	ɣa^2	no^2	dźjiij^1	njwi^2	sjij^1
此	诸	法	门	于	安	住	能。	今
[illegible]	[illegible]	[illegible]	[illegible]	[illegible]	[illegible]	[illegible]，	[illegible]	[illegible]
nji^2	njɨ^2	·jij^1	tha^1	tsjiir^1	śjɨj^1	·jiw^2	tsjiir^1	wo^2
汝	等	之	佛	法	成	就，	法	理

能善安住此诸法门。今为汝等成熟①佛法，于法理

7.40.3

[illegible]	[illegible]	[illegible]	[illegible]	[illegible]	[illegible]	[illegible]，	[illegible]	[illegible]
tshwew^1	ɣa^2	neew^2	ɣjɨr^1	to^2	phji^1	nioow^1	thjɨ^2	thow^1
趣	于	善	造	出	令	故，	此	陀
[illegible]	[illegible]	[illegible]	[illegible]	[illegible]	[illegible]	[illegible]	[illegible]	[illegible]
lo^1	dźji^1	gji^1	sej^1	tsjiir^1	tjij^1	phie^2	neej^2	nẹ^1
罗	尼	清	净	法	品	开	示	宣

① 成熟，西夏文字面意思是“成就”。

趣出生善巧,开示演说此陀罗尼清净法品。

7.40.4

[illegible],	[illegible]	[illegible]	[illegible]	[illegible]、	[illegible]	[illegible]	[illegible]	[illegible]
tshjiij^{1}	tjij^{1}	neew^{2}	goor^{1}	gji^{2}	neew^{2}	sji^{2}	dzjwo^{2}	njɨ^{2}
说,	若	善	男	子、	善	女	人	等
[illegible]	[illegible]	[illegible]	[illegible],	[illegible]	[illegible]	[illegible]	[illegible]	[illegible]
njiij^{1}	·a^{0}	śjwo^{1}	ŋwu^{2}	ljịj^{2}	po^{1}	tjɨj^{1}	tshwew^{1}	kjụ^{1}
心	△	生	以,	大	菩	提	趣	求

若善男子、善女人等,发心求趣大菩提者、

7.40.5

[illegible],	[illegible]	[illegible]	[illegible]	[illegible]	[illegible]	[illegible]	[illegible]	[illegible],
ku^{1}	ŋa^{2}	pha^{1}	tśhja^{2}	bju^{1}	djọ^{2}	ɣiew^{1}	kięj^{2}	ku^{1}
故,	我	别	正	依	修	学	欲	故,
[illegible]	[illegible]	[illegible]	[illegible]	[illegible]	[illegible]	[illegible],	[illegible]	[illegible]
ŋa^{2}	·jij^{1}	thjoo^{1}	tsjiir^{1}	tśjụ^{1}	·wejr^{2}	kięj^{2}	ku^{1}	rjur^{1}
我	之	妙	法	守	护	欲,	则	诸

而欲随我正修学者、于我法教欲拥护者、于诸

7.40.6

[illegible]	[illegible]	[illegible]	[illegible]	[illegible]	[illegible]	[illegible]	[illegible]	[illegible]
mjor^{1}	ljịj^{2}	·jij^{1}	mjɨ^{1}	pjụ^{1}	tsjiir^{1}	·ụ^{2}	ɣiwej^{1}	·jiij^{1}
如	来	之	无	量	法	藏	受	持
[illegible],	[illegible]	[illegible]	[illegible]	[illegible]	[illegible],	[illegible]	[illegible]	[illegible]
kięj^{2}	ku^{1}	thjɨ^{2}	thjoo^{1}	tsjiir^{1}	kha^{1}	·jɨr^{2}	dźjij^{1}	djọ^{2}
欲,	则	此	妙	法	中,	勤	精	修

如来无量法藏欲受持者,于此法中,当勤修习,

7.41.1

[illegible]	[illegible]	[illegible]	[illegible]	[illegible],	[illegible]	[illegible]	[illegible]	[illegible],
ɣiew^{1}	kjur^{2}	kięj^{2}	khu^{1}	dźjij^{1}	mji^{1}	śja^{1}	wją^{2}	dźjiij^{1}

学 志 欲 进 精, 不 逸 放 住,

[illegible] [illegible] [illegible] [illegible], [illegible] [illegible] [illegible] [illegible] [illegible]

sọ^1 kięj^2 mji^1 zjịj^1 ŋowr^2 ŋowr^2 sjịj^2 sjịj^2 ɣa^2

三 界 不 著, 一 切 智 智 于

志乐精进,住不放逸,不着三界;于一切智智心

7.41.2

[illegible] [illegible] [illegible] [illegible] [illegible], [illegible] [illegible] [illegible] [illegible]

njiij^1 tjị^1 ·wejr^2 ·jiij^1 kięj^2 ku^1 rjur^1 tsə̣^{1} ·jiw^1

心 诚 护 持 欲, 则 诸 色 缘

[illegible] [illegible] [illegible] [illegible] [illegible] [illegible] [illegible] [illegible] [illegible],

ɣa^2 gji^1 sej^1 neew^2 ɣjɨr^1 ɣa^2 djọ^2 dzjɨɨ^2 njwi^2

于 清 净 善 造 于 修 习 能,

作意善加持者①、于诸色缘清净善巧善修习者、

7.41.3

[illegible] [illegible] [illegible] [illegible] [illegible] [illegible] [illegible] [illegible] [illegible]

ku^1 lhjịj^2 sjiij^2 dźjɨ^0 sjịj^2 gji^1 sej^1 neew^2 ɣjɨr^1

故 受 想 行 识 清 净 善 造

[illegible] [illegible] [illegible] [illegible] [illegible]、 [illegible] [illegible] [illegible] [illegible]

ɣa^2 ·jɨr^2 djọ^2 ɣiew^1 njwi^2 ku^1 źjɨr^1 dźjar^2 gjwi^2

于 勤 修 学 能、 故 实 谛 句

于受想行识清净善巧勤修习者、于实谛句

7.41.4

[illegible] [illegible] [illegible] [illegible] [illegible] [illegible] [illegible] [illegible], [illegible]

ɣa^2 gji^1 sej^1 to^2 wee^1 ·jɨr^2 djọ^2 dzjɨɨ^2 ku^1

于 清 净 出 生 勤 修 习, 故

[illegible] [illegible] [illegible] [illegible] [illegible] [illegible] [illegible] [illegible] [illegible]

tsjiir^1 ŋowr^2 ŋowr^2 kha^1 rjur^1 gji^1 sej^1 sjịj^2 kjụ^1

① 作意善加持者,西夏本作"诚心护持"。

法	一	切	中	诸	清	净	智	求

出生清净勤修习者,于诸法①中应可乐求诸清净智。

汉文本

佛告无边庄严菩萨言:此诸陀罗尼印能清净句,异名说句,由受持此陀罗尼法门,以少功用,证菩萨位差别妙智,及近大悲,由随义觉,证得悟入一切法智。无边庄严,此陀罗尼句是大良药,以能除破诸重病故;复能除灭无明、无智、极黑暗障,随顺明法圆满转故。随何明法圆满而转?谓随顺明法智圆满故,而能现证宿住智明;随顺明法智善巧故,而得出生天眼智明;随顺舍离诸烦恼故,能现证得漏尽智明。由此复能获得一切所学波罗蜜多、无上知见、一切智智见、一切智智地。

无边庄严,汝观如来善能如许广大说法,于诸方便善巧圆满。无边庄严,如来如是成就大智,能善安住一切智智、力、无畏等。此无上宝藏,于无量俱胝那由他劫,所修善根之所积集,以是缘故,能善安住此诸法门。今为汝等成熟佛法,于法理趣出生善巧,开示演说此陀罗尼清净法品。若善男子、善女人等,发心求趣大菩提者、而欲随我正修学者、于我法教欲拥护者、于诸如来无量法藏欲受持者,于此法中,当勤修习,志乐精进,住不放逸,不着三界;于一切智智心作意善加持者、于诸色缘清净善巧善修习者、于受想行识清净善巧勤修习者、于实谛句出生清净勤修习者,于诸法中应可乐求诸清净智。

7.41.5

[illegible]。	[illegible]	[illegible]	[illegible]	[illegible]	[illegible]	[illegible],	[illegible]	[illegible]
lew²	bju²	mjij¹	ljuu²	tshjij²	dźiã²	tsjij²	·u²	gji¹
应。	边	无	庄	严	菩	萨,	内	清
[illegible]	[illegible],	[illegible]	[illegible]	[illegible]	[illegible]	[illegible]	[illegible]。	[illegible]
sej¹	nioow¹	ku¹	tsjiir¹	ŋowr²	ŋowr²	gji¹	sej¹	·u²
净	故,	则	法	一	切	清	净。	内

无边庄严,由内清净故,一切法清净。

7.41.6

[illegible]	[illegible]	[illegible],	[illegible]	[illegible]	[illegible]	[illegible]	[illegible]	[illegible]。
mjij¹	sej¹	nioow¹	ku¹	tsjiir¹	ŋowr²	ŋowr²	mjij¹	sej¹
寂	静	故,	则	法	一	切	寂	静。
[illegible]	[illegible]	[illegible]	[illegible],	[illegible]	[illegible]	[illegible]	[illegible]	[illegible]。
·u²	mjij¹	dzjar²	nioow¹	tsjiir¹	ŋowr²	ŋowr²	mjij¹	dzjar²

① 诸法,西夏本作"一切法"。

内	寂	灭	故，	法	一	切	寂	灭。

由内寂静故，一切法寂静。由内寂灭故，一切法寂灭。

7.42.1

□	□	□	□	□，	□	□	□	□
·u²	lhjwi¹	lew²	mjij¹	nioow¹	ku¹	tsjiir¹	ŋowr²	ŋowr²
内	取	所	无	故，	则	法	一	切
□	□	□，	□	□	□	□，	□	□
lhjwi¹	lew²	mjij¹	·u²	mji¹	dźjiij¹	nioow¹	ku¹	rjur¹
取	所	无，	内	不	住	故，	则	诸

由内无所取故，一切法无所取。由内不住故，

7.42.2

□	□	□。	□	□	□，	□	□	□
tsjiir¹	mji¹	dźjiij¹	·u²	dzjar²	nioow¹	ku¹	tsjiir¹	ŋowr²
法	不	住。	内	灭	故，	则	法	一
□	□。	□	□	□	□	□，	□	□
ŋowr²	dzjar²	·u²	wji¹	lew²	mjij¹	nioow¹	ku¹	tsjiir¹
切	灭。	内	为	所	无	故，	则	法

诸法不住。由内灭故，一切法灭。由内无所作故，

7.42.3

□	□	□	□	□。	□	□	□	□
ŋowr²	ŋowr²	wji¹	lew²	mjij¹	·u²	śjɨ¹	lja¹	mjij¹
一	切	为	应	无。	内	去	来	无
□，	□	□	□	□	□	□	□	□
nioow¹	ku¹	rjur¹	tsjiir¹	ŋowr²	ŋowr²	tsjɨ¹	śjɨ¹	lja¹
故，	则	诸	法	一	切	亦	去	来

一切法无所作。由内无来去故，一切诸法亦无来去。

7.42.4

□	□。	□	□	□	□	□	□，	□

mjij1	ljɨ1	bju2	mjij1	ljuu2	tshjịj2	dźiã2	tsjij2	thjɨ2
无	也。	边	无	庄	严	菩	萨,	此
[Tangut]	[Tangut]	[Tangut]	[Tangut]	[Tangut]	[Tangut]	[Tangut]	[Tangut]	[Tangut]
rjur1	ɣa1	gjwi2	rjur1	dźiã2	tsjij2	·jij1	·u2	gji1
诸	门	句	诸	菩	萨	之	内	清

无边庄严,此诸门句,令诸菩萨内清

7.42.5

[Tangut]	[Tangut]	[Tangut],	[Tangut]	[Tangut]	[Tangut]	[Tangut]	[Tangut]	[Tangut]
sej1	bju1	śjwị2	djɨr2	mər2	tsjiir2	phjo2	kar2	mjij1
净	依	随,	外	本	性	分	别	无
[Tangut]	[Tangut]	[Tangut]	[Tangut]	[Tangut],	[Tangut]	[Tangut]	[Tangut]	[Tangut]
ku1	phjo2	kar2	mji1	śjwo1	gji1	sej1	thow1	lo1
则	分	别	不	生,	清	净	陀	罗

净转①,由外本性无分别故,不起分别;然能受持清净陀罗

7.42.6

[Tangut]	[Tangut]	[Tangut]	[Tangut]	[Tangut],	[Tangut]	[Tangut]	[Tangut]	[Tangut],
dźji1	ɣa1	ɣiwej1	·jiij1	njwi2	lẹj2	tshjạ1	phjɨ1	ka2
尼	门	受	持	能,	贪	瞋	出	离,
[Tangut]	[Tangut]	[Tangut]	[Tangut],	[Tangut]	[Tangut]	[Tangut]	[Tangut]	[Tangut]
·jij1	bjịj1	njiij1	mjij1	rjur1	mjor1	ljịj2	·jij1	·jow2
自	高	心	无,	诸	如	来	之	赞

尼门,舍离贪恚,心不贡高②,为诸如来之所称叹,

7.43.1

[Tangut]	[Tangut]	[Tangut],	[Tangut]	[Tangut]	[Tangut]	[Tangut]	[Tangut]	[Tangut]
śja2	lew2	we2	rjur1	dźiã2	tśhju1	kha1	zji2	buu2
现	应	为,	诸	众	生	中	最	胜
[Tangut],	[Tangut]	[Tangut]	[Tangut]	[Tangut],	[Tangut]	[Tangut]	[Tangut]	[Tangut]

① 转,西夏文字面意思是“依随”。

② 心不贡高,西夏文字面意思是“无自高心”。

gjij^{1}	zji^{2}	phju^{2}	·wə^{1}	we^{2}	kụ^{1}	ɣiẹ^{2}	mjij^{1}	sjịj^{2}
殊，	最	上	主	为，	后	碍	无	智

于诸众生最为殊胜，作无上主。当能证得无碍智

7.43.2

[illegible]，	[illegible]	[illegible]	[illegible]	[illegible]	[illegible]	[illegible]，	[illegible]	[illegible]
tshjiij^{1}	njiij^{1}	ljɨ̣j^{2}	nwə^{0}	ŋwo^{2}	lja̱^{1}	rjir^{1}	śji^{1}	kụ^{1}
说，	心	喜	辩	才	证	得，	先	后
[illegible]	[illegible]	[illegible]	[illegible]	[illegible]	[illegible]，	[illegible]	[illegible]	[illegible]
zjọ^{2}	ɣa^{2}	gji^{1}	sej^{1}	sjịj^{2}	rjir^{1}	zji^{2}	dźju^{1}	sjwij^{1}
世	于	清	净	智	得，	皆	显	明

说，欢喜辩才，于前后际得清净智，能遍记别①，

7.43.3

[illegible]，	[illegible]②	[illegible]	[illegible]	[illegible]	[illegible]	[illegible]，	[illegible]	[illegible]
njwi^{2}	gu^{2}	tśja^{1}	tsjiir^{2}	śjij^{1}	ljɨr^{2}	njwi^{2}	nioow^{1}	wee^{1}
能，	共	道	性	随	念	能，	复	生
[illegible]	[illegible]	[illegible]	[illegible]	[illegible]	[illegible]，	[illegible]	[illegible]	[illegible]
mjij^{1}	tsjiir^{1}	zeew^{2}	lja̱^{1}	rjir^{1}	njwi^{2}	nioow^{1}	śjwo^{1}	tjị^{1}
无	法	忍	证	得	能，	缘	起	愿

而能随念中道之性，及能证得无生法忍，能证缘起愿

7.43.4

[illegible]	[illegible]	[illegible]	[illegible]	[illegible]。	[illegible]	[illegible]	[illegible]	[illegible]
buu^{2}	gjij^{1}	tsjiir^{2}	lja̱^{1}	njwi^{2}	nioow^{1}	rjur^{1}	tjị^{1}	ɣa^{2}
胜	殊	性	证	能。	复	诸	愿	于
[illegible]	[illegible]	[illegible]	[illegible]	[illegible]。	[illegible]	[illegible]	[illegible]	[illegible]
zji^{2}	gji^{1}	sej^{1}	phji^{1}	njwi^{2}	mji^{1}	gu^{2}	tsjiir^{1}	ŋowr^{2}
皆	清	净	令	能。	不	共	法	一

殊胜性，及于诸愿能遍清净。当能遍持不共一

① 能遍记别，西夏文字面意思是"皆能显明"。

② [illegible]（gu^{2}），通[illegible]（gu^{2}），即"中"，与汉文本中的"中道"对译。

7.43.5

[illegible]	[illegible]	[illegible]	[illegible]	[illegible]	[illegible]	[illegible]，	[illegible]	[illegible]
ŋowr^{2}	sjịj^{2}	neew^{2}	ɣjɨr^{1}	njɨ^{2}	·jiij^{1}	njwi^{2}	rjɨr^{2}	tshjiij^{1}
切	智	善	造	遍	持	能，	所	说
[illegible]	[illegible]	[illegible]	[illegible]	[illegible]，	[illegible]	[illegible]	[illegible]	[illegible]
dạ^{2}	mjɨ^{1}	zji^{2}	dźiej^{2}	ɣiwej^{1}	kụ^{1}	lja^{1}	zjọ^{2}	ɣa^{2}
事	他	皆	信	受，	后	来	世	于

切法智善巧,所发语言①,众皆信受,能于当来

7.43.6

[illegible]	[illegible]	[illegible]	[illegible]	[illegible]	[illegible]	[illegible]	[illegible]。	[illegible]	[illegible]
ljịj^{2}	tsjiir^{1}	dzjụ^{2}	ljịj^{2}	dzjụ^{2}	tsjiir^{1}	njwi^{2}	ljɨ^{1}	bju^{2}	mjij^{1}
大	法	雨	大	雨	法	能	也。	边	无
[illegible]	[illegible]，	[illegible]	[illegible]	[illegible]	[illegible]	[illegible]	[illegible]	[illegible]，	[illegible]
ljuu^{2}	tshjịj^{2}	dźiã^{2}	tsjij^{2}	thow^{1}	lo^{1}	dźji^{1}	rjir^{1}	nioow^{1}	ku^{1}
庄	严，	菩	萨	陀	罗	尼	得	故，	则

雨大法雨。无边庄严,菩萨由得陀罗尼故,

7.44.1

[illegible]	[illegible]	[illegible]	[illegible]	[illegible]	[illegible]	[illegible]，	[illegible]	[illegible]
kjɨ^{1}	djɨj^{2}	wee^{1}	mjij^{1}	tsjiir^{1}	zeew^{2}	ljạ^{1}	tsjiir^{1}	ŋowr^{2}
必	定	生	无	法	忍	证，	法	一
[illegible]	[illegible]	[illegible]	[illegible]	[illegible]，	[illegible]	[illegible]	[illegible]	[illegible]
ŋowr^{2}	gji^{1}	sej^{1}	sjịj^{2}	rjir^{1}	nioow^{1}	thjɨ^{2}	sju^{2}	tsjiir^{1}
切	清	净	智	得，	复	此	如	法

必定当证无生法忍,逮得一切法清净智,

7.44.2

[illegible]	[illegible]	[illegible]。	[illegible]	[illegible]	[illegible]	[illegible]	[illegible]	[illegible]
sjịj^{2}	to^{2}	njwi^{2}	rjur^{1}	tsjiir^{1}	ŋowr^{2}	ŋowr^{2}	mji^{1}	wee^{1}

① 所发语言,西夏文字面意思是"所说事"。

智	出	能。	诸	法	一	切	不	生
[illegible]	[illegible]，	[illegible]	[illegible]	[illegible]	[illegible]	[illegible]	[illegible]	[illegible]
mji^{1}	dzjar^{2}	nioow^{1}	thjɨ^{2}	sju$^{?}$	tsjiir^{1}	sjịj^{2}	ljạ^{1}	rjir^{1}
不	灭，	复	此	如	法	智	证	得

及能出生如是法智。谓一切法不生不灭，而复证得如是法智。

7.44.3

[illegible]。	[illegible]	[illegible]	[illegible]	[illegible]	[illegible]	[illegible]	[illegible]	[illegible]
ljɨ^{1}	tshọ^{2}	lạ^{1}	bju^{1}	wee^{1}	tja^{1}	wee^{1}	mji^{1}	śjɨj^{1}
也。	虚	诳	依	生	者	生	不	成
[illegible]；	[illegible]	[illegible]	[illegible]	[illegible]	[illegible]	[illegible]	[illegible]	[illegible]；
·jiw^{2}	mji^{1}	śjɨj^{1}	·jiw^{2}	ku^{1}	tśhjɨ^{2}	rjar^{2}	sar^{2}	ljiij^{2}
就；	不	成	就	则	立	即	散	坏；

谓虚妄生，生不成就；不成就者，即便散坏；

7.44.4

[illegible]	[illegible]	[illegible]	[illegible]	[illegible]	[illegible]	[illegible]	[illegible]。	[illegible]
sar^{2}	ljiij^{2}	tsjiir^{1}	tja^{1}	tshwew^{1}	tjị^{2}	mjij^{1}	ljɨ^{1}	thjɨ^{2}
散	坏	法	者	趣	可	无	也。	此
[illegible]	[illegible]	[illegible]	[illegible]	[illegible]	[illegible]	[illegible]	[illegible]	[illegible]。
tsjiir^{1}	ŋowr^{2}	ŋowr^{2}	tja^{1}	zji^{2}	dzjar^{2}	ljiij^{2}	ɣa^{1}	ŋwu^{2}
法	一	切	者	皆	灭	坏	门	是。

散坏法者，而无所趣。此一切法皆灭坏门，

7.44.5

[illegible]	[illegible]	[illegible]	[illegible]	[illegible]	[illegible]	[illegible]	[illegible]	[illegible]。
thjɨ^{2}	dzjar^{2}	ljiij^{2}	tjị^{2}	wee^{1}	mjij^{1}	·jij^{1}	rjir^{2}	thwuu^{1}
此	灭	坏	可	生	无	相	与	同。
[illegible]	[illegible]	[illegible]	[illegible]，	[illegible]	[illegible]	[illegible]	[illegible]	[illegible]。
tjij^{1}	wee^{1}	mjij^{1}	ŋwu^{2}	ku^{1}	thja^{1}	tsjɨ^{1}	dzjar^{2}	mjij^{1}
若	生	无	是，	则	彼	亦	灭	无。

此灭坏门同无生相。若是无生，彼即无灭。

7.44.6

[illegible]	[illegible]	[illegible]	[illegible]	[illegible]	[illegible]，	[illegible]	[illegible]	[illegible]
rjur^{1}	tsjiir^{1}	ŋowr^{2}	ŋowr^{2}	khwa^{1}	ka^{2}	·jij^{1}	źjɨr^{1}	bju^{1}
诸	法	一	切	远	离，	相	实	依
[illegible]	[illegible]，	[illegible]	[illegible]	[illegible]	[illegible]	[illegible]，	[illegible]	[illegible]
bioo^{1}	thjuu^{1}	ku^{1}	tśhjwo^{1}	zow^{2}	zjij^{1}	mjij^{1}	kheej^{1}	ljɨ^{1}
观	察，	故	则	持	著	无，	戏	论

如实观察一切诸法，远离相已，则不执着，则不戏论。

7.45.1

[illegible]	[illegible]	[illegible]。	[illegible]	[illegible]	[illegible]	[illegible]	[illegible]	[illegible]，
tsjɨ^{1}	mjij^{1}	ljɨ^{1}	bju^{2}	mjij^{1}	ljuu^{2}	tshjij^{2}	dźiã^{2}	tsjij^{2}
亦	无	也。	边	无	庄	严	菩	萨，
[illegible]	[illegible]	[illegible]	[illegible]	[illegible]	[illegible]	[illegible]	[illegible]	[illegible]
thjɨ^{2}	tja^{1}	rjur^{1}	dźiã^{2}	tsjij^{2}	·jij^{1}	wee^{1}	mjij^{1}	sjij^{2}
此	者	诸	菩	萨	之	生	无	智

无边庄严，此是诸菩萨无生智门，

7.45.2

[illegible]	[illegible]，	[illegible]	[illegible]	[illegible]	[illegible]，	[illegible]	[illegible]	[illegible]
ɣa^{1}	ŋwu^{2}	neew^{2}	ɣjɨr^{1}	bioo^{1}	thjuu^{1}	ŋwu^{2}	thjɨ^{2}	rjur^{1}
门	是，	善	造	观	察，	以	此	诸
[illegible]	[illegible]	[illegible]	[illegible]	[illegible]，	[illegible]	[illegible]	[illegible]	[illegible]
thow^{1}	lo^{1}	dźji^{1}	·o^{2}	njwi^{2}	thjɨ^{2}	nioow^{1}	wee^{1}	mjij^{1}
陀	罗	尼	入	能，	此	故	生	无

善巧观察，而能入此诸陀罗尼，由是速能

7.45.3

[illegible]	[illegible]	[illegible]，	[illegible]	[illegible]	[illegible]	[illegible]	[illegible]。
zeew^{2}	xja^{1}	rjir^{1}	nwə^{0}	ŋwo^{2}	ŋowr^{2}	lhə^{0}	njwi^{2}
忍	即	得，	辩	才	具	足	能。

获无生忍，辩才具足。

汉文本

无边庄严，由内清净故，一切法清净。由内寂静故，一切法寂静。由内寂灭故，一切法寂灭。由内无所取故，一切法无所取。由内不住故，诸法不住。由内灭故，一切法灭。由内无所作故，一切法无所作。由内无来去故，一切诸法亦无来去。

无边庄严，此诸门句，令诸菩萨内清净转，由外本性无分别故，不起分别；然能受持清净陀罗尼门，舍离贪恚，心不贡高，为诸如来之所称叹，于诸众生最为殊胜，作无上主。当能证得无碍智说，欢喜辩才，于前后际得清净智，能遍记别，而能随念中道之性，及能证得无生法忍，能证缘起愿殊胜性，及于诸愿能遍清净。当能遍持不共一切法智善巧，所发语言，众皆信受，能于当来雨大法雨。

无边庄严，菩萨由得陀罗尼故，必定当证无生法忍，逮得一切法清净智，及能出生如是法智。谓一切法不生不灭，而复证得如是法智。谓虚妄生，生不成就；不成就者，即便散坏；散坏法者，而无所趣。此一切法皆灭坏门，此灭坏门同无生相。若是无生，彼即无灭。如实观察一切诸法，远离相已，则不执着，则不戏论。

无边庄严，此是诸菩萨无生智门，善巧观察，而能入此诸陀罗尼，由是速能获无生忍，辩才具足。

7.45.4

[illegible] [illegible]，[illegible] [illegible] [illegible] [illegible] [illegible] [illegible] [illegible] [illegible] [illegible] [illegible] [illegible]：

tśhjɨ^{1} zjọ^{2} rjur^{1} pjụ^{1} thjɨ^{2} wo^{2} ·jị^{2} tshjiij^{1} kięj^{2} ljaa^{1} dạ^{2} rjɨr^{2} tshjiij^{1}

尔 时， 世 尊 此 义 重 说 欲 偈 言 △ 说：

尔时，世尊欲重宣此义，而说颂曰：

7.45.5

[illegible] [illegible] [illegible] [illegible] [illegible]，[illegible] [illegible] [illegible]

tjij^{1} tsjiir^{1} tshọ^{2} lạ^{1} śjwo^{1} wee^{1} nioow^{1} kjɨ^{1}

若 法 虚 诳 生， 生 复 必

[illegible] [illegible]，[illegible] [illegible] [illegible] [illegible] [illegible]。

djɨj^{2} dzjar^{2} rjur^{1} tsjiir^{1} dju^{1} rjir^{2} ka^{2}

定 灭， 诸 法 有 与 离。

若法虚妄生，生已必灭坏，诸法离于有。

7.45.6

[illegible] [illegible] [illegible] [illegible] [illegible]，[illegible] [illegible] [illegible]

sjwɨ^{1}	ɣa^{2}	njɨ^{2}	·jiij^{1}	ljɨ^{1}	rjur^{1}	tsjiir^{1}	dju^{1}
谁	于	遍	持	也,	诸	法	有
[illegible]	[illegible],	[illegible]	[illegible]	[illegible]	[illegible]	[illegible]。	
ljɨ̣^{1}	njaa^{2}	mji^{1}	dju^{1}	lhjwi^{1}	lew^{2}	mjij^{1}	
虽	非,	无	有	取	应	无。	

于谁可遍持,诸法既非有,无有无可取。

7.46.1

[illegible]	[illegible]	[illegible]	[illegible]	[illegible],	[illegible]	[illegible]	[illegible]
tjij^{1}	tsjiir^{1}	rjir^{1}	tjị^{2}	mjij^{1}	sjwɨ^{1}	ɣa^{2}	zji^{2}
若	法	得	可	无,	谁	于	皆
[illegible]	[illegible],	[illegible]	[illegible]	[illegible]	[illegible]	[illegible]。	
·jiij^{1}	lew^{2}	tjij^{1}	rjur^{1}	tsjiir^{1}	·jij^{1}	tsjiir^{2}	
持	应,	若	诸	法	自	性。	

若法不可得,于何而遍持,若不了诸法。

7.46.2

[illegible]	[illegible]	[illegible]	[illegible]	[illegible],	[illegible]	[illegible]	[illegible]
rjir^{1}	tjị^{2}	mjij^{1}	mji^{1}	tsjij^{2}	thja^{1}	dzjwo^{2}	·jij^{1}
得	可	无	不	了,	彼	人	相
[illegible]	[illegible],	[illegible]	[illegible]	[illegible]	[illegible]	[illegible]。	
bju^{1}	dźjịj^{1}	thow^{1}	lo^{1}	dźji^{1}	mji^{1}	rjir^{1}	
依	行,	陀	罗	尼	不	得。	

自性不可得①,彼则行于相,不得陀罗尼。

7.46.3

[illegible]	[illegible]	[illegible]	[illegible]	[illegible],	[illegible]	[illegible]	[illegible]
rjur^{1}	tsjiir^{1}	tshọ^{2}	ŋa^{1}	sju^{2}	thjɨ^{2}	nioow^{1}	phie^{2}
诸	法	虚	空	如,	此	故	开
[illegible]	[illegible],	[illegible]	[illegible]	[illegible]	[illegible]	[illegible]。	

① 若不了诸法,自性不可得,西夏本作"若诸法自性,不可得不了"。

neej^{2} tshjiij^{1} tshọ^{2} ŋa^{1} nioow^{1} phie^{2} neej^{2}

示 说， 虚 空 复 开 示。

诸法如虚空，由是说开示，虚空及开示。

7.46.4

[illegible] [illegible] [illegible] [illegible] [illegible]， [illegible] [illegible] [illegible]

zjɨ̣^{2} njɨɨ^{1} dju^{1} lew^{2} mjij^{1} thjɨ^{2} njɨɨ^{1} dju^{1}

俱 二 有 所 无， 此 二 有

[illegible] [illegible]， [illegible] [illegible] [illegible] [illegible] [illegible]。

rjir^{2} ka^{2} rjur^{1} tsjiir^{1} tsjɨ^{1} ŋa^{1} mjij^{1}

与 离， 诸 法 亦 空 无。

二俱无所有，此二离于有，诸法亦空无。

7.46.5

[illegible] [illegible] [illegible] [illegible] [illegible]， [illegible] [illegible] [illegible]

thjɨ^{2} sju^{2} tsjiir^{1} tsjij^{2} mjijr^{2} tśhjwo^{1} zji^{2} ·jiij^{1}

此 如 法 解 者， 则 最 持

[illegible] [illegible]， [illegible] [illegible] [illegible] [illegible] [illegible]。

rjir^{1} njwi^{2} dwewr^{2} bju^{1} śji^{1} ɣu^{1} mjij^{1}

得 能， 觉 随 初 始 无。

如是解法者，彼能获总持，随觉无初始。

7.46.6

[illegible] [illegible] [illegible] [illegible] [illegible]， [illegible] [illegible] [illegible]

gu^{2} mjiij^{1} mji^{1} phjo^{2} kar^{2} rjur^{1} tsjiir^{1} phjo^{2}

中 后 不 分 别， 诸 法 分

[illegible] [illegible]， [illegible] [illegible] [illegible] [illegible] [illegible]。

kar^{2} ka^{2} ŋowr^{2} ŋowr^{2} zji^{2} ŋa^{1} mjij^{1}

别 离， 一 切 皆 空 无。

不分别中后，诸法离分别，一切悉空无。

7.47.1

[illegible] [illegible] [illegible] [illegible] [illegible]， [illegible] [illegible] [illegible]

tjij^1	gjwɨ^1	źjɨr^1	mjij^1	dźjiij^1	mji^1	źjɨr^1	tsjɨ^1
若	坚	实	无	住,	不	实	亦
[illegible]	[illegible],	[illegible]	[illegible]	[illegible]	[illegible]	[illegible]。	
mji^1	dju^1	rjur^1	tsjiir^1	wo^2	ɣiej^1	bju^1	
不	有,	诸	法	理	真	依。	

若处无坚实,不实亦非有,依诸法真理。

7.47.2

[illegible]	[illegible]	[illegible]	[illegible]	[illegible],	[illegible]	[illegible]	[illegible]
njɨ^2	·jiij^1	thjij^2	sjo^2	dju^1	thjɨ^2	sju^2	rjur^1
遍	持	何	云	有,	此	如	诸
[illegible]	[illegible]①,	[illegible]	[illegible]	[illegible]	[illegible]	[illegible]。	
tsjiir^1	tsjiir^2	dju^1	lew^2	mjij^1	nwə^1	tsjij^2	
法	性,	有	应	无	知	解。	

云何得遍持,如是了诸法,自性无所有②。

7.47.3

[illegible]	[illegible]	[illegible]	[illegible]	[illegible],	[illegible]	[illegible]	[illegible]
ŋa^2	sjij^1	thja^2	·jij^1	sej^1	zji^2	·jiij^1	rjir^1
我	今	彼	之	净,	总	持	得
[illegible]③	[illegible],	[illegible]	[illegible]	[illegible]	[illegible]	[illegible]。	
ljow^2	tshjiij^1	rjur^1	tsjiir^1	tshọ^2	ŋa^1	sju^2	
界	说,	诸	法	虚	空	如。	

我今略说彼,得清净总持④,诸法如虚空。

7.47.4

[illegible]	[illegible]	[illegible]	[illegible]	[illegible]⑤,	[illegible]	[illegible]	[illegible]
nioow^1	gjij^2	ŋa^1	rjir^2	ka^2	·ju^2	źjɨr^1	ŋwu^2

① [illegible](tsjiir^2),通[illegible](tsjij^2),即“了、解”,与汉文本中的“了诸法”对译。

② 自性无所有,西夏本作“知解无所有”。

③ [illegible](ljow^2),意为“边界、边际”,通[illegible](ljow^2),意为“少许、稍微”,与汉文本中的“略”对译。

④ 我今略说彼,得清净总持,西夏本作“我今彼之净,略说得总持”。

⑤ [illegible](ka^2),意为“分离”,通[illegible](kạ^2),意为“同、等”,与汉文本中的“等”对译。

复	旷	空	与	离，	常	慧	以
[illegible]	[illegible]，	[illegible]	[illegible]	[illegible]	[illegible]	[illegible]。	
bioo^{1}	thjuu^{1}	thja^{1}	zji^{2}	·jiij^{1}	rjir^{1}	njwi^{2}	
观	察，	彼	总	持	得	能。	

亦等于空旷，以慧常观察，彼能获总持。

7.47.5

[illegible]	[illegible]	[illegible]	[illegible]	[illegible]，	[illegible]	[illegible]	[illegible]
rjur^{1}	tsjiir^{1}	dju^{1}	lew^{2}	mjij^{1}	mji^{1}	wee^{1}	mji^{1}
诸	法	有	应	无，	不	生	不
[illegible]	[illegible]，	[illegible]	[illegible]	[illegible]	[illegible]	[illegible]。	
tsjɨ^{1}	śjwo^{1}	mji^{1}	dju^{1}	lhjwi^{1}	lew^{2}	mjij^{1}	
亦	起，	无	有	取	应	无。	

诸法无所有，不生亦不起，无有无可取。

7.47.6

[illegible]	[illegible]	[illegible]	[illegible]	[illegible]，	[illegible]	[illegible]	[illegible]
thjɨ^{2}	thjij^{2}	sjo^{2}	njɨ^{2}	·jiij^{1}	tsjiir^{1}	ŋowr^{2}	ŋowr^{2}
此	何	云	遍	持，	法	一	切
[illegible]	[illegible]，	[illegible]	[illegible]	[illegible]	[illegible]	[illegible]。	
·jij^{1}	mjij^{1}	·jij^{1}	tsjiir^{2}	kheej^{1}	ljɨ^{1}	mjij^{1}	
相	无，	自	性	戏	论	无。	

此云何遍持，一切法无相，自性无戏论。

7.48.1

[illegible]	[illegible]	[illegible]	[illegible]	[illegible]，	[illegible]	[illegible]	[illegible]
ŋowr^{2}	ŋowr^{2}	zji^{2}	·jij^{1}	ka^{2}	tsjiir^{1}	dju^{1}	lew^{2}
一	切	皆	相	离，	法	有	应
[illegible]	[illegible]，	[illegible]	[illegible]	[illegible]	[illegible]	[illegible]。	
mjij^{1}	tshjiij^{1}	tjij^{1}	rjur^{1}	tsjiir^{1}	mjor^{1}	wo^{2}	
无	说，	若	诸	法	如	理。	

一切皆离相，说法无所有，若能如是解。

7.48.2

□	□	□	□	□，	□	□	□
thjɨ^{2}	sju^{2}	tsjij^{2}	njwi^{2}	ku^{1}	thja^{1}	dzjwo^{2}	phjo^{2}
此	如	解	能	则，	彼	人	分
□	□，	□	□	□	□	□。	
kar^{2}	mjij^{1}	tśhjwo^{1}	njɨ^{2}	·jiij^{1}	rjir^{1}	njwi^{2}	
别	无，	则	遍	持	得	能。	

一切法如理①，彼则无分别，而能得遍持。

7.48.3

□	□	□	□	□，	□	□	□
tsjiir^{1}	ŋowr^{2}	ŋowr^{2}	·jij^{1}	tsjiir^{2}	mjij^{1}	ku^{1}	rjir^{1}
法	一	切	自	性，	无	故	得
□	□，	□	□	□	□	□。	
tjị^{2}	mjij^{1}	mji^{1}	dju^{1}	wo^{2}	tsjij^{2}	ku^{1}	
可	无，	无	有	义	解	故。	

诸法以自性，无故不可得，解了无有义。

7.48.4

□	□	□	□	□，	□	□	□
thja^{1}	zji^{2}	·jiij^{1}	śjɨj^{1}	njwi^{2}	tjij^{1}	rjur^{1}	tsjiir^{1}
彼	总	持	成	就，	若	诸	法
□	□，	□	□	□	□	□。	
thjɨ^{2}	sju^{2}	bioo^{1}	thjuu^{1}	njiij^{1}	mji^{1}	laa^{1}	
此	如，	观	察	心	不	染。	

彼成就总持，若如是观察，一切法不染②。

7.48.5

□	□	□	□	□，	□	□	□

① 若能如是解。一切法如理，西夏本作"若诸法如理。则能如是解"。

② 若如是观察，一切法不染，西夏本作"若诸法如是，观察心不染"。

sjịj^2 ŋwu^2 ŋa^1 mji^1 kar^2 thja^1 dzjwo^2 rjur^1
智 以 空 不 别， 彼 人 诸
[illegible] [illegible]， [illegible] [illegible] [illegible] [illegible] [illegible]。
tsjiir^1 ·jij^1 mji^1 ·ju^2 wo^2 ŋa^1 tshjiij^1
法 之， 无 常 义 空 说。

智不分别空，彼能持诸法，无常义空义。

7.48.6

[illegible] [illegible] [illegible] [illegible] [illegible]， [illegible] [illegible] [illegible]
tśjị^1 wo^2 dwər^1 ka^2 wo^2 ŋowr^2 ŋowr^2 zji^2
苦 义 厌 离 义， 一 切 皆
[illegible] [illegible]， [illegible] [illegible] [illegible] [illegible] [illegible]。
·jiij^1 njwi^2 tjij^1 źjɨr^1 ŋwu^2 nwə^1 tsjij^2
持 能， 若 慧 以 知 解。

苦义及厌离①，若以慧了知。

7.49.1

[illegible] [illegible] [illegible] [illegible] [illegible]， [illegible] [illegible] [illegible]
thja^2 ·jij^1 sjịj^2 dzja^1 ljịj^1 lhjwi^1 lew^2 mjij^1
彼 之 智 长 益， 取 所 无
[illegible] [illegible]， [illegible] [illegible] [illegible] [illegible] [illegible]。
djiij^2 phã^1 mjor^1 ɣiej^1 wo^2 neej^2 tshjiij^1
涅 槃， 如 真 理 示 说。

彼智得增长，示说无所取，涅槃如理义②。

7.49.2

[illegible] [illegible] [illegible] [illegible] [illegible]， [illegible] [illegible] [illegible]
źjɨr^1 phjo^2 kar^2 phji^1 mjij^1 tsjiir^1 tsjɨ^1 mji^1
实 分 别 意 无， 法 亦 不
[illegible] [illegible]， [illegible] [illegible] [illegible] [illegible] [illegible]。

① 彼能持诸法，无常义空义。苦义及厌离，西夏本作“彼人诸法之，无常义空说。苦义厌离义，一切皆能持”。
② 示说无所取，涅槃如理义，西夏本作“无所取涅槃，如真理示说”。

phjo^2 kar^2 thjɨ^2 nioow^1 ɣiwej^1 ·jiij^1 njwi^2

分 别, 此 故 受 持 能。

坚无分别意,亦不分别法,由是能受持。

7.49.3

[illegible] [illegible] [illegible] [illegible] [illegible], [illegible] [illegible] [illegible]

rjur^1 tsjiir^1 mji^1 gjwɨ^1 lwo^2 mji^1 dju^1 lhjwi^1

诸 法 不 坚 固, 无 有 取

[illegible] [illegible], [illegible] [illegible] [illegible] [illegible] [illegible]。

lew^2 mjij^1 ŋa^1 mjij^1 sej^1 ljij^2 gie^1

应 无, 空 寂 静 见 难。

诸法不坚固,无有无所取,寂静空难见。

7.49.4

[illegible] [illegible] [illegible] [illegible] [illegible], [illegible] [illegible] [illegible]

tjij^1 tsjiir^1 tsjij^2 nioow^1 tshjiij^1 tshjiij^1 ɣa^2 mji^1

若 法 解 复 说, 说 于 不

[illegible] [illegible], [illegible] [illegible] [illegible] [illegible] [illegible]。

phjo^2 kar^2 zjij^1 mjij^1 phjo^2 kar^2 mjij^1

分 别, 著 无 分 别 无。

若解法已说,于说不分别,无着无分别。

7.49.5

[illegible] [illegible] [illegible] [illegible] [illegible], [illegible] [illegible] [illegible]

thjɨ^2 tsjiir^1 ɣa^1 ·jiij^1 njwi^2 tjij^1 ·jij^1 ·a^0

此 法 门 持 能, 若 相 △

[illegible] [illegible], [illegible] [illegible] [illegible] [illegible] [illegible]。

tsjij^2 nioow^1 ·jij^1 mjij^1 tsjij^2 njwi^2 ku^1

解 已, 相 无 了 能 故。

能持此法门,若解了相已,能了于无相。

7.49.6

[illegible] [illegible] [illegible] [illegible] [illegible], [illegible] [illegible] [illegible]

thja¹	dzjwo²	rjur¹	tsjiir¹	ɣa²	phjɨ¹	ka²	sjiij²
彼	人	诸	法	于，	出	离	想
[illegible]	[illegible]，	[illegible]	[illegible]	[illegible]	[illegible]	[illegible]。	
mji¹	śjwo¹	thja¹	thjɨ²	wo²	tsjij²	njwi²	
不	起，	彼	此	义	了	能。	

彼亦于诸法，不起舍离想，彼能了此义。

7.50.1

[illegible]	[illegible]	[illegible]	[illegible]	[illegible]，	[illegible]	[illegible]	[illegible]
tśhja²	dwewr²	rjɨr²	tshjiij¹	wo²	thja¹	dzjwo²	tśjɨ¹
正	觉	△	说	理，	彼	人	醒
[illegible]	[illegible]，	[illegible]	[illegible]	[illegible]	[illegible]	[illegible]。	
tsjij²	njwi²	dwuu²	rjɨj²	tshjiij¹	ljɨɨ¹	ku¹	
悟	能，	秘	密	说	能	故。	

正觉之所说，善巧说秘密①。

7.50.2

[illegible]	[illegible]	[illegible]	[illegible]	[illegible]，	[illegible]	[illegible]	[illegible]
thja¹	ŋa²	bju¹	dwewr²	tsjij²	tjij¹	wo²	bju¹
彼	我	随	觉	解，	若	理	依
[illegible]	[illegible]，	[illegible]	[illegible]	[illegible]	[illegible]	[illegible]。	
mjɨ¹	pjụ¹	tsjiir¹	ŋowr²	ŋowr²	bioo¹	thjuu¹	
无	量，	法	一	切	观	察。	

彼能随我觉，若如理观察，无量一切法②。

汉文本

尔时，世尊欲重宣此义，而说颂曰：

若法虚妄生，生已必灭坏，诸法离于有。

于谁可遍持，诸法既非有，无有无可取。

若法不可得，于何而遍持，若不了诸法。

---

① 正觉之所说，善巧说秘密，西夏本作“正觉所说义，彼人能醒悟，能说秘密故”。

② 若如理观察，无量一切法，西夏本作“若依理无量，观察一切法”。

自性不可得,彼则行于相,不得陀罗尼。
诸法如虚空,由是说开示,虚空及开示。
二俱无所有,此二离于有,诸法亦空无。
如是解法者,彼能获总持,随觉无初始。
不分别中后,诸法离分别,一切悉空无。
若处无坚实,不实亦非有,依诸法真理。
云何得遍持,如是了诸法,自性无所有。
我今略说彼,得清净总持,诸法如虚空。
亦等于空旷,以慧常观察,彼能获总持。
诸法无所有,不生亦不起,无有无可取。
此云何遍持,一切法无相,自性无戏论。
一切皆离相,说法无所有,若能如是解。
一切法如理,彼则无分别,而能得遍持。
诸法以自性,无故不可得,解了无有义。
彼成就总持,若如是观察,一切法不染。
智不分别空,彼能持诸法,无常义空义。
苦义及厌离,若以慧了知。
彼智得增长,示说无所取,涅槃如理义。
坚无分别意,亦不分别法,由是能受持。
诸法不坚固,无有无所取,寂静空难见。
若解法已说,于说不分别,无着无分别。
能持此法门,若解了相已,能了于无相。
彼亦于诸法,不起舍离想,彼能了此义。
正觉之所说,善巧说秘密。
彼能随我觉,若如理观察,无量一切法。

7.50.3

[illegible]	[illegible]	[illegible]	[illegible]	[illegible],	[illegible]	[illegible]	[illegible]
thja^{1}	rjur^{1}	pjụ^{1}	dza^{2}	ka^{2}	thjɨ^{2}	wo^{2}	tshwew^{1}
彼	诸	量	量	离,	此	义	趣
[illegible]	[illegible],	[illegible]	[illegible]	[illegible]	[illegible]	[illegible]。	
tsjij^{2}	njwi^{2}	tjij^{1}	rjur^{1}	tsjiir^{1}	mjiij^{2}	mjij^{1}	
解	能,	若	诸	法	名	无。	

彼舍离诸量,能觉此理趣,若能观察法。

7.50.4

[illegible]	[illegible]	[illegible]	[illegible]	[illegible],	[illegible]	[illegible]	[illegible]

nioow¹	·jij¹	mjij¹	bioo¹	thjuu¹	thjɨ²	wo²	tsjij²
复	相	无	观	察，	此	义	解
□	□，	□	□	□	□	□。	
njwi²	ku¹	thja¹	zeew²	lhu¹	ljij¹	njwi²	
能	故，	彼	忍	增	益	能。	

无名及无相①，能了达此义，彼能增长忍。

7.50.5

□	□	□	□	□，	□	□	□
rjur¹	tji̱¹	nioow¹	buu²	gjij¹	nioow¹	wo²	bju¹
诸	愿	复	胜	殊，	复	理	依
□	□，	□	□	□	□	□。	
bioo¹	thjuu¹	thja¹	tji̱¹	nioow¹	rjur¹	tsə̣¹	
观	察，	彼	愿	复	诸	色。	

诸愿与殊胜，及如理观察，所愿并诸色。

7.50.6

□	□	□	□	□，	□	□	□
mji¹	dźjiij¹	thja¹	rjir²	ljwu¹	thjɨ²	tsjiir¹	ɣa¹
不	住	彼	与	讳，	此	法	门
□	□，	□	□	□	□	□。	
wo²	tsjij²	wo²	bju¹	bioo¹	njwi²	ku¹	
义	了，	理	依	观	能	故。	

不住能违彼，了此法门义，能如理观察。

7.51.1

□	□	□	□	□，	□	□	□
tsjiir¹	ŋowr²	ŋowr²	wo²	kha¹	thja²	tsjɨ¹	·jiw²
法	一	切	理	中，	彼	亦	疑
□	□，	□	□	□	□	□。	

① 若能观察法。无名及无相，西夏本作"若诸法无名。及无相观察"。

ljɨj[1] mjij[1] tjij[1] źjɨr[1] ŋwu[2] rjur[1] tsjiir[1]

惑 无, 若 慧 以 诸 法。

于诸法理中①,彼亦无疑惑,若以慧观察。

7.51.2

[illegible] [illegible] [illegible] [illegible] [illegible], [illegible] [illegible] [illegible]

ŋowr[2] ŋowr[2] ·jij[1] bioo[1] thjuu[1] kjɨ[1] djɨj[2] tśjɨ[1]

一 切 相 观 察, △ 定 醒

[illegible] [illegible], [illegible] [illegible] [illegible] [illegible] [illegible]。

tsjij[2] ku[1] thja[1] ·jij[1] mjij[1] ·o[2] njwi[2]

悟 则, 彼 相 无 入 能。

一切诸法相②,决定解了者,彼则入无相。

7.51.3

[illegible] [illegible] [illegible] [illegible] [illegible], [illegible] [illegible] [illegible]

thja[1] thjɨ[2] wo[2] tshwew[1] ɣa[2] no[2] dźjiij[1] tsjij[2]

彼 此 理 趣 于, 安 住 解

[illegible] [illegible], [illegible] [illegible] [illegible] [illegible] [illegible]。

njwi[2] ku[1] thjɨ[2] sju[2] le[2] mjij[1] dzjwo[2]

能 则, 此 如 畏 无 人。

彼于此理趣,能了善安住,如是无畏者。

7.51.4

[illegible] [illegible] [illegible] [illegible] [illegible], [illegible] [illegible] [illegible]

xja[1] tha[1] tsjiir[1] ljạ[1] njwi[2] tsjiir[1] ɣa[2] mji[1]

即 佛 法 证 能, 法 于 不

[illegible] [illegible], [illegible] [illegible] [illegible] [illegible] [illegible]。

kheej[1] ljɨ[1] tśhja[2] ka[1] phjo[2] kar[2] mjij[1]

戏 论, 正 等 分 别 无。

能速证佛法,于法不戏论,平等无分别。

---

① 于诸法理中,西夏本作“一切法理中”。

② 若以慧观察。一切诸法相,西夏本作“若以慧诸法。观察一切相”。

7.51.5

[illegible]	[illegible]	[illegible]	[illegible]	[illegible],	[illegible]	[illegible]	[illegible]
tsjiir^{1}	bju^{1}	śjij^{1}	tja^{1}	nioow^{1}	dwər^{1}	ka^{2}	ɣa^{2}
法	相	应	者	复,	厌	离	于
[illegible]	[illegible],	[illegible]	[illegible]	[illegible]	[illegible]	[illegible]。	
mji^{1}	·jiw^{2}	nioow^{1}	dzjar^{2}	ɣa^{2}	ŋur^{1}	sji^{1}	
无	惑,	复	灭	于	蕴	尽。	

了法相应已,于厌离无惑,于灭不分别。

7.51.6

[illegible]	[illegible]	[illegible]	[illegible]	[illegible],	[illegible]	[illegible]	[illegible]
mjij^{1}	sej^{1}	wo^{2}	mji^{1}	kar^{2}	thja^{1}	tsjiir^{1}	tśhja^{2}
寂	静	义	不	别,	彼	法	正
[illegible]	[illegible],	[illegible]	[illegible]	[illegible]	[illegible]	[illegible]。	
ka^{1}	ɣa^{2}	wo^{2}	bju^{1}	nwə^{0}	ŋwo^{2}	rjir^{1}	
等	于,	理	依	辩	才	得。	

蕴尽寂静义①,彼于法平等,得如理辩才。

7.52.1

[illegible]	[illegible]	[illegible]	[illegible]	[illegible],	[illegible]	[illegible]	[illegible]
njij^{2}	wjuu^{1}	djọ^{2}	dzjɨɨ^{2}	njwi^{2}	rjur^{1}	dźiã^{2}	tśhju^{1}
慈	悲	修	习	能,	诸	众	生
[illegible]	[illegible],	[illegible]	[illegible]	[illegible]	[illegible]	[illegible]。	
gjịj^{1}	ɣie^{2}	bju^{1}	śjij^{1}	dźjiij^{1}	njwi^{2}	mjijr^{2}	
利	益,	相	应	住	能	者。	

能修习慈悲,利益诸众生,善住相应者。

7.52.2

[illegible]	[illegible]	[illegible]	[illegible]	[illegible],	[illegible]	[illegible]	[illegible]
thja^{1}	zji^{2}	phju^{2}	dwewr^{2}	tsjij^{2}	tjij^{1}	dźiã^{2}	tśhju^{1}

① 于灭不分别,蕴尽寂静义,西夏本作"复于灭蕴尽,寂静义不别"。

彼　最　上　觉　了，　若　众　生

[illegible]

·jij^{1}　ka^{2}　tsjiir^{1}　ŋa^{2}　mjij^{1}　tsjij^{2}　njwi^{2}

相　离，　法　我　无　了　能。

彼觉了无上，若离众生相，能了法无我。

7.52.3

[illegible]

tsjiir^{1}　kheej^{1}　ljɨ̣^{1}　wo^{2}　mjij^{1}　wo^{2}　bju^{1}　mji^{1}

法　戏　论　义　无，　理　依　不

[illegible]

kheej^{1}　ljɨ̣^{1}　tjij^{1}　thjɨ^{2}　tsjiir^{1}　mji^{1}　nioow^{1}

戏　论，　若　此　法　闻　已。

法无戏论义，如理不戏论，若闻此法已。

7.52.4

[illegible]

xja^{1}　sej^{1}　dźiej^{2}　rjir^{1}　njwi^{2}　thja^{2}　mji^{1}　le^{2}

即　净　信　得　能，　彼　弥　勒

[illegible]

tśhja^{2}　dwewr^{2}　njɨɨ^{1}　rewr^{2}　pjụ^{1}　ljij^{2}　njwi^{2}

正　觉，　二　足　尊　见　能。

能速得净信，彼当见正觉，弥勒两足尊①。

7.52.5

[illegible]

ŋə^{2}　·jij^{1}　tsjɨ^{1}　de^{2}　phji^{1}　thjɨ^{2}　ljij^{2}　·ji^{1}

我　之　亦　喜　令，　此　大　众

[illegible]

ljwu^{2}　kha^{1}　tjij^{1}　thjɨ^{2}　tsjiir^{1}　mji^{1}　tja^{1}

---

① 彼当见正觉，弥勒两足尊，西夏本作"彼弥勒正觉，能见两足尊"。

会 中， 若 此 法 闻 者。

彼令我欢喜，于此众会中，若有闻此法。

7.52.6

[illegible]	[illegible]	[illegible]	[illegible]	[illegible]，	[illegible]	[illegible]	[illegible]
thja[1]	mee[2]	dzu[1]	wji[1]	njwi[2]	tha[1]	·jij[1]	dzu[1]
彼	贤	爱	作	能，	佛	之	爱
[illegible]	[illegible]，	[illegible]	[illegible]	[illegible]	[illegible]	[illegible]。	
dzjwɨ[1]	ku[1]	thja[1]	tsjɨ[1]	pjo[1]	ljiij[2]	mjij[1]	
敬	故，	彼	亦	破	坏	无。	

彼能作贤爱，敬爱如来者①，是则无破坏。

7.53.1

[illegible]	[illegible]	[illegible]	[illegible]	[illegible]，	[illegible]	[illegible]	[illegible]
thjɨ[2]	tsjiir[1]	mji[1]	nioow[1]	ku[1]	neew[2]	mee[2]	dzu[1]
此	法	闻	因	故，	善	贤	爱
[illegible]	[illegible]，	[illegible]	[illegible]	[illegible]	[illegible]	[illegible]。	
we[2]	njwi[2]	tjij[1]	thja[1]	mee[2]	kja[2]	kha[1]	
为	能，	若	彼	贤	劫	中。	

由闻此法已，能为善贤爱，若于贤劫中。

7.53.2

[illegible]	[illegible]	[illegible]	[illegible]	[illegible]，	[illegible]	[illegible]	[illegible]
rjur[1]	tha[1]	·jij[1]	ljij[2]	kięj[2]	thjɨ[2]	tsjiir[1]	ɣa[1]
诸	佛	之	见	欲，	此	法	门
[illegible]	[illegible]，	[illegible]	[illegible]	[illegible]	[illegible]	[illegible]。	
djọ[2]	ɣiew[1]	rjur[1]	tha[1]	de[2]	phji[1]	njwi[2]	
修	学，	诸	佛	喜	令	能。	

欲见诸如来②，修学此法门，能令诸佛喜。

① 敬爱如来者，西夏本作“佛之爱敬故”。
② 欲见诸如来，西夏本作“欲见诸佛”。

7.53.3

[illegible]	[illegible]	[illegible]	[illegible]	[illegible],	[illegible]	[illegible]	[illegible]
zjọ²	mjɨ¹	pjụ¹	pjụ¹	bji¹	·ja⁰	tśhio¹	ljịj²
寿	无	量	威	光,	阿	閦①	大
[illegible]	[illegible],	[illegible]	[illegible]	[illegible]	[illegible]	[illegible]。	
mjiij²	dźjwow¹	tjij¹	thja²	·jij¹	ljij²	kięj²	
名	称,	若	彼	之	见	欲。	

无量寿威光,阿閦大名称,若欲见彼者。

7.53.4

[illegible]	[illegible]	[illegible]	[illegible]	[illegible],	[illegible]	[illegible]	[illegible]
thjɨ²	tsjiir¹	ɣa¹	ɣiew¹	lew²	tjij¹	po¹	tjɨj¹
此	法	门	学	应,	若	菩	提
[illegible]	[illegible],	[illegible]	[illegible]	[illegible]	[illegible]	[illegible]。	
mjij¹	sej¹	zji²	buu²	tsjiir¹	śjɨj¹	·jiw²	
寂	静,	最	胜	法	成	就。	

当学此法门,若欲成菩提,寂静最胜法②。

7.53.5

[illegible]	[illegible]	[illegible]	[illegible]	[illegible],	[illegible]	[illegible]	[illegible]
dźiej²	deej¹	lu²	kjụ¹	kięj²	thjɨ²	tsjiir¹	ɣa¹
轮	转	位	求	欲,	此	法	门
[illegible]	[illegible],	[illegible]	[illegible]	[illegible]	[illegible]	[illegible]。	
ɣiew¹	lew²	tjij¹	zji²	phju²	neew²	ɣjɨr¹	
学	应,	若	最	上	善	造。	

或求转轮位,当学此法门,若乐求最上。

7.53.6

[illegible]	[illegible]	[illegible]	[illegible]	[illegible],	[illegible]	[illegible]	[illegible]

① 阿閦,东方世尊阿閦如来,意译作无动、不动。

② 若欲成菩提,寂静最胜法,西夏本作"若菩提寂静,成就最上法"。

zji^{2}	·jiij^{1}	ɣa^{1}	kjụ^{1}	kiẹj^{2}	·ju^{2}	mji^{1}	śja^{1}
总	持	门	求	欲，	常	不	逸
[illegible]	[illegible]，	[illegible]	[illegible]	[illegible]	[illegible]	[illegible]。	
wją^{2}	ŋwu^{2}	thjɨ^{2}	tsjiir^{1}	ɣa^{1}	ɣiew^{1}	lew^{2}	
放	以，	此	法	门	学	应。	

善巧总持门①，当于此法学，常应不放逸。

7.54.1

[illegible]	[illegible]	[illegible]	[illegible]	[illegible]，	[illegible]	[illegible]	[illegible]
tjij^{1}	wą^{2}	ljij^{2}	zji^{2}	phju^{2}	buu^{2}	gjij^{1}	tjị^{1}
若	广	大	最	上，	胜	殊	愿
[illegible]	[illegible]，	[illegible]	[illegible]	[illegible]	[illegible]	[illegible]。	
śjɨj^{1}	·jiw^{2}	po^{1}	tjɨj^{1}	ljạ^{1}	kiẹj^{2}	ku^{1}	
成	就，	菩	提	证	欲	故。	

若欲成广大，最上殊胜愿，求证菩提者。

7.54.2

[illegible]	[illegible]	[illegible]	[illegible]	[illegible]，	[illegible]	[illegible]	[illegible]
thjɨ^{2}	tsjiir^{1}	ɣa^{1}	ɣiew^{1}	lew^{2}	thjɨ^{2}	lwər^{2}	kha^{1}
此	法	门	学	应，	此	经	中
[illegible]	[illegible]，	[illegible]	[illegible]	[illegible]	[illegible]	[illegible]。	
rjɨr^{2}	tshjiij^{1}	thow^{1}	lo^{1}	dźji^{1}	tsjiir^{1}	ɣa^{1}	
△	说，	陀	罗	尼	法	门。	

当学此法门，此经之所说，陀罗尼法门。

7.54.3

[illegible]	[illegible]	[illegible]	[illegible]	[illegible]，	[illegible]	[illegible]	[illegible]
rjur^{1}	tsjiir^{1}	phie^{2}	neej^{2}	njwi^{2}	thjɨ^{2}	tjɨ̣j^{2}	zji^{2}
诸	法	开	示	能，	此	印	最
[illegible]	[illegible]，	[illegible]	[illegible]	[illegible]	[illegible]	[illegible]。	

① 若乐求最上，善巧总持门，西夏本作“若最上善巧，欲求总持门”。

phju^{2}	tsew^{2}	rjur^{1}	tsjiir^{1}	·u^{2}	źjɨr^{1}	ɣiej^{1}
上	第，	诸	法	内	实	真。

能开示诸法，此印最无上，诸法内真实。

7.54.4

[illegible]	[illegible]	[illegible]	[illegible]	[illegible]，	[illegible]	[illegible]	[illegible]
zji^{2}	·jiij^{1}	ŋwu^{2}	phie^{2}	neej^{2}	thjɨ^{2}	tshọ^{2}	ŋa^{1}
总	持	以	开	示，	此	虚	空
[illegible]	[illegible]，	[illegible]	[illegible]	[illegible]	[illegible]	[illegible]。	
tsjiir^{1}	ɣa^{1}	bju^{2}	mjij^{1}	wo^{2}	ljọ^{2}	njwi^{2}	
法	门，	边	无	义	岂	能。	

以总持开示，此虚空法门，善决①无边义。

7.54.5

[illegible]	[illegible]	[illegible]	[illegible]	[illegible]，	[illegible]	[illegible]	[illegible]
rjɨr^{2}	tshjiij^{1}	rjur^{1}	neew^{2}	ɣa^{1}	thjɨ^{2}	tsjiir^{1}	zji^{2}
所	说	诸	善	门，	此	法	总
[illegible]	[illegible]，	[illegible]	[illegible]	[illegible]	[illegible]	[illegible]。	
·jiij^{1}	wo^{2}	neew^{2}	ɣjɨr^{1}	phie^{2}	neej^{2}	njwi^{2}	
持	义，	善	巧	开	示	能。	

所说诸善门，此法能开示，总持义善巧②。

7.54.6

[illegible]	[illegible]	[illegible]	[illegible]	[illegible]，	[illegible]	[illegible]	[illegible]
thow^{1}	lo^{1}	dźji^{1}	ɣie^{1}	bju^{1}	zji^{2}	·jiij^{1}	źjɨr^{1}
陀	罗	尼	力	依，	总	持	慧
[illegible]	[illegible]，	[illegible]	[illegible]	[illegible]	[illegible]	[illegible]。	
ŋwu^{2}	tshjiij^{1}	tsjiir^{1}	ŋowr^{2}	ŋowr^{2}	zji^{2}	·jiij^{1}	
是	说，	法	一	切	皆	持。	

陀罗尼力故，总持说为慧，能持一切法。

① 善决，西夏文字面意思是“岂能”。

② 此法能开示，总持义善巧，西夏本作“此法总持义，善巧能开示”。

7.55.1

[illegible]	[illegible]	[illegible]	[illegible]	[illegible]，	[illegible]	[illegible]	[illegible]
neew^{2}	ɣjɨr^{1}	wo^{2}	zji^{2}	·jiij^{1}	źjɨr^{1}	ŋwu^{2}	tsjij^{2}
善	造	义	总	持，	慧	以	了
[illegible]	[illegible]，	[illegible]	[illegible]	[illegible]	[illegible]	[illegible]。	
njwi^{2}	ku^{1}	thjɨ^{2}	ɣa^{2}	do^{2}	rejr^{2}	tshjiij^{1}	
能	故，	此	于	异	多	说。	

总持义善巧，以慧能了知，于此异多释。

汉文本

彼舍离诸量，能觉此理趣，若能观察法。
无名及无相，能了达此义，彼能增长忍。
诸愿与殊胜，及如理观察，所愿并诸色。
不住能违彼，了此法门义，能如理观察。
于诸法理中，彼亦无疑惑，若以慧观察。
一切诸法相，决定解了者，彼则入无相。
彼于此理趣，能了善安住，如是无畏者。
能速证佛法，于法不戏论，平等无分别。
了法相应已，于厌离无惑，于灭不分别。
蕴尽寂静义，彼于法平等，得如理辩才。
能修习慈悲，利益诸众生，善住相应者。
彼觉了无上，若离众生相，能了法无我。
法无戏论义，如理不戏论，若闻此法已。
能速得净信，彼当见正觉，弥勒两足尊。
彼令我欢喜，于此众会中，若有闻此法。
彼能作贤爱，敬爱如来者，是则无破坏。
由闻此法已，能为善贤爱，若于贤劫中。
欲见诸如来，修学此法门，能令诸佛喜。
无量寿威光，阿閦大名称，若欲见彼者。
当学此法门，若欲成菩提，寂静最胜法。
或求转轮位，当学此法门，若乐求最上。
善巧总持门，当于此法学，常应不放逸。
若欲成广大，最上殊胜愿，求证菩提者。
当学此法门，此经之所说，陀罗尼法门。

能开示诸法,此印最无上,诸法内真实。
以总持开示,此虚空法门,善决无边义。
所说诸善门,此法能开示,总持义善巧。
陀罗尼力故,总持说为慧,能持一切法。
总持义善巧,以慧能了知,于此异多释。

7.55.2

[illegible]	[illegible]	[illegible]	[illegible]	[illegible],	[illegible]	[illegible]	[illegible]
tha[1]	tsjiir[1]	nẹ[1]	tshjiij[1]	njwi[2]	wo[2]	ŋwu[2]	tśhja[2]
佛	法	宣	说	能,	义	以	正
[illegible]	[illegible],	[illegible]	[illegible]	[illegible]	[illegible]	[illegible]。	
phie[2]	neej[2]	zji[2]	phju[2]	po[1]	tjɨj[1]	·jiw[1]	
开	示,	最	上	菩	提	分。	

已善说佛法,以义正开示,无上菩提分。

7.55.3

[illegible]	[illegible]	[illegible]	[illegible]	[illegible],	[illegible]	[illegible]	[illegible]
do[2]	pha[1]	sjịj[2]	neew[2]	ɣjɨr[1]	thjɨ[2]	bju[1]	tśhja[2]
差	异	智	善	造,	此	依	正
[illegible]	[illegible],	[illegible]	[illegible]	[illegible]	[illegible]	[illegible]。	
phie[2]	neej[2]	tjij[1]	thjɨ[2]	tsjiir[1]	ɣiew[1]	ku[1]	
开	示,	若	此	法	学	故。	

差别智善巧,于斯正开示,若于此法学。

7.55.4

[illegible]	[illegible]	[illegible]	[illegible]	[illegible],	[illegible]	[illegible]	[illegible]
zji[2]	phju[2]	po[1]	tjɨj[1]	ljạ[1]	thjɨ[2]	tsjiir[1]	ŋwu[2]
最	上	菩	提	证,	此	法	以
[illegible]	[illegible],	[illegible]	[illegible]	[illegible]	[illegible]	[illegible]。	
zji[2]	phju[2]	neew[2]	tsjiir[1]	ɣa[1]	phie[2]	neej[2]	
最	上,	善	法	门	开	示。	

证无上菩提,于此教开示,无上善法门①。

① 于此教开示,无上善法门,西夏本作"于此法最上,开示善法门"。

7.55.5

[illegible]	[illegible]	[illegible]	[illegible]	[illegible]，	[illegible]	[illegible]	[illegible]
tśier^{1}	·ju^{2}	sjịj^{2}	rjir^{2}	nioow^{1}	thjɨ^{2}	tsjiir^{1}	nẹ^{1}
方	便	智	得	已，	此	法	宣
[illegible]	[illegible]，	[illegible]	[illegible]	[illegible]	[illegible]	[illegible]。	
tshjiij^{1}	lew^{2}	rjur^{1}	tsjiir^{1}	nioow^{1}	zji^{2}	phju^{2}	
说	应，	诸	法	复	最	上。	

得方便智已，应当说此法，未曾说诸法。

7.55.6

[illegible]	[illegible]	[illegible]	[illegible]	[illegible]，	[illegible]	[illegible]	[illegible]
sjwɨ^{1}	tsjiir^{2}	tshjiij^{1}	mjij^{2}	djij^{2}	thjɨ^{2}	wo^{2}	bju^{1}
种	性	说	未	曾，	此	义	依
[illegible]	[illegible]，	[illegible]	[illegible]	[illegible]	[illegible]	[illegible]。	
ɣiew^{1}	ku^{1}	zər^{2}	ljɨ̣j^{2}	gjwi^{2}	phie^{2}	neej^{2}	
学	故，	露	甘	句	开	示。	

此无上种性①，于此义当学，开示甘露句。

7.56.1

[illegible]	[illegible]	[illegible]	[illegible]	[illegible]，	[illegible]	[illegible]	[illegible]
sjịj^{2}	dzjwo^{2}	tjij^{1}	rjur^{1}	tha^{1}	ɣiẹ^{2}	mjij^{1}	źjɨr^{1}
智	人	若	诸	佛，	碍	无	慧
[illegible]	[illegible]，	[illegible]	[illegible]	[illegible]	[illegible]	[illegible]。	
kjụ^{1}	kiẹj^{2}	thjɨ^{2}	wo^{2}	bju^{1}	ɣiew^{1}	ku^{1}	
求	欲，	此	义	依	学	故。	

智者若欲求，诸佛无碍慧②，若于此义学。

7.56.2

[illegible]	[illegible]	[illegible]	[illegible]	[illegible]，	[illegible]	[illegible]	[illegible]

① 未曾说诸法，此无上种性，西夏本作“诸法复无上，未曾说种性”。

② 智者若欲求，诸佛无碍慧，西夏本作“智者若诸佛，欲求无碍慧”。

zji^{2} phju^{2} sjij^{2} lhjụ^{2} rjir^{2} tjij^{1} ŋa^{2} njwo^{2}

最 上 智 获 得, 若 我 昔

[illegible] [illegible], [illegible] [illegible] [illegible] [illegible] [illegible]。

zjọ^{2} ɣa^{2} mjɨ^{1} pjụ^{1} ŋewr^{2} mjij^{1} kja^{2}

世 于, 无 量 数 无 劫。

当获最上智,我于往昔时,无量无数劫。

7.56.3

[illegible] [illegible] [illegible] [illegible] [illegible], [illegible] [illegible] [illegible]

thjɨ^{2} tsjiir^{1} mji^{1} ɣiew^{1} ku^{1} mjij^{1} wo^{2} tshwew^{1}

此 法 不 学 则, 寂 理 趣

[illegible] [illegible], [illegible] [illegible] [illegible] [illegible] [illegible]。

mji^{1} ljạ^{1} mjɨ^{1} pjụ^{1} ·jir^{2} tụ^{1} tha^{1}

不 证, 无 量 百 千 佛。

若不学此法,不证寂理趣,由我曾供养。

7.56.4

[illegible] [illegible] [illegible] [illegible] [illegible], [illegible] [illegible] [illegible]

kjụ^{1} tshwew^{1} dji^{2} ŋa^{2} ku^{1} thjɨ^{2} nioow^{1} nwə^{1}

供 养 曾 我 则, 此 故 知

[illegible] [illegible], [illegible] [illegible] [illegible] [illegible] [illegible]。

tsjij^{2} njwi^{2} thjɨ^{2} zji^{2} phju^{2} tsjiir^{1} tshjiij^{1}

解 能, 此 最 上 法 说。

无量百千佛①,为是能了知,说此无上法。

7.56.5

[illegible] [illegible] [illegible] [illegible] [illegible], [illegible] [illegible] [illegible]

ŋa^{2} rjur^{1} dźiã^{2} tśhju^{1} ·jij^{1} bju^{2} mjij^{1} wo^{2}

我 诸 众 生 之, 边 无 义

[illegible] [illegible], [illegible] [illegible] [illegible] [illegible] [illegible]。

---

① 由我曾供养,无量百千佛,西夏文两句次序颠倒。

gjịj[1] wji[1] nji[2] njɨ[2] thja[2] bju[1] wji[1]

利 为, 汝 等 彼 依 作。

我为诸众生,作无边义利,汝等应当作。

7.56.6

[illegible] [illegible] [illegible] [illegible] [illegible], [illegible] [illegible] [illegible]

thjɨ[2] thow[1] lo[1] dźji[1] rjir[2] tjij[1] thjɨ[2] thow[1]

此 陀 罗 尼 得, 若 此 陀

[illegible] [illegible], [illegible] [illegible] [illegible] [illegible] [illegible]。

lo[1] dźji[1] ɣa[1] tjɨj[2] nwə[1] tsjij[2] njwi[2]

罗 尼, 门 印 知 解 能。

得此陀罗尼,若能了知此,陀罗尼门印①。

7.57.1

[illegible] [illegible] [illegible] [illegible] [illegible], [illegible] [illegible] [illegible]

sjịj[2] dzjwo[2] lew[1] gjwi[2] nioow[1] thjɨ[2] tsjiir[1] ɣa[1]

智 人 一 句 故, 此 法 门

[illegible] [illegible], [illegible] [illegible] [illegible] [illegible] [illegible]。

·o[2] njwi[2] ŋa[2] sjịj[2] źjɨr[1] zji[2] phju[2]

入 能, 我 智 慧 最 上。

智者由一句,能入此法门,我智慧无上。

7.57.2

[illegible] [illegible] [illegible] [illegible] [illegible], [illegible] [illegible] [illegible]

ŋewr[2] pjụ[1] rjir[1] tji[2] mjij[1] ŋa[2] sjịj[2] ŋur[1]

数 量 得 可 无, 我 智 蕴

[illegible] [illegible], [illegible] [illegible] [illegible] [illegible] [illegible]。

dźjij[2] ku[1] thjɨ[2] tsjiir[1] phie[2] neej[2] njwi[2]

有 故, 此 法 开 示 能。

亦无有数量,由我具智蕴,能开示此法。

---

① 若能了知此,陀罗尼门印,西夏本作"若此陀罗尼,门印能了知"。

7.57.3

[illegible]	[illegible]	[illegible]	[illegible]	[illegible],	[illegible]	[illegible]	[illegible]
sjịj²	dzjwo²	thjɨ²	bju¹	kjụ¹	po¹	tjɨj¹	wo²
智	人	此	依	求,	菩	提	义
[illegible]	[illegible],	[illegible]	[illegible]	[illegible]	[illegible]	[illegible]。	
dwewr²	tśjɨ¹	thjɨ²	wo²	tsjiir¹	ɣa¹	bju¹	
觉	醒,	此	义	法	门	依。	

智者于此求,随觉菩提义,于此义法门。

7.57.4

[illegible]	[illegible]	[illegible]	[illegible]	[illegible],	[illegible]	[illegible]	[illegible]
mji¹	le²	·jɨr²	ɣiew¹	lew²	tjij¹	sjịj²	dzjwo²
无	畏	勤	学	应,	若	智	人
[illegible]	[illegible],	[illegible]	[illegible]	[illegible]	[illegible]	[illegible]。	
wạ²	ljij²	sjịj²	źjɨr¹	tsjiir²	kjụ¹	kięj²	
广	大,	智	慧	性	求	欲。	

无畏当勤学,智者若欲求,广大智慧性。

7.57.5

[illegible]	[illegible]	[illegible]	[illegible]	[illegible],	[illegible]	[illegible]	[illegible]
tha¹	do²	pjụ¹	bjuu¹	śjwo¹	thjɨ²	tsjiir¹	ɣa¹
佛	处	尊	重	生,	此	法	门
[illegible]	[illegible],	[illegible]	[illegible]	[illegible]	[illegible]	[illegible]。	
ɣiew¹	lew²	tjij¹	thjoo¹	tsjiir¹	dźiej²	deej¹	
学	应,	若	妙	法	轮	转。	

于佛生尊重,当学此法门,若欲转法轮①。

7.57.6

[illegible]	[illegible]	[illegible]	[illegible]	[illegible],	[illegible]	[illegible]	[illegible]
ljij²	tsjiir¹	kwə²	məə¹	kięj²	sjịj²	dzjwo²	thjɨ²

① 若欲转法轮,西夏文字面意思是"若转妙法轮"。

大 法 螺 吹 欲， 智 人 此

□ □， □ □ □ □ □。

wo² bju¹ thjɨ² tsjiir¹ ɣa¹ ɣiew¹ lew²

理 依， 此 法 门 学 应。

及吹大法螺，智者应如理，当学此法门。

7.58.1

□ □ □ □ □， □ □ □

tjij¹ bji¹ swew¹ dja² wją² njɨ² swew¹ bju²

若 光 明 △ 放， 普 照 边

□ □， □ □ □ □ □。

mjij¹ kię j² nioow¹ tha¹ tsjiir¹ kjų¹ zjij¹

无 欲， 复 佛 法 求 时。

若欲放光明，普照无边际，求于佛法时。

7.58.2

□ □ □ □ □， □ □ □

wo² bju¹ thjɨ² ɣiew¹ lew² dzjwo² mə¹ rjur¹

理 依 此 学 应， 人 天 世

□ □， □ □ □ □ □。

kię j² ·u² phju² ɣu¹ we² kię j² ku¹

界 中， 上 首 为 欲 则。

于此如理学，于天人世间，若欲为上首。

7.58.3

□ □ □ □ □， □ □ □

thjɨ² lwər² kha¹ kjɨ¹ djɨj² tsjiir¹ ŋowr² ŋowr²

此 经 中 决 定， 法 一 切

□ □， □ □ □ □ □。

ɣiew¹ lew² wą² ljij² sjij² źjɨr¹ kjų¹

学 应， 光 大 智 慧 求。

彼可学此经,决定一切法①,欲求广大智。

7.58.4

[illegible]	[illegible]	[illegible]	[illegible]	[illegible],	[illegible]	[illegible]	[illegible]
rjur[1]	tśhja[2]	·ioow[1]	śjwo[1]	kięj[2]	tha[1]	źjɨr[1]	kjụ[1]
诸	德	功	生	欲,	佛	慧	求
[illegible]	[illegible],	[illegible]	[illegible]	[illegible]	[illegible]	[illegible]。	
dzu[1]	ku[1]	thjɨ[2]	bju[1]	·jɨr[2]	ɣiew[1]	lew[2]	
乐	故,	此	依	勤	学	应。	

发起诸功德,乐求佛慧时,于此应随学。

7.58.5

[illegible]	[illegible]	[illegible]	[illegible]	[illegible],	[illegible]	[illegible]	[illegible]
tsjiir[1]	ɣa[1]	phie[2]	neej[2]	kięj[2]	zji[2]	buu[2]	kheej[1]
法	门	开	示	欲,	最	胜	戏
[illegible]	[illegible],	[illegible]	[illegible]	[illegible]	[illegible]	[illegible]。	
ljɨ[1]	mjij[1]	tha[1]	sjij[2]	źjɨr[1]	kjụ[1]	ku[1]	
论	无,	佛	智	慧	求	则。	

欲开示法门,乐求于最胜,无戏论佛智②。

7.58.6

[illegible]	[illegible]	[illegible]	[illegible]	[illegible],	[illegible]	[illegible]	[illegible]
thjɨ[2]	wo[2]	bju[1]	ɣiew[1]	lew[2]	tjij[1]	phie[2]	neej[2]
此	义	依	学	应,	若	开	示
[illegible]	[illegible],	[illegible]	[illegible]	[illegible]	[illegible]	[illegible]。	
ŋwe[1]	kięj[2]	tjij[1]	dzjwo[2]	ɣię[2]	mjij[1]	sjij[2]	
乐	欲,	若	人	碍	无	智。	

于此义当学,若欲乐开示,无碍智所说③。

① 彼可学此经,决定一切法,西夏本作"此经中决定,可学一切法"。
② 乐求于最胜,无戏论佛智,西夏本作"最胜无戏论,故求佛智慧"。
③ 无碍智所说,西夏本作"若人无碍智,欲说所说法"。

7.59.1

[illegible]	[illegible]	[illegible]	[illegible]	[illegible]，	[illegible]	[illegible]	[illegible]
rjɨr^{2}	tshjiij^{1}	tsjiir^{1}	tshjiij^{1}	kiẹj^{2}	thjɨ^{2}	tsjiir^{1}	djọ^{2}
△	说	法	说	欲，	此	法	修
[illegible]	[illegible]，	[illegible]	[illegible]	[illegible]	[illegible]	[illegible]。	
ɣiew^{1}	nioow^{1}	zər^{2}	ljɨ̣j^{2}	gjwi^{2}	tshjiij^{1}	lew^{2}	
学	故，	露	甘	句	说	应。	

修学此法已，应说甘露句。

7.59.2

[illegible]	[illegible]	[illegible]	[illegible]	[illegible]，	[illegible]	[illegible]	[illegible]
tjij^{1}	kju^{1}	tśji^{2}	mjɨ^{1}	pjụ^{1}	bju^{2}	mjij^{1}	kiẹj^{2}
若	俱	胝	无	量，	边	无	界
[illegible]	[illegible]，	[illegible]	[illegible]	[illegible]	[illegible]	[illegible]。	
swew^{1}	kiẹj^{2}	thja^{2}	njɨ^{2}	thjɨ^{2}	tsjiir^{1}	bju^{1}	
照	欲，	彼	等	此	法	依。	

若欲照俱胝，无量无边界①，彼等于此教。

7.59.3

[illegible]	[illegible]	[illegible]	[illegible]	[illegible]，	[illegible]	[illegible]	[illegible]
·jɨr^{2}	ŋwu^{2}	djọ^{2}	ɣiew^{1}	lew^{2}	thjɨ^{2}	zji^{2}	phju^{2}
勤	以	修	学	应，	此	最	上
[illegible]	[illegible]，	[illegible]	[illegible]	[illegible]	[illegible]	[illegible]。	
tsjiir^{1}	ɣa^{1}	rjur^{1}	tsjiir^{1}	sej^{1}	phji^{1}	njwi^{2}	
法	门，	诸	法	净	令	能。	

应当善修学，此无上法门，能净除诸法。

7.59.4

[illegible]	[illegible]	[illegible]	[illegible]	[illegible]，	[illegible]	[illegible]	[illegible]
tsjiir^{1}	ŋowr^{2}	ŋowr^{2}	gji^{1}	sej^{1}	thjɨ^{2}	lwər^{2}	lhejr^{2}

① 若欲照俱胝，无量无边界，西夏文字面意思是"若无量俱胝，欲照无边界"。

法	一	切	清	净，	此	经	契
[illegible]	[illegible]，	[illegible]	[illegible]	[illegible]	[illegible]	[illegible]。	
kha^{1}	tshjiij^{1}	mə^{2}	sjịj^{2}	njɨɨ^{1}	rewr^{2}	pjụ^{1}	
中	说，	种	智	二	足	尊。	

一切法清净，于此经中说，种智两足尊。

7.59.5

[illegible]	[illegible]	[illegible]	[illegible]	[illegible]，	[illegible]	[illegible]	[illegible]
thjɨ^{2}	wạ^{2}	ljịj^{2}	tsjiir^{1}	tshjiij^{1}	dźiã^{2}	tsjij^{2}	nioow^{1}
此	弘	大	法	说，	菩	萨	故
[illegible]	[illegible]，	[illegible]	[illegible]	[illegible]	[illegible]	[illegible]。	
tshjiij^{1}	kha^{1}	thjɨ^{2}	lwər^{2}	zji^{2}	phju^{2}	tsew^{2}	
说	中，	此	经	最	上	第。	

演此广大法，于为菩萨说，此经最无上。

汉文本

已善说佛法，以义正开示，无上菩提分。
差别智善巧，于斯正开示，若于此法学。
证无上菩提，于此教开示，无上善法门。
得方便智已，应当说此法，未曾说诸法。
此无上种性，于此义当学，开示甘露句。
智者若欲求，诸佛无碍慧，若于此义学。
当获最上智，我于往昔时，无量无数劫。
若不学此法，不证寂理趣，由我曾供养。
无量百千佛，为是能了知，说此无上法。
我为诸众生，作无边义利，汝等应当作。
得此陀罗尼，若能了知此，陀罗尼门印。
智者由一句，能入此法门，我智慧无上。
亦无有数量，由我具智蕴，能开示此法。
智者于此求，随觉菩提义，于此义法门。
无畏当勤学，智者若欲求，广大智慧性。
于佛生尊重，当学此法门，若欲转法轮。
及吹大法螺，智者应如理，当学此法门。
若欲放光明，普照无边际，求于佛法时。

于此如理学，于天人世间，若欲为上首。
彼可学此经，决定一切法，欲求广大智。
发起诸功德，乐求佛慧时，于此应随学。
欲开示法门，乐求于最胜，无戏论佛智。
于此义当学，若欲乐开示，无碍智所说。
修学此法已，应说甘露句。
若欲照俱胝，无量无边界，彼等于此教。
应当善修学，此无上法门，能净除诸法。
一切法清净，于此经中说，种智两足尊。
演此广大法，于为菩萨说，此经最无上。

7.59.6

[illegible]	[illegible]	[illegible]	[illegible]	[illegible]	[illegible]	[illegible]	[illegible]	[illegible]：
tha^{1}	bju^{2}	mjij^{1}	ljuu^{2}	tshjịj^{2}	dźiã^{2}	tsjij^{2}	·jij^{1}	·jɨ^{2}
佛	边	无	庄	严	菩	萨	之	谓：
[illegible]	[illegible]	[illegible]	[illegible]	[illegible]	[illegible]	[illegible]	[illegible]	[illegible]
tśhjwo^{1}	thjɨ^{2}	rjur^{1}	dźiã^{2}	tsjij^{2}	thjɨ^{2}	thjoo^{1}	tsjiir^{1}	ɣa^{2}
故	此	诸	菩	萨	此	妙	法	于

佛告无边庄严：是故诸菩萨，于此法

7.60.1

[illegible]	[illegible]	[illegible]	[illegible]，	[illegible]	[illegible]	[illegible]	[illegible]	[illegible]
dzu^{1}	njiij^{1}	śjwo^{1}	dźjwa^{1}	thjɨ^{2}	tsjiir^{1}	ɣjiw^{1}	ɣiwej^{1}	tśjo^{0}
爱	心	生	毕，	此	法	摄	受	终
[illegible]	[illegible]	[illegible]，	[illegible]	[illegible]	[illegible]	[illegible]	[illegible]	[illegible]
dźjiij^{1}	phji^{1}	nioow^{1}	rjur^{1}	dźiã^{2}	tśhju^{1}	·jij^{1}	njij^{2}	śjow^{1}
住	令	故，	诸	众	生	之	慈	悲

教生爱乐已，为摄此法令久住故，复为哀愍诸众生故，

7.60.2

[illegible]，	[illegible]	[illegible]	[illegible]	[illegible]	[illegible]、	[illegible]	[illegible]、	[illegible]
nioow^{1}	ku^{1}	thjɨ^{2}	tsjiir^{1}	rjar^{1}	sjij^{2}	ɣiwej^{1}	·jiij^{1}	do^{1}
故，	则	此	法	书	写、	受	持、	读
[illegible]	[illegible]。	[illegible]	[illegible]	[illegible]	[illegible]	[illegible]	[illegible]，	[illegible]

tshjɨɨ1 lew2 bju2 mjij1 ljuu2 tshjįj2 dźiā2 tsjij2 tjɨ1

诵 应。 边 无 庄 严 菩 萨, 假

于此法教应当书写、受持、读诵。无边庄严,若复

7.60.3

[illegible]

tjij1 dzjwo2 dju1 tśhjɨ1 bjij2 zjij1 thjɨ2 tsjiir1 mji1

若 人 有 尔 之 时 此 法 闻,

[illegible]

nioow1 thja2 mjor1 ljij2 do2 dzu1 njiij1 śjwo1 ŋwu2

复 彼 如 来 处 爱 心 生 以,

有人,于彼时中闻此法已,于如来所,以爱乐心

7.60.4

[illegible]

·ju2 sjwɨ1 ljɨr2 ku1 thja2 rjur1 dzjwo2 njɨ2 mjor1

常 思 念 则 彼 诸 人 等, 如

[illegible]

ljij2 ·jij1 bju2 mjij1 tsjiir1 ·ụ2 rjur1 thow1 lo1

来 之 边 无 法 藏 诸 陀 罗

而常思念,彼诸人等,当得如来无边法藏诸陀罗

7.60.5

[illegible]

dźji1 nwə0 ŋwo2 ŋowr2 lhə0 tsjiir1 ŋowr2 ŋowr2 ɣa2

尼, 辩 才 具 足, 法 一 切 于

[illegible]

xja1 ·jij1 dzju2 rjir1 seew2 tshjiij1 tjị2 mjij1 tha1

即 自 在 得, 思 议 可 无 佛

尼,辩才具足,于一切法速得自在,能具摄受不可思议

7.60.6

[illegible]

lhjịj^2	zji^2	ɣjiw^1	ɣiwej^1	njwi^2	ɣiẹ^2	mji^1	dźiã^2	tsjij^2
刹	皆	摄	受	能，	声	闻	菩	萨
·jij^1	ljuu^2	tshjịj^2	ljɨ^1	bju^2	mjij^1	ljuu^2	tshjịj^2	dźiã^2
之	庄	严	也。	边	无	庄	严	菩

佛刹庄严声闻菩萨。无边庄严，

7.61.1

tsjij^2	tjij^1	rjur^1	dźiã^2	tsjij^2	tsjiir^1	ŋowr^2	ŋowr^2	kheej^1
萨，	若	诸	菩	萨	法	一	切	戏
ljɨ̣^{1}	mjij^1	ɣa^2	dźjiij^1	ku^1	thjɨ^2	thow^1	lo^1	dźji^1
论	无	于	住，	则	此	陀	罗	尼

若诸菩萨，住一切法无戏论者，由陀罗尼

7.61.2

gji^1	sej^1	ɣa^1	nioow^1	thjɨ^2	rjur^1	tsjiir^1	ɣa^1	·ju^2
清	净	门	故，	此	诸	法	门	常
mjor^1	·ju^2	rjir^1	mjɨ^1	pjụ^1	seew^2	tshjiij^1	tjị^2	mjij^1
现	前	得，	无	量	思	议	可	不

清净门故，此诸法门常得现前，皆能摄受无量不可思议

7.61.3

rjar^1	gjij^1	tśhja^2	·ioow^1	zji^2	ɣjiw^1	ɣiwej^1	njwi^2	bju^2
殊	特	德	功	皆	摄	受	能。	边
mjij^1	ljuu^2	tshjịj^2	dźiã^2	tsjij^2	thjɨ^2	tja^1	sọ^1	tsew^2
无	庄	严	菩	萨，	此	者	三	第

殊胜功德。无边庄严，此是第三

7.61.4

[illegible]	[illegible]	[illegible]	[illegible]	[illegible]	[illegible]	[illegible]	[illegible]	[illegible]
thow^{1}	lo^{1}	dźji^{1}	ɣa^{1}	gji^{1}	sej^{1}	tsjiir^{1}	tjij^{1}	ŋwu^{2}
陀	罗	尼	门	清	净	法	品	是
[illegible]。	[illegible]	[illegible]	[illegible]	[illegible]	[illegible]	[illegible]	[illegible]	[illegible]
ljɨ^{1}	bju^{2}	mjij^{1}	ljuu^{2}	tshjịj^{2}	dźiã^{2}	tsjij^{2}	kụ^{1}	lja^{1}
也。	边	无	庄	严	菩	萨	后	来

陀罗尼门清净法品。无边庄严，于彼后时，

7.61.5

[illegible]	[illegible]，	[illegible]	[illegible]	[illegible]	[illegible]	[illegible]	[illegible]	[illegible]
dzjɨj^{1}	ɣa^{2}	tjɨ^{1}	tjij^{1}	dźiã^{2}	tsjij^{2}	ŋa^{2}	bju^{1}	thjɨ^{2}
时	于，	假	若	菩	萨	我	依	此
[illegible]	[illegible]	[illegible]	[illegible]	[illegible]	[illegible]	[illegible]，	[illegible]	[illegible]
thow^{1}	lo^{1}	dźji^{1}	tsjiir^{1}	ɣa^{1}	ɣiew^{1}	kiẹj^{2}	ku^{1}	neew^{2}
陀	罗	尼	法	门	学	欲，	则	善

若有菩萨，欲随我学此陀罗尼法门者，当亲近善友，

7.61.6

[illegible]	[illegible]	[illegible]	[illegible]，	[illegible]	[illegible]	[illegible]	[illegible]	[illegible]。
wjɨ̣^{1}	rjir^{2}	?	njij^{1}	niow^{2}	wjɨ̣^{1}	rjir^{2}	khwa^{1}	ka^{2}
友	与	近	亲，	恶	友	与	远	离。
[illegible]	[illegible]	[illegible]	[illegible]	[illegible]	[illegible]	[illegible]	[illegible]	[illegible]①，
thjɨ^{2}	rjur^{1}	tsjiir^{1}	ɣa^{1}	·jij^{1}	zji^{2}	do^{2}	tśjụ^{1}	·wejr^{2}
此	诸	法	门	之	皆	处	守	护，

远离恶友。为遍拥护此诸法门，

7.62.1

[illegible]	[illegible]	[illegible]	[illegible]	[illegible]，	[illegible]	[illegible]	[illegible]	[illegible]

① [illegible][illegible]，西夏文字面意思是"守护"，与汉文本中的"拥护"对译。

ljụ² kạ¹ mji¹ ·wier¹ ŋwu² thow¹ lo¹ dźji¹ gji¹

身 命 不 爱 以， 陀 罗 尼 清

[illegible]

sej¹ tsjiir¹ tjɨj² ɣiwej¹ ·jiij¹ lew² dzjọ¹ sju² kja¹

净 法 印 受 持 应。 譬 如 迦

当舍身命①，受持陀罗尼清净法印。譬如

7.62.2

[illegible]

lji¹ tji¹ kja¹ lhjị² iọ¹ sə¹ zjij¹ swew¹ bji¹

利 邸 迦 月 圆 满 时， 明 光

[illegible]

swew¹ rjɨj² rjur¹ gjɨ² gjij¹ kha¹ zji² rjar¹ gjij¹

照 耀， 诸 星 宿 中 最 殊 特

迦利邸迦②月圆满时，光明照耀，于众星中最为殊胜。

7.62.3

[illegible]

we² thjɨ² sju² thow¹ lo¹ dźji¹ tjɨj² sọ¹ tjij¹

为。 此 如 陀 罗 尼 印 三 品

[illegible]

kha¹ rjɨr² ɣjiw¹ ɣiwej¹ tsjiir¹ ɣa¹ tsjɨ¹ zji² thja²

中 △ 摄 受 法 门， 亦 皆 彼

如是此陀罗尼印三品，摄受所有法门，亦复如是。

7.62.4

[illegible]

wjɨ² sju² lwər² lhejr² ŋowr² ŋowr² kha¹ thjɨ² tsjiir¹

△ 如。 经 契 一 切 中 此 法

[illegible]

---

① 当舍身命，西夏文字面意思是"身命不爱"。

② 迦利邸迦，又作歌利底迦，月名。

bji^{1}	swew^{1}	zji^{2}	rjar^{1}	gjij^{1}	we^{2}	dźiā^{2}	tsjij^{2}	ŋowr^{2}
光	明	最	殊	胜	为，	菩	萨	一

于一切契经中，此法光明最为殊胜，一切菩萨

7.62.5

[illegible]	[illegible]	[illegible]	[illegible]	[illegible]	[illegible]，	[illegible]	[illegible]	[illegible]
ŋowr^{2}	zji^{2}	ŋạ^{2}	ŋạ^{2}	bjuu^{1}	bjịj^{1}	mjɨ^{1}	pjụ^{1}	nwə^{0}
切	皆	好	好	恭	高，	无	量	辩
[illegible]	[illegible]	[illegible]，	[illegible]	[illegible]	[illegible]	[illegible]	[illegible]	[illegible]，
ŋwo^{2}	to^{2}	njwi^{2}	thjɨ^{2}	mjɨ^{1}	pjụ^{1}	nwə^{0}	ŋwo^{2}	tja^{1}
才	出	能，	此	无	量	辩	才	者，

皆大尊重①故。能出生无量辩才，此无量辩才，

7.62.6

[illegible]	[illegible]	[illegible]	[illegible]	[illegible]	[illegible]。	[illegible]	[illegible]	[illegible]
mji^{1}	śja^{1}	wją^{2}	ljɨ̣^{2}	ŋwu^{2}	ljɨ^{1}	mji^{1}	śja^{1}	wją^{2}
不	逸	放	地	是	也。	不	逸	放
[illegible]	[illegible]	[illegible]	[illegible]	[illegible]？	[illegible]	[illegible]	[illegible]	[illegible]
ljɨ̣^{2}	tja^{1}	ljɨ^{1}	kjɨ^{1}	ŋwu^{2}	thjɨ^{2}	tsjiir^{1}	ɣa^{2}	dzjwo^{2}
地	者	何	△	是？	此	法	于	人

应知即是不放逸地。何者是于不放逸地？谓于此法

7.63.1

[illegible]	[illegible]	[illegible]，	[illegible]	[illegible]	[illegible]	[illegible]，	[illegible]	[illegible]
tjị^{1}	sjwɨ^{1}	sjiij^{2}	wo^{2}	bju^{1}	bioo^{1}	thjuu^{1}	lwow^{1}	ljɨr^{2}
归	思	惟，	理	依	观	察，	妄	念
[illegible]	[illegible]，	[illegible]	[illegible]	[illegible]	[illegible]	[illegible]	[illegible]	[illegible]
śjwo^{1}	mji^{1}	thjɨ^{2}	sju^{2}	ŋwu^{2}	njɨ^{2}	zeew^{2}	gji^{1}	sej^{1}
生	不，	此	如	以	遍	忍	清	净

作意思惟，如理观察，不生妄念，如是能令遍忍清净。

① 大尊重，西夏文字面意思是“好好恭高”。

7.63.2

[illegible]	[illegible]	[illegible]	[illegible]。	[illegible]	[illegible]	[illegible]	[illegible]	[illegible]
phji^{1}	njwi^{2}	tja^{1}	ŋwu^{2}	tjij^{1}	rjur^{1}	dźiã^{2}	tsjij^{2}	njiij^{1}
令	能	者	是。	若	诸	菩	萨	心
[illegible]	[illegible]	[illegible]	[illegible]	[illegible]	[illegible]	[illegible]，	[illegible]	[illegible]
tjị^{1}	·jɨr^{2}	ŋwu^{2}	mji^{1}	śja^{1}	wjạ^{2}	kjụ^{1}	ku^{1}	thjɨ^{2}
诚	勤	以	不	逸	放	求，	则	此

若诸菩萨精勤志求不放逸者，于此

7.63.3

[illegible]	[illegible]	[illegible]	[illegible]	[illegible]	[illegible]	[illegible]，	[illegible]	[illegible]
tsjiir^{1}	ɣa^{1}	bju^{1}	neew^{2}	djọ^{2}	ɣiew^{1}	lew^{2}	thjɨ^{2}	tsjiir^{1}
法	门	依	善	修	学	应，	此	法
[illegible]	[illegible]	[illegible]。	[illegible]	[illegible]	[illegible]	[illegible]	[illegible]，	[illegible]
tśjo^{0}	dźjiij^{1}	phji^{1}	nioow^{1}	njiij^{1}	·ju^{2}	·jij^{1}	tsjɨ̣j^{1}	tha^{1}
终	住	令。	故	心	常	自	谦，	佛

法门应善修习，为令此法得久住故。心常谦下①，

7.63.4

[illegible]	[illegible]	[illegible]，	[illegible]	[illegible]	[illegible]	[illegible]，	[illegible]	[illegible]
tsjiir^{1}	bjuu^{1}	bjịj^{1}	lwər^{2}	lhejr^{2}	rjar^{1}	sjij^{2}	ljụ^{2}	lạ^{1}
法	恭	高，	经	契	书	写，	身	手
[illegible]	[illegible]	[illegible]	[illegible]	[illegible]。	[illegible]	[illegible]	[illegible]	[illegible]
rjir^{2}	mji^{1}	dźjow^{1}	ka^{2}	lew^{2}	tjij^{1}	dzjwo^{2}	tha^{1}	tsjiir^{1}
与	不	解	离	应。	若	人	佛	法

尊重于法，书写经卷，不离身手。见有志乐希求法者，

7.63.5

[illegible]	[illegible]	[illegible]	[illegible]，	[illegible]	[illegible]	[illegible]	[illegible]	[illegible]，
kjụ^{1}	dzu^{1}	njiij^{1}	śjwo^{1}	ljij^{2}	po^{1}	tjɨ̣j^{1}	rjijr^{2}	tshwew^{1}

① 谦下，西夏文字面意思是“自谦”。

求	爱	心	生，	大	菩	提	向	趣，
[illegible]	[illegible]	[illegible]	[illegible]	[illegible]、	[illegible]	[illegible]①、	[illegible]	[illegible]
ku^{1}	thja^{2}	·jij^{1}	phie^{2}	neej^{2}	deej^{1}	dźjịj^{1}	dzju^{1}	dzjiij^{2}
则	彼	之	开	示、	传	行、	教	化

发心趣向大菩提者，应当为彼开示、流布、教授、

7.63.6

[illegible]	[illegible]	[illegible]	[illegible]	[illegible]、	[illegible]	[illegible]	[illegible]，	[illegible]
ŋwu^{2}	lwər^{2}	lhejr^{2}	do^{1}	tshjɨɨ^{1}	rjar^{1}	sjịj^{2}	phji^{1}	rjɨr^{2}
以	经	契	读	诵、	书	写	令，	乃
[illegible]	[illegible]	[illegible]	[illegible]	[illegible]	[illegible]	[illegible]。	[illegible]	[illegible]
njɨ^{2}	wo^{2}	bju^{1}	phie^{2}	tshjiij^{1}	wji^{1}	lew^{2}	rjɨr^{2}	ɣiwej^{1}
至	义	随	解	说	为	应。	△	受

读诵、书写经卷，乃至随义而为解释。如其受持

7.64.1

[illegible]	[illegible]	[illegible]	[illegible]	[illegible]，	[illegible]	[illegible]	[illegible]	[illegible]
·jiij^{1}	rjur^{1}	tsjiir^{1}	ɣa^{1}	tja^{1}	ljuu^{1}	dzjuu^{2}	rjar^{1}	mjij^{1}
持	诸	法	门	者，	惜	藏	许	无
[illegible]，	[illegible]	[illegible]	[illegible]	[illegible]	[illegible]	[illegible]	[illegible]	[illegible]
tjị^{1}	rjur^{1}	dźiã^{2}	tśhju^{1}	thjɨ^{2}	zji^{2}	phju^{2}	tha^{1}	tsjiir^{1}
愿，	诸	众	生	此	最	上	佛	法

所有法门不应藏匿，愿诸众生得此无上佛法，

7.64.2

[illegible]	[illegible]	[illegible]	[illegible]。	[illegible]	[illegible]	[illegible]	[illegible]	[illegible]
gjij^{1}	ɣie^{2}	djij^{2}	rjir^{1}	ŋa^{2}	njɨ^{2}	dźiã^{2}	tśhju^{1}	ŋowr^{2}
利	益	△	得。	我	等	众	生	一
[illegible]	[illegible]	[illegible]	[illegible]	[illegible]	[illegible]	[illegible]	[illegible]	[illegible]
ŋowr^{2}	·jij^{1}	rjur^{1}	tha^{1}	tsjiir^{1}	·ju^{2}	mji^{1}	dzəj^{1}	phji^{1}

① [illegible][illegible]，西夏文字面意思是“传行”，与汉文本中的“流布”对译。

切	之	诸	佛	法	常	不	减	令

利益我等，当令一切众生，于诸佛法，常不缺减。

7.64.3

[illegible]。	[illegible]	[illegible]	[illegible]	[illegible]	[illegible]，	[illegible]	[illegible]	[illegible]
nji²	thjɨ²	sju²	dźiã²	tsjij²	tja¹	tsjiir¹	mji¹	·wier¹
△。	此	如	菩	萨	者，	法	不	爱
[illegible]，	[illegible]	[illegible]	[illegible]	[illegible]	[illegible]，	[illegible]	[illegible]	[illegible]
ljuu¹	·ju²	mjɨ¹	·jij¹	mjii¹	dzu¹	thja²	wo²	pjụ¹
惜，	常	他	之	施	乐，	彼	义	量

如是菩萨，于法无吝，常乐施人，于义

7.64.4

[illegible]	[illegible]，	[illegible]	[illegible]	[illegible]	[illegible]，	[illegible]	[illegible]	[illegible]
mji¹	dzjuu²	to²	zji²	tshjiij¹	wji¹	tsjiir¹	ɣa¹	ŋowr²
不	藏，	尽	皆	说	为，	法	门	一
[illegible]	[illegible]	[illegible]	[illegible]	[illegible]	[illegible]。	[illegible]	[illegible]	[illegible]
ŋowr²	rjɨr²	mjij²	tshjiij¹	tja¹	mjij¹	bju²	mjij¹	ljuu²
切	△	未	说	者	无。	边	无	庄

不秘，尽皆为说，无少法门，而不开示①。无边庄严，

7.64.5

[illegible]	[illegible]	[illegible]，	[illegible]	[illegible]	[illegible]	[illegible]	[illegible]	[illegible]
tshjij²	dźiã²	tsjij²	nji²	rjur¹	dźiã²	tśhju¹	·jij¹	gjịj¹
严	菩	萨，	汝	诸	众	生	之	利
[illegible]	[illegible]	[illegible]	[illegible]	[illegible]，	[illegible]	[illegible]	[illegible]	[illegible]
ɣie²	no²	rejr²	phji¹	nioow¹	thjɨ²	tsjiir¹	ɣa¹	tjij¹
益	安	乐	令	故，	此	法	门	品

应为利益安乐诸众生故，汝当受持此法门品

① 无少法门，而不开示，西夏文字面意思是"一切法门未说者无"。

7.64.6

[illegible]	[illegible]	[illegible]	[illegible]	[illegible]	[illegible]	[illegible]	[illegible]	[illegible]	[illegible]	[illegible]。
thow[1]	lo[1]	dźji[1]	ɣa[1]	gji[1]	sej[1]	sji[2]	gjwi[2]	ɣiwej[1]	·jiij[1]	lew[2]
陀	罗	尼	门	清	净	△	句	受	持	应。

陀罗尼门能清净句。

汉文本

佛告无边庄严:是故诸菩萨,于此法教生爱乐已,为摄此法令久住故,复为哀愍诸众生故,于此法教应当书写、受持、读诵。无边庄严,若复有人,于彼时中闻此法已,于如来所,以爱乐心而常思念,彼诸人等,当得如来无边法藏诸陀罗尼,辩才具足,于一切法速得自在,能具摄受不可思议佛刹庄严声闻菩萨。无边庄严,若诸菩萨,住一切法无戏论者,由陀罗尼清净门故,此诸法门常得现前,皆能摄受无量不可思议殊胜功德。无边庄严,此是第三陀罗尼门清净法品。

无边庄严,于彼后时,若有菩萨,欲随我学此陀罗尼法门者,当亲近善友,远离恶友。为遍拥护此诸法门,当舍身命,受持陀罗尼清净法印。譬如迦利邸迦月圆满时,光明照耀,于众星中最为殊胜。如是此陀罗尼印三品,摄受所有法门,亦复如是。于一切契经中,此法光明最为殊胜,一切菩萨皆大尊重故。能出生无量辩才,此无量辩才,应知即是不放逸地。何者是于不放逸地?谓于此法作意思惟,如理观察,不生妄念,如是能令遍忍清净。若诸菩萨精勤志求不放逸者,于此法门应善修习,为令此法得久住故。心常谦下,尊重于法,书写经卷,不离身手。见有志乐希求法者,发心趣向大菩提者,应当为彼开示、流布、教授、读诵、书写经卷,乃至随义而为解释。如其受持所有法门不应藏匿,愿诸众生得此无上佛法,利益我等,当令一切众生,于诸佛法,常不缺减。如是菩萨,于法无吝,常乐施人,于义不秘,尽皆为说,无少法门,而不开示。无边庄严,应为利益安乐诸众生故,汝当受持此法门品陀罗尼门能清净句。

7.65.1

[illegible]	[illegible],	[illegible]	[illegible]	[illegible]	[illegible]	[illegible]	[illegible]	[illegible]
tśhjɨ[1]	zjọ[2]	rjur[1]	pjụ[1]	nioow[1]	pjụ[1]	tja[1]	·a[0]	na[1]
尔	时,	世	尊	复	尊	者	阿	难
[illegible]	[illegible]	[illegible]:	[illegible]	[illegible]	[illegible]	[illegible]	[illegible]	[illegible]
thow[1]	·jij[1]	·jɨ[2]	nji[2]	thjɨ[2]	tsjiir[1]	ɣa[1]	tjij[1]	ɣiwej[1]
陀	之	谓:	汝	此	法	门	品	受

尔时,世尊复告尊者阿难陀曰:汝当受持此法门品,

7.65.2

[illegible]	[illegible],	[illegible]	[illegible]	[illegible]	[illegible]	[illegible]	[illegible]	[illegible]

·jiij^{1}	lew^{2}	ŋə^{2}	·jij^{1}	rjur^{1}	dzjiij^{2}	gji^{2}	ŋə^{2}	·jij^{1}
持	应，	我	之	诸	弟	子	我	之
[illegible]	[illegible]	[illegible]	[illegible]	[illegible]	[illegible]	[illegible]	[illegible]	[illegible]
tshji^{2}	ljịj^{1}	mjijr^{2}	tsjɨ^{1}	thjɨ^{2}	lwər^{2}	lhejr^{2}	ɣiwej^{1}	·jiij^{1}
侍	奉	者	亦	此	经	契	受	持

我诸弟子承事我者，亦当受持如是经典。

7.65.3

[illegible]。	[illegible]	[illegible]	[illegible]	[illegible]	[illegible]	[illegible]	[illegible]	[illegible]
lew^{2}	dzjɨj^{1}	·a^{0}	na^{1}	thow^{1}	rjur^{1}	pjụ^{1}	·jij^{1}	dạ^{2}
应。	时	阿	难	陀	世	尊	之	言
[illegible]：	[illegible]	[illegible]	[illegible]	[illegible]	[illegible]	[illegible]，	[illegible]	[illegible]
·jɨ^{1}	ŋa^{2}	tha^{1}	·jij^{1}	mee^{2}	ɣie^{1}	bju^{1}	no^{2}	rjir^{2}
谓：	我	佛	之	神	力	依，	往	昔

时，阿难陀白世尊言：以佛神力，我已受持，

7.65.4

[illegible]	[illegible]	[illegible]	[illegible]，	[illegible]	[illegible]	[illegible]	[illegible]	[illegible]
njij^{2}	wjɨ^{2}	ɣiwej^{1}	·jiij^{1}	ŋa^{2}	thjɨ^{2}	tsjiir^{1}	ɣa^{1}	śjɨj^{1}
时	△	受	持，	我	此	法	门	成
[illegible]	[illegible]，	[illegible]	[illegible]	[illegible]	[illegible]	[illegible]①	[illegible]	[illegible]
·jiw^{2}	nioow^{1}	ku^{1}	mjɨ^{1}	pjụ^{1}	tsjiir^{1}	ɣa^{2}	zji^{2}	mjor^{1}
就	故，	则	无	量	法	于	皆	现

我由成就此法门故，无量法门皆得现前。

7.65.5

[illegible]	[illegible]	[illegible]。	[illegible]	[illegible]	[illegible]	[illegible]	[illegible]	[illegible]
·ju^{2}	rjor^{2}	ŋa^{2}	tha^{1}	·a^{0}	na^{1}	thow^{1}	·jij^{1}	dạ^{2}
前	得	我。	佛	阿	难	陀	之	言
[illegible]：	[illegible]	[illegible]	[illegible]	[illegible]，	[illegible]	[illegible]	[illegible]	[illegible]。

① [illegible]（ɣa^{2}），通[illegible]（ɣa^{1}），即“门”，与汉文本中的“法门”对译。

·jɨ¹	thjɨ²	sju²	thjɨ²	sju²	dạ²	mjor¹	ŋwu²	nja²
谓：	此	如	此	如，	言	如	是	△。

佛言：阿难陀，如是如是，如汝所说。

7.65.6

[illegible]	[illegible]	[illegible]	[illegible]，	[illegible]	[illegible]	[illegible]	[illegible]	[illegible]
tha¹	pjụ¹	ɣie¹	bju¹	nioow¹	thjɨ²	tsjiir¹	ɣa¹	njɨ²
佛	威	力	依，	复	此	法	门	遍
[illegible]	[illegible]	[illegible]，	[illegible]	[illegible]	[illegible]	[illegible]	[illegible]	[illegible]
gji¹	sej¹	nioow¹	ku¹	rjur¹	tsjiir¹	ɣa¹	ɣiwej¹	·jiij¹
清	净	故，	则	诸	法	门	持	执

由佛威力，及此法门遍清净故，诸有受持此法门者，

7.66.1

[illegible]	[illegible]，	[illegible]	[illegible]	[illegible]	[illegible]	[illegible]	[illegible]	[illegible]
mjijr²	njɨ²	ŋa²	do²	?	njij¹	tshji²	ljịj¹	mjijr²
者	等，	我	处	近	亲	侍	奉	者
[illegible]	[illegible]	[illegible]	[illegible]	[illegible]	[illegible]	[illegible]	[illegible]	[illegible]
ɣiwej¹	·jiij¹	njwi²	mjijr²	tja¹	mjɨ¹	pjụ¹	tsjiir¹	ɣa¹
受	持	能	者	者	无	量	法	门

及亲事我能受持者，无量法门皆得现前。

7.66.2

[illegible]	[illegible]	[illegible]	[illegible]。	[illegible]	[illegible]	[illegible]	[illegible]	[illegible]，
zji²	mjor¹	·ju²	rjir²	thjɨ²	nioow¹	·a⁰	na¹	thow¹
皆	现	前	得。	此	故	阿	难	陀，
[illegible]	[illegible]	[illegible]	[illegible]	[illegible]	[illegible]	[illegible]	[illegible]，	[illegible]
nji²	mjor¹	ljij²	·jij¹	tsjiir¹	ɣiwej¹	·jiij¹	rjir¹	mjɨ¹
汝	如	来	之	法	受	持	得，	无

是故阿难陀，汝当受持如来法教无量

7.66.3

[illegible]	[illegible]	[illegible]	[illegible]	[illegible]	[illegible]。	[illegible]	[illegible]	[illegible]

pjų^{1}	tsjiir^{1}	·ụ^{2}	ɣiwej^{1}	·jiij^{1}	lew^{2}	thjɨ^{2}	tsjiir^{1}	tshjiij^{1}
量	法	藏	受	持	应。	此	法	说
[illegible]，	[illegible]	[illegible]	[illegible]	[illegible]	[illegible]	[illegible]	[illegible]	[illegible]
zjọ^{2}	thja^{2}	·ji^{1}	ljwu^{2}	kha^{1}	mjɨ^{1}	pjụ^{1}	dźiā^{2}	tsjij^{2}
时，	彼	众	会	中	无	量	菩	萨

法藏。说此法时，于众会中，无量菩萨

7.66.4

[illegible]	[illegible]	[illegible]	[illegible]	[illegible]	[illegible]	[illegible]。	[illegible]	[illegible]
tśhjɨ^{2}	rjar^{2}	ljịj^{2}	tsjiir^{1}	bji^{1}	swew^{1}	rjir^{2}	tsjiir^{1}	bji^{1}
立	即	大	法	光	明	得。	法	光
[illegible]	[illegible]，	[illegible]	[illegible]	[illegible]	[illegible]	[illegible]	[illegible]	[illegible]
rjir^{2}	ku^{1}	mjɨ^{1}	pjụ^{1}	rjur^{1}	tha^{1}	rjɨr^{2}	tshjiij^{1}	sji^{2}
得	故，	无	量	诸	佛	△	说	△

即便获得大法光明。得法光故，无量诸佛所说

7.66.5

[illegible]	[illegible]	[illegible]	[illegible]	[illegible]	[illegible]。	[illegible]	[illegible]	[illegible]
tsjiir^{1}	ɣa^{1}	zji^{2}	mjor^{1}	·ju^{2}	rjir^{2}	nioow^{1}	ŋowr^{2}	ŋowr^{2}
法	门	皆	现	前	得。	复	一	切
[illegible]	[illegible]	[illegible]①，	[illegible]	[illegible]	[illegible]	[illegible]	[illegible]	[illegible]，
sjij^{2}	sjij^{2}	rjijr^{2}	tsjɨ^{1}	?	njiij^{1}	kjɨ^{1}	dzu^{1}	bju^{1}
智	智	方，	亦	近	心	△	乐	依，

法门皆得现前，及得近于一切智智。如所乐求，

7.66.6

[illegible]	[illegible]	[illegible]	[illegible]	[illegible]	[illegible]	[illegible]	[illegible]。	[illegible]
buu^{2}	tjị^{1}	ljuu^{2}	tshjij^{2}	zji^{2}	śjɨj^{1}	·jiw^{2}	njwi^{2}	·a^{0}
胜	愿	庄	严	皆	成	就	能。	阿
[illegible]，	[illegible]	[illegible]	[illegible]	[illegible]	[illegible]	[illegible]	[illegible]	[illegible]

① [illegible]（rjijr^{2}），意为“方、向”，通[illegible]（rjir^{2}），意为“得”，与汉文本中的“得”对译。

na¹ nji² rjur¹ tsjiir¹ mər² tsjiir² thjɨ² sju² zji²

难, 汝 诸 法 本 性 此 如 最

胜愿庄严悉能成就。阿难陀,汝观诸法本性甚深,

7.67.1

[illegible] [illegible] [illegible], [illegible] [illegible] [illegible] [illegible] [illegible] [illegible] [illegible],

na¹ bioo¹ lew² mjor¹ ljij² mjiij² ·jij¹ mjij¹ tsjiir¹ kha¹

深 观 应, 如 来 名 相 无 法 中,

[illegible] [illegible] [illegible] [illegible]。 [illegible] [illegible] [illegible] [illegible] [illegible]

mjiij² ·jij¹ rjɨr² tshjiij¹ nioow¹ rjur¹ tsjiir¹ mər² tsjiir²

名 相 △ 说。 复 诸 法 本 性

如是如来能于无名相法,作名相说。又能开示诸法本性,

7.67.2

[illegible] [illegible], [illegible] [illegible] [illegible] [illegible], [illegible] [illegible] [illegible]

phie² tshjiij¹ nioow¹ mji¹ sej¹ tjij¹ gji¹ sej¹ ljij²

解 说, 复 不 净 除, 清 净 见

[illegible] [illegible]。 [illegible] [illegible] [illegible] [illegible], [illegible] [illegible] [illegible]

phji¹ njwi² rjur¹ tsjiir¹ kjɨ¹ tshjiij¹ tshjiij¹ lew² tsjiir¹

令 能。 诸 法 △ 说, 说 应 法

亦复净除令见清净。虽说诸法,无法可说,

7.67.3

[illegible]。 [illegible] [illegible] [illegible] [illegible] [illegible]。 [illegible] [illegible] [illegible]

mjij¹ nioow¹ tshjiij¹ mjijr² tsjɨ¹ mjij¹ tha¹ ·a⁰ na¹

无。 复 说 者 亦 无。 佛 阿 难

[illegible] [illegible] [illegible]: [illegible] [illegible] [illegible] [illegible] [illegible] [illegible]

thow¹ ·jij¹ ·jɨ² tjij¹ thjɨ² sju² rjur¹ tsjiir¹ tsjiir²

陀 之 谓: 若 此 如 诸 法 性

亦无能说。佛言:阿难陀,若能如是观诸法性,

7.67.4

[illegible] [illegible], [illegible] [illegible] [illegible] [illegible] [illegible] [illegible] [illegible]

bioo^{1}	njwi^{2}	ku^{1}	tśhjɨ^{2}	rjar^{2}	mjɨ^{1}	pjụ^{1}	sjịj^{2}	źjɨr^{1}
观	能，	则	立	即	无	量	智	慧
[illegible]	[illegible]。	[illegible]	[illegible]	[illegible]	[illegible]，	[illegible]	[illegible]	[illegible]
gu^{1}	śjwo^{1}	thjɨ^{2}	gu^{1}	tshjiij^{1}	zjọ^{2}	ŋewr^{2}	mjij^{1}	dźiã^{2}
发	生。	此	发	说	时，	数	无	菩

便得发生无量智慧。说此法时，无数菩

7.67.5

[illegible]	[illegible]	[illegible]	[illegible]	[illegible]	[illegible]，	[illegible]	[illegible]	[illegible]
tsjij^{2}	wee^{1}	mjij^{1}	tsjiir^{1}	zeew^{2}	ljạ^{1}	mjɨ^{1}	pjụ^{1}	dźiã^{2}
萨	生	无	法	忍	证，	无	量	众
[illegible]	[illegible]	[illegible]	[illegible]	[illegible]	[illegible]	[illegible]	[illegible]	[illegible]
tśhju^{1}	·ja^{0}	duu^{2}	tow^{1}	lo^{1}	sã^{1}	mjiw^{2}	sã^{1}	po^{1}
生	阿	耨	多	罗	三	藐	三	菩

萨证无生法忍，无量众生发阿耨多罗三藐三菩

7.67.6

[illegible]	[illegible]	[illegible]，	[illegible]	[illegible]	[illegible]	[illegible]	[illegible]，	[illegible]
tjɨj^{1}	njiij^{1}	śjwo^{1}	·ja^{0}	sẽ^{1}	khji^{1}	kja^{2}	zar^{2}	kjɨ^{1}
提	心	生，	阿	僧	祇	劫	经，	必
[illegible]	[illegible]	[illegible]	[illegible]	[illegible]	[illegible]	[illegible]	[illegible]。	[illegible]
djɨj^{2}	zji^{2}	phju^{2}	tśhja^{2}	ka^{1}	po^{1}	tjɨj^{1}	ljạ^{1}	nioow^{1}
定	最	上	正	等	菩	提	证。	复

提心，于阿僧祇劫当证无上正等菩提，复

7.68.1

[illegible]	[illegible]	[illegible]	[illegible]	[illegible]	[illegible]。
mjɨ^{1}	pjụ^{1}	nwə^{0}	ŋwo^{2}	to^{2}	njwi^{2}
无	量	辩	才	出	能。

能出生无量辩才。

7.68.2

[illegible]	[illegible]，	[illegible]	[illegible]	[illegible]	[illegible]	[illegible]	[illegible]	[illegible]

tśhjɨ^{1}	zjọ^{2}	rjur^{1}	pjụ^{1}	thjɨ^{2}	thow^{1}	lo^{1}	dźji^{1}	ɣa^{1}
尔	时，	世	尊	此	陀	罗	尼	门
[illegible]	[illegible]，	[illegible]	[illegible]	[illegible]	[illegible]，	[illegible]	[illegible]	[illegible]
·wụ^{2}	bjij^{2}	ljịj^{2}	swew^{1}	bji^{1}	wją^{2}	thja^{2}	bji^{1}	mjɨ^{1}
资	助，	大	明	光	放，	彼	光	无

尔时,世尊加持此陀罗尼门,放大光明,其光

7.68.3

[illegible]	[illegible]	[illegible]	[illegible]	[illegible]	[illegible]	[illegible]	[illegible]	[illegible]。
pjụ^{1}	bju^{2}	mjij^{1}	rjur^{1}	tha^{1}	rjur^{1}	kięj^{2}	njɨ^{2}	swew^{1}
量	边	无	诸	佛	世	界	普	照。
[illegible]	[illegible]	[illegible]	[illegible]，	[illegible]	[illegible]	[illegible]	[illegible]	[illegible]
thjɨ^{2}	bji^{1}	swew^{1}	nioow^{1}	thja^{2}	rjur^{1}	rjur^{1}	kięj^{2}	·u^{2}
此	光	明	故，	彼	诸	世	界	中

普照无量无边诸佛世界。由此光明,彼诸世界

7.68.4

[illegible]	[illegible]	[illegible]	[illegible]	[illegible]	[illegible]	[illegible]	[illegible]	[illegible]
dźjiij^{1}	dźjiij^{1}	dźiã^{2}	tsjij^{2}	to^{2}	zji^{2}	thjɨ^{2}	thow^{1}	lo^{1}
住	住	菩	萨	尽	皆	此	陀	罗
[illegible]	[illegible]。	[illegible]	[illegible]	[illegible]	[illegible]，	[illegible]	[illegible]	[illegible]
dźji^{1}	mji^{1}	thjɨ^{2}	tsjiir^{1}	mji^{1}	nioow^{1}	po^{1}	tjɨj^{1}	·jiw^{1}
尼	闻。	此	法	闻	已，	菩	提	分

所有菩萨,皆悉得闻此陀罗尼。闻此法已,能遍成熟菩提法分①。

7.68.5

[illegible]	[illegible]	[illegible]	[illegible]	[illegible]。	[illegible]	[illegible]	[illegible]	[illegible]
zji^{2}	tsjiir^{1}	śjɨj^{1}	·jiw^{2}	njwi^{2}	thja^{2}	·u^{2}	mjɨ^{1}	pjụ^{1}
皆	法	成	就	能。	彼	中	无	量
[illegible]	[illegible]	[illegible]	[illegible]	[illegible]	[illegible]	[illegible]	[illegible]	[illegible]

① 能遍成熟菩提法分,西夏本作"能皆成就菩提法"。

dźiã^{2}	tśhju^{1}	zji^{2}	·ja^{0}	duu^{2}	tow^{1}	lo^{1}	sã^{1}	mjiw^{2}
众	生	皆	阿	耨	多	罗	三	藐

于彼复有无量众生，皆发阿耨多罗三藐

7.68.6

[illegible]	[illegible]	[illegible]	[illegible]	[illegible]	[illegible]。	[illegible]	[illegible]	[illegible]，
sã^{1}	po^{1}	tjɨj^{1}	njiij^{1}	·a^{0}	śjwo^{1}	tśhjɨ^{1}	bjij^{2}	zjij^{1}
三	菩	提	心	△	生。	尔	之	时，
[illegible]	[illegible]	[illegible]	[illegible]	[illegible]	[illegible]	[illegible]	[illegible]。	
dźiã^{2}	tśhju^{1}	ŋowr^{2}	ŋowr^{2}	zji^{2}	no^{2}	rejr^{2}	rjir^{2}	
众	生	一	切	皆	安	乐	得。	

三菩提心。当于尔时，一切众生皆得安乐。

7.69.1

[illegible]	[illegible]，	[illegible]	[illegible]、	[illegible]，	[illegible]	[illegible]	[illegible]	[illegible]
tśhjɨ^{1}	zjọ^{2}	rjur^{1}	mə^{1}	dzjwo^{2}	mə^{1}	pa^{2}	thew^{2}	mo^{2}
尔	时，	诸	天、	人，	天	波	头	摩
[illegible]	[illegible]，	[illegible]	[illegible]	[illegible]	[illegible]	[illegible]	[illegible]	[illegible]
wją^{1}	dzjụ^{2}	rjur^{1}	thja^{2}	ljij^{2}	·ji^{1}	ljwu^{2}	rjur^{1}	dźiã^{2}
华	雨，	诸	彼	大	众	会	诸	菩

是时，复有诸天①，雨天波头摩华，于大众会诸菩

7.69.2

[illegible]	[illegible]，	[illegible]	[illegible]	[illegible]	[illegible]：	[illegible]	[illegible]	[illegible]
tsjij^{2}	kha^{1}	thjɨ^{2}	sju^{2}	dạ^{2}	·jɨ^{1}	tjị^{1}	dźiã^{2}	tśhju^{1}
萨	中，	此	如	言	谓：	愿	众	生
[illegible]	[illegible]	[illegible]	[illegible]	[illegible]	[illegible]	[illegible]	[illegible]	[illegible]。
ŋowr^{2}	ŋowr^{2}	zji^{2}	tha^{1}	sjij^{2}	źjɨr^{1}	djij^{2}	rjir^{1}	·jɨ^{2}
一	切	皆	佛	智	慧	△	得	谓。

萨中，唱如是言②：愿一切众生得佛智慧。

① 诸天，西夏文字面意思是“诸天、人”。
② 唱如是言，西夏文字面意思是“如是言谓”。

7.69.3

tśhjɨ^{1}	zjọ^{2}	mjɨ^{1}	pjụ^{1}	nwə^{0}	ŋwo^{2}	dźiã^{2}	tsjij^{2}	tha^{1}
尔	时,	无	量	辩	才	菩	萨	佛
·jij^{1}	dạ^{2}	·jɨ^{1}:	rjur^{1}	pjụ^{1}	thjɨ^{2}	tsjiir^{1}	ɣa^{1}	wa^{2}
之	言	谓:	世	尊	此	法	门	何

尔时,无量辩才菩萨白佛言:世尊,当何名此法门?

7.69.4

mjiij^{2}	ŋa^{2}?	thjij^{2}	sjo^{2}	ɣiwej^{1}	·jiij^{1}	lew^{2}?	tha^{1}	mjɨ^{1}
名	我?	何	云	受	持	应?	佛	无
pjụ^{1}	nwə^{0}	ŋwo^{2}	dźiã^{2}	tsjij^{2}	·jij^{1}	dạ^{2}	·jɨ^{1}:	thjɨ^{2}
量	辩	才	菩	萨	之	言	谓:	此

我当云何奉持?佛告无量辩才菩萨言:

7.69.5

tsjiir^{1}	ɣa^{1}	mjiij^{2}	tja^{1}	thow^{1}	lo^{1}	dźji^{1}	njij^{2}	ŋwu^{2},
法	门	名	者	陀	罗	尼	王	是,
nioow^{1}	thow^{1}	lo^{1}	dźji^{1}	tjɨj^{2}	ŋwu^{2},	nioow^{1}	sọ^{1}	tjij^{1}
复	陀	罗	尼	印	是,	复	三	品

此法门名《陀罗尼王》,亦名《陀罗尼印》,亦名《三品

7.69.6

·jij^{1}	ɣjiw^{1}	lew^{2}	neew^{2}	ɣjɨr^{1}	ŋwu^{2},	nji^{2}	ɣiwej^{1}	·jiij^{1}
之	摄	应	善	造	是,	汝	受	执

[illegible]。	[illegible]	[illegible]	[illegible]	[illegible]	[illegible]	[illegible]	[illegible]	[illegible]
lew^2	thjɨ^2	tja^1	bju^2	mjij^1	nwə^0	ŋwo^2	wo^2	ŋowr^2
应。	此	者	边	无	辩	才	义	一

所摄善巧》,汝当受持。此是无边辩才摄一切义

7.70.1

[illegible]	[illegible]	[illegible]	[illegible]	[illegible]	[illegible]	[illegible]。	[illegible]	[illegible]
ŋowr^2	ɣjiw^1	neew^2	ɣjɨr^1	tsjiir^1	ɣa^1	ŋwu^2	thjɨ^2	tsjiir^1
切	摄	善	造	法	门	是。	此	法
[illegible]	[illegible]	[illegible]	[illegible]	[illegible]	[illegible]	[illegible]	[illegible],	[illegible]
ɣa^1	nioow^1	rjur^1	tsjiir^1	ŋowr^2	ŋowr^2	dźju^1	tsjij^2	·jiw^2
门	故	诸	法	一	切	显	解,	疑

善巧法门。由此法门,而能照了一切诸法,断一切疑。

7.70.2

[illegible]	[illegible]	[illegible]	[illegible],	[illegible]	[illegible]	[illegible]	[illegible]
ŋowr^2	ŋowr^2	phja^1	njwi^2	ku^1	tśhjwo^1	rjur^1	dźiã^2
一	切	断	能,	故	则	诸	菩
[illegible]	[illegible]	[illegible]	[illegible]	[illegible]	[illegible]	[illegible]。	
tsjij^2	thjɨ^2	tsjiir^1	ɣa^1	ɣiwej^1	·jiij^1	lew^2	
萨	此	法	门	受	持	应。	

是故诸菩萨于此法门,应当奉持。

7.70.3

[illegible]	[illegible],	[illegible]	[illegible]	[illegible]	[illegible],	[illegible]	[illegible]	[illegible]
tśhjɨ^1	zjọ^2	ljịj^2	·ji^1	ŋowr^2	ŋowr^2	tsjiir^1	kjụ^1	tshwew^1
尔	时,	大	众	一	切,	法	供	养
[illegible],	[illegible]	[illegible]	[illegible]	[illegible]	[illegible],	[illegible]	[illegible]	[illegible]
nioow^1	ku^1	ŋwə	tsə̣^{1}	wją^1	zow^2	tha^1	tśhjaa^1	wjɨ^2
故,	则	五	色	华	持,	佛	上	△

尔时,一切大众,为供养法故,以五色华散于佛上①。

① 以五色华散于佛上,西夏文字面意思是“持五色花,散于佛上”。

7.70.4

[illegible],	[illegible]	[illegible]	[illegible]	[illegible]	[illegible]	[illegible]	[illegible]。	[illegible]
lju^2	tha^1	thjɨ^2	tsjiir^1	rjɨr^2	tshjiij^1	dja^2	dźjwa^1	zjọ^2
散,	佛	此	法	△	说	△	毕。	时
[illegible]	[illegible]	[illegible]	[illegible]	[illegible]	[illegible]	[illegible]	[illegible]	[illegible]
rjur^1	po^1	tsa^1	ma^2	ŋa̱^{2}	tsa^1	·ji^1	ljwu^2	ŋowr^2
诸	菩	萨	摩	诃	萨	众	集	一

佛说此经已,诸菩萨摩诃萨,一切众会,

7.70.5

[illegible]	[illegible]	[illegible]	[illegible]、	[illegible]	[illegible]	[illegible]、	[illegible]	[illegible]
ŋowr^2	nioow^1	dzjwo^2	mə^1	·ja^0	sew^2	lo^1	khjā^2	tha^2
切	及	人	天、	阿	修	罗、	乾	闼
[illegible]	[illegible]	[illegible]	[illegible]	[illegible]	[illegible]	[illegible]	[illegible]	[illegible]
pho^1	njɨ^2	tha^1	rjɨr^2	tshjiij^1	mji^1	zji^2	ljịj^2	njiij^1
婆	等	佛	△	说	闻	皆	大	心

及天人、阿修罗、乾闼婆等,闻佛所说,皆大欢

7.70.6

[illegible],	[illegible]	[illegible]	[illegible]	[illegible]。
ljɨ̣j^2	dźiej^2	ɣiwej^1	śjij^1	dźjij^1
喜,	信	受	法	行。

喜,信受奉行。

7.71.1

[illegible]	[illegible]	[illegible]	[illegible]	[illegible]	[illegible]	[illegible]	[illegible]	[illegible]
ljịj^2	ljɨ̣^{1}	tśiow^1	lwər^2	lhejr^2	?	śja̱^{1}	tsew^2	zeew^2
大	宝	积	经	契	卷	七	第	忍

《大宝积经》卷第七

汉文本

尔时,世尊复告尊者阿难陀曰:汝当受持此法门品,我诸弟子承事我者,亦当受持如是经典。

时,阿难陀白世尊言:以佛神力,我已受持,我由成就此法门故,无量法门皆得现前。

佛言:阿难陀,如是如是,如汝所说。由佛威力,及此法门遍清净故,诸有受持此法门者,及亲事我能受持者,无量法门皆得现前。是故阿难陀,汝当受持如来法教无量法藏。

说此法时,于众会中,无量菩萨即便获得大法光明。得法光故,无量诸佛所说法门皆得现前,及得近于一切智智。如所乐求,胜愿庄严悉能成就。

阿难陀,汝观诸法本性甚深,如是如来能于无名相法,作名相说。又能开示诸法本性,亦复净除令见清净。虽说诸法,无法可说,亦无能说。

佛言:阿难陀,若能如是观诸法性,便得发生无量智慧。

说此法时,无数菩萨证无生法忍,无量众生发阿耨多罗三藐三菩提心,于阿僧祇劫当证无上正等菩提,复能出生无量辩才。

尔时,世尊加持此陀罗尼门,放大光明,其光普照无量无边诸佛世界。由此光明,彼诸世界所有菩萨,皆悉得闻此陀罗尼。闻此法已,能遍成熟菩提法分。于彼复有无量众生,皆发阿耨多罗三藐三菩提心。当于尔时,一切众生皆得安乐。

是时,复有诸天,雨天波头摩华,于大众会诸菩萨中,唱如是言:愿一切众生得佛智慧。

尔时,无量辩才菩萨白佛言:世尊,当何名此法门?我当云何奉持?

佛告无量辩才菩萨言:此法门名《陀罗尼王》,亦名《陀罗尼印》,亦名《三品所摄善巧》,汝当受持。此是无边辩才摄一切义善巧法门。由此法门,而能照了一切诸法,断一切疑。是故诸菩萨于此法门,应当奉持。

尔时,一切大众,为供养法故,以五色华散于佛上。

佛说此经已,诸菩萨摩诃萨,一切众会,及天人、阿修罗、乾闼婆等,闻佛所说,皆大欢喜,信受奉行。

《大宝积经》卷第七